www.ingramcontent.com/pod-product-compliance
Lightning Source LLC
Chambersburg PA
CBHW070642150426
42811CB00050B/499
9781617046773

ספר

יערות דבש

תוכחות מוסר

לרבינו המקובל רבי

יהונתן אייבשיץ

זצ"ל

SimchatChaim

ידוע כי אין בר בלי תבן, כך אין ספר בלי טעויות, ועוד יודע אני כי דל ועני אני, **ואין עני אלא בדעה.** לכן מבקש אני בכל לשון של בקשה אם יש לכל אחד שאלות, הערות, הארות, תיקונים, נא לשלוח ל - simchatchaim@yahoo.com והשתדל לענות, ולתקן את הצריך תיקון.

להשיג ספר זה או ספרים אחרים לאינפורמציה

simchatchaim@yahoo.com

מהדורה ראשונה תשפ"ד 2024

תוכן הספר

רבי יהונתן אייבשיץ

רבי יהונתן אייבשיץ (ה'תנ"ד, 1694 – כ"א באלול ה'תקכ"ד, 18 בספטמבר 1764) היה רב, מקובל, ראש ישיבה ודרשן. מגדולי פוסקי ההלכה ביהדות אשכנז בזמנו, ומחברם של ספרי הלכה שהמפורסם שבהם הוא ה'כרתי ופלתי'. כיהן כרבן של קהילות אה"ו.

לצד עיסוקו בחלק הנגלה של התורה, שהקנה לו את עיקר פרסומו, עסק גם בתורת הנסתר ואף כתב קמעות. עיסוקו זה קומם נגדו את רבי יעקב עמדין (היעב"ץ) שמצא רמזים שבתאיים בכתביו ופתח בפולמוס להחרמתו. הרב אייבשיץ זכה לגיבוי מאת רוב רבני דורו והפולמוס דעך אם כי לא נעלם. טענותיו של היעב"ץ נגדו היו שגויות.

נולד בפינצ'וב שבפולין, עיר הולדתה של אמו. משפחתו הייתה משפחה רבנית, אמו שיינדל הייתה בתו של רבי יהודה ליב צונץ רבן של האלישוי ופינצ'וב, ואביו רבי נתן נטע, שלימים היה רבה של העיר אייבשיץ (Eibenschütz) שבצ'כיה מיוחס לצאצאי האר"י, ולרבי נתן שפירא בעל "מגלה עמוקות". שכן, נתן נטע היה בנו של אשר זעליג שפירא דיין בקראקא, בן ישראל משה שפירא, בן יצחק שפירא בנם של רוזא ואברהם נתן נטע שפירא בעל "מגלה עמוקות". שניהם נפטרו לפני מלאות לבנם חמש עשרה שנים.

בילדותו התפרסם בסביבתו כילד פלא, ועילוי תלמודי, דבק בו הכינוי "העילוי מפינצ'וב" ואגדות רבות נשזרות סביב תקופת ילדותו. בסביבות שנת ה'ת"ס (1700) עברה משפחתו לאייבשיץ בשל מינויו של האב לרב הקהילה. לאחר פטירת אביו בי"ב בחשוון ה'תס"ח, נותר ללא אב ואם, ועבר לחיות בפרוסניץ שבה גדל בבית רבי מאיר איזנשטט, ה"מהר"ם א"ש, שכיהן אז כרבה של העיר. הוא החשיב את רבו זה לרבו הראשון ו"אלוף נעוריו", ואולי למד אצלו בבית המדרש של רבי שמשון ורטהיימר שבו עמד המהר"ם א"ש בראשות ישיבה. רבו זה כיבדו מאד ומתייחס אליו בכתביו כתלמיד חכם שווה ערך ולא כתלמיד. בפרוסניץ למד גם בישיבתו של רבי זאב וולף שפירא (שלימים שידך לו את נכדתו).

בשנת ה'תס"ט, בעקבות מינויו של מהר"ם א"ש כרבה של שידלובצה וחזרתו לפולין, נסע אייבשיץ הצעיר להאלישוי ללמוד בישיבתו של קרוב משפחתו רבי אליעזר הלוי איטינגא שכיהן כאב בית דין העיר. משם עבר לווינה והתגורר בבית הגביר ר' שמשון ורטהיימר.

בשנת ה'ת"ע, 1710, נשא לאישה את עלקלי (כתיב מיושן. קרי: אֶלקה'לֶה), בתו של רבי משה יצחק שפירא שכיהן אז כאב בית הדין בעיר בומסלא בבוהמיה, ולימים נעשה רבה של בוהמיה כולה. עם נישואיו נעשה ר' יהונתן קרוב משפחתם של כמה מגדולי דורו: חמיו, היה אחיינו של רבי אליהו שפירא (ה"אליה רבה"); וחמותו, אחייניתם של רבי יעקב ריישר (ה"שבות יעקב") ורבי דוד אופנהיים רבן של ניקלשבורג ופראג (מנישואיו השניים).

לאחר נישואיו התגורר זמן מה אצל חמיו ועשה אצלו שימוש חכמים בהוראת הלכות איסור והיתר, וזמן קצר לאחר מכן התיישב בפראג, בבית סב אשתו, רבי אהרן יחיאל מיכל שפירא. הוא התחכך עם גדולי התורה בפראג, קרובי משפחתו ואחרים, וקיבל תורה מתלמידי רבי אברהם ברודא שעזב שנים אחדות קודם לכן את פראג לטובת מץ בשל מחלוקת הלכתית עם חכמי העיר, אך הותיר אחריו ישיבה גדולה ותלמידים כמו

רבי יונה לנדסופר ורבי נתנאל וייל. בעקבות לימודו עם תלמידים אלו, ראה רבי יהונתן את עצמו כתלמידו של רבי אברהם ברודא.

בשנים ה'תע"ג-ה'תע"ד עשו בני הזוג אייבשיץ בהמבורג, בתקופה זו התגוררו בבית ר' מרדכי הכהן, אבי חמותו.

בשנת ה'תע"ד (1714) שב לפראג ועד מהרה התגבשה סביבו קבוצת למדנים צעירים שזכתה לתמיכה כלכלית מכמה מראשי ומנהיגי הקהילה. בין למדנים אלו נמנה רבי שמחה פופרש, לימים ראש בית הדין בפראג. מאז ועד סוף ימיו עמד רבי יהונתן אייבשיץ, בכל ערי מגוריו, בראש ישיבה והעביר בה שיעורים קבועים.

קצת לפני כ' באלול ה'תע"ד נפטר בפראג רבי שמעון ריישר, בן דוד חמותו של הרב אייבשיץ, שהיה הדרשן הממונה של קהילת פראג. הרב אייבשיץ שהתגלה מאז בואו לפראג כדרשן מוכשר נבחר למלא את מקומו וכפי שהיה מקובל עד אז בפראג נשא הדרשן גם במשרת ראש הישיבה הגדולה המקומית. בתפקידיו אלו נשא כחצי יובל. בתקופה זו הוא היה למקור סמכות בקהילה, שני רק לרב המקומי רבי דוד אופנהיים.

בשנת ה'תק"א (1741), לאחר שהצרפתים כבשו את פראג, נבחר לכהן כרבה של העיר מץ בצרפת. הוא החליף בתפקידו את רבי יעקב יהושע פלק (ה"פני יהושע") שעבר אז לכהן כרבה של פרנקפורט דמיין. בעקבות הגירתו לצרפת האשימו אותו האוסטרים בבגידה והחרימו את רכושו שנשאר בפראג.

בתקופת מץ זיהה שהמניע לעזיבת הדת בקרב רבים מיהודי האזור לא נבע במישרין מקעקוע יסודות הדת, אלא מהיסחפות בזרם החיים ובורות באשר לדרישות ההלכה. לשם כך, בצעד חריג עבור רב במעמדו כתב קיצור הלכות שבת ביידיש כדי להפיץ את תודעת ההלכה גם בקרב מי שהשכלתם לא אפשרה להם קריאה והבנה בעברית.

במשך שנות ישיבתו במץ בדק רבי יהונתן את האפשרות לקבל משרת רבנות בעיר שיש בה בית דפוס כדי שיוכל לטפל בהדפסת כתביו המוכנים לדפוס. ב-1746 השיג מינוי כזה בקהילת פיורדא, אך אנשי קהילת מץ הצליחו לעכב אותו ובהמשך להניא אותו מתוכניתו. הוא נותר בעיר עוד ארבע שנים עד שנקרא לכהן כרבן של קהילות אה"ו - יהודי העיר המבורג והעיירות אלטונה וואנדסבק הסמוכות לה, שלימים היו לשכונות בעיר.

בשנת ה'תק"י (1750), לאחר פטירתו של רבי יחזקאל קצינאלפוגין (ה"כנסת יחזקאל"), נבחר לכהן כרבן של קהילות אה"ו. רבנות זו נחשבה אז לאחת המשרות החשובות והמכובדות ביותר ביהדות אשכנז. על אף חשיבותה האזרחית של המבורג הגדולה, אשר הייתה מרכז כלכלי ופיננסי, המרכז התורני של קהילות אה"ו היהודיות היה באלטונה. גם לאחר איחוד שלוש הקהילות, נותר מושב אב בית הדין המשותף שלהן, באלטונה.

ספר יערות דבש הוא דרשות ותוכחות מוסר שדרש הרב זצ"ל.

יערות דבש

תוכחת מוסר מה שדרש ברבים אדומ"ו הגאון האמיתי מהור"ר יונתן ז"ל בהיותו על מכון שבתו בק"ק מיץ יע"א בחודש אלול שנת תק"ג לפ"ק:

דרוש א'

ישעיה הנביא פתח ואמר (ישעיהו נה ו) דרשו ה' בהמצאו ואמרו חז"ל (ראש השנה יח) אימת בין ראש השנה ליום הכיפורים כי יו"ד ימים אלו מסוגלים לתשובה ובזה יכיר אדם רב טוב מהמקום לברואיו וחפץ חסד וטובת ברואיו כי ימים אלו מיוחדים לתשובה ואשרי אנוש לא יעבור רגע אחד מהן בלי עסק בעבודת ה' והרהור בתשובה ולכן כתב האר"י ז"ל (מובא באור צדיקים סימן ל"ו סעיף ג' בשם הרמ"ק) שינהג בהם כמו חולו של מועד לבל יעסוק במשא ומתן ושום מלאכת עבודה כי אם בדבר האבד וזולתו יהיה כל עסקו לפשפש במעשיו ולכן אף אנחנו בדרושינו לא נאריך בפשטים וכדומה דרושים ארוכים כי אם לעורר לבב השומעים ליראת ה' ואשרי אדם הנותן ללב טובת ה' וכי הוא ממש מעורר ישנים ומקיץ רדומים לתשובתו וזהו כי אמרו בגמרא דתענית (דף ד) כאשר כנסת ישראל בקשה ויבא כגשם לנו והקדוש ברוך הוא משיב בתי את מבקשת דבר שאינו במציאות תמיד אני אתן לך דבר הנמצא תמיד וזהו אהיה כטל לישראל ויש להבין מה גשם ומה טל אבל נודע מה שכתוב כל המחקרים כי גשם הוא לחות ארץ העולה מעלה וחלקי מים זכים העולים וכאשר יגיעו למעלה יתקבצו כי חום השמש מגרשם מלמעלה להתקבץ יחד כי לא נשא מקום לשאת אותם להיותם ב' הפכים וירדו לארץ ולכן כאשר יתייבש האדמה ולא יעלו לחות כל כך לא ירדו גשמים אבל הטל אינו מלחות ארץ רק יורד מנטיפות הלחות בחלק האויר הרחוק מאתנו ועומד תמיד קר ולח ומשם יטפו אגלי טל על הארץ ולכך תמיד יום ביומו כהחם קצת היום ירדו טיפי טל מן חלק אויר המקורר כנודע ולכך טל אינו נעצר לעולם:

והנה כן הדבר בתשובה צריך להתעוררות דלתתא מלמטה והאדם צריך לעשות מעט בתשובה אבל אחר כך הקדוש ברוך הוא עוזרו כאמרם (יומא לח ע"ב) הבא לטהר מסייעין אותו כי האדם צריך לפתוח בתשובה וכן אמרו במדרש (שיר השירים רבה ה ג בשינוי לשון) אמר הקדוש ברוך הוא פתחו לי כסדק של מחט ואני אפתח לכם כשערו של היכל אבל על כל פנים צריך לכתחלה עובדא דלתתא אמנם לעתיד לבא אם ח"ו ישראל אין עושים תשובה מכל מקום נגאלין כי הקדוש ברוך הוא ישפיע בלי עובדא דלתתא כי הקדוש ברוך הוא אומר (ישעיהו מה יא) למעני אעשה והוא ישפיע מלמעלה שפעו לטהר לבבות בלי עובדא דלתתא כלל וכמו שהיה בעת הבריאה דלא היה עובדא דלתתא כלל כמו שנאמר (בראשית ב ה) דאדם אין לעבוד את האדמה ומכל מקום השפיע הקדוש ברוך הוא כי עשה לבריאת עולם וכן יהיה לעתיד לבא וזהו הענין הנרצה בהנ"ל כי כנסת ישראל חשבו שבלי עובדא דלתתא

בפתיחת תשובה לא תהיה שפעת אלהים מלמעלה כי כך חק ונימוס מלפניו יתברך ולכך בקשתם ויבא כגשם לנו כאשר יעשו מלמטה תשובה ומעשים טובים מעט כף נחת זעיר שם זעיר שם ירד שפעת קדשו מלמעלה להמצא לנו בכל קראנו כמו הגשם שהוא מעלית חלקי מים דקים וחלקים קטנים ואמר הקדוש ברוך הוא את מבקשת דבר הבלתי נמצא תמיד כי אולי לא יהיו ח"ו זכאים ואין כאן אדם לעבוד האדמה כמו יבושת האדמה מבלי עלות חלקי מים כנ"ל אני אעשה אתכם כמעשה בראשית להימצא לכם אפילו בלי עובדא דלתתא באיתערותא מלמעלה לבד וזהו אהיה כטל לישראל הבא מלמעלה ולכך נמצא תמיד כיון שאין צורך לעובדא דלתתא כלל והנה כבר אמרנו בדרוש הקדום כי ראש השנה הוא כל שנה התחלת הבריאה ואמרינן היום הרת עולם ואם כן ביו"ד ימי תשובה מעורר אותנו בתשובה בלי התעוררות דלמטה כלל רק הוא מעורר אותנו כעין מעשה בראשית שהיה כטל לישראל וזהו דרשו ה' בהמצאו שהוא ממציא עצמו לנו טרם קראינו אליו רק אדרבה הוא נמצא מקודם לעורר לבנו לתשובה ולכן אם אדם יתן ללבו ירגיש בלבו תמיד ביו"ד ימים אלו רוח התעוררות לתשובה ויראת ה' אף שמפליג לדברים אחרים מכל מקום לבו דופק לתשובה והוא כי הקדוש ברוך הוא מעורר אותנו בימים אלה לתשובה בלי הכנה דלמטה ואם כן איפה כי ה' חפץ בנו וקורא אותנו לעבודתו ולתשובתו איך נעבור רגע אחד ח"ו לבטלה והעיקר כי שבעה ימים שבין ראש השנה ליום הכיפורים הם נגד שבעה ימי שבוע ובכל יום יעשה תשובה על אותו יום דרך משל ביום ראשון יעשה תשובה על כל מה שחטא כל ימיו ביום ראשון וכן ביום ב' וכן כל שבעה ימים ובזה מתקן כל ימיו ולכן נחפשה דרכינו ונתור לחיפוש דרכי תשובה דהיינו בזה האופן לא לעשות תשובה בשבעה ימים אלו וכאשר יעבור יום צום הנבחר אז ידלג כאיל פסח כאלו כבר הותרה הרצועה וכבר יצא בדימוס והימים האלו ימי בכורי ענבים לרעות בגנים וללקוט שושנים בחורים ובתולות וכהנה דברים בטלים המעבירין לאדם על דעתו ודעת קונו ח"ו טוב לנו שנניח כעת התשובה כי על ידי כך אנו מוסיפין ליתן כח בסיטרא אחרא כאשר דרשתי מימים מקדם על זה החרוז בפיוט אדיר איום ונורא וכו' צאנך מיד גוזזים הרצון שלפעמים אנו רואים אדם רשע שחוזר בתשובה יושב בצום ובכי מתפלש בעפר וכהנה דברים טובים וכאשר יעברו ימים אחדים הנה הוא חוזר לסורו במעשים מקולקלים ונשכח ימי השבע מפני ימי הרעב וסיבה לזה הוא כמו צאן שמבקשים לגוזו ובצמרו יעשו כל חפץ יתנו לו לאכול מלח וכדומה המגדל צמר למאוד וכאשר יגדל הצמר יגוזו וכן יעשו תמיד וכן הסיטרא אחרא יונקים מן ישראל העובר שפעת קדושה אשר בו והוא להם למחיה ולכך סביב רשעים יתהלכון אך כאשר הם יונקים וכבר נפשו יבשה ואין לחלוחית קדושה עוד בה כי ה' סר מעליו ומעשיו רעים וחטאים מה הם עושים נותנים ללבו לשוב אל ה' ולעשות טוב

עד אשר ידושן נפשו מטוב ה' כפי עבודתו במצות ה' ויהיה מלא טוב בברכת ה' ואז כאשר רואים ישמן ישורון ונפשו מלא טוב אז ימנעו אותו מלילך במצות ה' כפעם בפעם ויונקים ממנו כל שפעת קדושה ובעוונותינו הרבים נותן חלקו לזרים וכוחו לנכרים וזהו הבקשה הנ"ל שה' יציל אותנו ולכך אמר צאנך מיד גוזזים שלא יקרה לנו כנ"ל ולכך צריך גדרים ושמירות רבות הן במידות והן במעשים שבל ישוב לכסלה ח"ו אדרבה להוסיף אומץ בכל יום בתורה ומדע וביראה וענין זה במה יזכה נער ארחו הוא העיקר בתורה ובתפלה כי הם המיישרים לאדם בכל מעשהו ולכן קוטב דרושנו בזה בתורה ובתפלה ואמרו (ברכות ה) אם פגע בך מנוול זה משכהו לבית המדרש אי אזיל מוטב ואם לאו יקרא ק"ש ואי לאו יזכיר לו יום המיתה וכבר תמהו למה זה יהיה בושש לדחות יצר הרע מעליו וכל רגע פסידא דלא הדר יאחז תיכף צדיק דרכו להזכיר יום המיתה אמנם דרכי עבירות נכללים בשלשה סוגים ובאמת עיקר גרישת יצר הרע הוא בתורה והוא המגרש יצר הרע וזהו כונת חז"ל בברכות (דף יז) ששאלו נשים במה זכיין ואמרו באמתוני לגברייהו עד דאתי מבי רב ואדרוכי בנייהו לבי כנישתא והדבר תמוה הלא הן בני מצות כאנשים ומעט מצות שהזמן גרמא שהנשים פטורות ואין לך מצוה ומצוה שלא תביא לאדם לידי שלימות ולכך אמרו הבעל הבית דוחק ושכר הרבה, פירוש שהקדוש ברוך הוא דוחק עלינו לקיים מצוותיו הוא בשביל טובתינו כדי שיהיה לנו שכר

הרבה כאב שמכה לבנו ונוגשו שילך בדרך הזה לסחור ולעשות דבר כי יודע הוא כי על ידי כך ישתכר ממון הרבה והוא האב רוצה בטובת בנו וכן הקדוש ברוך הוא דוחק לשמור פקודיו הוא שהשכר הרבה והוא רוצה בתקנתינו ואומר (שם מט"ז) לא עליך המלאכה לגמור הרצון כי שלימות אדם תלוי ממש במצוה א' ולא יאמר יצר הרע כי אין אדם נשלם רק בשמירת כל התורה ומצוות ה' ואם כן זהו כמעט אי אפשר לאדם ועל ידי כך יתרשל מעבודתו ברוך שמו כי יאמר לשוא אני עמל ח"ו ולא כן הוא כי כל מצוה כדאי לקנין שלימות אם היא נעשית בתכלית שלימות מבלי פגימה ופניה אחרת בה וכן כוונו בו לא עליך המלאכה לגמור כי דרך משל אם אדם שוכר א' לבנות לו בית ולעשות לו כלי ומפריז לו שכר אם לא נגמר הבית והכלי אע"פ שיש לפועל ההוא אמתלא למה לא גמר הענין מכל מקום אי אפשר לו לשלם שכרו משלם כי לא נשלם כונת השוכרו ולא נעשה דבר מועיל אבל אם אדם רוצה לנסות אחד אם יהיה זריז בשליחותו ונאמן במאמרו ומשלחו בשליחות לדרך מה ובאמת אין לו צורך במקום ההוא כי בלאו הכי יכול לשלוח למקום פלוני וכבר נודע במקום ההוא טיבו רק לנסותו שלחו והוא השליח הלך רק לא יכול לסיבת מה להגיע שם הרי שכרו משלם כי לא חפץ משלחו רק לדעת טיב השליח וענינו והרי נעשה וכן כל המצוות אין צורך גומרם מבני אדם והוא רק לנסות לבני אדם אם הם זהירים במצות ה' ולכך אמרו ולא עליך המלאכה לגמור כי אין מחוסר

תיקון בעצמותו עד שקודם שתעשה המצות מחוסר תיקון רק הוא להרבות שכר ב"א ואומר ולא אתה בן חורין להבטל ממנה הרצון השומר מצות ה' נעשה בן לה' ואינו עבד וזהו בן חורין ולכך המבטל מהתורה נקרא עבד והוא שתי בחינות שאנו אומרים בסליחה ברך בורכך אנן וכו' עבדך אנן וכו' וכן בתקיעות כי בבחינת בן הוא בתרועה רק יסורין של אהבה אבל בבחינת עבד הוא שברים לשבר כל גופו ומריה תאיב ותבר קולריה ע"י שבירת כל גופו ולכך אנו מסופקים אם אנו בבחינת בנים או עבדים ולכך תוקעים תרועה ושברים גנוחי גנח וילולי יליל ולכך אחרי התקיעות אומרים היום הרת עולם וכו' אם כבנים אם כעבדים כי בשתי בחינות אלו הם יסוד התקיעות ואם כן השאלה במקומה מה מקום לשאלה זו נשים במה זכיין אבל באמת פי' כך כי כבר נודע מה שכתוב באיוב (ילק"ש ה"ב רמז תתקכ"ו) בענין בהמות בהררי אלף ולויתן שהם נמשלים ליצר הרע ובהמות הוא היצר הרע על תאות מאכל ותענוג והוא אוכל עשב הררי אלף ולויתן הוא יצר הרע על תאות משגל ועריות ולכן נקרא לויתן לויה וחיבור והם שיהיו כלים לעתיד לבא כי רוח טומאה יהיה מבוער מן הארץ ונאמר בקרא (איוב מא כה) אין בעפר משלו כי אי אפשר לעמוד לפניו והוא מלך על כל בני שחץ והם ההולכים בקרי בעונותינו הרבים ולכך צריך עזר מן השמים לנצחו וללחום עמו מלחמת מצוה והיא התורה המסייעתו בהלחמו ביום קרב לעמוד נגד יצר הרע ולנצחו ונאמר (קהלת ט טו) ומלט את העיר בחכמתו היא חכמת התורה אבל מי שהוא נעדר מהתורה קשה לו לעמוד נגד יצר הרע המלך הגדול ולנצחו ומי שאין בידו חרב וחנית איך ילחם עם איש גבור מלחמה וידוע בלשון תלמוד זוכה לשון נצחון כמאמרם בהא זכיתי לבני מערבא וכהנה טובא בש"ס:

וזהו שאלת הגמרא - נשים במה זכיין ר"ל במה מנצחים ליצר הרע כי אין לנצח ליצר הרע רק בתורה ונשים לאו בני תורה נינהו אם כן במה מנצחים ליצר הרע וע"ז משני הואיל ועל ידם נלמד כי מסייעים לגברייהו ללמוד והן יושבות ומתעגנות בעבורם וכן מדריכים בניהם לתורה הרי כאילו הן לומדות התורה ואף בזו התורה מסייעתם ללחום עם היצר הרע כאלו הן לומדות התורה וכן בכל אדם מי שאינו בעל תורה אם כן הרי הוא משולל מכלי זיין לעמוד נגד צר הצורר ובמה יגין על עצמו ולכך זאת העצה היעוצה להחזיק ללומדי תורה לשמה ולסייעם בכל לב ואף הוא יאזור בעוז מתניו לקום לקראת אויב ועיקר לשמוח בהחזקת התורה ולא לילך בקרי ואף שיש אנשים מחזיקים בתורה והוא עליהם לעול אין זה מדרכי היושר לעמוד לאדם בעת דוחקו ואם כי עבודת ה' בתורה ובחכמה דע כי סוגי עבירות נכללים בשלשה רובם הם נעשים בחסרון ידיעה ושגיאה מבלי מכיר אם הוא כלל עבירה ואף שמכיר אינו יודע להיכן ועד כמה מגיע הפגם בעונותינו הרבים ועד היכן מגיע ממש הפגם בכל המרכבה הקדושה חיות הקודש ושרפים ואופנים כולם נפגמים ע"י עבירה של איש ואילו ידע איש איך

ינוח רגע ולא ידמע נחל דמעה על רוב עונותיו שפגם במרכבה קדושה מרכבת אלהים אשר ניצוץ קדושה שורפו אילו יגיע אליו והוא בעונו שלח ידו בקדושי אל להומם ולהטיל פגם בקדשים על זאת ידוו כל הדווים ולא יתנו דומיה יום ולילה אולי יחנן ה' צבאות וזהו באמת קטרוג צבא מעלה שאמרו מה אנוש כי תזכרנו וכו' (סנהדרין לח ע"ב) קטרוג על בריאת אדם כי בשלהם דיברו כי ידעו בעונו יפגום אותם וימעט חילם ולכך חשבו למעט הבריאה ולמעט הדמות מאדם ולכן אדם הלומד תורה לא זו בלבד שינצל משגיאה וידע מעשה אשר יעשה ואשר ימנע ממנו אף גם יכיר במעלות העובד השלם ופגם הבלתי עובד וכמה מעלות טובות לעושי רצון הבורא וממש במעשהו נעשה שותף להקדוש ברוך הוא במעשה בראשית בונה עולמות בטובתו ומחריבן ברעתו כי כך חקק בורא עולם שיהיה הכל נדון לפי מעשה אדם כמאמר המשורר (תהילים ח ז) כל שתה תחת רגליו ובזה הלא ימלא רתת וחלחלה ויעבוד ה' מאהבה ויראה כי איך לא ייירא בזכרו דברים כאלה ואיך לא יאהב להש"י אשר בחר בו ורוממהו ממש מכל יצורים אך אם ע"י תורה מתוקן כך אבל לעומת זה גם החמדה והגאוה לא יתבטלו ואדרבא החמדה והגאוה יתגברו כי יפתה לו יצרו להחזיק טובה לעצמו שלמד חכמה והוא לבדו זכה לשם טוב ורבים נכנסים לבית הספר ואינם יודעים שמץ מנהו ומי יוכל לשער גאות ורוממות רוח שמצוי בעונותינו הרבים בבעלי תורה ובפרט להיותו חכם יותר גדול הגאות ורוממות רוח ועל ידי כך מסתעף הקנאה וכבוד ורדיפה אחרי כבוד המדומה והטלת מום בחבירו ופגם ודופי בזולתו כדי להרבות כבודו כללו של דבר רבים חללים הפילה ועצומים כל הרוגיה בעונותינו הרבים הגסות רוח ואם אדם זוכה בתורה ומשיג תעלומות חכמה יותר באמת יש לו להיות עניו כי יראה בחסד הבורא אתו אך בעונותינו הרבים יצר הרע גובר ויותר שאדם גדול בתורה יותר מתגאה בחשבו כי מעוטים הם בערכו ואם הוא באמת יחיד בדורו גם גאותו גדולה כי חושב כי אין זולתו ואם כן איש הגדול למאוד בתורה והוא עניו יש יותר להלל ענותנותו יותר משאר בני אדם כי לפי ענין הסתת יצר גאותו גדולה ולכך משה רבינו ע"ה שלא קם כמשה היה לו להיות מפאת היצר גאותו גדולה בחשבו מי כמוני והיה בתכלית הענוה אם כן ענותנותו תגדל מכל אדם בטבע כי ראוי להיות מתגאה ביותר ולכך נאמר כי משה היה עניו מכל אדם והרפואה לזה בדביקות אדם בבוראו ותמיד ה' לנגד עיניו באהבתו אותו והכל כלא נחשב נגד דביקותו בה' וציור מחשבתו בשכלים עליונים כי איך יתגאה בחושבו כי הוא חומר נפסד כל אוכלו כמעט רגע וימאס ויהיה קיא צואה וכל ענינו הכל דברים נבאשים ומוסרחים היותו נוצר מש"ז טיפה סרוחה עובר במעבר השתן וכן ענינו תמיד ויחשוב בבורא וצבאו למעלה כולם ברורים טהורים זכים מאירים בהירים אין לפניהם שינה ויגיעה וקלקול כלל וכל פעולתם בלי שגיאה והלא יבוש ויכלם בגאותו וזהו ענין יחוד בק"ש שמייחד השם היותו

אחד בכל קצותיו ויצייר שאין מקום פנוי כלל ובמה שלא נמצא בו דביקות אלהות ומה שאין בו מקום כבודו ב"ה וא"כ איך יתגאה בראותו כי הוא עומד לפני מלך אשר כל ברואיו אינם כדאים להזכיר שמו יתעלה זכרו לנצח וכן אחר כך בקראו אהבת ה' ודביקותו ושקידת מצותיו לילה כיום לא ימנע רגע היותו דבק בה' וקביעת אות שמו הגדול בזרועו וראשו ובדירתו להורות שבכל מעשיו ומחשבתו וישיבתו יהיה הכל בדביקותו ולא יפרד מהם וכן יקבע אותו בלבושו לזכור תמיד במצותיו ומזה תבטל הגאות אמנם בכל זה לא תבטל החמדה וראש החכמים שהיה גדול בתורה מכל החכמים ודבק בה' ומעשים טובים נתקלקל בחמדה כי רוב חום בחכמה גורם חמדה כאשר ישכילו בעל טבעים שטבע חום להוליד חמדה וטבע חכמה להוליד חום בגדר הטבעים כי לרוב לא תמצא חום בבעלי לבנה וכן לא שכיח בם חכמה לרוב מיעוט כח חום אבל זה יבוטל בזוכרו כי האדם הולך לבית עולמו ותמס כעש חמודו ועל מה יחמוד הלא להבל דמה וכל חמדתו כאין ולא רק ביום מיתה אלא בכל יום הוא אדם נפסד וכעין מיתה בשינתו ופסק כל החמדה כי אם יחמוד אדם הכל כאשר יהיה בו שעה שתים יגיע עליו שינה ויקוץ בכל חמדה ויהיה מונח כאבן דומם ויקץ כגבור מתרונן מיין ולא ידע אם היה מתענג או מצער ומעונה אין הבדל ולכן מה יחמוד האיש הלא כל רגע מעותד למיתה וחסרון יכול להמנות וכבר האריך שלמה בספרו קהלת שהרבה בכל מיני תענוגי אדם לא חסר לנפשו מכל חמדה לבסוף ראה כי הכל עמל ורעות רוח ואדם הולך לבית עולמו והוא מאמר חז"ל (סוכה נב ע"ב) אם פגע בך מנוול זה וכו' ויש בו שלשה מיני חשש עבירות ולכך אמרו אולי הוא מחסרון ידיעה ולכך משכהו לבה"מ ואי אזיל מוטב ואי לאו הרצון שהוא לא מחמת חסרון ידיעה רק הוא מחמת גאוה וכבוד יקרא ק"ש ואי אזיל מוטב כי כבר כתבתי כי ק"ש מבטל הגאוה רק אולי היצר הרע הוא מחמת חמדה וא"כ לא יועילו אלו שנים ולכך אמרו יזכיר לו יום המיתה ובשלש אלה ינצל מידי רוב העבירות וביחוד מוטל עלינו בימים האלה לשוב אל ה' ולראות לשבור יצר הרע בכל מיני סגולות המועילות לבטלו הן בתורה הן בק"ש הן במיתה כללו של דבר ימים האלו הם ימי חפץ ועת רצון לה' וראוי מבלי לאבד רגע וכבר אמרו (אבות ד יז) יפה שעה א' בתשובה ומעשים טובים בעוה"ז מכל חיי עוה"ב ויש להבין כי אין זה מסוג א' כי אילו אמר יפה שעה א' במעשים טובים משנים רבות מעשים טובים היה מסוג הענין וכן אם אמר יפה נועם ותענוג בזה מן זה היה בסוג הענין אבל יאמר מה שאינו בסוג אחד ואמר יפה שעה א' בעבודת ה' מכל נועם ותענוג בעוה"ב אין זה מסוג אחד אבל הענין כי יש לאהוב ה' באהבה שלימה ולעבוד אותו בתכלית והאוהב באמת כאשר יעשה לאוהבו איזה נחת יערב לעצמו כאילו קיבל הוא כל הנחת שבעולם והיה מתעדן בכל עדונים שבעולם כי אין נחשב לו דבר נגד שמצא מקום לנחת אוהבו וזהו לו בתכלית הנחת וזהו גדר האוהב השלם וא"כ האוהב לה' בכל לב ונפש

כראוי יהיה לו יותר לנחת ותענוג כשעושה דבר לרצון ה' מכל תענוג שבעולם ובפרט לאוהב ונאהב הגדול כזה הלא עבדי מלך לעשות רצון המלך הנאהב אצלם ילינו בקיץ וחורף קור וחום על פני שדה וממש אין להם לאכול וזהו אמרם יפה שעה א' בתשובה ומעשים טובים בזה העולם כי בזה עושה נחת לה' וא"כ יהיה לאיש תענוג ועדן יותר מכל עדן בעוה"ב כי בזה עושה נחת להקדוש ברוך הוא משא"כ בעוה"ב שאין בו מצות ונחת לה' והאוהב השלם יבחר בנחת אוהבו יותר מנחת עצמו ולכך אמר יהיה לאדם יפה לנחת בעוה"ז והנה בימים אלו הם ימי תשובה וראוי לאדם לפשפש במעשיו כאשר אמרתי והעיקר בגדר להתרחק מקצה לקצה במה שדש בעבירה כי אמרו (ברכות נד) בכל לבבך בשני יצריך יצר הרע והטוב והיינו כי לב האדם בו משכן נפש טבעי נפש בהמיי והיא נפש מסטרא דיצר הרע המפתה לאדם לילך אחר ההבל כמ"ש לעיל וכן משכן נפש מדבר שהוא אדם והוא ממה שבא לו מן השמים כדכתיב (בראשית ב ז) ויפח באפיו נשמת חיים והוא יצר טוב כי כל ענינו לטוב וצדיק גמור גובר עד שיצר הרע נעשה טוב והיינו נפש בהמה נעשה נפש שכלי ואוכל הכל למצוה אין בו פניה לחמדה כלל רק לחזוק גופו ובפרט להיודעים כוונת אכילה שכולו הוא ממש כעין קרבן וזבח כי מעלה מדרגת חי למדבר וע"ז נאמר (יחזקאל מא כב) זה השלחן אשר לפני ה' וכן היא אכילת קרבנות וקדשים כולו כליל לה' וכן כל מעשה צדיק זווג כולו לה' לקיים מצותו ואצ"ל בסודות נעלמים אשר אין כאן מקומו ולכך נאמר (בראשית כה כא) ויעתר יצחק לה' לנוכח אשתו ר"ל כשהיה מזווג עם אשתו לא היה פנייה רק בתפלה לה' לקיים מצותו וכן בכל חמדת הזמן הכל כליל לה' וחלבנה נעשה קטורת מעלה ריח טוב ותמיד הפרש בין חי"ת לה"א כמו חמץ אותיות מצה רק ההבדל בין חי"ת לה"א זהו מסטרא דמסאבא וזה מסטרא דקדושה וכן חלבנה ולבונה זהו מסטרא דקדושה וזה מסטרא דמסאבותא אמנם קטורת הביא פניית היצר הרע לטוב וזהו מעשה קטורת בצדיקים שעוקדים יצר הרע לטוב ונהפך הוא וחלבנה נתן ריח טוב ולכך כהן שלא היה צדיק תמים בקטורת נענש וזהו כי לא נהפך יצר הרע לטוב ונקרא אש זרה וצריך הצדיק האוחז בזה למעט המותרות כי אם ירבה וירדוף המותרות אי אפשר להיותו כולו טוב ונקי כאמרם (סנהדרין כט) כל המוסיף גורע ולכך בלחם הפנים אמרו (יומא לט) שהגיעו כפול כי בזה המיעוט משובח לזוז יצר הרע לטוב ולכך בקטורת נאמר (ויקרא ב יא) כל שאור וכל דבש לא תקטירו ולא היה בקטורת דבש כי הוא מותרות כשאור ודבש ולכך נאמר (משלי כה כז) אכול דבש הרבה וכו' אבל בינוני הולך בדרך ממוצע נותן פנים ליצר הרע לנפש בהמה אוכל ונהנה מתאות המשגל וכדומה להנאת וחמדת הגשמי אך נותן פנים ליצ"ט מבלי לאכול כי אם דבר המותר ובזמן הראוי בשבתות ויו"ט אבל לא להרבות תענוגים בחול ולעשות ח"ו כל ימיו כחגים ולא יתן לנשים זרים חילו ולא יתן עיניו בנשים

אחרות ויכרות ברית לעיניו וכדומה בכל דרך ממוצע אשר ממש אין דבר שאין בו מעץ הדעת טוב ורע וזהו כל עניני בינונים וצדיקים הנ"ל הם האוכלים מעץ החיים ובינוני מעץ הדעת טוב ורע מתהפך מרע לטוב ומטוב לרע אבל רשעים ההולכים אחר יצרם ובעונותינו הרבים כל דבר שעושים הוא הכל לפניה אחרת לגאוה לקנאה ולהכעיס לחבירו ולעשות קורדום לאכול הימנו וכדומה אין לך דבר שאין לו בו פניה שלא לש"ש עושים מעשה זמרי ומבקשים שכר כפנחס (סוטה ב ע"ב) והם עושים עין של מעלה כביכול כאין רואה ח"ו אלו שמהפכין יצ"ט ליצר הרע והם מגורשים לגמרי מג"ע וע"ז נאמר (בראשית ג יח) וקוץ ודרדר תצמיח ודרדר גימטריא ח"ת והם היו החתים שכל מעשיהם היה לרוע והיו לקוצים ודרדר ולכך אמרה רבקה (בראשית כז מו) קצתי בחיי מפני בנות ח"ת דייקא שהם רשעים וע"ז נמשל יצר הרע וסיטרא אחרא כמ"ש לעיל על לויתן שהוא מורה על יצר הרע ורשע שרוצה לכנוס בתשובה ולבוא לדרך ג"ע אין הכרובים מניחים אותו כלל עד שהקדוש ברוך הוא חותר חתירה ממקום אחר בפתח אחר מה שאין הכרובים השומרים דרך הקודש יעכבוהו וזהו הפותח שער לדופקי בתשובה וזה הבעל תשובה צריך לחזק עצמו מבלי תת חלק ליצר הרע כי להכניסו בקדושה אי אפשר וגם לעשות כעץ הדעת טוב ורע כבינוני הנ"ל גם כן אי אפשר פן יסור לרוע ח"ו כי כבר עלול לכך ולכן צריך להתרחק ולשמור עצמו מכל עניני יצר

הרע מבלי לאכול כי אם לקיום הגוף ולהתענות ובלי לעשות שום תענוג גשמי וכדומה באופן שיהיה יצר הרע ויצ"ט נפרד נפש שכלי מנפש בהמיי ויגרש נפש בהמיי בדד ישב עם נפש שכלי ואז הקדוש ברוך הוא יקרבו בימין צדקו ותומך תמימים ה' וזהו לב נשבר שנשבר הלבבות יצר הרע מיצ"ט דדרשינן בכל לבבך כנ"ל אך בעל תשובה צריך להיות לו לב נשבר שנפרד יצר הרע מיצ"ט ולכך לב נשבר ונדכה אלהים לא תבזה (תהלים נא יט) היינו בעל תשובה כנ"ל וזהו ענין תקיעות בראש השנה כי כבר אמרנו בדרוש הקודם כי קול שופר הוא קול היוצא מן הלב והוא מורה על גימ"ל כתות אלו ולכך הוא ע"י נפיחת הלב בשופר שהוא מורה על ויפח באפיו נשמת חיים כי נפיחה באף הוא כמו שופר כי אף הוא כעין שופר ולכך שופר מאריך לעורר מדתו שהוא מאריך אף ולכך שופר הוא כעין חוטם וצדיקים כל לבבם הכל בכונה אחת כמ"ש והוא קול תקיעה שהוא קול פשוט והבינונים שהם ממוזגים ביצרם הוא בתרועה כמ"ש עץ הדעת טוב ורע והוא תקיעה ושברים מורכב רע וטוב אבל בעלי תשובה הם שברים לב נשבר ונדכה כמ"ש והנה אם תחלק מספר לב יהיה י"ו והוא וי ולכך בעל תשובה צריך לצעוק תמיד וי וי על עונותיו וכן אמרו (ראש השנה לב ע"ב) בשברים גנוחי גנח ילולי יליל ועם כל זה תכלית התשובה הנבחרת הוא אמרם (יומא פו ע"ב) ה"ד בעל תשובה באותו מקום ובאותה אשה שקשור בה ככלב ומכל מקום עזב לעשות הרע ובזה תבינו כי במקום

שאדם חוטא שם נברא משחית והוא שורה באותו מקום וכונן חיציו להשחית ולהתעות בני אדם וכמ"ש בפעור (פדר"א פרק מ"ה) ששורה משחית בחטא ישראל לולי קברו של משה מתיש כחו וכן בכל עון באותו מקום בעונותינו הרבים נברא משחית המתעה להתעות האדם ולכך מוחה בזוהר (ח"ב נ) מבלי לקבוע דירתו בבית שישבו בו רשעים כי הוא יחטא שם ולכך אמרו (יומא פו ע"ב) ה"ד בעל תשובה באותו מקום דייקא ששם חטאו ועונו פעלו משחית לחבל ולהתעותו והוא ניצל ממנו זהו לאות כי הוא בעל תשובה גמור והקדוש ברוך הוא מסייעו ועוזר לו בלי יכשל בם ולכך אמרו (ברכות לד ע"ב) מקום שבעלי תשובה עומדים אין צדיקים גמורים יכולים לעמוד כי הצדיק אין לו כ"כ עזר מה' בדרך נסיי וא"כ במקום ההוא ח"ו יהיה נפתה ע"י משחיתים האלה אבל בעל תשובה הקדוש ברוך הוא מסייע לו בדרך נפלא ונסיי ולכך ימלט ממנו:

ואתם אחיי ראו נא בעונותינו הרבים איזה בית אשר תבנו ואיזה מקום מנוחה לשכון בו לבל יהיה שם כנגע נראה בבית שהוא המשחית בחטאו ששורה שם והוא הנגע צרעת ממארת נגעי בתים אשר משחית דבוק בקירות הבית ולכך אמר על חטאי אדם (חבקוק ב יא) אבן מקיר תזעק וכפיס מעץ יעננה שהוא אשר שורה סטרא דמסאבא ונראה בו הנגע ולכך עלינו לטהר המקומות והבתים בתשובה ביו"ד ימים אלו ואחר כך ונתץ הבית ילך מבית לסוכה כדי לטהר המקום כי שם צלא דמהימנותא קדישא ושם יהיה לו צל סוכה להגין ולטהר הבית ולכן צריך האדם מאוד לקבוע דירתו ביום ובלילה בסוכה והפליגו חז"ל (סוכה כו) מבלי לישן שינת עראי חוץ לסוכה כי בשינה יותר עלולים נגעי בני אדם להחטיא לאדם ולכך לעתיד לבא (ע"ז ג) שיבקשו אומות העולם לקיים המצות ואין מקום שאין בו חטא ומשחית מהם ולכך יתן להם ה' סוכה אולי שם ישובו ולכן השמרו נא בסוכה מבלי לחטוא שם בתערובת אנשים ונשים בחורים ובתולות שמחה של הוללות ושטות וח"ו לשחוק שם בקארטין או לדבר שם שום דבר נבלה אוי לאותה בושה מקום צל סוכה אשר הוא טהור ופנוי מכל נגעי אדם ונגעי בתים לעשות גם שם חטא ועון ופשע:

ובזה תבין גם כן מה שאמרו באותה אשה עפ"י מה שאמרו חז"ל (ברכות ח ע"ב) מצוה לאכול ולשתות בערב יום כפור דיש להבין מה טיבה של מצוה זו בימי תשובה ומחר יהיה האות הזה לטהר אותנו מכל חטא ואיך יערב לחיך האוכלים והלא יותר ראוי לעורר עצמו בתשובה שלמה כראוי אבל יש לדעת מה טיבו של ראש השנה ויום הכיפורים שהוא כ"כ מופלג יו"ד ימים מראש השנה ולא תיכף אחר ראש השנה יום הכיפורים אבל תדע שהתוספות (ראש השנה כז) הקשו רבי אליעזר הקליר יסד בפיוט ראש השנה אופד מאז לשפט היום משמע דאדם נברא בראש השנה שהוא ר"ח תשרי ובפיוט של חג הפסח יסד עתותי קיץ וחורף בניסן נברא והיינו כר"י דבניסן נברא העולם והתו' נכנסו בדחוקים עיין שם. אבל צריך להבין גם כן מה שכתוב בגמרא (ראש השנה

יב) דמונין לשנים ושנות אדם מתשרי כרבי אליעזר אבל לתקופה מונין מניסן ויש להבין בממה נפשך אי בתשרי נברא ימנו הכל מתשרי ואי בניסן ימנו הכל מניסן:

אבל הענין כך כי בודאי הענין מה שאמרו דבתחילת הבריאה בניסן או בתשרי הכוונה אי תליית המאורות היתה בראש מזל טלה או בראש מזל מאזנים ומבואר במדרש רבה פ' בראשית (פ"י ד) כי קודם חטא אדם הראשון היו המאורות גלגלים הולכים במהירות למאוד ואחר כך הולכים במתינות למאוד בקלקול החטא ובזה יובן כי המאורות נתלו בתחלת ליל ד' במזל טלה כי הוא ראש למזלות ולכן ניסן ראשון לחדשים וגם ראוי שבו יתחילו המאורות להלך ומשם יקחו דרכם אך מיהרו לסבב גלגל המזלות בהלוכן ממערב למזרח עד שכאשר הגיע יום הששי אחר חצות הגיעו המאורות למזל מאזנים שהוא תשרי ובזה יובן כי לתקופה שהוא תחלת מנין תליית המאורות מונין מניסן וכן יסד הקליר עתותי קיץ וחורף שהוא תלוי בסיבוב מזלות בניסן נעשו כי שם תליית המאורות אבל אדם שהיה ביום ו' היה בתשרי כי כבר הגיעה בו ביום החמה למאזנים וכן לבנה ולכך לשנות אדם מונין מתשרי כי באמת היה ביום ו' תשרי כי החמה והלבנה הגיעו למאזנים וכן יסד הקליר (פייט ל ראש השנה) ארפד מאז לשפט היום כי זה נעשה בתשרי ביום ו' וזהו ברור ואמת ומה עמקו מחשבות חז"ל ואיש בער לא ידע והנה מולד הלבנה שבאה בנקודת מזל מאזנים היה בשעה ט' ביום ו' ולכן אמרו (סנהדרין לח ע"ב) בט' נצטוו ופירשו על קידוש החודש (שם איתא תשיעית נצטווה שלא לאכול מן האילן) כי אז היה מולד הלבנה ולא שייך שית שעי מכסי סיהרא כי בגן עדן ובפרט קודם חטא היה האויר מצוחצח וקשת הראות בהיר בשחקים והיו תיכף נראים ויכול לקדש והיה אז ראש השנה הואיל והמולד היה בו ביום וא"כ אם תחשוב מן תחלת ליל ד' שנתלו המאורות עד ט' שעות ביום הששי הלכו המאורות כל י"א שעות וחצי מזל וששה מזלות מראש מזל טלה עד ראש מזל מאזנים הלכו בס"ט שעות שהוא בשעה ט' ואז חטא אדם הראשון אבל כבר נאמר במדרש (ילק"ש ח"א רמז טז) שלא נתקללו ולא תלה חסרון עד מוצאי שבת כנודע וא"כ אם כל מזל הולך בי"א שעות וחצי שליש מזל מאזנים הולך קרוב לד' שעות וא"כ קרוב לשעה א' בליל הכנסת כלה הגיעו המאורות בשליש מזל מאזנים שהוא עכשיו שליש חודש תשרי וכבר נודע כי בתחלת שבת עשה אדם הראשון תשובה ואז נתקבלה תשובתו ונקראת שבת תשובה כמבואר בתקונים וכן במדרשים (בראשית רבה פי"ב ופדר"א פי"ט ו כ') כי שבת הליצה בעדו ולכך שר אדם הראשון מזמור שיר ליום השבת וקב"ה נעתר לו והושיט לו ימינו והטה אליו חסד וא"כ היה זה בשליש מזל מאזנים עכשיו שהמאורות הולכים לאט לאט ואינם מגיעים לשליש מזל עד י' בחודש ולכך בי' לחדש יום הכיפורים כי אז כשהיו מאורות בשליש מזל מאזנים נתקבלה תשובתו של אדם הראשון ומה שהיה אז תיכף ורצוף שעה שלשה וארבעה

עכשיו הוא בימים עשרה ולכך יום הכיפורים מוכן לסליחה וכן היה בחטא העגל שהוא מעין חטא אדם הראשון כנודע וגם כן נתבשרו בסליחה ביום הכיפורים ונקרא שבת שבתון כי היה אז שבת תשובה והנה כל החטאים והמרי שרשו מן חטא אדם הראשון כי נפל תחת עץ הדעת טוב ורע ונתדבק בנחש וזה ראש לכל עונות שעלינו לתקן סמוך ליום הכיפורים כי היה אז קבלת תשובת חטא אדם הראשון ועיקר תשובה כנ"ל באותו מקום ואותה אשה כי אם יהיה בעל תשובה סגור מבלי גשת במקום נשים כלל אין ראיה שנשבר יצרו כ"כ למנוע מן החטא אם יזדמן לו אשה ההיא שקשור בה ככלב וכן בשארי עבירות מי שחטא באכילת טריפות וכדומה ממאכלים אסורים אם ימנע עצמו ממאכל כלל וכלל אין זה בגדר באותה אשה אבל אם ימנע ממאכל איסור אף כי אכל ממאכלים מותרים הרי זדו באותה אשה כי המאכל לפניו ומכל מקום נמנע מאכילות אסורות וזהו ענין כי כבר אמרו במדרש (בראשית רבה כא ט) כי המונעים מטריפות ומאכלות אסורות מביישים לאדם הראשון שהוא לא נזהר בזה ולכך בעיו"כ שרצונינו לתקן חטא אדם הראשון ותחת שהוא אכל ושתה דבר איסור כי חוה סחטה ענבים ונתנה לו עלינו לתקן ולכך טבוח טבח והכן ואכול ושתה ומכל מקום אנו נמנעים מלאכול ח"ו דבר איסור ואפי' פקפוק איסור בלחם של נכרי וכדומה וראשונים היו נזהרים שלא לאכול רק חולין בטהרה וכן בשתיה רק מה שמותר בלי פקפוק ובכל זה נמנעים מהמותרות כי ח"ו להרבות באכילה ושתיה עד שיהיו שכורים ח"ו ביום קדוש כזה וכל ישראל נמנעים מהמותרות ואינם אוכלים רק לקיום המין ובזה מתקנים חטא אדם הראשון כי במותר לנו נמנעים ומכ"ש באיסור ח"ו וזהו תשובת המשקל והיינו באותה אשה והבן ולכך מאוד צריך ליזהר בימים אלו באכילת דברים המותרים שיהיו בלי פקפוק כלל ובכל דקדוקים שאפשר לדקדק כי הוא תיקון חטא אדם הראשון שבעונותינו הרבים שלח ידו בעץ הדעת עולם התמורה:

והנה כבר אמרנו כי ימים אלו ראוים לקבוע בתורה כי היא סם חיים אבל באמת לבעלי תשובה כאשר אנחנו בעונותינו הרבים רובם ככולם צריך תפלה כי לולא תפלה ותחינה אין תורתינו מועיל כי במקום צואה התורה תועבה ונחנו מלאים צואה בעונותינו הרבים לרוב עונות ולכלוכים אבל בתפלה ירחץ ה' את צואת בנות ציון ועיקר תפלה בהכנעה ושברון לבב אשר יאמר אדם לנפשו נפשי נפשי איך עכרתיך ועכרתני כי בת מלך את ובמקום גבוה עדן גן אלהים היית במושב אלהים ישבת והנה שלחך אלהים בארץ למחיה להחיות עם רב ללקט נצוצות קדושה ולהעלות אסורים מבור שבי ולזכך החומר להיות לאבן יקר ספיר גזרתו כעצם השמים לטוהר אשר בו תיטב הנערה בעיני המלך מלכי המלכים הקדוש ברוך הוא ועתה עכרתני ועכרתיך כי הנה ירדת מכבודך ואת אסור באזיקים שושנה בין החוחים וניטל ממך כל הודך והדרך ותחת אשר היה לך ריח כלבנון עלתה באשך

ותסריח בסרח העודף למאוד אשר כל מחנות קדושים וטהורים אשר היו תמיד סביב לך ינודו ממך ופניך רע קדורנית מלא נגעי צרעת זרחה פרחה במצחך מצח אשה זונה אוי לאותה בושה מה תאמרי כי יפקוד ה' אותך מה תעני כאשר תגישי למשפט וכרוז קרא בחיל סורו סורו אל תגעו בו דא עבר על פולחנא דמריה וי ליה טב ליה דלא איברי ומה תעשי נפשי יאבד יום הולדת בו וטוב ממך הנפל בל חזה שמש אשר באת לאור יום וחשבתי לומר אחותי את למען ייטב לי בעבורך וחיתה בגללך באור פני מלך חיים והיה הטוב אשר ייטיב ה' לך ייטב לי גם כן וכעת ארורה האדמה חומר גופי בעבורך סר צלמך צלם אלהים דיוקנא דמלכא קדישא מעליך ואת משכן קאת וקיפוד ונאות מדבר אשר שם הרגיעה הלילית ושעירים ירקדו שם וי איך יהיה לשברי רפואה אם לא בחמלת ה' כי רבו רחמיו וכאשר יתאונן האדם חי גבר על חטאיו בזה בשבר לבב ונמיכות רוח הלא ירחם ה' ואז תורתו מתקבלת ובזוהר (ח"ב קסה) הקשה הא אין להתפלל אלא מכח חדוה דבמקום עצבות לית השריית רוח הקודש ושם ינוח סטרא מסאבא וא"כ בעל תשובה דהוא מלא עצבות כי איך ישמח בזכרו בשברו וכאבו נעכר הלא אין מנחם לנפשו כי אם בעצב ולב נשבר ונדכה ראשו בין ברכיו בזכרו על מעלו אשר מעל בה' וא"כ איך אפשר להתפלל ואיך ישמע ה' ויפנה אל תפלתו והאריך ע"פ סוד וסתרי תורה:

ומה שיש בו להמתיק הענין בנגלה הוא כך דאמרינן פ"ק דחגיגה (דף ה ע"ב) במה שהקשה הגמרא על האי קרא במסתרים תבכה נפשי וכו' ע"ש מחלק הגמרא בין בתי גוואי לבתי בראי אצל הקדוש ברוך הוא בבתי בראי לית עצבותא וחדוה במקומו אבל בבתי גוואי כתיב במסתרי' וכו' כי בכל צרותינו לו צר כביכול הרי כי התפלה ההולכת מלמטה למעלה עוברת דרך בתי בראי ומשם לבתי גוואי לגשת לפני ה' שומע תפלה ובבתי בראי שם שריה חדוה ולא עצבות כלל לבל יהיה מקום לסטרא אחרא להתדבק כמ"ש כי מקום עצבות הוא מקום לילית מרה שחורה ואין אור וא"כ העומד בעצבות אי אפשר לתפלתו לעבור דרך בתי בראי ולבוא לבתי גוואי כי שם שכונה חדוה ולא עצבות ולכך אין תפלתו מקובלת אבל בעל תשובה הקדוש ברוך הוא לרוב רחמיו על כל מעשיו אשר חושב מחשבות לבל ידח ממנו נדח חותר חתירה לקבל תפלתו דרך בתי גוואי במסתרים מבלי לעבור דרך בתי בראי ושם מקובל העצבות כנ"ל וזהו הרצון מה שאמרו הקדוש ברוך הוא חותר חתירה לבעל תשובה לקבל תפלתו והיינו לבל ילך דרך המלך דרך בתי בראי לבתי גוואי אך בעל תשובה יש לו דרך אחר ותמיד תפלתו דרך חתירה לבתי גוואי בלתי בתי בראי ואז ה' מקבל תפלתו אף שהוא בדרך עצבות כי שם במסתרים ה' מתעצב עמו ובצרתו לו צר כמו שנבאר לקמן:

ולכן יש לנו לראות בעמדנו לתפלה איך לעשות אשר ירצה ה' בקול תפלתנו והעיקר בי"ח ברכות ולא כאותם המצפצפים והמהגים באמירת תהלים וכהנה ע"ב פסוקים ותחינות ובקשות לרוב וכל המוסיף גורע בלי

כונה אשרי האיש המתפלל בכונת הלב י"ח ברכות וזה יותר לרצון לפני ה' מזבח ומנחה ואין רצוני כעת לומר כוונות אשר כל קיץ וקיץ יש בו מסתרי תורה וסודות מרכבה קדושה צרופי שמות מכל העולמות לפתוח תרעין ולפעול ולעלות לגבוה מעל גבוה שומר רק נאמר פשוט בכונת הדברים בפשוטם בכל ברכה וברכה מה יש לו לשום אל לב באמרו וזהו נמסר לכל אדם כי בברכה ראשונה באמרו ה' שפתי תפתח ישים בלבו כי הקדוש ברוך הוא שם אלו שפתים שומרים לפה ולשון לבל ידבר דברים בטלים ויהיו סגורים מאין יוצא ובא כאיש אשר שם שומר למקום אשר בית נכותו שם והיש יותר בית נכות מן הלשון אשר החיים והמות תלוים בו והשפתיים שומרים ואינם ראוים להפתח כלל כי לא מצאתי לגוף טוב יותר משתיקה והם דלתים סגורים ואינם ראוים לפתחן אלא ברצון ה' לפתוח אותם לתורתו וכל דבר חפץ חפצי שמים ולכך אמרו בעלי נוטריקון אדני במלוי אותיותיו אל"ף דל"ת נו"ן יו"ד בגימטריא תרע"א שאז השערים נפתחים וע"ז נאמר (תהילים קיח יט) פתחו לי שערי צדק אבא בם וכו' כי שפתים הם שערים אם הם לעבודת ה' הם שערי צדק והם שומרים לפה וא"כ מי הוא איש אשר יש לו קצת בינה אשר לא יתן אל לבו להתפלל ולהודות לה' אני צריך תפלה מה' שיפתח שפתי ואיך אני פותח שפתי כל היום בדברים בטלים נבול פה לצנות שקרנות גנות חבירו לשון הרע רכילות ומסירות ובוטה לחבירו כמדקרת חרב הוי וי מה יענה איש כזה ומה יאמרו מלאכי השרת הלא יצחקו לו ויאמרו חסר לב קרא לו להתפלל מבקש מה' שיפתח שפתיו וכל היום שפתיו חומה פרוצה שפתי חלקות ודברי רמיה ואין דומיה לו כל היום בראש הומיות יקרא וקרא זה אל זה בדברים בטילים ולשון תרמית ולכן זאת ישים על לבו שפתיו לא יהיו נעות רק לדבר חפץ ואז יפה יאמר ה' שפתי תפתח והם באמת שערי צדק לבוא בם להודות לה':

והנה יכרע בברוך ודרך כלל בכל הכריעות הענין נגלה לכוף קומתו לעפר כי ה' משפיל גאים ומגביה שפלים ולכך זוקף בשם וישים ללבו בזה הכנעה והעיקר כמ"ש בדרוש הקדום כי יש לאדם לראות מקום שילך אל עפר כי עפר אתה ואל עפר תשוב ושמה ינוחו יגיעי כח ומשם תעלה נשמתו לה' ולכך אמרו כל זמן דלא בלוי גופא בעפרא לית נשמתא סליק למעלה וזאת הכריעה לעפר ישוח נפשו ומשם יעלה לה' בצרור החיים ולכך זוקף אחר כך בשם ולכך אמרו (ב"ק טז) מאן דלא כרע נעשה שדרו נחש והוא הטעם כי נחש עפר לחמו והוא דלא שח לעפר נעשה נחש אשר עפר לחמו:

ויאמר בברוך וכו' האל הגדול הגבור וכו' וכאשר ישים ללבו גדולת הקדוש ברוך הוא וגבורותיו ונוראותיו והוא אשר בחר בנו לעבודתו וליראתו ותורתו והוא הינו בריה שפלה ונבזה תולעת ולא איש איך לא ישמח ויגיל מאוד וזהו השמחה אשר יש בהתחלת התפלה ובאמרו גומל חסדים טובים וזוכר חסדי אבות וכו' יש ליתן אל לבו כמה ראוי לבן אדם להיות חונן במעשיו וחסיד בדרכיו להדמות לקצת

דקצת למידות הבורא יתברך שמו לזכור לאדם טובתו שהטיב לו ואל יזכור לו שהרע לו כמדת הקדוש ברוך הוא זוכר מצות ומעשים טובים ומעביר ונושא עון וראוי לתפוס מדתו של אברהם אבינו שהטיב לכל ופרסם מדתו של הקדוש ברוך הוא וטובתו בעולם והכריז יחודו של מקום וקבע דת אמת בפי כל הבריות וכן ראוי לכל אדם ואיך יעיז איש לומר מגן אברהם והוא אינו שם על לב ללכת בעקבותיו לרחם כל נדח ולפקח בכל עסקי כושל ולקבל מה שיקרה לו מה' באהבה אף שצריך להיות נע ונד בארץ ויקרהו צרות רבות כמו שקרה לאברהם והיה עם כל זה תמים עם ה' באמת ולב תמים וזהו מה שיש לו לשום אל לב בברכה ראשונה:

ברכה שניה היא ברכת תחיית המתים כבר אמרנו בדרושים הקודמים שקבלת תשובה מחוטא הוא מגדר תחיית המתים כי רשע בחייו קרוי מת (ברכות יח ע"ב) וכאשר ישוב הרי זה בכלל מחיה מתים ולכך יש לו להתפלל שהקדוש ברוך הוא יחייהו ויקבל תפלתו וכאשר אדם חוטא סר נשמתו ויתפלל להקדוש ברוך הוא שיחייהו בטל של תחיית המתים וכאשר אמרנו כי הטל הקדוש ברוך הוא מוריד בלי התעוררות דלתתא וכן מזכירים הטל להוריד אלינו ולהחיותינו בשפעת קדשו ולכך בברכת תחיית המתים תהיה כונתו לחיות בזה העולם ובתחיית המתים ויתקע אמונת תחיית המתים בלבו באמונה שלמה כי דבר ה' לא ישוב ריקם שהבטיח לנו להקיץ מקברינו ושם יהיה עולם התיקון בתכליתו וע"ז יצפה ויקוה האדם וזה מעורר להאמין בבריאת יש מאין שהוא מעין תחיית המתים ומתחלה היה מחשבות ה' לעשות לאדם ראש לכל הברואים אבל בחטא נאמר מות תמות וירד ממדרגתו אבל מחשבת ה' לעולם תקום ולכן בתחיית המתים יחזור האדם למדרגתו ויהיה ראש לכל מלאכי מעלה כדכתיב (במדבר כג כד) כעת יאמר ליעקב ולישראל מה פעל אל וע"ז יקוה כל איש בתכלית השמחה לשלמות הזה ויתקן עצמו במה דאפשר כדי שיהיה ראוי לכך:

ברכה שלישית אתה קדוש בו יתקדש עצמו וישים אל לבו כמה רעש וחיל ורעדה יש למלאכי שרת טרם יאמרו קדוש לה' ואיך יוציא מפיו קדושת השם בלי אימה וחלחלה והבנה וכמה הכנות עושים הם טרם יצא קדושת השם מפיהם ואיך לא יטהר ויקדש האדם עצמו טרם יוציא קדושת השם מפיו ובאמרו אתה קדוש ישים ללבו לקדש שמו הגדול יתברך ברבים ולמסור נפשו על קדושת שמו וקדושת תורתו אפי' ח"ו אערקתא דמסאני מבלי לעבור ויתאוה לזה לקדש שמו כאשר מלאכי שרת מקדשים שמו בחיל ורעדה וגיל כן יהיה באדם ויכון עצמו בשמחה שהגיע למדרגה לקדש שמו הגדול ברבים ויתאוה לזה שיזכה לכך להיות נמנה בין מלאכי מעלה לקדש שמו ולהיות עד נאמן בנפשו ודמו שה' אמת ותורתו ודת ישראל אמת ואין זולתו וגם ישים ללבו לקדש עצמו במותר כדאמרינן במדרש (ויקרא רבה כד ה) שני קדושות מסר הקדוש ברוך הוא לישראל וא' נשאר לה' לבדו וכן יסד הפייט (ביוצר לפ'

זכור וע"ש) שתים בראש בנים משכינים ואחת בראש מלכם מתקינים והענין כי מלת קדוש פי' נבדל משאר כמו קדש לי פטר רחם פי' נבדל משאר וכן כלם ולכך נאמר (ויקרא יא מד) והתקדשתם והייתם קדושים ופי' הרמב"ן (בפ' קדושים ד"ה קדושים) שלא יאמר אדם ארבה בתענוגים המותרים יום ולילה בשר ויין ודגים וברבורים אבוסים ומשגל נשים וכדומה וא"כ הרי זה נבל במצות התורה אבל בא הצווי שיהיה קדוש נבדל מן המותרות ולא יאכל רק לשבעו לא יבעל רק להנצל מהחטא ולקיים מצות עונה ולקיים המין או למען שלא תזנה אשתו כדכתיב (איוב ה כג) ופקדת נוך ולא תחטא וזהו הנקרא קדוש נבדל מהמותרות וע"ז בא הצווי והתקדשתם ומי שאינו עושה כן הרי עובר על מ"ע הכתוב בתורה ולכך שוטים שבעולם חושבים האיש הפרוש במקצת מבלי לילך אחר רבוי התאות לחסיד ואמרו זה עושה יותר מכפי הדין וזה שקר כך שורת הדין ומ"ע של תורה כמ"ש וזהו קדושה אחת נבדל מן המותרות והחטא וכן יש צדיקים בישראל תהילה לאל ועוד קדושה שניה נבדלים מטבע שיכולים לעשות נסים ונפלאות חוץ לטבע כי המה נבדלים מטבע ולמעלה מטבע ולכך נאמר באלישע (מלכים ב ד ט) איש קדוש עובר עלינו שהיה עושה ניסים ונפלאות וזהו גם כן שכיח בישראל נביאים וצדיקים כנודע בספרים אבל קדושה שלישית נבדל מכל גשם ולא ישיגהו כמה ואיך ומה ושום דבר בכח ופועל זה לא יתואר בו בלתי ה' סיבת כל הסיבות ועילת כל העילות לבדו וזהו שאמרו ששני קדושות יש בישראל וא' בה' לבדו וא"כ באתה קדוש יש להכין עצמו בקדושה לפרוש מן המותרות ולקדש עצמו במותר לו ויהיה נמנה במחנה קדושים:

ובאמרו אתה חונן שהוא התחלת תפלה ובקשה ישים ללבו כי ראש לכל תפלה היא בקשת דעה וכן עשה ראש החכמים לא שאל אריכות ימים ולא עושר כי אם חכמה כי באמת זהו עיקר בריאת אדם ואמרו במדרש (בראשית רבה פי"ט ג) כשרצה הקדוש ברוך הוא לברוא אדם אמרו מלאכי השרת מה אנוש כי תזכרנו וכו' א"ל הקדוש ברוך הוא חכמה יתירה יש באדם מכם כשנברא א"ל מה שמך א"ל אדם א"ל ראו כי חכמה יתירה יש בו ע"כ ויש להבין מה חכמה יתירה יש באדם מורכב בחומר עלול לטעות ומקרי זמן ופגעי זמן ופוגעים בו וכל חכמתו בנויה על החושים כנודע שהם המולידים המושכלות הראשונות וממנו יולדו תולדות וכבר מבואר כי החושים הם טועים על הרוב וכאשר בארתי במקום אחר אל בינתך אל תשען כי האדם מיועד לטעויות ולשגיאות ושכלים נבדלים הם מנוקים מכל טעות וחומר העכור לא יבא בם והם שוכנים באויר למעלה וא"כ מה נאמר במלאכים שהם טהורים וקרובים אל ה' וכבוד ה' עליהם חופף ומה שייך שיש חכמה באדם יותר מבהם גם תמוה מה זה האות שקרא עצמו אדם וכי יש בזה כ"כ רוב מהחכמה להיות שנוצר מאדמה אבל הענין כך מה שכתוב אשר יצר את האדם בחכמה כי חכמת הבורא לא

יצויר בבורא שכל נבדל ויציר נחמד ונפלא כי כך מחייב ממש טבע העילה שאין לו סוף ואין לו סוג ח"ו שיעלול שכל נבדל גדול ונורא ממש שלם ולא יחסר לו אלא שזה עילה וזה עלול זה יוצר וזה יצור אבל חכמת הבורא ניכר יותר באדם שהוא קטן הכמות ויוצר הכל שהוא אין סוף לגדולתו ורוממותו נפח באפיו נשמת חיים באדם שהוא יציר קטן ממש כנקודה נגד הגלגל כך ערך בני אדם נגד מלאכי מעלה כי נגד הבורא לא שייך ערך וענין כלל וזהו חכמתו וגדולתו שיצמצם כחו יתברך בנפיחה באף בן אדם כ"כ דבר משוער ומוגבל ומצומצם ובזה יוכר גדולת וחכמת יוצר בראשית הן בקטנות כמותו הן בשפלות מעשיו ואיכותו היותו קרוץ מחומר וידבק בו רוח אלהים אשר נפח בו יוצר הכל ואמרו (בספר הקנה) הנופח ממה שבעצמו נופח ולכך אמרו כי הנשמה חלק אלוה ממעל ועיקר החכמה נפלאות ה' כי כבר העידו כל בעלי הטבעים וכאשר אמרנו בדרושים קודמים כי אדמה לא ישונה בשום זכזוך שבעולם לשנות איכותה ואם ע"י חכמת אלכימ"ה יעשו שיהיה מזוכזך כעין ספיר כאשר אחד עשה כן בפראג אצל שר א' ועשה ע"י לאבר"טרום שלו שאבן מעפר ארץ היה מזוקק וזך כספיר ואבן בדולח מכל מקום זהו באמת תכלית אדמה וכך היה קודם המבול אבל שיהיה נעשה מאדמה ענין אחר אי אפשר בטבע וכבר התחכמו רבים והתפארו שביכלתם לעשות כן ושקר נחלו ומעשיהם היה רק אחיזת עינים למי שאינו בקי בשלמות בחכמת אלכימ"ה הנ"ל אמנם האדם אף שהוא חומר ע"י נשמה שלו מתהפך החומרי לרוחני ונעשה מעפר גשם החמישי ויותר נכבד וממש נעשה שכל נבדל כאשר ידוע כי מעט מהחומר בא אל הקבר אבל עיקר מהגוף נדבק בנפש ונשמה והיא ההולכת עמם לגיהנם וגן עדן והיא המקבלת צער ונועם כי הגוף הולך עם הנשמה והוא דם חיוני ובזה מיושב מה שצעקו המינים אם השתות שהוא הגוף ויסוד אדם יהרסון כי ירקב בקבר צדיק מה פעל שיגע בעוה"ז בתורה ותעודה ולעוה"ב הנשמה תחת עדן והגוף כלה ענן וילך אבל שקר בפיהם כי עיקר הגוף הולך עם הנשמה בצער ועונג וזהו האדם באמת ויותר שהאיש צדיק יותר גופו זך ונהפך לרוחני עד מעט שבמותו נבלע ונרקב בקבר ויתרו נסע עם נפש לחיי נצחי ומשה לרוב זכותו כל גופו היה ממש נהפך לרוחני והיה זך כשחקים ולא נבלע ונרקב בעפר ולהיות כי כך היה גזירת המקום אל עפר תשוב וכל כמה דלא בלע גופא בעפרא אין הנשמה כ"כ ברום גבוה ולהתבלע בעפר הזה על פני האדמה אי אפשר כי הגיע גופו ממש למדרגת גשם החמישי ולכך ברא הקדוש ברוך הוא בערב שבת סמוך לשבת כאשר נגזר על אדם שאל עפר ישוב ברא קבר למשה רבינו (אבות פ"ה מ"ו) שהוא עפר אחר כעין עפר למעלה גם כן כמו גשם החמישי ושם נקבר ולכך לא ידע איש את קבורתו להיותו גשם חמישי ולא ישיגהו ובזה תבין מה שהקשו שכבר גדר הפילוסוף בהגיון בגדר השמות כל שיש בו דבר חשוב ושפל שלא יחול השם על השפל כי אם על הנכבד וזהו פשוט וא"כ אדם שהוא

מורכב מחומר שהוא הגוף והצורה עצמית שהיא צורה שכלית נפש רוחני וא"כ איך יקרא אדם שהוא ענין אדמה ולא יקרא שמו על שם הנפש שבו שהוא דבר עיקרי ונכבד ורבים מפילוסופים שפקרו ע"י כן בהשארת נפש וצורה עצמית תהיה עונותם על עצמותם אבל הענין הוא כי כל פועל שיפעל כלי וחפץ יקרא שמו על מבחר פעולתו ולא על מבחר עצמות הכלי וגם השם על כונת הפעולה דרך משל אם כוונת הפעולה לחמם יקרא שם חימום כמו תנור שהוא מלה מורכבת מאור והוא תן אור והאל"ף נבלעת במבטא והיות מבחר הפעולה וחכמה נפלאה להפך האדמה לרוחני ונפש צורה נבחר מגשם חמישי וגם זה כונת הפעולה ותכלית הבריאה מבורא יתברך להגביה שפלים כמדתו ולהוציא יקר מזולל לעשות אדמה גשם חמישי ורוחני נקרא אדם בשם אדמה כי זה חכמת הפעולה וכונתו להפוך אדמה לרוחני וזהו תשובת הקדוש ברוך הוא למלאכי השרת חכמה יתירה יש באדם הרצון בבריאת אדם ניכר חכמה יתירה מהבורא יותר מן בריאת מלאכי השרת ולכך אמרו יוצר אדם בחכמה כי בו ניכר חכמת הבורא בכל אופן כמש"ל ונתן ע"ז מופת בשאלו לאדם מה שמו קרא עצמו אדם ייחס עצמו אחר חומר השפל ולא אחרי נשמתו חלק אלהים ממעל זהו חכמה מפוארה וכונת הבורא לקשר ולהפך חומר ליסוד החמישי ועצם השמים לטוהר כמש"ל וזה נכון וא"כ כל בריאת אדם לחכמה ודעה שזהו עילתו ולכך אמרו אתה חונן לאדם דעת דייקא והוא במתנת חנם כי מה ראה בורא עולם ליתן להאדם מהאדמה דעה לדעת בשמים ממעל וכל אופני מרכבה וכסא כבוד ינחילו לדעת כל צרופי שמות שבהם יצר העולם מה רבו דדי חכמה אשר ירוהו ללומדים והוגים בכל עת אין זה אלא חמלה יתירה לאין סוף וע"ז יוריד אדם כנחל דמעה ולבקש דעה מה' במתנת חנם ויכוין ובפרט בחורי למודי ה' שיתן לו הקדוש ברוך הוא לב מבין בתורה ופתוח לתורת אמת ולא של שוא ח"ו לשם גאוה וקנטור חלילה כי איך יבקש מה' ליתן לו דבר שאינו לרצון לפניו וכי מבקשים מבשר ודם דבר שיהיה לו אחר כך שלא לרצון וכי יאמר איש תן לי מנה כדי שאוכל על ידי כך לקנות פטיש ורחיים ועל ידי כך לא יוכל הוא לישן כל הלילה וכיוצא בדברים האלה ואף זה כמוהו איך יבקש תן לי דעה כדי שעל ידי כך אתגאה ואשתרר על צבור שלא לשם שמים ואהיה שמח בהעדר חכמה אצל חבירי ומתכבד בקלונם ואוכל לטמא הטהור ולהסביר לו פנים מה שכל דברים אלו המה רעים בעיני ה' למאוד לכן יכוין שיהיה חכמה ודעת הכל לשם שמים ולא ח"ו כחכמת דואג ואחיתופל שע"י עצם חכמתם ירדו שאולה ועליהם נאמר (קהלת א יח) יוסיף דעת יוסיף מכאוב לא כן הבקשה הנכונה כי אם שיהיה החכמה חכמה של אמת וישים כונתו על בניו וצאצאיו שיהיו כולם בני תורה ואם זוכה לתלמידים יהיה כונתו על התלמידים שיהיו שלמים במדע ויראה ולא יהיה למודם שלא לשם שמים לשם יוהרא וקנטור ח"ו וישים לבו להתפלל שירבה דעה בעולם ויהיו

בישראל ת"ח רבים כי זה סימן לביאת משיח כמבואר בזוהר (זוהר ח"ג כב ע"ב) דדור דעה שהיה בימי משה יהיה בימי משיח וכתיב (ישעיהו יא ט) ומלאה הארץ דעה וכו':

וכשאומר ברכת השיבנו וכו' יתפלל מאוד שיאיר ה' עיניו בתשובה כאשר אמרנו אין בעפר משלו של יצר הרע רק בסיוע הקדוש ברוך הוא ומכ"ש בעל תשובה שכבר נשתקע ונפל בידו והרי הוא שבוי אצלו והקדוש ברוך הוא פודה שבוים וזהו שיתפלל על עצמו ועל כל ישראל שיתן ה' להם לב טהור ויתחדש בקרבו רוח נכון כאשר אמרנו כי הוא הפותח שער לדופקי בתשובה וכן דרכן של בעלי תשובה כשמתחילין להתחרט הקדוש ברוך הוא מוסיף עליהם רוח טהרה למאוד לחזור אדם נברא כערב שבת שאם תזוח דעתו עליו אומר לו יתוש קדמך במעשה בראשית וככר כתבתי בקונטרס שטרי המאוחרין על ענין האמור בכתובות מאי אלמנה יכן בכל המקומות בש"ס דשואל כהאי גוונא אע"ג דאין טעם לשמות כמכואך בהשבי בררתי נס"ד פירוש הגון המכריח לדרוש וכן הכא בסוטה דחקר ר' יוחנן למה נקרא שמו אדם אע"ג דאין טעם לשמות אמנם מדלא נקרא על שם הנפש הוכרח ר יוחנן לפרשו ע"ש אפר דם וכו' בתשובה בתשובה ואחר כך כביכול לנסותם הקדוש ברוך הוא מסתיר פניו מאתם ומושך ידו הפשוטה לקבלם אחור ולכך הרבה שנזורו אחור ושבים אל קיאם אבל בעל תשובה גמור צריך לפשפש ולרדוף אחר ה' בכל לבב ומבלי לזוז בכל אופן ואפי' אחר כך באים עליו יסורים ורוב פעמים בעלי תשובה עשירים ירדו מנכסיהם וכל זה לא ישוה לו וזהו מאמר שלמה בשיר השירים (ה ד) דודי שלח ידו מן החור כביכול ימינו פשוטה לקבל שבים דרך חור וחתירה שחתר תחת כסא הכבוד לקבל רשעים בתשובה זהו החור ועל ידי כך קודם היה שבוי ועבד לסטרא אחרא ועכשיו נעשה בן חורין ע"י חור הזה ששלח ה' ימינו ולמה היה זה כי מעי המו עלי כי לבו היה דוי ומתחרט על רחוקו מה' ומשתוקק לשוב אל ה' בכל לבב וקמתי אני לפתוח לדודי וידי נטפו מור כלומר שאוחז בתורה ובמעשים טובים ותפלה וצדקה כי זה ענין בעלי תשובה ופתחתי אני לדודי שפתח לבבו בפתח התשובה ודודי חמק ועבר כאשר אמרנו כי ה' מסתיר עצמו לנסותו וכו' ולכך בא לכלל יסורים כאמרו מצאוני השומרים הסובבים בעיר הם מארי דדינא הבאים לגבות חוב והמה גבאים המחזירים תדיר בכל יום כמבואר במשנה דאבות הכוני פצעוני כו' וזהו יסורים שסובל ובעל תשובה אמת מקבל הכל באהבה ומצדיק הדין על עצמו ולכך נאמר (שם פסוק ה') השבעתי אתכם וכו' אם תמצאו את דודי מה תגידו לו שחולת אהבה אני כי מקבל הכל באהבה וחיבה לרוב אהבתו ולכן יתפלל בברכה זו שהקדוש ברוך הוא יושיט לו ימינו לקבלו בתשובה והוא שרביט הזהב אשר יושיט לו המלך וחי ואף שיחזיר הקדוש ברוך הוא ימינו לאחור כנ"ל יהיה עומד בתומתו לשוב וע"ז יהיה כונתו ולא לו לבדו כי אם לכל ישראל:

ובברכת סלח לנו וכו' ישים ללבו

להתחרט בכל לב על עונותיו ופשעיו ולהצדיק הדין לה' על כל אשר יסרהו ה' כי אין אדם שאין לו יסורין רק שאינו נותן על לבו שיסורים באים לעונש רק תולה הכל במקרה אבל באמת יש ליתן ללבו שהכל בשביל עונש חטאיו ולהצדיק הדין ולומר ואתה צדיק כי צדקה עשית אתי שיסרתני בזה העולם של שוא והבל עונש חמור הראוי לעוה"ב בבושת הנצחיי היש צדקה יותר מזה ויתחרט מאוד מאוד על חטאיו ולא באמירה בעלמא ובעונותינו הרבים כשאדם חוטא פעם אחת או פעמים עדיין הוא בבחינת בן להקדוש ברוך הוא אבל כשהרבה לחטוא אילו היה בבחינת בן יהיה נדון כבן סורר ומורה שמתרין אותו א' או ב' פעמים ובפעם שלישית נסקל בב"ד ובחמלת ה' מוריד אותנו ממדרגת בן למדרגת עבד ועבד שאינו שומע בקול אדוניו אין לו חטא משפט מות כ"כ כי אם אוסרים אותו בשלשלאות של ברזל וכדומה מהצער וכן קרה לנו בעונותינו הרבים ונודע כי השב על דבר פעמיים ושלש יקרא פושע כמבואר בגמרא דביצה (דף טז ע"ב) בהאי סמיא דלא הניח ערובי תבשילין פעמיים ושלש דאמר לו פושע את וזהו כונת אמרינו סלח לנו אבינו כי חטאנו כי אז אנחנו עדיין בבחינת בן לאב ומחל לנו מלכנו כי פשענו כי אז אנו יורדים ממדרגת בן רק במדרגת עבד והוא מלכנו ואדונינו ולא אבינו ויש הפרש בין סליחה למחילה כי סליחה לגמרי אבל מחילה עדיין צריך יסורים ועל הרוב להתגלגל וזהו שרמזו חז"ל (יל"ש ח"ב רמז תל"א) גלגול מחילות והבן ולכך בברכה זו צריך להוריד כנחל דמעה לה' שירבה לסלוח וימרק עונות לא ע"י יסורים קשים כדי שלא יהיה בו ביטול תורה ותפלה:

בברכת ראה נא וכו' יתפלל על גאולת ישראל ולא יהיה כונתו לגאולה כדי שנהיה שרים וחורי ארץ ויהיה כל טוב ארץ לנו כאשר באמת יהיה כן כי ח"ו דבר ה' לא ישוב ריקם אפילו קוצו דקוצו של יו"ד אבל מכל מקום לא יהיה כונתו בשביל כך כי מה הוה לאדם בכל טוב הזמנים הלא בין לילה היה ובין לילה אבד רק כל כונתו יהיה להשגת שלמות אבל העיקר בשביל קדושת שמו הגדול הנקרא עלינו לבל יתחלל בגוים כמאמרם איה אלהיהם וכדומה מהחרופים וגדופים אשר יחפרו על ה' דברים אשר לא היו וזהו עיקר שמחתנו בהגאולה אי"ה אשר ידעו העכו"ם כי שקר נחלו וכי ה' לבדו מלך על כל הארץ ואלהי ישראל אמת לעד וזהו וגאלנו מהרה למען שמך דייקא ויתפלל אף שאין אנו כדאים לגאולה הלא הקדוש ברוך הוא בידו לעשות חוץ לדרך הטבע שהרי אצל הקדוש ברוך הוא אין הבדל בין הטבע או חוץ לטבע אבל הכל לפי הדין כי הטבע נמשך מהדין כמ"ש כי אלהים בגמטריא הטבע פ"ו ולכך כשעושה הקדוש ברוך הוא בדין היינו לפי הטבע אבל כשעושה חוץ לדין היינו חוץ לטבע והקדוש ברוך הוא לרוב רחמיו משבר הטבע ועושה לפנים משורת הדין ולכך בים נדמה כגבור מלחמה כי ישראל לא היו כדאים לנס זה כי היה אתם מסכה כמבואר במדרש (שמ"ר פמ"א א) רק הקדוש ברוך הוא עשה למען שמו

הגדול נס חוץ לשורת הדין והיינו חוץ לטבע כמ"ש כי זה בזה תליא ולכך נדמה כגבור ולכך אנו מתפללים שיעשה אתנו בגבורתו וידו החזקה נס חוץ לטבע ושורת הדין כי בעונותינו הרבים אין אנו כדאים לגאולה וזהו מאמרינו כי גואל חזק אתה היינו חזק לעשות חוץ לטבע ויתן אדם ללבו כי בכל יום נעשית גאולה וקב"ה שומע תפלות ישראל ובפרט תפלת רבים דאינה נמאסת רק בכל יום עומדים עלינו לכלותינו והקדוש ברוך הוא מצילנו מידם והיא הגאולה הנעשית בכל יום ורגע כמאמר דוד (תהלים עא יא) אלהים עזבו רדפו ותפשוהו כי אין מציל ובכל יום עת צרה ליעקב ח"ו לאבד שם ישראל וזכר יעקב ובתפלתינו ה' מרחם עלינו ומפיר עצתם וגואל אותנו מידם ואין לאל ידם לעשות כליה ח"ו בישראל כהבטחת הבורא יתברך שמו הנאמן בבריתו ולכך קבעו מטבע גואל ישראל לשון הוה ולא יגאל לשון עתיד ולא גאל לשון עבר רק גואל לשון הוה שבכל יום גואל פודה ומציל וא"כ יש לאדם לשים על לב בעמדו לתפלה כי הוא עת צרה ליעקב ורבים לוחמים לנו מרום לכלות ולאבד שארית יעקב ח"ו ואם הוא עת צרה גדולה כזו איך לא יתפלל על הפדות והגאולה בתום לבב ובדמעות שליש כי הלא כפסע בינו לבין המות וכאשר התפלל וראה כי עבר היום ולא נעשה מחשבת צרי ואויבי יהודה וישראל ישמח ישראל בעושיו כי שמע לתפלתינו ופנה אל תפלת הערער ויתן הודיה לשעבר ומתפלל על יום הבא כי בכל יום ובכל שעה כך ונתקיים התוכחה (דברים כח

סז) בבוקר תאמר מי יתן ערב וכו' והיו חייך תלויים לך מנגד ולכך יש להרבות תפלה על הפדות והגאולה ויתן אל לבו להתפלל על נדחי ישראל הגולים ונדחים שירחם ה' עליהם ויפרוש עליהם כנפיו כנפי ישע להושיעם ולפדותם מיד צר:

בברכת רפאנו וכו' יתפלל בעד כל חולים שהם בתוך העיר ויכלול כל חולי ישראל וישתתף עמם בצערם כי הלא הכל נפש א' וגוף א' ואם חלה א' מישראל הרי קצת מאיבריו חולים ולא יאמר מה איכפת לי אינו קרובי וגואלי רק ראוי להתפלל בתום לבב בעד כל חולים יהיה מה שיהיה ומי שיהיה כאילו ח"ו בניו או אחיו חולים הלא ירבה להתפלל ולשפוך שיחו לפני ה' צאו וראו מה אמר דוד על שונאיו שקמו עליו להדיחו ממש מקהל ה' ואמרו שאסור לבא בקהל (יבמות עו ע"ב) וא"כ הוציאו דבה על כל זרע קודש שבט יושר זרע עמוסים שרש ישי בית הלחמי העומד לנס עמים וממש לא ניתן למחילה ומכל מקום אמר (תהילים לה יג) ואני בחלותם לבושי שק וכן ראוי מאוד להתפלל על כל איש ישראלי הן מפאת שאין לך איש מישראל שאין לו חלק ויד במצות וחיתה נפשו בגללו ואם הוא רשע גמור פשיטא שיש להתפלל עבור בריאותו לבל ימות חייב ואולי כאשר ישוב לבריאותו יתקן אשר שיחת ועד יום מותו יחכה לו אולי ישוב ופשיטא דיש להתפלל עבורו ואם ימות בלי תיקון ח"ו הרי יחסר אבר אחד מגוף גדול שהוא כללות ישראל שהם כגוף אחד והם גוף גדול וכל א' בו אבר וחצי אבר ואם ימות בלי תיקון הרי הגוף

פגום חסר אבר או מקצת אבר ח"ו ואין השכינה שורה על גוף פגום בעל מום ועוד יש טעם להתפלל עבור אדם רשע גם כן כי יהיה מי שיהיה יש ריתחא במותו למעלה כי כשהקדוש ברוך הוא עושה דין בישראל אפילו ברשעים יש ריתחא למעלה כאשר התפלל ירמיה ע"ה על שונאיו שהיו רשעים גמורים בתכלית וכפרו בנבואת ירמיה הנביא ואמר (ירמיה יח כג) בעת אפך עשה בהם ובעידן ריתחא חס ושלום אף לכשרי ישראל יכול להתגולל מדת הדין חס ושלום כי מפני זעמו מי יעמוד ודוד צועק (תהילים ו ג) אל באפך תוכיחני ולכך יש להתפלל למעט ריתחא והעיקר על חולי ישראל שכנסת ישראל בגלות והיא חולת אהבה כדכתיב בשיר השירים הוא החולי אשר סובל משיח בשביל ישראל אשר נאמר (ישעיהו נ"ג ה') והוא חליינו נשא כי היא חולת אהבה אהבת המקום לנו ואהבת כנסת ישראל להקדוש ברוך הוא ולרפואה זו צריך התעוררות רבה ותשובה גדולה וכבר קונן ירמיה (איכה ב יג) שברך מי ירפא לך אבל הרפואה תהיה על ידי אליהו שהוא ישיב לב בנים על אבות והוא יעשה השלום המחזיק ברכה ועל ידו תהיה רפואה בטל של תחיה שיהיה על ידו וע"ז צווח ירמיה (ירמיה ח נב) הצרי אין בגלעד אם רופא אין שם כי אליהו מגלעד הוא הממציא צרי ורפואה לכל חולים כי הוא המרפא ולכך צווח ירמיה אם רופא אין שם ועיקר רופא הוא מגלעד כי נודע כי לשון הקודש הוא עץ חיים וממקום קדוש יבוא והוא לשון המיוחד לארץ ישראל לשון קודש ארץ קודש והוא לשון עברי ולשון ארמאי הוא מענין עץ הדעת טוב ורע כי יש ארמאי לשון קודש ולשון נכר והוא בלול טוב ורע ולכך אדם הראשון אחר החטא בלשון ארמי סיפר (סנהדרין לה ע"ב) וגלעד הוא קצה א"י ויעקב דיבר בלשון הקודש גלעד ולבן ביקש להמשיכו לסטרא מסאבא וקרא ליה יגר שהדותא ואליהו יתקנו ויכניסנו לקדושה ולכך היה מגלעד והוא הרופא האמתי ועל רפואה זו יש להתפלל גם יש להתפלל על קצירי ומריעי והם ת"ח (נדרים מט) שתש כחם ע"י תורה כי קודם חטא עגל היו גבורים ואחר כך נלקח מהם זו שעל כן תש כחם וידי משה כבדים ולא היה בו כח לישא לוחות הברית וזהו סימן לכל לומדי תורה שתש כחם ע"י תורה וחובה עלינו להתפלל בטובתם ושלומם ואומץ כחם כי הלא המה שומרי תורה ותופשי קבלה אמיתית תורה שבע"פ ונפשנו קשורה בנפשם ואם אין ת"ח ח"ו אין לנו חיים ולכן עלינו החיוב בכל לבב להתפלל לה' שיחדש כנשר נעוריהם ויחליפו כח יעלו אבר כנשרים וזו היא מצוה רבה מאוד מלבד התפלה לה' עבור למודי ה' ואף גם שמכח זה נתרבה כבוד התורה כי איך לא יחמוד איש לתורה אם כל ישראל מתפללים בשלומו וטוב מעמדו ובריאותו וכמה עשירים פזרו ממון שיהיו איזה לומדים מתפללים תמיד לה' בעבורם בסגיות שלומם וזה ת"ח כל ישראל בכל העולם מתפללים בעבורו ולכך עלינו להרבות בתפלה בעבורם כי בצילם אנו חיים:

ברכת השנים בזו יש לאדם להתפלל על מזונותיו כי האוכל בלי תפלה

תחילה על מזונותיו ממש מזונותיו לחם מגואל והרב החסיד איש אלהים מהרמ"ק ז"ל החמיר שלא לתקן צורכי אכילה טרם התפלל על מזונותיו ולכך ראוי בתפלת שחרית עכ"פ לשום אל לבו לה' שיטריף לו לחם חקו בהיתר ולא באיסור כי אם יש נדנוד איסור במזון מטמא כל גופו ואין בו מזון לנשמה אבל אם המזון כולו בהיתר יש בו מזון לנשמה כי מעלה כל ניצוצות שיש במאכל כדכתיב (דברים ה ג) כי לא על הלחם לבדו יחיה האדם כי על כל מוצא פי ה' ולכן יתפלל אדם מאוד בכונה שיהיה המזון מסטרא דדכיא וטהרה ולא חס ושלום מסטרא דמסאבא כי אם אינו מתפלל וגם יש איסור ח"ו במאכל הן שהמזון בא מגזל או שעצם המאכל אינו מותר עפ"י דיני דאורייתא או שיושב לאכול בסעודת מושב לצים ותערובות נשים ובתולות שמהרהר בעבירה והסתכלות ובזה זה השלחן מלא קיא צואה מבלי מקום ואז רוח קדושה שיש בתוך המאכל מסתלק ורוח מסאבא דאית ביה מתדבק בנפש וסורו רע בעונותינו הרבים ועל ידי כך לרוב אחר מאכל ומשתה בא אדם לידי חטא כי אינו נזהר בקדושת אכילה ומודבק בנפשו סטרא מסאבא ובעונותינו הרבים בארץ טמאה רוב גלגולי רשעים הם בבהמות וצמחים כי ארץ ישראל אין מקבלת כ"כ מסאבא והארץ קאה להם אבל בחוץ לארץ מתדבקים ואם אין אכילתו בגדר קדושה וטהרה אז מתדבקים בו נשמת רשעים ונעשה רשע ר"ל כמ"ש האר"י ז"ל (שער המצות פרשת עקב מג) על יוחנן כהן גדול שנעשה צדוקי לבסוף פ' שנים (ברכות כט) וכן קורה לפעמים באיש אשר הלך למישרים ובזקנותו יוצא לתרבות רעה ר"ל והוא שנדבק בו באוכלו נשמת אדם רשע שהיה במאכל ההוא ולכן ממש תסמר שערות ראש איש הירא וחרד לדבר ה' בהגישו לאכול לחם לבל ח"ו ילכד בזו במצודה רעה ח"ו ואשר יאבד עולמו בזה ובבא ושלמה צווח (משלי כג א) כי תשב ללחום את מושל בין תבין את אשר לפניך ומה יעשה איש וינצל מזה הוא בהתפללו לה' על מזונו שיהיה מסטרא דדכיא וזהו באומרו ושבענו מטובך וכאשר יתפלל כן בכונה שלימה אז יפן ה' לתפלתו שלא יקרהו עון במאכל וגם מה טוב ומה נעים אם הוא בעל תורה שבכל מאכל אשר אוכל תהיה מחשבתו בתורה ואם ע"ה הוא תהיה מחשבתו במצות לחונן דלים ולהאכיל לעניים וכדומה מהמצות ומכ"ש מי שמאכיל על שלחנו לעניים צדקה זו מגינה מדבר רע ויש להרבות בתפלה שהקדוש ברוך הוא יזון לעניים ויתן לכל איש די מחסורו ולא יצטרכו ישראל זה לזה כי בעונותינו הרבים עיקר חטאים שבישראל הוא לחוסר פרנסה ואילו היה להם פרנסתם לא היו סרים מדרך הישר כלל וכלל ולכך אמרו (ברכות ג ע"ב) כשעלה עמוד השחר נכנסו חכמי ישראל אצלו ואמרו עמך ישראל צריכים פרנסה כי בזה תליא כל עבודת ישראל לה' ואם יהיה להם פרנסה יעבדו את ה' בכל לבב ולכך הסכימו לומר כן וגם בשחר אז ה' מתמלא רחמים על ישראל בראותו כי העכו"ם פונים לעבודה זרה שלהם וישראל עובדים ה' בכל לבב ואז זן

ומפרנס אותנו כי באמת עפ"י שורת הדין מי שאינו זכאי גמור בישראל אינו ראוי למזונות כי איך יבא מורד במלך ואינו סר למשמעתו לבקש מהמלך שיתן לו ארוחתו ארוחת תמיד ועיקר מזונות הוא חוץ לדין בדרך רחמים ולכן אמרו (פסחים קיח) קשין מזונותיו של אדם כקריעת ים סוף שגם שם היה חוץ לדין כמש"ל ואף מזונות כן לכך עיקר מזונות בבוקר כי אז הקדוש ברוך הוא מתמלא רחמים ולכך נאמר (תהלים צ יד) שבענו בבוקר חסדך וכן במדבר היה בבוקר בבוקר בעלות שכבת הטל וכו' ולכך באו לדוד בבוקר לצורך מזונות ישראל:

בברכת תקע שם ירבה בדמע להתפלל על קיבוץ גלויות וקריאת דרור בארץ ישראל שהוא בשופר וכבר נאמר בפייט ששוכני עפר יחכו לקול שופר כי הוא שופר המשמיע חירות אבל מאוד יחרד איש כמאמר השלם באמרו לו למה אתה חרד ונכנע והשיב אם אני נח במקצת הנה באזני קול שופר מיום דין הגדול והנורא ויחרדו כל אברי וישראל במתן תורה ששמעו קול שופר חשבו שהוא שופר של יום הדין הגדול חרדו ולכך כתיב (שמות יט טז) קול שופר הולך וחזק מאוד וכו' ויחרד כל העם אשר במחנה וכן יצייר אדם תמיד כאילו נשמע קול שופר באזניו ותגעש ארץ לקול שופר הוא שופר יום הדין ובהתפללו על שופר לקבץ פזור פזורים יכוון לקבץ כל גלגולים שיש בעולם כי אין בן דוד בא עד שיכלו כל הנשמות שבגוף (יבמות סג ע"ב) והיינו כמש"ל כי כל ישראל הם בכלל גוף אחד ויהיו נכללים כל הנשמות מגלגולים אוי לנו בזכרנו בעונש הגלגול אשר אדם ישוב לימי עלומיו ותחת אשר יצא מעולם חושך וצלמות ישוב שנית לעולם אפל ויהיה תינוק בן יומו מלוכלך בצואה ויעברו עליו הרפתקאות רבות אוי לאותה צרה ועל ידי חטא קרי בעונותינו הרבים מוסיפים ומאחרים הנצוצות קדושות בתוך הקליפות ומעכבים בעונותינו הרבים הגאולה מלבד רעות רבות שגורמים לעצמם על ידי כן והנה אמרו (סנהדרין צז) אין בן דוד בא עד שיבקשו דג לחולה ואין מוצאו שהרצון כי אין משיח בא עד שיהיו כל הגלגולים מתוקנים ומתחילים באדם ובבהמה ובסוף הגלגול שכבר נתקן ממש רק צריך עדיין תיקון מועט עוד מגולגל בדגי הים ואסיפתן מטהרתן ולכך בדגים מגולגלים נשמת צדיקים כנודע והוא הדג המתבקש לחולת אהבה כי כבר גדרו רופאים כי דג טבעו לח וקר ואינו טוב לרפואה רק לחולת אהבה כי ממעט תאוה ולכך בערב יום כיפור מרבים בדגים כמבואר במדרש וטור (טור סימן תר"ד) והוא הדג אשר יבוקש לחולת אהבה הוא כנסת ישראל בגולה שמבקשים הצדיקים ההם אבל בזמן משיח יתוקנו כל הגלגולים אפי' צדיקים שהם בבחינת דג כבר נשלם וזהו אומרו עד שיבוקש דג לחולה ולא ימצא לכך עלינו להתפלל שיהיו הנדחים הם הגלגולים שהם בדומם צומח חי מדבר יהיו מתוקנים ואמר במדרש (מכילתא יתרו סוף פ"ו) וכן פירש רש"י (ברש"י לא מצאתי) פוקד עון אבות על בנים וכו' וימהר משה ויקוד ארצה וישתחו ופי' למה מיהר

שלא יאמר על דור חמישי והקשו הא אמרו (זוהר ח"ב רע"ג ע"ב) שפוקד על בנים ושלשים ורבעים הוא להקל כי המשא הקשה לאחד נוח לשנים וא"כ אם יהיה פוקד על חמישי יקל המשא למאוד בחלקו לחמשה חלקים ויובן כי מה שכתוב על שלשים ועל רבעים היינו בגלגול כי ד' פעמים מגולגלת הנשמה ולא יותר (זוהר ח"ב צא ע"ב) ואם הגיע פעם רביעית הקדוש ברוך הוא שולח לה עזר מן השמים ונשמה קדושה לסייע אפס לא תצטרך להתגלגל עוד כי כך מידותיו פוקד עון אבות עד ורבעים ולא יותר ומה שאנו כל כך באריכות הגלות הוא כי לא נשלמו הגלגולים וכאשר ישלמו יבא הגואל צדק ואם יאריך הגלות בעיכוב גלגולים כשהנשמה מתגלגלת רק ד' פעמים כמה היה ח"ו הגלות מתארך אילו היתה הנשמה מגולגלת ה' פעמים אם כן היה ח"ו אין קץ לגלות וממש היה מתארך עד סוף אלף הששי ולכך משה שראה אורך הגלות וע"ז היה לבו דוה עליו למאוד כמ"ש זקני הגאון בספרו מ"ע ע"ש לכך כאשר שמע פוקד עון וכו' על רבעים הרגיש כי זה יהיה סיבה לאריכות הגלות ואיחור עולם התיקון ולכך חשש אולי יאמר על חמישי ויהיה ח"ו אין קץ ממש לאריכות הגלות לכך מיהר והשתחוה ארצה וזה היה לטובת ישראל ולכך מאוד יש להתפלל בברכה זו להוריד כנחל דמעה אולי יחונן השם צבאות:

בברכת השיבה וכו' ישים על לבו להחזרת סנהדרין כי הם כסא ה' והם כנגד כסא כבוד בעי"ן בתי דינים למעלה וכל זמן שהיו סנהדרין במקומן היה כבוד ה' חופף על ישראל כדכתיב (ישעיה כה כג) נגד זקניו כבוד לכך כתב הרמב"ם (בפיה"מ פ"א מ"ג) שאין בן דוד בא עד שיהיו הסנהדרין חוזרים כי עיקר השריית שכינה הוא ע"י סנהדרין וכמ"ש (תהלים קכב ה) כי שמה ישבו כסאות למשפט כסאות לבית דוד משפט זהו סנהדרין כי שם העמיקו והשמיעו תורה שבע"פ ושם שבתו מחלוקת ושכחת התורה כי כאשר היו סנהדרין על מכונם ידעו בבירור כל תורה שבע"פ כי רוח ה' היה חופף עליהם ולא היה בכל התורה מחלוקת כאשר מצינו בחגיגה (טז תוס' ד"ה יוסי) שלא נחלקו רק בענין הסמיכה כי לא היה פירוד ועץ הדעת טוב ורע זה אוסר וזה מתיר רק היה מעלמא דיחודא ועל ידם השפיע ד' לישראל כל טוב ועל ידם היו כל תלמידיהם זוכים לרוח הקודש כאשר היה בזמן הבית וסמוך לו אחר החורבן כרשב"י וחביריו שהגיעו למעלה גדולה ונפלאה ולכך כאשר יבוא אליהו לפני משיח הוא יחזיר סנהדרין על מכונם כי הוא סמוך מב"ד של אחיה השלוני והוא יסמוך לזקני הדור ויהיו סמוכים ראויים לסנהדרין וימסור להם תורה שבע"פ כאשר קיבל מפי אחיה השלוני כי לא בשמים היא אבל הוא יכול למסור תורה שבע"פ כפי קבלתו ואם כן ישבות מחלוקת ולכך אמרו שאליהו בא לעשות שלום בעולם ואז יצמיח הגאולה שיהיה כסא לבית דוד ולכך מה מאוד צריך כונה בתפלה זו ועל ידי סנהדרין סמוכים שיהיו מלקים הראוים להיות נילקים נפטרים מהעונש שבשמים ואפילו מידי

כריתות ולכך היה מעלה טובה בעם כאשר היו ב"ד מכים ועונשים כי על ידי כך נפטרים מעונש שבשמים כאמרם (בראשית רבה כו יד) אם יש דין למטה אין דין למעלה כאשר כתבתי במקום אחר אלהים נצב בעדת אל (תהילים פב א) הרצון שמדת הדין עומדת ואינה פועלת כשעדת אל תשפוט למטה ועיין בקונטרס הסמיכות בתשובות מהרלב"ח כמה טרחות לחכמי צפת תוב"ב להקים ענין הסמיכה והוא בשביל כך כדי לקבל עונש בידי אדם ויפטר מעונש שמים וזהו שאומרים בתפלה וצדקנו במשפט כי על ידי שופטים יהיו למעלה משפטינו יוצא לצדק ובתפלה זו יתפלל האדם על דייני ישראל שיהיו דיינים הגונים וישרים לא דייני אלהי כסף דייני בלי תורה רודפי שלמונים נוטים אחר הבצע ח"ו כי אז הקדוש ברוך הוא נפרע מהם וממעמידיהם ועל עוות הדין כמה מיני פורעניות בא לעולם כמבואר בפרקי אבות (פ"ה מ"ח) אבל בזמן שהדיינים כשרים הברכה שרויה בעולם ולכך אמרו השיבה וכו' והסר ממנו יגון ואנחה כי הא בהא תליא:

בברכת ולמלשינים ישים אל לבו שיהיה נעקר מינות מישראל ושיהיו מאמינים בתורה שבכתב ושבע"פ אמונה בלי דופי ולא יהיה בקרבם שרש פורה ראש ולענה להמרות פי חכמי ישראל השלמים המלמדים תורה ברבים גם ישים ללבו להתפלל על אבדן עמלק באמרו ומלכות זדון שהוא עמלק שבא בזדון על ישראל מתעבר על ריב לא לו ובזה מקיים מ"ע זכור את אשר עשה לך עמלק וחובה עלינו לנטור לו איבה כי משנאי ה' אשנא וישים על לבו כי כל פורעניות הראוים לבוא על ישראל ח"ו יבואו עליו אמרו במדרש (תנדבא"ז פי"ט) ביום הכיפורים נוטל הקדוש ברוך הוא עונות ישראל ונותנם על שרו של עשו אמר רבש"ע מה כחי שאתה נותן עלי כל העונות ונטלם הקדוש ברוך הוא ונתנם על בגדיו והם נעשו אדומים דכתיב (ישעיהו סג א) מי זה בא מאדום וכו' עכ"ל ויש להבין וכי כך דינו של הקדוש ברוך הוא ליטול עונות מישראל ולהעמיסם על שרו של עשו הלא ה' לא יעות משפט והחוטא הוא עונו ישא ואיך נענש נפש בעד נפש וגם מה שטען ומה כחי שאתה נותן עלי באמת הנתינה היא לאבד ולהכרית זכרו ומה זה שהקדוש ברוך הוא נותן על בגדיו והם אדומים מה מורה זה ומה טיבו ומביא קרא מי זה בא מאדום מה פירושו אבל הענין כך כי הקדוש ברוך הוא שוחר טוב לישראל וכאשר חוטאים ישראל הקדוש ברוך הוא אומר גלות ושעבוד הם המביאים לידי כך ולולי כן לא היו חוטאים ובאמת התנצלות זו אמת ויפה עד מאוד אבל הוא לעבירות כגון גזל וחמס ושנאה וקנאה וביטול תורה ותפלה בזה יש להתנצל עבור הגלות להיותם טרודים במחיתם וקשה עליהם עול מדהבה בנפשם יביאו לחמם ומאין יקחו המן הגורן או מן היקב בעונותינו הרבים אין להם ממש חניה בקרקע וכל שעה ממש חייהם תלוים מנגד וכל עמל אדם למצוא חן בעיני השרים ואין מקרבין לאדם אלא להנאתן וכדומה צרות ותלאות אשר מצאו לאחינו בני ישראל

בגולה הן המפריעים אותם מעבודתם עבודת הקודש בכל עת ותמיד בעונותינו הרבים צרות ויגיעות עשיר ורש שם נפגשו אין נקי שאין עליו כובד הגלות ולבבו בלתי בר וזך לעבודת ה' ותורתו אך זהו בעבירות הנ"ל והדומה להם אבל מה נאמר ומה נדבר בעונות זנות ושחוק וקלות ראש כל הלילה לישב ולרקד כמו שעירים בחורים ובתולות אנשים ונשים לנבל פה ולישב במושב לצים ולילך לבתי שחוק ומושב לצים של רשעים המרגילים לאדם לכל תועבת ה' ונשים לילך ממש בגלוי בשר וזרועות גלוים ומה נעשה בחילול השבת שעושים ע"י נכרים מלאכת הדלקת נר וחימום קאפע וכדומה והולכים כל יום שבת ומקרא קודש בטל רק בדברי הוללות ושטות אשר לא לרצון לפני ה' ומה יאמרו בקלות ראש במצות תפילין וציצית והסחת דעת מהן וכדומה בכל מצות ושיחה בטילה ושטות בבית הכנסת וקלות ראש בבית כנסת לנהוג קלנא בשכינתא וכהנה יתר עבירות וכי יש לתלות בכובד הגלות אדרבה לשמחה מה זו עושה הלא יש לנו להתפלל בכובד ראש ולבנו דוי כל הימים ולמעט במותרות ותענוג וכבר אמרו (בבא בתרא ס ע"ב) שרצו לתקן בחורבן לבלי ממש לאכול בשר ולשתות יין ולבלי ליקח נשים וגם הנשים לא ילכו בבגדי צבעונים (נדה סא ע"ב) רק הקילו בשביל קיום המין ולהקל מעל כתמיהן ואיך נרדוף אנחנו המותרות ואיך ילבשו הנשים משבצות זהב ואבני חפץ וכלי יקר בדמים יקרים בעונותינו הרבים ואסרו למלאות פינו שחוק בעולם הזה ואמרו (סוטה מח) זמרא בביתא חורבא בסיפיה בעונותינו הרבים נהפך אשר אין בית אשר לא ישוררו וישמחו כמשוש לכל הון יקר וא"כ לכאורה אין לתלות זה בכובד הגלות אבל באמת גם זה נתלה בו כי יש להבין מה שאמרו (תדא"ר פי"ח) כביכול השכינה בגלות ובכל צרותינו לו צר והוא אסור בזיקים כביכול כאשר הפיוט כהושעת אלים בלוד עמך וכו' מורה כולו ע"ז וכמ"ש תו' בסוכה (מה ד"ה אני והו) והענין כך כי שפעת הקדוש ברוך הוא לארץ היה ע"י ישראל ומקדשו ומשם נתפשט התמצית מעט לעכו"ם וע"ז נאמר (עיין ישעיהו סה יג) עבדי יאכלו וישבעו והמה ירעבו אבל לאחר החורבן הקדוש ברוך הוא שם השפע בשר של אומה שאנו אצלו בגלות ומשפיע לשר ההוא והוא משפיע לנו וזהו מה שכתוב בירמיה (ירמיה מט לח) ושמתי כסאי בעילם ומפרשים כי שם הקדוש ברוך הוא בשר של פרס הוא עילם השפע ועל ידיו אנו מקבלים וכן הוא בכל גלות וגלות אחרון המר הזה הוא גם כן הקדוש ברוך הוא שם השפע בידי האומה של עשו שאנו אצלם בגלות הוא המקבל השפע ומשפיע לנו כאשר האריכו בזה למאוד תלמידי האר"י זללה"ה שלכך נאמר (ישעיה כא יא) אלי קורא משעיר ובדרך הטבע והשכל כאשר השר מהאומה הלזה מקבל השפע ומסתמא בוחר לאומה שלו והנלוים אתו הטוב והמובחר ולנו נותן רק התמצית מיעוטא דמיעוטא ולכך נאמר (פסחים מב ע"ב) אי מלאה זו חרבה זו רק לפעמים אנו מקבלים השפע משר

האומה בעצמו ואז הרי אנו בבחינת עבדים כי עבדים אין מקבלים פרס מאדוניהם בעצם רק ע"י שליח ומשרת וכן אנו ולפעמים הם נותנים השפע למשטרי וצבאות השמים שהם הגלגלים ועל ידם אנו מקבלים והם בבחינת נשים שהם מקבלים מהשר של אומות העולם וכל מקבל הוא בבחינת אשה ונותן הוא בבחינת גבר וא"כ אנו שמקבלים מהגלגלים אנו בבחינת שפחה שמקבלת מיד גבירתה כי הגבירה היא בעצמה מקבלת מיד בעלה וכן אנו מקבלים מגלגלים שהם מקבלים מהשרים והרמב"ם במורה ימתיק כמה פעמים דברים האלה וכ"כ הרב בעל העקידה ז"ל ולכך נאמר במדרש וחפרה הלבנה ובושה החמה כי לעתיד לבא יבקשו חמה ולבנה להעיד על ישראל שכפרו ברית ויאמר להם הקדוש ברוך הוא נשים אתם ואין עדות לנשים עכ"ל וזהו הכונה כשהם מקבלים מהשר כנ"ל הם נפתו אחר שרו והם מסטרא דמסאבא גם כן ובזה היה בחינת כישוף כי צבא השמים היה מצד סטרא דמסאבא ומפתים לבני אדם למרוד בה' ועיין בפי' משניות להרמב"ם בע"ז פ' ר' ישמעאל (דף נד ע"ב) כאשר הפליג בזה ע"ש ולכך בארץ ישראל כשהיו יושבים על אדמתן והיו מקבלים מן כבוד ה' לא היה כישוף לצבא השמים כי מאנו לקבל מאתם קטורת זרה ועבודת טלמסאות מנמוסי עובדי נוגירמסאים כי היו כולם קודש ולכך נאמר (במדבר כג כג) כי לא נחש ביעקב ולא קסם בישראל ולכך כשהם נפתים לסטרא אחרא והם רוצים להעיד על ישראל ונמשכו אחריהם לשנוא

לישראל אמר להם קב"ה נשים אתם כי הם מקבלים מהשר כנ"ל ולכך צעק דוד בעבור כנסת ישראל בגולה (תהילים קכג א) אליך נשאתי את עיני היושבי בשמים הרצון אעפ"י שאנו מקבלים דרך צבא השמים מכל מקום עיני אליך כי ידעתי כי אתה משפיע ראשון והכל ממך ואתה הוא היושב ומשפיע בשמים שהם גלגלים ומזלות ומשטרי שמים ואמרו הנה כעיני עבדים אל יד אדוניהם וכו' וכעיני שפחה אל יד גבירתה כנ"ל וקאמר אעפ"כ עינינו אל ה' עד שיחננו וא"ש וכבר אמרתי כי באמת היצר הרע וכח הטומאה גובר בעולם עד שכמעט אי אפשר לעמוד בו ולכבוש אותו אם לא ע"י השפעת רוח הקודש ממעל כי אין בעפר משלו כמש"ל וה' הוא השולח עזרו מקודש והנה ברבות השפע אשר אנו מקבלים מיד ה' רבתה הטהרה והיראה והחכמה והמדע בישראל כי עזר ה' הוא לכבוש רוח הטומאה וסטרא דמסאבתא ובקל היה אפשר לשמור המצות אבל באשר השפע שורה בתוך שרו של האומות והוא לוקח לעצמו המובחר ונותן לנו מיעוטי דמיעוטי השיריים אם כן אין זה מספיק לעמוד בחיל נגד יצר הרע ותש כוחנו בעונותינו הרבים ובזה רפו ידינו אשר נפתה לבנו לקול יצר הרע ומכף רגל ועד ראש אנו מלאים עונות וחטאים כי מי יעמוד בעדנו ויצר לב אדם רע מנעוריו ומזה בא שישנם אצל אומות העולם חכמים גדולים נבונים רבים בחכמות וחריפות ונמצא בהם חסידי אומות העולם גם כן והוא הכל מן השפע הטוב שמקבלים לעצמם וזהו שפחה כי תירש גבירתה

שלוקח לעצמו כל טוב ולכך לעתיד לבא שהבטיח ה' למנוע השפעה מהם יהיה סר חכמתם ולכך נאמר (עובדיה א ח) והאבדתי חכמים מאדום ותבונה מהר עשו וא"כ יש כאן ב' טעמים על ביטול התורה בגולה אחד מצד הגלות בעצמו וכמש"ל שמונע למצות הרבה וגורם עוונות הרבה ואחד מפאת שפעת ה' ששם בשר האומה והוא מונע מאתנו השפע ועל ידי כך אין בנו כח לעמוד נגד יצר הרע וכבר ידוע כי שרו של עשו אדום הוא ואדום לבושו וכדכתיב (ישעיה סג א) מי בא זה מאדום וכשהקדוש ברוך הוא שם השפעתו בשרו נאמר בו אדום לבושו כי ההשפעה הוא מתלבש בשרו של אדום והוא אדום ובזה יובן דברי מדרש הנ"ל כי הקדוש ברוך הוא נוטל עונות עמו ישראל ונותן אותם על עשו הרצון כי ע"י גלות מר וכבד על ידי כך באים כל עונות לישראל והוא השאור שבעיסה והכל בא מצדו ולכך נותן כל עונות עליו וטוען שרו רבש"ע אמת עבירות שבאים ע"י גלות אבל עבירות שאין כח גלות לגרום אותם כמש"ל וזהו טענתו וכי מה כחי שאתה נותן עלי כל העונות והיינו הלא יש עונות שאין כחי לגרום ואין אלו מצד הגלות כי לא כל כך כחי גדול והקדוש ברוך הוא רמז לו טעם שני שכתבתי כי ע"י השפע שמתלבש בו בא מיעוט השפע לישראל והם עלולים לעונות כי אי אפשר לכבוש יצר הרע כנ"ל וזהו שנטל הקדוש ברוך הוא ונתנם על לבושו הרצון ע"י שהשפע מתלבש בשרו של עשו מחמת זה באים עונות ולכך נעשה לבושו אדום כנ"ל כדכתיב מי זה בא מאדום ולכך העונות הנתונים על לבושו הם אדומים כי ע"י אדום נעשו והוא הגורם לעונות במיעוט השפע ועל ידי כך באים עונות ונכון והוא כפתור ופרח ובזה תבין מה שכתוב יצחק (שבת פט) בהתנצלותו על ישראל שאמר על עונות ישראל להקדוש ברוך הוא פלגא עלי ופלגא עלך וזהו הכונה כי קצת עונות באים בטבע מחמת גלות וקצת עונות באים מחמת שהשפע בשרו של אומות העולם כנ"ל והנה הגלות גרם יצחק בברכות והיה כאשר תריד ופרקת וכו' (בראשית כז מ) ועל ידי זה גבר כחו בגלות המר הזה אך שתהיה השפע מתלבשת בשרו לא היה מפאת יצחק רק מן ה' היתה זאת ולמענכם שלחתי בבלה אמר הכתוב ולכך אמר יצחק פלגא מקצת עונות עלי כי הוא גרם להם טבע הגלות וזהו היה בסיבתו ופלגא עלך והבן ולכך בתפלתינו יש להתפלל שהקדוש ברוך הוא ישים כל עונותינו על מצירי ישראל כי הם היו סיבה לעונות וישים ללבו להתפלל שה' יסלק השפע מהם וישפיע אותנו מידו הקדושה כמאז ומקדם:

בברכת על הצדיקים ישים אל לבו להתפלל בטובת הצדיקים כי בטובתם אנו חיים וכל זמן שצדיקים בעולם ברכה וטובה וחיים בעולם וביחוד להתפלל על טובת גרי צדק וישים ללב לאהוב אותם כנפשו ולקיים מצות ואהבתם את הגר ומכ"ש בזמן הזה שאנו בתכלית השפלות ושחים עד לעפר כמעט לא נשאר בנו עוד רוח חיוני ורשעים בתכלית הרוממות והוא הכיר האמת הרי זה ממש מעשה אברהם אבינו שהכיר ה' בתוך עולם חשוך והאיר ממזרח צדק ואף הוא

כמוהו הלא חיוב עלינו לאהבו ולנשק רמיסת רגלו והמרבה לאהוב הגר אוהב ה' ותורתו כי אהבתו לגר תלוי באהבת המקום ותורתו כי הלא זה סיבת אהבתו ולכן מאוד יש לשים ללבו להתפלל מאוד בטובתו ולבל יחזור לסורו ח"ו מחמת כובד הגלות ואמרו (ברכות נ) לא גלו ישראל בכל העולם אלא ללקט הגרים וכן היה גלות אברהם ללקט הגרים כדכתיב (בראשית יב ה) הנפש אשר עשו יכל מה שקרה לאבות קרה לבנים ולכן חובה עלינו להרבות בתפלה בעבורם שיתן ה' להם לב טהור ובאמרו ולא נבוש כי בך בטחנו ישים ללבו דלא ייעול בכיסופא בעלמא דאתי קמיה מלכא קדישא כי מה היא הבושת בעוה"ז לפני מי הוא מתבייש לפני בן אדם חציר ינתן הבל ורעות רוח ועד זמן מה יאריך הבושת או הכבוד הלא הכל כצל עובר שמתביישים ובקט ימים הם לעטרת תפארת ונשכח הכל וכן להיפך וכמעט שהכסף וקירבה אל הרשות משכיח הכל הכבוד והבושה לא כן בעוה"ב שהוא נכסף מבויש בעיני יוצר בראשית וכל מלאכי מעלה מביישים אותו וכרוז קרא בחיל סורו טמא אל תגעו למו דא פלניא דעבר על פולחנא דמריה טב ליה דלא איתברא ווי ליה ווי לנשמְתיה וכהנה כרוזים מכל עולמות ואפילו נשמת קרובים עומדים מרחוק ואומרים לו ווי לך מה עשית אשר הבאת עלינו בושה וכלימה הזו אי בן רשע עליך נאמר בן כסיל תוגת אמו מה עשית למה עכרתנו וגרמת לנו כל הבוז וקלון הזה ולעיניהם באים משחיתים מחבלים וחוטפים אותו והם צועקים מרה וי וי לכל זה אוי לנו כי יולד לנו בן כזה ובצרה זו וכלימה תמיד זמן רב וזהו תכלית הבושה וכלימה אוי לאותה בושה ולכן היטב אשר דיבר עקביא (עדיות פ"ה מ"ו) מוטב שאקרא שוטה כל ימי ואל אעשה עצמי רשע שעה א' לפני המקום:

בברכת ולירושלים ואת צמח וכו' אין צורך להאריך כי צריך להוריד דמעה מאין הפוגות על בנין ירושלים והחזרת קרן דוד כי היא תכלית שלימות אנושי ואם אין לנו ירושלים ומלכות בית דוד למה לנו חיים ולירושלים יקרא כסא ה' וכן בדוד שישב ממש כעין מרכבה עליונה כדכתיב (דה"א נט כג) וישב שלמה על כסא ה' ואם מלאכי מעלה קוראים בבכי וקינה על חורבן ירושלים יום ולילה לא יחשו והם אבילי ציון איך נחשה אנן ולא נבכה על חילול השם שנתחלל בחורבן ירושלים ואבדן מלכות בית דוד וחייב כל איש לומר בלבו רבש"ע הריני מוסר נפשי על קדושת שמך ואם אין אני כדאי לראות בבנין ציון והחזרת מלכות ב"ד אמות על קדושת שמך ועיני לא יהיו רואות אפס בנה ירושלים והצמח קרן דוד למען יתקדש שמך ותרחם על בניך העלובים נטושים בגולה הסובלים על יחודך ומקדשים שמך ברבים היות כי בעונותינו הרבים חורבן ושוממות מקדש תפארתינו ואבדן מלכות ב"ד ידוע לכל כמה העדר וחסרון טובה שגורם לנו וממשירדנו מחיים למות וכן להיפך בשוב ה' שיבת ציון נהיה עולים ממות לחיים ואין בנו אלא חלק ס' מחיים ולכך נאמר (תהילים קכו א) בשוב ה' וכו' היינו כחולמים כי כמו

חלום יש בו חלק ס' ממיתה כך אנו להיפך כי נרגיש כי היה בנו רק חלק ס' מחיים ולכך אין צריך להאריך בדה ומי אשר לו רק נשמת ישראל הלא לבבו נשבר בקרבו בזכרו חורבן ירושלים וזכרון מלכות ב"ד שנפסק בעונותינו הרבים :

בברכת שמע קולנו וכו' בו ישים כל מגמותיו לה' להתפלל לו על כל צרכיו אפילו דבר קטן או גדול לא יבצר דבר מה שלא יתפלל בו לה' אם צריך לעשות שידוך עם עצמו או בניו ובנותיו יתפלל לה' לסחורה יתפלל לה' שיצליחו ויוליכו בדרך הישר כללו של דבר אין דבר מה שרצונו לעשות בו ביום מה שלא יתפלל לה' להצליחו ולהוליכו בדרך הישר ונכון ואצ"ל אם יש לו ח"ו איזה צרה בתוך ביתו שצריך להתפלל וכן אם יש לו איזה שמחה שיתפלל שלא יחטא בשמחה ולא יקרהו עון שלא תהיה ח"ו שמחה שאחריה תוגה ועל כל ענין מה שעוסק יתפלל בלשונו ואף כי לשונו לשון עלג ואינו יכול להתפלל בלשון עברי כראוי הוא חביב לפני הקדוש ברוך הוא כאילו הרבה להתפלל בלשון רחבה שפה ברורה ונעימה וצחה וע"י תפלה זו ישמע ה' לקולנו ויצא לנו תועלת כי תפלה זו ודאי בכונה ולא יהיה פיו ולשונו מדבר ולבו בל עמו כמדבר בהרגל וכמצות אנשים מלומדה כי אם מתפלל בכל יום דבר חדש מה שצריך לו באותו זמן ועת וגם מסדר תפלתו בפיו אם כן לזה צריך כונה ודאי ואי אפשר להתפלל בלי כונה מיוחדת וא"כ יוצא ידי תפלה גמורה כי זהו העיקר התפלה הבאה ממעמקי הלב דכתיב (תהילים קלא א) ממעמקים קראתיך היינו מעמקי הלב ועוד עיקר התועלת שקובע בלבו כי אין אדם ואיש ישראלי ניתן למקרים וסדר הזמן עד שאין צריך תפלה רק תלוי במזלו וחריצות ענינו ושקידת מעשיו והשגחה בדרכיו כי אם החריצות והשקידה והפעולה הכל שקר ומה' נתכנו לאיש ישראלי כל עלילות מצעדיו ואינו נוקף אצבע מלמטה עד שיכריזו עליו מלמעלה (חולין ז ע"ב) ובזה יתן אל לבו איך החיוב עליו לשמור פי מלך מלכי המלכים מלכו של עולם כי הכל מאתו בהשגחה פרטית וכל מה שקרה לו מנזק וצער הכל מה' הוא וכן כל מה שהיה לו מהרוחה ועדן היה מה' וא"כ למה זה לשקר ילך שובב בדרך לבו אחרי הבצע וחמדת הזמן הכלה כענן ואם יגע עד למחר וה' לא צוה לא יהיה ואיך יבקש מה' עושר להכעיס בו לבורא וכן אם כל שאלתו יהיה מה' לא יעלה עללבו לחטוא בו דרך משל אם יבקש מה' אשה לא יעלה על לבו לחטוא בה ולילך אתה בפריצות וכדומה וכן בנים לא יעלה בלבו לחטוא בהם דרך משל לגדל בנים ח"ו לתרבות רעה ולגדלם בכל דרכי רשעים בעונותינו הרבים ולהבדילן מתורת ה' ומבית תורת יהודים עודנו בכפו תורת ה' כאשר כמעט יגדיל יבליעו ללמדו לשון צרפת וכתיבה וחשבון וריקוד וכדרך נערים עם בתולות ונתמעטו מעינות התורה בעונותינו הרבים ממש לא שעה ביום ואם יהי לו בנות להדריכן בדרך פריצות בלבושי יקרים ויתר חוקות זרים ולהשיאן לבני בלתי בני תורה הזו אשר ביקש מה' וכי יבקש אדם

מחבירו תן לי כך כדי שאהיה עושה בו לך מורת רוח הלא זה רחוק מהטבע ואיך יבקש איש כזאת מהשם ולכן המתפלל תמיד על כל צרכיו מה' לא במהרה הוא חוטא וכן אמר דוד (תהילים לז ה) גול על ה' דרכך וכו':

בברכת רצה ימסור נפשו לעבודת ה' ויעלה בלבו כאלו נעקד על גבי המזבח ואש המזבח יוקד בו והרי הוא עולה כליל לה' ויתאוה מאוד שיהרג על קידוש השם שהוא עולה כולו כליל לה' כי אם יכן לזבח צריך שלא יהיה בו מום ואם חוטא באיזה אבר הרי זה מום לא ירצה וקודם הקרבת הקרבן צריך תשובה ולכך כל סדר ברכות ותפלה קודם לזה צריך לתקן עצמו בתשובה לבל יראה בו מום וכאשר נאמר (מלאכי א ח) כי תקריבון עור או פסח או גזול וחולה חולי נפשות הירצה ה' אבל במוסרו עצמו על קדושת השם יתברך הרי אין כאן מום כי הרי סר חטאיו ולכך יתאוה להיות נהרג על קידוש השם יתעלה ויתפלל מאוד לה' שתחזור העבודה למקומה כי שם נעשה תיקון עולמים וי וי איך יערב לנו לאכול ולשתות קרבן שנ' בו ריח ניחוח לה' יוצר עולם ומלואו יש לו נייחא מקרבן ונאבד ממנו איך נוכל לינום ולא נשכב לעפר ונדום כי ניטל מחמדינו וע"ז דוה לבנו על הר ציון ששמם שועלים הלכו בו ונשבתה העבודה ובשברון לבב יתפלל שתחזור העבודה לירושלים כי היא תכלית השלמות:

ובאמרו ברכת ותחזינה ישים אל לבו שיזכה שיהיה בזכותו כי מה שהוא בזכותו יוכל לראות ומה שהוא בזכות אבות אינו יוכל לראות ולכך אשת לוט לא היתה יכולה לראות במפלת סדום שהיה בזכות אברהם הצלתה ולכך הבטיח הקדוש ברוך הוא לעתיד לבא יגאל ישראל בזכותם כמו דכתיב (ישעיהו סג טז) אברהם לא ידענו וכו' כי אם הקדוש ברוך הוא יגאל ישראל בזכות שסובלים גלות המר ומקבלים באהבה ומאמינים ביחודו ומצפים לישועה כאשר היה במצרים שנגאלו בזכות אמונה ולכך נאמר (ישעיה נב ה) כי עין בעין יראו בשוב ה' שבות ציון וכן בקשתינו ותחזינה עינינו:

בברכת הודאה יתן לה' שבח על נפלאותיו כי אין בעל הנס מכיר בנסו (נדה לא) ובכל יום יקרה לאיש הישראלי נסים רבים ואין מרגיש כדכתיב (תהילים קלו ד) לעושה נפלאות גדולות לבדו הרצון כי הקדוש ברוך הוא מכיר בנפלאות ונסים ואין בן אדם מכיר ולולי נסי ה' כבר ח"ו תמנו לגוע כי כל שרי מעלה ומזלות רקיע לוחמים נגדינו כדכתיב (תהלים נו ג) רבים לוחמים לי מרום וביחוד יתן הודאה על החזרת נשמתו כמבואר בזוהר (ח"ג קיט) האי מאן דיהיב פקדון לחבירו והוא חייב לו הלא תופס הפקדון בשביל החוב ואנן מפקידין כל לילה הנשמות בידו ומחזירן לנו בכל יום ואינו תופסן בשביל מה שאנו חייבים לו בעונותינו הרבים רוב החובות ולכך אמר בזוהר שיש ללמוד הימנו שאין לתפוס פקדון חבירו אפי' הוא חייב לו חוב ומאן דתפס לית ביה הימנותא קדישא ולכך אנו צריכים להודות ולשבח:

בברכת ישים שלום יש להתפלל על השלום כי אין כלי מחזיק ברכה אלא השלום (סוף עוקצין) כי הוא קשר

הנחמד והוא אחדות גמור של ישראל וכאשר יתפלל על השלום יתפלל שלא תהיה מחלוקת בישראל ולא יהיו קנאה ושנאה ותחרות כי כולם יהיו אהובים אחוזים ואחודים בתכלית היחוד ואהבה ואחוה וריעות ויהיו כל ישראל נפש אחת ויכוין לקיים ואהבת לרעך כמוך שהוא כלל כל התורה וזה יהיה בתכלית התפלה שהוא כלל כל התפלה ויתפלל שלא תהיה בו מדת כעס כי אם עניו לכל והוא במדרגת שלום כי במקום שהכעס מצוי אין שלום ואמרו בגמרא דיומא (דף כג) בכהן שנטל סכין ותחבו לחבירו בלבו בשביל שקדמהו לרוץ ולעלות בכבש ועמד רבי צדוק ואמר הרי הוא אומר כי ימצא חלל באדמה וכו' וערפו העגלה אנן על מי להביא על העיר או על העזרות ופריך בגמרא בירושלים מי מביאין עגלה ערופה ומשני הגמרא לעורר לב העם להרבות בבכיה ויש להבין מה לעורר בבכי יש כאן אמנם מה שנראה כי יש ליתן טעם למה באמת אין ירושלים מביאה עגלה ערופה וגם אמרו (סוטה מד ע"ב) נמצא סמוך לספר חוץ לארץ אין מביאין עגלה ערופה בארץ ישראל אבל הענין הוא מה שכתוב בנדרים (כב) בהאי דקם ושחטיה לחבריה מתוך כעס תמה ר"י ונתן לך לב רגז בבבל כתיב א"ל האי שעתא לא קעברו ירדן ע"ש הרי דלב לרגוז ולכעוס הוא מיוחד לחוץ לארץ ולא לא"י והטעם כי במקום קדושה אין כעס שורה רק במקום שריית טומאה ובמקום קדוש אין רוגז וכעס וכמו למעלה במחנה קדושים נאמר כולם אהובים כולם ברורים אין ביניהם שנאה ותחרות וכן למטה במקום קדוש אין כעס ולכך לב רגז בבבל כתיב כי שם אין קדושה כל כך וכן השיבו האי שעתא לא קעברו הירדן ופי' הר"ן ז"ל כי הרבה קדושות שלא נתקדשו בו ולמיעוט קדושה מתרבה הכעס שהוא מרכבת סטרא אחרא ר"ל וא"כ יפה אמרו נמצא הרוג סמוך לספר חוץ לארץ אין מביאין עגלה ערופה בארץ ישראל כי בחזקת שרוצח היה מחו"ל כי אילו היה מא"י לא היה לו לב רגז אבל כשהוא מחוץ לארץ יש לו לב רגז כאותו מעשה שקם חד ושחטיה לחבירו ואם כן ודאי רוצח מחוץ לארץ כי הוא עלול לכעס ורציחה ולכך אין מביאין בארץ ישראל עגלה ערופה וכן תמיד כל המקודש מחבירו אהבה יותר מחבירו ואין ביניהם כעס כלל וירושלים מקודשת מערי ישראל אף הכעס בפחות באנשי ירושלים והיתה האהבה עזה ביושבי ירושלים ולכך אמרו (סנהדרין ז) לא אמר אדם לחבירו צר לי המקום בירושלים כי כדהוי רחימתן עזיזא וכו' וא"כ נמצא הרוג סמוך לירושלים הרי זה בחזקת שאחד מאנשי חוץ לירושלים הרגו כי בירושלים נתמעטה מאוד מדת הכעס והיה לרוב קדושה רוב אהבה וחיבה ולאין ספק שאינו מאנשי ירושלים ולכך אין מביאין עגלה ערופה וא"כ אילו נמצא הרוג ואין יודעים אי היה רוצח מירושלים או מעזרה גם זה ברור שהוא מירושלים כי בעזרה הקדושה יותר ויותר תקועה האהבה בלב כל איש כי לפי רוב הקדושה כן רוב מיעוט הכעס אך זה כל זה שהקדושה היתה ולא גבר בעונותינו הרבים החטא אבל כאשר גבר

בעונותינו הרבים החטא ונסתלקה השכינה וגבר סטרא דמסאבא ובעונותינו הרבים ביותר סביב הקדושה יתהלכו רשעים וגברו כחות החיצונים והיה במקום קדושה ואהבה כעס וכמו שאמרו (ב"ב קט ע"ב קידושין ע ע"ב) כהנים קפדנים הם וכהן הוא מסטרא חסד ורחמים גמורים ואין בו כעס כלל כאהרן רודף שלום אבל בעונותינו הרבים נהפך הכל מקצה אל קצה וכן עזרה היה מקום רציחה שכיח כדברי יוסף בן גוריון בספרו ע"ש וע"ז מקונן ישעיהו (ישעיהו א כא) צדק ילין בה דהיינו צדקה וחסד ועתה מרצחים כי נהפך בעונותינו הרבים מעונג לנגע ואם כן עכשיו בעונותינו הרבים הספק במקומו אם ימצא חלל בין ירושלים לעזרה איך להביא עגלה ערופה כי הך כללא כי אין בעזרה כעס ליתא בעונותינו הרבים וזוהיא כונת רבי צדוק שראה בחכמתו חורבן הבית וסילוק שכינת עוזו כאשר התענה בשביל כך מ' שנה כנודע (בגיטין נו) כאשר ראה הכעס בעזרה שתחב סכין לחבירו בלבו הרגיש בסילוק השכינה ומקום קדושה נהפך בעונותינו הרבים ומקום צדק היה למעון מרצחים ובקש לעורר עם בבכי ואמר הרי הוא אומר כי ימצא חלל וכו' אנן על מי להביא על העיר או על העזרות כי מקדם היה בחזקת שרוצח הוא מירושלים כי בעזרה אין כעס כלל לרוב קדושתה כנ"ל אבל עכשיו נראה כי נסתלקה השכינה בעונותינו הרבים ובטלה הקדושה ויש כאן מרצחים וכעסנים וא"כ הספק במקומו כנ"ל ועל זה ידוו ויבכו כל ישראל אשר בית מקדשינו היה למהפכת זרים והיה מאמר זה החסיד והפרוש למוסר והתעוררות גדולה ליתן אל לבו כי ה' אין בציון ואין מלכה בה ולכן רבו המרצחים ומדת הכעס ועל זה געו כל העם בבכיה ויבכו לה' כי ראו כי בעונותינו הרבים אות חורבן ושממה כאשר היה באמת אחר כך ולכן תפלתינו להסיר כעס כי אם אהבה אחוה ושלום ובזה אות על רוב קדושת השם בנו כי לפי גודל קדושת המקום יותר ימעט הכעס ויתרבה השלום ואהבה ולכך אמרו (סנהדרין כד) על ת"ח בארץ ישראל נועם ועל ת"ח בבבל מחבלים ולכך תפלתינו שישים משכנו בתוכינו וישפות לנו שלום ולכך אומרים ולמקללי נפשי תדום שהוא למעט מדת כעס וחרון כי אם אהבה וזהו לאות על קדושה ולכך בערב יום כיפור שהוא הכנה ליום הקדוש והנורא צריך מחילה זה לזה וביטול הכעס ורבוי אהבה נעשה לאות כי הוא יום קדוש לאדונינו וזהו תכלית כונת התפלה שמוטל בחובת גברא על כל איש ישראל וביחוד בימים אלו שיש לאיש לפשפש במעשיו ולזכור כי הוא עת תשובה ואין הדבר תלוי אלא בו ואם ירצה איש יוכל להגיע לכל תכלית המדרגה ואל יתייאש איש מן התשובה לומר רב חטאי ואיך אפשר לשוב כי זה מעשה יצר הרע כאשר רואה כי אדם רוצה לשוב בתשובה מכביד לבו לומר איך אפשר לשוב וא"כ טוב לך שיהיה לך עוה"ז כי עוה"ב בלאו הכי נאבד וזהו תכלית מעשהו אבל איש חכם לא ישמע לקול דבריו כלל כי אין הדבר תלוי אלא בו ואין לך דבר שעומד בפני התשובה:

ואמרו בגמרא דע"ז (דף י"ז) על ר"א בן דורדיא שלא הניח זונה וכו' בשעת הרגל עבירה הפיחה ואמרה כשם שהפיחה אינו חוזרת כך אלעזר אין לו תקנה בתשובה הלך ואמר הרים וגבעות בקשו עלי רחמים ואמרו עד שאנו מבקשים רחמים עליך נבקש רחמים עלינו שנאמר כי ההרים ימושו וכו' ע"ש בגמרא עד סוף הענין וזה המאמר אין צריך לדקדק בו כי הוא כולו מוקשה וביחוד מה שבכה רבי בכיה זו מה טיבה אדרבה יש לשמוח שרבים חסדי ה' עד שבשעה א' קנה עולמו ותיקן אשר קלקל בשנים רבות אמנם הענין כך כי זאת הזונה ביקשה לזרזו לתאותו וחמדת העבירה ולכך הפיחה ואמרה כשם שאי אפשר להחזיר הפיחה דהא כבר נעשה כך אדם שחטא מה יועיל תשובה הא כבר נעשתה העבירה והקלקול והפגם וכל תשובה שבעולם לא תועיל לתקן את אשר כבר נעשה וא"כ דאין לך עוה"ב שמח בחור בילדותך וייטב לך בעוה"ז כי זה חלקך מכל עמלך ור"א ב"ד לא שמע לקולה ונתן לבו לחקור והנה חקר טיב החטא בשל מי הרעה למר ' בה' וחשב מתחלה כי רוחות רעות השוכנים בארץ הם המסיתים לאדם לחטוא והמה בעוכריו כדכתיב יפול מצדך אלף וכו' ואמרינן (ברכות ו) דקיימו לאדם ככסלא לאוגיא והם רק רע כל היום והם המסיתים לאדם לעבור פי ה' ומי יכול לעמוד באלו וידוע כי רוב מאלו שוכנים בהרים וגבעות מקום שאין מעבר לבני אדם ולכך העכו"ם עובדים לעבודת גלולים על ההרים אלהות ואין לך הר וגבעה שלא היה שם עכו"ם (ע"ז מה ע"ב) כי שם היה משכן רוחות האלה כמאמר חז"ל (חולין מ) גדא דהר כי שם עיקר חניית השר וממשל לרוח הטומאה ההוא וזו היתה תחלת דעת ר"א בן דורדיא ואמר הרים וגבעות יבקשו עלי רחמים הרצון כי אתם הגורמים לחטאי ולכך עליכם לבקש עלי רחמים והשיבו כי טועה הוא כי אין בכחם לעורר אדם לבטל דברי ה' ואדרבה דבר ה' יקום והמה יחלופו דכתיב (ישעיהו נ"ד ט) כי ההרים ימושו והיינו כדאמרינן במדרש כי כל מקום שחטאו ישראל יהיה הקדוש ברוך הוא לעתיד לבא מחליף ומעביר כדי שלא יהיה בושה לישראל (ילקוט שמעוני ריש האזינו) וזהו לאות כי אינם כדאים להחטיא ולהעביר לאדם על דעת רצון קונו בעל כורחו כי מה המה נגד דבר ה' ואחר כך חשב כי החטא הוא בסבת שפעת שמים וארץ שהמה דברים הפוכים ומתנגדים זה בכה זה בכה וכבר גזרו הטבעים כאשר יהיו פועלים דברים בלתי שוים אף המה יולידו דבר בלתי נאות כי דברים בלתי מסכימים יולידו דבר בלתי מקובל להטוב ולכך שמים וארץ שהמה פועלים באדם בלתי מסכים לפעולתם השונה זה רוחני בתכלית וזה טבעי חומרי בתכלית ולכך הנולד בלתי טוב ויפה אל הבריאה ותלה בהם החטא והמרי כאילו כרוך בתולדתו אמרו גם המה אי אפשר לבטל דבר השם כי המה יעברו בתוהו כדכתיב (ישעיה נא ו) כי שמים כעשן נמלחו וכו' ודבר ה' יקום ואם יפעלו דבר בלתי מזוג בטבעי מכל מקום אין בידם לפעול בן סורר ומורה בדבר ה' הגבוה מהם ואחר כך תלה כי הדבר תלוי במזל כי

יש נולד במזל להיות צדיק ופרוש ויש נולד במזל להיות זנאי ורשע וכאשר גזר מזלו כן יהיה ומי ילחם עם כוכבי שמים ומתחלה תלה הלידה והעיבור בחמה ולבנה לידה בחמה ועיבור בלבנה כמאמר הפילוסוף כי לידת אדם מהחמה והריון מהלבנה וכך אמר איוב (איוב ג ג) יאבד יום אולד בו ויחס הלידה לחמה ויום והלילה אמר הורה גבר הוא הלבנה אשר ממשלתה בלילה עת הריון ולכך שפט כי החמה ולבנה המה סיבה לחטא כי כך נוצר על ידי וקבעו בו טבעי לחטוא בכח התאוה והמרי ואף המה השיבו כי אי אפשר להם לבטל גזירת השם ומצותיו ואמרו שאף הם יבטלו בדבר ה' כמו דכתיב (ישעיהו כד כג) וחפרה הלבנה ובושה החמה והטעם גם כן כמש"ל לבל יהיה לבושה לישראל שחטאו בהם וממנו ילמד כי כחם נקל לבטל מצות ה' ודבריו ואחר כך חשב אולי הגזירה מפאת י"ב מזלות כי על פי תולדות אדם במערכתם ומבטם כאשר יטו לארץ מנהלם כן יהיה האדם אם לטוב אם לרע וכאשר באמת גזרו חכמי התולדות ואמרו הם הנותנים לאדם הרצון ובחירה אם לטוב לרדוף חכמה ומוסר אם לרוע לרדוף תאוה ומותרות החמדה ולכך תלה הדבר בהם אך אף המה ענו לו כי כחם נקל מלבטל מצות ה' כי הם יחלופו ויעברו וכו' ולכך האדם בעל בחירה מה' בתולדתו ואין דבר בעולם שיכול לעצור לו לעשות הטוב והרע כי כך גזר מחכמת הבורא לתת לאדם הבחירה מאין מעכב בשום דבר מן יצוריו הן גדולים הן קטנים ולא ישען אדם בדבר שקר לומר כי המה בעוכריו כי הוא לבדו גבר בעצמו לילך בדרך אשר יבחר אם בדרך טוב או רע לא ימאס כי ה' נתן לפניו ב' דרכים ואין שום דבר מעכב ומכריח כלל ולזאת הכיר שאין הדבר תלוי אלא בו והוא המורד במצות ה' מבלי טעם ומכריח ולכך שם ראשו בין ברכיו ובכה עד שיצאה נשמתו ויצאה בת קול שהוא מוכן ומזומן לחיי עוה"ב ויש להבין למה מת תיכף וצ"ל הן בקדושיו לא יאמין כי חשב אולי כאשר יחיה ח"ו יחזור לסורו כי יצרו רע והקדוש ברוך הוא חפץ בטובת ברואיו ולכך מת תיכף בעודנו בתשובה שלמה לפני המקום ולכך יש קונה עולמו בשעה אחת כאשר הקדוש ברוך הוא רואה אם יחיה לא יעשה טוב ויש קונה עולמו בזמן ארוך כאשר רואה הקדוש ברוך הוא אם יתמיד יוסיף בתורה ובתשובה ויראה ומעשים טובים ולכך בכה רבי כי ראה שאין לבטוח בעצמו שאם היום חוזר בתשובה יש לחוש שלמחר יחזור להוסיף לחטוא ולמרוד בה' ולכך צוח שלמה (קהלת ז א) יום המות טוב מיום הולדו ופשיטא שיש לבכות כי מי יודע מה ילד יום ואדם בכל רגע בחזקת סכנה אולי יגבר ח"ו יצרו עליו למרוד בה' ולכן ראוי לעורר בתשובה בעודנו בכחו לגבור על יצרו ולהחליש כחו ולבקש מהשם שיתן לו כח ועזר וסעד לגבור על יצרו כי הוא המסייע למבקשי תשובה כמש"ל כי ימינו פשוטה לשבים ליתן להם לב טהור ולחדש להם רוח נכון לקום נגד יצרם דהיינו בתפלה לה' שמסייע לכבוש היצר וה' פנה אל תפלת בעל תשובה כי לא בזה תפלתו כן אנחנו נתפלל לה'

שישלח עזרו מקודש להחזיר אותנו בתשובה שלמה והשיבנו ונשובה ונחדש ימינו כקדם ובא לציון גואל אמן:

דרוש ב'

תוכחת מוסר מה שדרש הגאון זצ"ל ט' טבת תקל"ד בק"ק מיץ יע"א:

נעים שיר זמירות לישראל כאשר החל לדבר מגבורת יצר הרע לפתות אנשים בחלקלקות לשונו לשון רמיה פתח ואמר (תהלים לו א) למנצח לעבד ה' לדוד נאום פשע לרשע בקרב לבי אין פחד אלהים לנגד עיניו וגו' וכבר התעורר המדרש שוחר טוב (שם) למה אמר בזה לעבד ה' ואמר כאשר נצח דוד לגולית ואמרו (שמואל א יח ז) הכה שאול באלפיו ודוד ברבבותיו אמר דוד הנצחון של הקדוש ברוך הוא הוא ואמר לך ה' הגדולה וכו' והנצח אמר הקדוש ברוך הוא אתה תולה נצחך בי אני אתלה אותו בך דכתיב למנצח לעבד ה' לדוד וכו' ודבר זה יותר קשה הבנה דמה ענין זה עבד ה' לדוד המורה על נצהון אם הוא מהשם ולה' יתייחס או של דוד ולו יתייחס והנה פשוטו של מקרא הוא כך כי כבר כתב הרמב"ם ויתר חכמי הדור על כת פריצים הפושעים ומורדים כי חושבים להיות כי כל כוונת מצות ה' בכונה שכלית כי לא יתכן מצות חכם שיצוה דבר בלתי השכלה ועל דבר משל ציצית הוא על ידי כך לזכור מצות ה' ולהשכיל באמיתת מציאותו וא"כ איפוא הם ימ"ש חושבים לרעה לאיזה צורך ציצית בהשכלה בלב וקביעת זכר למצות קדושת השם וכדומה די ובזה יפעל ענין וטעם הציצית וכונת המצות וכן הדבר בתפילין ושבת לדעת חידוש עולם וכי בו שבת וכי נברא העולם בששת ימי מעשה וכי הכה כל הבכור והרים ראש ישראל וקרבנו לתורתו ואם כן בהשכלה ומחשבה זו די ואין צריך לשמור בהנחת תפילין בגשמי או שמירת שבת וכדומה זהו תכלית המרי אשר פעל היצר הרע באנשים החוטאים בנפשותם אשר חשבו להשכיל ויעשו כונים למלאכת השמים וזהו בתכלית המרד והפשע אמנם בענין הלז וכדומה לזה במקצת פשתה נגע צרעת הזו בכל מחנה העברים בעונותינו הרבים אשר המון עם אומרים רחמנא לבא בעי וחושבים להיות לבבם תמיד עם ה' לייחד קדושת שמו ברבים ולאהוב אותו בתכלית בכל עבודות המסורות ללב בזה די ואינם מקפידים אם עוברים על מצות מעשיות ועבודת ה' בכל דבר וזהו אומרו נאם פשע לרשע בקרב לבי הרצון הואיל ועבודת ואהבת ה' תקוע בלבי אין עוד נפקא מינא במעשים חיצונים הנראים לעינים כי (שמואל א' ט"ז ז) אדם יראה לעינים אבל אלהים יראה ללבב ואם לבך שלם עם ה' מאי איכפת עוד במעשה הנראה לעינים וזהו אין פחד אלהים לנגד עיניו כי אין נפקא מינא בזה וזהו הפשע לרשע וזהו פרי חטאת יצר הרע בעונותינו הרבים אך באמת שקר הוא ומלים כזבים ולא יקומו רשעים במשפט ה' כי שניהם כאחד טובים רעותא ועובדא כונה ומעשה ואם כי כונה עיקר אבל צריך מעשה לעורר הכונה וכונה לעורר המעשה וידוע כי אנו לפני ה' בשתי בחינות

בחינת בן ובחינת עבד והוא זה בכונה לאהבה בלב הוא בבחינת בן כי הבן אהוב לאביו נפשו קשורה בנפשו ובאהבתו ידלג שור ולא כן עבד אמנם בבחינת המעשים ועבודת ממש הרי בבחינת עבד כי אין הבן עושה עבדות כמו עבד אשר זהו ענינו יום ולילה לא ישבות ולכך יש לנו שתי בחינות בן ועבד ולכך דוד בקומו להזהיר העם הישראלי לבל יפנו לקול היצר הרע להבטל ח"ו מעבודת ומעשה מצות וכי אין הדבר תלוי בלב לבד פתח ואמר לעבד ה' לדוד כי זהו בענין עבדות ה' ולכך אנו נקראים עבדי ה' היות אנו עובדים משמרת הקודש ובכתף ישאו וזהו נכון אבל כוונת המדרש דיש להבין ענין גולית בטעם ברו לכם איש וירד אלי וכו' (שמואל א יז ח) וכו' והמנוצחים יהיו למנצחים עבדים מה טעם יש לזה לא כמשפט הדת וטיב מלחמה שאל זאת ולא כן במשפט השכל כי בשביל שגבור אחד כובש גבור השני יהיו כל העם עבדים ואם יקר לו מקרה שיחלק על גבי קרקע מקום הלוחמים או שיפול חרבו מידו כמקרה הלוחמים אשר על ידי כך גובר השני יהיו כל העם עבדים וגם יש להבין מה שאמר דוד שחרף מערכות ה' מה חירוף יש לה' שאין בנמצא אצלינו גבור תקיף וחזק כמו גולית ולא בכח יגבר איש להשיג שלימות נפשו אדרבה מחוק וטבע תורתינו ורוב מצות מבלי להיות רק חלש ותש כח ולהכי נקרא שמה תושיה (סנהדרין קו ע"ב) ובפרט לא היה לפלשתים תמיד גולית רק בזמן אחד וכבר היו ימים שהיה לישראל גבור הוא שמשון המפורסם:

ויותר תמוה כשאמרו הכה שאול באלפיו ודוד ברבבותיו קנא שאול לדוד ואמר לי נתנו האלפים ולדוד הרבבות ועוד לו אך המלוכה (שם יח ז ח) שאין לו שחר כלל וכי בשביל זה תהיה לו המלוכה וכי בחרו הגבור למלך ואין זה מתנאי בחירת המלך הלא שאול עצמו הכריז מי שיכה גולית יתן לו בתו וכו' כי לבבו חלש ללחום אתו ואם המכה יהיה גבור ממנו וכי בשביל זה ימלוך בישראל אמנם להבין דע בשנבין גם כן במה שאמרו בגמרא דסוטה (דף לו ע"ב) ביוסף שבקש לעשות צרכיו ובא דיוקנו של אביו ואמר יוסף עתידים אחיך שיעמדו על אפוד רצונך שימחק שמך מתוכם וחזר בו ויש לאמר למה לא אמר לו שום דבר שפוגם ומורד בה' ובנשמתו רק בזה שימחק שמך מהאפוד ומה ענין זה להך דחטא עם אשת אדוניו והדבר תמוה עד שאין צורך להאריך אבל הענין כך כי כבר נבוכו רבים אם יש מציאות לחכמות וגזירות משפטי כוכבים והוברי שמים או לא כאשר הרמב"ם צחק עליהם אבל הראב"ע מגן בכל כחו בעדן והאמת כי ודאי יש לכוכבים כח לפעול בגשמים כי לא לחנם נתן ה' אותם ברקיע בגלגלים שונים ובאור גדול עולים ויורדים רצים ושבים אבל הוא אצלם כחולם חלום שיש בו מהאמת אבל צריך פתרון והנ"ל כי ודאי דגזרת כוכבים מורים דברים שיש בהן מהאמת כי מורין על דבר בדומה או דבר רחוק כמו פתרון חלום וזהו או מסיבת החוזה כי אי אפשר להשיג הדבר בשלימות או מפאת הכוכבים בעצמם כי השפעת השם בכוכבים

אינה כל כך פסוקה וחלוטה שתהיה גזירתם והוראת ענינם בשלימות ובפסיקות המוחלטת ודבר זה ההבדל וההפרש שהיה בין אורים ותומים ובין תרפים שהיו לכל מלכי אומות העולם כי התרפים היו לאו"ה בנוים על חכמת הכוכבים כפי מהלכם וקיטרון ואלכסונן כאשר התחכם הראב"ע פ' תצוה בענין אפוד ואורים ותומים שהיו על מתכונת הזו וכפי משטרי השמים אבל כבר חלקו עליו חכמי אמת כי לא כן הוא וזהו שהיה גם כן לחכמי הגוים ובהם התחכמו לדעת עתידות וקורות הזמן אבל לא הגיעו לשלימות ודבר ברור בלי ספק והקרא אמר (זכריה י ב) התרפים דברו און ולא כן אורים ותומים אפוד קודש שהיו בו השפעת רוח הקודש וענין נבואה שהיו דבריהם מוחלטים ותמים בלי שיפול בהם ספק או שיהיה פתרון בדרך דמיון או בדרך רחוק ומדומה רק הכל באר היטב ואמרו (יומא עג ע"ב) אורים שמאירים דבריהם תומים שמשלימים דבריהם ואפשר החכם הראב"ע ז"ל לא כדין מיליה שצייר תמונת מהלכי כוכבים באפוד ומרובע וכדומה כי את זה לעומת זה כגובה השמים למעלה מכוכבים באור השפעת אלהים בצורות הקודש וכסא הכבוד גם כן בדמותו מאורות גשמיים ויש בהם גם כן כל האופנים האלו ועולם התחתון מכוון לעולם עליון כאשר ישכילו חכמי אמת בזה (זו"ח בראשית י"א) ואין כאן מקומו להאריך אבל זו ההבדל בין אורים ותומים לתרפים ובזה נפלינו מכל העכו"ם אשר היו על פני האדמה וזהו לאות כי אין בגזירת הכוכבים דבר ברור דאל"כ מה טיבם של אורים תומים ומה כל החרדה הזו כיון שיש כח בטלמסאות העשוים ע"פ גדרי כוכבים להגיד כל דבר שהשלימות בו לחכמה וזה פשוט:

והנה הא דיוסף לעשות צרכיו נכנס ודאי אין זה מחמת רוע לבב לחמדת יצר לרוע רק כדאמרינן (רש"י פ' וישב לא א וכן במדרש) שהוא טעה כי ראה באצטגנינות שתתדבק ביוסף וחשב שהיא היא ולא כן הוא כי רק זרעה כי אסנת נשאה ליוסף וא"כ זו כי שניהם התחכמו וראו על פי חכמת הכוכבים וגזרת המזלות וההולדות כי שניהם ידבקו ומאתם יצא זרע אמונים אשר יעשו חיל בישראל ולזאת התחכם יוסף והוא לעשות צרכיו כי חשבו שאין כאן ביטול כפי גזרת השמים ואין בזה דבר כוזב וא"כ ראוי איפוא להתדבק בה כפי הראוי לה מפאת התולדה ולהוליד זרע קודש:

אמנם יעקב בא והוכיח לו שאל יבטח בזה כי אין הוראתם וגזירתם אמת ויש בהם מהטעות והדמות בעלמא כמו פתרון החלום כי זה יורה על זרעה וכדומה אבל לא שיחטאו לאלהים ליקח אותה והיא בעולת בעל ולזה אמר לו אם אתה חושב שיש אמונה בגזירת הכוכבים מבלי שגיאה וטעות אם כן לעתיד יעמדו אחיך על אפוד ואתה לא תהיה בתוכם כי לדעתך אין צורך לאפוד כלל כי התרפים מעשה ידי אדם הבנויים על משפט הכוכבים כנ"ל מורים גם כן כזה וא"כ איפוא למה לו אורים תומים וא"כ ימח שמך מתוכן ומזה השיג יוסף כי אין אמונה בגזירת הכוכבים ואף הוא פירש מאתה ואחר כך נתקיימה גזירת

הכוכבים באסנת בפתרון החלום ודבר זה הוא במזל ישראל כי כפי מזל ישראל מורה שתמיד יהיו נוחלי אברהם עבדים עם שנאוי ובזוי ולכך אמר אברהם שהי' חכם באצטגנינות שבן משק ביתי ירשני להיות עבד והקדוש ברוך הוא אמר לו (שבת קנו) צא מאצטגנינות שלך כי אני אשדד המזלות אבל מכל מקום לתת להם קיום במקצת כפתרון חלום שאמרו אם אין כולו מתקיים מקצתו מתקיים אמר (בראשית טו יג) ידוע תדע כי גר יהיה זרעך וכו' וזה הוא לקיים מקצת גזירת הכוכבים בעבדים ודע כי ענין מלך לאומה עד שאמרו (אבות פ"ג מ"ב) הוי מתפלל בשלומה של מלכות וחולקים כבוד למלכות אפילו למלכי אומות העולם (זבחים קב ע"ב מנחות צח) ותקנו ברכה בראיה שלהם (ברכות נח) והוא כי השפעת המזל לאומה הוא למלך וממנו יושפע לכל האומה והוא תיכף אחר המזל ולכך אמרו (בראשית רבה פט ד) אין דומה חלומו של מלך לשל הדיוט כי חלומו על כל העולם היות הוא מושפע מהמזל בכלל העם ואחר כך מחלק והוא שני להמזל אך זהו במלכי אומות העולם אבל מלכי ישראל גבוהים הם מהמזל והם תיכף מקבלים השפע משכינה ומחלקים בישראל וזהו (דה"א כט כג) וישב שלמה על כסא ה' שמקבל השפע מכסא כבוד ואמרו (חגיגה יד) די כרסון רמיו אחד לו ואחד לדוד כי דוד מקבל תיכף מכסא כבוד:

אמנם זה אינו בכל המלכות רק במלכות בית דוד שהיה הבטחת כסאו כשמש נגדי (תהילים פט לז) הרצון כמו המזל שמכונה בשם השמש כנודע כי השמש ראש למאורות המזלות כן יהיה כסאו שהוא יקבל ממנו כמו השמש ויהיה שוה למזל ולא ישב תחת המזל אך זהו במלכות בית דוד אבל מלכי ישראל אינם במדרגה זו והם תחת המזל ולכך ישראל ששאלו מלך ישראל כי ידעו שעדיין לא הגיע זמן למלכות בית דוד אמרו (שמואל א ח ה) תנה לנו מלך וכו' בכל הגוים היינו שיקבל השפע מהמזל כמו שאר מלכי גוים ולזאת קצף שמואל עליהם אף כי מצוה היא להקמת מלך כמבואר בתורה וכמו שהקשו כל המפרשים אבל הקצף היה ששאלו מלך ככל הגוים תחת המזל ולא כן חלק יעקב ולכך אמר שמואל (שם יב יז) הלא קציר חטים היום אקרא לה' ויתן קולות ומטר ודעו כי רעתכם רבה וכו' לשאול לכם מלך ולכאורה אין מזה ראיה שיהיה מטר לקול תפלתו שהרעו לבקש מלך אבל לפי מה שכתוב ניחא כי הראה להם כי הם למעלה מהמזל ובתפלתם יש כח לשדד המזל כי בניסן אשר כפי משטרי המזל אין זמן הגשם והקולות והברקים ובתפלתו יעשה מול חוק המזל וסדר הזמן ואם כן כשהם למעלה הרעו אשר עשו שבקשו מלך ככל הגוים היושבים תחת המזל ולגדולה מזו המה מתוקנים וא"ש:

והנה ענין גולית שבא אחר כך בימי שאול ולא בא מקודם כאשר הכה יהונתן מצב הפלשתים הוא כי נודע כי כל אומות קדמונים כל הנהגות שבתם וקומם היו ע"י קסמים מעונן ומנחש בחכמת הכוכבים וכאשר ידעו כי הם במערכה גבוהה וטובה היו לוחמים וכאשר ראו כי מערכתם שפלה היו

נסוגים אחור וזה היה כל ענינם כנודע מענין עמלק וכדומה שהיה הכל על פי חכמת הכוכבים ולכך גולית כאשר ראה כי מזלו בגרם המעלה עד מאוד ובתכלית הצמיחה אז גאות לבש ואזר חיל להלחם כי ראה כי מזלו יקום לו ולכך אמר (שם יז ט') האיש הישראלי ילחם עמי ופרש"י ומדרש שאול כי להיות שאול מלך ושני למזל ישראל עליו להלחם עמו ולראות מי מהמזל יצליח וזהו שהיה טענת גולית כי כבר כתבנו כי מפאת מערכת כוכבים יחויב שיהיו ישראל עבדים רק הישראלים חושבים היותם למעלה וחוץ למזל וע"ז אמר שיהיו לוחמים עמו והוא בגרם מעלות המזל והוא ינצח המופת כי גם על ישראל שולט המזל ומזלו יגבר וא"כ ראוי שיהיו ישראלים עבדים כפי משפט מערכת הכוכבים ואם ינוצח זהו לאות כי ישראל למעלה ממזל כי מזלו בתכלית הצלחה וא"כ יחויב שכל עמים היושבים תחת המזל יהיו לישראל הנשגבים ממזל לעבדים ולכך הלך גולית ויתיצב ארבעים יום (שמו"א יז טז) כנודע כי מזל צומח בגרם המעלה הוא לערך מ' יום וכן להיפך ולכך מ' יום היה הגשם על הארץ וכן מ' יום יצירה (ברכות ס נדה ל) וכדומה כי במ' יום ימי עליה וירידה ובאמת רפו ידי ישראל להלחם בו עד שבא דוד אשר כבר נמשח משמואל וכבר עלה למעלה ממדרגת המזל כהנ"ל ולכך הוא אמר לגולית (שם פסוק כו) כי חרף מערכות ה' להיותו חושב כי הכל במערכות הכוכבים ולא במערכת אלהי ישראל אשר למעלה ממערכת הכוכבים ומשם השפיע לישראל ולכך יצא נגדו להלחם בו

ואמר היום שאז היה מזלו ברום גבוה אמר שה' יתנו בידו וכבר נודע כי כל מזלות שהם בונים למנהיגי עולם הם שמו לישראל למשיסה ולעבדים ולכן אמר דוד (תהילים קיח יב) אבן מאסו הבונים היינו מזלות הנ"ל היתה לראש פנה והוא כי מאת ה' היתה זאת ואמר שהגביה קרן ישראל למעלה ממזלות והוא באמת פלא הענין ונפלאת היא בעיניו ושבעה כוכבי לכת הם נקראים רועים כי הם הרועים לעולם ולכך נאמר בשיר השירים (שיר השירים רבה א ח) משכנות הרועים על אומות העולם ולעומתם יהיו לנו לעתיד לבא שבעה רועים אבל ה' רועה ישראל נוהג כצאן יוסף והוא המרים אבן מאסו הבונים וזהו שאמר יעקב (בראשית מט כד) משם רועה אבן ישראל והבן וזה שלבש דוד בכלי הרועים ושם אבן בילקוטו שהוא אבן ישראל הרועה ה' ומזה הכניע לגולית ופצע מצחו ובזה תבין חכמת הבתולות המשוררות הכה שאול וכו' כי ידוע כאשר ה' הסתיר פניו מעמו ונתן ישראל לרשעים בעונותינו הרבים לבוזזים אין הקדוש ברוך הוא עושה להם נס כי ח"ו לא יעשה רחמנא נס לשקרא ולהרע לישראל רק מניח אותנו תחת ממשלת המזל ובזה אנו נכנעים ושחים לעפר כאשר כתבתי אשר כוכבי וכסילי שמים נלחמו למולנו דרך קשתם כאויב וא"כ כל מה שתמצא שהיו אומות העולם לאל ידם לעשות נגדנו הוא מפאת המזל ולא מפאת הנס והנה בקללת האזינו נאמר (דברים לב ל) איכה ירדוף א' אלף הרי ראיה כי מפאת המזל כן ולא מפאת הנס מי שהוא בגובה המזל וכנגדו הוא

בשפל המזל יוכל לרדוף א' אלף אבל יותר אי אפשר למזל לפעול כי אילו היה אפשר למזל לגרום שא' ירדוף יותר מאלף אף גם באומות העולם נגד ישראל היה כן כי מזלם בתכלית המעלה ואנחנו בתכלית הירידה ולא נאמר בקרא רק א' מאלף וא"כ אם תמצא שא' רודף יותר מאלף אות וראיה שהוא מעזר ה' ולא מהמזל וזהו מה שנאמר (תהילים צא ז) יפול מצדך דהיינו מצד שמאל שהוא בצד המזלות ועולמות תחתונים מהקדוש ברוך הוא שהוא מצדך אלף אבל מה שהוא מפאת עזר ה' בלי כוכבים ומזל וזהו מימינך ימין ה' רוממה למעלה מכוכבים רבבה וזהו כי כבר כתבנו כי שאול היה מלך תחת המזל כנודע ולכך לא היה יכול להלחם בגולית ולא היה יכול להכות יותר מאלף אבל דוד שהיה למעלה מהמזל ולכך הכה גולית והוא בצד ימין ה' כדכתיב (תהילים קי א) נאם ה' לאדוני שב לימיני והכה ברבבות וזהו מאמרם הכה שאול באלפיו ודוד ברבבותיו ושאול הבין זה ואמר אם כן עוד לו המלוכה כי בזה לו יאות יותר המלוכה ממני שנתנו לו רבבות ש"מ שהוא למעלה ממזל וזהו הראוי להיות מלך ישראל ולא מלך ככל הגוים כהנ"ל כי זהו עיקר טיב המלוכה ולכך נתקנא בו וא"ש:

אמנם ודאי שאף שאנו למטה מהמזל כעת בגלות מכל מקום לא ימלט שהקדוש ברוך הוא למען שמו הגדול לבל יתחלל עושה לפעמים נס למעלה מהמזל והטבע וזהו שחשב דוד בהריגת גולית לרוב ענותנותו לא שהוא למעלה מהמזל רק היה לבל יתחלל שמו ולבל יאמרו הגוים ידיהם רמה פעל זו בדרך נסי ושדד מערכות מזלות גולית ולכך יחס דוד נצחון זה להקדוש ברוך הוא כי ממנו יצא והוא שהטיב עם ישראל ואמר (דה"א כט יא) לך ה' וכו' והנצח כי בידך לנצח הכל וכבר ידוע מה שכתוב המפרשים במה דאמרו (מגילה יד ערכין י) דאין אומרים הלל בפורים דאין אנו עבדי ה' רק עבדי אחשורוש כי כאשר אנו למעלה מהמזל נקראים עבדי ה' וכן היה ביציאת מצרים שהיה הכל נס מוחלט ומופלג בלתי ישועה בשום חלק ממערכות המזלות ולכך אומרים הללו עבדי ה' משא"כ באחשורוש שהיו נשארים תחת המזל כי נס המן היה מפאת הטבע ובעל הרחמים סבב סבובים שיהיה ישועה לישראל בטבע מאשת המלך ומרדכי שהצילו לאחשורוש ממות של בגתן ותרש ולכך לא נקראים עבדי ה' רק עבדי אחשורוש כנודע כי מלך הוא מרכבה למזל וזהו ענין שהקדוש ברוך הוא תלה נצחון בדוד להיותו למעלה מהמזל והוא יושב על כסא ה' ולכן היה סיפק בידו לנצח לגולית ולזה קראהו ה' לדוד עבד ה' ועבד השם מורה שאינו תחת המזל רק למעלה מהמזל כנ"ל בעבדי ה' וזהו לאות כי לו יאות הנצחון ותלוי בו והנה לבאר אמרו נאום פשע לרשע זולת מש"כ לעיל הוא כי באמת עיקר כוונתי בזה הדרוש לא להרבות בדרוש בביאור מדרשים ואגדות כי אם לחפש דרכנו ונחקורה בעונות שבידינו אשר בעונותינו הרבים אדם דש בעקבותיו וקבעתי יום זה כי ימים אלו יום ח' הועתקה התורה לתלמי מלך מצרים ליונית והיה חושך ג' ימים (שו"ע או"ח סימן

תק"פ) וכן יום ט' לא נודע מה היה בו מהצרה ויו"ד בו צר מלך בבל כנודע ובאמת על מה שלא נודע בט' בטבת מה היה בו כבר אמרתי בפעם אחרת ענין הדבר אבל גם זהו תדע כי לעולם כאשר לאחר חצי היום השמש למערב נוטה ונטו צללי ערב כבר החל ענין יום הבא ולכך בחרבן ביהמ"ק בעונותינו הרבים עיקר היה ביו"ד אבל בט' נטו צללי ערב החל הצרה והשממה בעונותינו הרבים וכן תמיד ולכך בערב יום כיפור כאשר נטו צללי ערב כבר החלה קדושת יום הכיפורים וקבעו חז"ל במנחה להתודות ואמרה התורה ועניתם בתשעה לחדש בערב היינו אחר חצות ודרשו חז"ל (ברכות ח ע"ב פסחים נח ע"ב ראש השנה ט יומא פא) כל האוכל וכו' ועיקר הסעודה אחר חצות וכן בט' בטבת לאחר חצות כבר נטו צללי ערב מיו"ד בטבת יום צרה ומבוכה יום הרע אויב בקודש לצור על עיר ויום ההוא קשה לישראל למאוד יותר מיום חורבן הבית כי ט' באב אינו דוחה שבת ואילו יו"ד טבת לפי קביעת קדמונים שהיה אפשר להיות בשבת כבר כתב הב"י (או"ח תק"נ) בשם אבודרהם כי דוחה שבת כמו יום הכיפורים ומזה מופת כי צרה גדולה היתה וכל התחלות קשות (זוהר ב קפז) וכיון שכבר הותרה הרצועה מלמעלה לצור על עיר כבר אחר כך היתה הדרך כבושה לפני אויבי עמו לעשות כאשר זממו בעונותינו הרבים ולכן אף ט' בטבת מהצרה והתוכחה כי בחצי היום נטו צללי ערב ליו"ד ולזאת ראו איך זה לעומת זה בד' תקופות בשנה מכוונים פעמים לטובת ישראל ופעמים לרעתם כי ט' ויו"ד תשרי לטובת ישראל קדושה וסליחה ג' חדשים אחריו מכוון ביום ט' ויו"ד טבת יום צרה וצוקה ואחר כך בג' חדשים לאחריו יו"ד ניסן יום ישועה לישראל כנודע משבת הגדול כי עיקר הנס היה ביו"ד ניסן וביו"ד ניסן נבקע הירדן כנודע (יהושע ד יט) ואחריו ט' יו"ד תמוז הובקעה העיר בראשונה כמבואר בירושלמי ותוספות ראש השנה (דף יח) ד"ה זה תשעה בתמוז שבו הובקעה העיר היינו בראשון דבראשון ביו"ד הובקעה וא"כ ראוי לנו להתחזק בימים אלו לקבוע יום תשובה אולי ירחם ה' עלינו כי בעונותינו הרבים עיני עוללה ויורדת מים עד מתי לא עלתה ארוכה לשבר בת עמי נקומה נא ונסבב בשל מי הרעה ולזאת אף כי יודע אני מכף רגל ועד ראש אין בי מתום בעונותינו הרבים מכל מקום קמתי לעורר לב העם בתוכחה אולי אבנה אנכי מכם כי טוב המוכיח הוא לשני תועליות א' הוא מה שאמר שלמה בקהלת (קהלת ד ח) טובים השנים מן האחד וגו' כי אם יפולו האחד יקים את חבירו ואילו האחד שיפול אין שני להקימו הרצון כי לאדם תמיד מלחמת פנימית ביצ"ט ויצר הרע כנודע שהוא בחינות גופי חיצונים שהוא בחינת שד ופנימות בהירות שהוא בחינת שדי וא"כ מי יכריע זה בכה וזה בכה אבל שהמוכיח בא ומזהיר לעשות טוב ולא רע הרי מצא יצ"ט עזר מצדו וטובים שנים מאחד ויצר הרע בטל במעוטו ונפל מי יקימו ולכן אסור להתחבר לרשעים כי אז ליצר הרע הרוב ויצ"ט אחד נפל ואין מקים בעונותינו הרבים זהו טעם

א' למוכיח אבל עיקר טעם כי בעונותינו הרבים אין אדם רואה נגעי עצמו ויתהלך במישרים וכל אדם יאמר אני צדיק מה פשעי ומה חטאתי חף אני מעון ועל כל מעשה ומעשה יש לו אלף אמתלאות ואין אדם רואה חובה לעצמו (שבת קיט כתובות קה) אבל המוכיח הוא המחפש מטמונות ומזכיר נשכחות זהו עון פלילי וזהו עון גדול כך וכך והשומע ישמע והנה רואה כי אך לשקר שמר ימיו וחשב כי אין בו עולה ועכשיו כל שמעו תצילנה אזניו כי רואה לרגעים תבחננו איזה רגע בעונותינו הרבים בלי עון ומכשול קטון וגדול שם הוא אבל היצר הרע מתחכם על כך ומה עושה משניא המוכיח בעיני אדם ואומר לו מה לך לשמוע דבריו הלא כבר נודע בין החיים לעבוד את ה' והלא מלתו אמורה כהנה וכהנה בספרים וכדומה ומה לך לסבול דוחקא דבי כלה וזמן ארוך בבית הכנסת ומי יודע לאיזה פנים מלתו אמורה ומי יתן החריש יהיה לו לחכמה וכהנה מוסיף שנאה עד שאינו שומע לקולו ובזאת האיש הזה הולך לטומאתו טומאת יצר הרע וחושב כי ישר מפעליו ולא עולתה בו ולכך אמרו חז"ל האי צורבא מדרבנן דסניא ליה בני מתא משום דמוכיח להו במילי דשמיא כי זהו מתחבולות יצר הרע להשניא המוכיח בעיניהם אפס הם בחושך ולא יראו אור וזהו מאמר דוד ע"ה (תהלים לו ב) נאם פשע לרשע בקרב לבי היצר הרע חוקק לרשע בקרב לבו שלא חטא כלל וצדיק וישר הוא ואם כן אין לך לפחד כלל ממדת הדין של השם כי צדיק אתה ולמה יפחד לבבך וזה אין פחד אלהים זהו מדת הדין לנגד עיניו באמרו צדיק אתה ולא פעלת עולה אך שלא יבא מוכיח וימצא לו עונות רבות ופשעים וא"כ יהיה נגלה שקרתו מה עושה כי החליק בעיניו מפתה לרשע בקול חלקלקות לשונו למצוא עונו הרצון למוכיח שמוצא עונו ומברר פשעיו לשנוא שיהיה שונא אותו ולא ישמע בקולו כלל וא"כ תהיה דרכו כסל למו בטעות שלא חטא כלל עד כי יגוע לא יסור שטותו וימות בלא דעת וזהו מתחבולות היצר הרע ולכן עם ה' בנים אתם לה' אל תשמעו בקול לשון חלקלקות שמעו בקולי אף שאני מרבה במוסר נאמנים פצעי אוהב ונעתרות נשיקות שונא (משלי כז ו) יצר הרע קומה נא נחפשה דרכיך למצוא אחת לאחת למצוא חשבון אם הדבר כן כי כנים אנחנו לא סרנו ממצות ה' או לא ראשון בענין חילוק ופירוד לבבות בישראל היא עבירה שגוררת עבירות רבות ואם מצות ואהבת לרעך כמוך כוללת כל התורה וצוה האר"י לאומרה קודם התפלה שמקבל עליו מצוה זו אנחנו הולכים בתר איפכא כי שונא לרעהו כמוהו כי שונא לחבירו ושונא לנפשו הלא ממצוה זו יסתעפו פארות רבות כי אם אינו אוהבו בלבו בעונותינו הרבים כאשר רוב ישראל המונים נחת ינחתו בשמעם דבת ותקלת חביריהם מלבר שעוברים על מצות לאהוב ישראל עוברים על דבר שקר כי בפיו יאמר צר לי אחי ובלבו ישים ארבו ואדמהדר אפיה יצחק ויאמר כן יאבדו וכדומה ומסתעף ממנו אם מתכבד בקלונו דכל המתכבד בקלונו של חבירו אין לו עולם הבא ח"ו (ירושלמי

חגיגה ב א) עד שלבסוף חושב רעה איך לדחות אבן אחר נופל הן מחמתו והן מגיריה דיליה כח כחו כגופו דמי העיקר שרואה בחבירו דבר עבירה ואינו מוחה כאילו לא ניתן הדבר להוכיח רק לרב ומורה אדרבה אם אני מוכיח היצר הרע מפתה לאדם לאו כל אדם יהיה רב לשמוע בקולו ואילו הייתי רב הייתי גם כן כמוהו וכהנה שבושים אבל אם חבירו עמיתו יוכיחו אל בני אל אחי כלך מדרך זו מה הנאה יש לך בעשותך מול רצון התורה ולומדיה וכהנה ודברים אלו יפעלו פירות ביותר מאלף תוכחות שלי ולכך אמרו (אבות א ו) קנה לך חבר ולא קנה לך רב כי חבר טוב תועלת יותר מרב וזהו הכלל נכלל בכלל אהבת ישראל זה לזה כריע כאח כי הלא אב אחד אלהי ישראל לכולנו ולמה נחבל בעצמינו והלא כת חנפים ושקרנים אינם רואים פני שכינה (סוטה מב סנהדרין כג) ואם אדם בלבו שונא לחבירו לא ימלט מזה להחניף ולשקר בעמיתו אבל מרפא חולי זה הוא הדבר כאשר יתן אדם ללבו ימים באים וגם שנאתם וגם קנאתם אבדה ומי יודע מה יולד יום היום אני אויב מחר אוהב וכן להיפך ומה אני נבהל לתמורת הזמן כהפכפך איש זר טוב לי לאחוז בתורת ה' ודורשיה לא יכשלו והנה עיקר קיום ומצב ישראל הוא בהתחברות ואחדות כי זה למול זה אנו אומרים ה' אחד והוא אומר ישראל גוי אחד ואם כן צריך להיות אחדות גמור מבלי לשקר ח"ו בחותמא דמלכא קדישא ישראל אשר בך אתפאר כי באמת כבר דרשתי פעמים רבות כי יש בישראל יותר פאר לה' מבחמה ולבנה וכוכבי שמים כי אם הם מעידים תוקף מפעלות ה' כדכתיב וכמושג בחוש מכל מקום הא יש הרבה מכופרים פילסופים חכמים בעיניהם שחושבים כי עולם קדמון ואין בורא לשמש וירח ומהלכי שמים וטבע עשהו מקדם קדומים וכמנהגו נוהג וכמה טרחות טרח הרמב"ם לסתור דעת אריסטו בספרו מורה נבוכים מהשכל וכמעט לא עלתה בידו אמנם ישראל אשר כל עסקיהם ושבתם וקומם הכל נסי כי הלכו מגוי לגוי ואין א' שבידו לכלותם אף כי כל מחשבות עמים לרוע וכהנה הביטו צור מחצבתנו תולדות אברהם יצחק יעקב הכל בנס מוחלט כי שרה בת צ' הולידה אחרי בלותה היתה לה עדנה וזהו מברר שיש בורא מחדש ברצון ונפשו אותה ויעש וכזה שאמר ברבה (בראשית רבה פנ"ג ח) ויעש ה' לשרה כאשר אמר שהוסיפה על המאורות כתיב הכא ויעש וכתיב התם ויעש ה' שני מאורות וכו' וזהו הכונה כי נס של עשיה זו שהולידה יצחק היה יותר נס מוסיף לספר גבורת ה' מן המאורות שעשה ה' להאיר לכל עולם אף שיש בו מגבורת ה' כי בהם יש מקום לכופרים לכפור משא"כ בלידת יצחק הודו כולם כי לה' נתכנו עלילות וזהו שהוסיפה על מאורות וזה פשוט ונכון אבל אימת מתפאר בהיותנו גוי אחד בלי פירוד וחיבור מוחלט ועצום כי הקדושה צריך הכל בחיבור ובלי פירוד כלל יתפרדו כל פועלי און וכמו אמרו ביומא (דף כב ע"ב) כתיב והיה מספר בני ישראל וכו' וכתיב אשר לא ימד ולא יספר ומשני כאן בעושין רצונו וכאן באין עושין רצונו ויש להבין למה תליא בזה מספר ישראל

וגם אסור לספור והסופר מביא ח"ו קצף ונגף כאשר היה בימי דוד שמנה ישראל אבל ענין מה שאמרו חז"ל (ברכות מט ע"ב) אל יוציא אדם עצמו מהכלל ובזוהר (ח"א קס ע"ב) הוסיף יותר בשונמית שאמר לה אלישע היש לדבר לך אל המלך היינו הקדוש ברוך הוא ואמרה לו תוך עמי אני יושבת דלא לפקוד לה מכללא דישראל והטעם מבואר כי נידון עולם בתר רוב ורוב ישראל ורוב מעשיהם כשירים אבל אם יבוא לדון לכל א' בפני עצמו מי גבר אשר לא ימצא בו מומים רבים ונגעים פצע ומכה טריה בעונותינו הרבים ולכך אסור לספור לישראל דכשהן בכלל א' הם נדונים דרך כלל אבל כשאתה מפרידן וסופרן א' לא' אף המשחית ושטן מביא לכל א' חשבון יפקדנו מעשיו בפרט ומי יצדק בדין ולכך חס ושלום יצא קצף ויהיה נגף ח"ו כאשר קרה בימי דוד אך זהו אם רוב ישראל צדיקים אבל אם ח"ו נהפך שרוב ישראל רשעים אם כן אדרבה יש למנות כי אם נדון בתר כלל ורובא יצא חמת ה' אף על צדיקים אמנם במספר יפרדו איש מעל רעהו רשעים יהיה משפטם חרוץ וצדיקים ינצלו ולכך אמרו (ברכות לה ע"ב) כשעושין רצון ה' לא ימד ולא יספר כי המספר אסור משא"כ ח"ו באין עושין רצונו אדרבה המספר צורך גדול למלט צדיקים ונקיים שבדור ולכך היה מספר בני ישראל ובזה תבין מה שאמרו חז"ל (ב"ב קכג) בפרטן אתה מוצא ס"ט ובכללן ע' ולמה כך אלא כמ"ש כי בדבר נפרד אין שכינה שורה כי כל קדושה היא באתר דיחודא ולכך כשישראל עושין רצון המקום וה' שורה אתם אין לסופרם להורות על דבר פרידה ח"ו כי צריך להיות ביחודא וידוע במדרש (פרדר"א פל"ט) וזוהר כי שכינה השלימה מספר ע' ולכך בכללן כשכוללן יחד אז השכינה שורה ואתה מוצא ע' אבל בפרטן עלמא דפרודא אז אין השכינה שורה ולכך אי אתה מוצא רק ס"ט ומזה תבין אמרם (ב"ב שם סוטה יב) כי יוכבד נולדה בין החומות היינו בין גבול ארץ ישראל למצרים והיא השלימה ויש להבין למה היה כך שכל ס"ט נולדו בא"י בצאת יעקב ויוכבד לבד היא שהשלימה בין חומות ולמה דוקא בין מצרים כנ"ל אמנם הענין מובן כי מספר ע' היה מספר מכוון לע' שרים כנודע ולא היה יכול להיות לא פחות ולא יותר וידוע כי מעולם לא ירדה השכינה בחוץ לארץ ואף דנאמר דירדה שכינה היינו רק הארה בעלמא אבל מעולם אין שכינה שורה אלא בארץ ישראל כמבואר בגמרא (מועד קטן כה) ובזהר (ח"א קסו) ובס' טוב ארץ והשכינה השלימה אך זהו כל זמן היותם בארץ ישראל אבל בהגיעם לגבול מצרים אז פסקה השריית שכינה גמורה ואם כן חסר ע' ולכך תיכף באותו פעם נולדה יוכבד להשלים החסר ולכך לא היה אפשר שתהיה נולדת מקודם כי אם כן היה ע"א בצירוף השכינה ולכך לא נולדה רק בגבול מצרים זה מסתלק וזה נולד אל יחסר המנין ואם כן ראו כמה טוב החיבור ואהבת ישראל כי האוהב לחבירו ישים ללבו לא מצידו רק להיותו עבד ה' בן אל חי ואני מחוייב לאהוב ה' בתכלית האהבה ואיך לא אאהוב בנו ועבדו נאמן ביתו אשר

ידעתי כי הוא משגיח בטובתו וחפץ חסד להטיב עמו הלא מגדר אוהב לאהוב כל אשר בשם אוהב יקרא אף כי לאנשי ביתו חסים בצל קורתו ואם כן אהבת ישראל שרשו מאהבת ה' אשר זהו חלקנו ומנת כוסנו אבל בעונותינו הרבים גם אהבת ה' אינו שלימה אצלנו כי איך אוהבים אותו בכל לב בעזבם שקידת תורתו וההשגחה להרבות גדיים ותיישים אוי לי אמי כי ילדתני בראותי שפלת הדור בכל חלקי אירופה ממש אין ישיבת לומדי תורה לשמה ישיבת לומדים מומחים שוקדים על התורה בעומק הלכה של אמת אלא בעונותינו הרבים בפלפול של הבל מבלי הודה על האמת אין דורש להבין דרכי התורה על בוריה ואליכם אישים אקרא זכו לחולקכון שעוסקים בתורה בתמידות מחיל אל חיל ילכו אבל כל למודכם גמ' משניות מדרש של"ה ואין אחד נותן ללב ללמוד או"ח על בוריו לדעת הלכות תפילין ציצית תפלה ברכות נט"י ובהמ"ז הלכות שבת והלכות יו"ט על בורים אשרי איש שימלט ולא ישגה בהן כי בהן הלכות רבות והידיעה להמונים מעוטה ובפרט דיני מוקצה מלאכת שבת וי"ט וחוה"מ ברכות הנהנין וכדומה ואחשה מיו"ד כי יש בהן דינים לא דיני איסור והיתר הנמסרים להורים ומורים רק שאר דיניס השוים לצרכי כל נפש אדם כענין הסתכלות במראות הצובאות רבו המחמירים ואומרים (שו"ע יו"ד קנו ב) דאסור לאיש לראות במראות הצובאות אם לא לצורך כשמסתפר או להעביר כתמי גופו וכדומה אבל לראות במראות אם לבושיו מכוונים וכהנה הוא בגדר לא ילבש גבר שמלת אשה וכהנה דברים רבים כל מה שהאיש עושה להתקשט או להתנאות הוא לדעת רוב פוסקים בגדר לא ילבש וכו' וביחוד צריך שימור על הסתכלות במראות כי כבר נודע מה שכתוב הזוהר (עיין פ' פקודי רס"ז ע"ב) ומקובלים כי בכל דיוקן ודיוקן אית רוח השורה ולכן המסתכל במראה ללא צורך כנ"ל הרוח מתלבש בדיוקנא ומזיק לו במותו וגורם רעה לעצמו כי ידוע תדע כי אין לך פרצוף וצלם תבנית עץ ואבן שאין עליו שורה רוח ומזיק ומאד יש לאדם להזהר מבלי להיות בתוך ביתו פרצוף וצלם בצורה בולטת ואפי' צורה מצוירת בכותל יש להזהר כי אין לך צלם ודמות דלא שריה ביה רוח רעה ובעונותינו הרבים רבו כעת ביחוד בארץ אשכנז אשר למדו ממעשה עמים ובתיהם מלאים צורות פסל ומסכה ורובן בצורה בולטת תבנית אדם ורמש צפור חית ארץ ומלבד דהוא אסור עפ"י הדין ובפרט בצורת אדם הבולטת ורוב כלים מנחושת וכסף הכל עליו פני אדם כאשר יעשו האומנים אשר לא מבני ישראל המה לציור ופאר מלתא דלדידהו לית ביה מומא ולדידן עם קדוש לה' מום עור ופסח מחבלים ומשחיתים יביאו הבית ואלמלא נתנה רשות לעין לראות היו חרדים ולא היו יודעים מה לעשות לרוב פחד ולכן הכתוב אומר (תהילים קלה טו) עצבי הגוים כסף וזהב מעשה ידי אדם ואין כוונת הכתוב כפשוטו שאומנים עושים אותם כי זהו פשיטא אבל כל העכו"ם שעבדו לעצבים וכי לא ידעו שהם נעשים מאומנים רק

חשבו כי עליהם שורה אליל שלהם וכן היה באמת כי שורה רוח מסאבא ולהמכשפים היו נגלה ודבר עמם וזהו היה כל תעתוע עבודת עכו"ם שלהם אבל כל עניני משחיתים כבר נודע כי הקליפות היו רק בכח קודם חטא האדם אבל בחטא האדם יצאו לפועל וביחוד ק"ל שנים שהוליד שידין ורוחין (עירובין יח ע"ב) והם מתדבקים בראותם תבנית אדם להיותם עלולים מאדם ומתדבקים בראותם אנדרטיא של אדם ולכך נאמר מעשה ידי אדם והבן וכהנה יתר דברים והכל תלוי בשקידת התורה ולימוד לש"ש כי בתורה יבורר הכל ובה נדע המעשה אשר נעשה ואשר נחדל מעשותו ובעונותינו הרבים בביטול התורה רבו אצל המוני עם לצחוק בתורה ולעלוב במלאכי אלהים ואינם חותרים להחזיק במעוז התורה וזה עיקר שלמותנו להחזיק בתורה וגמילות חסדים ובעונותינו הרבים חדלו בישראל שוקדים על התורה ואינם נותנים על לב כי זהו תכלית בריאת שמים וארץ וכל עיקר הגלויות הוא שכחת התורה ולולא שהיו ישראל שוכחים התורה בגולה היו נגאלים כבר ולכך קודם ביאת המשיח יבא אליהו ז"ל לברר כל ספיקות ויזכיר הנשכחות ואז יבא משיח ולכך אמרינן בכל בעיא דלא אפשטא שהוא בעונותינו הרבים לשכחת התורה תיק"ו ובזה תבין מה דהי' בימי תלמי שביקש להעתיק לו התורה ליונית ג' ימים חושך דהא בכניסת ישראל לארץ כתבו כל התורה על אבנים באר היטב בע' לשון למען ישמעו אומות וילמדו ואמרו (סוטה לה ע"ב) דלכך נענשו

ונגזרו לשריפת סיד הואיל ולא למדו כמבואר בפ' ואלו נאמרין (שם) אמנם ישוב קושיה זו הוא כך דודאי תורת ה' תמימה וניתנה להעתיקה בכל לשון דהיינו כשהיא נעתקת כדין וכדת אבל כשהיא נעתקת בזיוף ובטעות הוא איסור גמור ופגם גדול לשקר בתורת ה' וא"כ דרך משל ה' פסוקים יש בתורה שאין להם הכרע הנך שוכב עם אבותיך וקם העם הזה וזנה וגו' (יומא נב ע"ב) כשהוא בלשון הקודש המקרא נכתב כמו שהוא ויהיה נדון למעלה או למטה אבל כשתעתיק הפסוק בלשון אחר וכי תוכל להעתיק בלשון אחר גם כן בזה אופן בפסוק שלא יהיה לו הכרע אי וקם מוסב למעלה או למטה עכ"פ או שתעתיק וקם למעלה או למטה וא"כ אם שקר בהעתקתו הרי העתקת תורת ה' לשוא וכן בכל דברים ממש אין פסוק שאין בו פרושים שונים ואיך אפשר להעתיקו בלשון שיסבול כל פירושים וע"כ נתפוס א' מפירושים ואם האמת כפי' השני הלא כזבנו בהעתקה ואפי' בתחילת התורה בראשית ברא יש פירושים אם פירושו בראשון ברא ה' את השמים או פירוש קודם שברא שמים וארץ היה תוהו ובוהו ועיין רש"י ומפרשים וא"כ איך אפשר להעתיקו על נכון ולכך בימי מיתת משה שעדיין ידעו פי' התורה על בוריה כנמסר להם מפי משה מפי הגבורה היו ידיהם מותרות להעתיק התורה לע' לשון משא"כ בימי תלמי שכבר בעונותינו הרבים גברה שכחה ועלו פרושים שונים בתורה ובמקרא ולזה היה קשה להם להעתיקה לבל יהיה בו ח"ו דבר כוזב מנגד לאמת

וזהו שהיה חושך ג' ימים ואתם ראו כמה גברה בעונותינו הרבים השכחה ואם בימיהם היה כך מכ"ש בזמנינו אשר בעונותינו הרבים אין אתנו יודע עד מה ואפי' פי' פסוק א' על בוריו אין בידנו וא"כ איך נשמח ונגיל בשום דבר ולא יורידו עינינו כנחל דמעה ומקור נוזלים על אובדן תורתנו בעונותינו הרבים ואין איש מתאמץ על זה כי כל העם לדרכו ולבצעו ובעונותינו הרבים בחורים תיכף כאשר ישאו נשים אפי' שנה א' אינם נקיים לביתם בית אולפנא ותיכף ישוטטו בחוצות על מחיה וכלכלה ולא שמו בה' בטחונם ולא זו עניים אף כי עשירים ואם כן תורה מה תהא עליה היה לא תהיה מכאן והלאה אראה לדבר עם פו"מ יצ"ו לתקן בחרם עד חמש שנים לאחר חתונה שלא יזוז איש מבית ספר בטחו בה' ועשו טוב ודי לכם שיהיה לכם לכפרת פשע על מעשה נערות בענין חתן וכלה הוי ואבוי על עון גדול כזה וכמה תקנות נתקנו ממני ומפי פו"מ יצ"ו ועדיין קצת מרקד בנו לעבור על איסור גלוי עריות כי חיבוק ונישוק לעריות הוא בכלל קריבה דגלוי עריות ויהרג ואל יעבור ומה נעשה לקשוי לדעת והוצאת זרע לבטלה בעונותינו הרבים וכדומה הוי הלא הוא מכ"ד דברים שמנדים וכי בנדוי תלוי הלא מבואר בזוהר בכל אלו כ"ד דברים הכרוז יוצא בכל עולמות פלוני עבר על עבירה שחייב עליה נידוי והרי הוא בנידוי וסתם תפלתו אף כי יזעק וישוע עד שישוב בתשובה כראוי והרי הוא מנודה בכל עולמות ווי להאי בושה אוי להאי כלימה והלא אין תקנה לזה אלא בתורה ותחת כי חבקתם חיק נכריה תחבקו חיק התורה ובאהבתה תשגו תמיד כי היא אילת אהבים ויעלת חן:

ואמרו בגמרא דב"ב (דף עד) דרבב"ח חזיה למתי מדבר דהוו גנו אפרקיד ודמו כמבסמין ופי' רשב"ם כמו שתויי יין ופניהם מצוהבות ודליא חד כרעא ורכיב טייעא אגמלא וזקיף רומחיה ולא סגיא ליה ופסקא חדא תכלתא ולא הוי סגי ליה ואמרינן כל בר בר חנה סכסכא מה דעתיך אי הלכה כבית שמאי או כבית הלל הוי ליך למנות חוטין וחוליות עכ"ל והדברים בעצמותם תמוהים אבל יובנו בהבנת קרא ירמיה באמרו (לא כט) לא יאמרו עוד אבות אכלו בוסר ושיני בנים תקהינה כי אם איש בעונו ימות כל אדם האוכל בוסר תקהינה שיניו דיש להבין מה ענין בוסר דנקט קרא ולמה לעתיד לבא לא יענשו בנים בגין אבות אבל כי בלאו הכי יש להבין מהיכן יבא החטא לע"ל כיון שרוח הטומאה לא יהיה ולא יהיה יצר הרע אבל דע כי לכאורה קושיא זו גם כן דמצינו במלאכי מעלה חטא עד שנאמר באיוב (איוב ד יח) הן במלאכיו ישים תהלה ובנתנה תוקף לרבי אמנון אמר הנה יום הדין בא לפקוד על כל צבא מרום בדין וכן אמרינן בגמרא (חגיגה טו ב"מ פה) כמה פעמים דמחיו בשיתין פולסא דנורא ואם יש עונש ע"כ יש חטא והשאלה במקומה מנין החטא כיון שאין יצר הרע ביניהם ולכן דעו כי החטא בשני אופנים החטא המורגל כוונתי לחמדה ולתאוה להבלי עולם וכדומה שהוא הכל מיצר הרע אמנם יש אופן אחר והוא להיות כל חשקם ותכלית שלמותם להשיג ולראות

מראות האלהים ומקום כבודו ויש להם מדרגה מזמן לזמן ואם הם ממהרים לרוב עוצם תשוקת העלול להעילה שלו להביט ולעלות מהר יותר כפי המדרגה הראויה להם בזמן ולאט לאט זהו אצלם עון ובזו מקבלים עונשם וזהו חטא נדב ואביהוא שהרבו לעלות אל ה' יותר מהראוי ובקרבתם לפני ה' וימותו וזהו שאמרו שאכלו בוסר כי לא המתינו לזמן מדרגתם ואכלו פרי קודם זמנם וכן אמרו (בתו"כ הביאו תוס' יומא נג ד"ה שהורו) שתויי יין שהוא הדבר שהרבו להשיג ולהבין ולהסתכל כפי חלקם המגיע והרי זה כמו ששותה יין יותר מכפי המדה שלרוב החום ישכב וירדם ופוגם בעצמו ואילו שתה לאט לאט היה לו לעזר וסעד בבריאות ובהשכל וחמרא וריחנא פקחא (יומא עו) וכן הדבר בקבלת שפעת השגת אלהים אין לעלות מהר מהר כי אז ישתה וישתכר וירדם ולכך אמרו עליהם במליצה (ויקרא רבה פי"ב א) שתויי יין נכנסו וזה עיקר חטא אדם הראשון כי אדם הראשון עדיין קודם שבת לא היה ראוי להשגת השלימות שפעת אלהים איך מפועל א' הטוב האמיתי יצאו כא' הפכים רע וטוב והם יוצאים מעילה אחת ומתחלפים בעלולים זה לעומת זה והאדם ביקש לעלות מהר ולהשיג ענין זה על בוריו ושרשו ובאמת דבר זה עמוק מאוד וענין נעלם ומופלא חקר אלוה לדעת על בוריה בלי מכשול וסיג והאיש אשר בלתי שלם עדיין ולא ישיגהו עזר וסעד אלוה במעט דבר יטעה בדמיון רע ומחשבה זרה ויגרום רע לעצמו בקצצו בנטיעות וזה הענין עץ הדעת טוב ורע שהם מתחלפים במציאות ויוצאים מאחד וה' ידע כי עדיין לא הגיע למדה זו להשיגו על בוריה צוהו מבלי לאכול הימנו עד שישלם שכלו במצות אשר נתן לו לעבדו ולשמרו ואחר כך היה מגיע גם למדריגה זו בחמשים שערי בינה שנאמר עליו (בראשית ג ה) והייתם כאלהים יודעי טוב ורע להבין שרשם ומחצב התחלפם על בורים אבל אדם הראשון וחוה לרוב חשקם להשגה שכלית וחקר אלהים אכלו מזה קודם זמנו ומהרו לעלות ההרה וזהו מהמרי שלהם ולכך אמרו חז"ל (בראשית רבה יט ח) כי אדם וחוה אכלו בוסר וסחטו ענבים כי לא המתינו עד שיגמר היין בענביו רק סחטו קודם עונתו לשתות וישכרו הוא היין שגרם חטא אדם הראשון היינו רוב השגתו והסתכלותו במקומות גבוהים והנה באמת חטא זה לא היה כדאי לבדו לגרום רעה לכל צאצאיו אחריו אפס כי בלאו הכי היה מקום לקליפות רק היה בכח ולא בפועל מבלי לבוש כדכתיב (בראשית ג א) והנחש היה ערום והוא בפגם הזה נתן מקום לקליפות לצאת לפועל וארס נחש שהיה טמון בקרבו עכשיו יצא לפועל ובין שיניו עמד ונתגבר כחם ומזה נתדבקו בכל תולדותיו אשר יצר לב אדם רע מנעוריו ובשביל זה כל רעות קרו לנו כי הן היו בעוכריו נחש וכת דיליה וזהו עבירה גוררת עבירה ולעתיד לבא הבטיח ה' לבער רוח הטומאה מכל וכל ואלילים כליל יחלופו ולא יהא מקום לחטוא כמין ראשון חטא תאוה אבל מין שני לחטוא יהיה לעתיד לבא גם כן כי בהשיגם חכמה ומלאה הארץ דעה יוסיפו

לעלות וימהרו ללכת לרוב חשק ואש תורה ומדע לחזות מחזה שדי וכדומה ורבים אשר לא ישמרו גדרם שהוחק להם בנתיבות ומסילות לבבם כמו מלאכי מעלה הנ"ל וזהו החטא שיהיה לעתיד לבא וזהו אכילת בוסר שלא ימתינו עד גמר פרי אבל כיון שלא יוכלו לגרום על ידי כך לצאת הטומאה מכח לפועל כמו אדם הראשון כי כבר בטלו לעולם לא יהיה זה עון לגרום רעה לבניו כי הוא רק רוב חשק לחכמה ושיניו יהיו קהות כאוכל בוסר קודם זמנו אבל לבניו לא יקרה דבר וזהו מאמר ירמיה שלא יאמרו עוד לעתיד לבא אבות אכלו בוסר ושיני בנים תקהינה כי כך היה באדם הראשון וחוה המה אכלו בוסר וגרמו רעה לדורותם אבל לעתיד לבא לא יהיה כי הטומאה תבוער וא"כ מי שאכל בוסר הוא לבדו יהיו שיניו קהות וא"ש ונכון ומזה תבין חטא דור המדבר כי כל פגם שלהם היה בזה כי היו כולם זכאי קשוט ואמרו בזוהר (ח"ב כא) שלא יהא כדרא דא עד דרא דמשיחא והלא היו כולם נביאים כי ראו כבוד ה' בים במתן תורה באהל מועד ומה צריך ראיה יותר מאלו שהיו נביאים שהיו קדושים לה' רק כל פגמם גם כן כחטא מלאכים הנ"ל שהרבו להשיג יותר מכפי הראוי להם לזמן ומ"ב מסעות היו הכל מ"ב מדריגות כאשר חיבר בעל ברית מנוחה כל ספרו על זה הענין כי כל מסע ומסע מדריגה עליונה למאוד והיו מסעיהם עפ"י ה' אבל הם הרסו לעלות ההרה וכו' ועיין ברית מנוחה בקברות התאוה שפירש שם התאוו למראות אלהים ורוב השפעות עד שלתאוה נפסקה נשמתם כמו נדב ואביהוא בקרבתם לפני ה' ושמה נקברו ולכן אל תדברו ותחשבו כי אבותינו דור המדבר אוכלי לחם שמים שותים מי בארה של מרים וכבוד ה' עליהם חופף היו חוטאים בחטא גשמי ללכת אחרי הבל כאנשים כערכנו וזהו מאמר רבב"ח שאמר שראה למתי מדבר והם לא פנו עורף לה' ללכת בתר עניני עולם הזה הפונים מעם ה' כי אם כל ענינם כלפי מעלה ומגמתם לראות כבוד ה' אכלו ולא ישבעו מנועם עליון וזהו דהוי גנו אפרקיד פניהם כלפי מעלה מבלי סור לשום צד ונטיה כלל וכלל רק כל ענינם דהרבו לשתות יין קודם זמנו כמו נדב ואביהוא שנא' בקרבתם לפני ה' ואמרו שתויי יין נכנסו וכן היה אצלם ולכך אמר דגנו כמאן דמבסמי ונתפתו ביינם ופניהם צהובות לרוב אור עליון להפליג לדבר בשבחים ולהראות מופת על גודל מעלתם והוא כי על ג' רגלים עולם עומד תורה עבודה גמילות חסדים והנה במדבר לא שייך גמילות חסדים כי מי הוא העני הלא הכתוב העיד שלא חסר להם דבר ומלבד כי אמרו (בכורות ה ע"ב) דעני שבישראל היה לו צ' חמורים טעונים ביזה ממצרים וגם עבודה לא היתה להם דכתיב (עמוס ה כה) הזבחים ומנחה הגשתם לי במדבר ודרשינן בספרי (בהעלותך פ"ט) כי תמידין היו מקריבים כהנים ולא ישראל ע"ש ולא היה רק רגל א' שהיא תורה והנה ידוע (בבעהתו"ס בראשית כד לט) עוג הוא אליעזר עבד אברהם שהיה סר למשמעת אברהם ועשה עמו חסד ללכת על גמלים לחרן להביא רבקה ותרכבנה על גמלים עד

שאמרו (בראשית רבה פ"ס ח) יפה שיחתן של עבדי אבות וכו' וגם כאשר רדף אברהם ה' מלכים הוא הריק חניכיו ויצא לנגדם כמו דדרשינן (נדרים לב) וירק חניכיו הוא אליעזר וכו' ובכל זאת לא היה סיפוק בידו להלחם בישראל ונפל שדוד וזהו תוקף התורה שהיה בדור מדבר שהיה מכריע הכל וזהו אמרו וזקיפו חד כרעא והיינו התורה שהיא רגל א' והוא שזקפו כלפי מעלה ורכיב טייעא אגמלי והיינו עם הנ"ל שרכב על גמלים וזקוף רומחא היינו הרקת חניכיו ומכל מקום לא סגיא ליה כי הכניעו אותו וזה לאות על עוצם מעלתם בתורה וקרבתם לה' ואמר דשקול מיניה חוטא דתכלתא להיות כי מתים פטורים ולא יגלו ליה כי הוי לועג לרש כמ"ש התוס' (ברכות יח ושאר דוכתא) ופוסקים רק כבר פלפלו התוס' (שם) דתליא אם ציצית חובת גברא או חובת מנא כי חובת גברא לא שייך במתים אבל חובת מנא אין ליטול הציצית מבגדים וכבר פרש"י בפ' התכלת (מנחות דף מ) גבי סדין בציצית שב"ש וב"ה מחולקים אי ציצית חובת גברא או מנא וזהו שאמרו מה דעתך דנטלת לדעת אי יש ליטול ציצית מהן משום בירור הלכה כב"ש או כב"ה אבל כבר כתבו תוס' בנדה (דף סא וע"ע תוס' ברכות יח תוס' פסחים מ ותוס' ב"ב עד וע"ז פה ע"ב) דיש להניח ציצית הואיל דבציצית תלוי זכירת כל מצות יש להניחם למתים וכבר פירש"י (במדבר טו לו) דלכך תלוי זכירת כל מצות דמנין חוליות והחוטים עולה תרי"ג ע"ש באורך וזהו שאמרו כי אין זה ענין להך דציצית חובת גברא או מנא כי היה לך למנות חוטין וחוליות ובזה תבין טעם שאין ליקח מהם הציצית להיות רומזים למנין תרי"ג וזכירת כל מצות וא"ש והבן תמימי דעים למדו כמה גדולה מעלת דור מדבר ובכל זאת הקדוש ברוך הוא יסרם וסביביו נשערה מאוד ארזי לבנון אשר נטע ה' ומה נעשה אנחנו אזובי קיר מה נאמר כי יפוקד ה' אוי לנו כי חטאנו מה נדבר ומה נצטדק ראו כמה תוקף מעלת התורה ולומדיה ובעונותינו הרבים אין איש שם על לבב תוקף מצות ציצית ובעונותינו הרבים רבו המתפרצים ואילו לא לובשים ציצית הונח לי בביטול עשה אבל עוברים על עשה כי כל בגדים שקורין ראק הוא עכשיו לאחוריים פתוחים הרוב וחייב בציצית לכולי עלמא והמפקפק בזה הוא טעות בידו ורוב עולם אינם נזהרים ויש בו תיקון באיזה חוט של משי וכדומה לדבק הנפרדים באופן שלא יהא הרוב פתוח כאשר קבעתי כאן ובעונותינו הרבים מכל מקום רבו אשר אינם שומעים בקולי ובפרט בשארי ארצות ואיך לא תבושו ותכלמו בקראכם מצות ציצית ערב ובוקר ותנשקו הציצית וכגנב נמצא במחתרת כי בכנפי בגדיכם אין ציצית ונשיקה זו היא ח"ו כנשיקה של תפלות וזהו לענ"ד הטעם שנתן יוסף לכל יושבי מצרים המילה וכבר כתב האר"י ז"ל בס' גלגולים כי לא יפה עשה יוסף שנתן אות ברית קודש לעם נכר ארץ אבל טעמו היה כי בעונותינו הרבים כל קלקולים שהיו לישראל הוא בלומדם ממעשה גוים ויתערבו להדמות להם ומי שיש ביכולתו

לעשות להתנכר שלא יהא ניכר בשבתו ובלכתו בדרך ליהודי רק יחשבו אותו לנכרי הרי זה משובח ובאמת שלא במקום סכנה אפי' על יד כן מרויח המכס אסור באיסור גמור כמבואר סוף הלכות ע"ז (רמב"ם פי"א ה"א) ע"ש ובעונותינו הרבים דשו בו בהיתר ומיום שאומות העולם שרים וחורי ארץ מגלחים זקנם אף יהודים עושים כן ומיום שהחל נשיאת השערות שקורין פארוק על ראש והנכרים מגלחים פאת ראש כדי שלא יצא לחוץ גם יהודים עושים כן ובעונותינו הרבים משחיתים פאת ראשם שהיא אפילו במספרים כעין תער נמי אסור והוא מתחיל ממקום פדחתו עד אוזן והאר"י ז"ל נתן שעור לגובה למעלה בראש אם תכוף אוזן למעלה וסיימו הפאות במקום כלות אוזן כאשר יתפשט למעלה מקמטיה ובעונותינו הרבים רוב העם מתפרצים ותמהני איך תעיזו לומר י"ג מידות יום או יומים וקוראים בקול ה' ה' וכו' כי ה' ה' הם בבחינת שתי פיאות שם א' מימין ושם א' משמאל והם מגלחים השם וקודרים אזכרה בגלחם הפאה אך זה הכל מפאת שמדמים לעשות כמעשה נכרים והנה יוסף ראה שעתידין ישראל לבוא בגולה במצרים ויתערבו בם כמו שפירש"י על קוצר רוח ועבודה קשה (לא נמצא ברש"י שם) וא"כ פחד אולי גם אות ברית ימנעו לקיים כמעשה נכרים ואם ח"ו בשר קודש יעברו לא תהיה תקומה להם בגולה מה עשה יוסף חשב מחשבות ליתן אות ברית אף למצרים וא"כ אף עם ישראל לא יעברו בראותם כי גם לגוים כאלה היא ולא תהיה להם חרפה בגוים ובאמת עון גורם עון כאשר יוכיחו לזה הם מלעיבים ואומרים הת"ח מחדשים תורה חדשה ולא שמענו מאבותינו חדשים מקרוב באו אי שוטים כמה גדול העון הלזה:

אמרו במדרש (ירושלמי מכות פ"ב ה"ו) שאלו לחכמה נפש חוטאת מה תעשה אמרה רשעים תרדף רעה לנביאים אמרו נפש חוטאת תמות לתורה אמרה תביא קרבן ויכפר ל הקדוש ברוך הוא אמר יעשה תשובה ודברים אלו תמוהים איך סתרו זה לזה אבל הענין ד' בחינות בחטאים יש כי באמת חמורים דברי סופרים מדברי תורה (ירושלמי ברבות פ"א הל"ד בשינוי לשון חמורין דברי זקנים מדברי נביאים) וכבר שאלני בווינא מושל א' על זה איך תהיה מצות חכמים אשר בעפר יסודם חמורה מדת אל חי ותשובתי אתה אדוני תכריע כי הנה אתה מושל גדול קרוב למלכות אם תגזור עלי כעת צא מעל פני ואני לא אשמע בקולך אף כי רשות בידך להכותני מכות גדולות או לאסרני במאסר מכל מקום אם תקח חנית ותדקור אותי גם עליך יעבור כעס המלך בעונש גדול כי לא ניתן מרד זה שתהרגני אבל אם אלך בחיץ ואיש מלחמה העומד בשמירת ביתך שקורין שילדוואך יצעק אלי הסר מעלי דרכך ואני לא אשמע בקולו ויורה עלי בכלי משחיתו לא יקרה לו און ואדרבה יהולל בשערים לאיש חיל שומר משמרתו כראוי וסבת הדבר הוא לרוב שפלות איכותו וענינו ואם לא יהיה לו רשות לעשות משפט חרוץ לשוא שקד שומר כי יתעוללו בו הפוחזים כרצונם

מה שאין כן אתה אשר עוצם מעלתך היא לך לשמירה טבעית ופאר וכבוד וכן הדבר בדברי חז"ל שהם עשו משמרת לדברי תורה והם בגדר שומר שילדוואך הנ"ל וביותר צריך שמירה בהם לבל יצחקו עליהם צעירים ולכך ענשם חמור מדברי תורה שלמעלת הנותן תורה נשמרת בלי יראת עונש חמור והבן ואם כן דע כי בתורה יש ד' מדריגות מדריגה א' מה שקבעו חז"ל בחכמתם ועוצם בינתם משמרת הקדש לשמור דרך עץ חיים ומדריגה למעלה הימנה היא מה שקבלו בעל פה במסורת ממשה שמסרו לנביאים כדתנן במס' אבות וכמו שאמרו (מועד קטן ה יומא ע"א ועוד ה' פעמים בש"ס האי עד דלא אתא יחזקאל מאן אמרי) הך מילתא דכתיבא בנביאים מקמי דהוי נביאי מאן אמרו אלא הלכה משה ואסמכינהו אקרא ומדרגה הג' היא מה שמפורש בתורה ומדרגה ד' מצות התלויות בהאמנת יחוד השם מציאותו אחדותו וכהנה שהן דברים מחויבים ומושכלים עד שאפילו רבים מאומות העולם לא יסתפקו בהם והנה כפי סדר המדריגות כן הסדר העונשים כי כפי יותר קלות העון בערך יותר חמור העונש ותקנתו קשה כמש"ל בחומרת דברי סופרים והטעם הנ"ל וזהו שאמרו שאלו לחכמים היינו בעובר דברי סופרים מה תקנתם והפליגו בעונש ירדוף רעה וחויא דרבנן דלית ביה אסותא (שבת קי ע"ז כז ע"ב) ושאלו לנביאים היינו תורה שבעל פה הנמסרת לנביאים והפליגו גם כן בעונש חייב מיתה כאמרם (ברכות ד ע"ב עירובין ק"א ע"ב) העובר על דברי חכמים והיינו כנ"ל חייב מיתה ושאלו לתורה היינו במה שכתוב בתורה וע"ז תקונו קל רק בקרבן כדכתיב אבל שאלו לה' במדריגה הנ"ל וה' חפץ חסד ושב ורפא לו כדכתיב (דברים ד ל) ושבת עד ה' אלהיך עד בכלל כי דברים הנוגעים למקום התשובה מועילה בהם כדמצינו (סנהדרין קג) שמנשה שהיה ה' נעתר לו ולא ירצה ה' באלפי אלים והבן:

ולכן בני דעה הרימו מכשול זה מקרבכם להיות ח"ו לבב סורר לכם ואחרי חז"ל תלכו כסומא נשען על פקח כי המה היו לנו לעינים והעיקר לרומם קרן תורה ולחזק ידי ת"ח כי אם אין גדיים אין תיישיים חס ושלום וגם להסיר קנאה ונהיה לעם אחד כמאמר יעקב הקבצו בני יעקב שתהיו לאחדים ואמרתי מה שאמר יעקב (בראשית מט ו) בסודם אל תבוא נפשי זה מעשה זמרי כי ידוע מה שכתב האר"י ז"ל כי זמרי נתגלגל בר' עקיבא וכזבי באשת טורנוסרופס הרשע ולכך נתגיירה ולקחה רבי עקיבה כי ראויה לו לזמרי רק שאכל פגה ולכך בראותה שחק ובכה כי שחק שישאנה ובכה על גלגול הקודם שהיתה מגפה בישראל שמתו עבורו כ"ד אלפים והם היו תלמידי רבי עקיבה (יבמות סב ע"ב) וגם ידוע מה שכתב האר"י ז"ל כי ברבי עקיבה היתה נפש יעקב ולכך נקרא עקיבא אותיות יעקב ותקן נפש דאדם הראשון במותו ולכך נתעצב אדם הראשון במותו כי מאתו הגיע לו זה (ע"ז ה סוכה לה ע"ב) ולהיות כי יעקב ידע זה ברוח הקודש כי נפשו תבא בגלגול עם נשמת זמרי התפלל שלא יבא אז באותו פעם בימי זמרי פן חס ושלום יהיה נגרר בתר נשמתו

לרוע רק יהיה אחר כך בימי רבי עקיבה וזהו בסודם אל תבא נפשי דייקא והבן ובאמת זכות רבי עקיבה שהוא נפש יעקב היה מגין על תלמידים כ"ד אלף לבל ימותו פעם כפעם רק הואיל שהיה ביניהם פירוד ויעקב צוה הקבצו וכו' וא"כ היה מול צוואת יעקב ולכך אף יעקב לא הגין עליהם ולכן השמרו נא מקנאה וראו להתדבק בתלמיד חכם והשמרו מכל דבר רע וביחוד מענין חתנים וכלות ואני שואל על שאלת המטרוניתא במדרש (בראשית רבה פ"ז ח) אפשר יוסף עומד בכל חומו בן י"ז שנים ולא חטא הראה לה ספר בראשית מעשה ראובן ובלהה מעשה יהודה ותמר ואם המקום לא כיסה עליהם איך כיסה על יוסף ויש להבין בממה נפשך האמינה הך מטרוניתא דברי תורה או כפרה בהן אם האמינה מה צורך לרוב הצעת דבריהם התורה העידה על יוסף שלא חטא כדכתיב (בראשית לט י) ולא שמע אליה לשכב אצלה וכו' ואם כפרה בתורה מה יועיל ראיה מראובן ויהודה כיון שכפרה בתורה ולא האמינה בתורה:

אמנם יובן עם מה שכתוב בגמרא (סוכה נב) דלעתיד לבא יראה יצר הרע לצדיקים כהר גדול ויבכו איך היו יכולים לכבוש ההר הזה ואף הקדוש ברוך הוא יהיה מתמיה ויש להבין בכיה זו מה טיבה וכי בכו בכיה של חנם דמה דהוה הוה הא באמת כבשוהו ובפרטות התמיהה של הקדוש ברוך הוא יש להבין מה טיבה אבל הדבר כי לפעמים אין כח ביד האדם לכבוש היצר רק בעזר וסיוע מאת ה' אשר לא יעזוב חסידיו וא"כ יש כאן פתחון פה לבלי יתן שכר כי אם לא היה בידו לכבוש רק ממעשה ה' מה שכר יש כאן הלא על זה טבע ה' בחוק הבריאה עצמות הבחירה כדי ליתן שכר ועונש למקיימים ועוברים מצות ה' וזהו שהצדיקים יהיו בוכים כי ידמה בעיניהם כהר גדול ואמרו איך היה סיפוק בידינו לכבוש ההר הזה וע"כ ע"י עזר וסעד ה' ואם כן איפוא מה נבוא ביום מחר על שכרנו כיון שלא נעשה דבר מצדינו וה' ליישב לבבם ולנחמם מעצבונם אף הוא עמד כמתמיה וזו ראיה שלא עזר אלוה בצדו כי אילו מה' היה זאת למה יהיה הוא בעצמו מתמיה ומזה יהיה לבב הצדיקים מיושב ומנוחם כי עוצם צדקתם פעל זאת שכרם הרבה מאד וישגה אחריתם:

וזהו ענין דברי מטרוניתא הנ"ל כי האמינה לדברי תורה שיוסף לא חטא באשת אדוניו אמנם היא אמרה אתם מפארים ומהללים ליוסף הצדיק לאיש קדוש וטהור גבורתו ותקפו להלחם ביצרו זהו אי אפשר מפאת הטבע איש בכל חומו לכבוש יצרו ובלי ספק שהיה חפץ לעשות עבירה רק מהשמים עכבוהו ומנעוהו מעון או ע"י דמות דיוקנו של אביו כמאמר חז"ל (סוטה לו ע"ב) או כהנה ע"י סיבות ומניעות אשר הרבה שלוחים למקום וא"כ אין כאן התפארות ליוסף כי לא לו ההוד והתגברות היצר רק לשמים ממעל וזה יתכן אפי' לנקלה שבנקלים כי ה' כל יכול ולזה הביאו ראיה דא"כ חטא יוסף במחשבה הו"ל לתורה להזכיר חטאו במחשבה רק שמא תאמר כי לא נאמר בתורה רק מה שהוא חטא בפועל אבל מה שהוא

במחשבה בעלמא התורה כיסהו ולזה הביאו לה ממעשה ראובן ונודע מה שכתוב במדרש ומפרשים וישכב ראובן וכו' וישמע ישראל כי ביקש לעשות וישמע ישראל ולא יכול לעשות אשר זמם כי בא אביו והפיר מחשבתו וא"כ למה העמידתו התורה וכן יהודה באמת שהיתה תמר כלתו לא היה עון כמ"ש הרמב"ן (בראשית לח ח) כי אז היה היבום נוהג באב ואדרבא קיום מצות יבום כמ"ש במדרש ומפרשי תורה רק כל העון במחשבה שחשב היותה קדשה בעיניו ועבר על לאו לא תהיה קדש וקדשה וכדומה מהגנות והפקר לבעול אשה מופקרת וא"כ התורה העמידתו ש"מ דאפילו מחשבת עון אין התורה מעלימה וא"כ לדבריך כי יוסף חטא במחשבה אף מחשבה זו היתה התורה כותבה אלא שצדיק שלם בכל לבבו ומחשבתו היה ואף לו התהלה והשבח ודברים כאלה אני אומר אתם בחורים ובתולות עומדים בכל חומם מתייחדים יום ולילה בקירוב למאוד אם אתם נמלטים מעבירה והוצאת זרע לבטלה כה אחיה אם אדע שהאמת אתכם שהייתי מנשק עפרות מסילות רגליכם כי קדושים אתם אבל חוששני כי בעונותינו הרבים נכזבה תוחלתי כי אין כאן עזר אלהות בפשע הרב הזה ויצר הרע דומה להר גדול ואיך תוכלו לכבוש ההר הזה אוי ווי על שברי ושבר הדור כמה קלקולים וגזירת עשרה הרוגי מלכות ואלפים מישראל נשרפו נשמתם כמה פעמים כבר נהרג משיח בן יוסף והכל בשביל יו"ד טיפות שהוציא יוסף ז"ל והיה לקדושת השם לבל יחטא באשה זרה ר"ל ומה תעשו אתם להתחמם באור אשכם ושאול מתחת תוקד ואין מכבה בנים זרים יולדו לא אמון בם והזו שמחת חתונים וכדומה אשר אב ואם רואים בנים נשחטים שוחטי ילדים וזהו אריכות גלות שלנו בעונותינו הרבים כי גם יזקינו היצר הרע כרוך בם ובזרעם אחריהם והכל בענין ביטול תורה כי אם ילמדו ידעו מה לעשות ויבינו חומר הדבר ואור תורה יגין ועיקר כי פסקו נותני צדקה מנדבי נדבות לצרך בית המקדש שיהיו לומדים עניים לומדי תורה לשם שמים ואל תמצאו בית מנוס לומר כי הזמנים קשים ועתים הם בצוק הקשה יאמרו נא ישראל אם תהיה כאן פקידה לבנות בית בחירה ומקדש ה' היהיה אחד מכם שלא יפשיט ממש חלוק התחתון ליתן לנדבת בית ה' וידעתי כי הדור כשר יותר יבואו נשים על אנשים יותר מזמן המשכן והדבר ק"ו להעמיד ולכונן בית המקדש מקום ועד חכמים להרביץ תורה בישראל ולהקים תורה מעפרה והלא זה יותר טוב מבנין ביהמ"ק כי אמר הקדוש ברוך הוא לדוד דמים הרבה שפכת אתה לא תבנה הבית הזה (עי דה"א כב ח) ויש להבין מה ענין זה לבנין הבית אבל ענין הדבר כי ידוע מה שכתובו חז"ל (ברכות ו ע"ב סנהדרין טז) כשעלה עמוד השחר נכנסו חכמי ישראל לדוד עמך ישראל צריכין פרנסה אמר פשטו ידיכם בגדוד ויש להבין מה ביקשו מדוד בזה באמרם ישראל צריכין פרנסה אבל כבר מבואר במדרש (ילקוט רות רמז תר"ג) ואני בעניי הכינותי לבית ה' זהב ככרים מאה אלף וכסף אלף אלפים ככרים וכו' וכי יש

לעני בישראל אלף אלפים דינרי זהב אלא כשהרג לגולית השליכו עליו בנות ישראל כסף וזהב והוא הפרישן לבנין בהמ"ק וכשהיה רעב בארץ לא פתח אוצרות לכלכל עניים ולכך קצף עליו השם ואמר טובה צדקה מבנין בית המקדש ולכך אתה לא תבנה ונראה כי חכמי ישראל הם שבקשו שיתן לעניים מהכסף וזהב ההוא ולכך אמרו לו עמך ישראל צריכין פרנסה ופתח ותן והוא מיאן לתת וצוה להלחם ואם כן הרבה מלחמות רשות שנעשו בשביל פרנסת עניים מה שהיה דוד יכול לתקן בפתחו אוצרות המוכנים לבית ה' וזהו פי' הפסוק דמים הרבה שפכת כי לחמת מלחמות רשות ולא היה צורך כי היה לך לפרנס מן אוצרות ואתה קמצת בשלך בצדקה והעניים היו עטופים ברעב עד עבור ימי מלחמה ובין כך סבלו דוחק ולחץ ולכך אתה לא תבנה הבית כי נבחר לה' צדקה מבנין בית ולכך אמרתי דרך הלצה ואכלתם לחמכם לשובע וכו' ונתתי שלום בארץ (ויקרא כו ה) כי כאשר לא היה לעם ישראל פרנסה פשטו ידיהם בגדוד וזהו אמרו ואכלתם לחמכם לשובע שלא יחסר לחמכם אם כן אין צורך למלחמה ונתתי שלום בארץ אבל נשמע מזה כי יותר טוב צדקה מבנין בית ה' אף כי צדקה לת"ח ולהקים תורה מעפרה ומכ"ש לחזק ידי ת"ח ואני אמרתי סמך למה שכבר נודע מה שכתוב במדרש (בראשית רבה פע"ב ו) האומר יהי רצון שתלד אשתי זכר הרי זה תפלת שוא וקאמר במדרש והוא שישבה על משבר ופריך המדרש והא כתיב ואחר ילדה בת ומשני עיקר בריתה זכר היה ומתפלתה של רחל נעשית נקבה ותמהו המפרשים דמה קושיא מאחר ילדה בת דהא לפני ישיבת משבר לשיטת המדרש מועילה התפלה ואם הקושיא קושיא מה משני עיקר ברייתה זכר היה הא זו עיקר הקושיא וגם יש לדייק למה אמר דמתפלתה של רחל נעשה נקבה ובגמרא (ברכות ס) משמע דלאה דנה בעצמה וכו' אמנם הדבר פשוט כאשר כבר בא בדפוס בעבורי והוא אם לאה דנה בעצמה היינו לאחר שכבר היו לה ו' בנים וא"כ חשבה דלא תהא רחל לפחות מולידה ב' בנים כשפחותיו וא"כ ע"כ דהיה לה זבולון והראב"ע (בראשית ל כא) כתב דזבולון ודינה היו תאומים וא"כ ע"כ לא התפללה לאה רק בלידת זבולון רהוא הבן הששי ואז ישבה על משבר ואיך היה אפשר להפך דינה לנקבה ולכך משני לא כן הוא דמתפלתה של לאה רק מתפלתה של רחל והיא היתה מתפללת תמיד והקדוש ברוך הוא שידע שזבולון במעי לאה הפך דינה לבת ויש ליתן טעם למה הי' בזבולון תאומים אבל כי עיקר זבולון שמחזיק תורה כנודע שמח זבולון בצאתך יששכר באהלך (דברים לג יח) אבל כשיהיה בעל ת"ח נסמך על מתנת קצין ונדיב חייו תלוים מנגד בעונותינו הרבים ואין לו בינה כלל בתורה וגם נדיב ילאה לתת כפעם בפעם אבל עיקר החזקת תורה שיש לנגיד ונדיב לעשות הוא להשיא בתו לת"ח ואם כן אך עצמו ובשרו הוא ולא יאכל הת"ח נהמא דכסופא וגם הוא יתן בעין יפה כי הלא זרעו הוא וזהו תכלית החזקת תורה ולכך בזבולון נולדה עמו נקבה

תאומים להורות כי נקבה שכרו כי בזה יזכה לשלמות והוא יביאהו לחיי עוה"ב ובאמת הכל היה תלוי בהתחלה וכן היה במשכן כמבואר במדרש דלא היה א' מנדב למשכן עד שהתחיל משה ונדב משלו כל הונו ועמדו ישראל ונדבו ולכן תלוי הכל במתחיל אם יתחילו הגדולים ופני הדור לנדב לבית המקדש והחזקת תורה מי לא יצא אחריהם ובזה הבנתי דברי הגמרא (שבת צ"ב) דאמרו אין השכינה שורה אלא וכו' עשיר דכתי' פסל לך מפסולת של לוחות העשיר משה וקשה הא מן תחלת הסנה עד פסולת לוחות שניות היו כמעט ב' שנים ואיך שרתה אז שכינה עליו אלא שבאמת היה לו מקודם רק נדב הכל למשכן לכך ניתן לו עושר אחר מפסולת של לוחות כי למשה עצמו נאמרה נדבת משכן קודם לוחות שניות ותיכף נדב בלבו כל כספו וזהבו וזהו הענין ששינו בהעתקת התורה לתלמי אשר בעונותינו הרבים היה בעצם היום הזה וכתבו תמורת וירכיבם על החמור נושאי בני אדם ופירש"י שלא יאמרו משה רבכם לא היו לו סוסים (מגילה ט) ויש להבין מה איכפת לן בזה אשר בשביל זה ישנו בתורה אם יאמרו כי עני היה בזאת יתהלל המתהלל שהיה עני ומכל מקום בצע כסף לא לקח כדכתיב (במדבר טז טו) לא חמור אחד מהם נשאתי ואין זו בושה לאדון הנביאים כלל אבל הענין למה שאמרו (סוטה יג) חכם לבב יקח מצות שהכל הולכים אחר ביזה ומשה לא הלך רק עסק בעצמות יוסף ויש להבין הלא הליכה זו אחרי ביזה היתה הליכה של מצוה וקיום דברי ה' שאמר דבר נא באזני העם וישאלו וכו' וישראל קבלו שכר במצוה זו אבל טעם הדבר שהלא טענו על ישראל לפני אלכסנדר להשיב השאלה אשר בידם והשיבו תן לנו שכר עבודה (סנהדרין צה) וזה היה הטעם באמת מה' ליתן חלף שכר עבודה ומשה מעולם לא נשתעבד במצרים ולא קבל שכר עבודה ולכך לא הלך לקראת ביזה וא"כ אילו היו כותבים על חמור יטענו מצריםאם כן ע"כ גם משה לקח מביזה שלנו דאל"כ מנין לו במדין היה עני ואין שכינה שורה אלא על עשיר וע"כ דלקח מביזה שלנו ובו לא נשתעבדנו ואם כן גזילה הוא ביד משה רבכם וכדי בזיון וקצף לומר כן על משה ולכך כתבו נושאי בני אדם ויש לאמר דהיה עשיר ממדין כנודע כי היה שלל רב בידו ממלכותו אשר כבש וכן מה ששינו אצל שרה וכתבו במקום בקרבה בקרוביה לכאורה גם כן תמוה ורש"י נתן טעם דלא יקשהאם כן אף על אברהם היה לו לכעוס ולכך חילק דזה היה בלבו וזה היה פומבי וקשה חדא מה איכפת לן אם יהיו יונים שואלים טעם בתורה והחקר אלוה ימצאו וכהנה יהיו אלף אלפים שאלות וספיקות בתורה וילאה שכל אדם להשיגו ועוד דעדיין קשה וכי בשביל שהיה בלב לא יקפיד ה' הלא הוא חוקר לבב ואפשר לפי מה שכתב הרמב"ן בתורה (בראשית יח טו) כי צחוק שהוא בקרב איש הוא משמש לשון לעג אבל צחוק הנאמר לאחרים הוא לשון שמחה כדכתיב כל השומע יצחק לי ע"ש ולכך הם חסו על אמנו שרה ראש מחצבתנו שלא ידברו על שרה שצחקה ולעגה בבשורת

המלאכים וכתבו בקרוביה ואם כן מה שהוא לאחרים הוא בגדר השמחה אבל זהו דוחק ויותר נראה כמ"ש במדרש (שמות כו ב) היש ה' בקרבנו אם אין אם יודע מה בלבנו נעבדהו ואם לאו לא נעבדהו וצריך להבין מה ענינם דיסתפקו חס וחלילה דור דעה כזה שכבר הגיעו למעלות נבואה בים סוף אבל ספק שלהם היה זה כי ויסע מלאך ה' לפני מחנה ישראל והוא הולך עמם בעמוד ענן והיה ספק אם זה רק מלאך משרי צבאות ה' כמו שחשב הראב"ע בפרשת בשלח או שכינת השם כדכתיב (בראשית יג כא) וה' הולך לפניהם וכמו שפי' הרמב"ן בתורה פ' בשלח (שם ד"ה וה') ואם הוא מלאך לא יאות לו העבודה ח"ו ואם הוא שכינת כבודו אותו נעבוד וכבר ידוע כי מה"ש אינם מכירים מה בלבו של אדם ולכך זה היה לישראל הספק אם יש ה' בקרבנו הרצון זה המלאך ההולך בקרב מחנה ישראל אם הוא ה' או שלוחו למען דעת אם נעבדהו והיה הסימן אם יודע מה בלב אנשים ובו יובחן המלאך כנ"ל והנה כל גויים כל ע"ז שלהם שעובדים לצבאי מעלה ושרים ואומרים שה' חלק להם לעבדם כמ"ש הרמב"ם בהל' מדע (הל' ע"ז פ"א ה"א) מטעות שהיתה בימי אנוש אבל אילו היו העמים מודים כי אין המלאכים בוחנים חקר לבבות לא היו אומרים שלהם העבודה כי עיקר עבודה בלב וכונה רצויה והוא לאל לא יושיע היותם בלתי משיגים ממנו דבר רק הם מכחישים זה ואומרים שיודעים מה שבלב והנה מזה ותצחק שרה בקרבה יש פתחון פה לטעותם כי שרה צחקה בלבה והמלאך ידע ואמר למה זה צחקה שרה וכו' ואם כן מצאו מקום לכפור ולכך שינו וכתבו בקרוביה ואם הדבר יוצא משפה ולחוץ אין עוד תימה אם מלאכים השיגו מה שעשו וזה היה טעמם ששינו מבלי ליתן פתחון פה לטועים ובאמת איך ידעו מלאכים מה שבקרבה יש לאמר או שהשכינה היתה שם כמו שאמרו במדרש ובגמרא (ב"מ פו ע"ב) דהיתה שכינה שם או כמ"ש בכמה פעמים כי גבריאל יודע מה שבלבו של אדם והקדוש ברוך הוא נתן לו זאת הבחינה כי הוא ממונה על חלומות (זוהר ח"א קפג) ואין מראין לאדם אלא מהרהור הלב (ברכות נה ע"ב) וע"כ צריך לדעת מה הרהר ומה חשב ואצל אותם ג' מלאכים היה גבריאל כנודע (ב"מ פו ע"ב) ודברים אלו אינם האומות מאמינים ולכך שינו כנ"ל ונכון הוא:

וכן מה ששינו אלהים ברא בראשית שלא יאמרו שתי רשויות הן הקשו התוס' (מגילה ט' ד"ה אלוקים ברא) הא כתבו בלשון יונית תחלה ותי' דיונים ידעו שלעולם יש להזכיר הבורא בתחלה ואם כן אילו כתבו בראשית קודם היו אומרים דב' רשויות הן ותיבה ראשונה בורא ואלהים הוי בורא שני עכ"ל ותמהו המפרשים דכי יאמרו תדע מהקושיא הא יהיה נכתב באר היטב בתחלת ברא אלהים שמים וארץ ואיך יוכיחו מכח קושיא דיש להזכיר שם בורא בתחלה דהוי תיבה ראשונה שם של בורא להכחיש העתקתן ועיין מה שכתוב המפרשים אבל באמת דברי התוספות נכונים כי יונים הם חכמי פילוסופים אריסטו וחביריו וכנודע והם אמרו

שאין שם לבורא בשום תואר כי הוא נשגב מכל תוארים אבל שם הנאות לו לקרא אותו קדמון היותו עילה וסיבה ראשונה ולפ"ז אילו היו הם כותבים בתחלה ברא אלהים שמים וארץ היו אומרים כי בתחלה היא סבה ראשונה כי כך שמו הנאות לו היותו ראשון וקדמון לכל והוא ברא אלהים סיבה ועלול שניה ובזה היו מוצאים מקום לטעותם אילו פתחו בו בלשון יונית בתחלה או בראשון ברא ה' שמים שהיו אומרים בתחלה הוא שם הנכון לסבה ראשונה וזה כוונת התוס' יונים יודעים שלעולם יש להזכירו ולתארו בשם בתחלה כי זולתו אין לו שם כלל לדעתם ולכך כתבו אלהים ברא בתחלה וליכא למטעי דבתחלה הוא שם דהא אם הוא נברא מן אלהים אינו קדמון ואינו סיבה ראשונה ולא שייך לו שם בתחלה ודברים אלו אמתים ונכונים ולענ"ד כוונו עליהם התוס' ואם לאו מכל מקום האמת עד לעצמו שכך הוא ועוד עלינו לבאר במה ששינו וכתבו באפם הרגו שור וברצונם עקרו אבוס וטעם רש"י דחוק כי הלא יקראו על כל פנים בתורה שהרגו אנשי שכם ומה נפקא מיניה אם כתב כאן איש או שור אבל תדע כי כבר החלונו לעיל להבין למה חרדו כל כך בהעתקת התורה לתלמי ממה שהיתה התורה כתובה בע' לשון אבל הענין להבין למה יוכבד שהשלימה מנין הע' נולדה במצרים דוקא ובכל יוצאי חלציו של יעקב לא היתה נקבה רק יוכבד ודינה באמת היתה גבר שנתחלף ביוסף כנודע (ברכות ס) אבל דע כי ע' נפש הן נגד שבעים שרים שבמרכבה שהן ע' לשון של ע' אומות ונגדם הן שבעים נפש לבית יעקב ודע כי יש מלאכים דוכרים ויש מלאכים נוקבים עלמות תופפות כנודע ועיין ברית מנוחה שהאריך בזה וכל ע' שרים כולם דוכרין חוץ משרו של מצרים שהוא נקבה ולכך כתיב ביה ערות הארץ ומצרים מלא זימה וגם מלא כשפים כי זהו הכל בנוקבא כנודע כי מכשפה לא תחיה דרוב כשפים בנוקבא (זוה"ק בראשית קכ"ו) וזהו שאמרו במדרש (ילק"ש ח"ב רמז תקס"ה) לסוסתי ברכבי פרעה שנדמה לפרעה השר כסוס א' נקבה כי שר שלו היה נקבה כי כך ענין שר שלו שהוא נקבה וקב"ה נלחם בים בשר שלו ולכך ראה כמין סוס נקבה נלחם וזה לסוסתי ברכבי פרעה ונגד שר הלזה היו ביוצאי חלציו של יעקב במנין ע' גם כן נקבה והיא יוכבד ולכן ממנה יצא משה שנתגדל בבית פרעה שהוא שני לשר כמש"ל כי המלך מרכבה לשר הוא הכניע למצרים ושר שלהם בן יוכבד שהיה מול שר שלהם ולכך לידתה במצרים להכניע שר שלהם לכך כל גזירת פרעה היה על הזכרים והבת תחיון כי שר שלהם מגן בעד נקבות ולכך אמרו גם כן במכת בכורות שאפי' נקבות נלקו היות השר נקרא בשם בכור נלקה והוא עיקרו נקבה וזהו כוונת הגמרא (ברכות לב) מבלתי יכולת למה יאמרו שתשש כחו כנקבה והיינו כנ"ל שיאמרו כמו ששר מצרים היה חזק ונחלש כחו כן שר ישראל מתחלה היה חזק ולבסוף נחלש וזהו כנקבה כמו שרו של מצרים ולכך נתחבטו למאוד למסור התורה למצרים להיות נקבה סטרא דמסאבא למאוד ערות ארץ ואיך ימסרו התורה

להם וכשנכנסו ישראל לארץ אז היו מוכנעים המצרים ולא היה להם תקומה כלל ובגוים לא יתחשב אבל אחר כך בעונותינו הרבים בחטא שלמה חזר שרם הנוקבא למקומו בלקחו סוסים ולבסוף בת פרעה משם כאשר הארכתי במקום אחר בזה ובטעם ישיבת הרמב"ם והאר"י ז"ל קדושי ישראל במצרים והכתוב הזהיר לא תוסיף לשוב מצרימה ואין כאן מקומו וזהו שדייק רש"י במגילה תלמי מלך מצרים היה כי זהו משרש הצרה שהיה מלך מצרים ודע כי כנגד שר יון הוא קהת במנין ע' ולכן זרע קהת תמיד הכניעו למלכי יונים אלכסנדר מוקדון ראש למלכי יונים כשראה לשמעון צדיק כהן גדול זרע קהת כרע והשתחווה לפניו ואמר דמות דיוקנו מנצח לפני (יומא סט) וכן זרע חשמונאים כבשו ליונים וכל זמן משך מלכותם לא היתה להם תקומה וכן תדע כי י"ב שבטים כנגד י"ב חדשים ראובן נגד תשרי ולכך ראובן שהתחיל בתשובה כמבואר בגמרא תשרי הוא ירח התשובה ודרשו ה' בהמצאו שמעון כנגד חשוון ואפו עז ועברתו קשה בו החל המבול ולכך נקרא בול ובו אומרים בארץ ישראל בז' בו שאלת גשמים גבורת גשמים לוי כסליו ולכך נגמר המשכן מיוחד לעבודת כהנים ולוים בכסליו ובכסליו גברו חשמונאים ועשו חנוכה והדליקו הנרות כי חודש מיוחד לזרע לוי ובטבת יהודה ולכך כאשר חטא יהודה בא נבוכדנאצר לצור על העיר והכתוב צווח מחטאת יהודה שבט יששכר שהוא עץ חיים ולכך ראש השנה לאילנות זבולון אדר ולכך שפע ימים ינקו וחלזון עסקו במזל דגים ולהיות כי זבולון היה תאומים כנ"ל לכך אדר כפול וגם באמת היה יוסף עם זבולון ולכך גם יוסף אחיזה שלו בדגים וידגו לרוב ויוסף בניסן ולכך עדות ביהוסף שמו בצאתו על ארץ מצרים וכו' והוא המכניס ומוציא בנימין באייר ולכך החל שלמה לבנות הבית שהוא בחלקו של בנימין באייר דן בסיון והיותו מאסף לכל המחנות לכך ויחנו מול ההר כאיש אחד לקבל התורה (מכילתא יתרו פי"א) ובסיון נאמר משמים השמעת דין כי הוא דן דינא (פסחים ד) ולולי קבלת תורה היה נפק בערב שבועות טבוח דטבח לכולם (שבת קכט ע"ב) ולכך הוא נגד דן נפתלי נגד תמוז ולכך שלח משה בתמוז מרגלים אילה שלוחה גד הוא באב ואז גובר המזל על ישראל ונתנו למשיסה בעונותינו הרבים כמש"ל כאשר יגבר המזל וגד פירושו מזל כנודע (שבת סד ע"ב) אשר נגד אלול ולכך אמרה לאה כי אשרוני בנות כי בתולה מזלו וכבר נודע כי מזל יון הוא שור ולכך גזרו על ישראל כתבו על קרן שור שאין לכם חלק באלהי ישראל ולכך מפלת יונים התחילה בחשוון כמבואר ביוסף בן גוריון והגמר היה בכסליו כי שמעון ולוי עקרו שור וזה נגד שמעון ולוי ולכך נצחו כהנים כהנ"ל כי הם העוקרים שור ולכך מפחד המלך תלמי לא כתבו ברצונם עקרו שור דאם כן יהיה רצונם תמיד למרוד בהם ולעקרם וכתבו באפם ואין אדם נתפס על כעסו (ב"ב טז) וחמת המציק וברצונם עקרו אבוס דהוא חמור דכתיב (ישעיהו א ג) וחמור אבוס בעליו וחמור אין ענין

כלל ליונים בזאת תבינו ותדעו איך הכל תלוי בישראל ואיך יהיה איש ישראלי מכוין צעדיו ולכל פסיעה ופסיעה ועוקץ יש חשבון וברצונו לעשות רצון ה' מעמיד להררי עוז ובחרון אפו ללכת בתר תוהו והבל יהרסם ולא יבנם ואל יצר לנו תוקף הגלות כי זהו טובתינו כאשר ראיתי כמדומה בס' חן טוב גם כן מזה בענין ברית בין הבתרים שנאמר (בראשית טו יב) ויהי השמש לבוא ותרדימה נפלה על אברם והנה אימה חשכה גדולה נופלת עליו ויאמר לאברם ידוע תדע כי גר יהיה זרעך וכו' ואחר כך יצאו ברכוש גדול ויהי השמש באה וכו' והנה תנור עשן ולפיד אש אשר עבר בין הגזרים האלה ויש להבין המשך הפסוק וענינו והוא כי מבואר במדרש (שמות רבה פנ"א ז) דקב"ה נתן לאברהם הברירה לבניו עבור פשעם אם לירש גיהנום או להיות בגלות והיה אברהם מסתפק איזה מהן לבחור ויעץ לו הקדוש ברוך הוא לבחור בגלות ויש להבין איך עלה ספק בלב אברהם שיבחר בשלות עוה"ז ולהנחיל לבניו גיהנום ח"ו הלא טוב רגע א' בעוה"ב מכל חיי עוה"ז וכן להיפך ווי ווי אם ידעו אנשים מעונש המר בגיהנום היו מונחים על פניהם וצועקים ולא היו עוסקים כלל בחיי עולם הזה כי הלא אלפים פרסאות נחלי אש שנשמת אדם נטבעת בהן ואינה מאירה כמו אש שלנו רק בחושך גדול ועצום כמו חושך מצרים ר"ל ויתר עונשים אלפים רבבות משחיתים מחבלים ככל מיני חיות רעות שבעולם ונחשים שרפים זה מושך וזה נושך מבלי מושך חסד כי הכל מאלהי משפט במשפט ובדין ובגבול ומדה אוי כי אנחנו יושבים פה ואש מתלקחת אלינו ויש בידינו להציל ולכבות אש ואנו עצלים מבלי מכבה וזה גלויות שאנו סובלים הם לנו לתרופה ולמזור להנצל ממדורות אש אם מרגישים אנחנו בגלות ונוהגים עצמנו כגולים דווים וסחופים והורד עדינו מעלינו מבלי לילך בדרכי זרים ולבלי לשמוח בשמחה של מה בכך ומבלי להרים ראש בשרירות וכדומה כאילו מלכנו בציון והבית יושב על מכונו אז ודאי גלות מכפרת לרוב ומקילה מעלינו חמת ה' ואם כן איך עלה ספק בלב אברהם בזה אבל אברהם פחד לנפשו כאשרילכו ישראל בגולה עול הגלות וחמת המציק בשמדות בעונותינו הרבים יגבר עליהם וגם יתערבו בגוים וילמדו ממעשיהם ואם כן יפרו ברית וחוק ויפרקו עול ח"ו ואם כן יהיו קרחים מכאן וקרחים מכאן ח"ו טוב להנחילם עוה"ז כי בלאו הכי לא ימלטו ח"ו מגיהנום אבל ה' ידע כי ישראל קדושים ויסבלו עול גלות המר ולא יתנו בכל זה תיפלה לאלהים וילכו בתורתו ולכך יעץ לו כי יבחר בגלות והנה הרכוש הגדול שהבטיח הקדוש ברוך הוא שיהיה להם בצאתם מהגולה אין הכונה על הון וכסף חומרי כי במה נחשב זה לאדון הכל כי אם הכונה שיסגלו במצות ומעשים טובים שיסגלו לרוב בהרבות גרים וכדומה כמ"ש האר"י על וינצלו את מצרים וכו' שלקטו כל נצוצות קדושות שהיו במצרים לעצמם ולא נשאר בו דבר רק קיא צואה וזהו המשך של הפסוק כי בעוד אנו יושבים שלוים שהוא נדמה

לזריחת השמש שהגיעה לבוא והנה תרדמה נופלת על אברם כי לא ידע איזה יבחר גלות שהיא שקיעת השמש או גיהנום ונטבע בעומק המחשבה שהיא תרדמה ואימה חשכה גדולה נופלת עליו כי פחד אם יבחר גלות אולי ח"ו יעברו על ידי כך רצון השם ויהיו קרחים משני צדדים וה' ראה צרתו והבטיח לו כי גר יהיה זרעך וכו' אבל יצאו ברכוש גדול כי יסגלו תורה ומצות למאוד כהנ"ל כשמוע אברהם כן הסכים תיכף לגלות ולכך כתיב והנה השמש באה ואמר הכתוב שתועלת בביאת השמש שהיא קבלת הגלות והנה תנור עשן ולפיד אש שהוא הגיהנום עבר בין הגזרים וחלף ועבר ולא יהיה בחלק ישראל ולכן אחינו קבלו הגלות בתום לבב והוחילו לה' כי עוד ישוש לטוב אתנו אבל העיקר בקביעות וחיזוק התורה וכמדומה לי אתם כעין בצלאל שבנה משכן קודם לארון וכן אתה בונים בית הכנסת מהודר ומנדבים מנורות ונרות וארון ה' שהוא ת"ח מחשכי ואזלי עד שהוא באחורים בעונותינו הרבים לא כן עשה בצלאל שעשה שניהם כמו שיש להבין במה שנאמר לבצלאל בצל אל היית (ברכות נה) מה פתרונו אבל דע כי יש לכאורה קושיא במה שאמר בצלאל כלים שאני עושה היכן אכניסם דתינח אם כדבריו כן עשה שתיכף במעשה משכן הקימו והכניס הארון לתוכו אבל הלא לא היה כן כי כל המשכן ארון וכליו נגמרו בכסליו ולא הוקם המשכן עד ר"ח ניסן שלאחריו בין כך ובין כך ע"כ היה עומד הכל באהלו של משה וא"כ הלא אין מקום לשאלת בצלאל כלים שאני עושה להיכן אכניסם אבל צ"ל דבצלאל שאל מסדר עולם שבונים הבית ואחר כך כלים כלים שאני עושה היכן אכניסם אף כאן במשכן כיון שה' בחר לו לדירה יש לעשותו כסדר עולם אף שאינו כן פה וכו' כנ"ל אך יש מקום לומר אדרבה זיל לאידך גיסא דאין לעשותו כסדר העולם הבונים דירה לעצמם להוציא מלב טועים שלא יאמרו לדירה הוא צריך וכהנה היו הרבה דברים שלא יאמרו לאכילה ולאורה ח"ו צריך אמנם מבואר במדרש (בראשית רבה פ"ח ז) כשכתב משה נעשה אדם וכו' אמר משה רבש"ע מפני מה אתה נותן פתחון פה למינים א"ל הקדוש ברוך הוא כתוב וכל הרוצה לטעות יבא ויטעה ולכך משה אזיל לשיטתו מבלי ליתן פתחון פה לטועים ולכך שינה הסדר של עולם הבונים דירה למו אבל בצלאל תפס דעת השם כי יש לעשות כסדר הדירה כדכתיב ועשו לי מקדש ומפרשינן לקבוע דירה בתחתונים ואי שהם יטעו כל הרוצה לטעות יבא ויטעה ולכך אמר לו משה בצל אל היית דתפס דעת ה':

ועוד פירשתי והוא אמת נכון לענ"ד דכתיב (שמות כה מ) אשר אתה מראה בהר כי הראה הקדוש ברוך הוא למשה בהר בתבנית אש משכן וכליו (במדבר רבה יב י) ואין ספק שהראהו בפעם א' המשכן וכליו והנה משה היה עומד מול השכינה והשכינה הראהו מצדו משכן ואחר כך משוך ממנו קרוב לצד משה הארון וכלים אופן שלצד משה היה קרוב הארון ורחוק הימנו המשכן ולהיפך לצד השכינה היה משכן קרוב והארון רחוק ומשה

שפט מה שהוא קרוב לו ראוי לעשותו תחלה ואחר כך הרחוק כי קרוב קודם וכן באמת בלי ספק הואיל ונראים הכל כאחד מה שהוא קרוב לו משפט קדימה אבל טעה כי הוא נתן משפט קדימה מה שקרוב לצדו אבל צריך להיות קודם מה שבצד שכינה קרוב ואצל צד שכינה היה משכן קרוב ולו הקדימה ולכך בצלאל שהעמידו על האמת אמר בצל אל היית נשמתך היתה בצד שכינה למולי ויפה דברת כי מצד השכינה המשכן קרוב ולו הקדימה ואם כי דבר זה אמת יש לו טעם כי כל הטעם שמשכן קודם לארון הוא שתמיד קליפה קודם לפרי ובכולם החיצונים קודמים לפנימים והטעם להגן לבל יתערב בו זר ולכך כל שקדושתו יותר הוא נעשה לבסוף כדי שיהיו שומרים ומגינים מוקדמים ולכך קליפה נקרא בגמרא דברכות (דף לו ע"ב) שומר לפרי כי הוא שומר אמנם מבואר בזוהר כי זהו בזמן הזה שיש מגור ופחד לבל יאחזו החיצונים אבל לעתיד לבא שלא יהיה רוח טומאה בארץ יהיה הפרי קודם לקליפה ולכך כתב (תהלים נא כ) היטיבה ברצונך את ציון אז תבנה חומות ירושלים כי לעתיד לבא יהיה ציון נבנה קודם חומת ירושלים כי יקדים הפרי לקליפה וזהו היה טעות משה כי משה חשב כבר הגיע עת התיקון כי באמת אילו לא חטאו ישראל והיה משה בא לארץ כבר היה בימיו התיקון וכמ"ש זקני בספר מגלה עמוקות ואם כן ביקש לעשות הפנימים קודם חיצונים כמו לעתיד לבא ציון קודם חומת ירושלים ולכך ביקש לעשות ארון קודם למשכן אבל בצלאל השיג שמשה ימות ולא יהיה עולם התיקון אז בעונות ולכך הקדים השומר לפרי ועשה ראשון משכן ואחר כך כלים כאמרו כלים שאני עושה להיכן אכניסם הרצון להגן עליהם שלא יקרב זר אליהם ויאחזו בהם חיצונים ח"ו ואמר משה כי היטיב אשר עשה כי בצל אלהים היית וידעת כי אין עדיין זמן התיקון ובעונותינו הרבים עוד שטנא נצח לקבלה:

ובזו הענין אפשר לפרש פסוקי תהלים לדוד המלך ע"ה באמרו (תהילים קלב ד) אם אתן שנת לעיני וכו' עד אמצא מקום לה' משכנות לאביר יעקב והיינו כדעת משה לעשות תחלה ארון שהוא מקום ה' ששם בין שדי ילין ואחר כך המשכן משכנות לאביר יעקב אמנם אמר כי ראיתי אני טועה הנה שמענוה באפרתה ר"ל בצלאל שהיה מזרע אפרת כנודע מזרע יהודה הנקראים אפרתים כדכתיב (שמו"א יז יב) וגם בנה של מרים הנקראת אפרת (סוטה י"א ע"ב) וגם מצאנוהו כן בטבע בשדה יער שתמיד השומר קודם לפרי למחסה ולמגן וא"כ כן ראוי להיות במקדש ה' ולכך החרשתי ונבואה למשכנותיו ואחר כך נשתחוה להדום רגליו שהוא ארון ששם הדום רגלי ה' ששורה עליו והיינו עשה כבצלאל כי הנכון אתו כי הטבע מסכים עמו ולכן כל עניני בית הכנסת ובית המדרש הכל שומרים לפרי תורת ה' כי הוא עיקר פרי עץ חיים וטועמיה חיים זכו וא"כ איפוא למה תמנעו מלבנות ארון ה' שהוא הקמת לומדי תורה לשמה והרי ג' רגלים בידכם תורה ועבודה כנודע כל המארח ת"ח כאלו הקריב תמידין (ברכות יוד ע"ב) ומכ"ש

המפרנסו ומזמין לו כל צרכיו צורכי גבוה וגמילות חסדים פשיטא והרי שלשה רגלים שעליהם עולם עומד ותהיה לנו עמידה וקיום בזה ובא לציון גואל אמן כן יהי רצון:

דרוש ג'

תוכחת מוסר מה שדרש ברבים הגאון זצ"ל ז' אדר שנת תק"ד לפ"ק בק"ק מיץ יע"א:

בפסוק (תהילים כב ב) למנצח על אילת השחר מזמור לדוד אלי אלי למה עזבתני ודרשו במדרש (ילק"ש ח"ב רמז תרפ"ה) אלי בים ואלי בסיני ויש להבין מה ענין ים וסיני לזה אמנם ידוע מאמר חז"ל בגמרא (יומא כט) ובמדרש כי זה המזמור מיוחס לאסתר המלכה אשר התפללה אותו בכניסתה לאחשורוש כנודע ואם כי בלאו הכי צריך טעם למה המשילו אסתר לאילה וכנסת ישראל לאילת אהבים הוא מה שכתוב באדונינו מבחר כל היצורים ובחיר ה' משה ז"ל יהיה לזכרון לפני ה' אשר היום הזה ז' אדר חשך בעונותינו הרבים העולם בעדנו ושקעה השמש של עולם אשר פני משה כפני חמה כמבואר באריכות בתקוני זוהר והוא סיבה לכל התלאות אשר קרו אותנו ואבותינו מיום מותו עד היום הזה וראוי ביום הזה להתאונן ולעשות אבל יחיד בכי תמרורים ואם חז"ל לא חסו לכבוד שבת וקבעו לומר צדקתך על משה שנסתלק בשבת במנחה כמבואר בהרא"ש פ' ערבי פסחים (וכ"ה בתוס' מנחות ל) מה נאמר ביום הזה שהוא יום מיתתו וע"ז נאמר אוי לנו כי פנה היום כי נטו צללי ערב כי לעת ערב במנחה פנה הודו והדרו ולכך ראוי ונאות לעורר לבבנו ביראת ה' ותורתו ונאמר כי משה כאשר אמר לו השם שילך למצרים אמר (שמות ד א) והן לא יאמינו לי וכו' ואמר לו השם שישליך מטהו ארצה ויהי לנחש וירא משה ויברח מפניו ואמר לו ה' אחוז בזנבו ויהי למטה בכפו ויש להבין למה בחר ה' בזה ליתן לו אות בנחש ולא בשאר דברים הלא הוא ארור מאת ה' וביחוד משה גבר הגברים אשר לא פחד מכל מלאכי מעלה ינוס מפני נחש אשר במעמדו נולד במהפכת המטה ואם עומד איש בתפלה אמרו חז"ל (ברכות ל ע"ב) אפילו נחש כרוך על עקבו לא יפסיק איך משה בעמדו לפני מלך מלכי המלכים הקדוש ברוך הוא ודבר עמו יגור מפני נחש וינוס מלפני השם עבור פחד כזה ואם יקרהו אסון וינשכו וימות מיתה גופנית הלא הוא לפני ה' יתיצב ונבחר מות הזה במותו לפני ה' בדברו אליו והוא אחד מדברים התמוהים במקרא וגם יש להבין למה אמר לו השם לאחוז בזנבו ולא בראשו ואם כי ישנם בזה דברים עמוקים עד למאוד כמבואר בזוהר והאר"י ז"ל כאשר החל לגלות זה הסוד לתלמידו נקנס עליו מיתה כנודע בכתבים מכל מקום מה שנוגע לענין תוכחת מוסר בע' פנים לתורה הוא כך כי אמרינן בגמרא (ב"ב טז ע"ב) אילה רחמה צר ואי אפשר לה להוליד מה עשה הקדוש ברוך הוא מזמין לה נחש ונושך במקום הלידה ומזה מולידה וזה ענין ישראל כי אמרינן (סנהדרין צז ע"ב) אם אין ישראל עושים תשובה אינם נגאלים מה עשה הקדוש ברוך

הוא מעמיד להם מלך צר כהמן ומתוך צרה עושים תשובה וזה הנמשל כי רחם של ישראל צר להוליד תולדות של צדיקים תורה ומעשים טובים ותשובה כי בעונותינו הרבים אפס עצור ועזוב ועל זה אמר הנביא (מ"ב יט ג) באו בנים עד משבר וכח אין ללידה והיינו להוליד בתשובה הגאולה והישועה מה עשה הקדוש ברוך הוא מזמין לנו נחש היינו מלך כהמן שנושך אותנו ומכאיב אותנו עד שעל ידי כך חוזרים בתשובה ומזה הולידה והצמיחה צמח צדקה וישועה לישראל וזהו ענין אילה ולכך המשיל דוד כנסת ישראל לאילה וכן היה במשה כי משה אמר והן לא יאמינו וכו' כי ראה משה שאין הדור זכאים כמו שנא' (יחזקאל טז ז) שערך צמח וכו' ואת ערום ועריה מתורה ומעשים טובים ולא שמעו אל משה מקוצר רוח מעכו"ם שנדבקו בהם ואם כן היה קשה למשה ולזקני הדור להאמין שיהיה יום פקידה כי חלילה אל לא יעות משפט כיון שאין ישראל זכאים לכך ולכך הראהו השם נחש הרצון שיהיה נחש נושך והיינו קושי השעבוד שהרע מאוד לישראל ומתוך זה ישובו בתשובה ויאנחו בני ישראל ויזעקו ותעל שועתם אל האלהים וזהו ויהי לנחש כי רמז לו קושי השעבוד ומשה בהרגישו קושי השעבוד המר הזה הצר לו למאוד ופחד לנפשו פן ח"ו ישראל לא יוכלו לעמוד בנסיון ושעבוד המר הזה כמ"ש (שמות ה כב) למה הרעותה לעם הזה וכו' אמנם תכלית התקנה לסבול גזירת גליות הוא בהכניעו עצמו לכך ולקבלו בהכנעה והשפלה כמאמר חז"ל סוף יבמות (קכא) כל גל וגל שבא עלי נעניתי והרכנתי ראשי ללמדך אם צרות יבואו על אדם ירכין ראשו ובזה יוכל לסבול וזה מאמר השם שלח ידך ואחוז בזנבו הרצון ההכנעה והשפלות כאמרם (אבות פ"ג מי"ד) הוי זנב לאריות ובזה תוכל לו ויהיה מנחש מטה ישע כי על ידי כך תצמח הגאולה וכן היה כי ע"י קושי שעבוד באה הגאולה וכן הדבר באסתר כי אז היה זמן פקידה למלאות ע' שנה והיו צריכים ישראל לתשובה כי אין לך פקידה בלי תשובה וישראל רחמם היו צר ורחוקים מתשובה הזמין להם הקדוש ברוך הוא נחש בריח הוא אחשורוש והמן ועל ידם חזרו בתשובה לכך נמשלה אסתר לאילה ולכך אמרו אילת השחר כמו נחש הנושך שהוא תכלית הצרה ונזק ואחר כך באה הישועה כן היה קודם האיר המזרח שהכוכבים אספו נגהם להיותם שקועים תחת אופן וקשרי הלילה המתגברים והולכים עד שחשך מזלם וכמעט רגע האיר היום וקראהו הזוהר קדרותא דצפרא וכן היה בזמן אסתר כי היה חשך מאד וע"י נשיכת הנחש היה אור לישראל בגאולת הזמן ואחר כך בבנין הבית על תלו ולכן נקרא אילת השחר והנה עוד טעם יש למה דוקא אסתר כינוה אילת השחר והוא במה דדרש במדרש שוחר טוב (מזמור כב) על אסתר הוא חושך ולא אור שאסתר היתה מאירה לישראל וחושך לאומות העולם והענין כי כל הנסים הם שינוי הטבע כי מה שיתכן בטבע אין בו שם הנס כלל ובניסים לא מצינו על הרוב שני הפכיים בחוץ לטבע כי קריעת ים סוף היה הצלת ישראל עפ"י הנס שהולכים בנתיבה במים עזים

אבל במה שהטבעו המצרים בים אין בו שום שינוי הטבע שהיו המים נוזלים והבאים בים ירדו תהום רבה ולעומת זה בנס סיסרא היה הנס שנפלו אויבים ומן השמים נלחמו בעד סיסרא הכוכבים ממסילותם אבל השלום לישראל אחר כך היה בטבע כי שבת הנוגש וצר הצורר וממילא ישבו בקרב ארצם בשלום וכן במחנה סנחריב היה נס נפלא כי בלילה אחד נפלו ונהרגו בפ"ה אלף אבל כשהיה אחר כך חזקיה יושב בטח בירושלים היה בטבע כי כך הטבע כאשר נכרת האויב אמנם באסתר היה הנס שני הפכים כי אילו היה הנס לשנות טבע אחשורוש שהיה שונא לישראל כמאמר הגמרא (מגילה יד) משל לבעל תל וחריץ לאהוב לישראל וליתן להם כתב בטבעת המלך לבל יגע בהם איש היה הנס מפורסם בשנות טבע המלך אבל עדיין היה המן במעמדו וכל העם העמלקים יושבים לבטח וכמו כן היה יכול להיות להיפך שיהיה אחשורוש בכעס על המן שהסיתו לדבר זה באמרו (אסתר ז ה) מי הוא זה וכו' ויגזור לבטל מחשבתו ולהרוג בעמו אבל בשביל זה לא מחויב שיהיה מרדכי בתכלית הגדולה וכל עדת ישראל עד שרבים מעמי הארץ מתיהדים ויהיה עם יהודה בחשיבות ופאר מה שאחשורוש שונא והם עם לבדד ישבו שנואים מגוים ודתיהם שונות מכל עם אבל באמת היה כאן נס כפול ושני הפכים בו כי הגיע מרדכי ועמו לתכלית הכבוד והגדולה ולעומתו המן ועמו לאבדון ולתכלית הירידה ולכך אמר שאסתר היתה אור לישראל וחושך לרשעים וזה אילת השחר כי נודע כאשר בזה חלק העולם לילה והעולם תחתינו הנקרא בלשון לטיין אנטיפרי שהוא חלק אמעריקא הוא יום וכן להיפך ולכך אמרו (בראשית ח כב) יום ולילה לא ישבותו וא"כ כאשר אצלינו עמוד השחר הוא ליושבי ממולנו שקיעת החמה לנו תחלת היום ולהם תחלת הלילה וזה היה באסתר לנו התחיל היום להאיר ולהם היה לשקוע חושך ואופל וצלמות ולכך נקרא אילת השחר:

אמנם דברי הגמרא ביומא (כט) תמוהים מה שאמרו מה שחר סוף כל הלילה אף אסתר סוף כל הנסים ופרכינן והא איכא חנוכה ומשני ניתן ליכתב קאמרינן והדבר בהיפך שחר הוא סוף הלילה ואחר כך מאיר היום אבל אסתר היתה סוף לנסים ואחר כך נסתלקה מאתנו השפעת ה' לעשות לנו נפלאות כאשר אבותינו ספרו לנו אשר פעל בימי קדם ובעונותינו הרבים פנה שמשו של אור ה' ושכינתו אשר בקרבנו אשר שם לנו אותות ומופתים וא"כ אסתר סוף כל היום ואחר כך חשכו עינינו וניטל כבוד הנסים מאתנו ואיך דומה זה לשחר סוף הלילה איפכא הוי ליה להמשיל לשקיעת החמה שהוא סוף היום כך אסתר סוף הנסים אמנם להבין מה שאמרו במגילה (דף ז) מגילת אסתר ברוח הקדש נאמרה שנא' קימו וקבלו קיימו למעלה מה שקבלו למטה והקשו תוס' הא דרשינן בשבת (פ"ה) מודעה רבה לאורייתא ואמרינן הדר קבלוהו בימי אחשורוש שנאמר קימו וקבלו קיימו מה שקבלו כבר ע"ש ונראה לישב דיש להבין למה בימי אחשורוש הדר קבלו תורה ולא מקודם ונראה כי כתבו

המפרשים הא דאמרינן מודעה רבה לאורייתא הא אמרו נעשה ונשמע ותירצו זהו בפה ליראת אש הגדולה אבל לא בלב כדכתיב (תהילים עה לו) ויפתוהו בפיהם ובלשונם יכזבו לו וא"כ כל קבלת התורה היה בפה ולבם בל נכון אבל גם לזה יש מקום לומר הכל הולך אחר הפה ודברים שבלב אינם דברים (קידושין מט) אך כל ענין עמלק הוא מזכות עשו שהיה נוהג כבוד ביצחק כדכתיב (בראשית כב כח) ויאהב יצחק את עשו אך היה ציד בפיו כי לא מלבו כיבד את יצחק שלא עשה שום דבר מלבו רק מפיו ולבו בל עמו ואי נלך בתר פה ולא בתר לב יש לעשו טענה בזכות אביו ולכך עד היום היו סומכים כי אף שקבלה היתה בסיני בפה ולא בלב מה בכך עיקר ברית כרותה לשפתים ומה נפקא מיניה בהרהור הלב אמנם עכשיו בימי מרדכי אשר גבר אויב עמלק בזכות אבותיו עשו אם באנו לילך אחר הפה אף הוא ציד בפיו ושפתינו אתנו מי אדון לנו ולכך הוצרכו ישראל לקבל שנית התורה ברצון ובלב שלם כי הכל הולך אחר כוונת הלב ודבר שפתים בלי לב רק למחסור וא"כ אין לעשו זכות בציד בפיו ולבבו מלא עון ולכך נפלו זרעו ועם ישראל הרימו קרן וכך ברפידים כתוב (שמות ח ז) על נסותם את ה' היש ה' בקרבנו אם אין ויבא עמלק וצריך טעם למה דוקא בענין זה אמנם לפי מה שכתוב יובן כי דרשינן במדרש (ילק"ש ח"א רמז רסא) היש ה' בקרבנו אם יודע מה אנו מהרהרים בלבנו נעבדהו ואם לאו לא נעבדהו ולפ"ז שהיה ספק בידם אם ה' משגיח על מחשבות או לא רק הכל הולך אחר הפהאם כן בא עמלק כי זכות עשו בידו מבלי פקפוק וא"ש והנה לפ"ז כל עצמותה של קבלת התורה שנית בימי אחשורוש היתה קבלת הלב בלב תמים וגמור ועדיין ספק מאין יודע מרדכי שכל ישראל הנפוצים בד' כנפות הארץ אם מקבלים התורה בלב שלם ואין ברוחם רמיה אולי עושים גם כן בשביל כבוד מרדכי או מפחד המן אבל לבבם בלתי שלם עם ה' ותורתו וזהו קיימו מה שקבלו כבר רק קשה מאן מעיד אם קבלו בלב ואם לאו אין כאן קיום חדש וע"ז אמרו קיימו למעלה מה שקבלו למטה וא"כ משמים הסכימו והכל הולך למכוון אחד ומזה עיקר הוכחתו מרוח הקודש שנאמרה בו המגילה:

ומזה הדור אתם ראו הוא הדבר אשר תמיד אקרא יומם ולילה לא דומיה להיות איש הישראלי עובד מצות ה' בלב ובכונה שלימה לא בדרך מצות אנשים מלומדה כפי ההרגל וטבעו בלי כונה לקיים רצון הבורא לשמוח בעבודתו ובמצות וביחוד בעמוד התפלה אשר היא עיקר עבודת הלב ובעונותינו הרבים מרוב פיטפוטי הדברים ואמירת תהלים ותחינות ובקשות לא יכלה הספר ההרגל בו הוא תנועה עצמית ומעצמו ינועו שפתים והלשון הולך וחדל ובקרבו ישים אורב ממחשבה אחרת למשא ומתן מחשבות זרות ופיגול חוץ למקומו וזמנו ועל זה נאמר (סנהדרין כ"ט) כל המוסיף גורע אוי לנו מיום הדין אשר יזקין האיש ולא יעלה בידו לכל ימיו ב' או ג' תפלות בכונה שלמה ובלב נמוך ונשבר בעומד לפני מלך מלכי המלכים הקדוש ברוך הוא מבלי

תערובות בו מחשבה זרה וכונה אחרת לדבר אחר חוץ לעיון תפלה וכן בקריאת שמע כמה שבועות ושנים יעברו ואין בידינו קריאת שמע בג' פרשיות שיהיה בכל לבם מבלי מחשבה אחרת ותערובות אחרות אוי לנו זה מגביר אויבים עלינו כי אנחנו בגלות בבית עשו וזכות אבותם בידם ציד בפיו אם אנו מכוונים לעבוד השם בלב אפס צדקתו כאפס ותוהו נחשב לו אבל כאשר גם אנחנו ככל המונם רק בפה ולא בלבאם כן זכות עשו במקומו ולכך נאמר (בראשית כז כב) הקול קול יעקב כשהוא רק קול יעקב קורא בגרון אל יחשוך וכיונה פותה אין לב אז הידים ידי עשו כי זכותם במקומו עומדת כנ"ל ולכך חדלו נא מהרבה תפלות ותחינות טוב מעט בכונה ולומר רק מה שניתנו מפי גבורת קדמונים ז"ל כי הם ידעו מקורות התפלה וצנורות למעלה ותהלים הוא צרי ומזור לכל אבל די הוא אם תאמרו ה' או ו' מזמורים ביום ובכונה להבין התפלה וכונתה כאמרם (ברכות כח ע"ב) כל העושה תפלתו קבע אין תפלתו מקובלת כי הוא צריך תפלה ובקשה ועיקר שבירת הגלות הוא בעבודת ה' בדעת דלבאי ואיך לא נחוש ואנחנו כאילה אשר רחמה צר וכח אין ללידה אין כח בנו בעונות הרבים לתשובה שלמה ועל מה נקוה העל מלך כהמן ח"ו או כהנה כבר שבעה נפשנו ברעות ורבות צררוני מנעורי יאמר נא ישראל וא"כ ראוי לנו לעשות האפשרי עכ"פ ודבר שקרוב בפינו ובלבבינו לעשות והוא עבודת השם מצותינו ועבודתינו וקריאת שמע וברכת המזון וברכה ברכת המצות וברכת הנהנין בכונה שלמה ובשמחה כי באמת היא תכלית השמחה והיא שמחה שאין אחריה תוגה ויגון ואם ישמח איש בשמחה הוללת ברקוד מזמרים וחברת משחקים יחול במחול הנשים מקושטות עורכים שלחן מיין ומעדנים ומעסיס רמונים היא השמחה שאין אחריה כלום הלא כאשר יעברו יום או יומים הלא יקוץ בקיאו ואיבריו יכבדו עליו לרוב רקודו ולשמחה מה זו עושה ויקוץ כאיש אשר מתרונן מיין בין לילה היה ובין לילה אבד ובפרט שאם יעשה אותו פעם פעמיים יהיה תמיד מבקש למודו ולא ימצא ויהיה לו יותר צער מאשר שמח כללו של דבר אין שמחה זמנית אשר אין אחריתה וסופה תוגה ויגון וחרטה אבל שמחה של מצוה יום ביומו תוסיף גיל ושמחה וכח ותקוה ומאירת עין ולכן בימי פורים אשר היתה שמחה ליהודים היתה שמחה של מצוה כי היה קבלת התורה לכך נאמר (אסתר ה טז) ליהודים היתה אורה כי היה יום קבלת התורה והוא היה עיקר ימי פורים לשמוח בשמחת תורה וגיל של מצוה ובזה נהיה אנחנו עם ה' נוחלי דת מורשה קהלת יעקב מובדלים מהעמים אשר על פני האדמה כאשר יקרה להם שמחה וחג שמחתם הוללות לחול בכרמים בחורים ובתולות יעשו בתי טרטראות יקומו נערים ויצחקו בכל פה דובר נבלה ועושים להם בתים לעבירה וכהנה שמחה זמנית ותענוגי בני אדם לא כאלה חלק יעקב בימי מועדים וחגי השמחה יאמרו בבתי הכנסת פיוטים נאים מחברת קדש בחרוזים לכבוד ה' וגם בבית כאשר

יסעד ירנן בשיר רנה בקול תודה וכאשר עושים כל ישראל בליל פסח יאמרו ויספרו תהלות ה' ונפלאותיו לבני אדם וכן בכל שבת ויום טוב זמירות הוא לה' ובו יגל יעקב וישמח ישראל בעושיו וזהו מאמר הפסוק (תהלים קכו א) בשוב ה' את שיבת ציון וכו' אז ימלא שחוק פינו ולשוננו רנה הרצון בעת שמחה נעשה שיר לה' ורנה תהיה לה' כי לעתיד יהיה שיר חדש כדכתיב (תהלים צו א) שירו לה' שיר חדש וזה רנה לה' אשר הפליא רחמיו וחסדו גבר עלינו וכאשר יראו העמים זאת בע"כ יודו כי ראוים אנחנו לבחור בנו ה' כי אילו קרה להם גדולה והצלחה כזו היו מבלים זמן בשמחה ברקוד וכדומה וזה מאמרם אז יאמרו בגוים הגדיל ה' לעשות עם אלה הרצון נכון הוא וגדולת ה' הוא לעשות עם אלה כי אילו הגדיל ד' לעשות עמנו היינו שמחים בשמחה וגיל ולא כמעשיהם אשר אין שמחתם רק בשיר וקול תודה לה' ולכן למדו נא תמימי עם ממעשה השמחה:

והנה נשוב להנ"ל כי ידוע (זוהר ח"א כא ע"ב) כי אין הקדוש ברוך הוא עושה נס על מגן כי הנס הוא כבריאת עולם חדש כי טבע עולם הוא שהוטבע בעת הבריאה והנה לשנות הטבע הוצרך הקדוש ברוך הוא לעשותו מחדש וא"כ מה איכפת ליה ליוצר הכל אם משנה הטבע בדיבור אחד או בורא עולם ומלואו הלא הכל במאמר אחד נברא ואדרבה לפי גדולתו אין סוף לעצמותו ויכולתו הוא יותר נפלא מה שבורא ועושה דבר קטן מגדול כי כשנערוך הנפעל נגד הפועל תרבה הפעולה ומטבע הטוב להטיב ולהשפיע עד אין חקר וזהו אחד מגדולות ונפלאות הבורא שמקטין הדבר וצמצם כביכול יכולתו לעשות דבר קטן הכמות ולכך לא יקטן במה אשר בורא עולם אין סוף וראש לו ברא כמו כן כדור ארץ קטן אשר יקיפהו איש בשלש וארבע שנים כי יותר מעוצם נפלאותיו ורוב יכולתו שיוכל לצמצם טוב השפעתו לבל יהיה גדול עד אין תכלית והיותר קטן הוא יותר מהנפלא ויכולת הבורא כאשר בעל חובות הלבבות ישכיל בזה לפעמים ולכך נקרא שדי שאמר לעולמו די (חגיגה יב) ולכך אין הקדוש ברוך הוא עושה נס אם לא לצורך מוכרח ולכך אמרו (שבת לב) אל יבקש אדם שיעשו לו נס כי מנכים לו מזכיותיו כי ישקול אדם בשכלו שהקדוש ברוך הוא בורא עולם חדש בשבילו ולכך הנסים שנעשו לאבותינו מימי קדם היה בהם צורך גדול והוא כי ישראל היה לבם בל עמם לילך אחר תורת ה' כי היו תמיד כרוכים אחרי מעשה אצטגנינות חכמי הכוכבים בטלמסאות והורדת השפע ויחסו הכל להם ולכך עשו עגל במדבר ופסל מיכה עבר הים וכן בארץ ישראל עד גלות הארץ וגם בגלות אמרו הנשים לירמיה מעת חסרנו להקטיר למלאכת השמים חדלנו כל ראה כמה נשתבשו במחשבה זרה ורעה כזו ולכך לבטל דעה מלבם ולתקוע בלבם דת אמת כי לה' ארץ והוא המשדד מערכת השמים ולשוא עמלו הבוטחים במסילי הכוכבים והשפעתם ומשטרם כי גבוה מעל גבוה שומר עשה הקדוש ברוך הוא נסים ונפלאות בשינוי הטבע לרוב כדי שיכירו וידעו כי שקר נחלו ולכך משה

הזהיר לכל אותות אשר ראו עיניהם וכן כולם שמואל בהזהירם אמר להוריד גשם בקציר חיטים נגד גזירות וחוק שלהם וגם אליהו שהוריד אש וגשמים מן השמים ואש מבעיר מים ובאמת תמיד כאשר ראו הנס הזה נהפך לבבם והכירו וידעו כי לה' הארץ וא"כ כל הנסים היו לתקוע אמונות הדת ותורת ה' בלב אנשים אך בעונותינו הרבים מיהרו ושכחו ויצרם גבר מאוד וזהו הכל קודם זמן אסתר אך בזמן ההוא קיימו וקבלו היהודים תורת ה' בכל לבב כי ראו כי לה' הארץ ולו נתכנו עלילות כי המן חשב על פי מחשבת כוכבים וגזירת חוקי השמים שהגיע העת לנפילת ישראל ח"ו כאשר כתבו כל המפרשים ובאמת אשר ע"פ חשבון היה אז מזל של ישראל שהוא מזל דלי לפי דעת רוב חכמי תולדות במערכה רעה למאוד כלה ונחרצה ממזל מאדים שבתאי זה מצד זה להשבית זכרון ובחרב יפלו ארצה ובפרטות במזל אדר סוף מזל דלי הנושך בעקבותיו כנודע לבעלי חכמי תולדות ולעומת זה עמלק אשר שרשו עשו הר שעיר אשר מזלו ארי הי' אז במערכה טובה כי השמש הולך לפניו והצדק האיר למולו וכל מהלכי לבנה היו עתידים נגד ישראל כללו של דבר אין נבחר יום מכל ימות העולם שהיה מוכן ע"פ מהלכי כוכבים למפלתן של ישראל ח"ו כמו בימים הללו וה' הפיר עצתם ושידד מערכתו למעלה ונהפוך הוא שישראל עלו ועמלקים ירדו ומזה הכירו כח ה' ותורתו וקבלו בלב שלם כי תורת ה' אמת ואמונה וקימו וקיבלו היהודים מבלי לסור מתורת ה' כאשר

מאז לא נשמע ולא נראה בכל גבול ישראל איש עושה כאלה או סר מהתורה לשום כסלו בכוכבי השמים וכסיליהם ולכך מאז והלאה פסקו נסים המפורסמים וגלוים באמונת ישראל להיותם בלתי צריכים לשלמות אמונתינו ולא בחינה בלתי שלמות נפשות ישראל יעשה הקדוש ברוך הוא נס ושינוי טבע בראשית ויהיה ניכוי זכות ישראל וא"כ זהו שפסקו נסים מימות אסתר ואילך לא היה בשביל גריעות אמונתינו כי אם בשביל שלמות אמונתינו כי לא היו צריכים עוד נס לשלמות גופם כמ"ש לעיל והמשל מי שהולך בדרך בלילה באפילה צריך כפעם בפעם בהגיעו לאחד מהפחתים או המים עמוקים וסלעים לבל יפול בדרך מדליק אור או אבוקה אבל כשהאיר היום אין צריך להדלקת האור ושרגא בטיהרא וכו' כי חכם עיניו בראשו לשמור דרך מנזק וכן היה הדבר עד אסתר כאשר הגיעו ישראל למקום ספק וחשכת התורה לילך אחרי הבלי גוים היה בחושך אור להם בניסים ובנפלאות ויאר להם הלילה למלט נפשם מרע אמנם כאשר הבוקר אור בימי אסתר שקבלו התורה בלי פניה אחרת ולא נשאר בלבבם מקום ספק לילך בדרכי גוים וכדומה לא היה צריך להאיר להם באור אבוקה כי התורה אור להם וליהודים היתה אורה ודרשינן זו תורה (מגילה טז ע"ב) ובזה יובן כי היטיבו חז"ל אשר דברו שאסתר נמשלה לאילת השחר מה שחר סוף לילה אף אסתר וכו' כי בזמן אסתר האיר השחר ובא יממא שקבלו תורה ופסקו ניסים אך דע כי אף שפסק בימי מרדכי ואסתר

טעות ההוא מלהאמין בכוכבי שמים מכל מקום היה עדיין תורה שבע"פ רופפת בידם כי בילדי נכרים חכמי הפילוסופים היא חכמת היונים הספיקו ותיכף בבנין בית שני שם בנו כותים בית המקדש בהר גריזים ושמה התאספו כל פוקרים בתורה שבע"פ ויאספו שמה כל צדוקים וכל קשי עורף למיניהם כמ"ש יוסף בן גוריון בספרו העברי כי לדעת המינים פרחה תיכף הצרעת לארץ ישראל כי נתערבו בדיעות יונים והיו בארץ ישראל ג' כתות המה הפרושים בעלי מעתיקי התורה שבע"פ מנוחתם כבוד והם שהאמינו בחכמת הגלגול ודעת צדוקים שכפרו בתחית המתים ובעולם הבא ודעת בייתוסים נקראים נזירים שהם מתנהגים פרישות למאוד אבל לא ישמעו לדברי תורה שבע"פ כי אם כל למודיהם הכל לפי חכמת הפילוסופים ודעת חיצונים וזו היתה סיבה לבסוף שבאו יונים על ירושלים כי המינים והפוקרים כמו אליקמוס הכהן וחבירו הלשינו על הפרושים וכאשר באו היונים בארץ הקדושה המה נתערבו בהם זולת עדת הפרושים והחסידים לפי שהיתה ידם עם חשמונאים כהני ה' ומאלה פרח הנס שהרימו קרן על היונים ונתקבלה תורה שבע"פ ע"י נס הזה כי ראו כי כת הפרושים האלה הצליחו וביחוד בפך של שמן שדלק ח' ימים להיותם שמנים אחרים בלתי טהורים וזהו מופת גם כן על התורה שבע"פ כי איה אפוא נזכר בתורה שלא ידליקו בשמן טמא ומזה קבלו תורה שבע"פ כאשר בפולמוס של חשמונאים גזרו (סוטה מט ע"ב ב"ק פ"ב מנחות סד ע"ב) מבלי ללמוד חכמת יונים שהיא פילוסופית מאריסטו וחביריו אשר מהרסים נגד התורה שבע"פ ואף הם הרסו מקדש של הר גריזים שהיה לצדוקים וכמה תקנות תקנו מבלי להתערב עם בת אל נכר כמבואר בע"ז (דף לו ע"ב) שגזרו זאת בבית דין של חשמונאים ולכן נס חנוכה הוא לקבוע אמיתתה של תורה בע"פ ולכך בטלו כל מגילות התענית חוץ משל חנוכה ופורים הרצון היותם מורים על קיום התורה הן בכתב הן בע"פאם כן עיקר תכלית הנס בפורים ובחנוכה היה קבלת התורה שבכתב ושבע"פ עיקר נס ע"ז יקרא וזה כונת הגמרא דלא חשיב נס דחנוכה ניתן לכתוב כי בפורים היה הנס שקבלו תורה שבכתב ומזה היה סוף נסים אבל חנוכה הנס היה רק לתורה שבע"פ שלא ניתן ליכתב שדברים שבע"פ אי אתה רשאי לאמרם בכתב כנודע (גיטין ס ע"ב) ולכך לא קחשיב וא"ש:

ולכן ראוי כי כל נסים ונפלאות אשר השם עושה הוא לעורר אותנו לתורתו ועבודתו ויראתו ולמען נדע כי הוא המשגיח בנו בכל אופן ולא זז מחיבתנו וזו היא תכלית השמחה שיש לנו לשמוח בפורים ולכך דרשו חז"ל (מגילה טו ע"ב) ויקר זה תפילין כי תפילין על הראש ויד להורות כי השגחת ה' עלינו בכל מחשבותינו ובכל מעשינו ושם ה' נקרא עלינו מבלי שכחה בשום אופן וגלל כן אמרו חז"ל (שבת יב יומא ז ע"ב מנחות לו ע"ב) חייב אדם למשמש בתפילין בכל שעה להורות נתן שתמיד מבלי היסח הדעת מייחס כל המעשים ופעולות להשם ולא לטבע כלל ולא נצייר שום

רגע וזמן מהזמנים בלי השגחת ה' בפרטות לכך נאמר ויקר זו תפילין ובעונותינו הרבים עכשיו אין איש שם על לב בענין תפילין כי רובם אין נותנים על הלב ענין תפילין בשום אופן ולא ישימו על לב כי חותמא דמלכא קדישא עליו ומלבד כי אין אחד משגיח על כשרות תפילין להיות נכתבין כדין וכדת ובתים שיהיה מרובעות וכדומה מדברים המעכבים ופוסלין את התפילין אף גם אם יש לו תפילין הנכתבין כדין על הרוב מוטלין על המצח שלא במקום שער כאשר בעיני ראיתי ובפרט בארץ אשכנז אשר יש להם השער שקורין פרוק ועל ידי כך התפילין שלא במקום שער כי אם למטה אוי לאותה בושה מצות תפילין שנאמרה ארבע פעמים בתורה ובשאט נפש המוני עם מתפרצים בו מה שקרוב אלינו לעשות והוא רק ליתן ללב לעשות קשר לבל יזח מעל מצחו תמיד לפני ה' יהיה לזכרון ומה נאמר ומה נדבר בדבר קל כזה לבטל מצות עשה בפועל וכמה הפליג הזוהר בשבח ההולכים בתפילין וציצית כראוי במאי דמכריזין קמיה הבו יקרא לדיוקנא דמלכא קדישא וח"ו להיפך ואיך נעבור פי ה' בדבר זה ולכן שמעו אלי ותחי נפשכם לדקדק במצוה זו ולקיימה כפי האמור בספר או"ח בכל פרטי דינים והנה ששון זה מילה וכבר נודע מה שפירש"י (תהילים ס':א'-ב') לדוד מכתם בהצותו את ארם נהרים ואת ארם צובה וישב יואב ויך את אדום בגיא מלח שנים עשר אלף ופירש"י ותרגום (עי' סוטה י ע"ב) שהיה מכתו תם שנולד מהול ויש להבין למה בזה הענין הורה לנו הפסוק על דוד שנולד מהול ולהבין נראה דיש גם כן ליתן טעם למה אמר משה ליהושע בחר לנו אנשים והלחם בעמלק ולא משה בעצמו והוא ידוע מה שאמרו חז"ל (שבת קנו) למאן דאתילד במזל מאדים או אשיד דמא או מוהלא והענין כי מזל מאדים מורה על הריגת חרב וזה שירש עשו בחלקו ולכך נאמר לו (בראשית כז מ) על חרבך תחיה וזה מזל רעה שהיה נגד ישראל במצרים אשר אמרו (שמות י י) כי רעה נגד פניכם הוא מזל מאדים שהיה למולם להשחיתם אמנם הקדוש ברוך הוא נתן להם מילה ובזה יושבת מהם מאדים והוא להט החרב המתהפכת מרע לטוב ולכך נקרא חרב נוקמת נקם ברית כי מי שאינו נימול נוקם מאדים לחרב ולכך כשיצאו ישראל ממצרים בערב פסח אחר חצות שחטו הפסח ומלו עצמם כדדרשינן (כריתות ט) מתבוססת בדמיך והוא הטעם דערב פסח היה ביום ד' כי בה' בשבת יצאו בני ישראל ושעה אחת אחר חצות יום ד' שולט מזל מאדים כנודע בחשבון חל"ם כצנ"ש ולכך שחטו הפסח ומלו עצמם וזהו להשבית מזל מאדים ולכך מי שיבא לנצח כח של עשו שמזלו מאדים צריך להיות נימול בחרב דא חרבא קדישא דמטיף דם ברית ובזו נטלו זכותן לשפוך דם ועמלק הרגיש זה ולכך התריס על המילות וביזה אותן כי ידע כי מהן הריסתו ולהורות כי משה לא היה לו דם ברית בחרב כדדרשינן (סוטה יב) וירא אותו כי טוב שנולד מהול והטפת דם ברית הוא רק מדרבנן לא היה יכול ללחום עם עמלק זולת יהושע דנימול וגם הוא

עשה חרבות צורים למול בני ישראל שנית כדכתיב (יהושע ה ג) הוא היה ידיו רב לו ללחום עם עמלק וכן בדוד כתב בהצותו את ארם נהרים ואת ארם צובה הרי דוד בעצמו לחמן ואחר כך כתיב וישב יואב ויך את אדום ומשמע דאדום הוא לא הכה רק ע"י יואב וצריך טעם למה לא לחם דוד ע"י עצמו רק ע"י יואב וע"ז אמר מכתם שהיה מכתו תם שנולד מהול וע"כ לא היה יכול ללחום באדום ולכך נעשה ע"י יואב ולכך נאמר כאן במפלת המן ועמלקים ששון זה מילה דליהודים היתה מילה והנה נשוב לנס אחשורוש אי היתה קרובה לטבעי או רחוקה מטבעי כי יש פנים לכאן ולכאן כי יש כאן פנים לומר שהיה קרוב לטבעי כי אשתו של מלך שאהבה היתה יהודית והיא התחננה אליו לומר כאשר יקרה ח"ו רעה ליהודים תמות מצער וכאב כי נפשה קשורה בנפשם כאמרה (אסתר ח ו) ואיככה אוכל וראיתי וכו' והיאך יכול אחשורוש להתעלם מבלי ביטול גזירת המן ולכעוס עליו בנגעו בקרובי המלכה הלא כבר אמרו (עי' יבמות קטו) אין חזק בכל הארץ כאשה ובתואר אשה הרבה נשתנה ראש החכמים שלמה וכהנה רבים אפי' אריסטו שהתבודד ביערות וגם בסלעים וכסתו עור להיותו ממאס בתענוגי מלכים וכדומה העידו עליו שגרם מיתתו היה שנלכד בתואר אשת רעהו וא"כ מה זה פלא בחק אחשורוש ערל וטמא וביותר שמרדכי היהודי אשר בעבורו חרד המן כל החרדה והוא ראש אומתינו היה ממלט המלך ממות לחיים והמלך עשה לו יקר להלבישו לבוש מלכות והאיך יתכן שאחר כך יהיה לטבח כאחד הנבלים אך יש פנים שהוא נס נפלא מכל הנסים כי ידוע מה שכתוב בזוהר (ח"א וישב קפה) ועתה לכו ונשליכהו באחד הבורות והבור רק וכו' מים אין בו נחשים ועקרבים יש בו והקשה הזוהראם כן איך שייך למען הציל אותו מידם הא ימות מנחשים ותירץ דזהו שכיח הנס מהשם לבל יזיקו הנחשים אבל בהיותו ביד האדם לבטל הבחירה להפוך מרע לטוב זהו לא שכיח ולכך חשב ראובן להצלה שיפטור מהשבטים ודברי הזוהר ראינו בקרא בזה שהציל הקדוש ברוך הוא חנניה מישאל ועזריה מתוך כבשן האש ולא פעל בנס שיכמרו רחמי נבוכדנצר עליהון מבלי השליכן וגם סגר פום דאריוותא בדניאל ולא נתן בלב השרים שישמעו לדברי המלך דריוש שרצה בהצלת דניאל וכן כולם הרי כמה קשה להפך לב איש כי השם סלק לכל איש בחירתו כנודע והנה זה אחשורוש שונא ואויב ישראל ודימוהו לתל וחריץ (מגילה טז) כבר נודע משנאתו שביטל בנין בית המקדש ואמרו חכמים ז"ל (שם) אסתר במאמרה איש צר ואויב הזה כוונתה על אחשורוש וכעת נהפך לבבו לאהוב ונתן לישראל ולמרדכי מעלה ורוממות וביטל הקדוש ברוך הוא בחירתו זהו נס נפלא יותר מכל הנסים והנה אסתר נסתפקה בעצמה בזה אם הוא בזה האופן או בזה האופן לכך אמרה אלי בים ואלי בסיני כי ידוע מה שאמרו חז"ל (יבמות סה ע"ב) בשרה שאמרה (בראשית יח יב) אחרי בלותי היתה לי עדנה ואדוני זקן והשם אמר למה זה צחקה שרה ואני זקנתי היפלא מה'

דבר וכו' והרגישו חז"ל בשינוי הזה ולמדו מכאן שמותר לשנות מפני דרכי שלום (יבמות סה ע"ב) ובדרך פשוט יש לומר כך דעיקר תמיה יש כאן על שרה איך עלה בדעתה לצחק שלא יהיו לה בנים בשביל זקנותה או זקנת אישה היד ה' תקצר ח"ו ואם אברהם שהיה טפל לשרה בנביאות כמאמר חז"ל (מגילה יד סנהדרין סט ע"ב ע"ש) איך יעלה על הדעת לומר שנסתפקה ח"ו ביכולת הבורא אשר ברא עולם ומלואו ולא יהיה סיפוק בידו ח"ו ליתן לאשה זקנה הריון מבעל זקן ולכן נראה כי אמרו חז"ל בים נגלה הקדוש ברוך הוא לישראל כגבור לוחם מלחמה ובמתן תורתנו הקדושה כזקן יושב בישיבה ופי' האר"י ז"ל (עיין חגיגה יד) כשהקדוש ברוך הוא עושה נס נפלא מהטבע מראה עצמו כגבור כובש הטבע ומשדדו לכך בים שעשה נס נפלא מהטבע גילה עצמו כגבור אבל בעשותו נס דרך הטבע מראה עצמו כזקן ולכך במתן תורה שהיה בטבע הראה עצמו כזקן ובזו יובן כי שרה ידעה כי יש ביד ה' לעשות נסים רק חשבה כי זה לעשות איש ואשה זקנים בימים יולידו בן הוא נס נפלא מחוץ לטבע וא"כ צריך הקדוש ברוך הוא להיות נגלה כגבור ולא כזקן והיא בנבואתה ראתה השם כזקן ולזה אמרה אחרי בלותי וכו' ואדוני זקן כינוי להשם זקן אני רואה אותו כזקן ואיך יתכן נס כזה ועל זה השיב ה' ואמר למה זה צחקה שרה לאמר וכו' ואני ר"ל מדבר על עצמו שאני מתדמה כזקן ולכך היא מיאנה להאמין בנס זה אין זו שאלה כי היפלא מה' דבר זהו אצל השם בעל היכולת בנס דרך הטבע לכך אני נגלה כזקן ואון לדברי מצאתי ברבה (בראשית רבה פמ"ח יז) ואני זקנתי מצינו שהקדוש ברוך הוא נקרא ואני וכו' ע"ש וזה כמבואר וא"כ אסתר שהתפללה למה עזבתני ובקשה מה' לעשות לה נס ולא ידעה אם הוא נס נפלא או לאו כנ"ל ולכך בממה נפשך אמרה אי הוא שלא כדרך הטבע אלי בים ששם נגלית כגבור עושה נס שלא כדרך הטבע ואי הוא בטבע אלי בסיני ושם נגלית כזקן בדרך הטבע אף עכשיו עשה אתנו כדרך הטבע ולמה זה עזבתני במדרש והיום הזה תאמרנה שרות פרס ומדי היום גורם אילו היה שאר ימים לא דיבר כן והוא לכאורה תמוה אמנם מבואר במדרש הובא בס' מנות הלוי כי ישראל עשו אבל צום בכי ומספד שק ואפר ששה דברים נגד ששה ימים שנהנו מסעודת אחשורוש והקשה המחבר הנ"ל הא עשו משתה שבעה ימים ותירץ בדוחק ונראה לפי מה שכתב מחבר הנ"ל בשם רוקח כי ק"פ ימים שעשה אחשורוש היו חדשי קיץ כי כתב ימים רבים מלת רבים מיותר כי כבר כתב ק"פ ימים אלא פירושו ימים גדולים שהם ימי קיץ והנה ו' חדשים מניסן ועד תשרי רק קע"ז ימים שג' חדשים מלאים וחסריםאם כן לא נשלמו הק"פ יום עד ג' בתשרי ואחר כך כשעשה עוד שבעה ימים יום השביעי היה ביום הכפורים וח"ו לישראל קדושים הם שיאכלו ביום הכפור ולא נהנו מסעודת של אותו רשע רק ששה ימים והנה ממוכן הוא מוכן לפורעניות והוא המן ושטן באמת כנודע אמנם אז יצא טובה מאתו כי היה ביום הכפור ואז השטן

כולו טוב ומטיב לישראל כנודע (יומא כ) ולכך אמר והיום הזה היום גורם ונכון כי היה יום רצון לה' וגם אויביהם ישלימו אז אתנו ולזאת יש לשמוח בפורים כמו ביום הכפור פעל אתנו נסים ונפלאות ומי שהראה אותנו בנקמת המן המראה השני שראה דניאל הוא יראה אותנו בשאר נחמות ואמרו בגמרא דמגילה (דף ג') וראיתי אני דניאל לבד את המראה והאנשים שהיו אתי לא ראו את המראה אבל חרדה גדולה נפלה עליהם וקאמר הגמרא מאן אינהו אנשים חגי זכריה ומלאכי אינהו עדיף מיניה ואיהו עדיף מנייהו אינהו עדיף מיניה אינהו הוו נביאים ואיהו לאו נביא ואיהו עדיף מנייהו דאיהו חזי ואינהו לא חזו ופריך הגמרא וכי מאחר דלא חזו מ"ט איבעיתו ומשני מזלייהו חזי ע"ש ויש להבין ממאי דהיו אנשי נביאים דלמא היו שאר אנשים ממשמשי דניאל ואם קבלה נקבל וגם מאי קמ"ל בזה דאיהו עדיף מיניה וכי אחותם אנו מבקשים להכיר במעלות של כל אחד ואחד ואף גם האיך יתכן לומר שהם עדיפי והוא עדיף זה אי אפשר לומר בממה נפשך או שמעלתם עדיפה או שמעלתו עדיפה וגם מה שייך הקושיא וכי מאחר דלא חזי מ"ט איבעת לכאן בלא זה הוי ליה להקשות על המקרא ובאמת אין זו קושיא וכי פליאת זמן הזה לבד מצינו בנביאים הלא כהנה מצינו הרבה שהיה כן בקרא אמנם שקשיא ליה להגמ' מאי קמ"ל והאנשים אשר היו אתו לא ראו המראה פשיטא שכל הנביאים ובעלי רוח הקדש הם רואים ומשיגים במראה הנבואה עומד או נופל כמ"ש הרמב"ן והעם אשר אתו אינם מרגישים דבר והוא לבדו משיג השפעת רוח הקדש ואין איש אתו וזה שאלה הגמ' מאן נינהו אנשים שנא' במקרא והוצרך להודיעם שלא ראו מה חידוש הוא כנ"ל ומשני הש"ס חגי זכריה ומלאכי וטובא קמ"ל כי מקדם אינהו עדיפי דהיו נביאים עכשיו איהו עדיף מדחזי והם לא חזו ועל זה פריך הגמ' דלמא לא בא הכתוב להודיע פלא שהם לא ראו רק להודיע שאע"ג שלא ראו מכל מקום איבעיתו וזה אינו מגדר הטבע כי מאחר דלא ראו מ"ט איבעיתו ומשני הגמרא זה הוא מגדר הטבע אעפ"י שאינהו לא ראו מזלייהו חזי וע"כ כוונת הכתוב להודיע מעלת דניאל כנ"ל זה מהשכל אבל באמת למה השיג דניאל והם לא ראו הענין כך מה שידוע בענין קץ לבי לפומי לא גלי מה שייך בשם ב"ה הלשון לפומי אבל לשון פה הוא כך הנביאים המה בסוד פה כי הם שלוחים מעם ה' לפרסם ברבים לכך נקראים נביאים לשון ניב שפתים ולנביאים לא נגלה אבל לחכמים שמשיגים בחכמת עליון היו משיגים הקץ וזה לבי לפומי לא גלי ולהיות כי הקץ נגלה אצל דניאל שהי' בסוד חכם ומשיג בחכמת עליון אבל הם שהיו בסוד פה לא נגלה להם הקץ להיותם נביאים ולבי לפומי לא גלי וזהו הואיל והוא עדיף מינייהו שהם רק נביאים ולכך היה דניאל עדיף שהשיג הקץ ולא הם להיותם נביאים אמנם למה הסתיר ה' הקץ והטעם היותו לזמן ארוך ויתייאש ח"ו בגולה ברוב שעבוד ושמדות אמנם כאשר נסתר בכל עת שתהיה צרה לישראל המה ינחמוני לומר הוא חבלי

משיח והגיע ימי פקידה כי פקד ה' את עמו עבור זה עומדים בנסיון ולכך נאמר כי המה לא ראו בנבואה את הקץ שהרגישו שהוא לזמן ארוך ובין כך יסבלו ישראל בעונותינו הרבים צרות רבות ורעות ולזאת נאמר אבל חרדה גדולה נפלה עליהם לאריכות הגלות וצרות ישראל גלל כן בכל שמחתינו ראוי לזכור חורבן בית תפארתינו:

שמעו נא נבוני עם וחכמים אשר בחר ה' בנו מכל עם אל נא תהיה קריאת המגילה בעיניכם כדורש ספר זכרונות וספר קורות אבותינו בכל התלאות אשר מצאם אשר אין בו אלא הגדת המעשה וסיפור דברים וכי בשביל זה היתה אזהרה לקרותה פעמיים ותודה לאל כולנו יודעים המעשה ההוא עד אשר קמו הנערים ויצחקו לעשות כמתכונתם זה בכה וזה בכה אמנם רוב מהתועלת אשר נמשך ממנו מלבד סודות רבות שיש בו והפליגו בעלי חן וסוד לדבר בזה המגילה ולהכי נקראת מגילת אסתר שיש בו סתרים וסתרי מעשה בראשית למאוד וגם יש בה לבוש למוסר בענין ישראל ושטן כאשר לפנים בימים נוראים בימים שבין כסא לעשור העבר דרשתי ברבים ואזניכם שמעו מה גדלו ומה עמקו דברי המגילה ההיא אף גם יש ללמוד ממנה דברים רבים למוסר והנהגת אדם אשר יעשה וחי בהם ובגמרא (מגילה טו) אמרינן שנסתלקה השכינה מאסתר אמרה שמא אתה דן שוגג כמזיד ואונס כרצון שמא בשביל שקראתיו כלב חזרה לקרותו אריה וכו' מזה יש ללמוד תוכחת מוסר מאחשורוש צורר ישראל וביטל בית המקדש מישראל וכתב דת לאבד זכר מישראל ושמח באובדם ושתה יין ושאר דברים ובכל זה חשבה אסתר לחטאת מה שכינתהו לכלב מה נעשה אנחנו בעונותינו הרבים שיחה בפי הבריות אחד לחבירו יאמר עשיר לעני והנכבד בנקלה מה איכפת לי בכלב הזה עד שבעונותינו הרבים עשירים עם הארצים יאמרו על תלמיד חכם זהו כלב וכדומה אוי לנו כי חטאנו לה' בדבר שפתים אך למחסור על עם קודש בני אל חי אשר נשמתם ממחצב אל ונשמת שדי בקרבנו ואב אחד לכלנו וכינה אותו כלב וחז"ל אמרו (ב"מ נח ע"ב) המכנה שם רע לחבירו וכו' וזהו רגיל אצלנו שותא דבריות בהרגל מבלי שם על לב שום חטא ועון בזה ואם בשביל מה שאמרה בשביל שקראתיו כלב נראה דיש לו טעם דאמרינן בגמרא דסנהדרין (דף עד ע"ב) והא אסתר פרהסיא הוי ואיך נבעלת לאחשורוש ומשני אסתר קרקע עולם הוי והקשה ר"ת הא הוי גלוי עריות וג"ע אפילו בצנעא יהרג ואל יעבור ותירץ התוספות דביאת העכו"ם אינו חשיב ג"ע דחשיבי כבהמה דכתיב (יחזקאל כג ב) אשר בשר חמורים בשרם וזרמת סוסים זרמתם התוספת הקשו במה דאמרינן (יבמות כא ובסנהדרין נט וכן ברש"י שם) אתם קרוים אדם ולא עכו"ם קרוים אדם הא אמרינן אלה המצות אפילו נכרי שעוסק בתורה הרי הוא ככהן גדול כו' ובאמת יש לאמר בישוב קו' התוספות בודאי נכרי שאין מאמין ביחוד השם כי הוא היוצר ומשגיח בתחתונים זהו אינו בגדר אדם כלל וע"ז נאמר אין עכו"ם קרוים אדם

ומזה דברו כל הנביאים כי היו עכו"ם כופרים בה' ואומרים לעץ אבי אתה אבל נכרי שעוסק בתורה הרי מאמין בבעל מתן תורה שהוא ה' ומאמין שלו נתכנו עלילות ומצעדי גבר ויש שכר ללומדי תורתינו זהו בכלל אדם וא"כ לפ"ז הנבעלת לנכרי כזה הרי הוא בכלל אדם והוי כג"ע אבל הנבעלת לנכרי כופר בה' לבהמה יחשב ואין ביאתו רק כבהמה כמ"ש בהנ"ל ואמרינן בגמרא (הוריות יג ע"ב) הכלב מכיר את קונו וא"כ אם אחשורוש היה מכיר ה' כמו מלכי פרס הקודמים שאמרו ה' נתן לנו כל הארצות מי בכל עמו וכמו שהודו לדניאל אלהיך ישזבינך יתכן עליו שם כלב היותו מכיר קונו אבל אם היה כופר בה' כשאר עכו"ם עובדי תוהו לא יתכן עליו באמת שם כלב זו היא כונת אסתר באמרה שמא אתה דן על אונס כרצון קשה פשיטא דלא שייך בגלוי עריות אונס ויהרג ואל יעבור וצ"ל כתירץ ר"ת דביאת עכו"ם לא יחשב ג"ע דאינם בתואר ותורת אדם כלל ועי"ז אמרה שמא על שקראתיו כלבאם כן הודיתי בעצמי שמכיר בקונו וא"כ הרי הוא בתורת אדם וא"כ אף אונס בגדר עונש כי יהרג ואל יעבור ולכך אני נענשתי חזרה לקרותו אריה שמולך מעצמו ואמר מי אדון לי וכן הוא אחשורוש שכפר בה' וחשב מי אדון לי וזהו שמולך מעצמו שדרשו חכמינו ז"ל (מגילה יא) הרצון שחשב שאין על גביה מלך והוא לבדו יחיד במלוכה ואין ה' הממליך מלכים וא"כ אינו בתורת אדם כלל הביטו וראו כמה דקדקה צדקת הלזו במעשיה ואמרינן בגמרא (שם ט"ו) ביום השלישי ותלבש אסתר מלכות מלמד שלבשתה רוח הקודש ופירש תוספות ביום השלישי כנגד תנ"ך או כהנים לוים וישראלים ויש להבין למה העמידו תוספות דבריהם דוקא בהאי קרא גם על פסוק זה (אסתר ד טז) צומו עלי שלשת ימים הוי ליה לתוספות ליתן טעם הנ"ל ונראה לי דלכאורה יש ליתן טעם למה דוקא ביום ג' כי ודאי אסתר היתה מפקפקת מתחלה לכנוס עצמה למלך כי מקודם באונס ועכשיו ברצון רק מרדכי אמר עד מתי תמתין אולי לא תהיה נקראת למלך בזמן ארוך וכי בין כך יהיו ישראל בצרה כאמרו מי יודע אם לעת כזאת הגעת למלכות אך קשה תינח מחמת ביאת איסור אשת איש או נכרי כי לא סגי בלאו הכי אבל הלא היה כאן עוד איסור חמור באסתר דאמרינן (שם) ותתחלחל המלכה שפירסה נדה ונדה הנבעלת לאיש הן יהודי או אינו יהודי הרי הוא בכרת ואם כן איך תעבור אסתר בשאט נפש כרת במקום שיש לה לתקן כי מה בכך אם תמתין שבעה ימים עד טהרה מטומאתה ואז תכנס למלך ומה הנחיצות גדולה באיזה ימים הלא היה כמעט זמן י"ב חדשים וצריך לומר בדוחק כי ידע מרדכי כי ימים אלו ימי פסח ט"ו וט"ז מסוגלים לישועה לישראל ועת רצון לה' אשר פדה מיד צר ולכך הקפיד שתכנס דוקא בימים אלו וזהו דייקא לעת כזאת הגעת למלכות ויותר נראה כי הרי אסתר מחמת חרדה פירסה נדה שלא בעונתה כנ"ל ואם כן היתה בימי זיבה ואין לה רק לשמור יום אחד ולכך ביום שני לא נכנסה כי אף שלא ראתה הלא כל היום צריכה להמתין שמא

תראה ותסתור ודעת ב"י בהלכות נדה (סי קפ"ג) אפילו מהתורה אסור אמנם ביום ג' שכבר טבלה ומותרת אין כאן איסור נדה וזהו טעם הגון דביום ג' נכנסה ולכך צומו ג' ימים כי כוונה לכנוס ביום גימ"ל והנה המהרש"א דייק באמרו ביום גימ"ל ותלבש אסתר שלבשתה רוח הקודש מה שייך שלבשתה רוח הקודש ביום ג' הלא מקדם היה רוח הקודש אצלה ע"ש ולפי הנ"ל ניחא דודאי בימי נדה דהוא ימי סאבתה אל הקודש ואל המקדש לא תבוא כי הוא מסאבה למאוד עד שאפילו אומות העולם הקדמונים נהגו בו ריחוק כנודע כמ"ש ברחל (בראשית לא לה) דרך נשים לי וראיית נדה מזקתאם כן פשיטא סילק רוח הקודש ומה לכהן בבית הקברות אבל בשעה שנכנסה היתה טהורה אך לפ"ז ליכא למימר דהיה בימי זיבה ושומרת יום כנגד יום ודאי אסתר טבלה עצמה ביום שני כי טבילה בזמנה מצוה כמבואר בגמרא בשמעתיה דטועה (נדה דף ל) רק דהיא אסורה לשמש כל היום שמא תראה ותסתור אבל קמי שמיא גליה דלא תראה עוד דלולי ראתה באמת ביום ב'אם כן בג' לא היתה אסתר רשאית להבעל שמא תראה ותסתור וע"כ דלא ראתהאם כן הוי ליה לרוח הקודש ללבוש ביום השני ועל כרחך צריך לומר דבאמת נדה גמורה היתה והא דמיהרה לכנוס כמש"ל משום ימי רצון ורוח הקודש מכל מקום לבשה כי הוא ברוב רחמיו שוכן בתוך טומאתינו לבל יבוא צר לצער אותנו ואם כן שפיר קשה למה דוקא ביום ג' כי מהא דאמרינן שלבשה רוח הקודש ביום ג' מוכח כנ"ל דהיתה נדה גמורה ולא שומרת יום כנ"ל והקשו תוספות שפיר אם כן למה ביום ג' ודוקא על אותו פסוק קשה כי מזה מוכח שהיתה נדה גמורה והוצרך תוספות לתירוצו כנגד תנ"ך או כנגד כהנים לוים ישראלים ודו"ק שמעו נא גוי קדוש אשר קדושתנו בהתרחק מעריות וביחוד לבל יקרב אל הטמאה זכאי חולקיכון קדושי עליון אשר משמרים עצמם מאשה נדה אפילו בנגיעה ושיחה ופרישות ואיש העובר על זה הוא מתועב בעיני הבריות ברוכים אתם לה' ומחניכם יהיה קדוש אבל למה תפסתם החבל במקצת אשר יזהר איש מאשתו הנדה בכל מיני הרחקות ובתולה נדה יבוא המיועד לה הנקרא חתן אל הנערה הנקראת כלה והיא נדה לא טהרה מטומאתה והוא יחבקנה וישק לה אין אומר דבר ואדרבה כל אשר לא יעשה כן הוא בחזקת כסיל ושוטה וידברו אתו אביה ואם הנערה וכל רעיה בפנים זועפות כאילו אינו יודע נימוס עולם או לבבו חלק ממנה וכהנה דברי שטות ומחלת לב אוי לי אמי כי ילידתני לראות הפרצה הזאת בדור הזה וכי יש חילוק בין אשתו נדה או בתולה נערה פנויה הלא הכל באיסור כרת מבלי הבדל ואם כי לפי דעת הרמב"ם וסייעתו וכן פסק השו"ע בהדיא (יו"ד סימן קנ"ז סיטרא אחרא ועיין ש"ך שם סק"י) אם יאמר חבוק ונשוק לנערה נדה או מות תמות חייב אדם למסור עצמו להריגה טרם יעשה כזאת כי היא בכלל גלוי עריות אשר קיימ"ל יהרג ואל יעבור וכמה הפליג הרמב"ן (מובא בב"י יו"ד סימן קצ"ה) להחמיר ברופא אם מותר

למשמש לאשתו נדה בדופק במקום סכנה ואין שם רופא אחר ודעתו להחמיר דהוי בכלל גלוי עריות יהרג ואל יעבור ואפילו המתיר ס"ל הטעם דאין כונתו לקריבה וחיבה רק להבחין החולי ולדעת סיבתו אבל זולת זה כולי עלמא מודים דהוא עומד במקום סכנת נפשות היש תירוץ ואמתלא בעולם בדבר זה ואם יתלו עצמם במנהג קדמונים מלבד מה שייך מנהג נגד תורת ה' והמפקפק בזה הוא מין רשע ואפיקורוס ודבר ה' ביזה אף גם בדורות הקדמונים היו נוהגים להשיא בתם קטנה ורכה בשנים אשר לא הגיע זמנה לראות ולא ראתה ולית כאן חשש נדה לכל הפחות אבל בזמן הזה אשר רובם ככולם בוגרות ולהם אורח כנשים אם כן מה נאמר ומה נדבר באיסור נדה כזה מלבד גירוי יצר הרע בקישוי עצמו לדעת מוציא ז"ל בעונותינו הרבים אף כי איסור כזה האמור בתורת משה להדיא והוא לאו שלוקין עליו כמ"ש הרמב"ם (מהלכות איסורי ביאה פרק כ"א הלכה א') מי הוא איש חכם ונבון וידע לומר תירוץ על זה או איזה דרך היתר יאמר לי אולי יתיישב בזה דעתי למקצת כי מאוד לבבי הומה על עון כזה הנפרץ בישראל ועושה ממנו נימוס וסדר ואין שם על לב ויותר נעכר כאבי כי ימים המיועדים לקדושה ותהלות ה' פורים וחנוכה מועדים חגים ושם קדוש משרה קדושתו ורוחו ממרום על עם קדשו אז יוסיפו לחטוא וכאשר יפקד אז מושב החתן אצל הכלה יבואו אליו בחשאי אצל משפחתו ונקה לא ינקה בנטירת שנאה תעורר מדנים הוי כאשר במסיבת המלך מלכו של עולם

בימים קדושים כאלו נרדי נתן ריחו הסריח חכמת סופרים ודודים נתנו ריח ועל פתחיהם כל בוגדים וישב אל הנערה למען חלל קדוש ישראל הביטו וראו מאשר אזניכם ישמעו מאשר ספרו לכם מעון אבותינו מאשר מעלו מעל בה' ויעבדו אלהי נכר אשר הוליכו אבות בניהם לשרוף באש ואמר הנביא האבות בעצמם מלקטים עצים לשרוף בניהם ונשים מבכות ולבל יכמרו רחמים עליהם הביאו תופים ומחולות לבל ישמע קול הנער באשר הוא שם וגלל כן נקרא הגיהנם תופת ידעתי כי יחשבו לדבר עליהם כי קלקלו השורה למאוד וכן לא יעשה ותחרקו שן למלי ותאמרו הלואי שיהיו לפנינו לנקום מהם נקמת ה' ולהכות באגרוף רשע המשל עליהם ימשול עם ה' הלא תוסיפו סרה יותר מהם כי הם הרגו בניהם ושרפום מיתה זמנית ואש מכבה כרגע אחת כאשר יבוא האש בקרב הנער ומת ואין לו שום כאב מאש כלל ואתם שורפים בניכם ובנותיכם באש בגיהנום אש עד שאול תוקד אש אבדן שריפת נשמה וגוף קיים שריפה נצחיי והאבות ואמהות מלקטים עצים כי הכינו טבח יום מטבח לשחוט בניהם ובנותיהם ויערכו שלחן מכל מגדים ומעדנים ויקראו לחתן וכלה ויאמרו יקומו הנערים ילדים אשר אין בהם מום מעבירה תודה לאל ולהן כח לעמוד בהיכל מלך מלכו של העולם ויצחקו לפניהם בחיבוק ונישוק וכדומה מקריבת גלוי עריות ואם הבנים שמחה כחנה ושבעה בניה כי תאמרו לאברהם אתה שחטת בן אחד ואנו שוחטים ילדים הרבה בחורים וגם בתולות

יעשו תופים ומחולות ושעירים ירקדו שם ושמה הרגיעה הלילית ושמה קוננו השטן וכת דיליה ושמה עלה באשם ותעל צחנתם ובעונותינו הרבים ימותו בלא חכמה כי אף יזקינו לא יתודו על עון כזה שעשה בימי היותו חתן שעלץ בנערה בחיבוק ונישוק כי במה נחשב אצלם ואתם עם ה' אמרו נא היש בכם אחד שהתוודה ביום כיפור על עון זה שעשה בימיהיותו חתן שעלץ בנערה בחיבוק ונישוק איסור נדה הוי גוי אכזרי ישכחו ולא יחמלו חבלי יולדתם ומה אעשה להם ביום הזה הבנים בני ובנות בנותי נפשי הומה עליהם ומתאבל אבל יחיד לכן מכאן והלאה אראה אי"ה לגדור גדר בזה בכל יכולתי ולא אהיה מרשה לכתוב קשור התנאים עד שיתנו שניהם תקיעת כף לבל יגעו זה בזה יד עד חתונתם ועל זה אמר קהלת (ג ט) עת לחבוק ועת לרחק מחבק ולהכי נקראים דברי תנאים וברית דברים שכורתים ברית לאלהי נכר לעבור על מצות השם כל ימי קישור תנאים:

לכן הירא וחרד לדבר ה' יפן לקול דברי וישמע ואל יחוש שיצחקו עליו צעירים ויאמרו זה חסיד שוטה הטוב אתה בזה מאבותיך וכהנה דברים כי טוב לו שיהיה שוטה כל ימיו ואל יהיה רשע לפני המקום ראו מרדכי שלא חנף להמן מלהשתחוות לו ובלתי ספק שהרבה היו באותו דור שגזמו עליו כי הוא זה היה לסיבת גזירות המן ומה לו להכניס עצמו בזה ואסור להתגרות ברשעים ומותר להחניף להם וכהנה מדברים אשר בעונותינו הרבים הם צרעת ממארת בדור הזה אשר חכמי הדור ובעלי יראה רואים כל פרצה מבעלי זרוע ויד רמה וכהנה מהמוני עם ושותקים ואין איש שם על לב לקנא קנאת ה' צבאות כי אומרים מותר להחניף ואין בנו כח להעמיד הדת על תלה וכהנה תירוץ ואמתלא תפל בלי מלח ושערי תירוצים לא ננעלו אמנם הלא אלהים יחקור זאת כי הוא יודע תעלומות לבם כי רואה אני אם יש איש אלם נוטל ממונו של איש לא ישתוק ולא יחוש מפחדו ומהדר גאונו ויהמה עליו כארי וככפיר ובחוץ ידבר לפרסם ברבים כדי שיקומו לעזרו ולהצילו מעושקו אבל ברואו כי איש אלם גוזל חבירו או עובר עבירה שבינו לבין המקום אשר בעונותינו הרבים על ידי כן העבירה מתפשטת ופרחה בכל העדה ומכה מהלכת היא אז יתן לפיו מחסום באמרו גם במדעך אל תקלל עשיר אולי עוף השמים יוליך את הקול ובעל כנפים יגיד דבר הוי וכי לא תהא תורה שלמה שלנו המאשרת לנו ומשלמת אותנו לחיי נצחיי וזה חלקינו מכל עמלינו ככסף בטלה אשר אין בו רוח חיים שלכם לא כן עשה מרדכי שם נפשו בכפו לקינאת ה' צבאות חזו מה עלתה בו גאות לבש מה נהדר היה בצאתו מלפני המלך אחשורוש מה רב טוב הצפון לו לעולם הבא וקנה שם טוב לעצמו ולעמו עד סוף הדורות ויגידו בעמים כבודו כי מגילת אסתר קימו וקבלו כל העמים ואיתא במדרש (ירושלמי פ"א ה"ה) על הפסוק ומאמר אסתר קים ונכתב בספר מאמר אסתר קים שנקראת המגילה על שמה ונכתב בספר איזהו ספר הוי אומר ספר תורת משה וצריך ביאור אמנם יובן למה

באמת נקראת המגילה מגלת אסתר ולא מגלת מרדכי הלא שניהם כתבו המגילה אבל ידוע מאמר הגמרא (שבת פ"ט ע"ש) במשה רבינו בשביל שנתן נפשו על התורה נקראת על שמו והנה כאן אסתר מסרה נפשה שנכנסה למלך אשר דתו היה להמית הנכנסים וגם מרדכי מסר נפשו שלא השתחוה להמן וסיכן בנפשו אמנם ידוע מה שכתבו המפרשים טעם למה לא נכתב בתורה ענין הנס מאברהם שניצל מכבשן אש בימי נמרוד ובא בתורה רק ברמז ותירצו כי אין ללמוד הימנו כי שלא כדין עשה שהכניס עצמו לזה לשבר צלמי עכו"ם ועל ידי כך קרה לו נפילת הכבשן ודי שלא היה עובד עבודה זרה וא"כ אף במרדכי מה הכניסתו לתגר זו להתגרות בהמן היה לו להחביא עצמו בראותו המן מרחוק או לבקש מהמלך רשיון לילך לעיר ומדינה אחרת ולילך לירושלים כי שם ישבו נביאי ה' ולפ"ז אין מסירות נפש מרדכי כל כך כמו מסירת נפש אסתר שהיא היתה מוכרחת למסור נפשה להצלת נפשות מישראל ולכך נקראת המגלה על שמה וזהו כוונת המדרש ומאמר אסתר קים שנקראת המגלה על שמה וקשה באמת למה ולא על מרדכי וקאמר ונכתב בספר ופירש המדרש תורת משה כי מסירות נפש אסתר נכתב בתורה כי ראוי ונכון להצלת נפש אבל ענין מרדכי לא נכתב בתורה כי התורה העלימה מסירות נפש מאברהם לבל ילמדו הדורות הבאים ואף מרדכי כמוהו שאין נכתב בתורה שיעשה כן ולכך לא נקראת על שמו:

אמנם באמת מרדכי מסר נפשו בשביל לתקן חטא אבותינו שהשתחוו לדלת נבוכדנצר ולא עשו כמעשה חנניה מישאל ועזריה כמבואר בגמרא דמגילה (יב) דלכך נתחייבו כליון ח"ו בשביל כך ויש לדקדק במה דאמרינן (פסחים נג ע"ב) מה ראו חנניה מישאל ועזריה למסור עצמם לכבשן האש ואמרו שדרשו ק"ו מצפרדעים ועיין בתוס' שנתחבטו הלא הוא בכלל יהרג ואל יעבור יהיה הפירוש איך שיהיה מעולם לא היו חנניה מישאל ועזריה משליכים עצמם לכבשן אש לולא ק"ו מצפרדעים וא"כ קשה המוני עם שלא ידעו הק"ו ההוא ולא למדו היטב כמו הצדיקים גבורי חיל למה יענשו אמנם הענין נראה ליישב קושית התוספת דפירוש בגמרא כך דאמרינן (ע"ז יח) בר' חנניה בן תרדיון שאמרו לו אף אתה פתח פיך שתכנס בך האש אמר מוטב שיטלנו מי שנתנו בי ואל אחבול בעצמי וכתבו תוספות בשעת שמד נהגו להקל לשחוט בניהם ובנותיהם מפחד שח"ו יעבירו אותם על דת ואמרינן במדרש (בראשית רבה פל"ד יט) אך דמכם לנפשותיכם אדרוש יכול כחנניה מישאל ועזריה וכו' וצ"ל דגם הם היה להם פחד אולי יכו אותם ויעבירו אותם על דת כמאמרם (כתובות לג ע"ב) אילו הוו נגדי לחנניה מישאל ועזריה הוו פלחא לצלמא כי היו מפונקים מנוער מזרע מלוכה ואין להם כח לסבול יסורין לכך בהגיעם לכבשן אש מהרו והשליכו עצמם לכבשן אש ולא המתינו עד שהשליכו אותם הגוים לכבשן אש כדי ליפטר מידי נבוכדנצר לבל יתעולל בהם בהכאות ולא עשו כמו רחב"ת הנ"ל וכן מורים פסוקי

דניאל (דניאל ג') כי אנשים ההמה אשר קרבו לכבשן להפילם נשרפים מחום השליכו עצמם לכבשן אש לקידוש השם וזהו מה ראו חנניה מישאל ועזריה שהשליכו עצמם לכבשן אש ולמה לא המתינו עד שהשליכו אותם ע"ז קאמר דלמדו קל וחומו מצפרדעים שעלו מעצמן בתנור אף כי המה בעלי דת ומדעת עשו כן אבל אילו השליכו אותם אין כאן שאלה פשיטא יהרג ואל יעבור ולכך נענשו ישראל שהשתחוו ולא עמדו בנסיון הביטו וראו על שלא עמדו בנסיון מה הגיע אליהם אחר כך שכלתה ונחרצה הדת ח"ו להשמידם לולי מרדכי בחיר ה' אשר עמד בפרץ רק להבין מה ענין השתחוות לצלם שנענשו בימי אחשורוש ולא בימי נבוכדנצר תיכף או דור אחריו בימי בלשאצר וכורש ומדרש אמר מפני מה נתחייבו ישראל כליון שנהנו מסעודת אחשורוש ועוד מפני שהשתחוו לצלם של נבוכדנצר וכן איתא בגמרא (מגילה יב) והענין באמת כך כי בזוהר (ח"א קעא ע"ב) הקשה איך השתחוה יעקב לעשו שהיה אדם בליעל דמרכבה טמאה ותירץ והוא עבר לפניהם השכינה עברה לפניו והשתחוה יעקב לשכינה ועשו טעה וחשב דהשתחוה לו ומבואר במדרש והובא בספר מנות הלוי כי בצלם אשר הקים נבוכדנצר היה ציץ הקודש עליו מבית המקדש פתוחי חותם שם הוי'ה ברוך הוא וברוך שמו ולפי זה היה ענין ישראל כי תפסו ענין יעקב אביהם כי השתחוו לציץ הקודש אשר עליו שם ה' ולא לצלם ח"ו אבל נבוכדנצר טעה וחשב שהשתחוו לצלם אך באמת מאז שנפל הציץ לבין האומות וליד נבוכדנצר גם קדושתו חלפה והלכה לו ודרשינן בגמרא (ע"ז נב ע"ב) ובאו פריצים וחללוהו כיון שנפל ליד פריצים נתחלל וא"כ אזלה קדושת הציץ ושם שעליו ולא היה להם להשתחוות לו והנה כולם תמהו בשביל שנהנו מסעודת אחשורוש יתחייבו כליה מה עון מיתה יש בזה דעון לאו הוא ותירצו משום דשתו מכלי קודש וקיימא לן הזיד במעילה במיתה והם מעלו בכלי קודש אך הא ניחא אי אמרת דליכא תו עון מעילה כי באו פריצים וחללוהו כיון שנפל ליד בבל ופרס ובזה אתי שפיר דבממה נפשך נענשו עכשיו דמקדם בימי נבוכדנצר לא היה לעונשם כי יטענו שהשתחוו לציץ כנ"ל ולא ס"ל הך דרשה דבאו פריצים וחללוהו אבל עכשיו שנהנו מסעודת אחשורוש ושתו מכלי קודש דבית המקדש ממה נפשך אם אתם דורשים באו פריציםאם כן יש כאן עונש שהשתחוו לצלם ואם אין אתם דורשים באו פריציםאם כן עליהם העונש ששתו מכלי בית המקדש לכך בממה נפשך נגזר עליהם העונש כך יש לאמר אבל יש עוד פנים בזה כי ישראל שאכלו בסעודת אחשורוש ח"ו לומר שעברו על לאו דאורייתא באכילת טריפות אבל עברו אסורא דרבנן שתיית יין נסך בישול עכו"ם בשר שנתעלם מן העין כי איך אפשר לראות ולהשגיח ברוב משתה לרוב העם הזה וכהנה יתר מאסורא דרבנן מבלי לאכול עם העכו"ם ולהתערב עמו ולכך היה עונשם חמור כי החמיר הקדוש ברוך הוא בשל סופרים יותר מדברי תורה

והוא בכלל חוויא דרבנן דלית ביה אסותא ולכאורה נ"ל במה שאמר רשב"י (מגילה יב) דלכך נתחייבו כליה שהשתחוו לצלם ושאלו תלמידיו וכי משוא פנים יש בדבר דמה קושיא הלא אין לך דבר שעומד בפני תשובה (ירושלמי פאה א א) והלא בימי מרדכי הרבו לשוב בכי צום ושק ליהודים והוא תכלית התשובה אמנם אמרו בגמרא (ברכות כ ע"ב) אמרו מלאכי השרת לפני קב"ה כתבת בתורה אשר לא ישא פנים ואתה נושא פנים לישראל כדכתיב ישא ה' פניו אליך והשיב כתבתי בתורה ואכלת ושבעת וברכת והם מדקדקין עד כזית וכביצה הרצון הואיל שהם מדקדקין ומוסיפין להחמיר על דברי תורה בתוספת קדושה והולכים לפנים משורת הדין אף אני נושא פנים ונשיאת פנים היא בתשובה כמ"ש המתרגם ישא ה' פניו בתיובתא וכן אמרינן בגמרא דנדה (דף ע ע"ב) ע"ש ולפ"ז כשישראל מקיימין גזירות וגדרן של סופרים יותר ממה שכתוב בתורת משה אז אף הקדוש ברוך הוא נושא פנים להם בתשובה והגמרא בואכלת ושבעת וכו' חדא מנייהו נקט שהחמירו בדברי סופרים יותר מדברי תורה אבל לולא כן אין נשיאת פנים בתשובה ועיקר תשובה בחרטה ובתום לבב ובלי ספק מאז והלאה תיכף שהשתחוו לצלם נתחרטו ישראל ובפרטות כראות הנס דחנניה מישאל ועזריה ובאו עכו"ם וטפחו על פניהם כמבואר בגמרא (סנהדרין צג) וא"כ היה מקום לחול התשובה אבל כאן בימי אחשורוש שנהנו מסעודות אחשורוש ולא שמרו דברי סופרים וחז"ל רק כפי תורת משהאם כן ננעל דלת התשובה בפניהם כי אז אין הקדוש ברוך הוא נושא פנים ולכך נענשו שהשתחוו לצלם כי התשובה לא היה מהני אותן על דבר שלא שמרו דברי סופרים וחזותא מוכיח וא"ש וזוהיא נמי שאלת תלמידים וכי משוא פנים יש בדבר דהרי אין כאן נשיאות פנים מה' ולמה באמת התשובה ביטלה הגזירה והשיב כי העון לא היה אלא לפנים וכו' ע"ש:

הביטו נא וראו כמה גורם עון ביטול סופרים שמעכבת התשובה ובעונותינו הרבים כבר דרשתי כי הרבו המתפרצים באיסורא דרבנן יי"נ בישול נכרי וכדומה חלב שחלבו נכרי ואין ישראל רואה ועיקר הוא התערבות עם רשעים וחז"ל הרחיקו מאוד מהם סורו טמא קראו למו וביחוד אסור לשמוח בשמחתם וזהו מאמרם שנהנו מסעודתו של אותו רשע כי אפשר היה להם תירוץ שהוצרכו לילך מפני ציווי המלכות שקרא כולם למשתה לבל יעליל עליהם כי יהודים אבלים ביום שמחתו ומצטערים בגדולתו ואם כי הרעו ואכלו אין זה אלא לתאבון ויצר לב האדם רע ולא בתענוג והנאה אכלו בזה אין העון כל כך אבל במה ששמחו בסעודתו ונהנו מסעודה של רשע עתידים ליתן דין וחשבון ועל ידי זה לא באה הישועה לישראל כי היה להם להיות בלב נשבר וככפאם שד ולבכות בחדרים ולבם דוה וחלל על שבר בת ציון ולא להיות שמח וטוב לבב ולשמחה מה זו עושה הנם ככל המוני גוים מתיאשים מן יום פקודת ה' ולא נחלו על שבר בת ציון וזהו מהמרי הגדול ועון מר וקשה וזה דייקא שנהנו

מסעודתו של אותו רשע וזהו יותר קשה מעבירות אכילת דברים איסורים כי זהו מהחמדה וממקום טנופת בא ולמקום טנופת ילך אבל זהו מקנין מידות רעות בנפש השמח בשמחת העכו"ם אשר ששו ושמחו במפלת ישראל ח"ו וחשבו כי רחוק מאתו הישועה וידבר על לבם וינחם ח"ו וזהו כוונת במה שבא במדרש (אס"ר פ"ז ח) ובסליחות מרע"ה שאל לאליהו באמרו לו כי נחתם בימי המן גזירה על ישראל ואמר אם נחתם בטיט או בדם ודברים אלו לכאורה משוללי הבנה מאי בעי בשמים טיט או דם אבל הכונה אם הגזירה מחמת שאכלו ושתו והשיגו לגופם חומרים אשר בעפר יסודם כענין טיט וחומר כזה בקל תהיה התפלה מועילה אבל אם החטא על שבלבם שמחו עם אויבי ה' והם חוטאים במחשבה ובנפשם הרעה כי הוא דם של אדם אשר בו תלוי המחשבה ושמחה ויגון הכל תלוי בדם כי דם הוא הנפש ובזה הגזירה קשה לבטלה ומזה נלמד אשר בעונותינו הרבים אף עכשיו כאשר ימי שמחה לרשעים על הצלחתם והצלחת דתם וכדומה והכל נגד ישראל ואומתינו הקדושה המוני עם להיות חפצם או מטרתם וכדומה גם הם יעשו סעודת מרעים ואכלו ושתו אוי לנו טוב לנו לשבת אז בין תנור לכירים ראש בין ברכים בוכה ומבכה על אריכות הגלות ושפלת הדת האמת לאמיתה והכל ע"י עונותינו כי לולי חטאנו והרבינו לפשוע כבר באה הגאולה מזמן ארוך ואנחנו מעכבים וא"כ בימים האלו יש לבכות ובכל פעם שיש הצלחה לרשעים יש לנו לקיים לך עמי בוא בחדריך ולבכות בכי תמרורים על כבוד ה' ועל כבוד ישראל ותורתו המחולל בגוים ובאמת לולי כי מצוה לשמוח בפורים לא מלאתי נפשי לשמוח בפורים כמאמר המקונן בקינה ציון ידידות וכו' איך אשמח בפור ואיך אעלוז בחג עד יבא ימי ששון ובעונותינו הרבים גזירת המן לאבד היהודים נתקיימה בגלות מרה זו כמה וכמה פעמים כי כמה אלפים רבבות מישראל נהרגו ונשרפו ונאבדו בנים על חיק אמותם ואיך הגלות מאתנו חכמה ועצה ובינה וגבורה לכבוש היצר הרע ולא נשאר לנו כי אם עצמות יבשות חסרי מוח ולשמחה מה זו עושה אמנם עיקר השמחה היא כי כך צוה אותנו ה' ברוח הקדש ע"י מרדכי ואסתר וזה היום עשה ה' בקבלת תורתו נגילה ונשמחה בו כי לא כלו רחמיו ובצר הרחיב לנו ועוד היה המרי באוכלם מסעודת אחשורוש כי מרדכי אשר היה אב לסנהדרין וראש למקבלי תורה שבע"פ מיחה בעם שלא יאכלו ושלא ישתו כמבואר בתרגום המגילה וישראל מאנו לשמוע בקולו ואין ספק כי גם הסנהדרין הסכימו למרדכי באזהרתו ומרדכי היה ראש ומופלא שבב"ד והם מאנו לשמוע בקולם ונעשו זקנים ממרים ע"פ ב"ד גדול ואיש אשר ימרה את פיהם יומת כמאמר פי ה' ולכך נענשו ונתחייבו כליון כדין ממרא ולא קשה מה טיבו של כליון כי המה זקנים ממרים ולכך כעת תיקונם כאשר התחרטו ושמעו לקול מרדכי לקבל עליהם דברי פורים עד עולם ולעשות מה שמרדכי וב"ד אוסרים עליהם מבלי סור ימין ושמאל ובזה יכופר

עונם ולכך אף כי היה ברוח הקדש לא נזכר שם במגילה כי אז לא היה עדיין מכופר עון ממה שעברו על צוואת מרדכי גרידא ומה שעושים פורים הוא לשמוע בקול ה' ולכך צוה עליהם מרדכי כאילו הוא מגזירתו וגזירת ב"ד שלו וקימו וקבלו על נפשם בזה יכופר להם עון הראשון כנ"ל:

ומזה נלמד העיקר מבלי להמרות פי חכמי הדור כי תמיד רוח ה' תוסף על חכמי הדור להורות לעם ה' דרכי ה' ואורחת תמים דעים ואם כי בעונותינו הרבים ראש הדור לא תואר לו והדר במעשים ומידות הלא מצינו שלפעמים השרה שכינה בסנה מלא קוץ ונחשים ועקרבים ולפעמים בהרי בשמים שמן משחת קודש הכל לפי ענין הדור וברוך שמו כי לחכמתו ועוצם טובו אין חקר שמעו נא לקול מוכיח המורה חטאים דרך אילו שמעו אז לקול מרדכי לא הגיעו לתכלית הסכנה עצומה ממה ששתו ושכרו בסעודת אחשורוש וברצון כי כוונו להכשיל לישראל לבל יאמרו אנוסים היינו ולכך אין אונס כנודע ולבל יאמרו כי נתחלף כלי של יין כשר בכלי של יי"נ לכך היו כלים שונים מיוחדים בדמות ובתבנית וזה כלים מכלים שונים ולזה עיקר שתיה בפורים להורות כי בעת שתיית היין הגיעה לנו הצרה הזאת אבל כאשר שותים יין של שמחה במצוה הרי אין היין בעצמותו גורם רק העבירה ולא תאמר מה נשתנה יין כשר מיי"נ הלא הכל יין אחד כמאמר השוטים כי באמת בזה הארס טמן מנחש וברור ומסורה בידינו מי ששותה יי"נ לבסוף נכשל באיסור זנות ובועל ארמית וכדומה כי הוא כוס תרעלה וע"ז כוונה ושתי כמאמר חז"ל (מגילה יב ע"ב) שניהם לדבר עבירה נתכוונו כי כך היתה כוונתה כאשר שתו יי"נ וטוב לבם ואמר שתפשוט ושתי מעצמה ערומה להראות היופי ותהי בבית הנשים עם שאר נשים וילכו המלך וכל העם אשר על המשתה לראותה וכאשר יראו תואר יופיה יאמרו שרים אחרים גם נשים אחרות יסירו לבושך ויהיה כאן תערובות נשים ואנשים ושותים יין הולכים ערומים מקושטים בזנות ויבא גם השטן בתוכם כתנור אש לדבר עבירה ומי גבר ינצל מידי עבירה ולא יחטא ותקפו של יוסף ח"ו לא יועיל ביום ההוא כן היתה כוונתה אמנם אחשורוש פקד שושתי תבוא לבית המלכות לבדה ערומה לפני האנשים ובזה נכזבה תוחלתה כי אם יוסיפו להביט בה מה דבר עבירה יקרה לעם הזה והסתכלות לא חשיב הנכרי לעון וכי תזנה ושתי עם כל העם היושבים בסעודה ולכך נאמר (אסתר א יב) ותמאן המלכה ושתי לבוא בדבר המלך אשר ביד הסריסים והיא לא ביקשה ליתן טעם זה ותפסה בלשונה דבר מוסר ונימוס שלא יתכן לאשת המלך לגלות גופה וערותה בקהל עם אמנם בעל המחשבות יודע מחשבתה לרוע כי כל חפצה היה כנ"ל להכשיל לישראל בדבר עבירה כעצת בלעם בן בעור לבלק ולהיות כי נודע כי מלאכי השרת אינם יודעים מה בלבו של אדם כי הוא יודע מחשבות בני אדם כמבואר בזוהר אמנם הוכחתי כבר דלגבריאל נמסר מהשם הכח להבין מחשבות בני אדם דבמדרש מקץ מבואר (א"ה מבואר בזוהר שם דף

קצו) דגבריאל ממונה על החלומות ואין מראין לו לאדם אלא מהרהורי דלבו וא"כ ע"כ צריך לדעת מה מהרהר אדם ומה מחשבתו להראות לו מענין זה חלומו ולכך אמרו (סוטה לג) גבריאל מכיר בע' לשון כי הוא יודע מה הרהורי איש מכ"ש דמכיר בלשון כקושית התוספות שם השתא מה שבלבו של אדם יודע וכו' ולכך אמרו פה (מגילה יב ע"ב) בא גבריאל ועשה לה זנב כי הוא ידע מצפון לבה לרוע והוא עשה לה כליון הזה ומזה נלמד מוסר אחשורוש רשע אפילו בשעת שכרותו לא התערבו אנשים בנשים ויעש להם בתים מיוחדים ולכן עדת ה' עם קדוש לה' ביום שמחתינו ומשתה יין כמה חוב הבדלה עלינו בין אנשים ונשים ובפרטות ישראל אשר בעונותינו הרבים יצרם יותר מתגרה בנו מאומות העולם כמאמר חז"ל בסוכה (דף נב) כל הגדול מחבירו יצרו גדול יותר ובעל ספר חסידים (כך כתוב בשם הב"ח באהע"ז סימן ס"ב י"א ולא זכר זה בשם ספר חסידים גם הב"ח בעצמו כתב דבר זה בשם המנהגים לבד) הזהיר מבלי לברך שמחה במעונו מקום אשר אנשים ונשים יושבים בחדר אחד כי אין שמחה לפני המקום בזה וא"כ במה נשמח לא שמח אל במה שיש לא שש ה' לטוב לנו לכן הזהרו התקדשו והטהרו ותהיה שמחתכם כשמחת בית השואבה שהיה שמחה לשאוב רוח הקודש כן תהיה שמחתינו להערות ה' עלינו ממרום קדשו רוח נכון ולב טהור:

והנה אמרו (מגילה ד ע"ב) חייב אדם לבסומי בפוריא עד דלא בין ארור המן לברוך מרדכי וכבר דרשתי אשתקד ב' פעמים בזה דברים מתיישבים אמנם עוד זאת אדרוש כי יש כאן בממה נפשך ולכאורה אם כאשר בזו המגילה פשוט שאחשורוש אמר מי הוא זה ולכאורה תמוה וכי שכח מה שנתן זה שלשה ימים להמן טבעתו בשביל זה ואפילו הכסף מיאן לקחת ולמה שתק המן ולא התנצל את עצמו לפני המלך באותה שעה כי כלתה אליו הרעה כי לא ענה מלבו והיה נעשה בהסכמתו ומנוקה מעון הזה לעשות דבר הזה וכבר דברו בזה המפרשים ומה שנראה כי בלאו הכי יש להבין בדברי המן באמרו על היהודים היותו מפוזר ומפורד ודתיהם שונות ודתי המלך אינם עושים וכי לזה כדאי לשפוך דמם ארצה מבלי שריד עוללים ויונקי שדים הזו נימוס המשפט וברור שמלך בכסאו ידין במשרים עכ"פ כפי הטבע ונימוס השכל ואם היה מלך שוטה כזה איך רצו עמים רבים מאותן מדינות רבות לשמוע בקולו ולכן הנכון כי המן בתחבולות אמר כי יהודים יש להם דתות מיוחדות מדת המלך ואינם עושים כדת המלך ראוי לבטל דתם לא תשמע ולא תזכר דתם כי אם יקיימו דת המלך כי הוא שליט בארץ והכל עבדים וחייבים לשמור דתו ולא דת אחרת וזהו יכתב לאבדם וזהו על הדתות שהן שונות מכל עם יהיו נאבדות מכל ולא יזכרו ולא יפקדו כלל וזהו גם כן מענין מרדכי כי ביטל דתו נגד המלך להשתחוות להמן עבור דת היהודים כמבואר במגילה ואמר המן שלא יתכן כי אם ראוי לאבד כל הדתות נגד דת המלך ובזה רצה המלך לשמוע בקולו כי כך רצון המלך שיהיו

הכל מודים לדתו כאשר בעונותינו הרבים עוד היום בגולה בין העכו"ם אשר מבטלין דברי תורה נגד נימוס משפטם באומרם כי להם הארץ והמן הסיב מלת לאבדם על האומה ולא על הדת וכתב באגרת ששלח למדינות להשמיד וכו' וזהו היה מתחבולה וערמה וזיוף ולכך אמרה אסתר (אסתר ז ד) אילו לעבדים ולשפחות נמכרנו החרשתי כי נימוס עבדים עוד היום בארצות מזרח וספרד מבלי לעשות שום נימוס ודת כלל רק הוא אסור בדת של אדון שלו ומה שרוצה לעשות בו רבו עושה וזהו אומרה אילו לעבדים ושפחות נמכרנו החרשתי אבל להשמיד להרוג וכו' אמר המלך מי הוא זה וכו' כי מעולם לא עלה בלבו להרוג אומה שלמה על דברים כאלה ולכך המן נבעת כי נגלו תחבולותיו ולפ"ז פשיטא דיש לאמר ארור המן כי הוא צר הצורר חשב לרדוף להרוג עם ה' אמנם לברך מרדכי וליתן לו יקר וגדולה על זה אין צורך כי אחד מפחותי המלך אם הי' מגלה כזה למלך למה תשפוך דם עם נקי ולא חמס בכפיהם והמלך בהיותו נקי מזה העון ודאי שיהפוך הדת וחמתו שפוכה על המן אשר ביקש לשפוך דם בשמו אשר לא צוה אמנם אם נאמר כדברי חז"ל (מגילה יד ע"ב) משל לבעל התל וחריץ כי לב אחשורוש היה לרעה על היהודים וברצונו צוה ואחר כך מחמת בושה מאסתר כיחש ואם כן ודאי שברוך מרדכי כי בשבילו היה הנס הזה להפוך לב המלך מרע לטוב כהנ"ל והוא מפלאי הזמן להפוך לבב איש אך למה החרי האף הזה על המן הלא לב מלך היה ברע ואם לא היה המן הרבה שלוחים למלך הלא רבים תמיד מאויבי ישראל כשושנה בין החוחים כן רעיתי בין הבנות ובזה אין שליח לדבר עבירה ואם כן אחד לא יתכן או ארור המן או ברוך מרדכי אבל באמת אין עיקר בגזירת אחשורוש וביטולה רק במקרה שקרה שאכלו מסעודת אחשורוש ושתו יין ענושים וזה גרם הגזירה ומרדכי ברוב תפלתו ודופקו דלתי מעלה פעל שהשם רחם על עמו מבלי להשמידם וגם הוא מתחלה היה מוחה מבלי לשתות במשתה אחשורוש ולכך ברוך מרדכי וארור המן כי הוא היה במעל להסית לעם הזה והוא היה באותו עצה כדדרשינן במדרש לעשות כרצון איש ואיש זה מרדכי והמן ויתכן עליו באמת ארור המן כי זה נחש המסית ולכך נרמז שמו בנחש בהסיתו לאכול עץ הדעת כדדרשינן (חולין קלט) המן מן התורה מנין המן העץ וכבר כתבו כי השתיה בפורים היא להבדיל בין שתיה לשתיה שהיתה באיסור בסעודת אחשורוש וזהו אומרם (מגילה ז ע"ב) חייב אדם לבסומי בפוריא עד דלא ידע וכו' דכל זמן שדעתו צלולה דמשיג הטעם למה הנכון באומרם לזה ארור ולזה ברוך ולא קשה בממה נפשך הנ"ל והוא משום סעודה ראשונה של אחשורוש כנ"ל אם כן יש לו לשתות כנ"ל להבדיל וגם להבחין אמנם כאשר שתה עד שדעתו בלתי צלולה להשיג הטעם מענין הסעודה רק חשב שפורים בשביל הצלה כפשוטה וביטול דת המלך וא"כ לא נדע ארור המן ברוך מרדכי כי קשה בממה נפשך כנ"ל ואם כן שהגיע למדה זו לשוא שותה יין כי אין מבחין הבדל כלל כי

הוא מאותו ענין הסעודה וכי זהו עיקר הנס ולמה זה ישתה לבטלה ולכך אין לו לשתות עוד כי אין מבחין וזהו פירוש עד דלא ירע ויותר אין לשתות כי נעלם מאתו הטעם שהוא להבדיל ולהבחין ואם כי בזה האופן ודרך יש בו אור לישרים לדעת טיב הנס וכל מעשיהם לשם שמים לדעת להניח מעון העכו"ם ולשמור ולא לשתות במרי כאילו אין אדון ויפער פיו לבלי חוק יש לנו עוד פירוש אחר לזה והוא כי הברכות והארורים ישנם מתועלת ונזק בזה העולם שברוך הוא בעושר וכבוד וארור הוא בעוני וצער ויסורים וכדומה וכן לעולם הבא הוא ברכה שיהיה בצרור החיים ואור עדן ה' וארור לרשע בעולם הבא לירש הגיהנום וכף הקלע והנה בזוהר (ח"ב קנ"ג ע"ב) איתא שיכור אסור להתפלל אבל מותר לברך ברכת המזון והטעם כי ענין ברכת המזון לצורך עולם הזה ולפרנסת הגוף בזה אף שהוא שיכור ואין רעיונו שלם מהני אבל תפלה שהיא לצורך הנפש חיי עולם הבא צריך להיות רעיונו שלם וזה ליתא בשיכור ואם כן אילו היה מרדכי והמן חיים היה נפקא מיניה לזה בברוך ולזה בארור אבל כאשר ספו תמו מה איכפת להם בברוך וארור רק הוא לענין עולם הבא כנ"ל והוא כענין תפלה שמתפללים להשם שזה יהיה ברוך בעולם הבא וזה יהיה ארור וצריך כונה ורעיונו שלם וזה לא שייך בשיכור ולכך אמרו חייב לבסומי בפוריא עד דלא ידע בין ארור המן וכו' כי בעולם הזה אין נפקא מיניה ובעולם הבא כבר תפתה ביינו והוא בגדר שיכור ואין תפלתו תפלה ואין הפרש בין ארור לברוך:

ומזה נלמד טיב תפלה כי מלבד ששיכור אל יתפלל כאשר נהגו ברוב סעודות וגם בסעודת פורים שאינם מתפללין מעריב רק לאחר גמר סעודה ובפרטות בסעודת מוצאי שבת בסעודה ג' כי יאכלו וישתו עד חצי הלילה ואחר כך יתפללו מעריב איה איפוא קריאת שמע דאורייתא ברעותא דלבא ואיה איפוא תפלת ערבית וכהנה הבדלה במוצאי שבת ובעוונותינו הרבים בלאו הכי לית ליה כונה שלמה בתפלה מכובד הגלות כאומרם (עירובין סה) יכולני לפטור כל העולם כולו מדין תפלה דכתיב שכורת ולא מיין ולכן כל תפלותינו בלא לב עד שאמרתי בדרך הלצה (איכה ה יח) על הר ציון ששמם שועלים הלכו הרצון בית הכנסת ובית המדרש נקראים שערי ציון כנודע בדברי חז"ל (ברכות ה) וידוע במשלי שועלים כי השועל אמר ששכח לבו בביתו וזהו על הר ציון ששמם דהיינו בית הכנסת אנשים שהלכו שמה להתפלל הם שועלים שהלכו ושכחו לבם בבית ומתפללים בלי לב ובאמת כל תפלותינו עכשיו רק בפה ולא בלב וזה הוא (תהלים קכו א) בשוב ה' את שיבת ציון היינו כחולמים כי נרגש כי התפללנו בלי לב רק בפה כחלום שאמרו (ברכות נה ע"ב) הכל הולך אחר הפה לכן בינו נא נבוני עם ודעו כי אין דבר במקרה ובפרטות לעם קרובו ישראל והכל בהשגחת ה' בפרטיות ואם כן אף תפלתינו צריכה להיות בפרטיות בהשגחה ולא במקרה וביחוד כאשר הזהרתי זה כמה פעמים על פירוד לבבות ושנאת ישראל

בעונותינו הרבים ואם ישראל באגודה אחת בלב תמים אין אומה ולשון שולטת בהן ואפילו אותו רשע הרגיש בזה ובלשונו אמר למלך (אסתר ג ח) ישנו עם אחד מפוזר ומפורד בין העמים הן בפירוד בלי חיבור ואגודה וגם אסתר המלכה הרגישה בזה ואמרה (שם ד טז) לך כנוס את כל היהודים שיהיו באגודה אחת ואז יהיה קשר רשעים מנותק וכן האמת כי הכל בלב תמים עבירה גוררת עבירה כי הכל נעשה טבע אם ידבר אדם עם חבירו דברי שלום אחוה וריעות ובקרבו ישים אורבואם כן הרי הוא מורגל להיות פיו ולבו בלתי שוים אף גם בבואו לבית הכנסת להתפלל או לתורה כבר הורגל שיהיה פיו חלוק מלבו הרי דבר שפתים בלי לב כלל ולעומת זה המרגיל עצמו מבלי לדבר דבר אשר אין לבו עמו גם בתפלה ודברי חפץ יהיו פיו כלבו ובפרטות ראוי לאדם לבל יחשוד בכשרים אמרינן (בראשית רבה פנ"ח ג) מפני מה זכתה אסתר למלכות תבא בת בתה של שרה שחיתה קכ"ז שנה ותמלוך על קכ"ז מדינות ויש להבין מה ענין שרה לזה וביותר תמוה וכי זכות היא לאסתר שהגיעה למלכות ונלקחה מחיק מרדכי הצדיק ונביא לה' ונבעלה לנכרי ערל וטמא בגוים צר לישראל ח"ו לומר על אותה צדקת זכות שנבעלה לנכרי אך ענין השאלה לא היתה על תחילת לקיחה כי זה מבואר שהיה בשביל הצלת ישראל ומגלגלין זכות ע"י זכאי אבל השאלה שכבר בטלו דת המן למה זה היה כי אחשורוש שמע לקולה בכל אשר צותה ובקשה ממנו אסתר אין דבר נאצל ממנה ואין זה מדרכי מלכות במדינות ההם כי אין עסק להאשה כלל בעניני מלכות וטיב מדינות ולא ישמע כלל המלך בקולה בדבר הזה רק אין לה אלא לקשט עצמה וכדומה מענייני נשים העומדים לחשק המלך אבל לא זולת ובמה זכתה אסתר שמלכה כי באמת היא היתה מלך כי אחשורוש מסר הכל ממש בידה באומרם (מגילה ד) בכתיבת המגילה שחששו הז"ל לקנאה בין האומות והיא השיבה כבר כתבתי על דת מלכי פרס ומדי הרי שידה היתה שלוחה בכל ענייני מלכות מבלי נעדר דבר והתשובה כי הקדוש ברוך הוא עשה זאת להיות כי אנחנו יודעים כי אסתר כשרה וצדקת כי לא נבעלה למלך רק באונס וסוף שהיה ברצון היה ע"פ הוראת מרדכי וב"ד אך אז המוני עם דברו סרה על אסתר כי לא האמינו לומר שהכל באונס רק אמרו חשק המלכות והמלך בערה בקרבה ונבעלת ברצון והנבעלת לנכרי ברצון קשה לפרוש והכל ברצונה וקשורה בו ככלב ח"ו ולסתום פי דוברי נבלה עשה השם שמסר לה המלך ממש כל ממשלו בידה וזה לאות כי לא חטאה בעבירה כדאמרינן (ויקרא רבה כג כט) ביוסף הצדיק פה שלא נשק לעבירה על פיו ישק כל עמי ידים שלא שמשו בעבירה וכו' וזהו הכל בשביל שלא חטא כידוע ומזה נלמד ההיפוך כי פה נושק לעבירה לא יזכה להיות על פיו ישק כל העמים ולכך בראות כל העמים כי זכתה אשר על פיה ישק כל העמים ומזה ראיה ברורה שלא חטאה ולכך זכתה למלכות וכן הדבר בשרה כי לכך היתה כל כך זמן ארוך בכחה ותוארה

כמ"ש רש"י ומדרש הוא כי ליצני דור ואומות העולם אמרו כי זנתה שרה עם פרעה ואבימלך להיותה נסתרת אתם וידוע כי בעון זנות היא מתנוונת והולכת ושנות רשעים תקצרנה לצבות בטן וכו' ולכך האריכה ימים בתואר וקומה לדעת צדקה והישר מפעלה ולהיות כי גם זה קרה לאסתר כמ"ש ולכך אמר תבוא בת בתה של שרה וכו' כי מקרה אחד לשניהם והבן ומזה נלמד לבל נחשוד לשום אדם היותו בחזקת כשרות בשום דבר רק חובה עלינו ללמד עליו זכות בכל יכולתינו הן על חברינו תלמידנו רבותינו אבותינו ולשמוע בקול היועץ טרם דן חבירו ראו אחשורוש היה בכעס על ושתי כנודע ובכל זאת אמר (מגילה יב ע"ב) לבני יששכר יודעי בינה לעתים שיודעים לעבר השנה ולקבוע חדשים כדת מה לעשות בושתי אף כי הוא מלך ואין מוחה ובפרט דבר הנוגע לעצמו ואשתו כגופו (ברכות כד כתובות סו מנחות צג ע"ב בכורות לה ע"ב) וכן יעשה כל אדם אם חבירו גמלו רעה ביזהו והכהו לא יעשה דין לנפשו כי אם ישאל לחכמי דור מה משפט איש הלזה ויחתור בעצמו בכל יכולתו למצוא לו זכות ופדיון נפשו כי יש להבין מה ענין קביעות חדשים ועיבור שנים למיתת ושתי ונראה כי בלאו הכי יש להבין בשני סעודות שעשה אחשורוש אחת מתחלת ק"פ יום ובמלאותם חזר ועשה שבעה ימים ואז ביום השביעי הוטב לבו ולמה לא עשה כן בכל ק"פ ימים וגם יש להבין בתחלה באמרו (אסתר א א) ויהי בימי אחשורוש הוא אחשורוש המולך מהודו ועד כוש וכו' בימים ההם כשבת המלך אחשורוש וגם כל הפסוק מיותר הוי ליה להתחיל בשנת שלש למלך אחשורוש המולך על קכ"ז מדינות עשה משתה וכהנה מצינו בספרי מלכים אחרים אמת כי במדרש אמר ויהי בימי אחשורוש וכו' דא עקתא פירוש צרה המולך מהודו וכו' דא רווחא פי' רוח והצלה וצריך פירוש אמנם כבר נודע מה שאמרנו בפירוש הפסוק (איכה ה ח) עבדים משלו בנו פורק אין מידם והוא כי אמרינן (סנהדרין קד ע"ב גיטין נו ע"ב) כל המיצר לישראל נעשה ראש ופירוש במדרש הנעלם הקדוש ברוך הוא לוחם בו בשביל ישראל ואין כבוד של הקדוש ברוך הוא ללחום עם מלך שפל ולכך מגביה ועולה כמו שהיה בפרעה וסנחריב וכו' ונראה דזה פירוש הפסוק (עובדיה א ה) אם בין כוכבים שים קנך משם אורידך והיינו כי הגובה שלך היה כדי להורידך משם כי אין כבודי ללחום רק עם מלך גדול גבוה ולפ"ז כי אמרינן כל המיצר לישראל נעשה ראש כשרצון של הקדוש ברוך הוא ללחום עמו אבל כשאין קב"ה רוצה לפדות בניו אזי אין מגביהו וזהו עבדים משלו בנו וקשה הא סופם להיות חורים וסגנים כי המיצר לישראל נעשה ראש וע"ז אמר הפסוק פורק אין מידם וא"כ אין הקדוש ברוך הוא מגביהם והרי הן עבדים לעולם ומכל מקום מושל בנו וזהו ענין כי אחשורוש לא היה ראוי למלוכה כמבואר בגמרא (מגילה יא) רק להיותו צורר לישראל נעשה ראש לכל המלכות אך זה מורה כי יהיה בזמנו פורק ופדות לעמו כי לולי כן אין הקדוש ברוך הוא מגביהו וזהו ויהי

בימי אחשורוש כי הדיוט היה אינו ראוי למלוכה רק היה צורר ובכל מקום שנאמר ויהי אינו אלא וי (מגילה י ע"ב) כי צער היה לישראל בימיו לכך המולך מהודו ועד כוש כי המיצר לישראל וכו' וזהו אומרם (דף יא) הוא אחשרורוש המולך כי חז"ל דרשו (ילק"ש ח"ב רמז ת"ח רמ"ה) מלת אחשורוש שנעשו ישראל רשים בימיו וא"כ הוא שם זה שהרע לישראל גרם שמלך וכו' אך זה הוא לאות כי יהיה בימיו פורקנא על זה אמר במדרש דא רווחא והצלה אמנם לדרכינו נראה כי אמרו בגמרא (דף טו ע"ב) עד חצי המלכות ולא דבר החוצץ בין המלכות זה בנין בית המקדש ויש להבין מה ענין חוצץ למלכות ולולי דברי הגמרא נוכל לפתור כמ"ש בפרקי דר"א (ע"ש בפ' יא) כי רנ"ד מלכיות יש בעולם ובכולן מלך אחשורוש וכאשר ביטל בנין בית המקדש ענשו השם שחצי המלכות מרד בו ולא מלך רק על קכ"ז וא"כ בית המקדש הפסיד לו חצי המלכות וזהו מאמרו עד חצי המלכות היינו בית המקדש שגורם הפסד חצי המלכות ותעש אמנם חז"ל אמרו דבר החוצץ למלכות והוא כי כבר נודע יעודי נביאים ויעוד דוד שנבאו על תיקון ובנין הבית האחרון שיהיו כולם עבדים למלך המשיח (ישעיה מ"ט כ"ג) והיו מלכים אומניך וכו' (תהלים ע"ד ח') וירד מים עד ים ומלכי שבא כולם מנחה יקריבו וכהנה מיעודים ובאמת כונתם היתה על בנין בית המקדש העתיד יה"ר שיהיה בקרוב אבל דברי הנביאים סתומים וחשבו ישראל וכל האומות כי הם יעודים על בנין בית המקדש שני כי כאשר תהיה פקידה בבית שני אז יהיה חל הכל כל היעודים ובגלות שבעים שנה כבר תם עונך בת ציון ולא יוסיף להגלותך עוד וכהנה מיעודים ולא ידעו כי היתה בימי עזרא פקידה בעלמא והקדוש ברוך הוא גילה זה לדניאל במראה כי שבועיים שבעים נחתך כו' (דניאל ט' כ"ד) אבל טרם זה המון הגולה לא ידעו זאת ואפשר אילו היו ישראל כשרים ביותר היתה באמת בימי עזרא גאולה נכונה כאומרם (ברכות ר סנהדרין צה ע"ב סוטה לו) ראוין היו בימי עזרא לעשות נס וכו' ולכך דברי הנביאים סתומים ולזאת כי הדבר פומבי כי מקץ שבעים תהיה הגאולה לישראל וימלכו בכל העולם והכל עבדים לישראל אם כן אין המלוכה נחשבת לאחשורוש לכלום כי בין לילה היה ובין לילה אבד מחר תהיה הגאולה ויהיה עבד לישראל עם בזוי ושסוי ויותר קלון מהיותו מלך ויהיה אחר כך בשפלות אומן היהודים מאילו היה הדיוט ולכך המלוכה נבזית בעיניו לא נחשבת לכלום אך אחר הגיעה שנת שלש למלכו ולפי דעתו קרב הזמן ולא בא אז גאות לבש וחגר עוז במלוכה כי כעת מלוכה נכונה בידו ולכך קרא לבית המקדש חוצץ כי חשב בבנין הבית יתקיים יעוד הנביאים ויהיה עבד לישראל ולא מלך ולכך נאמר ויהי בימי אחשורוש ולא נאמר מלך כי חשב עצמו להדיוט ואין מלכותו נחשבת לו אף כי הוא אחשורוש המלך מהודו וכו' בכל זאת לא כינה עצמו מלך ולא ישב על כסאו כי חשב יבא יומו וישבע קלון אמנם בימים ההם בשנה שלישית שראה לדעתו כי שקר נחלו ח"ו לישראל אז

ישב על כסאו וכינה עצמו למלך ומאז החל המשתה והנה היה כאן ספק לאחשורוש מאין ימנה אלו שבעים שנה בנין בית המקדש לשל מלכי יהודה שהיה מנין שלהם מניסן או מנין מלכי אומות העולם כי בחורבן פסקה מלכות ישראל והבית נחרב ט' באב ותיכף בהגיע תשרי התחילה שנה ראשונה ולכך בשנת שלש שהוא תשרי דבהגיע תשרי התחיל שנה שלישית תיכף עשה משתה אמנם בכל זאת לא הטיב לבו כי אולי מניסן מנינן אבל במלאות ק"פ ימים שעברו ימי חורף והגיע ניסן והרי עדיין אין קול ישועה אז עשה משתה ואז הטיב לבו ואז קרא לישראל והראם כלי בית המקדש בחשבו כי אפסה תקוה ולכך קרא אז ביום השבעי לושתי לבוא ערומה כי כבר נודע מה שכתבו המפרשים וביחוד איש אלהי מו"ה שלמה אלקבץ בספרו מנות הלוי כי דעתו היתה כמ"ש במדרש (אס"ר ג) שתבא ערומה והוא ישגלנה לעין כל והוא לרוב גבהותו במלכות חשב כל אנשים למה אצלו וכמו שלא ימנע לבעול בפני אווזים ותרגולים ושאר חיתו ארץ כן נחשבו בעיניו שאר אנשים ובזה ביקש להראות עוצם גובה לב מלכותו ולכך כל זמן שהיה ספק אצלו אולי ימלוך מלך בישראל אז יהיה לבוז לא ביקש לעשות כן ובמלאות הימים הגיעו ימים שיש בהם חפץ וסר ספק מלבו אז גבה רוחו וחשב עדיין אולי מכל מקום יש מקום לתשועת ישראל אולי היתה השנה מעוברת וא"כ עדיין לא מלאו ע' שנים אם נחשב מניסן למלכי ישראל כי עדיין הוא אדר שני ולא ניסן ואם כן יפה עשתה ושתי שלא באה כי אין להתגאות עוד במלוכה לכך שאל לידועי עתים היודעים לעבר השנה ולקבוע חדשים הם ידעו הקביעות וחשבון השנים אם היתה השנה מעוברת או לאו ואחר כך יפסוק הדין על ושתי וא"ש:

הדור אתם למדו כמה יהיה אדם מתון טרם יגמול לרעהו רעה אולי יש בו אמתלא ויזכור מאמר הפילוסוף באמרו טרם נקמו ברעהו הבחירה בידו אבל אחר כך כבר נלקח ומה יותר טוב לאדם מהבחירה והנה באמת ראוי לבעלי מדע ובפרטות איש ישראלי ההולך באורחות ה' אם יעשה לו רעהו טובה אחת ואלף רעות לשכח הרעות ולזכור האהבה אבל בעונותינו הרבים נהפוך הוא אם יגמלו טובות הרבה ולפעמים אחד יעשה לו דבר אשר לדעתו הוא רעה ישכח כל הטובות וינטור לו איבה כאילו הרע לו מעודו עד היום הזה לא כן מדת ה' יהי שמו מבורך אשר אינו מקפח שכר כל בריה אפילו רשעים גמורים ויש להבין שבמגילה נאמר (ב ה) איש יהודי היה בשושן וכו' איש ימיני וקאמר בגמרא (שם יב) אביו מבנימין ואמו מיהודה ויש להבין למה מיחס הכתוב במגילת מרדכי משפחת אמו אנה מצינו בכל תנ"ך שיהיה אחד מיוחס למשפחת אמו ולמה נשתנה יחוס זה הצדיק ונראה להבין המדרש (ילק"ש ח"א רמז רסה) ויחלוש יהושע את עמלק מלמד שהפיל גורלות כדאמרינן חולש לשון גורל ועיין בספר מנות הלוי דדחק עצמו בזה ונראה דידוע מה שכתוב במדרש (ובב"ב קכג ע"ב) אין זרעו של עשו נופלים אלא ביד בני

רחל והנה תוספות בגיטין (דף נה ע"ב) בשמעתיה לא היה סקריקון ביהודה כתבו בשם מדרש דיהודה הרג לעשו ויש להבין למה כח הבנים יפה מכח אב דהוא נפל ביד יהודה ובניו אינם נופלים אלא ביד בני רחל ונראה כי ידוע במדרש (שוח"ט י"ח) יהודה ידך בעורף אויביך אין לך מלחמה נוצחת אלא ביהודה שיש לו הבטחה מיעקב וכן דוד אמר במיתת שאול (שמו"ב א יח) ללמד בני יהודה קשת הלא היא כתובה על ספר הישר ודרשינן (ע"ז נה) ידך בעורף אויביך ובמות יהושע (שופטים א ב) אמר ה' יהודה יעלה אך אמרינן (סנהדרין צט) תמנע שהיתה פלגש לאליפז היתה בת מלך ונדבקה בזרעו של אברהם ולא השגיחה אף שהיא פלגש לבד ולכך זכתה ויצא ממנה עמלק אם כן יש לבנים של עשו שהם עמלקים זכות אם כי הניחה בית אביה ונתדבקה לפלגש ולא חסה על כבודה בשביל זרע אברהם אבל אמנו רחל הצדקת עשתה יותר שלא די שהיתה פלגש ליעקב כי ידוע כי אשה שניה נקראת פלגש והראשונה גבירה והיא נתרצית להיות פלגש אפס תהיה אשתו של יעקב אף שהיה בידה להיות גבירה ומרצונה מסרה הסימנים ללאה שתהא גבירה והיא פלגש ודבר זה יותר גדול ממעשה תמנע שלא היה סיפק בידה להיות גבירה לאליפז היות כבר לו נשים רבות מטרם שלקחה מה שאין כן רחל דהיה ברירה בידה ולכך עשו בעצמו נפל ביד יהודה כי הוא אשר ירש חרבא קדישא להחליש חרבו דעשו ובברכה של יעקב ידך בעורף וכו' אבל זרע עשו שיש להם זכות תמנע אינן נופלין אלא ביד בני רחל כי זכותה של רחל גוברת כנ"ל ולכך בחורבן הבית כאשר בני עשו הרגו בישראל כדכתיב (תהלים קלז ז) זכור ה' לבני אדום וכו' כתיב (ירמיה לא יד) רחל מבכה על בניה מאנה להנחם כי אין להם טענה וזכות נגדה כלל והנה נאמר בברכת יצחק (בראשית כז כט) וקרי גביר לאחיך וישתחוו לך בני אמך וצ"ל הא דהזכיר בני אמך משום דגוים אין להם יחוס מצד אב כלל כמחז"ל (יבמות צז וצח) גר יש לו שאר אם ואין לו שאר אב ולכך לעצמו דנקרא ישראל מומר כדאמרינן במסכת קדושין (דף יח) קראו סתם אחיך אבל על זרעו שהם גוים ואין להם רק יחוס אם אמר בני אמך ולפי זה השאר אומות נופלין דוקא ביד יהודה וזרעו של עמלק דוקא בבנים של רחל כנ"ל אם כן המן וזרעו המתיחסים מצד אב עד עמלק כמבואר בתרגום למגילה (ג א) ע"שאם כן אי אזלינן בתר משפחת אבאם כן הן עמלקים ואינם נופלים רק בבניה של רחל אבל אי אמרת דגוים אין להם יחוס כלל מצד אב ואם כן המן וזרעו לא יחשב לעמלק כי מצד אם אינם עמלקים כי נתערבו בגויי הארצות ומשפחות האדמה אם כן אין נופלים ביד בניה של רחל רק ביד יהודה וכדי לבוא עליהם בכל צד זימן עליהם הקדוש ברוך הוא מרדכי היהודי שהיה מוכתר בנימוסי אביו מבנימין ואמו מיהודה וא"כ בממה נפשך ימשול בם ולכך נאמר במגילה (אסתר ב ה) איש יהודי כו' איש ימיני כי שניהם לצורך וזה הטעם גם כן ביהושע שלחם בעמלק היותו מזרעה של רחל אבל באו עם עמלק אנשים מאומה אחרת

כמבואר במדרש תהלים והם אינן נופלים רק ביד בני יהודה ולכך בחר לו עוד אנשים והם היו משבט יהודה ולזאת הפיל יהושע גורלות כדכתיב ויחלוש יהושע וכו' כי מי שבא מעמלק יחלישן יהושע ומי שהוא מחיל של שאר עמים יחלישון אנשים אשר אתו משבט יהודה וק"ל הביטו נא איך הקדוש ברוך הוא אין מקפח שכר תמנע שהיתה מתדבקת בזרעו של אברהם והצליחו בעונותינו הרבים זרעה אחריה ומשום הכי נלמד לבל יקפח גמול שום איש אשר גמלו טוב בשום אופן אחשורוש מלך טפש היה ולא רצה שיהיה איש שגמלו טוב להיות בלי תשלומין יקר וכבוד ואל יתלה איש שום דבר במקרה הזמן ולילך עם ה' בקרי כי כבר כתבתי שהיתה אז מערכה רעה לישראל ובסוד ה' נהפך וזה כוונת המן שהפיל פור מיום ליום ומחדש לחודש כפל הענין מיום ליום ומחודש לחודש צריך ביאור וגם להבין מה שנאמר במגילה (ט כו) כי על שם הפור נקרא שמו פורים למה לשון רבים ולא פור לשון יחיד אבל הענין מבואר בגורלות שנהוג היה כך בין חכמי קדם כי ודאי על גורלות פשוט אין לסמוך כי פשיטא אם תשים בקלפי י"ב פתקאות בכל אחד נרשם חודש אחד פשיטא שיעלה על כרחך חודש אחד וכמאמר עכן ליהושע (סנהדרין יג ע"ב) בגורלות אתה בא עלי הפל גורל עליך ועל פנחס (אלעזר איתא לפנינו) ויעלה הוא או אתה אבל יעשה הגורל כך השנה שנ"ד ימים עושים שנ"ד פתקאות ובכל פתק יום אחד דרך משל על הראשון א' ועל הב' ב' וכן כולם עד שעל הפתק האחרון כותבים שנ"ד ואלו שנ"ד פתקאות יהיו מונחים בקלפי ואחר כך לוקחים י"ב פתקאות וכותבים לכל אחד חודש מחדשי השנה ע"ז ניסן וע"ז אייר וכן כולם ומטילים אותם בקלפי שניה ופושט ידו ולוקח מתוך קלפי שניה פתק אחד ועולה דרך משל אדר פושט שנית ידו ולוקח מתוך קלפי ראשון פתק של הימים ואם עולה דרך משל פתק שעליו ק' הרי ששקר גורלו כי יום ק' הוא בתמוז כשתחשוב מניסן ולפי גורל החדשים הוא אדר והדברים סותרים ויש בה מהכזב אך אם עולה בידו פתק שכתוב עליו ש"מ וכדומה אם כן חשבון הימים גם כן באדר ונתכוונו הגורלות הימים והחדשים והן על אופנים מתחלפים מזה נפשוט כי הוא גורל אמת ויש בו צדק ולכך נאמר הפיל פור מיום ליום ומחודש לחודש שהיו ב' גורלות ולכך נקרא פורים לשון רבים על שני גורלות וזה נכון אך לא בזה לבד בטח המן כי אם גם בחכמת כוכבים ואמרינן בגמרא (מגילה יג) כיון שגורל בא באדר שמח ואמר הוא הוא הירח שמת בו משה ולא ידע שבז' באדר מת משה ובז' באדר נולד משה ע"כ ויש להבין מה זו שמחה והלא בכמה חדשים אמר הואיל הגיעה בו צרה חשש שלא יצליח כי לא תקום בהם צרה פעמיים גם למה ידע ממיתת משה ולא מלידתו ועיקר קשה מה בכך שנולד בז' אדר כיון שמת בו איתרע מזלא אם יזדמן שימות אביו ביום שנולד אביו לא יתענה וזה אינו כי הכל הולך אחר אחרון אמנם נראה דגזר בניסן על אדר והוא כי דעת רוב חכמי אצטגנינות כי מזל צומח כאשר

ישלים הקפתו בעולם אזי תשקע צמיחתו דרך משל מי שמזלו צומח בתשרי באלול הבא הוא סוף הקפתו כי היקף בעולם לפי מהלך השמש שנה אז ישקע וחכמי תולדות אחרונים חולקים בזה והמן היה מדעת הראשונים בתולדות וישראל היה מזלם צומח בניסן כי אז נגאלו מיד צר והלכו בנתיבה במים עזים חשב ששקעה בירח אדר הבא ולכך גזר על אדר שהוא מזל שוקע מה שבניסן צומח רק מי יאמר שהנכון עם דעת חכמים אלו רק כי זה שהמן ידע שמשה מת בז' אדר לא ידעו ממספר ישראל רק היה מפורסם באמת יום מיתתו כי זה איש משה היה שמו יוצא לסוף העולם כי עשה פלאות וניסים אשר יבהלו כל הגוים מלפניו מיתתו היתה ידועה לכל העמים היה חרות על הלוחות יום ששקעה שמשו של ראש יהודים המשנה סדרי בראשית ועוד היום האומות שמכחישים בתורת משה ועובדי עכו"ם מכל מקום הפליגו בשבח משה ואמרו שהיה חכם ומלומד בפלאות הטבע לא קם איש לנגדו בגבורתו מזה היה יודע המן ממיתתו אמנם יום לידתו היה טעות אצל גוים כמבואר בקרא (שמות ב ב) ותצפנהו ג' ירחים ואחר כך שמתהו ביאור ובאה בתי' בת פרעה ומצאתהו ואמרה מילדי העברים זה ותחמול עליו ואם כן בתיה וכל מצרים שמצאוהו לא חשבו שהיה הילד כבר עומד ג' ירחים כי איך היה צפון זמן זה ולא ירגישו בו המצרים וגם יהיה מת רק חשבו שזה יום או יומים נולד ואם כן שפטו לידתו מיום מציאתו וחשבו שסמוך למציאה נולד וזה נתפרסם בין האומות אבל אנחנו מתורת משה למדנו שנולד ג' חדשים קודם מציאתו על שפת היאור ואמרינן בגמרא דסוטה (דף יב ע"ב) כי מציאתו היה בכ"ח בניסן כי בז' אדר נולד ואותו שנה מעוברת היתה ולפ"ז הגוים שפטו כי משה נולד בניסן ומת באדר וזה לראיה כחכמת התולדות הראשונים כנ"ל שמזל הצומח בניסן שוקע באדר כי בניסן נולד ובאדר מת ולכך שמח שמחה גדולה כי גם לישראל יקרה כזה אבל באמת שקר הוא כי בז' באדר נולד משה כפי שכתוב בתורה ולא מזל ניסן שוקע באדר כדעת המן:

והנה עוד הטעם כי בעל מנות הלוי הביא בשם רוקח ומדרש כי משה אמר ליהושע בחר לנו אנשים (שמות יז ט) שנולדו באדר שני כי אז אין להם מזל ולא יחול עליהם כישוף והנה ידוע כי גזירת המן היה על אדר שני כמבואר בירושלמי מגילה (פ"א ה"ה) אותה שנה מעוברת היתה ולכך קוראים המגילה באדר ואם נתעברה קורין באדר שני והנה כשתעיין במדרש ותרגום שני למגילה תראה כי המן ימ"ש תוצק צואה רותחת לתוך פיו אמר שכל מעשה משה היה ע"י כישוף וכן יהושע וכל מנהיגי ישראל דור ודור כולם היו מכשפים וע"י כישוף הצליחו ולחמו נגד העמים ואם כן היה המן ירא לנפשו מאי אהני ליה בבוא היום יעשו כשפים ע"י מזלות ולא יהיה יכול להם שום אדם אמנם בנפול הפור באדר שני הוא הירח שאין בו מזל ולא יחול בו כישוף שמח שמחה גדולה ואמר לריק יקומו וינחשו והביא ראיה ממיתת משה שהיה לדעתו ימ"ש גדול שבמכשפים איך מת ולא עשה

בכשפים לחיות כאשר יאמינו הטפשים שיש ביד המכשפים לפעול להאריך ימים קרוב כימי אדם אלא ודאי שמת באדר שני כנודע כי משה מת באדר שני ושם לא הועיל כישוף והוא לא ידע דלכך מת ביום שנולד דהקדוש ברוך הוא ממלא שנותיהם של צדיקים וכו':

או יאמר כי הוכיח שבאדר שני אין מזל כלל ולכך גם הכשפים לא יצליחו כי לולי כן איך ימות בירח שנולד כי אז מזלו גבוה ואיך יתכן שימות בו ואמר במדרש עמלק בלחמו עם ישראל לקח כל מי שנולד באותו חודש כי אז מזלו בגרם המעלות ואם כן איך יתכן שימות בו ולזה הוכיח בהכרח כי אין מזל כלל באדר שני אבל באמת שקר הוא כי באדר ראשון נולד משה כמבואר בגמרא דסוטה (יג) וצ"ל דהיו ג' חדשים מאדר ועד ניסן כי נולד באדר ראשון ומת באדר שני וזה שדייק והוא לא ידע שבז' באדר מת ובז' אדר נולד כי ז' אדר של המן אינו ז' אדר של הלידה כי היה בשני ירחים והבן ודע כי מלבד זה יש עוד פי' והוא כי וזרח השמש ובא השמש עד שלא שקעה שמשו של צדיק זה באה שמשו של צדיק אחר (קידושין עב) וכן אור נשמתו ושפעו בכל דור ודור בכל צדיק ולכך קאמר הגמ' (שבת קא ע"ב ביצה לח ע"ב סוכה לט חולין צג ועי' פירש"י בכל מקומות הללו) משה שפיר קאמרת ופירש"י לכל תלמיד חכם קרא משה ופי' האר"י ז"ל כי נשמת משה ניצוץ בו וזוהיא הכונה כי המן שמח שמת בו משה ואפס מגינם והוא לא ידע שבז' באדר מת אבל תיכף נולד משה כי זרח השמש וכו' ותמיד לישראל עזר ומגן ולכך נאמר נולד משה לאחר שאמר מת משה להורות כי אחר מותו תיכף נולד משה אחר כי לא אלמן ישראל מאלהים ותמיד משפיע וישלח לנו עזר וקדוש משמים להיות לנו למגן כמשה רבינו ע"ה והמקובלים אמרו כי מרדכי גלגול וניצוץ משה והמן איש מצרי שנהרג ממנו ולכך ביקש לנקום נקמתו ואסתר ניצוץ בתי' בת פרעה ולכך לקחה לכך מרדכי לו לבת (אסתר ב ז) ומלבד זה מבואר במדרש (אגדתא דאסתר מדרש פנים אחרים ע"פ איש יהודי) כל שאתה מוצא במשה אתה מוצא במרדכי ע"ש ועיין בראב"ע שכתב ודובר שלום לכל זרעו שהיה עניו גדול והענין כמאמר חז"ל (סוטה מז ב"ב צח) האי מאן דיהיר אפי' אאינשי ביתו לא מתקבל והוא כי הרגל נעשה טבע אם אדם מתנהג עם בני ביתו וזרעו בגאוה אף שהם בניו וחייבים בכבודו מכל מקום אחר שיצא לחוץ וידבר עם אנשים אחרים גם עמהם יתנהג בגאוה ויהיה כל ימיו בגובה לב כי הרגל וכו' ולעומת זה כשמתנהג עמהם בענוה ושפל רוח ההרגל נעשה טבע שמתנהג כן עם כל אדם והוא עניו לכל אדם ולזאת כשמיניהו לראב"ע לנשיא אמר (ברכות כז ע"ב) איזיל ואמלך באנשי ביתי הטעם דהיו מעבירים לר"ג מנשיאותו בהיות הוא מתנהג ברמה נגד ר"י וחשב ראב"ע לנפשיה אולי גם הוא בטבעי גאה כי אין אדם מכיר עצמו וגאה שבגאים חושב נפשו לעניו כי כאשר שאלו לחכם מה הוא הנקל שבאדם ומה הוא הקשה שבאדם השיב הנקל שבאדם לרמות עצמו כי לרמות

אחרים צריך רוב תחבולה ויגיעה ומרמה ולעצמו מטעה בכל שעה ורגע והקשה לאדם להכיר עצמו כי אדם מכיר חבירו ויודע כל מומין שיש בו מכף רגל ועד ראש ומום עצמו אינו רואה ומבחין כלל וחושב היותו תמים בלי מום ודופי כלל לכן רצה ראב"ע לעמוד על הבירור הנכון אמר איזיל ואמלך באנשי ביתי והם ידעו אם אני מתקבל להם הרי אני עניו ואם לאו הרי אני איש יהיר ח"ו ולכך במרדכי שהיתה מדתו ענוה כמשה אמר ודובר שלום לכל זרעו שאפילו עם זרעו היה מתנהג במדת ענוה ופותח בשלום תחלה ומזה יובנו דברי הגמ' דאמרינן (מגילה ד ע"ב) מגילה ברוח הקדש נאמרה שנאמר ויודע למרדכי מנא ידע אלא ברוח הקדש הדבר זה תמוה לכאורה וכי אנו דנין אם מרדכי ואסתר נשתמשו ברוח הקדש פשיטא הלא נמנים במ"ח נביאים ושבעה נביאות שהיו בישראל כמבואר בגמרא ורש"י רק הספק הוא במגילה עצמה אם היא נכתבה ברוח הקדש בזה הלשון אשר היא לפנינו או לאו כי מה שהמחבר היה בעל רוח הקדש לא יחויב שנכתבה ברוח הקדש כמו שהיא לפנינו ושלמה היה ודאי בעל רוח הקדש כי שיר השירים ברוח הקדש נאמרה ומכל מקום נסתפקו בקהלת אם נאמרה ברוח הקדש וכן במגילה אך לפי מה שכתוב ניחא דידוע (ילקוט ראובני על פי ויקרא) מה שכתוב בתורה ויקרא א' זעירא לרוב ענוה למשה מבלי לכתוב שקב"ה קרא לו ובא לאהל ואם כן אף דכתב במגילה ומרדכי ידע קשה מנא ידע וע"כ ברוח הקדש וא"כ איך כתבו מרדכי במגילה שזה מפרסם היותו בעל רוח הקדש ואין זה מגדר הענוה לכתוב בספר כן אלא גלוי לכל העם דברוח הקדש נאמרה כל המגילה ולא עינה מלבו לכתוב רק כאשר ישים ה' בפיו אותו הוצרך לכתוב מבלי שינוי ח"ו בשום צד וא"ש:

ולכן ראו כמה עמקו מחשבות אויבינו ומה מאוד גברו חסדי ה' עמנו לזכרו בימי העונה שהיה הכל בזמן ובעונה וכוונת ימי רצון וישועה לה' כנ"ל גלל כן בכל שמחתינו ראוי לזכור בחורבן בית תפארתינו וגלות עמינו ולהודות לה' כאשר נתקיימו יעודי גלות ראשון וגלות זו אפס עצור ועזוב כן יתקיימו ישועה ונחמה ובשוב ה' שבות ציון ועמו אז יגל יעקב וישמח ישראל בעושיו ויגילו בני ציון במלכם וכוס ישועות אשא ובא לציון גואל אמן ואמן:

דרוש ד'

תוכחת מוסר מה שדרש הגאון זצ"ל בז' באב שנת תק"ד לפ"ק בק"ק מי"ץ יע"א ובתוכו הספד על תרי גאוני ארץ ז"ל:

ירמיה הנביא כאשר החל לקונן לה' על הריגת יאשיהו המלך פתח ואמר (איכה ד א) איכה יועם זהב ישנא הכתם הטוב תשתפכנה אבני קודש בראש כל חוצות וכבר הרגישו חז"ל (איכה רבתי שם) בהך אבני קודש תשתפכנה וכו' ופי' על כמה דמים רבים שנשפך מיאשיהו הנ"ל אבל אין זה בגדר אבני קודש כי באבנים אין קדושה כלל אבל אפשר לומר כי כפי מה שכתוב המדרש

באיכה (איכ"ר פ"א נג) לא היה חטא ליאשיהו שלא שמע לעצת ירמיה באומרו מבלי להלחם בפרעה נכה כי אילו אמר לו ירמיה בדבר ה' ונבואה ח"ו שהיה עובר על דברי נביא רק הוא אמר לו מפי שמועה כך קבלנו מפי ישעיה הנביא וסכסכתי מצרים וכו' ואמר לו יאשיהו משה רבו דרבך לא אמר כן וחרב לא תעבור וכו' ודברי מי יקום דברי הרב או דברי התלמיד ולכך מנוקה מעון וכן כתב הרי"ף בעין יעקב ע"ש אמנם לכאורה עדיין יש מקום ספק למה לו ליאשיהו כל הספק הזה דברי משה ודברי ישעיהו הוי ליה לשאול באורים ותומים הילך להלחם או לחדול ובזה יודע האמת ודינא הכי כדתנן (עיין סנהדרין ב טז ק ע"ב) אין מוציאין למלחמת רשות אלא ע"פ אורים ותומים ולהתיר קושיא זו נראה כפי מה שכתבו המפרשים בשופטים דלא ענו האורים ותומים בלחמם עם בנימין בפלגש בגבעה כהוגן הואיל ולא היה בפני ארון ה' (עיין יומא עג ע"ב שבועות לה) אבל בפעם ג' שבחנו דבריהם כתיב להדיא וישאלו בני ישראל בה' ושם ארון ברית אלהים בימים ההם (שופטים כ' כ"ז) ופי' המפרשים ור"י אברבנאל בתוכם כי ב' פעמים הראשונים לא היה בפני ארון ולכך לא בחנו דבריהם והטעם כי אין כל מקום גורם להשפיע רוח הקדש על הכהן השואל ולצרף אותיות כראוי אמנם נגד ארון ה' אשר שם חביון עוזו שם בקל ינוח רוח ה' על הכהן השואל בשומו פניו נגד אדון כל הארץ ותבא תשובה על נכון כלל הדבר אין שאלת אורים ותומים כהוגן כי אם לפני ה' כי לאו כל מקומות ראוים שתהיה נשפעת רוח הקדש על השואל ותחול רוח הקדש על אבני החושן שיהיו האותיות בולטות ומצטרפות וזהו צריך להיות דוקא לפני ארון וא"כ יאשיהו שגנז ארון ה' כדאמרינן בגמרא בכמה דוכתי (יומא נב הוריות יב כריתות ה תוספתא דגיטין פ"ג ותוספתא דיומא פ"ב) לא היה אז סיפק בידו לשאול באורים ותומים וזהו מאמר ירמיה בקוננו כי מגלת איכה היא סוגרת לכל הדברים כנודע ובאומרו איכה יועם הזהב וכו' ואיכה תשתפכנה אבני קודש וכו' הרצון שקונן על יאשיהו איכה עוצם מעלתו שנדמה לזהב וכתם אופיר כהה ונשתנה שנהרג כי לא היה בו שמץ חטא כנ"ל כי נשען על דברי משה ושלא תאמר הוי ליה לשאול באורים ותומים כדין תורה וע"ז אמר אבני קודש הרצון אבני חושן ואפוד איכה תשתפכנה בראש כל חוצות וכי יהיה בכל מקום נשפך רוח הקודש עליהם בכל מקום ומקום לאו כל מקומות כשרים כי אם לפני ארון ה' וזהו לא היה אז כי כבר נגנז ולכך קונן עליו איכה זהו חדא אבל עוד יש פנים שונים בענין הנ"ל ואמת כי אין עסקי היום בדרש תורה וכהנה דברים המתקבלים לשומעם ויונעם כי מפאת הזמן אשר הוא יום שרקדו גוים בהיכל השם בעונותינו הרבים שמו מקדש ה' לתועבה ואיך אנחם לומר דברים דרושים לכל חפציהם וגם מפאת הדרוש אשר קבעתי לעשות אבל יחיד בכי תמרורים על העדר הרבנים השלמים הרב הגאון מו"ה ישראל אב"ד דק"ק הענויא ז"ל ואחרון הכביד אשר צירים אחזתני בשומעי הוא הגאון מפורסם בעולם בתורה ויראה

אלוף נעורי אשר למדתי אצלו כ"מ מאיר הרב אב"ד דק"ק אייזן שטאט ז"ל הלך למנוחות הוי חסרא ישראל גברא רבה והסימן שברך מ"י ירפא לך "מאיר "ישראל וראוי לקונן ביחוד ימים אלו אשר קשה סילוקן של צדיקים יותר מחורבן בית המקדש והטעם נראה דיש להבין במה שנאמר בקרא (איכה ב ג) השיב אחור ימינו וכן נצב אחור ימינו ומה היא זו אבל כבר אמרו שלא זזה שכינה ממקומה עד שעושה רושם הרצון כי מכל מקום קצת השרה שכינתו במקומו וכמו שאמרו (מגילה כח) אע"פ ששוממים קדושתן עליהן כי מכל מקום השכינה נשארה והיא בכותל מערבי כי שם יתד נאמן ושריד שתשרה שם השכינה כדדרשינן (שיר השירים רבה פ"ב י) הנה זה עומד אחר כתלנו זה כותל מערבי שלא זזה שכינה ממנו וכבר נודע כי אחור וקדם פירושו קדם מזרח אחור מערב וזהו כוונת הקרא כי ימין ה' שהוא חסדו והשפעתו נצב אחור היינו למערב כי סילק שכינתו מכל הבית אבל השיבו על מערבי ושם עדיין קדושת כבודו וזהו אם תשכח לירושלים להיותך חושב כי כבר חלף קדושתו מבלי שיור בעונותינו הרבים והרי הוא כמת נשכח מלב תשכח ימיני כי ימינו עומד במערב ובזה אי אפשר לשכוח כי עדיין רוח קדשו שם וזהו מאמר הגמ' (גיטין לו ע"ב) עדיין חביבותן גבן דכתיב נרדי נתן ריחו ולא כתיב הסריח והוא דנודע דסביב רשעים יתהלכון תיכף בסילוק הקדושה תנוח הטומאה ולכך במות ישראלי ונסתלק קדושתו יטמא משא"כ קברי עכו"ם ואין לך סרחון גדול ומזוהם מהשריית הקליפות הן מקום אשפה וטינוף ועיפוש המוליד סרחון ולכך אילו אין ח"ו חביבותן גביה שהיה מסלק שכינתו מכל וכל היו הקליפות שוכנות שם והיה כתיב הסריח אבל שברוב חסדו עדיין יש לו חביבותו עלינו ולא סילק לגמרי רק שורה על כותל הנ"ל אין מקום לטומאה לחול להדיא ולכך לא כתיב הסריח וזהו אצל חורבן בית המקדש אבל כהעדר תלמיד חכם וצדיק לא נשאר שריד כי כולו הלך ילך ואין כאן שיור בעונותינו הרבים ותיכף יחול סטרא מסאבא ולכך אמרו חז"ל (סוטה מט סנהדרין צט) חכמת סופרים תסריח הודיע לנו כי באובדן חכמים שמה קיננו הנחש וכת דיליה עד שיסריח ולזה קשה סילוקן של צדיקים יותר מחורבן בית המקדש וא"כ איפוא מי הוא אשר חילים יגבר לדבר בדעת מיושבת ובדעת ידבר דבר על אופניו ומעיד אני עליו שמאוד היה שוקד על התורה והוא קיים מה שנאמר בקריאת שמע (דברים ו ז) בשבתך בביתך ובלכתך בדרך ובשכבך ובקומך שהרצון כי יצר הרע כאשר יבקש להסית לאדם לבטל מתורה יבוא עליו באופנים שונים הכל לפי ענין המפותה כי יאמר הלא תמיד תצטרך להיות יושב בבית ללמוד תורה כי דברים אלו צריכים שקידה והתמדה התעיף עיניך וכו' ולולי כן לריק אתה יגע ולא תקום מחשבתך וזהו יקשה עליך להיות כלוא בבית ה' וכאומרם (שבת קכ חגיגה יד) לא אהיה חובש מחובשי בית המקדש ולכן בני חדל מזה ולכך אמרה תורה בשבתך בביתך אע"פ שתהיה צריך תמיד להיות ביושבי בית

מכל מקום לא תבטל אהבת ה' ותמיד באהבתו תשגה ותהגה בתורתו ולפעמים בא יצר הרע באופן אחר באמרו כאן אין לך רב מובהק וכניסת חכמים ומרבה ישיבה מרבה חכמה רק צריך אתה לילך למרחוק מקום תורה וישיבה וכל דרכים בחזקת סכנה ופגיעה ומי יודע אם תגיע למכון חפצך וכהנה דברים המונעים אבל הכתוב מזרז בכל זה לא תשגיח בו אפילו בלכתך בדרך וכמו"כ בא היצר הרע לומר אתה חלוש בטבע אם תייגע בתורה תבוא לידי משכב ויחלש כחך לכך אמרה התורה ובשכבך אפילו על משכב הוא לא תסור אהבתך מתורה וכן יצר הרע אומר אם אתה תלמד צריך אתה לקום בראש אשמורת ללמוד כדרכה של תורה במיעוט שינה ואין זה טבעך ואם אין אתה ישן כפי הראוי לא תצליח לשום חפץ וע"ז אמרה התורה ובקומך בכל זה לא תבטל אהבת תורה כמאמר שלמה (שה"ש ח ז) מים רבים לא יוכלו לכבות אהבה וכל דברים אלו נתקיימו בהגאון הנ"ל יהיה זכרונו לחיי עולם הבא כי מעיד אני שהיה חלוש למאוד בטבעו ומכל מקום לא ביטל עונתה של תורה ויגע בתורה ולא ביטל בשינה לילה בלילה שקם לאחר חצות ללמוד תורה לשמה לכך צריך הספד גדול ובאמת עיקר הספד הוא לחזור בתשובה וזהו שנחלקו במדרש רבה פ' אחרי (פר' כ') אמר ר"א מפני מה נסמכה מיתת מרים לפ' פרה כשם שאפר פרה מכפר כך מיתת צדיקים מכפרת אר"י נסמכה מיתת אהרן לשברי לוחות שקשה לפני הקדוש ברוך הוא מיתתן של צדיקים כשברי לוחות אר"ח למה מזכיר מיתתן של בני אהרן ביום הכפור ללמדך שכשם שיום הכפור מכפר כך מיתת צדיקים מכפרת וכו' עכ"ל וענין דבריהם כך כי ר"א דיליף מפרה ס"ל כי מיתת צדיקים מועילה לחטאים אשר בחבורתו נרפא לנו כמו ענין סגולי שמועיל ברפואה ואין בו טעם טבעי או מחקרי כלל כי אם סגולי וכן היה בפרה שהפרה מטהר טומאה חמורה בלי טעם וסיבה נודעת ולכך נאמר בו חוקה וכן מיתת צדיקים מכפרת בלי טעם וזהו הוקשו לאפר פרה ולפ"ז לפושעים יפגיע אמנם לתלמידיו ולנלוים לו שנהנו מתורתו ולאורו הלכו ובצלו היו חיים להם הפסד גדול ובעונותינו הרבים עולם חשך בעדם ויהי לילה וזהו מעין פרה שמטהרת טמאים וכך הוא מועיל לפושעים וחטאים ומטמא טהורים וכן הוא לטהורים הוא העדר גדול והפסד בעונותינו הרבים לא כן דעת ר"ח דס"ל דמיתת צדיקים מכפרת עם תשובה גמורה וחלוטה והמיתה פותחת פתח לתשובה אשר החי יתן אל לבו כי יראה חכמים ימותו אבל בלי תשובה לא ולכך מקישו ליום הכפור כמו דיום הכפור צריך תשובה כך מיתת צדיקים צריך תשובה אבל ר"י ס"ל דאמת קשה מאוד לפני ה' שצדיקים ימותו אבל סיבת מיתתם היא לטובת הדור כי כל זמן שצדיק גמור בדור הבינונים אינם נחשבים לכלום כי יש הבדל ביניהם וכמאמר האשה הצרפית לאליהו (מלכים א יז יח) כי באת אלי לפקוד עוני ודרשינן (ילק"ש ח"ב רמז בט) כל זמן שלא היית כאן הייתי נדונית כצדקת עכשיו לרב צדקתך אני

נדונית כרשעה וכן בנח אמרו (סנהדרין קח ע"ש) בדורותיו אילו היה בדורו של אברהם לא היה צדיק ולכך ה' שהוא חומל דלים צאן הדור לבל יהיו נחשבים ח"ו לרשעים מסלק הצדיק גמור ואם כן הם בדורותם צדיקים ואף שקשה לפני ה' לסלק צדיק מכל מקום לטובת ישראל עושהו וזהו היה ענין לוחות אף שהיה קשה לפני הקדוש ברוך הוא שבירתן מעשה אלהים שנבראו בערב שבת בין השמשות בכונה מיוחדת מאלהים שיחבול מעשה ידיו מכל מקום לתקנת ישראל למען יהיה עונם נקל ויהיו כפנוייה כמאמר חכמינו זכרונם לברכה לא השגיח ה' בהעדר הלוחות ואמר למשה (שבת פז יבמות סב ב"ב צ מנחות צט ע"ב) יישר כחך ששברת לכך מדמה מיתת צדיקים לשברי לוחות ולמדין מדברי מדרש כי צריך תשובה כמו יום הכפור והתשובה היא על שני אופנים או כמאמר הני בריוני (סנהדרין לז) עד האידנא הוי לן מגין אבל עכשיו מי יגן בעדינו ומי יפגיע בעדינו לה' אשר בצלו נחיה והפן השני כמאמר חז"ל שיתן ללבו אין מנוס מה' ביום זעם וארזים נפלה בם שלהבת ולא עמדה להם תורה ומצות ומה נעשה אנן אי תורה ואי מצות דאגין עלן וזהו מאמר ירמיה באמרו (איכה ב א) איכה יעיב באפו ה' את בת ציון השליך משמים ארץ תפארת ישראל ולא זכר הדום רגליו ביום אפו דיש לדקדק כי אמר השליך ולא זכר ומורה כולן על לשון עבר כי הנביא קונן כאילו כבר נעשה הדבר ובתחלת דבריו אמר יעיב על עתיד שיהיה כן וכהנה יתר דקדוקים שדקדקו מפרשים אבל ענין ירמיה היה לעורר בתשובה וכמאמר איוב (איוב יט כט) גורו לכם מפני חרב למען תדעון שדון והוא שיש לאיש לפחד מחימה ואף של הקדוש ברוך הוא ואל יפתהו יצרו כי אל חנון ורחום ה' נושא עון אבל אף כי כך מידותיו מכל מקום מדקדק על עונות ופשעים וכך הוא חינון שלו לייסר איש כפי מעשיו לזכות אחריתו יתעלה שמו כי אין לפניו משוא פנים ומפחד יום דין ויום אפו יש לנו לחרוד בצירים וחבלים מאוד ומדי זכור יזכרו אדם ימאס בכל יגיעה ותענוג עולם הזה כי במה נחשב ולא יועילו ביום עברה ולכך אמר דוד (תהילים ב יב) נשקו בר פן יאנף ותאבדו דרך כי יבער כמעט אפו וצא ולמד אם ביום אפו השליך משמים תפארת ישראל שהוא דמות יעקב החקוק בכסא כבוד השליך איקונין שלו וגם הדום רגליו שהוא מקדש ה' אשר היה הדום רגליו לא זכר ביום אפו הרס ולא חמל ומה נעשה אנן בהגיענו לדין ביום אפו ומה נענה ליום פקודה ואיך יש לנו תקוה להמלט משאתו וחרון ה' ומה יבטיח אותנו היצר הרע על קנה רצוץ וזהו מאמר ירמיה אתם בני ציון שובו אל ה' כי איכה יעיב באפו את בת ציון ראו ודעו איך יקרה אתכם באחרית הימים ביום אף ה' כי אתם רואים מה שעשה שהשליך משמים תפארת ישראל ולא זכר הדום רגליו ביום אפואם כן דעו וראו איך יקרה לכם ביום אפו ולכך החישו מפלט לשוב אל ה' כי רבים רחמיו וכן יש לנו לשוב בראותנו כי צדיק אבד וראוי לשים על לב בתשובה וזהו עיקר הספד אשר חל על האדם לפשפש במעשיו ולומר אם

בארזים נפלה שלהבת (מועד קטן כה ע"ב) ודייק שלהבת הרצון כי אמרו כי ארזים אין גזעם מחליף וכן צדיק שמת אין לו תמורה אבל מחקרים חשבו כי אין אמת בפי חכמים ז"ל באומרם כי ארזים אין גזעם מחליף כי החוש מכחישו ומאין ארזים לנו אם כל ארזים שנקצצו מיום עולם לא החליפו אבל טעו ודאי כי אם ישרישו אילנות כח האילן באדמה להצמיח כמוהו אבל דורות אחרונים התחכמו בכרתם יערות לעשות מהן שדה זרועה ששורפים השרש באש והאש שואבת כל לחלוחית שיש בעפר ההוא ומייבשו ומכלה אותו עד שנעשית ארץ שרופה מלחה ולא תצליח לגדל עצי יער וזהו ענין בארזים בהשרשה בעלמא יחליף גזעו אבל בשריפת שרשו אז יפסיד וזהו שדייקו אם בארזים נפלה שלהבת דייקא וכן בצדיק אין גזעו מחליף ולכן מחויבים אנו לעשות אבל יחיד כי אבד עולם ומלואו ובאמת עיקר ההספד לומר ולשים על לב הראשונים חדלו והלכו למנוחה אנחנו נשארנו לאנחה ראוי לנו להקים נדחה ולעשות משמרת לתורתינו כי זהו חיינו ושלימות נפשינו ולגדל עדרים לתורה ואיך לא נספוד ונצעק בקול בוכים על העדר תלמיד חכם ואין ידינו פשוטה להקים אחרים אשר עדיין לא הגיעו לשלימות התורה וחכמה להספיקן בכל מחסורם אפס ילמדו תורת ה' ולא יהיה ח"ו ישראל אלמן ויתום מלומדי תורת ה' אוי לי אמי כי ילדתני ברואי שפלות התורה ולומדיה דור הולך וחסר הזקנים וכשרים שבדור ישובו למקום אשר נתנו ואין קול חדש תחת שמש

לומר הנצו הרמונים ופרחי גפן וסמדר נתנו ריח ומי עושה זה וגורם זה הקצינים שבדור שאינם מחזיקים בעמוד התורה לתת ללומדי תורה מחיה ושארית בארץ ויאמרו לו מפתי תאכל ומימי תשתה אפס יקרא שמך על התורה רכב וצלח ואילו היו עושים כזאת בלי ספק שהיו מגדלים בעלי קרנים בקרני הוד בתורה כי דורינו דור דעה במושכלות במשא ומתן כמה תחבולות עושים והתחכמות ממרחק וביגיעה יביאו לחמם ולמה לא תצליח הדעת ובינה יתירה כזו בלימוד תורה שהוא מושכל האמיתי להיותם טרודים במחיה וכלכלה וחייהם תלוי מנגד פגה רוחם ולבבם אין אתם וזהו שאמר ירמיה (איכה ד א) איכה יועם זהב וכו' ודרש במדרש (איכ"ר פ"ד א) תשתפכנה אבני קודש בראש כל חוצות אלו תלמידי חכמים דנפקו לפרנסתהון והענין להבין הוא מה שאמר ירמיה (איכה ב ב) בלע ה' ולא חמל את כל נאות יעקב הרס בעברתו מבצרי בת יהודה חלל ממלכה ושריה להבין מה ענין זה לזה אבל כבר נודע כי אמרו (סנהדרין קה ע"ב) כל הברכות שבירך בלעם כולם חזרו לרעה חוץ מבתי כנסיות ובתי מדרשות שנאמר ויהפוך ה' לך את הקללה לברכה קללה ולא קללות וא"כ למדנו מזה שקללה אחת נתהפכה לברכה אבל אינם מסיימין איזה קללה שנתהפכה רק מביאים אחת שנתהפכה ואם נדייק בברכות בלעם בכללותיהם אף שפרטיהן מרובים אבל כללותיהן נכללים בשלשה סוגים א' שיהיה לנו בתי כנסיות ובתי מדרשות כאמרו מה טובו וכו' ושנית להקים מלכים ונגידים

ולהיות ממשלתם הולכת וגדלה ויהיו עמים רבים נכנעים תחתיהם וג' שיהיו ישראל עם חזק מכניע צרים מתגבר על אויביו וכהנה בגבורות והצלחת ישראל ובזה היו נכללים ברכותיו ואם כן כיון שהתורה העידה שאחד מהן נתקיימה הברכה לא ימלט שאחד מהן מג' הנ"ל תקויים וזהו היה מצעקת ירמיה בקול קינה שכאן כל שלשה נהפכו לקללה ולא נתקיימה אפילו אחת מהן וזהו אמרו בלע ה' ולא חמל כל נאות יעקב ודרשינן במדרש (איכה פ"א ד) שהוא בתי כנסיות ובתי מדרשות ע"ש במדרש איכה ואם כן הרי ברכה אחת שנהפכה לקללה ובגבורת והצלחת ישראל הרס בעברתו מבצרים הגיע לארץ מטה מטה בעונותינו הרבים והרי כאן שניה ושלישית חלל מלכה ושריה וא"כ איה איפוא הקללה שנהפכה לברכה אבל באמת טעם וישוב לזה הוא דצריך טעם למה נהפכו כולם חוץ מבית הכנסת ובית המדרש דכבר כתבנו דצריך תלמיד חכם להיות חמוקי ירכיך ונחבא אל כלי קודש וקרוי מחובשי בית המדרש וענין בלעם דלא נתקיימה ברכתו הוא דהכניס עין הרע בברכות כמ"ש הזוהר (ח"ג קמז ע"ב) וטוב עין הוא יברך ובעין הרע שלו לא חלו וכלל הוא (תענית ח ע"ב) כל דבר הסמוי מן העין אין עין הרע שולט בו ולכך בית הכנסת ובית המדרש שסמוי מעין אין עין הרע שולט ולכך נתקיימה ברכתו אך זהו אם תלמיד חכם חבוש בבית המדרש לא יראה ולא ימצא בשוק אבל אם צריך לילך בשוקים לחזור אחר פרנסתה פשיטא חל עליו עין הרע וגם זו לא תתקיים וזהו מאמר ירמיה תלמיד חכם שדומה לזהב וכתם פז איכה יועם וישנה איך כהה מראיתו ונשתנה הוד פניו וקאמר הטעם למה נתמעט התורה וחלה קללת בלעם אבני קודש המה תלמידי חכמים תשתפכנה בראש כל חוצות שהולכים בחוצות לפרנסתן ואם כן אינו סמוי מעין וחל עליו עין הרע כי כך הדבר בכל מקום צנוע אין סטרא אחרא כלל חל כמאמר (ישעיה כו כ) לך עמי בא בחדריך וסגור דלתיך לכך דבר בעיר כנס רגלך (ב"ק ס ע"ב) ועיין בזוהר (ח"א כב) כי בדבר צנוע לית סטרא בישא מקום לחול ולכך ראו כמה מגיע לנו בעונותינו הרבים אשר משכו יד לפרנס תלמידי חכמים שלא יהא להם צורך לחזור ולהדר אחר פרנסתם והלא זו אשר נשאר לנו בגולה ובאמת עיקר הגלות היא אבדן תורתינו וחכמת ה' ועיקר נחמתינו כי ה' השאיר לנו שריד אשר לא שכחנו זה משך זמן רב מצותיו ותורתו במצות תורה וסופרים ודקדוקי סופרים וחומרות גאונים כמה חייבים אנו לשבח לה' על נס נפלא כזה אשר זה זמן אורך הגלות וטלטולים מגוי לגוי ובכל זאת לא שכחנו תורת אלהינו ועוד יש תורה תודה לאל בישראל רק הכל תלוי בנו לחזק ידים רפות וברכים כושלות לבל ימוטו ואמר במדרש (בשינוי במנחות נג ע"ב) שבליל חורבן בית המקדש בא אברהם לבית המקדש והיה הקדוש ברוך הוא מטייל עמו ארוכות וקצרות ושאלו מה לידידי בביתי א"ל בני היכן הם א"ל חטאו וגלו א"ל היה לך לזכור הטובים שבהן א"ל עשו המזמתה א"ל היה לך להביט בברית מילה א"ל בשר קודש יעברו ולא עוד אלא ששונאים

זה לזה עכ"ל להבין הענין טיול ביום מר כזה וארוכות וקצרות וגם השאלה מה לידידי בביתי הלא נודע כי בא להתחנן בעד בניו ומה ענין תשובה עשו המזמתה והבטת ברית מילה וגם מה שא"ל ולא עוד אלא ששונאים זה את זה תמוה ביותר ורבותינו בעלי אגדה כוונו בזה לדבר מושכל והוא כי אומות העולם צוחקים עלינו באומרם בבית ראשון שעברתם פי ה' לרוב היתה גלות שלכם שבעים שנה וכעת אשר בבית שני לא נמצא ברוב הקהל עולה גדולה ורוב מהמרי וארכו הימים ולא נושעתם אבל כבר מבואר בכל מקראות תנ"ך כי גאולה בבית שני היתה רק פקידה אבל אריכות הגלות המרה הזאת כבר נחתם עלינו בגלות בית ראשון לסיבת המרי והפשעים מבית ראשון כמבואר בתוכחת משה כאשר הוכיח הרמב"ן מן כמה פסוקים (דברים כח לו) יולך ה' אותם ואת מלכך וכו' ומן והשיבך ה' מצרים באניות וכן בכמה נביאים וירמיה הנביא שראה (ירמיהו א יד) הראשונה מקל שקד כי שוקד ה' על הרעה ובשנית סיר נפוח פונה צפונה כי מצפון תפתח הרעה הוא כי מראה ראשונה מורה על גלות בבל ולכך אמר ה' כי שוקד על הרעה להיותו נעשה מהר אבל על מראה שנייה היותו מורה על גלות שני ולכך אמר מצפון תפתח הרעה היותו רומי וכל ארצות אירופא חלקו של רומי הוא בצפון עולם וכהנה פסוקים רבים לאין מספר בישעיה וירמיה המורים על גלות רומי אך המינים עדיין שואלים הלא יוצאי ירך של אביהם יותר עלולים לסבול חטא אביהם משעלולים נכדיהם ויוצאי חלציהם אחריהם ואם כן איך יתכן כי יוצאי ירך גולי יהודה אשר ידם היתה במעל שבו מהגולה וישבו בטח והתמידו כמה דורות ואחר כך דור אחרון יסבלו עון אבות ולילך בגולה וזהו שלא כדת אבל האמת היא כך דבאמת מה הפסק זו משמש לפקוד תוך שבעים שנה ואחר כך לגלותם הלא יותר נכון שתהיה הגלות בלי הפסק עד ירחם ה' עמו ואחרון אחרון נשכר אבל חסדי ה' לא תמו ומה רבו רחמיו כי הבטיח אותנו לבל תשכח תורת אלהינו מקרבנו כי היא שלימות נפשנו וכבר נודע כי בגלות בית ראשון לרוב עזיבת התורה ולמיעוט תקנות וגדרים מסנהדרין שהיו בימי בית ראשון כמעט נשכחה התורה מהמוני עם ובשובם מהגולה לא ידעו ממצות סוכה ומשמירת שבת שהיא חמישית ליו"ד דברות והתערבו בגויי ארצות ולא ידעו איסור חיתון ובפרטות עם עמון ומואב כמבואר בנחמיה ואילו התמיד הענין עוד מאה או מאתים שנה וקרה לנו הנגזר מאת ה' רוב שמידות ועוצם הטלטול היתה נשכחת התורה מכל וכל מבלי זכר כלל ואם כן היה ח"ו אבדה תקותנו והתחיינה עצמות היבשות כשאין עמן תורה ומצות ה' ולזאת ה' חושב מחשבות לבל ידח נדח מתורתו כאשר הבטיח לנו קרבנו לפקודתו בסוף ע' שנה לארץ ישראל ועודנו חרש ומסגר אלף נביאים קיימים הם אשר מסרו הדבר לכנסת הגדולה וכן בבית שני רבו המלמדים תורה ברבים וגדרו גדר וסייגים ומשמרות וכהנה רבות אשר יד ה' עליהם השכיל לבל תשכח התורה

וכאשר שיערו חכמתו העליונה כי כבר נעשה התיקון לבל יהיה שכחת התורה גלה אותנו שנית מעל פני האדמה עבור חטאת ומרי בית הראשון כנ"ל וברוך שמו אשר עינינו ראינו כי אנו בעונותינו הרבים היום בגולה יותר מאלף ות"ר שנה לא שכחנו מצות ה' דקדוקי סופרים וחומרי דגאונים והכל מחסד ה' וטובו עלינו ומזה יובן הנ"ל כי ודאי אברהם לא היה פוחד מחמת גלות כי כבר נאמר לו בברית בין הבתרים שעבוד וגלות ד' מלכיות כנודע והלא היא התרופה וע"י גלות נזכה לשלימות האחרונה ועולם התיקון וכאשר אבות עולם בעצמם הוצרכו לקבל גלות לזכך חומרם ולזכות לשלימות האמתית אמנם אברהם חרד כי ידע וראה העדר ידיעה שיש לישראל בגלות ראשונה מהתורה ומצות ואם כן פחד אם תאריך הגלות כפי הקצוב עליהם מה' ישכחו תורת ה' ותפוג תורה ויתערבו בגוים ואם כן ח"ו השתות יהרסון וצדיק מה פעל והקדוש ברוך הוא ידע זה ונחמו כי לא תתמיד הגלות הארוכה כזו בפעם אחת רק תהיה גלות קצרה בתחלת ע' שנים וישובו וילמדו תורת ה' ואחר כך יגלו לגלות ארוכה ומרה בעונותינו הרבים ואז לא תמוש התורה מאתם וזהו אמרם שטייל ה' עמו ארוכות וקצרות הרצון שהראה לו שתהיה גלות ארוכה וקצרה ולא שיהיה הכל בבת אחת ואם אמנם אברהם נצטער בעבור חורבן בית ה' אמר לו הקדוש ברוך הוא כי אין זה אנינה הנוגעת לישראל כי לא היה ביתם רק בית אשר שם ה' נקרא עליו וביתו היה כדכתיב למען שמך אשר נקרא עליו והקדוש ברוך הוא לטובת ישראל להתם חטא ולכלות פשע לא חס על ביתו והדום רגליו אפס תהיה להם תקומה ושפך חמתו על ביתו וזהו מאמר השם מה לידידי בביתי הרצון מה איכפת לך אם אני מקפיד ומחריב בשביל טובת בניך והשיב אברהם כל צערי על צדיקים שנשפך דמם אשר אין עול בכפם וזהו אמרו היה לך לזכור טובים שבהם והשיב השם עשו המזמתה והיינו שעסקו בדבר זימה כדכתיב (כנראה שהכוונה על ב' פסוקים ביחזקאל יח יא ועמוס ב ז) איש את אשת רעהו טמא וילכו אל הנערה וכו' וכל מקום שאתה מוצא זנות אנדרלמוסיה באה לעולם והורגת רעים וטובים (ירושלמי סוטה פ"א ה"ה) כמ"ש רש"י בפ' נח אך הטעם למה באמת בזנות גם הטובים נלקים כי כביכול כל זמן שהשגחת ה' בזה עולם אין רשות למשטין לפגוע בטובים אבל כבר נודע (סנהדרין צג קו) כי אלהינו שונא זימה והיינו שכביכול ממאס בו יותר מכל עבירות ומסלק השגחתו כאדם שממאס לראות בדבר קיא צואה ומסתיר פניו ואם כן רשות נתונה למשחית ואין מבחין בין טוב לרע (ב"ק ס) אך זה בגוים שאין להם ברית מילה ואינם בני ברית של ה' אבל ישראלים שיש להם ברית אין הקדוש ברוך הוא ממאס בבני בריתו ולכך הברית הוא באותו מקום להיות כי עלולים בעונותינו הרבים בני אדם לזנות ונתן הקדוש ברוך הוא זה לנו לאות לבל ימאס על כל פנים בנו וזהו הנאמר בתורה (ויקרא כו מד) ואף גם זאת בהיותם וכו' לא מאסתים וכו' להפר בריתי אתם הרי שדייק שיזכור

בריתו ולא ימאס בהם ולכך לא יהיה להם כליה ח"ו כי לא יהיה רשות למשחית להרוג טובים וכן אמר איוב שהוא משל לבני ישראל בגולה כאשר הארכתי בפעם אחרת שכל ענין איוב הוא משל לבני ישראל בגולה וזהו אמרם (ב"ב טו) משל היה הטוב לך כי תעשוק כי תמאס יגיע כפיך (איוב י ג) וזהיא שאלת אברהם היה לך לזכור ברית מילה וא"כ אין להרוג הטובים וע"ז השיב השם כי עברו ברית ובשר קודש יעברו ועוד בשלמא אם היו באגודה אחת היתה השריית שכינת קדשו בתוכם בי הוא השוכן בתוך טומאתינו ואימת כשאנו באגודה אחת והן אל כביר לא ימאס אבל כשהם בפירוד אין הקדוש ברוך הוא משרה שכינתו כלל להיותם נדונים כיחידים וגם במקום שלבבות חלוקים אין מדור לשכינה כי הוא עושה שלום במרומיו וכאשר כבר הארכתי בזה בדרוש הקודם ולכך סילק ה' שכינתו וארץ ניתנה ביד רשע ולכך גם צדיקים שבדור ספו תמו ומזה נראה בעליל כי כל גלות המרה הזו הכל בעון בית ראשון ובזה יובנו דברי הגמרא פ' חלק (דף קד ע"ב) ודמעתה על לחיה אמר רבא אמר ר"י כאשה שבוכה על בעל נעוריה ויש להבין איך רמיזי זה בדמעתה על לחיה ורש"י דחק עצמו בדוחק גדול ע"ש אבל ירמיה בפתיחתו תיכף כלל שני חורבנות כי נודע מה שכתב יוסף בן גוריון לרומיים פי' על פסוק גדול יהיה כבוד בית האחרון מהראשון ודרשו חז"ל (ב"ב ג) גם כן שקאי על בית שני והורדוס ולא על בית ג' כי זהו לרוב מעלתו אין לו ערך ויחוס כלל לבית ראשון ואינו כלל בסוג עד שיאמר עליו זה גדול מזה ואולם הגמרא נתחבטה במה גדול מראשון ויוסף הנ"ל ויתר מפרשים פירשו בזה כי בבית ראשון לא יצא שם הבית בכבוד ותהלה בעיני מלכי ארץ ולא מצינו שום מלך ששלח מנחה וקרבן לבית ה' כי לא יצא טיב ישראל בארצות וגם הגוים היו שקועים ביותר בתרפים וכישופים עד שחשבו גם להם שפע אלהים אבל בבית שני כל מלכים וגוים רבים כולם כבדו הבית במנחות וקרבנות ודורונות וקראו אותו בית ה' כאשר נודע מן כורש ודריוש ותלמי המלך שהיו מושלים ממש בכל כיפה ואצ"ל קיסרי רומי אויגוסטוס יוליוס ובעונותינו הרבים סיבת קריבת החורבן כמאמר חז"ל (גיטין נו ע"ב) מבר קמצא היה בסיבת קרבן ששלח קיסר רומי שמשל אז בכל הארץ לכבוד הבית וזהו הנאמר בחגי ב' (פסוק ז' ח' ט') ובאו חמדת כל גוי ומלאתי את בית זה כבוד אמר ה' צבאות לי הכסף ולי הזהב נאם ה' צבאות גדול יהיה כבוד הבית הזה האחרון מן הראשון וכו' ע"כ וזהו מורה בבירור כמ"ש כי בזה גדול כבודו שכל מלכים יכבדוהו וירמיה בקינתו קונן על שני מקדשות ולכך פתח בראשון ואמר איכה ישבה בדד העיר רבתי עם כי היה רבתי עם אבל לא רבתי בגוים כי לא יצא שמה בקרב ארצות וישבה בדד כי בחורבן ראשון חדל כל רגל אדם משם כמאמרם (שבת קמה יומא נד) נ"ב שנה לא עבר איש ביהודה ואמר היתה כאלמנה ודרשו (איכ"ר פ"א ג) לא אלמנה ממש אלא כאשה שהלך בעלה למדינת

הים כי לא היה לזמן רחוק כי יודעים הפקידה לע' שנה והרי הוא ממש כמו שמרחיק הבעל נדוד על זמן מה והאשה מקוה ומייחלת לו ליום מועד ואחר כך מדבר מחורבן בית שני אמר רבתי בגוים שרתי במדינות כי נתפרסם שמה בכל ארצות ואיים רחוקים ולא אמר עליה ישבה בדד כי לא גלו בבית שני מכל וכל וארץ ישראל נשארו יושבים בה כאשר כל חכמי ישראל מחורבן הבית עד זמן רבינו הקדוש יושבים בארץ ישראל במושבותם רק קיסרי רומי נתנו עליהם מס ומכרו הארץ שדה של זה לזה לבל יחשבו יהודים שהם מוחזקים בו מאבותיהם כמ"ש יוסף בן גוריון בספרו לרומים וכמבואר בגמרא דגיטין (דף נד ע"ב) בסקריקון ביהודה ומשם מבואר שהיו נשארים יושבים בארץ ישראל ולכך אמר עליהם היתה למס ולא ישבו בדד ולכך אמרו (איכ"ר פ"א כד) בכה תבכה על שני חרבנות אמנם כבר אמרתי כי עיקר גלות בית שני היה בשביל ראשון ועוונם סבלנו רק בחסד ה' שהיתה פקידה ביניהם כנ"ל והנה כל חטא בית ראשון שלא קראו לה' כלל כדכתיב (תהלים יד יד) אכלי עמי אכלו לחם ה' לא קראו וכן ישעיה צווח (ישעיהו מג כו) ולא אותי קראת יעקב וכו' ובגמרא דחולין פ' הזרוע (דף קלד ע"ב) אמרינן כי ניתן להכהנים זרוע כנגד ויקח פנחס רומח קיבה כנגד וידקור אל קבתה ולחיים כנגד ויעמוד פנחס ויפלל הרי דלחיים כאילו מוכן לתפלה וזעקה וזהו מאמרו של ירמיה ודמעתה לא על חטא בית שני כי שם היו מתפללים לה' ותמימים היו עם ה' רק על חטא בית ראשון אשר לא קראו לה' וזהו ודמעתה על לחיה שהוא כלי המושאל ומוכן לצעקה ותפלה כהנ"ל בפנחס וזהו שאמר רבא בשם ר"י כי הדמעה תהיה על חורבן הראשון כי משם נסתעף חורבן השני וזהו כאשה על בעל נעוריה אבל בבית שני כבר היה כבעל מחזיר אלמנתו וגרושתו כנודע ולכך עיקר הבכי על בית ראשון וזהו על לחיה על ביטול תפלה וצעקה להשם וראו נא לכמה מגיע ועד היכן ענין תפלה ועל זה נחתם גזר דין על אשר ה' לא קראו וצריך האדם להיות חרד בתפלה כי זה אשר נשאר לנו בגולה ואין לנו עבודה וזהו עבודה וכמה יש לאדם להתבונן בו ולעמוד בהכנעה יתירה וכפיפת קומה ומלין לצד עלאי ימלל בנחת ובכונה ואשרי למי שמתפלל בדמע ולב נשבר ונדכה כי לא ישוב ריקם ועל מה נבטח בגולה ומה יגן בעדנו אם לא בתפלה ובקשה מקירות לב אוי לנו אשר נאמר (איכה ג מד) סכותה בענן לך מעבור תפלה ומה הוא הענן הוא אדים והבל שיש בו חטא היוצא מפי איש ואשה כל יום וביחוד שיחה בטילה בבית הכנסת ומכ"ש בעת תפלה הכל הוא עולה בעב וענן ומונע לתפלה לעלות אך אם אדם מתפלל אחר כך בכונה ובבכי ודמעה מעלה כל תפלות מכמה שנים אשר סביב נקבצו לו כי נשארו עומדים ברפיון מבלי עליה וכעת ע"י תפלה זו הם עולים במעלה בית אל אבל המוציאים מפיהם ניבול פה ר"ל שבועת שוא ומסירת ממון של ישראל אין התפלה נעכבת כי אם הולך יהלך תיכף לסטרא אחרא ר"ל וכאילו זבח לשעירים ואם יבכה אחר כך וירבה

בתפלה קשה להציל בולעם וע"ז נאמר (קהלת ד א) ראיתי דמעת עשוקים ואין להם מנחם:

בני אחי נא הקיצו משנתכם האולת ואל תבלו זמן בהבלי עולם ושיחה בטלה וספורי דברים בענייני מלחמות מי ינצח ומי ינוצח ולראות ולטייל מושכי קשת ותריס ומגן מלחמה והוללות ושמחה של מה בכך דברים אלו נאותים לשרים וסגנים אבל מה לנו בזה לאבד זמן וביחוד בימים אלו היה לכם לזכור יום בא צר ואויב בחוצות ירושלים ושפך סוללה והשחית חיל וחומה נטה קו ולא השיב ידו מבלע אוי לנו כי חטאנו אשר הרס ה' כל מבצרי יעקב הוריד לארץ נזר ישראל איך לא תדמע עיניכם בזכרכם ימים אלו גוים רקדו בהיכל ה' בקרדומות באו כחוטבי עצים להכרית עולל מבחוץ ומחדרים שיבה וכל בית ישראל יבכו את השריפה לכן היטיבו דרכיכם עם בינות וחוסו על העדר הזמן כי אין יקר בנבראים כמו הזמן ואמרתי כי זה כוונו חז"ל באומרם (שבת קנב קינים פ"ג) זקני תלמידי חכמים כל זמן שמזקינים מוסיפים חכמה וזקני עמי הארץ דעתם מטפשת ויש להבין למה הלא עמי הארץ זקנים בעלי תחבולות וערמה למאוד אבל נודע כי תלמיד חכם בורר לעצמו עולם הבא והפסיד עולם הזה כדרכה של תורה מעט תענוג מעט שינה וכדומה ומלבד כי רובי תלמידי חכמים דחיקא להם שעתא למאוד וחסירי מזון אבל בכל זאת החכים לעשות להחליף עולם עובר בעולם נצחי אבל עם הארץ בורר לעצמו העולם הזה להתענג מנועם פריה ומגדיה לנפשו ולא חש לעולם הבא כלל וזוהיא שטות גדולה להחליף עולם אמת בעולם תמורה ושקר והנה דרך משל התלמיד חכם ועם הארץ שניהם בני כ' וא"כ לפי טבע שנות זקנה יחיו עוד נ' שנה וא"כ תלמיד חכם עשה חכמה כי החליף נ' שנה בעולם נצחי ועם הארץ עשה שטות שהמיר נצחי ולקח לעצמו נ' שנה עולם שקר והנה כאשר יזקין יגיע לשלשיםאם כן הרי חכמתו יותר טובה שעתה אין לו רק מ' שנה ומחליפן בעולם נצחי ולעומת זה עם הארץ שטותו יותר גדולה שמחליף נצחי במ' שנה וכן תמיד מיום ליום כאשר יזקין התלמיד חכם משא ומתן שלו יותר טוב ועם הארץ כל יום ויום שמתקרב למיתתו בחירתו שלו יותר גרועה ולכך אמרו שתלמיד חכם מוסיף חכמה יום ביומו ועם הארץ מוסיף טפשות יום ביומו ואיך לא תחוסו על הזמן אם דרך משל זמנך קצוב למות ביום א' ואחד יאמר לך הנני נותן לך מאה אלפים דינרי זהב ותמות יום אחד קודם לזה ידעתי כי לא תקחם בכל הון וא"כ שכל כך יקר בעיני האדם יום אחד יאמר נא איך יאבד יום אחד לבטלה והרי שוטה זה מאבד אלפים דינרי זהב ע"ז יקרא שוטה שמאבד מה שנותנים לו (חגיגה ד) כי מתת ה' הוא לברואיו הזמן יקר הנבראים כי בו יזכה אדם ארחו לדעת ה' ולהשיג שלמותו ולבוא לחקור תבונות ולתקן מצעדיו צעדי גבר בו ינחיל חיים הנצחיים כי כל קנין השלימות בזה העולם ולכך אמרו (שבת קנג) אחים בהספדאי דהתם קאימנא והיינו שזה צער לצדיקים אשר מתו כי כל זמן היותם חיים היו

הולכים במעלות על מזבח ה' ממדרגה למדרגה אבל במותם במקום שיפול העץ שם יהיה מה שטרחו בזה העולם אבל שם אין קנין שלימות לעלות יותר ולכך אמרו דעל זה יש לספוד דשם יקום ולא ילך ממדריגה למדריגה ושאלו במדרש (בראשית רבה ט ה) מפני מה מתים רשעים ואמרו שכל זמן שהם חיים הם מכעיסים להקדוש ברוך הוא ובמותם פסק כדכתיב שם רשעים חדלו רוגז ומפני מה מתים צדיקים שכל זמן שהם חיים אין להם מנוחה אבל במותם ינוחו כדכתיב שם ינוחו יגיעי כח ויש להבין בממה נפשך או דיש סברא חוץ על מיתת רשעים או על מיתת צדיקים וא"כ איך שאל על שניהם ועוד איך ס"ד שרשעים יחיו באבוד רשעים רנה אבל יש כאן ב' סברות כי כמה פעמים מצינו שהקדוש ברוך הוא מבטל רצון שלו אף שאין לו נחת בו בשביל רצון צדיק או לפעמים סברא הפוכה כל רצון צדיק בטל נגד רגע א' שיהיה הדבר רע בעיני ה' להכעיסו ומול רצונו והנה באמת על מיתת רשעים אין לשאול כן יאבדו כל אויביך ה' אבל על צדיקים למה ימותו יש לשאול הלא הוא הטוב האמיתי רוצה בשלימות יצוריו למאוד וכל זמן שהצדיק חי משיג שלימות יום ביומו מוסיף אומץ ביראת ה' הלא ראוי שימים כחול ירבה עד שישיג שלימותו ויגיע למדרגת חנוך ואליהו ויהפך חומרו ליסוד נשגב וגשם חמישי וכדומה וגם יוכל להיות כי ה' נחת ינחת בו בחיים חיותו כי הוא עושה רצון ה' כל יום ושעה בתוספת אומץ וא"כ למה ימות מה שהוא לנחת ורצון לה' הבורא יוצר אדם אמנם התשובה אם כי לא היתה עבודה לשם שמים רק היתה בשביל שלא ימות ולא היה שכרו כ"כ כמו עכשיו דעושה אותו בלי פניה ושכרו הרבה מאוד אך זהו מספיק לקושיא ראשונה שיש לו לחיות בשביל קנין שלימותו ובזה השיב כהוגן שבזה יש לו יותר שלימות אבל הקושיא שניה במקומה דעכ"פ בחייו עושה רצון הבורא יהיה לאיזה טעם שיהיה וא"כ יש לו להיות חי כדי שיהיה לרצון לפני ה' וצ"ל כי אין ה' מקפיד על רצונו אשר ינחת בו אפס יגיע לברואיו קנין שלימות ביותר כי כך מדתו הטוב אמיתי יתעלה שמו לנצח ולכך שאל עדיין הוי ליה לצדיק להיות חי לקנין שלימות ורצון הבורא ואם כי לא יעשו עבודת ה' כראוי גם רשעים אל ימותו וזהו מאמרו למה מתים רשעים וא"כ עדיין יעבוד לה' לשם שמים וטוב לנו שיחיו רשעים רבים אפס צדיק אחד יחיה באמונתו בה' ובתורתו בקנין שלימות וע"ז השיב כי אם הם חיים הם למורת רוח לה' והם מכעיסים לה' ולכך אף שעל ידם תגיע שלימות לצדיק מכל מקום אי אפשר להחיותם ויהיה שלא לרצון הבורא אך לפ"ז דאין ה' מבטל רצונו נגד שלימות הצדיקים קשה לא ימותו צדיקים ואי דלא תהיה להם כ"כ שלימות כי יעשו בשביל חיים בעולם הזה כנ"ל מה בכך סוף כל סוף המה ומעשיהם לרצון לפני ה' ומה איכפת לן אם מגיע לצדיק שלימות גדולה או קטנה סוף כל סוף נתקיים רצון ונחת לה' דהא אתה אומר שמקפיד ה' לבל יהי' לו דבר שלא לרצון יותר מקנין שלימות גמור של צדיק ולכך משני דלכך צדיקים מתים דכל זמן שהם

חיים אין להם מנוחה מיצרם הרע ותמיד לוחם עמם והן בקדושיו לא יאמין ואולי ח"ו ינצחו כי הקדוש ברוך הוא הניח טבע בחירה ועבודה חפשית לבני אדם כנודע ולכך בהיותו בתכלית השלימות הקדוש ברוך הוא מסלקו כדי שיפטר בטובה כאמרו כל זמן שהן חיים אין להם מנוחה אבל במותם שם ינוחו ולכך אז הקדוש ברוך הוא מייחד שמו הגדול עליהם ולא בחייהם וצאו ולמדו מזה כמה יקר הזמן וכמה חביב ונעים הזמן ביחוד לעם ה' וסגולתו אשר בקל נוכל לקנות בו שלימותינו בעסקנו בתורה ובמעשים טובים לשם שמים ומבלי ללכת אחרי תוהו ולהיות נשמר מכל רע עד מתי יהיו לנו הבלי עולם למוקש בעונותינו הרבים עברו שנים רבים ואין קול ישועה לישראל ואילו ידעו אבותינו הקדמונים שיהיה כ"כ אריכות הגלות היו מאבדים עצמן לדעת לרוב צער ודאגה וקצו בחייהם כי באמת עזה כמות אהבה ודאגה וקצנו בחיים עת זכרנו כמה נשינו טובה וכמה אבדנו מיום ליום שנה לשנה:

אמרו במשנה סוף סוטה (דף מז) משמת יוסי בן יועזר בטלו אשכולות ומפרשינן איש שהכל בו משבטלו סנהדרין בטל השיר דכתיב זקנים משער שבתו בחורים מנגינתם משמתו נביאים ראשונים ומפרשינן ירמיה וסייעתו (שם מח ע"ב מסיק מאן נביאים ראשונים לאפוקי חגי זכריה מלאכי) (א"ה מצאתי בירושלמי כדברי המחבר) בטלו אורים ותומים משחרב הבית בטל שמיר ונופת צופים ופסקו אנשי אמנה דכתיב הושיעה ה' כי גמר חסיד וכו' ולא ירד טל של ברכה ואין לך יום שאין קללתו מרובה משל חבירו כל השומע משנה זו דמוע תדמע עינו מאין פוגת על שבר בת עמי כמה טובה אבדנו שבת משוש לבנו והרי אנו כפגרים מתים אשר אינם מרגישים עוד בחלייהם ואינם יודעים מה חסרים ומה היה להם ולפרש המשנה כדי שביותר יבואר לכם ההעדר והפסד אשר קרה אותנו וראו כמה חטא וקלקול גורם למען דעת להטיב דרכינו אולי ישקיף ה' וירחם כי לא כלו רחמיו נראה כי בירושלמי (שם פ"ט ה"י) הקשה וכי כל תנאים שהיו אחר יוסי הנ"ל לא היו אשכולות כמוהו וליישב קושיתו דע כי יתד תקוע בפי כל פילוסופים והרמב"ם במורה נבוכים השתמש בו למאוד כי מין אנושי בכלל הוא איש אחד וכמו שאדם אחד כרוך ומורכב מאברים רבים פנימיים חיצוניים גידים ועורקים ועצמים וכהנה כך מין אנושי מחובר מעמים רבים ובכללן יחשב איש אחד ע"ש ברמב"ם ואף אני אודה להם כי הוא בחון בסברא אבל כל המין אנושי בכלל יחשב לאיש אחד בעמים ואין עם ישראל בכלל כי אין להם שייכות וחיבור כלל עמהם ואינו כלל בסוגם כאלו תאמר שצומח אינו נכלל במין אחד עם דומם כן ישראל היו עם עכו"ם כי הן ממין אחר וסוג אחר ולכך יש כאן בהמין אנושי שני בני אדם המין עכו"ם בכללן איש אחד והמין עם קדוש ישראל איש אחד כי כל ישראל בצירוף עמי הארץ ובינונים ותלמידי חכמים וכדומה כמו עורקים גידים עצמות ובשר ואיברים פנימיים ומוח כדומה וזהו מרומז בזוהר ביותר פנימיות אבל גם לזה נתכוון כי אנחנו

נקראים אדם דמרכבה כי ה' שוכן עלינו והעכו"ם נקראים אדם בליעל ורוח מסאבתא שולט וזהו מאמר בלעם (במדבר כג ט) הן עם לבדד ישכון ובגוים לא יתחשב והנה כבר אמרו כל טבעי רופאים כי מזג הגוף להיותו שלם במזגו וכדי שיהיה מוכן לחול עליו נשמתו ויהיה לאחדים הוא כשכל אבריו הם בריאים והלב נותן לכל חוק וטרף דם ובהירות האוכל והם שבים והולכים חלילה ע"י עורקים וגידים מאבר לאבר ובמקום שהולכים הם שבים ללכת אל לב ושם יזדכך ויחזור ליתן לכל אבר ואבר כפי ענינו אז הגוף ההוא מזג שלם וראוי לחול עליו הנפש בלי מונע אבל כאשר יחסר אבר אחד אזי יבוטל המזג הקצוב מטבע בריאה ויש חסרון שלא יוכל להמנות כי כך תנאי בריאת וטבע אדם להיות כל אברים עתידים ומשרתים ללב לקבל ולחזור וליתן והחיות הלב ושפעו רצוא ושוב ובזה הכל ממוזג על בוריו ובהעדר דבר אחד יבוטל המזג הראוי וגם אין לנפש לחול על הגוף בשלימות להיות חסר המזג וקנין השלמות הראוי כאשר נוצר אדם בחכמה עליונה לקבל כדם הנפש ללב משכן החיוני ונשמת רוח שדי בקרב הגוף ומזה הטעם כל כהנים שהוכשרו למלאכת השמים היו צריכין להיות נקיים ממום וכן סנהדרין גדולה כנודע כי מי שיש לו חסרון באבריו אין מזגו שלם וגם אין נשמתו בגוף שלם וא"כ חסר הכנה לקבל שפע אלהות ורוח קדשו אשר יערה ממרום על הכהנים עושי עבודתו וזקנים יושבי בלשכת הגזית וכמו כן כמו אדם שצריך הכנה לקבל נשמתו ונפש אדם כן בבהמה לקבל נפש בהמי בשלימות ולא יחסר צריך גם כן במזגו להיות שלם וכל אחד בדידיה ולכך גם בעלי מומין בבהמה לא הוכשרו לקרבן כי בזה יוכרו כי אין שלמות לקבלת נפש בהמה אצלם ולא ירצה לקרבן לפני ה' אשר הכל הולך אחר הנפש כנודע וא"כ הדבר באיש פרטי ממנו תקיש על המון ישראלי היותם נכללים כאיש אחד כנ"ל וסנהדרין בתוכם כלב משכן הנפש כי ה' בקרבם ותורת אלהות מעתיקי שמועה דור דור אם כל אברים עלולים ועתידים לקבל ולהיות בקיבוץ עם הלב לא יחסר אבר הרי מזג אחד ההוא בשלימות ויחול נפש ונשמת ישראלי בכלל שהוא רוח הקדש שלם בכל מדע מבלי חסרון על העם ומנהיגים בכלל ואם יפקדו אברים שלא יהיה עמם לקבל ולסייע לעבודתם הרי כחסר אבר באיש פרטי אשר אין מזגו שלם וגם השריית נפשו אי אפשר להיות שלם בתכלית בלי מחסור וכבר אמרו כי כל שלימות נשיא ישראל הוא תמיד בעבור ישראל כי הוא כלול מכולם וכמו שאמרו על משה שכל שלמותו היה בשביל ישראל וכמבואר במדרש (וכ"ה בברכות לב) לך רד כלום נתתי לך גדולה אלא בשביל ישראל עכשיו שישראל חטאו רד מגדולתך וזהו הנאמר (שמות יט ט) הנה אנכי בא אליך בעב הענן בעבור ישמע העם דייקא ולכן היות ישראל במדבר דור דעה כי כולם השיגו מראה נבואה מה שלא השיג זולת משה שום נביא דכתיב (דברים ה ד) פנים אל פנים דבר ה' עמכם וכן אמר בזוהר (ח"ב כב) ולא יהיה בדרא דא עד דרא

דמשיחא היה משה בתכלית השלימות עד שלא קם כמשה וכן תמיד בכל דורות כפי הדור כן מנהיגו ואף שלא ימלט שישנם בדור רשעים הן מעט וגם הן כמו מום עובר ובכל מקום הלב משפיע ומקבל ומזגו שלם ולכך תמיד בשלימות הדור מנהיגו וראש הדור כלו מחמדים ואין בו שכולה להיותו הוא הלב מאדם השלם במזגו ואבריו ולכך עד יוסי בן יועזר היו בנמצא אנשים ראשי סנהדרין כמוהו שהיו בעלי אשכולות דהיינו איש שהכל בו בכל שלימות לא יחסר דבר והיינו כשהדור שלמים והיה המון ישראלי כגוף אחד ומזג שלם וגם לבבו ונפשו שלם אך מימי יוסי הנ"ל חדלו פרושים בישראל וצדוק ובייתוס שהיו חברים של יוסי הנ"ל למדו תורה אצל אנטיגנוס איש סוכו ומאתם החלה הרעה בקרב ישראל בעונותינו הרבים פשתה צרעת ממארת הצדוקים ובייתוסים שכפרו בכל תורה שבע"פ ובתחיית המתים והיו ממש רוב ישראלאם כן אין כאן מזג שלם בגוף ישראל כי רבים מאברים אשר הם פגרים מתים ואין רוח הנפש ולב חופף בהם כלל לא בהם הרוח אמר ה' וא"כ נתקלקל המזג האמיתי וגם משכן הרוח חיוני ושלימות הלב ונפש אי אפשר ולכך מנהיגיהם אי אפשר להם כל שלימות להיותם חסרי אברים מום בם לא ירצה להיות שלמים וזהו אשר בעונותינו הרבים מיום מותו חדלו אנשים אשר להם כל שלימות וממנו נלמד כי איש אחד אנחנו וכל דור ודור מנהיגו בגדר משה וכולם נתלים במשה ולכך אמרו בגמרא (ב"ב טו מנחות ל) פסוקים שבתורה מן וימת משה ואילך יחיד קורא אותן ופי' המרדכי יחיד ומסוים בדור ראש הדור ומזה פשט המנהג חתן תורה שהוא להקורא בו לכבוד ותפארת והקשה הגאון חכם צבי בתשובותיו (סימן יג) הא בגמרא אמרינן כמאן אזלא הא דאמרינן ח' פסוקים יחיד קורא אותן כמאן כר"ש דאמר יהושע כתבן ולא משה ולדברי מרדכי הא זה שיחיד קוראן הוא למעלתו ולא לגריעותו וא"כ איך תליא בזה שיהושע כתבן ע"ש ובאמת לא קשיא מידי כי הטעם שיש לאדם נכבד לקרותו הוא דידוע מה שכתוב פוסקים טעם דלמה כהן או אדם חשוב קורא ראשון ואחרון גם כן משובח משום דבזמן התלמוד הראשון מברך ברכה ראשונה ואחרון מברך אחרונה ואמצעים לא היו מברכים כלל ולכך מי שמברך יש להיות חשוב בקהל ואמרינן במס' סופרים (פי"ב ה"ו ע"ש) כל פ' שבתורה הראשון מברך לפניו אחרון לאחריו חוץ מח' פסוקים שבתורה שהקורא אותן מברך לפניהם ולאחריהם וא"כ מזו הטעם יש לאדם נכבד לקרותו להיותו מרבה בברכות אך הא גופא צריך טעם למה יברך לפניהם ולא יצא בברכה שבירך הכהן בריש זאת הברכה ולפי מה שכתוב ניחא דמשה לא כתבו וא"כ קודם וימת משה נשלם זאת הברכה וזהו מענין אחר שהוסיף יהושע ולכך תקנו ברכה מיוחדת לפניה ולאחריה וזהו דברי הגמרא כמאן אזלא הך דיחיד קורא אותן כר"ש דאמר יהושע כתבן וא"כ צריכים ברכה לפניהן כמ"ש במס' סופרים ולכך יש לאדם נכבד לקרותו אמנם באמת הך דמסכתא סופרים דברי הנ"ל הוא

ולכך על ח' פסוקים מברך לפניהן ולאחריהן דנודע כי מיתתו בעונותינו הרבים קשה לישראל יותר מן צ"ח קללות שבמשנה תורה כמבואר ברבה פ' תבא (א"ה שם לא מצאתי רק באיכ"ר פ"א לח) ע"ש וידוע כי מיתת כל תלמיד חכם וזקני הדור תלויה במיתת משה כי המה עצם מעצמו וכל תלמיד חכם בש"ס קרוי משה כנודע באומרם משה שפיר קאמר (שבת ק"א ביצה ל"ח סוכה לט חולין צג ועיין פרש"י שם) ואילו היה משה חי לא היה מת שום תלמיד חכם וזקן עם כמ"ש המפרשים וביחוד זקני הגאון במ"ע שלו ע"ש וא"כ זו הפרשה שנאמר בה מיתת משה היא יותר תוכחה מכל התוכחות הנזכרות בתורה כי אוי לנו במיתת אדון הנביאים איבדנו טובות רבות וכל מיתות צדיקים תלוי בה וכבר נאמר במס' סופרים (פי"ב ה"ג) שעל תוכחות מחויב לברך ראשון ואחרון כדי שלא יהיה כקץ בתוכחת ד' דכתיב מוסר ה' אל תמאס וא"כ מכ"ש תוכחת זו שהיא קשה מכולם המורה על מיתת צדיקים בכל דור ודור שיש לברך לפניה ואחריה ובזה יובן דדרשינן גם כל חלי וכל מכה אשר לא כתוב בספר התורה הזאת יעלם ה' עליך ודרשינן זו מיתת צדיקים והיינו כי מיתת צדיקים כלולה ונרמזת במיתת משה ומשה בספר תורה שלו שנא' לקוח ספר התורה הזה לא כתוב ביה וימת משה לדעת ר' שמעון רק יהושע הוסיף אחר כך וא"ש כל מכה אשר לא כתוב בספר תורה והיינו בספר תורה של משה לא היה כתוב וימת משה וזהו מיתת צדיקים אז כשתחטא יעלם ה' עליך

וראו כמה גדול הפסדו של העדר תלמיד חכם והעיקר לשום על לב לעורר בתשובה ולראות לחזק ידי תלמיד חכם אחרים ויתן ללבו לירא השם הנכבד והנורא כי הן במשמניו שולח רזון ומה נענה אנן ואל ילך עם ה' בקרי כאשר הארכתי בדרשות פעמים רבות שכל מה שקרה לאיש ישראלי הוא בהשגחה פרטית מכוון לגמול מעשיו וכפי הנהגתו יום ביומו כן ימצא במקרים המתחדשים לו ובדוק ומנוסה אם יתפלל אדם שחרית וקריאת שמע בכונה שבו ביום יזכה לדבר מצוה ויצליח בעסקיו ואף שלשעה יחשוב שאינו בסופו ימצא שכן הוא ואצ"ל שיצליח בו ביום בתורה ומצוה גוררת מצוה וכן להיפך אוי לי על שברי בעת שאיני מתפלל בכונה כראוי כל היום אין שמועתי בתורה מכוונת וקרעים אלביש ולהיפך אם אזעק ואשוע לה' מקירות לבבי בתפלה לחונני דעה כי דלותי עד מאוד בעונותינו הרבים אף הוא ירחם עלי להאיר עיני בתורתו:

ולכן עם נבון וחכם אל תאמרו הא דעדיף זה מחבירו לרוב שכלו ועוצם חכמתו ובינתו לא כן הוא שקר נחלתם רק מתת ה' הוא כאשר נוחיל טובו וחסדו הגדול ברב תפלה ותחנונים ואין לך דבר שמזכה לאדם להשיג ישרות התורה ולפענח מצפונים בדרכי יושר ואמת אלא להתפלל לה' בדמע שישוב וירחמהו כי אל שומע תפלה הוא וקרוב לכל קוראיו באמת ולכן הסירו מסוה עורון הנה ימים באים ימי חפץ ומט"ו באב ואילך הגיע זמן הוספה להוסיף אומץ בתורה ויראת ה' (תענית ל"א ב"ב קכ"א

ע"ב) חזקו ואמצו לבבכם בתורת ה' וראו כי אבדנו בעונותינו הרבים חזון וצופה אבדנו מקדש ה' ארון אורים ותומים מזבח מכפר כהנים מלכות ב"ד סנהדרין מעתיקי שמועה כהנה רבות ואין לנו שיור רק תורה זאת אשר באמת היא כלולה מכל הנ"ל והפרטים אבדנו בעונותינו הרבים אבל כלליות נשאר לנו וראוי לנו להשגיח בו ולסלסלו ולרוממו כאיש שמתו לו בנים בני מעלה ורוממות ולא נשאר לו בלתי בן יחיד הלא באהבתו ישגה תמיד מחיקו לא יזוז ומחדר משכבו לא ימוט כן יש לנו לעשות בתורת ה' כי זהו היתר הפלטה מאשר השאירו לנו אויבים והנה נבאר מה שכתוב (איכה רבה ה טז) משפסקה סנהדרין בטל השיר ונבאר הגמ' דקאמרו בסנהדרין (דף צד) דבקש ה' לעשות לחזקיה משיח וקטרגו הואיל שלא אמר שירה לפני ה' ופתחה הארץ אני אומר שירה כדכתיב מכנף ארץ זמירות שמענו תניא גנאי לחזקי' וסייעתו שלא אמרו שירה עד שפתחה ארץ לומר שירה ע"ש להבין הענין הזה למה ביקש הארץ לומר שירה במקום חזקי' וגם מה גנאי לחזקיה ולמה לא אמר שירה נראה לומר בשנקדים במה שכתוב (ישעיה נא ו) השמים כעשן נמלחו וארץ כבגד תבלה ופי' הזוהר (תיקו"ז תקון לא עו) כי שמים הם שמים דס"ם וארץ דלילית ולהבין הענין תדע ותשכיל הפסוק בירמיה (ירמיהו ח יא) עושה עושר ולא במשפט בחצי ימיו יעזבנו ובאחריתו יהי' נבל כסא כבוד מרום מראשון מקום מקדשנו ויש להבין מה ענין והמשך פסוקים זה לזה אבל דע כשתדע ענין כשוף עד שאמרו חז"ל (סנהדרין סז ע"ב חולין ה) שמכחישין פמליא של מעלה ומה הוא זה ודע כל ענינם הוא הכל לטובת עוה"ז והחמה היא תצמיח זהב כנודע לכל מחקרים כי הזהב משפעת החמה והחמה דרך משל מקבל שפע להשפיע לכל ארצות זהב לכל מדינה ומדינה כפי חוקות השמים והכל במדה ומשפט וקו המדה מכפי משטרו לו מנותן הצורות דרך משל יש בחמה שפעת זהב להשפיע בארץ אופיר שקורין עכשיו פיר"ו אלף ככר והודו מאות ככר וחינא מאות ככר וכן בשאר מדינות ומה עושים הם עושים צורות בשעוה או באבן מאגנעט ואגא"ט שיש לו כח מושך וכהנה לצורת השמים כפי המקובל בידם וחושבים זמן ומהלך החמה לכוין בשעה ידועה ומקטרים לחמה ושוטחים לפני צורה ההוא עשבים טובים וכהנה מדברים רבים ולוחשים גם כן לחישות רבות שהוא השבעות לחמה וקצתם מערבים לתוכו בתוך הלחש דבר הלל ושבח לחמה והגיעו עד שמוסיפים לקרוא אלוה וכדומה וזהו צריך חשבון ושקידה לדעת מהלך חמה על בוריה ומחזה שם לאורך ורוחב מדינה וכפי מהלך במזלות וגם קישור הכוכבים וטבעי ארץ ועשבים ומחצבים להקטיר ולהקריב קרבן ובזה יבא שפע מחמה למטה דרך צורה ההוא ומה שיהיה זהב בארצות רבות הוא רק בשדה וחפירתו וימצא זהב ככרים אלף בחפירה שלו והשפעת מדינות רבות נלקחים לו לשדהו וארצו וכן עושה בשאר דברים ובשאר כוכבים לקבל שפעתן בא"ט ואבן בדולח וגם השפעת הכוכב לתבואה ופירות בכישוף וזה

יעשה שיהיה הכל בשדהו וגנו ויהיה כל שפע בלי מספר ויגזלו משפט הראוי ליתן במדינות אחרות ולכך ע"י זה יהיה במדינות אחרות רזון וכן עושים שהשמש ושארי כוכבים מחלקים לכל אישי בני אדם כח וגבורה ונוי ואריכות ימים והם בכשופם חושבים להגיע להם כל גבורה הנחלק ע"פ הארץ להם לבדם ולכך היו גבורים אנשי שם בעלי ענקים והאריכו ימים והיו בעלי נוי כנודע בספורי קדמונים מאנשים וביחוד נשים שהיו מופלגים בנוי וכח ואריכת ימים עד שתארו להם תואר אלוה ימ"ש וזהו ענין כישוף אצלם ולכן בדור הזה שת"ל בטל ואין אתם יודע מפני מה לא נמצא ענק וגבור וכדומה מדורות ראשונים עד שרבים מחכמי אומות בזמנינו חושבים שכל הסופרים מדורות קדמונים מבני ענקים וגבורים כמו הערקולוס הגבור וכדומה כל וכל שוא ושקר ולהיות כי לא נמצא בזמנינו ממנו דבר והן אינם יודעים כי הכל היה בכישוף ולהט וברוך שהפיר עצת בדים וביערם מהעולם ולכך אמרו נשים הארורות לירמי' הנביא (ירמיה מד יח) ומאז חדלנו להקטיר למלאכת שמים ולהסיך נסכים חסרנו כל כי ע"י כישוף הנ"ל השיגו טובה המדומה עושר וכל דבר חפץ גשמי לבלי מעצור כלל וזהו שאמרו בגמרא דסנהדרין סוף פרק ד' מיתות (דף סח) וכו' דר"א אמר בכישוף דבר אחד ונתמלא כל השדה קשואין ואין זה אחיזת עינים כמבואר שם אבל כן הוא כי הכח שמשביע לכל השדות קשואים אמר הוא בכישוף ונתמלא כל שדה זו מקשואין דהיה ראוי לכל מדינה וכולם באו על שדה אחד וזהו תכלית מעשיהם אחד מוסיף וא' גורע ולכן קראו חכמינו ז"ל שמכחישים פמליא של מעלה אין כוונה בלשון כחש מגזרת כזב רק מגזרת דל ורזה שעושים כאן שפע רב ומכח זה במקום אחר הוא כחוש ורזה כי חומסים שפע של עולם אשר לא כדת ולא כטבעו של עולם אשר הוחק מטבע אשר יצר את העולם ולכך אסרו התורה ועיין ברמב"ן לתורה פרשת שופטים בפסוק לא תלמד לעשות דכתב גם כן דהתורה אסרתו שחפץ הבורא שינוח הדבר על טבעו ונימוסו כחוק אשר קבע אך דע כי את זה לעומת זה במקדש היה גם כן ששלמה נטע במקדש כל מיני אילן של זהב ועשו פירות זהב והיה ממנו פרנסות פרחי כהונה כמבואר ביומא (דף כ"א ול"ט) וכן נטע בירושלים כל מיני מגדים שבעולם והיא גם כן שהכיר שלמה מקום התפשטות השפע של זהב לכל מדינות הקרובים ורחוקים ונטע במקום ההוא בחכמה ידועה אילן והיה הארץ נושא פירות זהב כי מקום ההוא יניקות ועפרות זהב לו וכן כשהכיר בזה מקום הולך יניקה לארץ הודו לגדל פירות הודו נטע אילן במקום ההוא ויצא עץ עושה פרי ההוא ועל דרך זה עשה בכל ולכן במקדש הכהנים שעוסקים בקטורת מתעשרים (יומא כו) כי משם מקבלין שפע וכן היו מופלגים בכח ובנוי כדכתיב (איכה ד ב) בני ציון היקרים המסולאים בפז ויש לכאורה לתמוה ולמה מותר זה הלא גם זה שינוי מטבע עולם ונימוס ההוחק בעת בריאה אבל ההבדל כי בהמ"ק מרום מראשון קודם לגלגל

המזלות וגלגל המזלות מקבלים השפעתו מבהמ"ק וטפל אליו וכשהגיע השפע לגלגל המזלות אז הוחל הטבע כי מקור הטבע ותחלתו הוא המזל וא"כ כשהגיע הדבר למזל כבר הוחק הטבע ונימוס סדרי בראשית והמשנה במזל משנה נימוס ורצון אלוה וגם למזל וגלגל נותן קצוב ד"מ קצוב ד"מ שפע לאלפים ככרים זהב ואם הוא יקח לעצמו מאה ככר הרי גוזל חק שארי ארצות ועושה עול כפי נימוס הבורא וגזירות חכמתו לכל ארצות בפלס ומשקל משא"כ המקבלים דרך מקדש ודרך קודש יקרא לו הוא למעלה וקודם המזל ואף הוא קודם הטבע כי הוא קודם התחלות הנימוס והסדר וא"כ אין כאן שינוי רצון ונימוס ועוד במקדש מקור נאמן לא יכזב ואף אם ירבה ליקח כהנה וכהנה לאין תכלית ממש לא בשביל זה יומעט השפע מכל ארצות כפי חוקים הקצוב כי מבהמ"ק יושפע בברכת ה' אשר נתן לעמו לנחלה בברכה שאין לו קץ וזהו מאמר ירמיה כי הזהיר על טפשותם בכישוף ובעונותינו הרבים זה היה מהמרי בבית ראשון כנ"ל וידוע כי כל כונתו לעושר בהון ואבני חפץ וכדומה ואמר כי לבסוף לא יקום כנודע כי כל מה שהוא בשינוי טבע לבסוף לא יקום ואמר עושה עושר שלא במשפט בחצי ימיו יעזבנו כי ה' לא יניחו ויהיה באחריתו נבל ומורד בה' ולא תקשה הא גם במקדש וירושלים נעשה כן כנ"ל ועל זה אמר הנביא כסא כבוד מרום מראשון מקום מקדשינו כי מקדש הוא כסא כבוד ה' ששם השפעה והוא מרום מראשון דהיינו הגלגל ומזל שממנו מתחיל ראשית הגבול והזמן וא"כ בזה לא שייך שינוי נימוס עולם כנ"ל באריכות ואין ענין זה לכישוף וא"ש ונחזור להנ"ל כי מימות אנוש שהחלו לטעות ולעשות כוונים לכוכבי שמים נפתחו כוכבי שמים וכסיליהם לקולם ורב כשופם ולחישתם עד ששמעו בקולם ועשו כאשר זממו ומרדו פי מלך עליון ולכך הם פסילים וזוהר קראם אלילים כי הם שקלקלו ויצאו מקדושה לטומאה בעונותינו הרבים ולכך אמר כי שמים כעשן נמלחו דא שמים דס"ם כי הם נתקלקלו על ידי מעשה בני אדם והתמיד הענין ביותר בדור המבול בכשופם ולכך נאמר (בראשית ו ח) כי מלאה הארץ חמס ולערב כחות זנו למאוד כנודע בחכמת כישוף וחכמת מבטא הכל בתערובת המזגם יושפעו ביותר ולכך בלעם הקוסם נתן עצתו לזנות ונשאל לאתונו וכל חכמת התולד' לקדמונים הכל בנוי על מעשה זימה כאלו הכוכבים חשקו בבנות ארץ וכדומה מדבר כיעור וזימה ואמרו במדרש רבה (בראשית רבה פכ"ו ז) בני ענקים שהיו עונקים החמה הורד לנו גשמים והי' מוריד והיינו כמש"ל בכשופים ולכך כשהביא הקדוש ברוך הוא מבול גם כוכבי השמים וכסיליהם נענשו כי ידוע כי שלימות ואושר הכוכבים הוא בתנועתם כי על ידי כך מקבלים שפע מנותן הצורות אשר בגאותו רוכב שמים וזהו עבודתם במצוה ועומד מה' ובתנועתם יטב להם לקבל שפע ושלימות כאשר נבאר לקמן באריכות וכאשר יחדלו ויעמדו להתנועע ולסבב ימעט שפעם ושלמות מהותם וזהו להם ממש כמיתה ולכך הענישם ה' בזמן המבול שכל י"ב

חודש לא שמשו מזלות כלל והכל תלוים ועומדים ברפיון וכמעט ספו תמו לולי נפלאות השם לקיומם ולכך דור המבול שכל בטחונם היה במזלות והי' בדעתם לכשף שכל שפעת מים שהיה בגלגל להוריד לארץ שיזובו הכל במקום א' כמו שעושים עוד היום מכשפים שיש בידם קבלה מקדמונים מכשפים איזה לחש וכל כונתם לרוע כשיש עבים מלאים מים בלחש שלהם מוליכין אותו ליער מקום בלי זרוע ושם יקלחו המים לאיבוד ולרוב שכיח שהמלכיות הורג בהם וכן היה מחשבתם בזמן המבול לכשף שכל המים ירדו למקום א' והוא על נח וביתו שהיה מייסרם ומזרזם לעבודת השם וזהו מבואר במדרש (בראשית רבה פ"ל יז) שאמרו אי אתא מבול על ביתא דהאי גברא אתא והדבר מובן וה' הפיר מחשבתם כי לא שמשו מזלות כלל ואוהבם מרחוק עמדו וגם היה עונש גדול למזלות ולכך מן דור המבול ואילך אין כח במזלות לפעול כ"כ בכדור ארצי כמקדם לגדל בריות משונות וכדומה כי כבר פסק כחם והם חצים משוברים במה שעמדו שנה א' בלי תנועה וקבלת שפע אלהות והגעת משלימות בסבובם ותנועתם והנה לאחר מבול כאשר קמו דור הפלגה לא הונח להם בכשופים למטרי השמים כי אם הוסיפו והוא כמו שיש לכוכבי שמים מלאכים ושרים והם נקראים נפש הגלגל כמ"ש הרמב"ם (במדע והל' יסוה"ת פ"ג) וכנודע אף כי ארץ הכדורי וגשמי יש לו נפש והוא נקרא נפש ארץ והוא שר לארץ והוא נפשו ובכל מקום שתמצא אמרה ארץ הכונה לנפש ארץ ושר שלו שהוא קיומו וצורתו והוא שוכן במרכז הארץ כמשכן הנפש באדם בלב שהוא מרכזו וכן הוא במרכז הארץ ולכך קימו וקבלו כל טבעים ומחקרים כי אם תעשה נקב בכדור ארץ מכאן עד קצהו השנית מעבר לעבר ותשליך אבן בו יהיה האבן עומד קיים במרכז של הארץ והוא רוח מאת ה' יבוא ונקרא רוח אלהים וזהו שר העולם הנזכר על הרוב בדברי רז"ל וביחוד במה שאמר (חולין ס) כשהוציאו דשאים זרעים למיניהם פתח ואמר יהי כבוד ה' לעולם ישמח ה' במעשיו ונתחבטו המפרשים מי הוא שר עולם ע"ש והאמת הדבר כמ"ש ולזאת בדור הפלגה התחילו לכשף גם כן בלחושים ומעשים והקטרת לשר ארץ ההוא גם כן וזהו מעשה אוב וידעוני שהוא גם כן מין ממינו כישוף כמבואר בגמרא אבל יצא לדון בפ"ע כמבואר בסנהדרין (דף סז ע"ב) והיינו דאין ענינו כלל לכוכבי שמים רק הכל לשר הארץ ולכך כל ענינם במחילת ארץ וחפירת עמוקים כנודע מעסקם ומעשיהם ולכך נאמר (ישעיה כט ד) והיה כאוב מארץ קולך כי אוב מוציא קול מתחת ארץ והוא כי מכשף ומקטר לשר ארץ וזהו עיקר קלקול דור הפלגה ולכך עשו דבריהם בעמק שהוא יותר ראוי לכך היותו קרוב למרכז ארץ ואמרו (פסחים פז ע"ב) על בבל שעמוקה כשאול ולכך עסקו בעבודת אדמה חומר ולבנים כי הכל מענין ארץ והתחכמו לעשות קישור בין כוכבי שמים ושר ארץ שיהיה שניהם בקישור וזהו (בראשית י"א ד) נבנה לנו מגדל וראשו בשמים וחשבו כי בדור המבול היה קלקול במזלות

שלא יכלו לעזור להם כי שר של ארץ לא היה עמם בהתחברות וקישור ולכך תהומות ארץ נפתחו תיכף והמים גברו ועלו אבל כשיהיה אלו שרים בחיבור עליונים ותחתונים ומגדל שרצו לבנות ע"פ חכמת הקסם יהיה מחברן וא"כ יהיה קשה להפרידן ולנתק אגודתם ואם כי ה' הפיר עצתם מכל מקום מאז החל עבודת אדמה לטמא לשר ארץ גם כן ולהיות ארץ דלילית כמ"ש הזוהר כי גם שר ארץ נלכד בשחיתתם בכישוף ולכך גם ארץ כבגד תבלה כי הכל סר יחדיו אבל אברהם וזרעו להיותם רוצים ויודעים כי על ארץ יהיה כבוד ה' חופף בנתינת התורה ובנין בהמ"ק אשר משם יושפע לכל עולם וזהו שלימות עולם וראו כי ארץ יהי' נטמאה כ"כ לא יהי' מקום לחול שם רוח ה' וקדושת שכינתו ובפרט כי להיות כי כאשר כתבתי ששמים וארץ בגדו בה' ובנים זרים הם ביקש להעבירן רק ישראל בקיום התורה מתקנים הכל מחזירן לטוב בתקוני ארץ ומצות הנהוגים בארץ ובימי דוד כאשר כרה שיתין ביקש תהום שהוא שר של ארץ לעשות ולשטוף מקום ביהמ"ק וזהו הכונה בגמרא (סוכה נג מכות יא) ביקש לשטוף עלמא שזהו תכלית העולם כלו כי כונתו לרוע אבל דוד הניח שם שם וירד ונזדעזע ובזו הפכו לטוב ובמזמורי שיר המעלות וכן השמים מתקנים בקביעות חדשים וחשבון תקופות מב"ד הגדול אמיתית בירושלים אשר שם שכינת קדשו עמם ומסכים למעשיהם של ב"ד ולכך אמרו (שבת פ"ח ע"ז ג) תנאי התנה הקדוש ברוך הוא ואם יקבלו ישראל תורה מוטב ואם לאו יבטלו שמים וארץ לרוע קלקולם ולכך דרשו (שם) משמים השמעת דין ארץ יראה ושקטה וכו' ולכן אברהם יצחק יעקב חתרו לתקן הארץ ולטהר חלאתו כדי שיהיו ראוים לחול שכינת ה' בתורה ובהמ"ק אשר זהו שלמות היצירה ולכך אברהם היה במעמד דור הפלגה ומיחה במעשיהם כנודע במדרש וכמ"ש הרמב"ם הרבה מזה ולזאת תפשהו והיה חבוש תחת ארץ במחילה מקום לא ראה אור כי הואיל והתחכמו כי מזלו רם חשבו כאשר יתפשו אותו במקום שלא יחול שם כל אור הכוכבים ושמש והי' כח ביד שר ארץ ללכדו והוא בתקונו שם וביחודו תיקן שר הארץ כמעט וגם אחר כך בהלכו מארץ לארץ לאורך ורוחב ויקרא בשם ה' ופרסם אלהותו ובנה כל מקום מזבח לה' בזו תיקן שר הארץ ולכך אמר (בראשית יח כז) ואנכי עפר ואפר כי כל תיקונו 'היה לתקן הארץ וכן ישראל במצרים בגלותם ועושים חומר ולבנים הי' גם כן לתקן השר וכמה נפשות ישראל שנשקע בבנין תחת ארץ היה לתקון השר ובאמת נתקן כי הקדוש ברוך הוא ירד לארץ ונתן שם תורתו ולכך היה זה אות לישראל במצרים כי כבר הגיע עת התורה לצאת כאמרם שינתן תורה בארץ וכמאמרו למשה (שמות ג יב) וזה לך האות בהוציאך ממצרים תעבדון אלהים על ההר הזה ולכך צוה ה' ביו"ד דברות לעשות מזבח אדמה לתקן השר והיה הכל בטוב אבל בבית ראשון קלקלו התקונים כי החלו לעשות כמעשה מבול ודור הפלגה בכשופים לשמים וארץ באוב וידעוני ולכך אמר ה' שלעתיד כולם יאבדו

והנה זכות אבות מגין על ארץ כמ"ש כי אבות תקנו ארץ ולכך נאמר (ויקרא כו מב) וזכרתי את בריתי יעקב וכו' והארץ אזכור הרי זכות אבות מגין על הארץ וא"כ כל זמן שזכות אבות קיים אין לארץ מגור שתבלה כבגד כי זכות אבות מגין אבל כאשר יפסוק זכות אבות אז גם הארץ בכלל הסכנה להכלות כמו שמים ואמרינן בגמרא (שבת נה) עד היכן זכות אבות עד ימי חזקיהו ואז תמה זכות אבות וא"כ אילו היה ימי התיקון וביאת משיח קודם שעברו ימי חזקיה לא היה מגיע לארץ כליון כי עדיין היה זכות אבות מגין כדכתיב והארץ אזכור כנ"ל ואחר כך בביאת משיח נתקן הכל בקרבנות ועבודת ה' ויהיה רוח טומאה סר מארץ וא"כ היה לארץ תקומה אבל בעונותינו הרבים כאשר עברו ימי חזקיה ולא בא משיח ותמו זכות אבותאם כן חטא אדם הראשון במקומו וא"כ ארץ כבגד תבלה וזה ענין הגמרא (סנהדרין צה) ביקש הקדוש ברוך הוא לעשות לחזקיה משיח ואילו היה כן לא קרה לארץ ביטול אבל בשביל שלא אמר שירה לא נעשה והארץ הרגישה ההעדר שלא נעשה משיח ולכך פתחה הארץ אני אהיה אומר שירה כדי שיהיה לה קיום ולכך אמר (ישעיה כד טז) מכנף ארץ ולא מפה ארץ דהכי דייק בגמרא בסנהדרין פ' דיני ממונות (דף לג ע"ב) ע"ש כי השר אמר שירה והוא שוכן במרכז ארץ והוא כנף קצה ארץ כי כל דבר כדורי המרכז הוא תכלית המרחק ולכך נאמר מכנף ארץ וזהו ענין משה שאמר האזינו השמים ותשמע הארץ כי האזנה הוא דבר עיקרי ושמיעה הוא דבר מקרי אגב אורחא משמע כמ"ש כל מפרשים כי בזמן משה היה קיום תורה מישראל יותר נוגע לשמים מהארץ כי עדיין זכות אבות היה קיים אבל ישעיה אמר בימי חזקיה כמו שאמר בימי וכו' חזקיה למלכי יהודה ואז כבר תמה זכות אבות וא"כ הדבר נוגע לארץ שגם הארץ תענש בביטול ישראל התורה ולכך נתן גם האזנה לארץ כמו משה שנתן לשמים ויובן גם כן עפ"י דאמרינן במדרש (ילק"ש ח"ב רמז תק"ו) דלע"ל יאמר הקדוש ברוך הוא הנני מעבירם שנא' שמים כעשן נמלחו וארץ כבגד וכו' ויש להבין למה צריך להעביר שניהם יעביר אחד ויהיה נשאר עד אחד אמנם כביכול הקדוש ברוך הוא עד רק לרב חמלתו אינו רק כמו עד אחד ואם כן אם ישאר עד אחד הרי כאן שני עדים רק קשה הא אין הקדוש ברוך הוא עד כמאמר הגמרא בע"ז (דף ג) כלום יש אב שמעיד על בנו אך זהו אם אנו מקבלים אותו לאב אבל כשאנו מורדים בו מבלי שמוע בקולו כדכתיב (מלאכי א ו) ואם אב אני איה כבודי אם כן יכול להעיד וזהו מאמר ישעיה (ישעיה א ב) שמעו שמים והאזיני ארץ כי שניכם בכלל סכנה בעזבם מצות ה' כי לע"ל מחמת קלקולם תהיו נבערים מהעולם רק קשה למה שנים ועל זה אמר כי ה' דבר ואם כן יש כאן ע"א ואחד מכם מצטרף לשנים ולכך שניכם תתבטלו רק קשה כלום יש אב וכו' ולזה אמר בנים גדלתי ורוממתי והם פשעו בי לא קבלוני לאב והרי כאן עדות מזה כל שומע ילמד כמה רב מעשה בני אדם הישראלי בארץ לתקון שמים וארץ והכל תלוי במעשה

ישראל ומה היה העון מאבותינו וכי לא לחנם נטו אחרי הבצע ובעונותינו הרבים עכשיו בטל זה מהעולם ומכל מקום רוב המוני עם ישימו זהב כסלם וימאסו בארץ חמדה היא התורה והמצות וירגנו באהלם לשבת בבתי כנסיות של עמי הארץ ודברי שטות ושיחה בטילה עם נשים אשר לא ינקה רע בהסתכלות והרהור אוי לנו מה נאמר ומה נדבר ראשונים שעברו היה לגודל חכמתם בחכמות וגם יצר הרע דעכו"ם הוא ענין כשפים הנ"ל גבר עליהם אבל עכשיו איך נבלה זמן בשטות דברים בטלים ושיחה של עבירה המטמאים שמים וארץ כמש"ל וישוב לישוב הנ"ל למה נמנע חזקיה לומר שירה ולמה פתחה הארץ לומר שירה ומה ענין שירה נקדים לומר בענין המופת שנתן לחזקיה (מלכים ב כ יא) שיסוב הצל עשר מעלות לאחוריו וקימו וקבלו חז"ל כי השמש הלך לאחור עשר מעלות ולכך גם הצל הלך אחורנית עשר מעלות כמבואר בגמרא (סנהדרין צו) ומדרש בכמה דוכתי אך הרלב"ג וסייעתו כת המתפלספים בשטותם חשבו כי לא היה הדבר בשמש רק בצל ועשו המופת ההוא כאחיזת עינים וכבר דיבר עליהם הרי"א ברוחב חכמתו ולשונו הטהור דברים הראוים לדבר על אנשים כאלה אשר נטו אחרי ההבל דברי פילוסוף היוני אבל העיקר הקושיא מרלב"ג דכתיב (דה"ב לב לא) לדרוש את המופתים אשר היה בארץ ואילו היה השמש חוזר לאחוריו הרי היה מופת בשמים ולא בארץ ומהו המופת אשר היה בארץ לא תירצו המפרשים ישוב נכון ומתקבל כראוי

ועתה דע לך והבן כי כל פילוסופים קדמונים הסכימו כי תנועת הכוכבים כולם בסיבובם היא לקנות שלימות והיא עבודת ה' להם כמו שיש לנו עבודה בעשות מצות ה' לקנות שלימות לנפשנו כן הם קונים שלימות בנפשם השכלית בתנועותם וסבובם הילך והילך ולכך אמר ישעיה (ישעיהו מ כה) שאו מרום עיניכם וראו מי ברא אלה המוציא במספר צבאם לכלם בשם יקרא מרוב אונים ואמיץ כח איש לא נעדר הרצון שיראו איך כולם כפי אשר פקד ה' עליהם למהר תנועתם בחפזון לסבב יום יום כל כדור ארצי והוא אחד מגבורות ה' כמו שתמהו כל תוכנים שברגע אחד יסבב החמה שהוא ק"ע פעמים ככדור ארצי אלף פרסאות לפחות ועבור זה נתטפשו הרבה מתוכני' קופרניקוס וסייעתו באומרם שהארץ מסבב אבל שקר נחלו והאמת עד לעצמו כי הארץ לעולם עומדת והם מסבבים בכח השם שהוחק בהם ורצים לקבל שלמותן ואין אחד מעכב במרוצתו כדי שישיג שלמותו ואם כן איך לא נלמד אנחנו להיות רצים לעבודת ה' לקבל שלמותו ולהשיג שפעת ה' וזהו אמרו של ישעיה אחר כך למה תאמר יעקב ותדבר ישראל נסתרה דרכי מה' וכו' וזהו שכל טעם התנועה היא להשיג שלימות כי הם בעלי נפש ושכל נסתרה קושית קופערניקוס וסייעתו שהקשו איך השמש וכל כוכבי שמים ירוצו כדי להאיר הכדור הארצי החומרי והקטן ואינו כי מרוצתם לקנות שלימות נפשם ושפעת אלוה כי זוהיא מצותם ועבודתם ובאמת הנוצרים אחרונים חושבים שאין כל

כוכבים בעלי מדע ונפש כלל ואין להם נפש שכלי המנהיג אותם רק המה כדורים מקשים חומרים כמו כדור ארצי וכפי אשר שם בם הטבע היוצר בראשית לילך להתנענע סביב סביב תמיד הם מתמידים בטבעם ולזאת רצו לשחוק על מה שקבעו חז"ל (סנהדרין מב) בקדוש לבנה ששים ושמחים לעשות רצון קונם אבל עמדתי עמם בויכוח במקהלות רבים מחכמיהם ותודה לאל כי נצחתים כי שאלתים אם כן הוא מה הוא ענין כישוף להוריד שפע מכוכב ע"י צורות ולחשים והקטרות כיון שהם אבנים דוממים ואין בהם תבונה וכלי שעה העשוי להתנענע היועיל כל הלחישה והקטרות שלא ילך במרוצה או במתינות ובררתי להם מכל ספריהם שכך היה ענין כישוף להוריד שפע כנ"ל ואם הם חומרים מה יועיל כישוף וע"כ יודו או שהם בעצמם משכילים או שבעלי נפש משכילים מנהיגים הכוכבים ועפ"ז יצאו ויבואו וזהו מה שרצינו לומר או שהם בעצמם שכלים או שבעלי שכלים מנהיגים אותם אבל לפי הנחת פלסופי והגיון כל מה שיכולים למעט ביצורים אין לנו להרבות בלי הכרחאם כן כיון שאנו צ"ל בע"כ שיש כאן להנהגה נפש שכלי למה נוסיף אותו ולומר שיש לכוכב מנהיג נימא שהוא גופא בעל שכל ומדע וכן נאות לבורא אשר הוא החכמה עצמה שלא יברא כדור עכור מקשי כזה ק"ע פעמים ככדור ארצי בלי שכל ותבונה וחומר בעלמא ויותר טוב שהוא משכיל ויפה קבעו חז"ל ששים ושמחים לרצון קונם והודו כלם לדברי תודה לאל וכן הסכימו להדפיסו בפראג וכל לשון אשר קם נגדי למשפט בפילוסופי הרשיעו ולכך אמר שמואל (ברכות נח ע"ב) נהירא לי כל שבילי דרקיע בר מכוכבי דשביט הוא "קאמעט" שנראה בחורף העבר ובלי ספק שידע מהותו כמו שיודעים כל המון תוכנים בזמן הזה שהוא ממותרות הפסולת כוכבים וחמימות ואידים והקטורים העולים מן הארץ שמתקבצים אבל מה שלא ידע שמואל הוא על סבובו הכדור ארצי כתנועת יומית כמו שהעידו כולם וכמו שהחוש מעיד על זה תמה שמואל מה הוא ענין סבובי ותנועה יומית כי בשלמא הכוכבים הם בעלי מדע וקונים שלימות בתנועותם יום יום הכדור ארצי קיום העולם משא"כ כוכב דשביט שהוא קיבוץ פסולת החומרי בלי דעת כלל למה יסובב בתנועתו יום יום הכדור ארצי כתנועת הגלגל היומי בלי הבדל וגם שיהיה בו טבע הבורא כי איך יוחק הטבע בדבר שאינו במציאות והוא מקרי בעלמא לבד ונמצא רק בזמן מהזמנים ולכך התפלא בו שמואל ובמקום אחר הארכתי בזה למאוד כפי קט שכלי במקצת ואין כאן מקומו רק להודיע כח חז"ל שהיה ידם שלמה בכל מדע וחכמה ודעת קדושים ואם יקח איש מוסר מכוכבי שמים כמה יהיה זריז וחרד בדבר ה' ואולי גם לטעם זה כתב האר"י ז"ל בשעת תפלה להביט בעד החלון לפרקים נגד השמים כי זהו מורה ומעורר יראה וחשק לעשות רצון ה' בכל עוז אמנם התוכנים ופילוסופים הקשו דא"כ כפי התנועה כן תרבה השלימות וא"כ כל כוכבים יש להם שני תנועות כפי הסכמות כל חכמי תכונה וכמ"ש

הרמב"ם וכן המהרש"א הביאו כמה פעמים (עי' בסנהדרין צד ע"ב ד"ה שוקעת) כי בתנועה יומית מסבבים כל יום ממזרח למערב כאשר עין ראתה ותעידה שהחמה זורחת במזרח ושוקעת במערב וסובבת תחת כפות רגליו בצד השני כל הלילה עד בוקר אור חוזרת וזורחת במזרח ושוקעת במערב וזו תנועה יומית והיא תנועה הכרחית כי הגלגל היומי מסבב אותן כל יום תנועה אחת סביב לכדור ארצי במעת לעת אמנם תנועה שניה יש לכוכבים בפ"ע והוא ממערב למזרח וזהו לאו כל הכוכבים שוים הלבנה הולכת במהירות ומסבבת העולם עד שבכ"ז ימים מסבבת עולם החמה בשס"ה ימים שאר כוכבים ביותר זמן עד שגלגל השמיני הוא המזלות מצינו בכל ע' שנה מעלה אחת בעלמא ובזה נתקשו אם כן שסביבות ותנועות העולם מוליד שלימות הלבנה שהיא מסבבת י"ב פעמים בשנה יהיה בה יותר שלימות מהחמה וכן החמה יותר מכוכבים שגבוהים ממנה וכן כולם יותר מגלגל י"ב מזלות להיותם מסבבים העולם בכ"ה אלפים שנה וזהו נגד המוסכם ומושכל כי כל שיותר הכוכב גבוה יותר שלם במושכלות ושלימות בכל אופן ואם נאמר שהשלימות הנקנית בתנועה אינה בתנועה זו רק בתנועה ההולכים כולם יום ביום ע"י תנועת גלגל יומי ואם כן כל הכוכבים שוים זה כזה ויקשה אם כן תנועה זו הפכיית שהלכו ממערב למזרח מה טיבה ומה טעם יש לתנועה זו כיון שאין בה לקנין שלימות כלל והנחה זו קיימת שכל התנועה לקנין שלימות והשגות השפעת אלהות ונבוכו בתנועה זו ובכל הנ"ל חכמים רבים ודברו בה סברות דקות רחוקות מהסברא אבל חכמים אלו לא ידעו מאור תורת אלהינו ולכך נפלו במבוכת השאלות ושמעו בני ודעו בענין תנועה זו בעצם שיש כאן שתי תנועות הפכיות בכוכב אחת ממערב למזרח ואחת ממזרח למערב גם כן נבוכו כל בעלי תכונות איך אפשרי שיש כוכב אחד ובפעם אחד שתי תנועות הפכיות וכל מה שדברו בו קשה הבנה אבל האמת מה שאמרו בפסחים (דף צד ע"ב) חכמי ישראל אומרים כוכב הוא חוזר וגלגל קבוע וחכמי אומות העולם אומרים גלגל חוזר וכוכב קבוע והודו חכמי ישראל לחכמי אומות העולם וכעת רבו גוים בעלי בעלי תכונה שאמרו שלא כדין עשו חכמי ישראל בחזרתם והחכם הכולל יוסף שלמה רופא מקנדיאה בספרו גבורת השם כתב שאלו דבריהם בנויה על קבלה מפי נביאים ואיך יחזרו להוראת הגוים שבנויה הכל על פי מושכל וסברא שיש בה מהטעות וכזב ואני אומר ברוך שבחר בהם ובמשנתם כי אילו רצו לחזור מדבריהם חדא למה הוזכרו דבריהם לבטלה והסלקא דעתך למה לי דקתני ועוד הוי ליה למימר וחזרו מדבריהם ולא והודו אבל דעו כי שניהם אמת כי הכוכב בתוך הגלגל והגלגלים חוזרים מעת לעת כל כדור ארצי ע"פ גלגל יומי והכוכב שהוא בתוך הגלגל מקיף עמו ממילא ממזרח למערב כל העולם מעת לעת אבל הכוכב בעצמו חוזר בתוך הגלגל שהוא קבוע בו תנועה עצמית ממערב למזרח וסובב והולך בתנועתו הלבנה כ"ז

ימים כל עולם והחמה שס"ה ימים וכן שאר כוכבים וא"כ יתכנו ב' תנועות כי תנועת הגלגל הוא יומי ותנועת הכוכב בגלגולו הוא כפי שאמרו לכל כוכב לחמה שס"ה וכדומה ובזה יתכנו דברי חכמי ישראל ודברי אומות העולם כי הן דברו בכוכב בתנועתו והן דברו בתנועה יומית יום ביומו ובזה הגלגל חוזר ולא הכוכב ולכך אמרו והודו חכמי ישראל לאומות העולם ולא אמרו וחזרו כי הודו מלשון הודיה ושבח כמו הודו לה' כי טוב וזהו שהודו שדברו בבחינה אחת אמת ואין בה מהטעות וכזב כי בבחינה אחת אמת בשפתם ואחר שבררנו זה נשוב ליישב ולהודיע טעם לשני תנועות הפוכות וכל מה ששאלנו לעיל ודע כי בגמרא אמרו (עיין ב"ב כה סנהדרין צא ע"ב) זורחת במזרח ושוקעת במערב שנאמר וצבא השמים לך משתחוים ועיין במהרש"א שהקשה מתנועה הפכיית דהא החמה וכל כוכבים בעצמם הולכים גם כן ממערב למזרח אבל דע כי מה שכתוב ששלימות הכוכבים בסיבוב התנועה היא בשביל כך כי השכינה במערב כדאמרינן (ב"ב כ"ב) כדי להשתחות לשכינה במערב והיינו ודאי ששכינה בכל מקום אבל במערב אורה מבהיק ומשפיע ולכך הגלגל נוטל הכוכב ממזרח ומוליכו למערב ששם משתחוה לשכינה ומקבל שפע משכינה כי השתחויה עבודה למעלה לקבל שפע ושם נדבק באור שפע השכינה ומקבל שלמות ואם כן זו היא שלימות של הכוכב לא הסיבוב בעלמא כמו שחשבו תוכנים גרם שלימות כי מה שלימות יש בתנועה זו רק שלמות שמתקרב למקום גילוי שפע שכינה ושם מקבל שפע וכשהוא במערב אי אפשר להמתין שם זמן מה כי לא יוכל לסבול רוב שפע משכינה ואפי' מלאכים אינם יכולים לקבל השפע רק במעט רגע ואחר כך חוזרים חלילה ולכך כתיב (יחזקאל א יד) והחיות רצוא ושוב שאינם יכולים לקבל שפע שכינה בדיבוק זמן מה רק רצות למעלה ומקבלות שפע ותיכף שוב למטה למקומן וכן תמיד וכן הגלגלים אי אפשר לנוח שם רק חוזרים והולכים משם וחוזרים וסובבים תמיד לנוכח מערב לקבל שפע וחוזרים וסובבים ולכן לא תנוח תנועתם והיא שלימותם בהשגת השפע בצד מערב אבל דע כשהגלגל מוליך הכוכב ממזרח למערב נוכח פני השם לקבל השפעות הכוכב ההוא נחרד ונרתע מפחד ה' והדר גאונו והולך לאחוריו ליראת אש ה' והגלגל מוליכו בע"כ שמה לקבל השפעתו אבל הוא הכוכב הולך הכל לאחוריו מחמת פחד ודרך משל אם מוליכים אדם בעגלה נוכח פני המלך האדם שהוא בעגלה נחרד מפני המלך והוא עומד בראש עגלה הוא הולך אחוריו עד סוף עגלה ובכל זאת העגלה מוליכו בע"כ לפני המלך כי אין הליכתו כל כך נחוצה לאחוריו כמו שמוליכו העגלה במהירות לפני המלך וכן הדבר ממש בכוכבים הנ"ל וזהו סיבת שתי תנועות תנועת הגלגל ותנועת הכוכבים ודע והבן כי כפי יותר ערך הכוכבים כן יותר קטן הפחד שיש לו להתדבק בשפעת השכינה ויותר קטן שהוא הכוכב יותר פחד יש לו וזה פשוט ומזה תבין הירח שהוא קטן במעלתו יש לו יותר פחד ולכך הוא

לרוב פחד רץ בכל יום לבל יתקרב לשכינה תנועה אחורנית ממערב למזרח להתרחק משכינה ט"ו מעלות לערך אבל החמה שהיא בערך חשוב אין לה כ"כ פחד ולכך אינה נזורת לאחור רק כל יום מעלה אחת וכן כוכבים שלמעלה שהם יותר יקרים בערך אינם נזורים מפחד קרבת שפעת שכינה כי אם דבר מועט ליום עד שגלגל המזלות לרוב יקרתם אינם זזים לאחור מפחד שכינה כי ערכם רב וראוי לדביקות רק לע' שנה מעלה אחת וא"ש כל תנועות הפכיות וטעם לכל הדברים בלי קושיא כלל ותודה לאל ראו דבר חדש מה שלא השיגו כל בעלי תכונה ולדעתי ראוים הם לאומרן ובביאורי על חכמת עיבור וקידוש חודש הארכתי בו ובררתי הכל אשר בו יתיישבו כל ספיקות התוכנים ואין כאן מקומו:

ומזה נבין ענין ששבה החמה לאחוריה בימי חזקיה עשר מעלות והוא כי וודאי אימת יש לחמה כח להקיף ולהגיע למערב ולהתדבק בשפעת אלוה ולהיות הולך וסובב כשהשכינה קצת בהסתר ובסוד צמצום שכינתו כביכול אבל אם תתגלה שכינת עוזו ברוב גילוי אי אפשר לחמה לסבב ולהלוך לצד מערב ומכ"ש הלבנה כי יאכלנה אש הגדולה ומי יקרב אל הקודש ולכך לעתיד כשיהיה גילוי שכינה לא יהיה כח ביד חמה ולבנה לסבב כנ"ל ולכך נאמר (ישעיה כד כג) וחפרה הלבנה ובושה החמה כי מלך ה' צבאות ומעין גילוי שכינה זו היה בימי חזקיה כי אז החלו ימי משיח לולי שחטא כנ"ל והתחיל אור השכינה להיות מבהיק ומאיר יותר בגלוי ואם כן כשהחמה הגיעה לצד מערב והרגישה אור גדול של שכינה ושמש ה' מהר חזרה לאחור לבל תכוה באש ה' ויהיה לה כליון כשאר שרפי מעלה שמתקרבין אל הקודש ואש אוכלתן כמבואר בפייט ובכל דוכתי ולכך שבה לאחוריה כפי ששיערה בעצמה שתוכל לסבול וחזרה לאחוריה יו"ד מעלות ולפירש"י היה כמו עשר שעות ע"ש וזהו היה ענין נס דחזקיה רק השפעת שכינה צריכה להיות רק אם הוא צדיק גמור הוא אפי' בחוץ לארץ אבל מי שאינו צדיק גמור הוא דווקא בארץ ישראל כי הארץ גורמת השפעת שכינת קדשו ולכך כתוב לדרוש המופת שהיה בארץ כי שפטו שקדושת ארץ גורמת השפעת שכינה ולכך נזורה החמה לאחור וכן חזקיה בעצמו לא תלה שהוא כדאי לגילוי שכינה רק מקדושת ארץ ישראל ולכך מיאן הוא לומר שירה רק הארץ כי בסיבתה וקדושתה קרה זה ולכך פתחה הארץ לומר שירה וזהו מאמרם (סנהדרין צד) גנאי לחזקיה וסייעתו שלא אמרו שירה עד שפתחה הארץ והיינו שחושבים שאינם כדאים לגילוי שכינה כי אם בזכות ארץ ישראל וזהו גנאי להם למיעוט ערכם ובזה תובן הקושיא שיש במה שדרשו (מועד קטן כה ע"ב) ובא שמש בצהרים זהו יומו של יאשיה המלך וגבי מיתת אחז פירש"י נמי ששקעה השמש שלא בעונתה ונתקצר היום עשר שעות וא"כ מקרה אחד לעובר ואינו עובר חס ושלום אמנם ידוע כי כל תנועת הגלגלים המה בקול ושיר כדדרשינן במדרש (ילק"ש ח"ב רמז כב) שאמר יהושע לחמה דום שכשהיא הולכת

אומרת שירה ואמרה מי יאמר שירה במקומי אמר יהושע אני אומר והיינו כי ע"י שירה יכולים להתדבק בשפעת שכינה ועל ידי כך יכולת בידם לקבל שפע וכל כוחות רוחנים אפילו הממונים על עופות מחצבים ודוממים אין להם יכולת לקבל שפע ולהשפיע כי אם בשירה וזהו פרק שירה של כל עופות וכדומה וכ"כ האר"י ז"ל ובעל חסד לאברהם להדיא וכאשר יחדלו לומר אין להם יכולת להתדבק כ"כ וזהו קול של תנועת גלגלים אפילו חכמי יונים מודים עד שאמרו בשם פיטאגראס שאמר בהיות אויר צלול והארץ שקטה מהומים שומע קול תנועת הגלגל אבל עכ"פ הכל תלוי בשירה וידוע במות ואיבוד רשעים רינה לעומת זה במות צדיק ח"ו לשורר לפני ה' (ישעיה כב יב) ויקרא ה' צבאות לבכי וקשה סילוקן יותר מחורבן בית המקדש (ילק"ש ה"ב רמז תל"ו) וכן באיבוד רשעים מוסיפים כח בפמליא של ה' ולהיפך במות צדיקים מתישים כחו ולכך במות אחז שהיתה החמה יכולה לשורר בכפליים על אבוד רשעים והיתה מוספת כח אם כן כחה עז לרוץ מהר לצד מערב להשתחוות נוכח פני ה' ולכך רצתה מהר בגלגלה וכן כל כוכבים עד שנתקצר היום לרוב מרוצת הגלגלים אבל בהריגת יאשיה היה להיפך כי בהריגתו לא היה סיפק ביד השמש לומר שירה וגם תש כחה לכך כשהיא היתה באמצע היום כשנהרג לא היתה יכולה לזוז ולילך לצד מערב כי תש כחה להתקרב לשכינה וגם אין בידה לשיר באבל הזה ואנה תלך להתדבק בשכינה בלי שירה ולכך נשארה

עומדת נסתרה בנרתיק שלה שיש לחמה נרתיק מסתתרת בו והוא עובר גלגל שלו וזהו בא שמש בצהרים שעומדת באמצע רקיע בלי נטיה ואפשר לומר עוד סמוכים לזה דבפרק חלק (דף צא ע"ב) פרכינן למה שוקעת במערב ליתן שלום לקונה ותיתי באמצע רקיע ומשני הגמרא משום פועלים ומשום עוברי דרכים ומדנקט תרווייהו ש"מ דמשום חד לא הוי שוקעת במערב וא"כ בתלמיד חכם שמת הכל בטלים מן מלאכה בלאו הכי ואם כן לא שייך משום פועלים ולכך בא שמש בצהרים וזהו מאמר ירמיה איכה יועם זהב (איכה ד א) כי נודע וכמ"ש מהרש"א כי זהב מכח חמה ואמר איכה כהה הזהב ונשתנה מראה של כתם הטוב ואמר שהיה בעבור שנהרג יאשיה כמאמרם אבני קודש תשתפכנה בראש כל חוצות ודרשו חז"ל על דמו של יאשיה ואם כן בא השמש בצהרים ופסק כח של חמה ולא היה כח לגמור הזהב והכתם על תכליתו ובצבעו ולכך יועם הזהב ונשנה כתם כי בעונותינו הרבים ע"י סיבה מקרית זהב מלא סיגים כי לא נזדכך כראוי ע"י חמה ונשוב להנ"ל ע"י חזרת חמה בימי חזקיה נתמעטה שירה של מקום מהחמה ואם כן היה ראוי על חזקיה לומר תמורת החמה שירה כמו שעשה יהושע וכמש"ל והוא לא אמר שירה ולכך נענש ובזה יובנו דברי הגמרא שם בסנהדרין (דף צד) שאמר על הך דחזקיה כיוצא בו ויאמר יתרו ברוך ה' אשר הציל וכו' (שמות יח י) תנא גנאי למשה וסייעתו שלא אמרו ברוך עד שבא יתרו ואמר ברוך יש להבין מה ענין כיוצא בו

להנ"ל ומה בא ללמדנו בזה אבל הענין כך דהא בים (מגילה י סנהדרין לט ע"ב) ביקשו מלאכי השרת לומר שירה ולא הניהן הקדוש ברוך הוא כדכתיב ולא קרב זה אל זה כל הלילה הרי דלילה ההוא לא אמרו שירה ומבואר במדרש ילקוט ישעיה וירמיה ביום אומרים קדוש ובלילה ברוך ואם כן הם שלא אמרו שירה בלילה מיעטו לומר ברוך אם כן היה ראוי למשה וסייעתו שנעשה הנם בעבורם לומר ברוך תמורת מלאכי השרת וזהו כיוצא בו כמו שהיה מוטל על חזקיה לומר שירה תמורת השירה שלא אמרה החמה כן גנאי למשה וסייעתו שהיה להם לומר ברוך כנ"ל עד שבא יתרו ואמרה וא"ש ודוק מכל הנ"ל נלמד גודל שלימות התדבקות בה' וזהו אלינו בני ישראל נאמר בקרא ואתם הדבקים בה' ואם כן עלינו להזהר מבלי נכוה באשו הגדולה ולכך חובה עלינו להתפלל ולקרוא קריאת שמע בכוונה שהיא שירה שלנו ואם אומרים אותם בכוונה בודאי נוסיף כח להתדבק בשפעת אלוה בניי אחיי צאו וראו כמה פחד יש לכוכבי מעלה בגשתם אל הקודש לבוא במערב לקבל שלימותן בהשפעתן ואיך לא נהיה חרדים זעים וחלים בבואנו לבית הכנסת מקום רנה ותפלה וכן בבית המדרש מקום תורה אשר שם שכינת קדשו ואין לה' בעולמו אלא תורה ותפלה ואנחנו באים להתדבק בו ומטובו חיינו איך לא נגור ונפחד בצירים ובהלה באימה וביראה ולא יהיה קלות ראש בבית הכנסת בשיחה בטילה דברי צחוק והיתול וקורות הזמן הלא בעונותינו הרבים מערת פריצים היה לנו בית זה בו ישיחו כל ענייני משא ומתן בו ידברו איש ברעהו ואשה ברעותה אין נעדר משיחה בטילה שחוק וקלות ראש עד שענין תפילה בטל במיעוטו וברוב דברים לא יחדל פשע ופתי הקריבהו נא לפחתך מושל ארץ אם בעומדך לפניו תוכל לדבר בדברים כאלה הלא תשים סכין בלועך ולמה תפרצו פרץ בבית הכנסת אשר הוא לנו למקדש ישתבח יוצר אדם אשר שם לו מימינו ומשמאלו מלפניו ואחריו דברים ללמוד ממנו אורחות יושר הן מן שמים ממעל והן מכל צפור כנף אשר יתנהגו באימה בדרך ארץ כמאמר איוב (לה יא) מלפנו מבהמות ארץ וכו' אוי לנו מה נענה ליום הדין וחשבון אשר בעונותינו הרבים כל שערי תירוצים ננעלו גשו אלי אחינו בני ישראל הסירו מכשול עבדו את ה' ביראה למדו נא מחיות הקודש דאמרינן בגמרא דחגיגה (דף יג ע"ב) כתיב שש כנפים לאחד וכתיב ארבע כנפים לאחד ומשני לאחר החורבן נתמעטו שני כנפיים ואיזה נתמעטו אותן שאומרים בהם שירה ולהבין למה נתמעטו שני כנפיים ואותן שאמרו שירה וגם קושית התוספות דחד קרא כתיב בשרפים וחד באופנים אך יובן ע"פ מה שכתוב לעיל דהחיות וכל מלאכי השרת כשמתקרבים לעלות למעלה להתדבק באור השם ולהנות מאורו אין שוהים לבל תאכלם אש הגדולה ויחזרו למקורן רק עולים ויורדים תיכף כמ"ש עולים ויורדים והחיות רצוא ושוב וכשעולים עולים בשירה כמ"ש לעיל וזהו שאנו מדלגין באמירת קדוש קדוש להורות באמירת

קדוש שהוא שיר שלהם עולים כלפי מעלה ובהפסק חוזרים למטה וכן באמירת קדוש השני וכן השלישי ואינם שוהים שם כדי אמירת שלש קדושות בפעם אחת וזהו קפיצה ודילוג שלנו והבן והנה רבוי כנפיים מורים על עוצם הטיסה ורוב העליה כי מי שיש לו ב' כנפיים יותר יעוף משיש לו רק אחד כאשר החוש מעיד ולכך אלו קדושי מעלה אם יש להם ששה כנפיים יותר עולים ועפים מעלה מעלה מהיות להם רק ד' כנפיים ואם כן קושית הגמרא שפיר דידוע דמדרגת אופנים וחיות הקודש נשגבה ממעלת שרפים כנודע וכמו דאמרינן בגמרא דחולין פ' גיד הנשה (דף צב וע"ש בתוספות ד"ה בריך) דשרפים אינם מזכירים השם רק לאחר ג' תיבות משא"כ אופנים לאחר ב' תיבות וא"כ קושית הגמ' שפיר דישעיה ראה בשרפים שש כנפיים מורה על עוצם עליה לשכינה ואיך ראה יחזקאל באופנים וחיות היות מעלתם נשגבה רק ד' כנפיים פחות העליה וטיסה וע"ז משני הגמ' כי לאחר חורבן אין להם כח לעלות כל כך ולכך נתמעטו הכנפיים לבל יהרסו לעלות אל ה' והטעם כי ידוע כי העולים באור ה' טבע חיותם להתדבק באור ה' ונועם עליון וצריך שמירה יותר ויותר לבל יתדבק בתכלית וכמו שקרה לנדב ואביהוא בקרבתם אל ה' וימותו וכבר נודע כי טבע אש לעלות מעלה מעלה לשוב למקורו ולכך בחסד ה' לבל יהיה לנו כליון ח"ו נאמר (איכה א יג) ממרום שלח אש בעצמותי כי אז מהר האש לעלות למעלה למקורו ולא עשו בנו כליה וכך דרכו אש של מעלה דאינו מכלה והסנה אינו אוכל כי אינו שוהה להתדבק בגשם ולכלותו כי טבעו לשוב למעלה למקורו ומבלי להתדבק בחומר ארציי כאשר האריכו בזה לפעמים בכתבי האר"י ז"ל וקודם חורבן היו כל פמליא של מעלה מקבלים מאור ה' במקדש ה' כי משם תצא אורה והשפעה לכל כדכתיב בישעיה (ו א) ואראה את ה' יושב על כסא רם ונשא ושוליו שהם העלולים ממנו והם מלאכיו מלאים את ההיכל הרי שכולם עומדים בהיכל ולזאת יותר נקל להתדבק למלאכי מעלה אשר באש יסודם כמבואר בפייט יוצר של ראש השנה וחיות בוערות גחלי אש וכו' ע"ש קרובים אל השכינה כי מהר יכולים להיות חוזרים לאחוריהם כטבע אש לילך למקורו ממטה למעלה ולכך אין להם כ"כ פחד ומתקרבים לשכינה ויש להם שש כנפיים אמנם בשוממות מקדש ה' והם מקבלים שפע למעלה אם יוסיפו לעלות בשש כנפיים ובלאו הכי טבע אש לעלות תמיד מעלה מעלה לא יהיה ביכולתם להנזר אחור מנועם ה' ואש ה' תאכל אותם אם לא ישובו מהר אחור וזהו לא יהיה סיפוק בידם לרוב נועם ה' ולכך אינם עולים כ"כ בקרוב ומרחוק יעמדו לכך אין להם רק ארבע כנפיים למעט הטיסה וע"ז אמרו באיזה אופן נתמעטו לבל יוכלו לעלות כ"כ למעלה נגד עוצם התשוקה לחזות בנועם ה' וזהו תכלית הבריאה אשר כל עלולים הנאצלים מתאוים להתדבק בקירוב גמור ומוחלט לה' ואמר אותן שאומרים בהם שירה נתמעטו כי אין להם כח לעלות לאור ה' אם לא בשירה אבל כאשר יחשו אין בהם כח

לעלות למעלה כ"כ ותש כוחם לעוף כנשר בשמים ומרחוק יעמדו ויש להם רק ד' כנפיים וזה ברור ונכון והנה מזאת ילמד אדם כמה צריך להיות באימה ויראה לפני ה' וביחוד במקום קדשו בבית הכנסת ובבית המדרש ומכ"ש בעת התפללו לפני ה' ישפוך שיחו וקורא קריאת שמע שהוא שירה של ישראל והורשה להם להזכיר השם אחר שתי תיבות איך לא יחיל באימה וביראה וחיל ורתת אוי לנו בהזכירנו שם שמים לבטלה ובעוה"ר הורגל לדבר ולהזכיר בלשון נכר שם ה' דרך משל בלשון אשכנז גאט ובלשון צרפתית זהו מורגל בפיהם אדיא וזהו הזכרת שם שמים על מגן ובמקום טנופת כמה חיילי מרום מזדעזעים בהזכירם שם ה' מלך עולם ושם ה' הוא בכל לשונות יהיה איזה לשון שיהיה וזהו אריכות הגלות כל מקום שהזכרת שם שמים מצוי וכו' (נדרים ז ע"ב) וכותבים השם בנייר מחוק וכל ניירות מושלכים במקום אשפתות ועשו חז"ל (ראש השנה יח ע"ב) יו"ט בבטלם מבלי להזכיר שם בשטרות שלא יהיה מוטל באשפה ומה נעשה אנן והכל כי בעונותינו הרבים יראת שמים מתמוטטת אצלינו ואין מורא הקדוש ברוך הוא אצלינו כמורא בשר ודם מה שבאמת בטבע הבריאה הוחק ההיפך ומאנו עדת ה' להביא ראיה כי לא לעמל יולד אדם לאכול מפרי חמדת הארץ ולהיות מתענג בנועם מגדים כי אם לשלימות והשכל וחכמת ה' ודרך משל הלא כמו שחוש השמיעה הוא באזנים וחוש הראות בעינים כן חוש הריח בחוטם ונראה אם ישמע אדם דבר המתקבל לאוזן שיר יפה וקול נעים או ספורי מעשה בקורות הזמן מה שתאב לשמוע או דרוש נאה לאיש אשר ינחת בקול דרושים לכל חפציהם יוכל להתמיד הענין יום או יומים לא ירעב ולא יצמא לא יחלש לבבו ולא יצר לו וכן אם יראה בעיניו דבר חדש מתקבל לעין במראות או מה שעושים בשחוק שקורין אפערא או עניני אש להגדיל שמחה או צחוק וכדומה גם כן לא יצר לבבו לא ירעב וכדומה אולם אם יתן לו דבר המריח בטוב וראשי בשמים להריח בחוטמו אף שיתן לו כח ויתמיד בו שעה מכל מקום ירעב ויצר לו ויחלש לבבו ויתאב לאכול ולשתות והטעם נ"ל הואיל וחוש שמיעה וראיה הם כלים ושערים לקנין מושכלות כי בם יבחין אדם מה שראה ושמע מושכלות ראשונות ויביא אות ומופת ממה ששמע ומה שראה בעינים לברר האמת מהשקר ולהוליד הקדמת אמיתות מופתים נאמנים ולהציב עליו בנינים למודים תורניים ומחקרים לידע מה אפשר להיות ומה לא אפשר וכן הכל לכן הנפש אשר כל ענינה ותכלית התדבקה בגוף לקנין שכל ומדע רוצה בחושים אלו ומסייעת להן בכל דבר חפץ ואפילו הם רואים ושומעים לפעמים בלתי נאותים סוף כל סוף הם הכנה למושכלות ועל ידם נקנה השכל את אשר לעשות ולהשכיל ואת אשר למאס ולרחק וזהו פרי עצת הנפש ולכך יש לו חיזוק ונפשו מתאוה למאוד לכך לא יחלש לבבו משא"כ חוש הריח שאין לקנין מושכלות כלל רק לקנין וחיזוק גשמי ולזה אין כאן עזר בנפשו ולכך לא יקום להיות נפשו משתאה לו ויחלש לבבו בהתמיד

הענין בלי אכילה וכדומה ולכך טוב שם טוב שהוא קנין שלימות בראיה ושמיעה משמן טוב שהוא בחוש הריח שמריח למאוד וכך אמר שלמה במשלי (משלי כ יב) עין רואה ואוזן שומעת ה' עשה גם שניהם הרצון כי הראיה ושמיעה הם כלי נפש והשכלת השם ומתייחסים לפועל השם ולא לפועל טבעי כשאר חושים שהמה רק לקיום הגוף ומפעולותיו וכליו כלים רעים אמנם יש עוד מופת אחר כי אם יעלה בלב איש פחד ומורא מבשר ודם דרך משל שאנשי מלחמה יהרגוהו ויתמיד ויעמיק זה הענין במחשבתו לא יהיו ימים מועטים שיחלה בחולי מעלאנקלי שהוא מרה שחורה ובחדרי משכבו יחרד וילפת אף כי הדלת סגור ויאמר הנה באים הנה לתופשו ולמרחוק ינוס מקול צפור ורדף אותו קול עלה נדף וכל יום יתגבר הענין עד שימות פתאום פתאום היתה מכתו ולעומת זה אם יקבע איש בלבו מורא שמים ויצייר במחשבתו רוממות קדושת שמו ונורא הוא וגדולת עולמים שברא אשר אנחנו אפי' כנקודה קטנה אינם נחשבים לנגד עולמות שברא הלא יתמלא חלחלה ורתת מלפני ה' וכל יום ויום יוסיף להתגבר ביראה כי יותר שמתחיל ביראת השם יותר יוסיף לירא את השם כי אין קץ לגדולתו ובכל זה לא יחלה ולא יגיע במדרגת מרה שחורה או שום בלבול בדעתו וכדומה אדרבה יהיה כולו מחמדים ואהוב ומיושב בדעתו וזה כי ביראה כזו בחר הנפש וזהו טבעו של אדם ולכך נוצר ועל דבר זה נכרת ברית טבע הבריאה ולכך הטבע מסייעתו משא"כ ביראה של שטות שאין הטבע הוסד לכךאם כן עושה דבר נגד טבעו ולכך יצר לו ויחלש כחו וזהו מאמר הפסוק (משלי י' כז) יראת ה' לא תחליש רק תוסיף ימים ואדרבה תחזיק גופו ותוסיף לו בריאות אבל שנות רשעים אשר יראתם כסלתם בהבלי עולם ופחד ילדי זמן הם מקצרים שנות רשעים ויגועו בלא עתם ומזה נלמד לעשות ולהתדבק בנחלת ה' כנ"ל ונשוב להנ"ל כי תחת כסא כבוד היו סובבים שבעים שרים והם נושאים כסא ה' והם ע' שרים לע' משפחות אדמה אבל כשהיתה שכינת קדשו במקום מקדש למטה היה לו גם כן שבעים כי זהו מספר הנרצה לה' אבל היו שבעים זקנים וסנהדרין והמה יקראו גם כן שרים כדדרשינן (סנהדרין לג) שררך אגן הסהר אלו סנהדרין ושרים למעלה הן בפרודא כי משם יפרדו הגוים והוא דור הפלגה כנודע ולכך נקראים בלשון רבים שרים והוא מנין עשרים ע' שרים אבל למטה הכל כאחד יחשב ושפה אחת ונקראים בלשון יחיד שר והוא בסוד עשר ע' שר וגם השר למעלה כשמקבל השפע צריך להיות ע"י שיר למעלה וכמש"ל וידוע כי העולם העליון ביו"ד ועולם התחתון בה' כמבואר בגמרא (מנחות בט ע"ב) להדיה בי"ה בראם ולכך השר שמתדבק בשירתו למעלה ביו"ד נעשה מן שר שיר בתוספת יו"ד ולמטה בזה העולם התחתון נעשה שראש השנה ובחיבור עשרה עשרה וזהו (סוכה ה) מעולם לא ירדה שכינה למטה מעשרה הן שבעים סנהדרין הן נושאי מרכבה שכינה למטה וזהו מאמר הקרא (קהלת ב ה) עשיתי לי

שרים ושרות ועיין שם במהרש"א ששניהם מיני שיר רק אחד הוא לשון זכר והוא השיר ששרו הלוים בבית המקדש ושירה לשון נקבה והיינו כנ"ל כי שיר הוא מעלמא עלירן שרים וכן אמרו במדרש (שיר השירים רבה א לד) דעכשיו השירה הזאת בנוקבא בעולם התחתון אבל לעתיד דיהיה הכל בעולם עליון נאמר שירו לה' שיר חדש ולא שירה חדשה ולכך נאמר על מושב סנהדרין שער עלי שער שהוא ע' שר היוצא מזה הכל היה תלוי בשירה ומזה תבינו מה שאמרו (סוטה מח) משבטלו סנהדרין בטל השיר וזה אמרו (איכה ה יד) זקנים משער שבתו והיינו שער הנ"ל ע' שר ופסק השיר כנ"ל וא"ש הדור אתם ראו איך בטלה טובה מישראל בעונותינו הרבים בגולה ואיך היו שריה כאילים לא מצאו מרעה וא"כ איך נאמר לשיר בזמן הזה בשיר ושמחה של שטות לילך במחול בחורים ובתולות אוי לנו כי חטאנו הלא ראוי היה משחרב הבית לגזור על עצמינו מבלי לישא נשים כלל רק אין גוזרין על הצבור גזרה שאין רוב הצבור יכולים לעמוד בה וא"כ מה לנו להרבות בשטות וריקוד בחורים ובתולות ואיך נשמח ונגיל בראות אובדן שלמותנו חכמת תורתנו מקור חיינו בית מקדש ה' ואיבדנו חזון וצופה וממש לא נשאר בנו שום לחלוחית ורוח חיוני בכל אופן הלא טוב לנו שבתנו בין תנור לכירים בוכה ומבכה כאשה על בעל נעוריה וכאבל יחיד אולי ישקיף ה' וירחם עמו וישוב ה' לשוש אתנו כמשוש חתן על כלה ואז נשמחה ונגילה ואמת כי עצבות מדה מגונה מאוד אצל אדם והיא המבטלת האדם מכל שלימות ומולידה לו הפסד בנפשו וגופו וכל ימי עני רעים בזה וזהו כוונת הגמרא בתענית (דף כב) רב ברוקא שאל לאליהו איזהו מנייהו בן עולם הבא בשוקא אמר אלו תרי שאל מה עסקיכם אמרו גברי דבדיחי אנן וכד חזינן גברי דמיעצב חזינן דמבדחיה דעתיה וכד חזינן גברא דאית ליה קטטא עבדין שלמא ביניהו עכ"ל ויש להבין מה זו שאלה ומה נ"מ וכי אחותו ובתו היה מבקש ואיך השיב אליהו על אנשים אשר עודנו בחיים שהם בני עולם הבא הלא אין הקדוש ברוך הוא מייחד שמו על חי אפילו על אבות עולם ועמרם אבי משה כי בקדושיו לא יאמין וביותר קשה וכי בשביל שהמה בני בדיחי דעתיה ומסירין העצבות מבני אדם ורודפי שלום היו בני עולם הבא הרבה שלימות צריך לקנין עולם הבא במה שעדיין חסר אף דעושים כל זה ודבר זה מצוי אפילו בבני אדם שאינם בני תורה ובעלי שלימות ונקל הוא זה לקנות בו שלימות עולם הבא והלצנים מושכי קשת נבל וכנור בקיאים בזה עד למאוד אבל הענין להגשים תענוג עולם הבא אי אפשר להיות דהוא תענוג רוחני למאוד ולא יצוייר בגשם ענין רוחני כלל עד שאמרו חז"ל (ברכות לד סנהדרין צט) כי הנביאים לא ראו לעולם הבא כי הוא עין לא ראתה והכוונה בזה להמתיק ולהראותו עליו כעין גשמי אי אפשר ואם אמנם נמשיל אותו בדרך משל לומר כי יש בו מנועם עליון שישכנו הצדיקים לנצח בלי עצב כלל ויעברו ימים עד עולם ואין עצבות כי אם חדוה וגיל וזהו תכלית התענוג כי לא יצוייר

בשום תענוג גשמי שלא יהיה עצבות מעורב בו כי אם יאכל וישתה הרבה הלא מלבד שיוליד לו חולי אף גם אם יתן לו עוד מעדנים והוא שבע הלא יתעצב וכדומה בכל תענוגים ובפרט שלא ימלט בתענוגים שלא יקרה לו בין כך צער בהעדר אוהביו וכדומה בהפסד ממון או חטא ופשע כללו של דבר אי אפשר תענוג בלי עצב אבל לעולם הבא הכל בנועם ותענוג בלי עצב כלל וכן עוד התענוג שיהיה שם בגן עדן נפשות צדיקים לאין מספר מיום הוסד העולם ואין קול קטט וצווחה שם הכל שלום עושה שלום במרומיו ובעולם הזה היצוייר משתה של אלף איש אוכלים וחוגגים בתמידות שלא יהיה לו קטט ומריבה והלא לאו כל דעות שוים זה אומר בכה וזה אומר בכה ומזה ימשך ריב וכעס ישפוך לארץ מרירתו והוא המהפך שמחה לתוגה עונג לנגע זהו הנמשל בעולם הבא כי תכליתו לא יושג בגשם והנה מחכמת איש ויושר פעלו לראות להיות נהנה בעולם הזה מעין עולם הבא כפי אפשרי ואז יוטעם מטעם נועם עליון ולכך מה יעשה איש ויראה בדמות עולם הבא יהיה שמח בכל עסקיו לא יתעצב לשום דבר ויתן אל לבו הלא כל הקורות מגיעים מפי ה' אשר לו נתכנו עלילות אשר הוא הטוב אמיתי ולו לבד יאתה שם הטוב וא"כ למה זה אעצב כי הוא יודע הטוב והישר והאמת ואם יראה אחד מתעצב ינחמהו וגם לא יהיה מרגיל בקטט וידרוש שלום וא"כ כשיהיה הכל שלום ובשמחה וחדוה יטעם טעם עולם הבא ועליו נאמר (ברכות יד) עולמך תראה בחייך ואז יראה קצת ענין עולם הבא ובזה יחמוד לעולם הבא ויבחין הבדל במקצת כיתרון אור מחושך וידע איך שוא עמל איש על אדמה ואשרי מי שעמלו בתורה ויראת ה' וזהו מה ששאל רב ברוקא לאליהו אם יש אנשים שיש להם עולם הבא בזה העולם שטועמים מעין עולם הבא כדי שיוכלו להשיג ענין עולם הבא והשיב לו אלו אנשים רואים בחייהם וחקר אחרי מעשיהם למען דעת קצת ענין וטוב עולם הבא ואמרו לו כי הם תמיד שמחים בלי עצבות וגם מרחיקים הקטט וריב ורודפי שלום מזה הבין רב ברוקא שהוא ענין דמות עולם הבא כי ימים אלו ודאי ימי נחת ונועם ולימים אלו יקראו ימי טובה ורצון וממנו יקיש איש על עולם הבא כמה מהנועם ותענוג ועדן יש בו ולכן שמעו אלי השליכו עצבות הזמנים וקחו עמכם להתעצב על העדר כבוד ישראל ותורתו וחורבן בית תפארתינו כמאמר הנביא (ישעיה סו י) שישו אתה משוש כל המתאבלים וכו' והסירו שמחה של שטות והוללות ובפרטות במחול בחורים ובתולות:

בניי זכאי חולקיכון אשר שמעתם בקולי ולא יעשה כן בקרב קהלתינו ותזכו לראש מחול שיעשה הקדוש ברוך הוא לצדיקים לעולם הבא (תענית לא) והענין במחול הזה הוא כמ"ש המפרשים כי מחול מלשון עיגול והקדוש ברוך הוא יהיה בראש מחול דהיינו באמצע עגולה והצדיקים יסובבו סביב לומר זה אלהינו וענינו הוא כך דעכשיו לאו כל צדיקים במדריגה אחת ובמעלה אחת כי לאו כולם זכו לשלימות הראויה אבל לעתיד לבא יזכו כולם לשלימות

הראויה ויהיו כולם במדרגה אחת לפני ה' והנה אם תעשה מרובע צלעות כזה ובתוכה נקודה העומדים בצלעות המרובע קרובים לנקודת המרכז יותר מהעומדים בנקודת אלכסון שהוא רחוק מהמרכז יותר כנודע כי אלכסון רחוק מקו ישר וכן הוא עכשיו יש צדיקים העומדים מול השכינה בקו וצלע ישר ויש רחוקים ממרכז בקו אלכסון ורוחקו של זה לא כשל זה אמנם לעתיד לבא יהיה העגולה כזה והשכינה במרכז ובעיגול כל הקוים שוים למרכז וכן הם הצדיקים יהיו כולם במרחק שוה לשכינה מבלי הבדל וזהו ראש מחול שיהיה לצדיקים לעתיד לבא והבן זה וראה שאין לאדם אלא עסקי וחפצי שמים ולא לילך בתר הבל ויהבל ואמרינן שוב (סוטה מח) משמתו נביאים ראשונים היינו ירמיה וסייעתו פסקו אורים ותומים והיינו כי אמרינן בגמרא דיומא (דף עג ע"ב) גזירת נביאים חוזרת וגזירת אורים ותומים אינה חוזרת ולכך נקראו תומים שמשלימים דבריהם וקאמר הגמ' מ"ט לא ביחנו דבריהם בימי פלגש בגבעה ומשני שלא שאלו כהוגן ע"ש ויש להבין מאי שנא דהקשו קושיא זו עכשיו ולא בלי זה אקרא דצוה הכתוב לשאול במשפט וע"כ שיאמתו דבריהם דאל"כ לשוא אנו שואלים ובמה נפלינו אנו ח"ו מכל העמים אשר על פני האדמה אשר להם תרפים והכתוב אומר (זכריה י ב) תרפים שוא ידברו אבל הענין כך דודאי איך יתכן שגזירת נביא חוזרת הלא נביא שליח מה' ולא איש אל וינחם אבל כבר אמר בלעם (במדבר כ"ד:י"ז) אראנו ולא עתה אשורנו ולא קרוב והרצון כי נבואתם למעלה מעלה כדכתיב (ירמיהו א כ) מרחוק ה' נראה ולמעלה נשגב מזמןאם כן כשנביא רואה נבואתו חושב שהוא תיכף לפי דמיון קרוב ראייתו אבל באמת עודנו רחוק בזמן ואף שמכל מקום יאמתו דבריו אבל לדמיונו חושב הוא קרוב ובאמת הוא רחוק בזמן וזהו אמר אראנו ואני חושב שיהיה תיכף ולא עתה אשורנו ואני חושב הגיע העת ואינו ולא קרוב וכן היה ביונה שניבא על נינוה ארבעים יום כי אמת היו ימים הנקראים שנים מגזירת ימים תהיה גאולתו וכן היה בסוף מ' שנה אחרי נבואתו חלה נבואתו על נינוה בדבר נחום האלקושי וכמו שבא בספר טוביה המקובל לנוצרים ולא לנו שבסוף מ' שנים נחרבה נינוה ואף שאין מקובל לנו לכתבי קודש מכל מקום הוא סיפור מעשה אמת וכן בכל דברים וזהו גזירת נביא חוזרת לשעה כי אין נבחן מתוכו זמן מוגבל בהחלט ואיזה זמן מוגבל יותר שאמרו נביאים מקץ ע' שנה אפקוד על גלות בבל ראה כמה פירושים בחשבונות יש בו עד שאמרו חז"ל (מגילה יב) דניאל טעה והוצרך להבין בספרים אמנם אורים ותומים אין בהם ספק בבחינת הזמן אפילו אומרים היום או מחר כדכתיב (שופטים כ כח) מחר אתן בידך וכן תמיד הוא לאות לבני ישראל למען ידעו וזהו תומים שמשלימים דבריהם בהחלט ובירור גמור עד שאין עוד אחריהם ספק ולכך שאלה הגמרא מ"ט לא ביחנו בימי פלגש בגבעה דודאי לא כיחשו וסתם עלו למלחמה כי באמת עצת ה' היה שיעלו כי לבסוף נצחו וכי אמרו תיכף נצחו רק יעלו כי יצליחו

היינו לבסוף וכן דרך מלחמה שילחמו פעמים ושלש ואף שינוסו בין כך יתמעט חיל האויב ויחלש כחו לרוב המלחמות וא"כ בפעם האחרונה כבר תש כחו ותם לריק כחו ולא יוכל להקשות על הקרא אמנם עכשיו דקאמר הגמ' תומים שמשלימים דבריהם מבלי ליתן ולשייר מקום ספק בתשובתם וע"כ במה שאמרו עלו היינו תיכף כי לולי כן תמיד הספק במקומו אימת ואיזה פעם יהיה סוף והלעולם יריבו כאויבים בשער והוצרך הגמרא לשנות כי החסרון היה מפאת שואל שלא כוונו דבריהם וא"ש והבן ודע כי יותר שהיתה מדרגת הנביא יותר נבררת נבואתו ולכך ירמיה וסייעתו שהיתה השגתם גדולה היו משיגים זמן ולכך אמרו מקץ ע' שנה אף שהיה בו ספק כנ"ל מכל מקום לא היה ספק עצום אבל נביאים אחרונים חגי זכריה מלאכי ודורו היתה השגתם רחוקה ולכך כשאמרו מן גאולה העתידה לא השיגו הקץ כלל וכן דניאל נאמרו לו סתומים וחתומים הדברים כי היתה השגתו לא כל כך גבוהה להשיג הקץ על תכליתו והענין גם כן כי דניאל חגי וכהנה נביאים היתה נבואתם ע"י מלאך כדכתיב (זכרי' א ט) מלאך הדובר בי והן נקראים פי הקדוש ברוך הוא כדכתיב (תהילים לב ו) וברוח פיו כל צבאם ולכך לא ידעו הקץ וזמן מוגבל כי לבא לפומא לא גליא אבל נביאים ראשונים היו בסוד לב כדכתיב (שיר השירים רבה ח) שימני כחותם על לבך והשיגו במראה נבואה בלי אמצעי ולכך השיגו תמיד בנבואתם זמן וכן אמרו (פסחים נו) ביעקב שביקש לגלות קץ ונסתלקה שכינה אין כוונה שנסתלקה לגמרי כי הלא בירך אחר כך שבטים ברוח הקדש ונבואה נפלאה אבל זהו שהיה בהשגה גדולה לדעת זמן מוגבל לנבואה השגה זו נעלמה ממנו ואמר רק כנביאים אחרונים הנבואה לא יסור שבט מיהודה וכדומה אבל לא על זמן מוגבל ולכך כאשר מתו נביאים ראשונים ופסק רוח הקדש כזה מישראל להנבא בזמן מוגבלאם כן לא היה אפשר באורים ותומים כי צריכים להשלים דבריהם ורוח הקודש כזה פסק מאתנו כי אם ע"י מלאך אשר אינו יודע מהזמן כנ"ל ולכך פסקו אורים ותומים בעונותינו הרבים אשר איבדנו חזון והוסיפו יגון ואנחה לנו כמאמרם (סוטה מח) בחורבן הבית בטל השמיר וענינו הוא כך כי צריך להבין מה שכתבו התוספות (במנחות קז ובעירובין ו ובשבת צ) על הערוך דאמר בבית ראשון לא היה אמה כליא עורב כי מפני שכינה לא באו עורבים דהא אמרינן בגמרא דמועד קטן (דף ט') בשלמה הוי ליה לשייר אמה כליא עורב וזהו מורה דהיה לו ותירץ התוספות דמתחלה עשה כליא עורב ולבסוף סילקו ויש להבין מתחלה מה קסבר ולבסוף מה קסבר דברור דקדושת הבית מתחלה יותר מלאחר כך שנשא בת פרעה והנה הרמב"ן בתורה פרשת יתרו (שמות כ כב ד"ה וטעם) הסכים למדרש רבה דאמר במקדש לא היה ברזל כי הוא חלקו של עשו ולא הניחו לסטרא דידיה כי הוא מחריב בית להיות לו יד במקדש ה' ואע"פ שגם בבל החריבו הבית לא קעקעו הבית עד יסוד כמו אדום ע"ש במדרש (פרק לה ד) פרשת תרומה

ומקשים מדוד דאמר (דה"א כב יד) והנה בעניי הכינותי לבית ה' זהב וכו' ולברזל אין משקל ועיין רמב"ן שדחק עצמו בזה ונראה דלא קשה מידי דכל הטעם שלא לקחו ברזל משום שהוא רומז על אדום המחריב ודוד אשר הכין הכל לבית המקדש בחשבו שהוא יבנה הבית כמ"ש בדברי הימים וכבר ידוע (מדרש שו"ט ס"ב) דאילי בנה דוד הבית לא היה נחרב מעולם ולכן טבעו בארץ שעריה (סוטה ט) היותם מעשה דוד וא"כ שפיר לקח דוד ברזל דהא לא יהיה הבית נחרב ואין נ"מ במה שמרמז ברזל על אדום אבל אחר כך שלא בנהו דוד מנעו ליקח ברזל מטעם הנ"ל והנה ממדרש הנ"ל דברי הערוך מוכרחים שלא היה כליא עורב בבית ראשון דאל"כ הא היה ברזל כדתנן במנחות (דף קז) האומר הרי עלי ברזל מביא אמה על אמה כליא עורב אך אמרינן במועד קטן (דף ט) ששלמה דחי יום הכפור מקמי חנוכת מזבח מק"ו מקרבן נשיאים שהיא קדושת שעה ומכ"ש קדושת בית המקדש שהיא קדושה עולמית והקשו הא גם קדושת בית שלמה קדושת שעה דקיימא לן בחורבן בית ראשון בטלה קדושת מקדש רק בימי עזרא קדשו לעתיד לבא וכמ"ש הרמב"ם בהלכות בית הבחירה (פ"ו הט"ז) ומתרצים דזהו חנוכת המזבח היה נעשה תיכף ואז בחר ה' בציון ואז היה שבית המקדש יעמוד לעד ולכך שפט שלמה לקדושת עולמית אבל אחר כך כשנשא שלמה בת פרעה ואמר ה' על אפי וחמתי היתה העיר וכו' אז נולד שוממות העיר וכדאמרינן (שבת נ ע"ב סנהדרין קא ע"ב) כשנשא שלמה בת פרעה בא גבריאל ונעץ קנה בים וכו' וא"כ א"ש דברי הערוך כי מתחלה בעת בנין היה חושב שלמה שלא יחרב הבית ולא חשש ליתן בראש מקדש ברזל לכליא עורב כי מה איכפת ליה לאדום הלא לא יחרב הבית אמנם בעונותינו הרבים כאשר גרם החטא ונאמר לו כי על אפי וחמתי היתה העיר הזאת ידע ברוח הקדש שיחרב הבית כאשר ישיר שירו בשיר השירים הכל על גלות ישראל השבעתי אתכם בנות ירושלימאם כן תיכף הוסר הכליא עורב המרמז על אדום אשר חרוב יחרב הבית ויהיה בעונותינו הרבים אבן נגף לישראל ולכך צדקו ודבר ה' אמת בפי ערוך כי מתחלה היה אמה כליא עורב ואחר כך הסיר אותו ודו"ק וזהו ענין השמיר כי תיכף בחטא אדם הראשון גבר כחו של שרו של עשו בלהט החרב המתהפכת שהוא חרבו של ס"ם דמתהפך לכמה גוונים לשלוט על כל מה שיש בו בזה העולם הן אדם ובהמה כי הכל נפל בעץ הדעת ועל הכל שולט חרב המתהפכת לכך אי אפשר לעשות דבר או אפילו לפסול אבנים כי אם בברזל וחרב ועל הכל שולט החרב וזהו מה שהיה קודם חטא וחל עליו חטא אדם הראשון וממשלתו של להט חרב המתהפכת אבל מה שנוצר אחרי החטא ועודנו לא היה בזמן החטא פשיטא דאין חרב הנ"ל שולטת בו ושמיר נברא בערב שבת בין השמשות כמבואר במשנה פ"ה דאבות (משנה ו') ולכך הוא אין צורך לחרב הנ"ל ובידו לפוצץ סלעים בלי כחו של ברזל כלל וזהו ענין שמיר והיה לבית המקדש שאל תשלוט בו חרב המתהפכת כי שם היה הכל קודש

מעץ חיים ולא מעץ הדעת ולהיות כי חק שם ה' שכל עניני זה עולם יהיה הכל בחרב לפיכך לא נמסר רק לשרו של ים (גיטין סח ע"ב) שהוא נאמן בבריתו של ה' שאינו עובר גבול עולם כדכתיב (ירמי' ה כב) גבול שמתי לים והוא מעצור היה נגד טבע של מים שרוצים לסבב כדור ארץ כנודע ולכך מסרו לשרו של ים שלא יתן לשום דבר רק לצורך בית המקדש ולכך בחורבן בית ראשון שגבר ידי מחריב והיה אדום במעמד החורבן כמ"ש חז"ל (גיטין נז ע"ב) כל נצחון שאין בו מזרעו אינו נצחון וע"ז נאמר זכור ה' לבני אדום וכו' וגבר חרבו ליטול השמיר צאו וראו כמה חטא גורם לא זו בממון אף בגוף דאמרינן בגמרא (תענית ז) ששאלו לריב"ח תורה מפוארה בכלי מכוער שהיה שחור ואמר אבא היכי רמי חמרא א"ל בחרסים ששומרים היין כך הדבר בבעלי תורה שהתורה שורה בבני אדם כעורים וכו' ומקשים הא פני משה כפני חמה ופני יהושע כפני לבנה (ב"ב עה ע"ב) וכן שופרא דיעקב אבל הענין כי כבר ידוע מאמר הפילוסוף האדם יולד מאדם ומהשמש הרצון המזל והאדם המה גורמין ההריון והלידה ולפי טבע כוכבים כבר אמרו הטבעים כי כל מי שטבעו ממרה ירוקה ושחורה הוא עלול למושכלות ומזג ירוקה ושחורה מורה בהכרת פניהם כחושי בשר דל ורזה ופניהם כרכומי ושחור ולכך אמרו דהתורה ומדע מצויים באנשים מכוערים כי הוא מורה על מזג הנ"ל אך זהו מפאת הטבעי שהוא מחמת המזל אבל מי שהוא למעלה מהמזל ואין עינינו תלוי

במזל פשיטא שאין בכל זה ראיה ואדרבא ודאי שגופו יותר בהיר בשחקים וע"ז נאמר (קהלת ה א) חכמת אדם תאיר פניו ולכך הראשונים שהיו למעלה מהמזל היו בעלי תואר ויופי למאוד אמנם כאשר גלינו בעונותינו הרבים ובאנו לידי הנהגת השמש וכוכבים אנו נכנעים לאיכות הגוף ומזגו ולכך צריך גוף ומזג עלול לחכמה ולא תמצא אלא במזג הנ"ל שחורה וירוקה והכרת פניהם ענתה שחורי וכרכומי ולכך הראשונים היו כפני חמה ולא ריב"ח שהיה אחר חורבן וזהו שאמר שלמה בשיר השירים (א ו) אל תראוני שאני שחרחורת וקושית הגמרא תורה מפוארה וכו' וע"ז השיב ששזפתני השמש הרצון שאני תחת המזל וממשלת השמש ואני צריך להיות שחרחורת לקנין חכמה ומדע והרי קודם החורבן היו תוארי תלמידי חכמים כמלאכי אלהים אבל לאחר החרבן הם נדמים לכלי חרש שמשמרין היין וזהו שאמר (איכה ד ב) ירמיה בקינתו בני ציון היקרים המסולאים בפז לרוב יפים כמ"ש הגמרא (גיטין נח) ומדרש איכה נחשבו לנבלי חרש מעשי ידי יוצר ופי' התרגום לנבלים ששמים בתוכו יין והיינו לאחר חורבן אין התורה נשמרת אלא בכלי מכוער כמו היין שנשמר בכלי חרס וקודם חרבן היו מסולאים בפז ומכל מקום היו רבתי בדעות כמבואר במדרש מחכמת ירושלים ע"ש וא"ש ולזה אמרו (סוטה מט) מיום שחרב בית המקדש אין לך יום שאין קללתו מרובה משל חבירו ואמרינן עלה בגמרא אלא עלמא איך

קאי ואמרינן אקדושה דסידרי וקדושה דאגדתא ולהבין הקושיא והתירוץ וכי לא יש שאר מצות דאגין עלן עד דבחר דוקא בשני דברים כאלו מה נשתנו אלו יותר משאר עבודות ה' אבל דע כי מזלות המה שונאים לישראל למאוד כי לפי המזל אין אברהם ראוי להוליד רק הקדוש ברוך הוא פעל עמו חוץ למזל כנ"ל וא"כ לפי מזל לא יקום לאברהם זרע והן ישראל שהן זרע אמיתי של אברהם כנודע כי ביצחק יקרא לך זרע ולא כל יצחק ולכך כל ענין המזל לעקור שורש ישראל כדי שלא יקום לאברהם זרע ולכך כל יום ויום קללתו מרובה משל חבירו כי הן המתגברים עלינו כל יום ומזלות נלחמו נגדנו ועיקר הטעם כמ"ש הזוהר שהמה אלילים ושדים כמו שיש ע' שרים כן הוא ע' שדים כמו שאמרתי באריכות בדרוש הקודם בענין זה והמה כולם נגד ישראל כי המה חצונים ולכן רק רע כל היום אמנם בזמן שהיה הבית קיים היו נותנים מחיצה לחצונים בקרבנות בהעלות עשן וכן ביום הכפור בשעיר המשתלח כדי שלא יקטרגו על ישראל אבל לאחר חורבן שעיקר עבודתינו הוא בתורה ובתפלה ובמה יש ליתן להם אחיזה אך דע כי הם כמו לשון ארמית דבוק בלשון הקודש כך החצונים נאחזים בקדושה ולכך שורש שלהם הוא ארמית כמו ששורש ישראל עם קודש בלשון קודש כך חיות ע' שרים הנ"ל ע' לשונות שורש שלהם לשון ארמית הקרוב ללשון הקודש ולכך בשנער ששם התחילה ההפלגה וע' לשון שם ראש לשונם לשון ארמית כאשר מבואר כמה פעמים בכתבי

האר"י ז"ל ולכך ליתן להם אחיזה לבל יקטרגו על ישראל למאוד אנו אומרים בסדרא דקדושה שהוא ואתה קדוש הקדושה בלשון קודש ופתרונו בלשון ארמי וכן הקדיש הכל בלשון ארמי ובזה תגיע להם יניקה ואחיזה בלשונם ומזה שקטה קטרוגם למקצת ומתפייסים כמו בשעיר המשתלח הנ"ל וזהו מאמר המשנה באומרו בכל יום קללתו מרובה משום קטרוג והתנגדות המזלות ובעת חורבן בעונותינו הרבים אין לנו ליתן להם יניקה בקרבנות עד שיהיה שכך חמתם וברצות ה' דרכי איש גם אויביו ישלים אתו וע"ז שאל הגמרא עלמא איך קאי הרצון איך יש לישראל עמידה נגד אדונים קשים כאלה וכוכבי שמים נלחמו אתנו מי יעמוד נגדם וע"ז משני בקדושה דסדרא וקדושה דאגדתא שהם בלשון ארמאי וא"ש וראו וחכמו כמה יש לנו להתפלל בכונה ולומר קדיש ויהא שמיה רבה בכונה היא המגנת עלינו בגולה ובצלה נחיה ואם כך הדבר בדברים כאלה שהם ממש לאו מעיקרי תפלה מכ"ש בקריאת שמע וכדומה כמה עולמות בונה האומרם בכונה וכמה עולמות מחריב האומרם בלי דעת ולבו בל עמו ומכ"ש המשיח בו דברים בטילים כי הכל יסוד לתקון עולם וכמו בית כיפה של אבנים אם תוסר אבן אחת מתוכו מקעקעת כל הבירה כן הדבר בתפלה ועבודת ה' לכן התקוששו וקושו בואו ונחזק עצמנו בתורה כי בגמרא (סוטה מט) אמרינן על זה כל יום קללתו מרובה משל חבירו דכתיב בבוקר תאמר מי יתן ערב ובערב תאמר מי יתן בוקר הי בוקר אילימא דאתיא מי ידע מה הוה

אלא בוקר דחלף והקשה מהרש"א למה לא דייק כן מריש קרא בבוקר תאמר מי יתן ערב וגם המפרשים הקשו מה קושיא מי ידע מה הוה הלא זו דרך אוררי יום כשצרתם צרה מחכים יום מות כדכתיב (איוב ג כא) המחכים למות ואיננו ולכך יאמר הלואי שיחליף זמן ויבא סוף וקץ אבל הענין כבר ידענו כי אין כוונת הגמרא קללתו מרובה משל חבירו בענין גלות ומצוקת הזמן כי במה יחשב להמקבלים באהבה יונעם ומה נ"מ אם הוא בזה עולם עשיר או עני סובל מרעין וחובק אשפתות או אמון עלי תולע מתהפך עלי מרבדים הלא אחריתו רמה ותולעה ויותר שהאדם מעונג יותר עלול לחולי ונזק אמנם כוונת הגמרא קללתו מרובה בחטאים ועונות והתגברות יצר הרע כי כל יום יצר וסטרא דמסאבא גורם עד שעונות עברו ראש ומכף רגל עד ראש אין בנו מתום וזהו שמתגבר עלינו יום ביומו כי אנשי אמנה אבדו ויראי חטא בעונותינו הרבים המה מתדלדלים ומתמעטים יום ביומו וזהו שדייק בקרא דמיירי גם כן מזה מענין התגברות היצר הרע והחטאים וקאמר בערב תאמר מי יתן בוקר לשוב בתשובה וזהו אילימא בוקר דאתיא לשוב בתשובה מי יודע מה הוה הא כללא הוא שוב יום אחד לפני מותך כי אינך יודע מתי תמות (שבת קנג) וא"כ איך יאמר מי יתן בוקר לשוב אם ישוב תיכף ישוב וכבר אמרו חז"ל (אבות ב יד) אל תאמר לכשאפנה אשנה שמא לא תפנה וא"כ צ"ל דיום שעבר קאמר כי הוא מתקלקל ביותר וביטול עבודת ה' יום ביומו יותר ומתחרט ואומר מי יתנני כיום אתמול כי יעבור שלא הייתי כ"כ משוקע בחטא מי יתן והייתי כיום שלפניו בלי לעשות דבר רע הזה ולכך לא דייק מבוקר תאמר מי יתן ערב כקושית מהרש"א הנ"ל דזה יש לאמר כפשוטו דכבר ידוע (שבת פט ע"ב) מה שכתובו יצחק לפני ה' בהתנצלות על בניו דל לילות דשינה הרי דלילות אינן עלולין לחטוא דהם מיוחדים לשינה ולנוח מעמל אנוש ואם כן שפיר יאמר בעסקו בחטאים וכדומה מי יתן ערב שהייתי ישן ואם ישנתי אז ינוח לי ולק"מ אבל מערב מי יתן בוקר שפיר קשיא כנ"ל וא"ש מזה נלמד דאין לומר מחר ובנוח לי מן עמלי וכדומה אז אפן עצמי לעבודת השם לא כן היום ולא למחר לעשותו וכמה קלקולים יהיו וכמה טרדות ומניעות יגרום לו היצר הרע אם יאמר בזמן מוגבל אז אשיב לה' ויש מעילה לדברי תורה (סנהדרין קו) אבל אם תיכף יתחיל אף שראשיתו מצער כי יקום יצר הרע כנגדו בחיל ויחנה עליו מחנה אבל לא ירא לבו בזאת יהיה בטוח כי אחריתו ישגה מאוד ויצר הרע יהפך לטוב ויהיה טבע גוף מורגל לעבודת ה' כאילו הוטבע בו מחיק אמו וראשית הבריאה וימים אלו ימי בכי יום אובדן ושוממות בית תפארתינו ויום אשר קבענו לספוד בבכי תמרורים על העדר צדיקים הנ"ל ראוי לנו לעורר בתשובה שלימה ונראה לקיים מצות ה' ותורתו ואם יפלא מאתנו דבר לעשותו ואנו מצטערים על קיומו ועל שאי אפשר בידינו לקיימו הרי הוא כאילו קיימנו:

וזהו אמרם בגמרא דתענית (דף כה) דשאלה אשת רבי חנינא בן דוסא עד

מתי נצערן ביקש רחמי ויהיב ליה חד כרעי דדהבא הדר חזיא בחלמא דצדיקים יתבי בפתורא דג' והוא בשנים אמרה אי הכי הוא לא בעינא בעי רחמי ושקלי מיניה תנא גדול נס אחרון מראשון דגמירי בשמים מיהב יהיב משקל לא שקיל ע"כ ע"ש ויש להבין מה ענין זה לפתורא דג' או ב' כרעים וגם מה זה גמירי מיהב יהיב וכו' למה לא ה' נתן וה' לקח כתיב אבל הענין שהיתה מצטערת לא ח"ו להתענג ולהתעדן חס ושלום צדיקים הללו שנסתפקו מערב שבת לערב שבת בקב חרובין (ברכות יכ) והורגלו בו יתבעו מותרות רק כל צערן היה בשביל צדקה לעניים כי חשבו שגמילות חסדים אפס אצלם כי במה יתחסדון כי אין לאל ידם והיו בעלי רחמים וחמלה וברואם עני ואביון ואין לאל ידם להושיע צרתם צרה מפאת העדר המצוה אצלם ומפאת טבע חמלותם ולכך חשבו לבקש מה' ליתן להם עושר לא להם כי אם לגמול חסד לאומללים ועניים אמנם באמת נהפך מחשבתם כי כל זמן שאין להם ומצטערים על זה הרי להם לגמילות חסד גמור וכאילו גמלו חסד עם עניים בתכלית ההגמלה והחסד אמנם אם יהיה להם וכי יכולים לצאת ידי כל עני ליתן לכל אחד די מחסורו ולא להרבות לאחד ולמעט לאחד כי צדקה משפט הוא ונפישי רמאי דיקבלו ועניים בני טובים אשר מסוה בושה על פניהם יצאו ריק וכדומה מהטעות והמכשלה אשר תחת יד אדם בזה ויצא שכרו בהפסדו דימעט בגמילות חסד יותר מקדם שהיה נדון על המחשבה כמעשה וזהו שהראו לו כל הצדיקים אוכלין על שולחן ג' רגלים היינו ג' רגלים שעולם עומד עליהם תורה עבודה וגמילות חסדים כי בגמילות חסדים נדונים גם על המחשבה כנ"ל אבל הוא ממעט על ידי כך בגמילות חסדים ולכך אין לו רק שולחן ב' רגלים היינו תורה ועבודה כי נתמעט ע"י הנ"ל וכמ"ש ולכך התנחם בו כי תחת אשר קוה לעשות בגמילות חסדים עשה באושים ולכך התפלל שיקחו הימנו ולהיות כי זה כרעיה דדהבא הניתן לו לא היה לצורכו רק לצורך עניים לחלקן ביעקב וא"כ איך יקחו הימנו להפסיד לעניים אשר היה חפץ בטובתם ומשגב לדל ולכך קשה היה הנס הזה לשקול שקול לולי רוב זכות רחב"ד ולכך אמרו גדול האחרון יותר מהראשון ודוק וראו כמה יש לאדם להתבונן במעשיו ואל יחכם לומר אילו היה לי כך הייתי עושה כך ואילו היה לי לב נבון כמו זה הייתי מתמיד בתודה שקר הוא אילו היה לו לב נבון היה עוסק בהתחכמות רשע וכדומה כי אילו היה לב נבון לטובתו היה ה' נותן לו כי הוא הטוב והמטיב האמיתי רוצה בשלימות יצוריו אף כי עם קרובו ישראל אשר בצערנו לו צער וכן כולם וישמח בחלקו אשר נתן לו ה' כי בלי ספק לטובתו ולשלימותו הוא כי ה' חושב מחשבות לבל ידח ממנו נדח והוא אשר דבק בנו לטובתנו נאמר בפרשת המדרש (ילקוט ח"ב רמז תמ"ג) ובה נסיים בדברי נחמה הקדוש ברוך הוא יאמר לאברהם לנחם ישראל ויאמר נחמו בני יאמרו ממך נקבל תנחומין שקראת לבית המקדש הר דכתיב בהר ה' יראה ובא יצחק לנחם יאמרו ממך נקבל תנחומין

שיצא ממך עשו המחריב ביתנו יבא יעקב לנחמם ויאמרו ממך אנחם דעשית בית המקדש כלא היה דכתיב אין זה כי אם בית אלהים ובא משה לנחם ויאמרו אתה הוא שקללת אותנו מזי רעב ולחומי רשף וחזרו כולם לקב"ה ויאמרו עניה סוערה לא נוחמה יאמר הקדוש ברוך הוא אני מנחם אותם דכתיב נחמו נחמו עמי וכו' ולהבין דברי המדרש דתמוה הוא מכל צד ואין צריך לדקדק בו כי הוא כולו מוקשה אבל הענין נחמה הוא בשני אופנים א' נחמה אמיתית אשר רופא ינחם לחולה או מי שנסמא עינו ונשבר לו יד אל תדאג כי תהיה לך רפואה ושב בשרך כמקדם למה לך לדאוג בשביל יסורים סופך להיות כבראשונה אמנם נחמה שנייה היא מקרית שיאמרו לו וכי לבדך קרה זה הלא רבים שתו מן כוס פורענות וכאומרם (ד"ר ב יד וחינוך מצוה של"א) צרת רבים חצי נחמה וכמאמר ר' יוחנן (ב"ב קטז ברכות ה) דין גרמיה וכו' שהיה בו מנחם אבלים והנה על אופן הב' יבאו אבות לנחם לישראל ויבא אברהם לומר אל תחושו לגלות כי מי סבל יותר גלות ממני לא נח ולא שקט בארץ מולדתו נחבש והושלך לאש ואחר כך הלך למרחוק ולא נח רגע בא למצרים ולוקחה שרה לפלשתים לוקחה שרה וכמה שתדלנות היה לו עד שהגיע למקום קבורה לאשתו וא"כ מקרה אבות מקרה בנים אבל הבדל יש שאצל אברהם שרתה שכינה ואנחנו בעונותינו הרבים סר צל השכינה מאתנו לרוב נפילתנו בדיוטא תחתונה בעמקי החטאים וזהו ענין הנאמר ברבה (לא ידעתי מקומו במדבר רבה) היום בהר ה' יראה מקום מקדש עמק היה ואמר אברהם אין דרכו של מלך לשכון בעמק ונעשה הר וזהו ענינו כי אילו כבוד המקום לשכון בשפל תחתונים אף עלינו אף שאנו בשפל מחמת עונות היה ה' שורה עלינו אבל אברהם שאמר כבודו של מלך לשכון בהר אין שורה רק על צדיקים הנקראים הרים כדכתיב (במדבר כג ט) מראש צורים אראנו אבל לא על רשעים עוברים בעמק הבכא עומקו של גיהנום ולכך כעת בעונותינו הרבים סרה השכינה מאתנו וזהו מאמרם אתה אמרת וקראת הר דכתיב היום בהר וכו' וא"כ מזה אין שכינה אתנו ומה תרמה גלות שלך לשלנו ובא יצחק כי היה סומא חשוב כמת (נדרים סד ע"ב) וגם לפי דעת הראב"ע (בראשית כה לד ד"ה ויבז) לסוף ירד לתכלית עוני עד שהוצרך לבקש מעשו צידה בעבור ברכתו והיש יסורים יותר מזה לצפות לשלחן בניו וגם היתה אצלו הסתלקות השכינה כי לולי כן לא היה צריך יעקב לתחבולות ליקח הברכות מיד עשו וברוח הקדש היה יודע למי יאותו רק אחר כך כשהביא לו יין חלה עליו רוח הקדש לברך יעקב ובזה ביקש לנחם בניו אבל כבר נודע כי לכך היה סומא שלא יכיר ברשעת עשו וגם נעלמה ממנו רוח הקדש כי אילו נאמר לו ברוח הקדש לברך יעקב והיה שואל למה הצעיר לפני הבכור תשובתו תהיה ברשעת עשו ומבלי לצערו נעלם הימנו וזהו אומרם מה לך לנחמנו כל מה שקרה לך לטובתך היא כי אתה שיצא ממך עשו ומבלי לצערך כנ"ל

התמשיל ענינך לענינינו ובא יעקב כי זה באמת סבל צער גדול באומרו כי ימיו רעים לא נח ולא שקט ובא רוגז וירד בגולה במצרים מקום ערות ארץ משכן קליפות אמנם נודע כי מי שראה בחוש שסותרים ביתו ובונים לו בית יותר נכבד אינו מצטער כלל על ביתו הנחרב אף שבין כך סובל טלטול רב ממש יסבב בראש כל חוצות מאין מלון ודלף טורד יזל עליו אין זה נחשב לו בזכרו מיקר בנין בית אשר יבנו לו הבונים ושמה ינוח ויעודן וכן יעקב שראה במראות נבואה שהושקע בלבו כאילו ראהו בפועל כדרך הנביאים וזה הבדל בין נביא לחולם חלום וראה חרבן ולבסוף בנין בית המקדש אחרון היה הכל כלא חשובים בעיניו וזה אין זה הרצון כל בתים כאפס וכאין יחשבו רק כי אם זה האחרון לזה יקרא בית אלהים באמת וזה שער השמים וזהו מאמרם ליעקב לך אין צער כי עשית הבית כלא באמרך אין זה וכו' כי חקוק במחשבתך כבוד אחרון אבל מה נעשה אנן בחושך נלך אדמהו אכנהו לא ידענו ובא משה לנחם כי גם הוא סבל גלות מצרים בכוש במדין ובכולם ממש היה בסכנה עצומה וכן בנהגו צאן במדבר אשר שם נחשים שרפים אבל הוא זכה על ידי כך לתורה לא כן אנחנו בגולה אין תורה דכתיב מזי רעב ורעב לשמוע דבר ה' וגם לחומי רשף אלו מזיקים כמאמר חז"ל בברכות (דף ה) וזה מורה על ביטול תורה כדדרשינן בני רשף יגביהו עוף ולכך אין לנו נחמה אלא בה' שהוא מנחם על אופן השני הנ"ל ויקבץ נדחינו בקרוב ובא לציון גואל אמן:

דרוש ה'

דרוש תוכחת מוסר מה שדרש הגאון זצ"ל בימי סליחות קודם ראש השנה תק"ה לפ"ק בק"ק מיץ יע"א:

הושע הנביא צווח (ו א) לכו ונשובה אל ה' כי הוא טרף וירפאנו יך ויחבשנו יחיינו מיומים ביום השלישי יקימנו וכבר אמרו (בראשית רבה צא ט) כי אין הקדוש ברוך הוא משרה לצדיק בצרה יותר מג' ימים ויש להבין מה ענין זה להך דמקודם אבל דכבר נודע מה שנחלקו (עיין שבת נה ע"ב ועיי"ש היטב) אם יש מיתה ויסורין בלי חטא ופשע רק מסיבות חיצי הזמן וטבע כוכבי שמים ומזלות ובאמת זהו סיבת החלי והמרי שנמשכו אחר דיעה זו כי אין החטא גורם עונש עולם הזה כלל ומחמת זה לא שמו בה' כסלם ועולם הבא הנצחי רחוק מהחוש עד שיפעל בנפש המגושם ומטופש ומשוקע בהבלי עולם בעונותינו הרבים וזהו ענין עשו שאמרתי כבר ששאל מה טיבן של עדשים הללו א"ל שמת אותו זקן אמר לו אף באותו זקן פגעה מדת הדין אם כן לית דין ולית דיין (בראשית רבה סג יא) ולהבין מה זה ענין לעדשים אבל כבר אמרו חז"ל (ב"ב טז) ב' טעמים לאכילת עדשים או משום דהם מגולגלים וגלגל חוזר בעולם או שאין להם פה וכך אבל אין לו פה ונ"מ למבריא בביצים והנה אי אמרת אין מיתה בלי חטא לא שייך גלגל חוזר בעולם דהא איש צדיק ימלט הימנה ואין זה מפאת הגלגל כלל וזהו הסברא שחשב עשו מתחלה וא"כ ע"כ הטעם משום דאין להן פה ושאל מה טיבן של עדשים הללו הלא יכול

לאכול ביצים והשיב לו יעקב דמת אותו זקן ומי היה נקי מחטא יותר ממנו ש"מ דיש מיתה בלא חטא וא"כ יש לאכול עדשים היותן מגולגלין ובשמעו עשו זאת כי המיתה מקרה אחד לרע ולטוב כפר והנה בזה תבין למה אין הקדוש ברוך הוא משרה לצדיק בצרה יותר מג' ימים כי הראב"ע כתב (בראשית לד כה) על ויהי ביום השלישי בהיותם כואבים שלישי לעולם קשה שהוא חצי מרובע ופי' כל חולי ומחלה הוא על פי סיבוב לבנה בעולם ולכך נקרא חולה דל כדכתיב (תהלים מא ב) אשרי משכיל אל דל כי לבנה לית לה מגרמה כלום בשום אופן וידוע כי סיבוב לבנה בעולם קרוב לכ"ח ימים כי מה שהוא המולד בכ"ט י"ב הוא כי כבר בכ"ח ימים גם החמה הלכה מהלך מה וא"כ קרוב לשבעה ימים מסבבת הלבנה רביע גלגל שלשה מזלות ועושה פעולה ושינוי ולכך כתב הראב"ע בפרשת תזריע (ויקרא יב ב) כי סיבת טומאה שבעה עד שובה אל המרובע וכן החולים יראו שינויים ביום זיי"ן כי אז בסיבוב הרביע גלגל יש הפעולות הפכיות ולכך חולי משתנה ביום ז' או ביום י"ד או כ"א או כ"ח כי הכל בשינוי הגלגל וסיבוב לבנה וכן כתב הראב"ע בשבעת ימים יהיה תחת אמו כמו הנימול עד מרובע והיינו כשיעבור שבעה ימים יעתיק התנועה מהיפך להיפך ולעומת זה בחצי סיבוב לא יעתיק התנועה ואדרבא יוסיף חיזוק ואומץ כאשר החלו ולכך בסוף יום השלישי שהוא נוטה לרביעי שהוא חצי מרובע יעמוד ויתגבר הכאב בתנועת הלבנה שהיא בתכלית עמידה ולכך בחצי יום השלישי כאשר חמה נוטה למערב שהוא התחלת יום הרביעי לתוכנים שמונים מאופק חצי היום אז הכאב והחולשה מתגבר ולכך מי שיש לו קדחת רביעית יתמיד למאוד כי מפאת עמידת המרובע יתגבר חליו ולכן הקדוש ברוך הוא למען הראות כי משגיח בפרטיות על עם קרובו והוא משדד אצלם מערכות השמים ואינם תחת משטרי הכוכבים לכך תמיד ביום השלישי שראוי מפאת גזרת הכוכבים שיהיה כאבו נעכר ומתגבר לא יניח לצדיק בצרה וממציא לו תרופה להקל מחליו ויכירו וידעו כל העמים כי יד השם עשתה זאת מול טבע כוכבים ובזה יכירו וידעו כי היסורים וכל נגע ופגע הבא לישראל לא בא מפאת כוכבים כי אם מהקדוש ברוך הוא מוחץ ומרפא ולכך באברהם בשלישי למילתו כחום היום שאז הכאב בטבע מתגבר כמ"ש באו המלאכים לרפאות אותו ונקל לו לילך ולרוץ נגדם וכן בחזקיה אמר לו (מ"ב ב ה) ביום שלישי תעלה לבית ה' והיה מופת בארץ וכן שבטים שנסתפקו באנשי שכם שבאו כולם בברית יחד אבות ובנים למול בשר ערלתם אם כוונתם לשם שמים והרי הם כשירים ובחורי ה' או כוונתם רק שנתנו עיניהם בבנות יעקב וזרעו ולבבם מלא עמל ואון ומספיקא לא רצו לשלוח יד עד ביום השלישי שראו בהיותם כואבים כפי הטבע ואילו הם שלמים עם ה' לא היו בצרה ג' ימים כהנ"ל ומזה שפטו שסר צל ה' מאתם ותוכם רע ולכך טבחו ולא חמלו עליהם וזהו שהכתוב מזהיר שיחדלו הרע ויתלו היסורין וכל הכאב כי אצבע אלהים

היא ואמר (הושע ו א) לכו ונשובה לה' כי הוא טרף וירפאנו והוא יך ויחבשנו כי הכל מצדו ולא מפאת המזל והביא ראיה ע"ז כי הכל מיד ה' יחיינו מיומים וביום השלישי יקימנו וכו' כי אין משרה בצרה ג' ימים ומזה מוכח דאין מיד המזל והטבע רק מיד ה' כי לקינו כפי חטאינו ואם נשוב לה' נשוב כי מאתו העזר והישועה וכן עלינו הדבר לשוב בתשובה ובפרט העת גורם כי ימים אלו ימי משפט וצדק באו וקול תרועה נשמע ראוי לחפש בתשובה למאוד והעיקר כי לא תלוי בתשובה שהוא בעיני העולם הרבות אמירת מחזור פיוטים וסליחות אף כי ספר תהלים וכדומה ותענית ועם כל זה גוף עון בידם ואין זה המבוקש ותשובה הנרצית והיום הזה אשר תמכתי יתידותי בעיקר דרוש זה בהחזקת אמת ושלום כי שפת שקר ולשון רמיה הוא נותן כח לעשו וסטרא אחרא לעשות חיל בעונותינו הרבים וימים אלו הם מחולקים על ג' אופנים כמאמרם (קוה"ר ט ג) בערב ראש השנה ויתר שליש ובראש השנה שליש וכן ביום הכפור והיינו על שלשה חלקי עבירות התשובה בערב ראש השנה עבירות חמדה במותרות אשר אדם יחמוד ואוהב לרדוף אחר התאוה וכדומה וזה ימעט בתענית בערב ראש השנה בבטלו חמדת זמניי בראותו כי הגיע יום הדין הנורא וכי יפקוד השם עליו לדעת מעשיו מה ישיב ואיך לא ישליך רוב החמדה ובראש השנה יתחרט איש על כל אשר חטא נגד ה' בשמעו קול שופר היתקע ולא יחריד וימליך ה' במלכויות זכרונות ושופרות מי הוא איש נבוב אשר לא ילבב בלב שלם להתחרט ולגמור בלבו לשמור ולעשות כפי התורה וחוקיה הישרים וצדיקים אמנם עדיין עבירות בין אדם לחבירו קטטה ומחלוקות ושנאת חנם שוא ידבר איש את רעהו ובלבו ישים ארבו וכמו כן גזל ועושק וכדומה כלו עדיין טמון בעונותינו הרבים אצלינו עד בוא יום צום הנבחר כי בי' ימים יפשפש איש ובערב יום כפור ירצה חבירו בריצוי דברים וכסף ויסיר קנאה והמחלוקת וכל דבר פשע בין איש לחבירו כי יום כפור הוא רומז על יום המיתה ולכן לובשים לבנים הכל מענייני מיתה כי הוא מרמז לכך וזהו תכלית הנרצה וזהו שליש אחרון שנמחל ביום הכפור וזהו בסוף יום הכפור בתפלת נעילה שנאמר למען נחדל מעושק ידינו וזהו רמזו במאמר הנביא יחיינו מיומים אלו תרי ימים אבל ביום השלישי שהוא יום הכפור שהוא תכלית הנרצה יקימנו ונחיה לפניו כי זהו עיקר התשובה ולכך אמרו במדרש אמרה כנסת ישראל רבש"ע התשובה שלך היא ואמר הקדוש ברוך הוא תשובה שלכם היא ופירושן של דברים כי באמת הוא הדברים אשר דברתי כי עבירות בין האדם למקום בקל האדם מתחרט ועושה עליהן תשובה ונוח לו לשוב אבל עבירות בין אדם לחבירו זהו שקשה בדיני ממונות בעונותינו הרבים קשה לפרוש ובפרט קנאה ושנאה כאשר אמרתי פעמים רבות אם יבוא אדם לשאול לחכם מאן דהוא שקרה לו טריפות בביתו או חימוץ בפסח והוא יורה לו להשליכו לנהר אף שהוא הפסד מרובה לא יצפצף פה לנגדו כלל ואילו ידין בין איש לרעהו

וידין ליתן לחבירו יו"ד זהובים הלא ילך בפלילים ויתריס נגד הדיין וישמור לו איבה והטעם הוא כי זהו שהולך לאיבוד וטמיון אינו מקפיד כלל ומברך למי שנתן תורה אבל בזה שמגיע הדבר לחבירו בזו קנאתו גדולה עד שקשה לו לשמוע בקול הדיין וכן תמיד על עבירות שבין אדם למקום ישראל קדושים הן להתחרט ובפרט ימים אלו ימי תשובה וימי חפץ לה' ישובו לה' על מעלם אשר מעלו נגד ה' אבל לא נגד בני אדם כי במה נחשב אצלם ואף שבימים אלו אפשר שקטה המחלוקת וידבר זה לזה ובקרבו ישים ארבו בעונותינו הרבים כתר זעיר עד יעברו ימים אלו ואז נראה מה לעשות ומכ"ש שאין מוציאים מתחת ידם הגזל ועושק וריבית וכדומה ובאמת הן הן הדברים המעכבים התשובה בכל אופן כאשר אמרתי וזהו מאמר כנסת ישראל התשובה שלך היא הרצון מה שעבדנו למולך ועשינו נגד המצות הנוגעים לך וזהו עיקר התשובה כי יודעת כנסת ישראל כי בזה רוב ישראל מגדר התשובה אבל הקדוש ברוך הוא השיב התשובה שלכם היא היינו במה שנוגע לכם בין איש לרעהו זהו תכלית ועיקר התשובה כי באלה חפץ ה' ומקפיד יותר על המרי הזה שהוא טיב בני אדם משיקפיד על עבירות הנוגעות לו כי הוא חפץ חסד ולכן עיקר תשובה בזה ותכלית שמירת עון בין איש לרעהו וגדר שלא יבא לידי כך הוא גדר אמת ושלום שלא תהיה ביניהם שנאה כבושה בלב ובפה ידבר כאח יקר והיש שקר גדול מזה ולכך מדת אמת מביאה לידי שלום ומדת אמת שוללת כל לשון רמיה ובה נכלל שלא ידבר אדם אחד בפה ואחד בלב בתפלה כי גם זה בגדר השקר ואמרו במדרש (תנחומא ל"ט ד) מכריז האי רוכל מאן בעי חיי מאן בעי חיי אטריח עליו ר' ינאי ועלה גביה הוציא ספר תהלים מי האיש החפץ חיים אוהב ימים לראות טוב נצור לשונך מרע ושפתיך מדבר מרמה סור מרע ועשה טוב אמר ר"י כל ימי לא הייתי יודע ענין פסוק זה עד שבא האי רוכל ופירשו עכ"ל ויש להבין מה חידש זה הרוכל ולא אמר רק פסוק תהלים שמצפצפים הבריות יום ולילה לא יחשו ומכ"ש דאין להבין מה שאמר ר"י כי לא ידע פירוש הפסוק עד שבא רוכל כי לא שמענו פירושו כלל אבל הענין כי ידוע כי לעשו ולדכוותיה נתון עולם הזה וליעקב וסייעתו הצדיקים עולם הבא יום שכולו טוב אמת ונצחי ויש להבין הא יצחק ברכו ליעקב בכל טוב עולם הזה ויתן לך וכו' (בראשית כז כח) ע"ש ולא היה דבר טוב בעולם הזה שלא ברכהו וכי ח"ו לא חלה ברכת יצחק אבל הענין כי הואיל והיה בערמה וקצת כזב ויעקב מדתו אמת כדכתיב (מיכה ז כ) תתן אמת ליעקב שכולו קשוט לכך לא חלה ברכתו כ"כ בעולם הזה ואמת כי אמרתי בישוב קושית מהר"י אברבנאל ויתר מחברים כי מה תועיל הברכה שבירך יצחק ליעקב אם כוונתו היתה לעשו ומה בכך שהיה לנוכח יעקב הא בלבו היה לעשו אבל קושיא חדא מתורצת בחברתה דהקשו איך ס"ד שיחולו הברכות על עשו הרשע וכי תחול שפעת אלהים על רשע וא"כ ח"ו נלקח דינו של רשע להטיב לרשע ולהרע

לצדיק ח"ו אבל הענין כי עשו היה ציד בפיו ובפיו היה טוב רק בלבו היה רע ולכך אם אנו הולכים אחר הפה ולא אחר כונת הלב ראוי עשו לברכה וא"כ א"ש כי יעקב זכה בברכות בממ"נ אם הולכים אחר הפה הרי פיו ריצחק ברכו בפה מלא לנוכחו יחנו הברכות תבואנה על ראש צדיק ואם אחר כוונת הלב אף שיצחק היתה כוונתו על עשו מכל מקום אם באנו לדון כפי כוונת הלב עשו רשע גמור ומוחלט לא יתכן ביה ברכה וראוי בלאו הכי שלא תחול כי אם על יעקב שלבו היה שלם לשמים וא"ש אבל עם כל זה הואיל והיה במרמה ניתן לעשו עולם הזה שהוא גם כן עולם של רמיה ועולם של שקר וזיוף הבל הבלים אין בו ממש כאיש עושה רמיה שהוא גם כן רק כחלום יעוף ושקרא לא קאי (שבת קד ע"ב) וכבר אמרתי כי לכך אין זרעו של עשו נופלים אלא בידי זרעה של רחל (בראשית רבה צט ב) כי יש לעשו טענה ברמיה לקח ממני ברכתי ולהסב שמו עשו ליטול של אחיו אמנם רחל תיקנה כל זה שהיא באה במרמה ודברה בקול לבל ירגיש יעקב שהיא לאה ולא קנאה באחותה ובאה במרמה לטוב אחותה כנודע ולכן כל מה שיש פגם ביעקב נתקן ברחל ולכן זרע רחל יכולת בידם לגגוש עשו וכן תמיד האיש ההולך תמים ואין בלשונו כזב שהוא תכלית הרע בעצמותו כי אין לך רע אלא כזב ואין בו רמיה זה זוכה בעולם הזה גם כן בברכת יצחק ליעקב ולא שולט בו קטרוג עשו היותו מתקן הפגם ושומר אמונים וכבר נודע כי חיי עולם הבא נקראים חיים כי הם חיי אמת ונצחי אבל עולם הזה הוא רק בגדר ימים כי יעברו כצל וכחלום יעוף הלא צבא לאנוש עלי ארץ מספר ימיו חרוצים ובפרט לצדיק ועובד השלם כאשר אמרתי בפירוש הפסוק (משלי י כז) יראת ה' תוסיף ימים ושנות רשעים תקצרנה והוא ודאי אם ירצה איש לדאוג על שנים רבות מה יקרה לו אם לא ברוב ימים יפסיד עסקו ומי יודע ברוב ימים מה יקרה אם לא תהיה מלחמה וכדומה עד שיפסיד כל נכסיו וכן מה יקרה לבניו ונכדיו וכדומה לדאוג צרות מחר ויש מחר לאחר זמן הלא יחיה כל ימיו חיי צער ומכאובים לנגדו תמיד גם בלילה לא יישן ויבלה ימיו ברוב דאגה וענין רע לענות בו נפש ולא יראה טובו בעמלו כלל אמנם הצדיק וחכם לבב לא ידאג רק על ימים מועטים מה יהיה בחדש ושבת וזה בקל להשיג חפצו וכאשר יעברו ימים אלו יוסיף לדאוג תמיד על זמן מועט ובזה יקל דאגתו וישבע ימים בטוב ובנעימים וזהו אומרו יראת ה' תוסיף ימים שאין לו רק ימים אבל שנות רשעים כי רשעים אינם מסתפקים בימים רק בשנים תקצרנה וזה בעונותינו הרבים רוע חולי שמרבים לדאוג על ימים ארוכים ובתכלית בניהם לימים רבים יעשו תחבולות ונכזבה תוחלתם כי לה' נתכנו עלילות ומה יעוז אנוש לחשוב דבר על ימים ימימה ושוא מחשבת אדם וכללו של דבר כל עולם הזה נכלל בתואר ימים ולפ"ז יש לפרש הפסוק כך דדוד אמר שניהם מי האיש החפץ חיים היינו עולם הבא ואוהב ימים לראות טוב היינו עולם הזה ועל זה נתן עצה במה דסיים פתח וגם עולם הזה קודם לעולם הבא התקן עצמך בפרוזדור

וכו' (אבות ד טז) ואמר על עולם הזה נצור לשונך מרע דהיינו מבלי לדבר כזב ושקר שהוא רע בהחלט ושפתיך מדבר מרמה זוכה לברכת יצחק ואין לעשו טענה בו ועל עולם הבא אמר סור מרע ועשה טוב דהיינו תורה ומעשים טובים שהם טובים בעצמן והן המביאים לאדם לחיי עולם הבא:

והנה יש כאן שני פנים או דהך נצור לשונך מרע ומדבר מרמה הוא רק עצה וסגולה להיות זוכה לעולם הזה לבל יטלו עשו אבל לחיי נצחי העיקר לעזוב עבירות ולעשות טוב ומה נ"מ במרמה וכהנה בענין עולם הבא וא"כ איש אשר ימאס בעולם הזה וכל מגמתו לחיי עולם הבא לא ידקדק בזה בלשון רמיה כלל אבל באמת זה שקר דמה שאמר דוד נצור וכו' ומדבר מרמה מוסב על חיי עולם הבא גם כן ואיש שהוא מרמה ותוך תחת לשונו גם לעולם הבא לא יזכה דהוא עלמא דקשוט ואין בו לאנשי מרמה חלק וזהו כוונתו דביקש להודיע זאת לאנשים ולכך הכריז מאן בעי חיי ולא הכריז אוהב ימים לראות טוב כלל רק נקט בלשונו מאן בעי חיי לבד שהוא עולם נצחי וכאשר שאלו השיב כבר פירש דוד נצור לשונך מרע ושפתיך מדבר מרמה וגו' הורה דגם ע"ז סובב עצת דוד וכמ"ש כי לולי כן גם עולם הבא לא יירש כלל וגם זהו מתנאי חיי נצחיי ולכך אמר ר"י כי עד ביאת הרוכל היה חושב גם כן כנ"ל כי זהו רק לתנאי עולם הזה אבל הוא גילה שגם חיי נצחי תלויה בו וכן האמת כי בשפת שקר ולשון רמיה תלוי הכל כי בזה נכלל ענין התפלה גם כן שיהיה בכוונת הלב ולולי זאת הוא בגדר לשון רמיה ושפת שקר וכמו כן נכלל בו החזקת התורה ולומדיה כי בעונותינו הרבים קיץ מכאוב וסילון ממאיר שמשכח התורה מישראל וחדלו פרושים גבורי כח בתורה כלי חמדה נעדרו כי אין מחזיק ללומדי תורה והיה כי ילמד אין משיא בתו לתלמיד חכם הוי עם טיפש ולא חכם הלא זה חייכם ואמרו (כתובות קיא ע"ב) מצאנו להם לעמי הארצות תקנה במשיא בתו לתלמיד חכם ואין סובב על עמי הארצות גמורים כאשר היה בזמן גמרא כי באלו היה תלמיד חכם אסור לשדך ועל בנותיהם נאמר ארור שוכב וכו' (פסחים מט) רק כוונה לאנשים בלתי בעלי תורה וזו תקנתם להשיא בתם לתלמיד חכם ולהגדיל כבוד התורה כי מצוה גוררת מצוה כי אם עשיר אחד נותן בתו לתלמיד חכם גורם הרבה תורה בישראל כי על ידי כך מתקנאים הבחורים לומר אף אני אלמד וגם כן אזכה לשידוך טוב וע"כ תתרבה הדעת ותבונה ולהיפך בעונותינו הרבים על ידי כך חשק התורה בטל ואין בקר ברפתים היו שרי תורה כאילים לא מצאו מרעה ואין מחזיק בפלך התורה וראו בעונותינו הרבים כמה דור יתום והלא בגולה אין לנו שיור רק התורה הזאת ואיך נדבר בתפלה והאר עינינו בתורתך וכן בקשות רבות על התורה בכל תפלות שבת וי"ט ותן חלקנו בתורתיך ואיך יתן חלק לך בתורה ה' יהיב חכמה לחכימים ולעוסקי תורתו ואתה נתת לתורה עורף ולא פנים ומה נאמר בראש השנה הזה אשר אנו אומרים וכל העם רואים את הקולות משה ידבר והאלהים יעננו בקול

השמע עם קול אלהים ולא יעשו וא"כ אף אני אומר קול ה' קורא במדבר ובכל יום בת קול יוצאת מהר חורב אוי להם לבריות מעלבונה של תורה (אבות ו ב) היש עלבון גדול מזה בעלי תורה אשר בצלם אנו חיים לא יאותו לשדך בם כאילו אין אלהים בקרב ישראל להחיות ולכלכל את עמו שמעתי אומרים על זה לשוא הכיתי את בניכם (ירמיה ב ל) כי מימים מקדם היה לעשיר וקצין בת אחת שהיה לה מום היה משיא אותה לתלמיד חכם בבטחון שלא ישנא אותה בכך וע"ז נאמר כי התורה מרפאת כל מום וא"כ מה עשה הקדוש ברוך הוא כשרצה שיהיה תלמיד חכם יכול ללמוד תורה מרווחה ויצליח בתורה זימן שיהיה לקצין בת בעלת מום ומזה היה מוחץ ורופא לתלמיד חכם וע"ז נאמר יך וירפאנו אבל עכשיו אע"פ שיש לה כל חסרונות מכל מקום קפצו עליה בני עמי הארץ ויתנו את הילדה בזונה בעוונותינו הרבים והבחור היגע בתורה יושב וראשו חפוי שמעו אלי ותחי נפשיכם והתדבקו בתורה כי זהו עיקר חיינו בעולם הזה כי אי אפשר לשוב בתשובה שלימה כי אם מתוך התורה והחזקת התורה הוי המתאוים יום ה' יום ההוא חושך כו' וזהו גם כן רבים אין מבחינין טיב ראש השנה ומתאוים עליו מתי יהיה ראש השנה לשמוע קול המשורר בקול נעים וערב הפיוטים משוררים בשיר אוי אשר אינם יודעים מה יעשו ליום פקודה יום ההוא חשך כי תדעו כי אש חשך למאוד ואינו מאיר כלל ולכך אש יסודי אף שהוא קרוב לגלגל לבנה מכל מקום אינו מאיר בעולם וכן גיהנום כולו אש והוא חשך ואפילה ומה שהוא מאיר הוא בהתערבו בו יסוד מים אבל אש בפ"ע חשך למאוד ולכך בגיהנום נאמר רשעים בחשך ידמו וכן בראש השנה קודם שופר הכל למעלה אש אלפים רבבות פרסאות אש כי ה' נשפט באש והוא חשך למאוד ולכך יסד הפייטן בשחרית ראש השנה והחיות מראיהן כגחלי אש וכו' כי הכל אש והכל זעים ודחילים עד שיתקעו ישראל שופר אז ירדו מן מקור עליון מים חיים והוא כעין תחילת בריאת עולם ויאמר אלהים יהי אור וכן הוא בתקיעה שנעשה אור למעלה מכל עולמות ששים ושמחים אמנם במה להוריד מי עליון בשופר הוא בבכי גדול להוריד כנחל דמעה כי אין לך שובר כחו של דינים אלא בבכי ולכך אמרו מים עליונים היו בוכים וכן הוא הבכי ע"י החימום בעצמו ומשם ירדו מים וזהו כעין למעלה כי המים מתערבים באש ועדיין אש לא כובה כל יו"ד ימים עד יום כפור ששקטה האש:

ולכן בבקשה נא שימו נא על לבבכם כל דברים האלה מבלי לילך בקרי ולעשות כמצות אנשים מלומדה וכמנהג אבותיכם ולמה בעניני עולם לא תעשו כאבותיכם אבותיכם מעולם לא שתו קאפע וטהע וכהנה דברים וכ"כ עשב טאבאק כי לא ידעו סגולתם ועכשיו שנתברר שהוא רפואה יחזיקו בו עשיר ורש ואינם חשים אם היה מנהג אבותיהם או לא ולמה בענין היראה ועבודת ה' אשר אני אומר לכם עבודת ורפואת הנפש לא תרצו לשנות מנהג אבותיכם הכל לפי הענין והזמן עכשיו הגיע ערב של עולם וחמה נוטה

לשקוע הלא חובה עלינו להחזיק בתשובה ביותר וכמו ביום הכפור בנעילה היום פנה השמש יבא ויפנה אנו מרבים בתוספת התעוררות להתפלל וכן אצלינו אנו צריכים ביותר ויותר להחזיק בעבודת ה' ובתשובה כי הנה בעונותינו הרבים עברו ימים ועתים רבים אשר קוינו לקץ ואך לשוא שמרנו ואין זה כי אם מחמת מניעת תשובה כי בעונותינו הרבים מכף רגל ועד ראש אין בנו מתום ובפרט במה שחטאנו בשנאת חנם ושפת שקר ובזיון תורה הלא זה שהחריב בית ה' כמ"ש (יומא ט ע"ב) בעון שנאת חנם וכן צווח הנביא (דה"ב לו טז) ויהיו מלעיבים במלאכי אלהים וכן עכשיו כאשר אמרתי כי הנביא צווח לשוא הכיתי את בניכם כי אף שיש לה חסרונות ומומים אינו משיאה לבן תורה ולכן עלינו להתחזק בזה למאוד ובפרט בענין שקר ושפת רמיה אשר בעונותינו הרבים גוים נזהרים מזה ומזה יותר השטן מעורר דין על ישראל כאשר אמרתי לכם תמיד כל מצות שגוים מחזיקים ומחמירים בעונותינו הרבים קצף בישראל אם הישראלים אינם מדקדקים כ"כ ולכך כששאלו (קידושין לא) עד היכן כבוד אב אמרו שאלו לדמא בן נתינא והיינו דגוי החמיר על עצמו יותר משורת הדין דקיימא לן כבוד משל אב:

ובזה תבינו מה שכתוב (תהלים פא ד) תקעו בחודש שופר בכסה ליום חגינו כי חוק לישראל הוא משפט לאלהי יעקב עדות ביהוסף שמו בצאתו על ארץ מצרים וכו' וענין הפסוק כך דיש להבין למה נעלם בתורה טעם ראש השנה ונאמר סתם יום תרועה יהיה לכם ולא נאמר בו טעם כי ישב אלהים למשפט כאשר נאמר טעם ביום כפור ויתר חגים אבל זהו לטובת ישראל כי ידוע מה שכתוב (פרקי דר"א פ"י) הטעם דלמה ברח יונה וביקש לכבוש נבואתו לנינוה משום דאמר גוים נוחי תשובה הם יעוררו חימה על ישראל דהם מקשים ערפם לשוב ולכך היה מוסר נפשו למות בשביל ישראל וכן הדבר אילו הגוים היו יודעים ומרגישים כמונו שראש השנה יום הדין ופקודה לכל השנה היו חוזרים בתשובה למאוד והיה נפלא מעשיהם בכל ענינם ועל ידי כך היה לישראל קטרוג משטן והיה חימה על ישראל ולכך העלים ה' מהם יום הדין כדי שלא יחייבו לישראל ולכך אילו היה כתוב בתורה היה הדבר נתוודע להם כי רוב אומות מאמינים בתורה שבכתב ומודים כי היא מה' ולכך העלים ה' ומסרו בתורה שבע"פ כי הוא יום דין וזהו האומות פוקרים בו כנודע וזה לטובתינו ולכך אמר דוד (תהילים קמ"ז:י"ט-כ') מגיד דבריו ליעקב חוקיו ומשפטיו לישראל לא עשה כן לכל גוי ומשפטים בל ידעום שהעלים מאתם יום המוגבל לחוק ומשפט ולכך הללויה כי עלינו לשבח לה' בזה כי הגדיל חסדו אתנו מאוד בזה ומזה תבין ענין חרטומי מצרים (בראשית מא ה) שפתרו החלום לפרעה שבע ארצות אתה כובש שבעה ארצות אתה מפסיד שבעה בנים תוליד ושבעה ימותו (בראשית רבה פט ו) וקשה כיון שבא לידי כך למה לא אמרו מטיבי החלום שראה שבלים עולים שהוא על שני רעב ושני שובע

אבל יש להבין במה שאנו אומרים בתפלת מוסף ראש השנה ועל המדינות בו יאמר איזו לרעב ואיזו לשובע וקשה לכאורה הא קיימא לן (ראש השנה טז) בפסח נדונים על התבואה אם שיהיה לשובע או לרזון ח"ו וא"כ מה טיבו של זה שאומרים בראש השנה גוזר איזו לרעב ואיזו לשובע אבל תדעו כי בזה נשתנת ארץ ישראל מכל שארי ארצות כי ארץ ישראל סגולה לישראל כנודע וזהו הכל בניסן כי בו יצאו ממצרים ולכך מלכי ישראל הכל מניסן מונין וכן העומר בא מארץ ישראל וארץ ישראל היא מדינה פרטית שדנין אותה בפסח על זרע תבואות ארץ ישראל אבל חוץ לארץ ושארי ארצות הם בכלל נגררים הכל אחר תשרי כמו מלכי אומות העולם מתשרי והכל מתשרי והכל נדונים בראש השנה וזהו שדייק ואומר ועל המדינות בו יאמר היינו חוץ לארץ שהם בכלל מדינות כמ"ש בירושלמי שרתי במדינות שהיה ראש לשאר מדינות ולכך בחוץ לארץ נדונים בראש השנה אבל ארץ ישראל נדון בהקרבת עומר או בזמנה בעונותינו הרבים עכשיו בגולה על התבואה ומזה תבין דעת רוב חכמים דאין חדש נוהג בחוץ לארץ כי ענין חדש תלוי בעומר כמבואר ואמרו (ראש השנה שם ע"ב) הקריבו עומר כדי שתתברך תבואת ארץ ודהו הכל לארץ ישראל לבד ולכך חדש רק בארץ ישראל נוהג והנה החרטומים לא ידעו זה כי מה שכתוב משפטים בל ידעום היינו זמן משפט והם חשבו כי בדרך כלל בפסח נדונים על התבואה כל ארצות ולכך פרעה שחלם בראש השנה כנודע (ראש השנה י יא ע"ב) כי בראש השנה יצא יוסף מבית האסורים ושפטו לפתור החלום מעין אותו היום ולכך שפטו על מלחמות הצלחה והפסד כי בו יאמר איזו לחרב ואיזו לשלום וכן שפטו על מיתה וחיים כי הוא בראש השנה כנודע אבל על רעב ושובע מאנו לשפוט כי אין זה טיב ראש השנה אבל יוסף הבין ולכך אמר אשר אלהים עושה הראה לפרעה כי שארי ארצות זולת ארץ ישראל הקדושה אינן בכלל דין פסח רק בראש השנה ולכך באמת יש במדרש דעות שלא היה רעב רק במדינות סמוכות למצרים ולא בארץ ישראל ע"ש במדרש על פסוק ויהי רעב בכל הארץ כי על ארץ ישראל לא נגזר בראש השנה וזהו כוונת הפסוק תקעו בחודש שופר בכסה ליום חגינו הרצון שטעם ענין התקיעה והחג מכוסה בתורה מבלי זכר לטעם רק הוא חוק לישראל וקאמר הטעם דלמה הוא בגדר חוק לישראל הוא משפט לאלהי יעקב וזהו לטובתינו שלא ירגישו בו גוים ונעלם מאתם יום דין ומשפט ולזה מביא ראיה עדות ביהוסף וכו' שגם כן לא ידעו על בוריו זמן משפט על נכון ולכן לא ידעו לפתור חלום על נכון אבל לישראל שנודע דבר חוק ומשפט הבין יוסף כי בראש השנה דנין לשאר ארצות ולכך בטוב פתר והצליח וממנו יש ללמוד כמה טובות למקום עלינו ואנו בעונותינו הרבים אין שמים על לב לשוב אל ה' והולכים בקרי וחושבים כי זהו עיקר ראש השנה שהחזנים השוטים מזמרים בקול ענות חלושה ויבוא גם השטן להתייצב בתוכם נתנה עלי בקולה ע"כ

שנאתיה ומלאכי השרת ממש אינם אומרים שירה ואיך נשיר ונרים קול בשיר של שטות והוללות והוא דומה לענין רע אשר היה בזמן בית ראשון בגי בן הנום שהיו מוליכין בניהם לשרוף באש והיו משוררים בקול שירים ועוגב וכן הדבר הזה למעלה אש לא נופח וחיות הקודש זעים מפחד אש ולמטה משוררים החזנים בחזיונות קשה קורא בקול הכסילים אשר תחת השיר מחלת לב ויוחיל עד בוש אשר לעומתו יאמרו וירם כאוב מארץ קולו וזה מדבר וזה בא בקטיגור נעשה סניגור על שלשה רגזה ארץ מתקוממה לו בושני מכם פרושים טהורי לב איך לא תשימו לב ליראה ביום הנורא הזה והלא טוב לכם לישן ביום הזה משתעמדו לשמוע בקול השוטים ההם ושר בשירים על לב רע כי אין להם כוונה ופניה לשם שמים כלל וכל ענינם לשורר ולהמתיק הנעימה כצפצופי עופות טמאים יוליכו את הקול וטמא טמא יקרא וענתה לכם השירה הזאת לעד כי בעונותינו הרבים ארכו הימים חדל כל חזון וחכמה והוא מבלי תת מקום לתפלה נכונה ולקרוא לה' ממעמקים ולבחור שליח ציבור שיש בו מעלות ויודע למי מתפלל והוא כלו מחמדים נא ונא אחיי אל תרעו בזה עבדו את ה' ביראה גורו לכם מהדין ועשו בכל אופן לילך בדרכי ה' כי הוא עושה שלום במרומיו כמ"ש כי מערב מים באש אף אתם יהיה לכם שלום בכל אופן וצריך להבין לכאורה קשה מה עושה שלום במרומיו הלא למטה בכל גוש וגוש יש הרכב ד' יסודות ואבן חלמיש מקיר תצעק שיזובו ממנו מים וכאשר יכו בו יפוצץ ניצוצי אש כי יש בו הרכב מהכל וכל כת אלכימאה יעידו בזה במופת וא"כ אף למטה השלום הזה אבל באמת אין הכוונה בעשיית שלום לחבירו לאגודה שיהיו אש ומים שוכנים יחד כי זה למטה גם כן וכן השלום אצלינו כי באים יחד אוהב ואויב באגודה אבל הלבבות חלוקות זה לסתור וזה לבנות כמו אש לשרוף ומים לכבות אבל למעלה השלום כי תופס אש טבע מים כי טבע אש לעלות למעלה ולא לירד למטה כמים אבל למעלה כתב (דניאל ז י) חזיתי נהר דינור שהוא נהר אש נגיד ונפיק הרי דהיה יורד מלמעלה ממקום החיות למטה מטה עד שאמרו שמגיע למקום ירכתי שאול לראשן של רשעים הרי דתופס האש טבע מים לירד למטה וכן המים העליונים עומדים על מעלה ואינם יורדים רק הם עולים מעלה מעלה וזהו כטבע אש וזהו תכלית השלום שמשנה טבעו בשביל חבירו ולוקח בעצמו טבע חבירו למען היות לאחדים וזהו תכלית האחדות ואמת כי אמת הוא סימן לאחדות כנאמר אמת חותמו להודיע כי הוא אחד ובאמת יש לאדם להיות זריז בתשובה למאוד והעיקר התשובה לא להתענות וכדומה כי אם לעשות גדרים כי זהו העיקר כאומרם (אבות רפ"ב) הוי זהיר במצוה קלה כבחמורה כי באמת יפה אמר דוד כמבואר במדרש (ילק"ש ח"ב רמז תשנ"ח) אין אני מתיירא מעבירות שהן חמורות כי הן חמורות ומה אני ירא מעבירות קלות שהן קלות הרצון כי בקל לא יפגע אדם באשת איש לבעול אותה ח"ו לא יעלה בלבו כלל רק בתחלה יעלה בלבו

להביט ברוב יפיה ואם כי גם זה אסור זהו נקל בעיניו ויחשוב מה כ"כ איסור בשביל זה לא אחמוד יופיה וכמו כן לדבר אתה דברים של שטות דברי עגבים ואף שהוא אסור יאמר מה נ"מ בדברים אדרבה על ידי כך הוא נעשה קרוב לגבירה אחת והיא תכלכל שיבתו ויהיה לו יד ושם לפעול טובות רבות וכהנה פטפוטי יצר הרע עד שמחמת זה בא לבסוף לידי קריבה דגלוי עריות ולסוף לגלוי עריות וזהו הכונה מחמת עבירות שהן קלות אני מתיירא שעל ידי כך אבוא לידי חמורות וזהו הכונה לא אירא מעבירות חמורות בעצם שהן חמורות ומהיכי תיתי לעבור אבל אני מתיירא מן קלות שהן קלות ונוח להתפתות מיצר הרע ועל ידי כך באים לידי עבירות חמורות וזהו מה שכתוב על פסוק (במדבר כא כו) כי חשבון עיר סיחון והוא נלחם במלך מואב הראשון ויקח את כל ארצו מידו ע"כ יאמרו המושלים בואו חשבון ודרשו חז"ל (ב"ב עח ע"ב) ע"כ יאמרו המושלים ביצרן באו ונחשב שכר מצוה כנגד הפסדה והפסד עבירה כנגד עונשה יש להבין מה זה להך דמקודם דאמרו כי חשבון עיר סיחון ומה זה ענין לעל כן יאמרו המושלים אבל לפי הנ"ל ניחא דהך דחשבון עיר סיחון הוא משל מוחלט להך דלעיל כי לא יאמר האדם מה כ"כ נ"מ בקלות הוא רק גדר בעלמא ולעומת זה על ידי כך יוכל להתגולל כמה מצות וזהו הפסד מצוה כנגד שכרה ויקח משל מן חשבון היא עיר של מואב והיתה עומדת בספר ואילו היה מלך מואב משגיח עליה לא היה סיפוק ביד סיחון לכובשה רק הואיל ולא היתה כ"כ עיר גדולה לא השגיח לעורר כל כחו וכלי מלחמתו אך כאשר כבש סיחון חשבון אחר כך היתה דרך סלולה לפניו וכבש כל ארצו וזהו הנאמר כי חשבון עיר סיחון והוא נלחם במלך מואב הראשון בחשבון ומלך מואב לא החשיבה ואחר כך כבש ולקח כל ארצו מידו וזהו הנמשל כאשר מניח למלך זקן וכסיל לכבוש דבר מועט לבסוף יכבוש כולו וישלוט בו כרצונו וא"ש ע"כ יאמרו המושלים והבן זה כי דרכו של יצר הרע לילך לאט לאט היום כך ומחר כך ובא מתחלה בכונה לשם שמים וכל מעשיו לשם מצוה הן בענין מחלוקת יבוא מחויב אתה לקנאות קנאת השם וכדומה עד שמביא אש וקטטה בלבו ואחר כך דמיא למים הזדונים השוטפים בזעם כמאמרם (סנהדרין ז) דדמיא לבידקא דמיא ולכן זה צריך שמירה ביותר כי באמת ראוי להתקנאות בעושי עול אבל מבלי להרבות במחלוקת וכמ"ש הרמ"א (ביו"ד סוס"י של"ד וחו"מ סימן י"ב סעיף א') מיום שגברו בעלי זרוע אי אפשר להעמיד הדת על תלה וכן ראוי לכל איש ירא חטא לשקול בפלס טרם יכנס במחלוקת אף שהיא לשם שמים לבל יהיה ח"ו אחר כך דמיא לבידקא דמיא וזהו מאמר דוד (תהלים לב ו) על זאת יתפלל כל חסיד וכו' רק לשטף מים רבים אליו לא יגיעו כי החסיד הוא לקנאות ברשעים ולהתגרות בם אבל יתפלל שלא יהיה דמיא לבידקא דמיא וכלל אמרו חז"ל (אבות ה יז) איזה מחלוקת לשם שמים מחלוקת הלל ושמאי וכל זה בתורה וזולתו אין כאן שיחול עליו לשם שמים כי אף

שהוא לשם שמים תמיד הסטרא אחרא יש חלק בו וסופו רע בעונותינו הרבים והוא דרך היצר הרע לומר שהוא לשם שמים וכן מתעה לאדם בכל דרכיו וע"ז אמר הנביא (ירמיה א יג) ויאמר ה' מה אתה רואה ויאמר סיר נפוח ופניו מפני צפונה ויאמר ה' מצפון תפתח הרעה והוא אמר במשל כי היו מהלכים בקרב הארץ הרע והטוב והטוב הלך במלבושים טובים בעצמות טובו וכן הרע במלבושים רעים ומגואלים בעצמותו של רע ובכל מקום שבא הרע ברחו האנשים ממנו כי עצם רעתו מכירים ואין לן בצלו ואין דובר עמו דבר ולעומת זה הטוב רבים שחרו פניו וכל המרבה להתדבק עמו הרי זה משובח ודבר זה היצר מאוד להרע ויחשוב מחשבת רשע להיות יודע כי טבע טוב להטיב לזולתו לא יבצר ממנו דבר בא אל הטוב בבקשה שהולך לדרך ויבקש ממנו שאל ימנע להשאיל לו על שעה שתים בגדיו הנאים והוא ילבש בגדיו הצואים והטוב היותו טוב בעצמותו לא יכול להשיב פניו ריקם ויעש כן והרע שהוא בעצמותו שקר וכזב לא נתן הבגדים הנאים עוד להטוב ומאז והלאה הרע הולך בבגדים נאים השייכים להטוב והטוב בבגדים רעים השייכים להרע וגלל כן כאשר בא הרע העירה כל העם יכבדוהו וינשאוהו מכל כי ראו בגדיו בטוב אבל תוכו רע ויגרום להם רעות רבות ולהטוב ברואם כי הוא לובש בגדים רעים הרחיקו ממנו כמטחוי קשת ועל ידי כך אבדה טובה רבה ולכך יצר הרע אילו היו מסיימין להמון שהוא רע לא היו שומעים בקולו כלל אבל הוא בא בבגדים נאים ודבריו הכל לשם שמים ותוכו רע וזהו החלי בעונותינו הרבים להטעות לאדם וזהו שאמר ה' מה אתה רואה ויאמר סיר נפוח והוא יצר הרע כולו רוח ונפוח ותוכו הבל הבלים ואמר ופניו מפני צפונה הרצון הפנימיות שלו שהוא תכלית הרע וארס נחש להמית לאדם צפון וטמון ואין בני אדם מכירין אותו ויאמר ה' הטבת לראות כי מצפון תפתח הרעה כי ודאי מתחלה אלו היו יודעים שהוא רע לא היו נגשים אליו רק הוא צפון ובגדיו בגדי טובים כהנ"ל ולכך אמר תפתח כי זהו מתחילה אבל אם כבר נפתה אחריו אף על פי שאחר כך מרגיש ברעתו מכל מקום כבר נמשך וכרוך אחריו למאוד ולכן מאוד מאוד צריך שמירה מהיצר הרע ומן חלקלקות לשונו ובפרט אם ע"י פיתוי מגיע חמדת ממון ודרך רשעים צלחה הוא עושר שמור לרעתו בעונותינו הרבים כמה אנשים שבניהם יוצאים לתרבות בעונותינו הרבים והוא כי נתגדלו ברוב עושר ונגידות ואחר כך מבקשים למודם ואינם מוצאים וגם על ידי כך נתערבו בגוים וילמדו ממעשיהם כהנה וכהנה יותר דברים שהעושר לרעתם והפסד עולמם בזה ובבא ובזה תוכל ללמוד מן סיחון כי אילו לא כבש חשבון ממואב לא היו ישראל מגיעים כלל דרך ארצו כי היה מסע שלהם בצד חשבון ובנותיה אם כן לא היה מגיע כלל למלחמה עם ישראל ולא היה לו ולעמו נפילה כלל אבל ברוב הצלחתו שהצליח וחשב כי כביר מצא ידו וכוכבו ברוב מעלות שלקח חשבון ובנותיה מיד מואב וזה גרם לו שמנע

לישראל לעבור דרך שם וקרהו מלחמה ונאבד הוא וכל עמו הרי הצלחתו היתה לתכלית רעה והיה אחריתו עדי אובד ומזה ילמדו ולכך אמר על כי חשבון עיר סיחון וכו' ע"כ יאמרו המושלים ביצרם בואו ונחשב הפסד מצוה וכו' ואל תתפתו אם טוב לכם בעבירה כי סופה רע וכליון ואבדון כאשר קרה לחשבון ולסיחון וממנו תקחו מוסר ומשל ויפה אמר ע"כ יאמרו המושלים וכו' והבן ולכן יש לאדם מאוד להתבונן ולהשמר מפח יקוש של יצר הרע וזהו אי אפשר כי אם בלמוד תורה והעיקר שילמד כל אדם הן תלמיד חכם הן עם הארץ איש ואשה דף אחד בכל יום מספרי מוסר כל אדם לפי ענינו של"ה או שארי ספרי מוסר וכן מה שהוא בלשון אשכנז כי הרבה ספרים בלשון אשכנז שיש בם מוסר גדול למאוד אשרי אדם ההוגה בהן וזה יהיה לאדם ממש לחומה בצורה שלא בקל ילכדהו מלך זקן וכסיל כי תחבולותיו רבות:

אמרו (סוכה נב ע"ב קידושין ל) יצרו של אדם מתגבר בכל יום ואמרו יצרו של אדם מתחדש בכל יום יש להבין מה ענין של התגברות או התחדשות אבל הוא הענין כי החטאים נחלקים לשני חלקים אחד מה שאדם חוטא שאין בו מטבע התאוה וחימוד גוף כלל כי המניח תפילין ואינו מניחם כדבעי ובכונה ובשמחה לרצון קונו ומה חימוד יש בזה אם מניחן כראוי או לא וכהנה מצות רבות דאינם עושים כדקא יאות והרבה עבירות כמו לשון הרע מה יתרון לבעל הלשון ומה נחת יש בו ומה תועלת לגוף וחימוד יש בו עושה רעה לחבירו ומה תועלת יש בו מתפלל ודעתו לדברים בטילים מה תועלת יש בו לובש בגדים שעטנז אוי לאותו עון בעונותינו הרבים בכמה גלילות אינם נזהרים בזה מוסרים הבגדים לחייט גוי לעשותן ויד ליד לא תנקה מעון כלאים ושעטנז גם יש צייגין שאין מדקדקים האומנים כ"כ בעשותן כאשר ידוע כי הקצה הוא שעטנז ובזה מעורב הרבה חוטין משעטנז מפשתן רק כל זמן שהצבע חדש עליו אינו ניכר כלל וכאשר יתיישן בקל יהיה ניכר בתוך בגד חוט של פשתן בתוך הצמר כאשר הראיתי לרבים וזה עון פלילי למאוד כי הוא חק מה' וכל דבר חק הוא ענין גדול למאוד כי הוא הנסתרות לה' וע"ז ממש נכרת ברית ה' עם ישראל ולכן אמרתי בדרך מוסר מה שהביא במדרש והביאו הטור (טוא"ח סימן תר"ד) בחייט שלקח בערב יום כפור דג ביוקר ושאלו הטעם והשיב ואיך לא נשמח ביום סליחה ומחילה ודייק הט"ז (שם) מה זה שאמרו שהיה חייט הוי ליה למימר סתם חד גברא אבל הענין כי יום הכפור הוא בלי ספק יום מחילה וסליחה כי השטן אין לו רשות לקטרג אבל כשלובשין שעטנז שהוא שט"ן ע"ז אז אפילו ביום הכפור גבר כחו של שטן לקטרג כי הוא מעורר גם כן חטא הבל וקין בקרבנו צמר ופשתן ולכך ביום הכפור אפילו בגדי כהונה שהותר בהן כלאים לא היה כהן גדול לובש לבלתי תת לסטרא אחרא אחיזה ובגדי בד ילבש ולכך מי האיש אשר יבטח שלא נכשל בעון שעטנז ויהיה השטן אסור בכבלים מבלי לקטרג רק האי חייט היה צדיק וישר וידע כי אין תופר בבגדים כלל שום שעטנז הן

דאורייתא הן דרבנן בזה היה לבבו בטוח שלא יהיה רשות לשטן לקטרג ולכך שמח ביום הכפור ולכן נא שימו זאת על לבב ובכל עת יהיו בגדים כשרים בלי תת לסטרא אחרא לאחוז בו בשום אופן כלל וכלל עבירות כאלה אינם מפאת החימוד ואדרבה השכל נותן לשומרם בתכלית השמירה היותם רצון הבורא והלא טבע כל בני חיים לרוץ מן הנזק מן הבור ואש והמים ואיך לא ימלט אדם בעל בינה ומדע מן לכד ונזק הנראה בשכלו אמנם כן יצר סוכן בו היצר הרע בו תמיד להסיתו ולהביאו לירכתי שאול ואף כי האדם בשכלו מנגד לו הוא מתגבר עליו כי לולי עזרת ה' אי אפשר לעמוד נגדו ובחלק זה אמרו יצרו של אדם מתגבר כי צריך התגברות גדולה עליו לבלבל שכלו ודעתו שילך תוהו לא דרך ישר כי היש שטות גדולה מזו לעבור פי ה' במה שאין לו הנאה ובקל יכול לשומרו כי אין הקדוש ברוך הוא בא בטרוניא עם בריותיו אמנם חלק השני הוא דבר תלוי בחימוד ותאוה אשר נפש אדם נוטה לנפש בהמי וחומרי מתאוה לכל ענין לרוב אוכל ומשגל נשים וכהנה דברי החמדה והתאוה אשר נודע לכל ואין צריך לספרם ובאמת אין צריך לזה פעולת יצר הרע כלל כי נפש חומרי עושה מעצמו רק הלא נודע כי טבע בן אדם במה שמורגל בו תמיד יקוץ בעינו וימאס בו אם יאכל כל יום מעדנים טובים למאוד לבסוף יקיץ בעינו אם ישמע קול שיר ערב תמיד לבסוף יקיץ בעינו ואם ילך בגן חשוב לבסוף יהיה עליו כמשא כי כך הטבע במה שאדם מורגל בו לא יערב לו כ"כ וא"כ השאלה אם יש לאדם אשה יפת תואר מאוד הואיל ורגיל בה לא תהיה כ"כ חביבה עליו עד שכמעט קץ בה ואם תהיה לו זונה באיסור ערוה מדי יום ביומו יוסיף תאוה עד שיהיה קשה לו לפרוש הימנה וקשור בה ר"ל ככלב וכן במאכל היתר יקוץ ומאכל איסור בכל יום יוסיף עליו חימוד אך זהו מה שכתוב יצרו מתחדש עליו בכל יום כי הוא עושה לו כאילו היום נתחדש לו וכאילו מעולם לא טעם זה האכילה ובעילות איסור והוא בעינו דבר חדש ולכך יערב ויבושם לו וזה יצרו מתחדש לו כאילו הוא דבר חדש ולכך דרשו מקרא (בראשית ו ה) וכל יצר מחשבות לבו רק רע כל היום וכל מקום רק מיעוטא וכן כאן אינו פועל כלל כי הוא זולת יצר הרע מפאת חמדת החימוד כמ"ש רק פעולתו כל היום מוסיף לו חימוד חדש וכמ"ש וזהו רק רע כל היום זוהיא פעולתו לא יותר:

ולכן בניי להשמר משתי חלקי עבירה זו צריך שתי סגולות לחלק ראשון קריאת שמע דהיינו למסור נפשו לה' ולהיות נהרג על קדושתו ולא יחוס על עצמו ובניו בשביל קדושת המקום וקדושת שמו יתברך וכאשר יהיה זה תמיד רגיל אצלו וחקוק במחשבתו לא יהיה כח ביד יצר הרע להתגבר עליו לפתותו לעבור רצון קונו לשום סיבה מה שתהיה שיתן בתוך לבו לפתות אותו כיון שחקוק בלבבו להיות מוסר כל נפשו וגופו וקניניו עבור השם ותורתו ואיך בשביל שום דבר יעשה הרע בעיני השם וזהו ענין שאמרו (ראש השנה טז) לתקוע בשופר כדי לזכור עקידת יצחק ולכאורה קשה מה

צריך לעשות דבר בפועל להזכיר לה' וכי יש שכחה לפני כסא כבודו ח"ו וכן אומרים בתפלה כי אין שכחה וכו' אבל הכונה לנו התוקעים והשומעים קול שופר שהוא כדי להזהיר אותם לבל יישנו בשינת אולת ויקיצו כמו שכתבו המחברים שיש לתקוע בשופר איל כדי שישמעו העם כי קול שופר איל משונה משאר קולות וכשמעם תקיעה ממנו יתנו אל לב עקידת יצחק וכמה מעלות טובות זכו אברהם ויצחק בשביל עקידה ואם כן כל אחד יתפוס המדה טובה זו למסור נפשו לה' ולהיות נעקד לרצון ה' הגדול והקדוש ומבלי לחוש על שום דבר מגדול ועד קטן ולהיות שלם עם ה' גופו ונפשו כקרבן עולה תמים יקריבנו לרצון לפני ה' ובזה יהיה נעקד יצרו הגדול ובזה יכניע אותו מכל צד וזוהיא תכלית זכירת עקידת יצחק ולא כאשר המוני עם עושים בשביל להנחיל טוב המדומה לבניהם עוברים על כמה איסורים וממרים פי קונם שוטים אלו ראויים לשחוט בניהם בשביל השם היתכן עושים ואיך תמרו פי ה' בשבילם ולו שהייתם מקריבים קרבן לה' וביחוד אם נאמר לאחד להשיא בתו לתלמיד חכם ישיב אין רצוני לשחוט בתי אי שוטים לו כדבריכם מה בכך ששחטתם בתכם לקרבן לה' וירצה לה' לאשה ריח ניחוח ואחרי ה' תלכו ובו תדבקו זה המשיא בתו לתלמיד חכם (כתובות קיא) וזוהיא תכלית הנרצה מקרבן להיות דבק בה' ותורתו וזוהיא הבטחה מה' במשיא בתו לתלמיד חכם ולכן יערב להשם מנחתכם אך לשקר נדברו כי היא חייתכם וחית בניכם אחריהם כי הון מהבל ימעט ואין קול וכסף והוא בהמה ובניהם אחריהם אין בו חיוני לא כן בבעל תורה כי עושר וכבוד אתו לעולם אבל על חלק שני לבטל חמדת התחדשות היצר הרע אמרו אין לזה תקנה אלא תורה ולכך אמרו שיהיו דברי תורה חביבים בעיניך כל יום כאילו היום ניתנו וזה לעומת זה שזה מתחדש עליו בכל יום ולכך תהיה התורה גם כן כאילו היום ניתנה וחביבה לבטל התחדשות היצר הרע והעושה כן יצליח וע"ז נאמר (תהילים ב ז) ה' אמר אלי בני אתה אני היום ילדתיך כי בשעת מתן תורה היו נקראים בנים וזהו שחביבה עליו התורה כאילו היום ניתנה והיום קיבלה מהר חורב אף הקדוש ברוך הוא מחבבו באמת כאילו היום קבלו התורה ואמר כאילו היום ילדתיך בני אתה וכאילו היום באמת קיבל התורה ולכן אשרי תמימי דרך ההולכים בתורת ה' והנה באמת בימים אלו כל יום מסוגל לתשובה על יום שפעל בו עבירות ויו"ד ימים כנגד יו"ד דברות יום ראשון כנגד אנכי והשני כנגד לא יהיה לך ובדיבור אחד נאמרו ולכך הם כיומא אריכתא (ביצה ד' ע"ב) ויום הכפור כנגד לא תחמוד ולכן אז בטלה החמדה ויש לאדם לפשפש במעשיו ולעשות הכל בפלס ומשקל כנגד החטא מצוה כנגדו וכן הקדוש ברוך הוא כביכול עושה בחודש זה שהוא מזל מאזנים לשקול מדה כנגד מדה ולשלם לאדם כפעלו ומכוון הן בעונש והן בשכר ואם ידקדק האדם במפעלו ימצא כן כי אין הדבר תלוי בקרי אם יצליח אדם ידקדק כי עשה בזה שום מצוה וכן להיפך אם יפסיד עשה בזה

שום ענין עבירה והכל בפלס ומשפט ולכן בראש השנה יצא יוסף ועלה לגדולה ואמרו חז"ל (ויקרא רבה כג ט) פה שלא נשק לדבר עבירה על פיך ישק כל עמי וכן הכל היה כנגד מדה והכל בראש השנה כי שם מאזנים לשקול מדה כנגד מדה וכן פרעה אמר (שמות ט כז) מי ה' אשר אשמע בקולו נענש והוצרך לומר ה' הצדיק ואני ועמי הרשעים וזהו גם כן בראש השנה כי בטלה העבודה מן ישראל (ראש השנה יא) וכן הכל מדה כנגד מדה ולכך אמר הכתוב (תהלים פא ד) כי חק לישראל הוא משפט לאלהי יעקב במדה כנגד מדה ואמר הראיה על זה עדות ביהוסף שמו בצאתו על ארץ מצרים שיהיה מדה כנגד מדה כהנ"ל ועוד מפרעה שפת לא ידעתי אשמע פירוש שאמר לא ידעתי ה' שאשמע קולו הסירותי מסבל שכמו פי' שאחר כך הוצרך להודות ולבטל העבודה מישראל ולומר ה' הצדיק ופה שאסר הוא הפה שהתיר ובזה יכירו וידעו כי הכל בהשגחה ומדה כנגד מדה ובזה אם יתן האדם ללבו יבין ויכיר גדולת חסדי הבורא וכמה רבים רחמיו וישוב אל ה' וירחמהו כי ירבה לסלוח והנה כבר נודע ענין שופר פעמים רבות אבל עוד יש בו כי העולם נברא בקול שופר כי קול ה' הוא כביכול כקול יוצא מגרון בלי דיבור ותנועות רק קול פשוט הוא קול שופר כי גרון הוא בחינת שופר כנודע ואז הוא פשוט בלי הרכבה של מלאך חיה ואופן ושרף כי אין בו הברת דיבור ותנועה וזהו בקול ה' באנכי ולא יהיה לך שהוא דיבור ה' בקול בעלמא יוצא מגרון וזהו מאמר ראשון שנבראו בו שמים וארץ ביום ראשון כי לא היה מלאך ושרף שלא יאמרו שותף היה להקדוש ברוך הוא ולכן לא דיבר ה' כי תיכף ע"פ דיבור נעשה מלאך רק היה קול בעלמא באותיות הגרון כביכול וזהו קול שופר שברא הקדוש ברוך הוא עולם ולכך בראשית מאמר ולא נאמר ויאמר או וידבר רק בראשית והוא מורה על תחילת הברת קול והוא רק קול שופר בעלמא והוא מה שמתרגם אמר בסכלנותא כי שופר חכמה ואינו מלאכה (שבת קז ע"ב) כי מה שהוא ע"י מלאך הוא מלאכה עיין בקונקארדאנצי"ש בשורש לאך והיה באותיות הגרון ולכך שם אהי"ה הוא שם ראשון בכתר עליון שהוא הבל אותיות הגרון שהוא שם של שופר שבו ברא ה' העולם ולכך בראש השנה שהוא התחלת עולם תוקעים בשופר ואומרים היום הרת עולם היינו התחלת עולם והנה ביום שני נתהוו מלאכים והיינו בדבר ה' ולכך שתי דברות ראשונות מורות על יחוד הוא בקול שופר ושארי מצות הם בדבור ותנועה ולכך שאר דברים נאמר (שמות יט יט) משה ידבר ואלהים יעננו בקול בעלמא כי שתים דבר אלהים ולכך קול שופר חזק מאוד שמורה על יחוד ולכך זהו ענין שופר בתקיעה להמליך לה' ביחודו בלי שותף מלאך ושרף ונשגב ה' לבדו ואנו בגולה רפו בידינו וממש אין מצוה כדקא יאות אבל עיקר מעמדנו שאנו מוסרים נפשנו כל רגע על יחוד שמו הקדוש ועליו הורגנו כל היום ולכן אין לנו דיבור נאלמנו דומיה רק צעקנו בקול שהוא הגרון וע"ז נאמר (בראשית כז כב) הקול קול יעקב וע"ז

אמר (תהלים קמט ו) רוממות אל בגרונם והוא בגרון שמורה על יחוד וחרב פיפיות בידם ללחום נגד האויבים בקול שופר נגד צר הצורר ביחוד שמו שאין בו שיתוף וזהו בגרון כי הוא קול ולכך משה שאמר לו ה' (שמות ג יד) כה תאמר אהיה אשר אהיה כי משה שהיה כבד פה וכבד לשון לא יכול לדבר בגלות ישראל שום מוצא מה' מוצאות כי הכל סוגר בגולה רק הגרון המורה על יחוד ולכך נאמר לו אהיה כי הוא אותיות הגרון אבל שאר שמות אין אחד שאין בו אות משאר מוצאות וזה לא היה אפשר לו לדבר ולכך זהו השם העומד לנו בגולה ואמר אהיה עמם בגלות זו ואהיה עמם בגלות אחרת כי אין לנו דיבור ונאלמנו דומיה אבל גרון קורא בקול כי מורה על יחוד כמ"ש כאשר האר"י ז"ל האריך בזה למאוד ולכך שם זה שהוא גרוני עומד לנו בגולה כי הוא האחדות האמיתית וכאשר תשכיל בפיוט יום שני בשופרות תבין על ידי כך דברים הרבה שנתכוין לו ר"א הגדול בחרוזיו וזהו כלל ענין שופר וכן שם מפורש אי אפשר להזכירו כי שם מפורש צריך להיות בלי תנועות כלל רק בקול וזהו אי אפשר לבני אדם לדבר רק ביום הכפור היה ע"פ נס והיה יוצא מפי כהן גדול בלי הזכרה כלל או נעות שפתיו של כהן רק מעצמו יוצא בלי תנועות פיו כלל ולכך היו חרדים וכורעים והתוי"ט (יומא פ"ו מ"ב) נתקשה דמה החרדה הא תמיד היו מזכירין במקדש השם ככתבו (ואני תירצתי שהיה לאחר שמעון הצדיק דלא היו מזכירין השם ככתבו ע"ש) אבל לפי מה שכתוב ניחא כי יפה עשו שחרדו כי הוא קול ה' יחולל אילות והנה הדיבור היוצא מקול הן המלאכים והן בגדר חיות הקודש שהן בארבע מוצאות כי מוצא החמישי שהן אותיות הגרון הוא אותיות הקול ולכך ארבעה פנים לאחד והן תיכף העלולים הראשונים ומעילה הראשונה והן בגדר שברים כי הם נפסקים מקול תקיעה פשוט ותנועת אות הן מנהגי אותיות ותיבות שעל פיהן הולכים במבטא הן בגדר אופנים נושאי חיות הקודש והתנועות הן בגדר תרועה כנודע כי התנועה בפה מוליד תרועה וזוהיא תקיעה פשוטה שאנו עושים ושברים ותרועה הן בגדר אותיות ותנועות ואנו מסופקים אם אנחנו בגולה בגדר חיות או אופנים ולכך תוקעים שברים תרועה וחיות כנגד בנים לה' שהם עלולים ראשונים ואופנים כנגד עבדים נושאי כסא ולכך אנו אומרים היום הרת עולם אחר תקיעה אם כבנים אם כעבדים והנה ראוי לעורר עצמו בשופר ובפרט בעלי תורה אשר יודעים טיב שופר הלא כל מלאכי מעלה חיל יאחזון ואיך לא נירא אנן וכל שעה ורגע פסידא דלא הדר אשר לא נשוב לה' ואמרו (סנהדרין קב) בגמרא דתפס הקדוש ברוך הוא לירבעם בבגדו ואמר לו חזור בך ואני ואתה ובן ישי נטייל בגן עדן ושאל מי בראש ואמר בן ישי אמר אי הכי לא בעינא והדבר תמוה אבל כבר אמרנו בפעם אחרת כי ידוע (יומא פז) כל המחטיא את הרבים אין מספיקים בידו לעשות תשובה דגרם קלקול לרבים ואם כן לפ"ז שורת הדין היתה לנעול דלת תשובה בפני ירבעם רק אילו שב היה נותן יד לפושעים

לשוב וא"כ היה תקונו עדיף מקלקולו ולכך היה מועיל תשובה אבל לכאורה אין צריך לזה כי כבר למדנו שיש תקוה לבעל תשובה מדוד כמאמרם (ע"ז ד ע"ב) לא היה דוד ראוי לאותו מעשה אלא להורות תשובה אך אם ירבעם גדול מדודאם כן עדיין צריך להורות לתשובה אפילו על חטא גדול כירבעם ואמרו בגמרא (יומא פו ע"ב) גדולה תשובה שזדונות נעשו כזכיות וא"כ מי שחטא ביותר ועשה תשובה זכיות שלו ביותר כי העונות נעשו זכיות וא"כ אם ירבעם היה חוטא ביותר מדוד ועשה תשובה אף הוא חשוב בתשובתו יותר מדוד כי נעשה הכל זכיות וזהו כוונת מאמר ירבעם אם בן ישי בראשאם כן שמע מינה דעונו היה גדול כי הוא חשוב ביותר וא"כ כל המחטיא רבים אין מספיקים בידו לתשובה וא"כ אי אפשר לשוב בתשובה ולכך אמר לא בעינא אבל להבין מאמרו מי בראש הא הקדוש ברוך הוא א"ל הסדר אני ואתה ובן ישי אבל ידוע מה שכתוב בזוהר כי מי שאינו תמים הולך לפני השכינה שלא יסתכל בשכינה והשכינה אחריו כדכתיב התהלך לפני אבל מי שהוא צדיק גמור השכינה הולכת ראשונה והוא אחריה להנות מאור שכינה והנה כאן בזה הספק היה ירבעם אם הכונה שהקדוש ברוך הוא ילך בראשון ואחר כך ירבעם ואחר כך בן ישי או להיפך אני ר"ל הקדוש ברוך הוא האחרון ואחר כך אתה לפניו ולפניו בן ישי והסדר להיפך וא"כ אין התשובה מועילה כ"כ שלא יהיה מועיל להסתכל בשכינה ואמר לו ה' שכן הוא שבן ישי בראש ואחר כך הוא ואחר כך השכינה שלא יזכה לראות פני שכינה ואמר אי הכי לא בעינא כי רואה אני שאין תשובתי שלימה כ"כ וכן כשאדם שב בתשובה בבחרותו שאז כחו חזק אז זוכה לתשובה שלימה והולך לאחר השכינה אבל מי שעושה תשובה בזקנותו שאז כחו חלוש ואין לו כ"כ יצר הרע אז אין התשובה שלו כ"כ חזקה ומועילה שילך לאחר השכינה רק לפני שכינה מבלי להביט אל שכינה וכבר נודע כי חילקו ימים של אדם לשלשה ימים ימי בחרות וימי עמידה וימי זקנה וזהו מאמר הפסוק (הושע ו א ב) לכו ונשובה וכו' יחיינו מיומים היינו בימי בחרות וימי עמידה אז התשובה מועילה בתכלית הטוב אבל ביום השלישי שהוא ימי זקנה אינה מועילה כ"כ רק יקימנו ונחיה לפניו דייקא שהולך לפני שכינה ולא לאחר השכינה להסתכל בשכינה ולהנות ממנה וא"ש ודו"ק:

ולכן עלינו לעורר בתשובה למאוד ולא להמתין עד ימי זקנה ומי יודע אם יהיה סיפוק בידינו לתשובה וכל שעה ורגע פסידא דלא הדר כלל וביחוד בימים אלו ימי חפץ ומסוגלים לתשובה כי כבר אמרתי כי בימים אלו היה ענין בלק ובלעם כי מלחמות סיחון ועוג היה באלול כמבואר במדרש (ילק"ש ח"א תשס"ה) ולכך קרא לבלעם כי בימים אלו חשב בו יהיה נזכר חטא אדם הראשון וכדומה ותהיה סיבה לעורר חימה ושתחול הקללה אבל הקדוש ברוך הוא הפר עצתו ולא כעס בכל ימים אלו וזהו ע"י שופר שנהפך לרחמים ואינו כועס בכל ימים אלו והושם לחוק שבימים אלו אין הקדוש ברוך הוא כועס כלל

ולכך ימים אלו מסוגלים לשוב וזהו שצעק בלעם איך אקללם לא הביט און ביעקב וכו' ותרועת מלך בו (במדבר כג כא) כי ע"י התרועה מהפכים הרוגז לרחמים ובאמת אצלינו בעונותינו הרבים קרה עצת בלעם שאמר לבלק איעצך אשר יעשה העם הזה לעמך באחרית הימים (במדבר כד יד) והיינו אחרית יו"ט שהוא שמחת תורה שאז בעונותינו הרבים השטן שולט ונעשית כמעט עצת בלעם בעונותינו הרבים שיש בו תערובות אנשים ונשים בחורים ובתולות ירקדו כאילים ושעירים ושועלים ירקדו שם ונעשית בעונותינו הרבים פירצה גדולה מאבדים כל טובה שזכו בימים נוראים כאלה ווי היא עצת בלעם לעשות באחרית הימים ומר ורע עלי הענין לעשות כן בגמר של תורה אשר התורה חוגרת שק על דבר זה ואמת כי תודה לאל בקהלתי פה אין פרצה זו כלל ח"ו אבל מעי המו על שאר מקומות כאשר שמעתי שמתנהגים בדברי שטות כאלה ומאבדים הטובה שזכו בימים הנוראים האלו ובאמת שימים האלו הם ימי חפץ ומסוגלים לתשובה אבל צריך להיות בתכלית השמירה שלא יהיו ח"ו חוזרים לאיתנם וגם הברכות שבירך ה' בימים אלו לישראל כמו שאמרן בלעם חוזרות כי כאשר ישראל חוזרים מן התשובה אף הברכות חוזרות ועיקר אהבת ה' בבית הכנסת ובית המדרש (פסחים קיא ע"ב) כי הקדוש ברוך הוא שומע קול ולכך אמרו (ב"ב יז) אהבתי כי ישמע ה' קולי אימת אני אהובה בזמן ששומע קולי וכי אז מעורר אהבה בתפלה רצויה בתורה

ואז כל אומות לא יוכלו לכבות אהבה כמ"ש מים רבים לא יוכלו וכו' ואמרו במדרש (מדרש תהילים ו') אע"פ שנאמר את אשר יאהב ה' יוכיח נא אל באפך תוכיחני והוא כי יש להבין מה בכך שלא כעס בימי בלעם בממ"נ אם חייבים ישראל ח"ו כליון מה בכך שלא יכעס וכי משיא פנים בדין ואם לא נתחיבו מה בכך שיכעס וכי ח"ו אל דעות משפט אבל הענין כך כי באמת ישראל במדבר היו טהורי לבב כמ"ש הזוהר (ח"ג כב) דלא יהיה כדרא דא עד ביאת משיח כי בכל ארבעים שנה קהל גדול כזה לא מצאנו בו רק ד' חטאים ואף הם כפי שכתבו המפרשים לא היו כ"כ חטאים ויש בהם רוב מהתנצלות רק בערכם היה נחשב לחטא גדול וחטאת מרי וגם באלו לא התמהמהו ותיכף נתחרטו עליהם ותשובה כזו תיכף קודם שיעלה באשו ונשרשה מועילה למאוד כאשר אמרתי מקדם סירכא בת יומא לאו שמיה סירכא ולכך בלעם שביקש למצוא להם עון כדי לקללם בעבורם ולמצוא עונם לשנוא אותם לקב"ה כי לא חפץ רשע הוא ביקש ולא מצא ואף הוא מלאך רע בע"כ יענה ויאמר לא הביט און ביעקב וכו' אבל בעבור מרגלים נענשו שהיו צריכים להתעכב ארבעים שנה במדבר ולא זכו להכנס תיכף לארץ ישראל וא"כ כמה מצות עשה שבטלו על ידי כך כל מצות התלויות בארץ וגלל כן (סוטה יד) נתאוה משה לכנס לארץ ישראל לקיימן וא"כ ישראל ע"י חטאם נתעכבו מבלי לכנס לשם וגרמו שנתבטלו מהם כמה מעשים בקיום מצות עשה וזה יש להם לעונש ובדיני

דגרמי ובפרט עם צדיקים כמותם הקדוש ברוך הוא מדקדק כחוט השערה וזהו (במדבר כד ב) וישת אל המדבר פניו כי חשב בזה שנתעכבו במדבר וגרמו לביטול הנ"ל יהיה להם לקטרוג ולעורר מדנים ומקום קפידא אבל ידוע מה שכתוב בגמרא דמנחות (דף מא) בביטול מצות עשה כגון שאין לובש בגד החייב בציצית וכמו כן אין בונה בית להפטר ממזוזה וכדומה על ביטול עשה אין הקדוש ברוך הוא מעניש רק בעידן ריתחא ולכך בלעם חשב בעת כעס ה' אז ישים ה' אל מדבר פניו לערער שבטלו מצות עשה מבלי יכנסו לארץ ישראל כנ"ל ובעידן ריתחא יש מקום לענוש אותם וא"כ תחול קללתו אבל מה עשה הקדוש ברוך הוא לא כעס בימים אלו וא"כ אין כאן מקום לענוש על ביטול עשה באופן הזה ולכך צווח בלעם לא זעם ה' ועון גמור לא הביט ביעקב וע"כ אין כאן מקום לקלל והנה יסורין של אהבה הם למרק עון כנודע ואמרו (ברכות ה) שצריך שלא יהיה בהן ביטול תפלה ותורה אבל לא ימלט שע"י יסורים כאלה יתבטל משאר מצות עשה שאין יכול לקיים ביקור חולים היותו אסור בביתו ולברך ברכת המזון היותו בלתי ראוי לאכול וכהנה רבות מצות עשה ואם יש בו יסורים שנעשה עני וביתו ריקמאם כן אי אפשר לו לקיים צדקה וזהו הכל ע"י סיבת חטאו וא"כ יש כאן מקום קפידא של בלעם הנ"ל כי ע"י סיבתו וגרם שלו נתבטלו קיומן של מצות עשה והאשמה בראשו ובפרט לצדיק שיש בו יסורים כאלה הקדוש ברוך הוא מדקדק ולכך אמר כתבת את אשר יאהב ה' יוכיח נא אל באפך תוכיחני כי אז תעניש על ביטול מצות עשה ומי יצדק לפניך רק תוכיחנו שלא באפך ואז לא תענוש כלל כנ"ל ולכן בימים אלו ימי רצון לה' מחויבים אנחנו להתפלל ולשוב אל ה' מקירות לבבנו ואז יפן ה' לקולנו לחוק אותנו בספר חיים טובים ותתחדש כנשר נעורנו ובא לציון גואל במהרה בימינו אכי"ר:

<u>דרוש ו'</u>

תוכחת מוסר מה שדרש הגאון זצ"ל בין כסא לעשור שנת תק"ה בק"ק מ"ץ יע"א:

דוד המלך פתח ואמר (תהילים קל א ב) שיר המעלות ממעמקים קראתיך ה' והוא שם הוי"ה אדני שמעה בקולי תהיינה אזניך קשובות לקול תחנוני וכבר אמר האר"י ז"ל כי ביו"ד ימי התשובה יש לומר מזמור זה בין ישתבח ליוצר אור וטעמו בסתרי תורה מבואר מה שיש בו להבין והוא כאשר ה' עושה ומתנהג בחסד עם בריותיו ואינו בא לשפוט הארץ הוא קרוב לנו כדי שחסדים המגיעים אלינו מאתו יהיו קרובים אלינו ואור צח ובהיר יותר מאיר ונהנים בו הרואים בו בקרוב המוגבל יותר מברחוק אפס צריך שיעור מוגבל כפי קשת הראיה שלא תכהה עין הרואה ברוב אורו וכך הגבול לפניו יתברך שהוא מושב יקרו בשמים ממעל ואנחנו שוכני בתי חומר וגויות נפסדות על הארץ שיהיה חסדו מגיע אלינו כפי הראוי לקבל לבל יזיק רוב אורו ונהיה נהנים מחסדו ובטובו חיינו ולכך נאמר (תהילים קטו טז) השמים שמים לה' והארץ נתן לבני

אדם וזהו מאמר דוד (שם קג יא) כגבוה שמים מעל הארץ כן גבר חסדו על יראיו והוא דבר אשר דברנו כי זה הגבול מהגבוה כדי שיגיע לנו חסדו לטובה וברכה בתוספת ויוגבר חסדו עלינו אמנם בבואו לשפוט תבל בצדק כי אין רחמים בדין ולא משוא פנים כלל ובאש ה' נשפט כי אלפי רבוא רבבות נחלי כדורי אש באלפים רבבות פרסאות יוצאים מלפניו ואם אנו מקורבים בגבול הנ"ל ח"ו תאכלנו אש הגדולה ותכלה אותנו ח"ו כרגע וה' לרוב רחמיו מסתלק ממקום מושבו בשמים ומגביה לשבת בשמים עליונים גבוה מעל גבוה כדי שתהיה האש מקוררת טרם תגיע אלינו וזה ויגבה ה' צבאות במשפט כי ה' מגביה למעלה כסאו ואם כן שמושב יקרו מעלה מעלה ביו"ד ימים אלו שהם ימי דין יותר מכל השנה אנו בימים אלו בעומק למאוד כנודע כערך הגבוה כן למולו ערך העומק ולכך אנו מתפללים בימים אלו ממעמקים קראתיך ה' והנה העלות למעלה מעלה הוא ע"י שופר כי צריך שתדע כי לפי כל עניני משמעות הפוסקים ודברי חז"ל ענין שופר להפוך מדת הדין למדת הרחמים והלא אמרו (מועד קטן טז) אפיק שופרא ושמתיה בת' שופרות שמתיה ברק למרוז וכהנה טובא דמורה כי שופר מעורר דין עושה משפט חרוץ ומכלה קוצים מכרם ה' צבאות אבל באמת כך הוא הענין שופר הוא השמעת דין זמן תחלת דין כי אין רשות למארי תריסין ומקטרגים לכנוס לפרגוד עד שישמע קול שופר ואז מתחיל הדין ואז הותרה הרצועה לכנוס כל מארי דדינא לתבוע דינא מן המלך המשפט וזהו שיסד רבי אמנון בנתנה תוקף וקול שופר ישמע ויאמרו הנה יום הדין וכו' אמנם אין שופר למעלה נשמע עד שיתקעו ישראל למטה ואז נתקע השופר למעלה אז קביעת הדין וזהו שמערב השטן כי השטן רואה שישראל תוקעין וגורמים שיהיה עת הדין וכסאות למשפט מה שכל מלאכי מעלה חרדים מלפניו ואמר השטן בלבו מה זה היה להם לשתוק מבלי תת אות וקבע לדין ואיך הם יהיו תובעים ועושים הכנה לדין אין זה כי הם חפים מפשע ויודעים בעצמם כי בהשפטם יצאו צדיקים וא"כ השטן נחרד ונסתמת טענתו ונבהל לקטרג על ישראל וגם זה הטעם באמת כיון שבעל הדין בעצמו תובע הדין ואומר דונו לי דיני הרי חמת המלך שככה כי הוא בעצמו מקבל על עצמו דין וכמו כן דיש לכוון באמירת ואתה צדיק על כל הבא וכו' שמקבל בעצמו דין על עונות וכן בנפילת אפים יהיה כך שמוסר גופו ונפשו לקבל דין שמים כפי הראוי מחיק דינו של הקדוש ברוך הוא ואז כביכול נתמלא רחמים וזה רמזו (ד"ר ה ד) במקום שיש דין למטה אין דין למעלה כי אם אדם תובע דין למטה אין דינו של ה' למעלה כ"כ בריתחא אבל מכל מקום ענין שופר לקבוע דין וליתן רשות למארי דדינא לכנוס ולכך בתקיעות השופר מתחיל הדין ומתחילה כשהשם מתחיל דין מרוב טובו מעיין בתחלה בזכות של ישראל כמה מצות ומעשים טובים שעשו ואחר כך מעיין בעונות שעשו ישראל וזהו תקיעות מיושב ותקיעות מעומד כי כבר דרשנו מקדם כשמדת הדין מתוחה יש לעמוד קשות

בעמידה (עיין מגילה כא בהיפך) אבל כשמדת הרחמים מתוחה יש לישב רכות בישיבה ולכך תקיעות ראשונות שהן מזכירות צדקת ישראל יושבים כי אז אין מדת הדין וגם כביכול ה' יושב כאחד העושה סדר לדבר מבלי מהירות רק מתון ועיקר מלת ישיבה עכבה ולכך נאמר (תהלים כב ד) ואתה קדוש יושב תהלות ישראל כשמזכירין זכות ותהלות ישראל אז יושב ואף אנו יושבים משא"כ כשרואה עונות ודן אז עומד ממהר כאיש העומד דכתיב (ישעיה יב יט) בקומו לשפוט ארץ ולכך תקיעות מעומד כי אז מעיין בעונות ואז דין ולכך מזכירין אז מלכויות זכרונות ושופרות ולכך אמרו (ע"ז ד ע"ב) על מוסף לבל יהיה מתפלל ביחיד כי יפקד דינו ולא בשחרית כי בתקיעות דמעומד זמן הדין וא"כ כאשר הותקע שופר מתחיל הדין ואז הקדוש ברוך הוא מסלק שכינתו מעלה מעלה ולכך נאמר (תהילים מז ו) עלה אלהים בתרועה וכו' כי על ידי כך עולה למעלה ואמרו (ראש השנה יז ע"ב) אני ה' קודם שיחטא אני ה' לאחר שיחטא ופי' הרא"ש דקודם חטא צריך רחמים מבלי לדון על המחשבה לדבר עבירה ועדיין קשה אם הוא ה' לאחר שיחטא בפועל מכ"ש הוא ה' על המחשבה לבד והראשון מיותר אבל באמת הבדל יש כי על המחשבה מוחל בשם הוי"ה פשוט כי הוא רק נתפס במחשבה ורעיון כאמרם (פסחים נז קידושין ע) זה שמי לעלם שאינו קורא במבטא שם הוי"ה רק מחשבת לבב צריך להיות על שמו הפשוט והנעלם ולכך אף הוא מכפר על המחשבה ואין צריך לקבל

דין ויסורין כלל רק חרטה גמורה מעומק הלב ויגמור בלבבו יחוד ה' וגודל קדושתו ורוממתו ואהבתו ויראתו האמיתית ואז ירפא לו אבל העושה עבירה בביטוי פה שהוא כלי מעשה וכן שאר מעשים בזה שם של אדנ"י שהוא כינוי לשם הוי"ה כי בו נקרא מכפר אבל היותו בתואר אדון כל ארץ שהוא אדנ"י צריך לעשות דין כי מלך במשפט יעמיד ארץ כן הוא מחוק האדנות לכלכל דבר במשפט ואז האדם השב צריך לקרות בפה מלא בבכי ובבקשה ולא סגי בחרטת הלב ויבא דבר שבמעשה ויכפר על דבר שבמעשה וגם צריך לקבל יסורים ועונש כפי הדין וחוק משפט ה' כי דינא הם בחסד ורחמים יך ויחבוש טרף ורפא וזהו ממעמקים דהיינו עומק הלב שהוא מחשבה בעלמא קראתיך ה' שם הוי"ה רחמים גמורים כי הוא מטהר ומוחל על מחשבה וגם הקריאה היא רק צורך לעומק הלב כמ"ש אבל אדנ"י שם של אדנ"י הוא על מעשה שמעה בקולי תהיינה אזניך קשובות לקול תחנוני דהיינו צריך דיבור פה ואז הוא בבחינה של אדנ"י שהוא המבטא בפה ובדבר שפתים ואז אין כאן רחמים גמורים רק דין ויסורים כנ"ל וכן הדבר בשופר כי עיקר שופר הוא רק קול בעלמא והוא הבא מפנימיות האדם מהרוח הבא מנשמת אדם ונשימה מכח הלב והוא הבא בתוך שופר להשמיע קול ועיקר שופר שהוא קולו של הלב כי הנפיחה בו והוא מכח הלב והוא המשמיע קול ואין לכלי דיבור חלק בו וזהו תקיעה פשוטה וזהו קול שופר ובזה כביכול ברא ה' העולם כי בדבר ה' שמים נעשו

אבל דיבור ומאמר ראשון לא היה אפשר כביכול בדיבור גמור כיאם כן נברא מלאך ויאמרו ח"ו שותף היה במעשה בראשית כמ"ש ולכך מאמר ראשון היה קול בעלמא כביכול המורה על מחשבה כי קול גמר כח המחשבה ואז התחיל בריאת עולם ולכך נאמר בראשית וקבלו חז"ל (ראש השנה לב מגילה כא ע"ב) דהוא מאמר ולא נאמר ויאמר כי לא היה רק קול בעלמא שהוא גמר כח מחשבת לבב ולכך מתרגמינן בראשית במחשבתיה ולכך אנו תוקעים כי אז נברא עולם והיה בשופר ולכך כשאנו תוקעים אומרים היום הרת עולם וכו' כי זהו תחלת בריאת עולם כמו הריון והיולי לבריאת כל עולם דיבור ומאמר ראשון והנה זו היא תקיעה שהיא פשוטה מעומק וכח הלב אבל התרועה אי אפשר לעשות אם לא בסיוע הלשון וכלי דיבור והם מיוחסים למדת הדין כנ"ל ולכך (תהלים מז ו) עלה אלהים בתרועה ה' שהוא הוי"ה בקול שופר ולכך אנו חייבים בימים אלו שאנחנו בעומק לקרוא לה' במחשבה טהורה וזכה ולראות כי ימים אלו מסוגלים ביותר לתשובה מכל הימים ולראות העיקר בתיקון הענין וגדור גדר כי אין די במה שישובו בימים אלו ואחר כך כאשר יעברו ימי מועד וזמן הלזה ישובו לכסלה ח"ו ועיקר התשובה לקבל על עצמו מבלי לעשות כזה ואמת מצינו בפוסקים חומרות לימים אלו יותר משאר ימים וסמכו אירושלמי (שבת פ"א ה"ג) דאמר אם אתה מצי למיכל כל שתא חולין בטהרה אכול אבל אם לא אכול יו"ד ימים (א"ה בירושלמי הגירסא שבעה ימים וע"ש במפרשים) ופירשו דכוונתו על יו"ד ימים הללו ובאמת לפענ"ד כוונתו למה שאמרו (ראש השנה טו ע"ב) חייב אדם לטהר עצמו ברגל כנודע דכתיב בנבלתם לא תגעו ברגל וס"ל דראש השנה אינו בגדר הרגל כנודע דעת רבים דס"ל הכי וא"כ בזמן הזה ב' ימים של י"ט ראשון וב' ימים של י"ט אחרון דפסח הוא ד' ימים וכן בסוכות וב' ימים דעצרת הרי י' ימים דיש בהם חיוב לטהר ולכך יש לאכול חולין בטהרה דבימים אלו חייב לטהר אמנם מכל מקום הטיבו אשר דברו דסמכו על יו"ד ימים הללו לפי דיש להזהר באזהרות יתירות בימים אלו ויש בהם כמו רגל שלא יעסוק אדם בשום משא ומתן ועסק ויהיה כל עסקו בימים אלו לתורת ה' ויראתו ולעשות לרוחו משקל וגדר כיצד יתנהג כל ימיו כי ימים אלו עלולים לכך ובאמת לא סגי במה שמזכה נפשו אף גם יחשוב לזכות לזולתו ואמרו (סנהדרין קב) שה' תפס לירבעם בבגדו ואמר חזור בך ואני ואתה ובן ישי נטייל בגן עדן ואמר מי בראש אמר הקדוש ברוך הוא בן ישי אמר אי הכי לא בעינא עכ"ל וכבר אמרתי בדרוש הקדום פירוש נחמד על זה והואיל דקאי בהאי ענין אמרתי להיות נאמר ונשנית וימתיק הדבר ביותר כעת כי הדבר תמוה חדא דמה קפידא לירבעם אם ילך אחרי דוד או לא ועוד דעיקר בתשובה היא לא בתענית וכדומה לבד רק לראות להסיר מאתו סיבה המביאה לידי חטא כאשר הרופא לא יוכל לרפאות לחולי אם לא שיסיר הסיבה הגורמת למחלה כן הדבר בחולי נפש וזהו בימים אלו החקירה

עלינו מוטלת להסיר הסיבות שגורמות לקוץ מכאוב וסילון ממאיר להתעות לנשמתינו אשר מגיע שרשנו למחצב קודש חוצבנו ואמרו כי ימים אלו מיוחדים הם כמו שאמרו הטבעיים כי ימי אייר והן מפסחא לעצרתא (כן להדיא בשבת קמז כולהו שקייני (משקין לרפואה רש"י) מדיבחא עד עצרתא מעלי וכן עוד כה"ג פסחם מב ע"ב) עלולים לרפואת הגוף והרפואה תועיל מאוד יותר ויותר משארי ימים כן ימים אלו עלולים לחולי נפש והתשובה יותר מועילה מכל ימים דהיינו בתיקון גדרים והעיקר בתשובה להרחיק המותרות כי כל גרם עונות הוא מותרות בתענוגים מותרות בתשמיש מותרות בבגדים וכאשר אמרתי כמה פעמים פת של שחרית וקיתון של מים מציל מכל מחלה ומן מזיקין (ב"ק צב ע"ב ב"מ קי ע"ב) הכונה הסתפקות שלא יבקש אדם מעדנים ותענוגות בני אדם ברבורים ובשר שמן ויין רקח עסיס רמונים כי זה מביא לידי מחלה וצער ודאגה ויגון ותוגה ומזיקים שולטים בו כי הוא מלא פשע וחבר לאיש משחית אבל המרגיל עצמו לאכול לחם ומים ובזה יהיה די סיפוקו וזה יאכל בבקר בבקר לסעוד הלב ולחזק כחו ואז יצא אדם לפעלו עבודת הקודש ויהיה טוב לגופו בריא אולם לא ירגיש בשום חולי ויהיה טוב לנשמתו וכן הדבר בבגדים הוא הדבר שגרם מקדם בספרד הגירוש הבגדים שלבשו גברים ונשים וכן הסיבה לכל צרות ועין רע מאויב פנימי וחיצון בגדי היקר שעושים להם וביחוד הנשים והבתולות וילכו במלבושי זרים ובעונותינו הרבים כמה יצאו לתרבות רעה על ידי כך ומה יתגאה קרוץ מחומר כל רגע מוכן לפגע ובפרט אנחנו כבושי גולה חסרי מדע אבדה שכינת רוח הקדש מקרבנו ולפנים בישראל בימים אלו היו נסים מפורסמים בבית המקדש בכהן גדול כמה נסים גלוים אשרי העם שככה לו אשרי עין ראתה כל אלה וכל עין דמוע תדמע מאין הפוגות באין רואה חמדת ישראל וא"כ למה זה יתקשטו וילכו בבגדים נאים הלא בצע ה' אמרתו ולא חמל נאות יעקב ומעיד אני עלי שמים וארץ שלבבי כואב בלבשי בחול בגד מצמר שקורין (קאמעלהא"ר) ובשבת בגדי משי ואם אפשר בשבת הוא לכבוד שבת ומכל מקום בחול עלי לבי דוי חוטא בל יתגאה קאמרינן (ראש השנה כו) ומה לי ללבוש חוץ ולבוש אמיתי מלא פגמים ובהרת וכתמי צואה בלי מקום אויה לי על שברי אמנם נחמתי כי אליהו הנביא היה לבוש אדרת שער בעלמא וזה היה לו למעלה אף שהיה כהן וקרוב למלכות מכל מקום לא הלך רק באדרת שער כמו שק ובאו שארי בני אדם החנפים וצבועים לעשות כמעשהו ולבשו גם כן כך ובזה נטלו עטרה לעצמם ולכך הכתוב אומר (זכריה יג ד א"ה שם כתוב ולא ילבשו עוד אדרת וכו') הלובשים אדרת שער למען כחש ומאז כאשר נאמרה נבואה זו הושם לחוק אצל חכמים אמיתים לבלי ליטול כל אחד עטרה זו לעצמו לילך בבגדים נבזים פחותים כמו אליהו כאילו הוא גם כן מבני עלייה ולא כל הרוצה ליטול שם זה יטול וזהו כונת מאמרם ז"ל (שבת קמה ע"ב) מפני מה תלמידי חכמים שבבבל מצויינים שאינם בני

תורה כי מבלי היותם כ"כ במעלת החכמה ומדע כמו חכמי ארץ ישראל לא הותר להם ליטול השם ללבוש בגדים פחותים כמו אליהו ויתר בני עלייה מבחינים ערכם שאינם בגדר הזה ולכך הם מצויינים בבגדיהם וזהו לענוה כי לא הגיעו למדרגת חכמה מבני עלייה כאליהו ותלמידיו הכשרים וזהו נחמתי בעניי על לבישת בגדים הנ"ל ונשוב להנ"ל כי המותרות צריך בן אדם להרחיק למאוד וכבר אמרו הטבעים כי השערות הם מותרות הלחות שיש בגוף ולכך בכל מקום בית שחי שרבו לחות ירבו השערות וישלחו פארות ולכך אמרו על שער הראש שגדלים בשטות כי כבר נודע כי כל מותרות בטבע הוא מפאת שטות כי מה שהוא יותר מכפי מידות אדם הטבע פועל בו ללא צורך והוא לא בגדר החכמה ונקרא שוטה וכללו של דבר שערות אדם הם לרבוי ומותרות לחה שבגוף ולכך בנזיר שקדש עצמו מיין וכהנה למעט מותרות ואין די במה שהזיר זה ל' יום מהיין אבל צריך לגדור עצמו להיות מורגל ופרוש ביותר מרבוי תאוות וכך יהיה דרכו תמיד ולכן כאשר יעברו ימי נזרו יגלח כל שער ראשו לאות כי ימעט המותרות ולא יהיה לו רק הצורך ההכרחי לקיום המין וטבעו וכן הלוים שהובדלו לה' לשרתו ולשורר בבית ה' ומבזים חמדת הזמן עד שאין ללוי חלק ונחלה וצריך למתנות בשר ודם וצריך הפרשות מן כל מותרות ולכך כאשר נתקדשו ונתחנכו לשרת בבית ה' גילח משה כל שערם (במדבר ח ז) למעט המותרות כפי אפשרי רק יהיו מוכנים לקדושה ולעבודת ה' וכן אמרו (תענית

יז סנהדרין קב ע"ב) על מלך שמגלח כל יום כי צריך אזהרה יתירה היותו מלך לבל יתגאל בחמדת מותרות כדכתיב (דברים יז טז) לא ירבה לו כסף סוסים ונשים וכן כהן גדול בכל שבוע למעט מותרות וקרח שנתגאה בעשרו שהוא מותרות קנינים שהוא רק חמדת הזמן צחק במשה שגילח הלוים והעביר השערות בתער אך מה הגיע לו כן יאבדו כל אויביך ה' כללו של דבר תכלית האדם לעזוב המותרות וביחוד בעל תשובה לו נאה למעט במותרות בכל האפשר והעיקר לבעל תשובה למנוע ידו מגזל ומבלי ליטול מה שאינו שלו ומבלי לחמוד כלל דברים כאלה ומי שעוצר נפשו מבלי לגזול מחבירו שום דבר ומבלי לחמוד בשל רעהו אזי בטוח הוא שתשובתו מהר תקובל וכבר נתנו כינוי לגזל מי שצפרניו המה גדולים כי הם החומסים וטורפים ויוצאים מגבול הגוף לפשוט במה שאינו שלהם ולכך אמרו (או"ח סימן ר"ס) שיש לקצץ אותם בכל ע"ש שאז זמן תשובה כאמרם (ע"ז ג) במשל מי שטרח בע"ש יאכל בשבת ולכך יש אז לקצץ הצפרנים למעט הגזל והמותרות אפי' לצורך שבת כאמרם (שבת קיח פסחים קיב קיג ע"ב) עשה שבתך חול וכו' עם כל זה צריך בעל תשובה תמיד להיות דמעותיו על לחיו בוכה ומבכה על ביטול מצות דאורייתא ודרבנן ועיקר בימי אלול ותשרי שהם ימי בכי וחרטה ותשובה על כל עונות ועל חילול נשמתו הקדושה בת איש כהן עליון שהיתה לזר דא סטרא אחרא את אביה כביכול הוא אבינו שבשמים מחללת (זוהר ח"ב צה ע"ב) כי ע"י

עונות נתחלל שמו הגדול יתברך וזהו המרומז בפסוק (דברים כא י) כי תצא למלחמה על אויביך ופירשו במדרש (ספרי שם) במלחמת הרשות הכתוב מדבר על אויביך כנגד אויביך ולהבין נראה כי אמרו חז"ל במשנה (אבות ג טו) הרשות נתונה ובטוב העולם נידון והיינו כי הקדוש ברוך הוא נתן רשות ליצר הרע להסית ולהדיח אפס יהיה לאדם הבחירה ורשות אם לבחור ברע או בטוב ולא יהיה כאן דבר הכרחי כי אילו היה כאן דבר מוכרח בשלילת הבחירה לא היה ח"ו דין צדק ויושר לעשות לאדם עונש או לקצוב לו שכר בעמלו היותו מוכרח אבל במה שהרשות בידו לעשות כרצונו ובחירתו יש כאן משפט צדק להעניש לעובר ולגמול טוב להעובד ולזה כונתו הרשות נתונה ובטוב העולם נידון כי על ידי כך הכל נידון בטוב וביושר ואמונה ואין עול:

וזה כי תצא למלחמה על אויביך היינו אויב פנימי ומוחלט אויב נפשות הוא השטן ויצר הרע וזהו במלחמת רשות הכתוב מדבר כי כבר אמרנו כי הרשות נתונה להלחם עמך אבל אין להכניע ליצר הרע בכל כי צריך ליתן לו קיום במקצת כמבואר בגמרא דיומא (דף סט ע"ב) דיצר הרע דעבירה צריכים לברייתא והוא נצרך לקיום המין בזה העולם וכאשר נכתוב לקמן ולכך מפרש המדרש שאין הכונה על אויביך להכניעו ולעקרו ולשרשו רק כנגד אויביך הרצון כל המלחמה תהיה להגן ולשמור שלא ירע לך בתתו להלחם עמך ולא יסיתך להפיל אותך ח"ו לבאר שחת וכל המלחמה תהיה רק להגן ונתנו ה' בידך ופירש"י ומדרש אם תעשה כפי האמור בענין הרצון שתשמור כפי חוק התורה לא יוכל לך יצר הרע ודאי תוכל לו ותכבוש אותו אבל בזה שתכבוש יצר הרע אין די רק צריך אתה לחוש לתקן זולתך ולהציל אותו משחת התועים דרך ולכך אמר וראית בשביה אשת יפת תואר והיינו אדם בעל צורה בצלם אלהים ברא את האדם הוא בשביה אצל יצר הרע וכת דיליה עד שנשתנה גבורתו והיה לאשה ותש כחו כנקבה ויצר הרע מושל בו וראית להצילו קח לך ליצ"ט לאשה למשול בו ויהיה אצלך אבל השמר כי אולי יחזור לסורו ויפתה אותך גם כן כמאמר (דה"ב כ לז) בהתחברך לרשע וכו' ולכך צריך לעשות כמשפט הבעל תשובה לבל יחזור לסורו והוא ראשון למעט בכל מותרות וזהו וגלחה ראשה להסיר שערות המורים על המותרות כנ"ל ושנית להתרחק מגזל וזהו ועשתה צפרניה ודרשינן ביבמות (דף מח) תקצץ וגם ובכתה את אביה ואת אמה דהיינו לבכות דמרד ועבר על מצות דאורייתא שהם מפי עליון אבינו שבשמים אב אחד לכולנו ולבכות דמרד במצות דרבנן מפי סופרים כנסת ישראל אמנו המגדלת אותנו במידות ונימוסים ישרים וטובים ומחנכת אותנו בכשרון הפעולה הנאותה כנודע בשיר השירים שכנסת ישראל יש לה תואר אם וזה יהיה ירח ימים היינו אלול ותשרי ואז יהיה בביתך להתדבק בו ושניהם כאחד טובים ולכן העיקר לראות לא לתקן עצמו לבד כי אם לזולתו גם כן כמ"ש וזה המביא לאדם לכמה דברים טובים אהבת חבירו ומניעת קנאה וקלון וכדומה וכבר

אמרו (יומא פז) כל המחטיא את חבירו אין מספיקין בידו לעשות תשובה שלא יהיה חבירו בגיהנום והוא בגן עדן והמון בריות חושבים כי זה שייך דוקא בירבעם בן נבט וחביריו שהתעו בעגלים שהעמידו להתעות לישראל אחר הבעלים אבל בעצם מי זה המחטיא לחבירו אבל באמת כל אחד בעונותינו הרבים בגדר זה כי אני אוי לי על מכאובי מחטיא רבים ברואים בי דבר אחד שאין נכון אומרים אם אדם כזה אשר מפורסם אני בעיניהם לאדם נכבד עושה כזה מה נעשה אנחנו ולומדים תיכף להקל באלף קולות ומוסיפים בתוספת מרובה על עיקר ואילו רואים מאתי אלף פרישות ודברים טובים לא ילמדו כי יאמרו מי יעשה כמתכונתו הוא רב ופרוש וכדומה ובעונותינו הרבים אני עלול להחטיא חבירי פחות ערכי ולא לתקן ולכך אחז"ל (אבות ב ג) הוו זהירין ברשות כי בעונותינו הרבים עצומים הרוגיה אך באמת זה כל אדם המחטיא אם רואה שזה הסוחר מאנה חבירו ומסיג גבול ומצליח אף הוא יאמר מה לי לשטות מבלי להסיג גבול ולהונות עמיתי בזמן הזה צריך לעשות כן ומי שאינו כזה אין לו קיום במשא ומתן בזמן הזה ואף הוא מוסיף לעשות כן ונמצא הראשון מחטיאו וכן בריבית וגזל אם סוחר לוקח ריבית והחשבונות בגזל כדרך הסוחרים העוסקים במשא ומתןאם כן סוחר חדש ומכ"ש סוחר שלומד מעשיו שליח לדבר עבירה כאשר יהיה לאיש מריבה לעשות כפי סדר לימודו מרבו לסטים מזויין ומומחה בחשבונות של טעות ונמצא הראשון מחטיא חבירו כללו של דבר אין אדם נמלט כי פחות שבפחותים כאשר יחטא ילמדו ממנו משרתיו אשתו ובני ביתו כי כל איש שורר בביתו והרי זה מחטיא אחרים כי מה שכתוב כולם בני ישראל המה ונכרת הברית וא"כ קשה מאוד בעונותינו הרבים התשובה כי כל החוטא מחטיא חבירו:

קומו נא ונתחכמה הבו נא עצה כדת מה לעשות ולמצוא צרי ומזור לחולי הרעה הזאת למען ירצה ה' לזכות אותנו בתשובה ולא נהיה בגדר מחטיא חבירו וזאת עצה היעוצה עצה נמרצה כי אמרו (יומא פז) כל המזכה את הרבים אין חטא בא לידו שלא יהיו תלמידיו בגן עדן והוא בגיהנום ולכן נתחכם למאוד לזכות חברנו ולהוכיחו ולהצילו מתוהו דרך לא טובה וא"כ הרי אנו בגדר אין חטא בא לידינו והרי כאן שתי סברות זה מול זה מחטיא את חבירו ומזכה את חבירו ומדה טובה מרובה ממדת פורענות וא"כ ירצה ה' לזכות אותנו ולכן חובה על כולם לראות בכל התאמצות לזכות חבירו וזה הטעם שאני תמיד מוכיח לרבים שובו אל ה' ואני יודע כי צוחקים עלי רבים ואני רואה נגעי ומכאובי כי במה אזכה לתשובה אשר רבים חללים הפלתי במכשולי כנ"ל ואיך אשוב לפני ה' אם לא במזכה לרבים בתוכחה ובתשובה וממני ילמדו כל איש ישראל כאשר דרשתי פעמים רבות כי דברי אדם שאינו רב ופרנס הדור בהוכיחו לחבירו ועמיתו יותר מועילים ונשמעים מדברי איש כערכי ואם ירכבו שנים בדרך ויאמר אחד לחבירו אחי עד מתי נבלה זמן בדרך ונעסוק בחיי עולם עובר ונעזוב חיי עולם נצחי

קומה ונספק עצמנו במועט ולכו נשובה לקהלתינו לעסוק בתורה ובמעשים טובים בקהלתינו ודאי שיותר יהיו דברים כאלה נכנסים באזניו מאלף תוכחות שלי וכן כל אדם שמוכיח לבני ביתו ואשתו ובניו יותר פועל מכל המוכיחים וכן כולם עיקר תוכחה הנשמעת נמסרת לאנשים המורגלים עם רעיהם ועוסקים תמיד עמהם להם הכח להחזיר רע לטוב כאשר כח במים לעשות רושם באבן כאשר יטיף עליו תמיד טיף טיף כן כח באיש להוציא יקר מזולל כאשר ישקוד תמיד בתוכחתו ודברו אליו יום יום וזה לא שייך רק בחברים השכיחים תמיד זה עם זה ובעל בית עם בני ביתו והוא הוא הדבר אשר אמרתי כבר כי ירבעם בן נבט החטיא רבים למאוד בעונו הגדול ואיך אפשר לזכות לרבים בתשובתו אמנם בזה יזכה רבים כי ברואם כי הועילה התשובה אפי' לירבעם בן נבט שהכעיס פני קונו למאוד ומכל מקום ריחם ה' וקיבל תשובתו ממנו ילמדו כל רשעים לשוב בתשובה ותהיה ע"י תשובתו זכות לרבים החוטאים לבל יהיו מתייאשים מתשובה אף שעברו עבירות רבות קלות וחמורות יראו שמועילה תשובה וירבעם בן נבט יוכיח וא"כ ע"י תשובתו יהיה תיקון וזכות לרבים ליתן פתח תקוה לשבים והרי זה מזכה מול שמקודם היה מחטיא רבים אך כבר אמרו (ע"ז ד ע"ב) כי דוד הורה לבעל תשובה ואם כן אין כאן ע"י תשובת ירבעם יותר זכות לחוטאים כי כבר נלמד מדוד ע"ה וזה אם חטא דוד שקול כמו ירבעם אבל אם חטא ירבעם יותר חמור אם כן עדיין חטא ירבעם להורות בתשובה צריך וצריך כי יאמרו על חטא קטן מועילה תשובה ולא על עון חמור כזה והנה כבר נודע (ברכות לז ע"ב סנהדרין צט) כי כל מקום שבעלי תשובה עומדים אין צדיקים גמורים יכולים לעמוד כי עונות נעשו לו כזכויות וא"כ רבו כחול צדקותיו וגם אמרו כי היותו מוטבע בכור הברזל ובסטרא מסאבא ומכל מקום מכיר קונו ושב לו זה יותר נחמד בעיני ה' מצדיק שהוא בהיכלא דמלכא ונוח לו לעבוד מלכא קדישא משא"כ בעל תשובה האומר מבטן שאול שועתי וא"כ כל שחטאו גדול ושב בתשובה יותר חשוב כי יותר העון נעשה לזכות כי היה יותר בעמק התהום ולפ"ז אם דוד וירבעם שניהם הם בעלי תשובה גמורים מי שעונו ביותר אף הוא חשוב ביותר בעשותו תשובה לה' וזה כוונת ירבעם דהוא נסתפק אם יוכל לשוב לה' כי המחטיא רבים אין מספיקים וכו' ואי דלעומת זה יזכה רבים במורה חטאים דרך לתשובה דבר זה כבר נודע מתשובת דוד ולכך שאל מי בראש דבשלמא אי ירבעם בראש שמע מינה דהוא יותר בעל תשובה מדוד שמע מינה דחטאו גדול יותר אף הוא בתשובתו מעלתו יותר גדולה הואיל שהוא בראש וא"כ שפיר מזכה רבים להורות בתשובה אפילו על חטא גדול למאוד ואם כן יהיה בגדר מזכה רבים ויש רפואה למכתו אבל אם דוד ילך בראש שמע מינה דעון שלו יותר גדול ואף בשובו הוא במעלה עליונה וא"כ אין כאן אצלו זכות רבים להורות תשובה כי כבר נשמע מדוד וא"כ הוא שהחטיא רבים אין מספיקין

לו לתשובה שלא יהיה הוא בגן עדן וחבירו בגיהנום ואמר אם כן לא בעינא כי אי אפשר לשוב וא"ש ולכן אנשי לבב שמעו ותחי נפשכם בעוד רוח חיוני באפינו עוד זמן לשוב לה' בכל לבב ובפרט בימים אלו ימי תשובה והעיקר בתשובה להסיר מידות המגונות המעכבות תשובה ואמרו (יומא פה ע"ב) עבירות שבין אדם לחבירו אין יום הכפור מכפר ואין הכונה רק על גזל מחבירו וריבית ואונאת ממון והשגת גבול ומסירות על חבירו אף גם שנאת חבירו אונאת דברים דברי קלון על חבירו לשון הרע מכנה שם לחבירו מוציא לעז ודבה על חבירו מתכבד בקלון חבירו מלבין פני חבירו מתלוצץ בחבירו החטיאו לחבירו שהוא יותר מאילו הרגו וכהנה דברים הכל בכלל דברים שבין איש לחבירו שאין יום הכפור מכפר ולכן אוי לנו מיום הדין ויום תוכחה כי דברים אלו מצויים בינינו לרוב ממש מבלי שים אל לב לשוב לה' עליהם כאילו אין פשע כלל וביום הכפור אם יעשה אחד דבר מה שיש להתלוצץ עליו הלא כל היום הוא מנגינתם ובוטה כמדקרות חרב לדבר דבר הנוגע לחבירו בגילה קלונו וחרב פיפיות בלשונם אוי לנו מה נענה ליום פקודה ימים אלו הם ימים לשוב לה' אבל הם ימי דין:

ואמרו במדרש (דברים רבה ב ט) אמרו מלאכי השרת לפני הקדוש ברוך הוא אימת ראש השנה ואימת יום הכפור אמר הקדוש ברוך הוא אני ואתם נרד לישראל למטה ויש להבין מה זו השאלה או התשובה אבל יש להבין במה שאמרו (יומא כ ע"ב נדרים לב) כי השטן אין לו רשות ביום הכפור לקטרג כי השטן בגימטריא שס"ד ויום הכפור אינו בכלל ומקשים הא אנו מונים ללבנה ושנותינו רק שנ"ה או שנ"ד וא"כ נפיש יו"ד ימים אבל הענין בזה בכמה בחינות כי באמת נודע כי המ"ם ונו"ן מתחלפים כדמצינו מגרשיהם מגרשיהן ובכתובים נאמר שטן אבל בתורה נאמר (בראשית כז מא) וישטום עשו ליעקב כי הוא השטן באמת והוא עשו ונאמר שטם במ"ם והוא שנות לבנה ותבין ותדע כי כבר גזרו חכמי דקדוק כי אותיות מ"ן מתחלפות והן יוצאות מהאף והוא כי כביכול ה' נקרא ארך אפים תרין אף כמאמרם (עירובין קב) ארך אף לצדיקים וארך אף לרשעים והן מרומזים בתרין נוקבא דחוטמא כביכול ימין לצדיקים ושמאל לרשעים ומהן אותיות מ"ן שמתחלפות כי יש לצדיקים שמגיע אליהם כמעשה רשעים וכן להיפך והוא מ' של צדיקים כי הוא למרבה המשרה (ישעיה ט ו) המ"ם סתומה והוא המ"ם של מלכותך מלכות כל עולמים והם ישראל ולכך ניתנה התורה במ' יום והם מ' יום מן אלול עד יום הכפור שאז האריך ה' אפו ויאמר סלחתי כדבריך ולכך אצלינו השטם במ"ם וישטום ולכך אנו מונים ללבנה שהוא רק השטם במ"ם אמנם ארך אף לרשעים הוא הנו"ן מחוטם ולכך לא נאמר נו"ן באשרי ולכך בהמבטא נודע כי נו"ן מורה על קטנות ונוקביה להיות מדת הדין לרשעים והוא מפלתם וכו' דכתיב (עמוס ה ב) נפלה בתולת בת ישראל וזהו נו"ן כפופה אמנם הקדוש ברוך הוא פושט ברוב רחמיו הרשעים שהם

כפופים ועקומים בעבירות וזהו נו"ן פשוטה כי כביכול ידו פשוטה לקבל שבים ולכך ימינו מאריך ופושט כפיפתם ועושה מנו"ן כפוף נו"ן פשוטה וזהו מאריך אף כי מאריך נ' כפופה לנו"ן פשוטה ולכך באומות העולם שהם מונים לחמה נו"ן במקום מ"ם ולכך נקרא השטן בנו"ן והוא באמת שס"ה כמנין שלהם אבל אצלינו רק השט"ם כי אצלינו הכל בחינת מ"ם והן מ"ן היוצאים מחוטמא ארך אפים כביכול ולכך בין פסח לעצרת טרם שקיבלו התורה היו ימי דין לישראל כנודע וצריכים לטהר והן תספרו חמשים יום וימי ספירה עלולים לדין וקטרוג בעונותינו הרבים אבל מאלול עד יום הכפור הם מ"ם ארבעים יום של רחמים ואם זה אמת ונכון תדע גם כן במה שאמרו (ברכות ז ע"ז ד) עמי זכור נא מה יעץ בלעם בן בעור וכו' למען דעת צדקות ה' שלא כעסתי בימים הללו שאלמלא כעסתי וכו' ויש להקשות כיון שהקדוש ברוך הוא חוק שם מתחלת הבריאה להיות זועם בכל יום וכך טוב וכשר לפניו לצורך הנהגת הברואים איך שינה סדר החוק מימות עולם בשביל טיפש כזה בלעם הרשע במכה אחת וחולי קטן שנפל לא היה יכול לדבר ונטרפה לו השעה שלא היה יכול לדבר ולקלל כמזימתו הרעה ולא בשביל כך ישנה נימוס עולם שבחכמה יסד ארץ אבל הענין כך שיש להבין הלא כל יו"ד ימים מראש השנה ועד יום הכפור הם ימי דין כנודע ואיך הם מסוגלים לצעקה ותשובה ורחמים יותר מכל ימי השנה אבל הענין כך דהקדוש ברוך הוא דן ג' שעות ביום וג' שעות עוסק בתורה ואמרינן שם (בע"ז דף ד) דאף אלו ג' שעות שעוסק בתורה נקראים ימי דין דתורה כתיב ביה אמת ואין הקדוש ברוך הוא עושה לפנים משורת הדין וא"כ כשנגמר זמן הדין אף הדין נגמר ואחר כך קשה הצעקה כי כבר עברו החיתום וגזר דין וקודם לזה עת דין אמנם ביו"ד ימים הללו אין הדין נגמר בשש שעות כלל כי מן התחלת ראש השנה עד סוף יום הכפור הכל בדין בלי הפסק וחיתום כלל ולכך אמרו (ראש השנה טז ע"ב) בינונים תלוים ועומדים כי הכל בדין תלוי בלי גמר וחיתום כלל ולכך יפה אז צעקה כי עדיין לא נגמר הדין כלל והכל תלוי ברפיון וידוע מחוק ונימוס הדין כי אין לדיין כלל לכעוס על שום בעל דין תוך משא ומתן של דין שלא יסתמו טענות של בעל הדין וגם אולי מתוך כעס יצא משפט מעוקל כאמרם (ספרי מטות מח) בא לכלל כעס וכו' אבל לאחר גמר דין אז יכול הדיין לקנטר לבעל הדין העושה עול ולכעוס עליו באף וחימה כראוי וכן כביכול המלך המשפט עושה הכל כעובדא דלתתא למען ילמדו דיינים ממנו לעשות משפט צדק ולכך בעת עסקו בדין כביכול אף כי רבו עונות כחול לא יכעוס כלל ומאריך אפו והוא תהלתו למען ישפוט צדק ולא עולתה בו אבל לאחר גמר דין שאז כלה ונחרץ הדין אז זועם על עוברי רצונו עלה עשן באפו ואש מפיו תאכל ולפ"ז בכל ימים שיש בהם גמר דין אז זועם ה' אבל ביו"ד ימים אלו שאין גמר דין כלל אף הקדוש ברוך הוא אינו כועס כלל כנימוס היושר מבלי לכעוס באמצע הדין ולכך בימים אלו אין כעס כלל בפמליא של מעלה ולכך ימים אלו

הם ימי חפץ וימי רצון לה' אף כי הם ימי דין והנה ידוע במדרש (ילק"ש ח"א תשס"ה) כי מלחמות סיחון ועוג היו בימי אלול ואחר כך היה מעשה בלעם ובלק והיה מחכמת ה' וחסדו שהזדמן לבלעם שבא לקלל בימים אלו בין כסא לעשור והוא חשב כי ימים אלו עלולים לעורר דין היותם ימי דין ונכזבה תוחלתו שבימים אלו לא זעם ה' ולריק יגע והיה סופו שדיבר טוב על ישראל כמו שטן ביום הכפור אשר תהלות ישראל יספר וזהו כוונת הגמרא שעשה חסד עמנו שלא כעס היינו שזימן ענין בלק ובלעם בימים אלו לא מוקדם ולא מאוחר שכועס בהן ה' רק בימים שאין בהם כעס והנה מזה תבין כי כבר כתבנו כי אין רשות למסטין לקטרג כלל רק בעת הדין כאשר החל הדין אז רשות לתבוע דין על בני אינשא ולפ"ז כל יום הדין נמשך רק ו' שעות ג' דדין וג' דתורה כנ"ל אז רשות לקטרג אבל אחר כך דהולך לפנים משורת הדין ואינו עוסק בדין אין לו רשות לקטרג ומזה הטעם אמרו (ברכות ו ע"ב ט) דאליהו לא נענה אלא בתפלת מנחה וכן דוד כאשר היתה מגפה נענה בעת מנחה כי המגפה היתה מבוקר עד חצות כי אז רשות לקטרג אבל אחר כך אין לו לשטן רשות כלל לקטרג אך זהו כל השנה אבל בימים הנ"ל יו"ד ימי הדין שהדין כל היום אף השטן יש לו רשות לקטרג כל היום בבוקר ובערב בלי הפסק וא"כ כל יום ויום מימים אלו השטן לשנים יחשב כי בכל יום אינו מקטרג רק חצי יום ובימים אלו כל היום וא"כ הרי הם משלימים יו"ד ימים הנוסף ימי חמה על לבנה

וביום כפור לעת נעילה אז אין לו רשות להשטין כי כבר כלו כל השס"ד ימים ואז נחתמים ישראל לטובה ולברכה וחיים ושלום וא"ש והנה לא רק בימים אלו כל הימים ימי דין אף גם כל ראשי חדשים הם ימי דין כל היום אבל לא לבני אדם כי אם לצבא מרום להם ראשי חדשים יום דין כי הם קטרגו מה אנוש כי תזכרנו ואין בן אדם כדאי שיהיה נהנה משני מאורות חמה ולבנה שולטים כאחד ולקטרוגם נתמעטה הלבנה וחשך אורה למאוד ולכך בכל ראש חדש מחמת קטרוג לבנה כידוע בגמרא (חולין ס ע"ב) הוא יום דין על צבא מרום ולכך חייבים אנו להביא חטאת לה' היינו לכפרת פמליא של מעלה ואמרו (שם שבועות ט) הביאו עלי הרצון פמליא שלו שהם בכלל שהם שוכנים אתו ושם ה' בקרבם ועל שמו יקראו כנודע ואם כן הם י"א ראשי חדשים מלבד ראש השנה שהוא יום הדין הכולל ולכן לא נזכר בראש השנה חטאת רא יו"ד ימים ההתוספות (עירובין מ ד"ה זכרון וביצה טז ד"ה הכל בראש השנה ח ע"ב לה) כי אז אינה כפרה על מלאכי השרת רק הכפרה צורך לנו כי אנו נדונים ודי להפקיע עצמינו וא"כ י"א ראשי חדשים שהם כל היום יום דין בהם גם כן היום יחשב לכפל וא"כ בי"א חדשים נשלם י"א יום שהחמה יתירה על הלבנה ולפ"ז בראש השנה נשלם שס"ד ימים כי חשב י"א ראשי חדשים לשני ימים הרי נשלם כל שנה קודם ראש השנה שס"ד וראש השנה יום שס"ה דלית ליה רשות להסטין ועל צבא מרום אין לשטן בראש השנה רשות להשטין ואז נגמרת חתימה

שלהם אבל למטה שאין ראש חדש יום דין אם כן לא נשלמו שס"ד יום בראש השנה רק עד יום הכפור שאז יו"ד ימים לעשרים נחשבים וביום הכפור אז יום שס"ה אשר אין רשות למסטין ולכך אצלנו יום הכפור מופלג מראש השנה עשרה ימים כנ"ל וזהו כונת המדרש דמלאכי השרת שאלו אימת ראש השנה ואימת יום כפור כי אצלם יום כפור חל בחדא בראש השנה כי אז כבר נשלמו על ידי ראשי חדשים י"א יום כנ"ל והשיב הקדוש ברוך הוא אנו נרד למטה כי למטה אינו נשלם עד יום הכפור כי יו"ד ימים נחשבים לכפל והם משלימים כנ"ל וא"ש:

והנה עוד יש להבין הענין כי מצינו לפעמים אותיות פשוטות מהמנצפ"ך משמשות מנין מרובה והם אחר כל אותיות ד' ת"ק מ"ם ת"ר נו"ן ת"ש וכן כולם ולפעמים אינן משמשות רק מספר קטן כמו אותיות כפופות והוא כי למעלה הם במספר מרובה ולמטה במספר מועט ולכך קודם דור המבול היה חייהם מן מנצפ"ך דלמעלה כדכתיב (תהילים קלט ה) ותשת עלי כפך שמן אותיות אלו חיי אדם וחיו זמן רב עד אלף שנים אבל אחר כך היה חייהם מן מנצפ"ך דלמטה שהוא מספר קטן ולכך נאמר (בראשית ו ג) לא ידון רוחי באדם להאריך ימיו רק יהיו ימיו ק"ך שנים כמנין כפף וך' פשוטה גם כן רק עשרים במספר כמו כ"ף כפופה ובכתבי האר"י האריך בזה למאוד וא"כ אם נחשב במספר למעלהאם כן אין עולה השט"ן שס"ד כי נו"ן פשוטה מורה לבד על ת"ש ימים אבל למטה דהוא במספר קטן אז שפיר מורה על שס"ד ימים ולכך מלאכי השרת בחשבם כי נו"ן מורה על מספר מרובה שאלו אימת ראש השנה ואימת יום הכפור כי מה יש ליום הכפור על ראש השנה דאי משום דאין רשות לשטן לקטרג הלא כפי חשבון שלו יכול לקטרג יותר מאלף יום וע"ז השיב הקדוש ברוך הוא נרד למטה כי למטה הוא רק בחשבון קטן ואז מכוון החשבון כי ביום הכפור לית ליה רשות לקטרג ולכן ממני תלמדו אחיי ובניי גודל יקר מעלת ימים אלו ולא תחשבו לנקלה והכל נעשה ברצון ומכוון מבורא לטובת ישראל כי חפץ צדק הוא וחושב מחשבות לטובת ישראל בכל צד ופרט ואיך בעונותינו הרבים נבלה זמן בתוהו אלהים חשבה לטובה לתת לנו ימים אלו למחיה ולתקן הקלקלה ואיך נחשב לרעה אשר ח"ו יעברו ימים אלו בלי תשובה וכבר אמרתי הטוב ונכון לקבל על עצמינו גדרים לשמור ולעשות כל השנה ולא סגי בימים אלו לבד ועל כל פנים טוב מאוד להיות זריז וחרד בדבר ה' בימים אלו וזהו כוונת הפסוק (ויקרא כג מב) בסוכות תשבו שבעת ימים כל האזרח בישראל ישבו בסוכות כי כבר נודע בגמרא ביום סוכות אז נגמרה החתימה ומה שלא נזכר בתורה מזה רמז הוא כי תמיד בין כתיבה והחתימה יו"ד ימים שהם יו"ד מדרגות הקדושה יו"ד מאמרות יו"ד דברות עשר קדושות עשר ספירות וכהנה הכל עשר וכבר נודע כי יו"ד היא קטנה והיא שחורה ולית ביה מן הנייר כלום כי היא נקודת דיו בעלמא ולכך ישראל שהם יו"ד הם שחורים בגלות שהם סובלים יסורים והם כלבנה כאשר מכוסה ואינה נהנית

מאור החמה היא שחורה וכך הם סובלים יסורין ומרעין והם שחורים מבלי נייר לבן והיא שחורה והוא כסוי לבנה אבל ונאוה כי לעתיד לבא הצעיר יהיה לאל"ף כי יהיה מן יו"ד אל"ף שיש בו לובן הרבה ואז הלבנה תאיר מהחמה וזהו ונאוה ובאמת יו"ד גם כן בעשירית אחד אבל הוא אחד בריבוי ואל"ף אחד באחדות גמור וכשאנו בבחינת אל"ף שהוא יותר באחדות מן יו"ד שהוא אחדות ברבוי אנו חביבים לפני מקום ולכך נאמר (דברים ז ז) לא מרובכם מכל העמים חשק השם בכם כי אתם המעט והיינו כי יותר חביבים גבי מקום כשאנו באל"ף מביו"ד ולכך במעט חשק ה' ויו"ד ימים הם ימי סיגוף ועינוי נפש ושחורה אני אבל ביום הכפור אז אנו חוזרים לאל"ף ולכך נקרא יום הכפור במדרש (בראשית רבה ב ג) יום אחד כי הוא אלף ודרשינן במדרש (שיר השירים רבה א) שחורה אני בראש השנה שהם יו"ד ימי תשובה וראש השנה ראש לכולם ונאוה ביום הכפור כנ"ל ולכך ראש השנה שהיא שחורה הוא בכסה ליום חגינו וכל יו"ד ימי תשובה אין מקדשין הלבנה אבל מוצאי יום הכפור ונאוה ולכך נהנים מזיו הלבנה ומקדשין אותה וזהו הכל לצדיקים שהכתיבה בראש השנה וחתימה ביום הכפור במושלם היו"ד ולהיות כי יו"ד כפל דהיינו י' עשר ו' ד' עשר וכן עשרת ימי תשובה כפלים כהנ"ל שהם נחשבים לעשרים יום כנ"ל והוא יו"ד באמת וזהו ענין שופר כי עצמותו של שופר הוא מורה בדמותו וצלמו על וי"ו שהוא וי"ו גמור ואות וי"ו יש לו ג' אופנים בכתיבה א' וא"ו הוא א' באמצע המחברן באמת בחבור גמור להיות א' אחדות ולכך וא"ו בגימטריא אחד שהוא אחדות גמור והיא תקיעה פשוטה כי אין פשוט כאחדות המוחלט וכן נכתב ו"ו בשני ווי"ן בלי חיבור והוא פירוד גמור כי אין דבר מחברן ולכך ו"ו בגימטריא י"ב כי י"ב המה הכל בפירוד עולם המזלות שהוא עולם הפירוד בלי חיבור והוא שברים דיש הבדל ופירוד בין תקיעות והם שני ווי"ן שהם נפרדים אמנם יש וי"ו שמחבר ביו"ד אבל אינו חיבור כ"כ כמו באל"ף כהנ"ל וגם יו"ד מורה על עוני ויסורים כמש"ל שחורה אני ולכך היא תרועה והוא גנוחי גנח וילולי יליל והנה בינוניים אין נכתבים כלל בראש השנה וביום הכפור נכתבים וחתימה שלהם יו"ד ימים אחר כך כמש"ל שצריך יו"ד הפרש וזהו סוף כ' לתשרי שהוא ליל הושענא רבה ולכך לא נכתב בתורה כי תורה בכללה לצדיקים וכשרים נאמרה שהחתימה שלהם ביום הכפור והבן:

והנה יעצה לנו התורה בסוכות שהוא סוף ימי תשובה לקבל על עצמנו גלות ולהיות כל העולם נחשב בעינינו כתוהו וכצל ולכך אמרו (סוכה ב) צא מדירת קבע ושב בדירת עראי להורות כי גרים אנחנו עלי ארץ מבלי קבע וימינו כצל שבין לילה היה ובין לילה אבד רוח נושב ואיננו ומה יתרון לו לאדם בכל עמלו שיעמול תחת השמש וכל ימיו תהיה עינו למעלה לשוכן שמימה כאמרם (ירושלמי הביאו הרא"ש וטוש"ע סימן תרל"א) שיש לעשות סכך בענין שהכוכבים נראים מתוכו בהירים ויהיה לבו לשמים

ואולי יחוס הקדוש ברוך הוא על נכה לבב ועני היודע מצב שפלותו וכי כל שבתו בארץ מעט ורע כל היום מי גבר ימלט מפגעי ונגעי זמן ותמורת הימים וא"כ הקדוש ברוך הוא חומל דל ויתנחם על עפר ואפר וזו עצה עמוקה לעשות בשבעה ימי סוכות כי אז הדין עדיין מתוח ותלוי עד שמיני עצרת שיש לנו לשמוח ובטוחים אנו בחסד ה' שיצא לצדק דיננו הנה עצה זו על שבעה ימי החג אבל האיש הירא וחרד לדברו של מלך מלכו של עולם לא תהיה לו סוכה זו לבד בחג הסוכות כי אם כל השנה יהיה לו הכל לדירת עראי וילין בצל סוכה ויצא מדירת קבע ויהיה הכל בעיניו כגר וכאורח בעלמא ויביט כוכבי שמים לשים בה' מבטחו מבלי לבנות בתים באבנים משכיות וחדרי מלכים ברצפת בהט ושש וכדומה מתענוגי בני אדם להרחיב דעתו ובזה יבוא לידי מותרות וחמדת נשים ושאר חמדת ממון עם איסור והיתר ואפילו ללסטם בריות אפס יהיה כפי צורך ארמונו והיכלו ובזה יתגאה וירום לבבו ויתנשא וישכח אלוה עושהו מה נעים ונחמד היה צוואת יונדב בן רכב (ירמיה לה ו) שצוה לבניו לבלי בנות בתים כי אם באהלים ישבו דירת עראי פעם כה ופעם כה וכן עשו אבותינו אברהם יצחק ויעקב היו שוכני אהלים והוא שהאריך ימיהם כי לא חרדו לפגעי אש שישרוף ארמונם ולא פחדו לקול אויב ורעב ומגפה כי מהר נתקו חבלי אוהלם ויתידות משכנותם ויתהלכו מעם לעם ועל זה אמר בלעם בראותו במדבר שוכני אוהלים (במדבר כג ה) מה טובו אוהליך יעקב אהלך דייקא שאנו רק שוכני אהלים כאהלי קדר ואז כיריעות שלמה ואז טוב לנו בזה ובבא אבל כאשר אנחנו שוכני בתי חומר גויל וגזית אבן מקיר תזעק להעיד בנו כי נגע נראה לנו בבית החמס והגאוה וחמדה ותאוה שמה הרגיעה לילית שמה מצאה מנוח תשלח חיצים ותפיץ אותם ובפרטות הבונים בית בלי משפט ומסיגי גבול דלים וע"ז נאמר שבתיהם קברם ירדו שאול בעונותינו הרבים וראו כבוד ה' שהיה שכן באוהל משכן עשו קרשים ויריעות התמיד הענין במדבר ובבואם לארץ כי התהלך מאהל לאהל מדבר גלגל שילה נוב וגבעון ת"פ שנה ומקדש שלמה שהיה בנוי בבנין אבנים יקרות לא התמיד רק ת"י שנה והיה לשריפת אש בעונותינו הרבים ובית שני נחרב כמה פעמים בימי יונים והורדוס חזר ובנאו ועם כל זה לא התמיד יותר מת"ך שנה וזהו שרמז הפסוק (ויקרא כג מב) בסוכות תשבו שבעה ימים זהו הכלל שזה ודאי להמלט מהדין אבל האזרח דהיינו צדיקי ישראל הנקראים אזרחים ע"ש אברהם אבינו הנקרא אזרחי מעבר הנהר ישבו בסוכות תמיד מבלי הפסק ומבלי זמן כלל כי אם תמיד ישבו בסוכות מבלי מניעה כלל ותמיד יהיה כל העולם אצלם לדירת עראי כנ"ל ומה טוב לנו כי נשמור כן אמנם יש בסוכה רמז גם כן על התורה כי היא צלא דמהימנותא והיא התורה הנקראת צלא דמהימנותא וע"ז צווח שלמה (שה"ש ב ג) בצלו חמדתי וישבתי והוא צל תורה וצל סוכה ובזה יש לאדם לישב וללמוד תורה בסוכה לא להרבות משתה מרעים תערובות

אנשים ונשים בחורים ובתולות חתן וכלה בדברי עגבים וליצנות והרהור עבירה אוי לאזנים שכך שומעות ועינים שכך רואות לעשות בצל סוכה צלא דמהימנותא צל רע וצל שדים ומלאכי חבלה שעירים ירקדו בסוכה והיא סוכת גנב"ך שאין יוצא כי סוכה עשויה לענן ה' יומם על הסוכה ואף שאין נראה מכל מקום ברור ואמת מי שיושבים בסוכה לשמה ועוסקים בתורה ושמחים בחג במצוה ושמחת מועדות שענן ה' חופף למעלה מעלה עין ראתה ותאשרונו אבל מי שעוסק בסוכה בדבר לצון וחטא ופשע מעביר הענן ונעשה ענן בקר ועבים דשוא של סיטרא אחרא וע"ז נאמר (איוב ז ט) כלה ענן וילך אבל עיקר סוכה היא התורה ואמרו בגמרא (יומא סו ע"ב במשנה) לענין המוליך שעיר המשתלח שיו"ד סוכות היו מן ירושלים לצוק וענין סוכות תבין בשנקדים להבין מה ענין שני שעירי יום הכפור שאמרו חז"ל (שם סב ע"ב) כי היו שניהם שוים במראה ובקומה והיה הגורל מי לה' ומי לעזאזל דיש לתמוה חברותא כלפי שמיא טמא וטהור יחדיו יאכלו מה זה לזה:

אבל תבין בשנקדים להבין דברי הגמרא דיומא (דף סט ע"ב) דאמרו דאנשי כנסת הגדולה צעקו בקול על יצרא דעכו"ם היינו האי דאחריב ביתינו וגלינו מארצנו ועדיין מרקד בנו וכו' ויתבי בתענית ג' ימים ונפל פתקא מרקיע דכתיב ביה אמת אמרו הא חותמו של הקדוש ברוך הוא ונפיק עמודא דנורא מבית קדשי קדשים אמר הנביא היינו הוא תפסוהו נשמט מיניה מזיא ורמי קלא נזדעזעה ארץ ישראל אמרו דלמא ח"ו מרחמי ליה מן שמיא נתנוהו בדודא דאברא דלשאוב קליה ביקשו רחמים איצרא דעבירה ויהיב להו נמי כדחזי דמצריך לברייתא נקרוהי לעיניה כי היכי דלא נגרי בקריבותיה עכ"ל והמאמר הזה תמוה מאוד מלבד כי רוב המחקרים וחכמים העלו כי היצר הרע אין דבר חוץ לגוף רק הוא כח הגוף וחלק חומרי ורע שבו וא"כ מה זו תפיסה אף גם אי אמרת דהוא מלאך רע עומד בפני עצמו מסית ומדיח מכל מקום במלאך שהוא ענין רוחני לא יצוייר בו תפיסה ואחיזה ולא יעצרוהו הגשם העכור ואם בית גזית ואבני שיש לא יעצרוהו לעבור בתוכו והוא בהיכל המלך וסגניו איך יעצרוהו כלי איפה מכוסה בעופרת ואבר ויותר תמוה דלמה נפל בפתקא אמת אם שהוא חותמו של ה' מכל מקום לא נזכר בו אם יהיה מקום לבקשתם או לא וכל מעשה ה' אמת אף שברא יצר הרע אין בו עול וגם מה שאמרו דנפק נורא מבית קדשי קדשים דבר זה תמוה וכי יש משכן ס"ם אבי אבות הטומאה במקום קודש קדשים מקום אשר נאמר עליו (ויקרא טז יז) וכל אדם לא יהיה באוהל אפילו מלאכי השרת נאמר בהם דמות פניהם כפני אדם (ירושלמי יומא פ"א ה"ה) ואיך יהיה שם שריית משכן הס"ם וערל וטמא לא יבואו הבית פנימה אל הקודש ומה שאמרו דשמטיה לשעריה הוא תמוה דודאי הוא רוחני ואמרו דהיה דמות כאש ואיך נשמט מיניה שער ראשו ומה זה דהיה כ"כ הצווחה עד שנאמר דהלך מת' פרסה לת' פרסה וכי בשביל השמטת שער אחד יהיה

כ"כ צווחה ואם נאמר כן לא יובן מה דחששו דמרחמי ליה מן שמיא וח"ו דה' ירחם את רשעים והלא אמרו (יומא כב ע"ב) על שאול דחס על הריגת עמלקים הטף והצאן ויצא קול אל תצדק הרבה כי אסור לרחם על רשעים וע"ז נאמר (נחום א׳:ב׳) ה' קנוא ונוקם לצרים וח"ו דירחם על הצורר הזה דאיבד בית ה' וטובי העם נתח כתף וירך ואם יראו בכך מה זו התרופה לשים אותו באיפה ולכסות פומיה באבר ואין זה מטבע עופרת כלל שיהיה סגולה לבל ישמע קול הצועק בקרבו בקול ענות גבורה ואם ישנו בטבע וכי ח"ו יהיה זה מועיל לבל ישמע ה' קולו הלא מבטן שאול שועתי אמר יונה (יונה ב ג) והדבר תמוה למאוד ושיותר יש לתמוה במה שאמרו בהא דנקרו לעיניה של יצרא דעבירה דלא מגרי בקרוביה דלמה ואם עיניו כהות מלהביט למה יכוון להסית דווקא באשה זרה ולא בקרובים הלא מסית כסומא בארובה ולא יודע איך ומה ואפשר שיזדמן שלא יסית באשה זרה רק בקרובים כאחד הממשש כעור באפילה ובאמת מאמר זה זר למאוד בפשט הגמרא עד שאומות העולם חיברו בזה ספרים לצחוק ראה ה' והביטה כי הייתי זוללה:

אבל מה שנראה בדרך הפשט הוא כך כי יצרא דעכו"ם בא מחמת טעות בענין המדע וחכמה כמו שכתב הרמב"ם (הלכות ע"ז פ"א ה"ב) כי בדור אנוש טעו והוא מחמת חסרון חכמה ומדע טעו ואמרו כי ה' לרוב ערך יקרתו חלק ממשלה לכוכבים ומשטרי השמים וכהנה יתר דרכי הבלי עכו"ם ומינות הוא הכל מפאת חסרון חכמה ושטות שרחוק בעיניהם להאמין בסבה ראשונה וכדומה דברים אמיתים שה' ינבא בני אדם וכהנה דברים אמיתים אמונה אמיתית עד שלבסוף רוב חכמי מחקר אמרו עולם קדמון וכמנהגו נוהג ובירה בלי מנהיג ואם יתפלל איש או לא יתפלל הכל כחדא יחשב סוף דבר עבירה גוררת עבירה כל אחד בודה מליבו דרך ישר בעיניו לדבר דברים ברומו של עולם זה אומר כך וזה אומר כך והכל גורם שני דברים אחת רעות רוח דנקטו לומר שהם ישיגו ענין מהות בורא וסדר בריאת שמים וארץ וטיב הנהגתו ומה שאי אפשר להשיג בשכלם המזוהם ושכל עכור חומרי יכחישו ויגזרו ויאמרו לא כי אין לנו אלא מה שהשכל שלנו גוזר כי הוא האומר נגיד ומצוה לאדם ומורה לו לדרך ומי חכם ולא יאמר כי זהו גסות רוח שאין כמוהו שאדם הקרוץ מהחומר נבזה טפה סרוחה עלול למקרים משתנים לפגעי זמן מוכנע למזג איכות ומקרי יסודות קשור במקרי הזמן אשר לפי הכל השכל משתנה מיום ליום היום יאמר על מר מתוק ולמחר ההיפך יאמר שכלי שלם להכריע בענין אלוה אשר טבע כוכב אחד נבוכה לא יוכל להשיג על בוריו אם הוא אור אש או גשם חמישי אפילו בחכמה לימודית שיש לנו מופתים חותכים מצויירים בחרט אנוש כמה חכמים טעו ועשו מופתים מזוייפים ובנו שרשם על קו תוהו ומה נאמר בדברים נשגבים כאלה אך כל זה נסתעף מן ביטול תורה זאת התורה אשר שם משה לבני ישראל כי ההוגים בה יראו כמה נסים

ומופתים שנעשו לישראל אשר גם מתחלה היה לבבם קשה להאמין כי נשתקעו גם כן בחכמות חיצוניות מינות וכהנה עד שלרוב אותות ומופתים שנעשו בפומבי ובהקהל שאין בו מהטעות ותחבולות נתברר ששקר נסך בקרבם ומזה ילמד כי אין לסמוך על שכל כלל כי מן אנוש עד מתן תורה כמה חכמי אומות העולם שלוים ושקטים היו והיה להם אורך ימים שהיה להם זמן לחקור ולא השיג אותם טרדה וצער ויגון כי העולם היה אז מלא ברכה ושבע ודשן ומכל מקום לא השיגו אורחות חיים כמו בלעם ויתר חרטומי וחכמי מצרים כי מתת אלהים היא ליודעיו ולענוים יתן חן וממנו ילמד כי לא לחכמים ההכרע בענין אלוה ולחכמי תורה נוחלי מורשה להם תושיה וגבורה ושוא עמלו כל החוקרים בשכלם המטופש ומתורתינו ילמד ראש הנביאים ואב לחכמים משה כמה דברים שנעלם ממנו ולא ידע עד שהוצרך לשאול או שאהרן ואלעזר בנו העמידו אותו על האמת ויושר כמו בחטאת הנשרף וכלי מדין ובזה ילמד שאל יתהלל החכם בחכמתו וההוגה בתורת ה' ובמצותיו ימצא בו חן וכבוד וענוה ויראה כמה נעמו ועמקו מחשבות הבורא להטיב לברואיו ומה עמקו מחשבותיו ורחוק ממחשבתנו עד שאין לדמות אותנו לו בשום אופן לא להביא ראיה מידיעתינו ומחשבתינו לידיעתו ומחשבתו כמו שעשו אלו טפשים עובדי עכו"ם קדמונים כללו של דבר אין דבר המברר שכלנו להתרחק מפח יקוש וממינות כי אם תורתינו הקדושה להוגים בה לשמה כי בה יבערו קוצים מהכרם והמאור שבה מגין לבל ימצא מקום לשטן להתעות אותנו כי נר מצוה ותורה אור והנה בבית ראשון אף כי סנהדרין ומעתיקי שמועה ותלמידים היו גדולים בתורה עד שאין ערך להם בבית שני וקטנם של ראשונים היה עב ממתני אחרונים מכל מקום המוני עם בעונותינו הרבים נעדרים היו מחכמה כי היו טרודים בגפנם וכרמם וכהנה טרדות עד אשר לא ידעו מהתורה וראה כי זמן קטן שהיו בגלות בבל שכחו שמירת שבת שהוא דיבור שלישי מיו"ד דברות ומה ידעו משאר מצות התורה וחקור נא בכתובים כי המוני עם היו משוללים מבלי ידיעת התורה למאוד וזה גרם כי נפתו לקול מתעים נביאי שקר שקמו ולמדו מן חכמי עכו"ם שביניהם ויתערבו בגוים וילמדו מפתוי דבריהם ללכת אחרי הבל עד שלבסוף נתקשה אצלם כ"כ שאטמו אזנם לשמוע בקול נביא ואפי' לומדי תורה נפתו אחריהם כי יד המלך ושרים וסגנים היו במעל זה והכל היה בגרם מיעוט לימוד תורה וזה כוונת הפסוק (ירמיה ט יב) על מה אבדה הארץ ויאמר ה' על עזבם את תורתי כי ודאי ידוע שהארץ נאבדה כי עזבו ה' והלכו אחרי אלהי נכר רק השאלה איך באו לכלל טעות ושטות כזו להחליף טוב ברע וע"ז אמר על עזבם את תורתי שלא למדו בתורה ובאו לכלל טעות ועיקר טעות עכו"ם הוא כאשר כתבתי בשגיאות המחשבה ועומק הרהור הלב בדברים מתעים וזהו שנולד מגסות רוח לומר שכלי שלם ולי נראה להכריע וחקר אלוה אמצא וכבר נודע בכוזרי וכן במורה נבוכים ויתר מחברים כי האדם דמות

בית המקדש והלב רומז לקדשי קדשים ששם משכן הנפש החיוני שהוא ארון העדות והריאה הנושבת היא הכרובים פורשים כנפים וזהו כי אנשי כנסת הגדולה חשבו אולי יבואו שנית ח"ו לכלל מינות וטעות בכפירה בעיקר הדת וחקרו ומצאו כי סיבת ושורש הטעות ושאור המעכב הוא נורא דבית קדשי קדשים הרצון שהוא גסות רוח שהוא כמו אש בלב הנקרא קדשי קדשים וכבר נודע כי גאוה מרומזת באש העולה למאוד מעלה מעלה וזהו דחזיא נורא מבית קדשי קדשים ואמר להם הנביא זוהיא הסיבה המביאה לכל חולי רע כזה והרפואה לדבר זה אחזיה להו משמים בפתקא אמת הרצון התורה דאקרי אמת כמבואר בע"ז (דף ד ע"ב) והוא חותמו של הקדוש ברוך הוא כי הוא גמר כלי יוצר של הקדוש ברוך הוא ובו גמר פעולתו והוא אצל יתברך אמון ולכך חותמו אמת הרצון התורה וע"י התורה מתבררת כל טעות הפוקרים המשונים ויודעים כי ה' אחד וכאשר יסד הפייט (בקדושה דמוסף ליום א' דרה"ש) אמת חותמו שרמז על התורה להודיע כי הוא אחד והורה הפתקא כי בתורה יבוטל יצר הרע דעבודה זרה בתכליתו וממנו קמו אנשי כנסת הגדולה ועזרא הסופר בראשם אשר נתן ללבו לכתוב תורה מדויקת היטב שבל יהיה בה קמשונים ובכתב אשורית להבין ולהורות עד שאמרו (סנהדרין כא ע"ב) ממש נתינת התורה היתה על ידו כבימי משה וגם תיקן לקרות במנחה בשבת משום יושבי קרנות ופירש"י העוסקים בחול בדברים בטלים (ב"ק פב) ומכל מקום יעסקו בשבת בתורה וכן תיקן בב' וה' עשרה פסוקים כנגד עשרה בטלנים שהם בטלים ממלאכה ועוסקים בתורת ה' ואנשי כנסת הגדולה אמרו (אבות א א) עשו סיג לתורה והעמידו תלמידים הרבה כי כן אמרו ועשו והקימו בית מדרש בכל פלך ופלך ותקנו שיהיו מלמדי תינוקות בכל עיר כמבואר בגמרא דב"ק וב"ב (קיא) אשר תודה לאל מאז ועד עתה אף כי עברו על ראשנו תנות צרות לא נוכל וטילטלנו מדחי לדחי באנו באש ובמים לא נשכח מאתנו תורת ה' דקדוקי סופרים תודה לאל בכל יום מוסיפים אומץ בתורה ויראה אשר באמת גלל כן בכל דור עומדים עלינו להתעות אותנו מדרכי חיים לדרכי מינות ורוח פינו בתורה מכלה הכל ואש תורה שורף קש הבלים ולא יוכלו לנו ב"ה וזהו חותם אמת ובזה אתייהב יצרא דעבודה זרה ואין רשות בידו להתעות אבל תדע כי העוסקים בתורה הם מבני פלטריא דמלכא קדישא היושבים ראשונה במלכות של עולם וא"כ צריכים מאוד להזהר ולהשמר בנפשם לבל יחטאו בדבר קל ומכ"ש בדבר חמור כי סביביו נשערה ואמרו (יבמות כא ב"ק נ) שהקדוש ברוך הוא מדקדק עמהם כחוט השערה וכן הסברא נותנת להיותם קרובים אל ה' וה' מתהלך בקרב מחנם כי אין לה' אלא ד' אמות של הלכה וא"כ בדבר קל מטמא ח"ו מחנה שכינה וכמה מעלות בקודש ותלמיד חכם הוא בגדר קדשי קדשים כי שריא שכינה שם ובפרט כי שארי אנשים להם אמתלא בהעדר הידיעה וזדונות כשגגות יחשב ולהיפך בתלמיד חכם הכל כמזיד

יחשב כי העוסקים בתורה כל רז לא אניס להם ואיך יאמרו שוגגים אנחנו תמול ולא נדע וא"כ התלמיד חכם בתורה צריך מאוד התחכמות לבל יחטא בקל ואשמם בראשם וביחוד כי מטבע לימוד התורה והחכמה שהיא כאש להכניס רמות רוח בלב הלומדים כאשר ידרוש דבר טוב יזוח דעתו כמבואר במסכת אבות דר"נ (פרק לח וע"ע במסכת שמחות פ"ח) דרשב"ג צידק על עצמו הדין כי כאשר דרש וכל העם שומעים ושמחים בתורתו זחה דעתו וחרץ דינו להיות נדון כעובר עבירה חמורה ע"ז כל עין תדמע מאין הפוגות מי גבר בתורה ימלט מזה וגם מטבע הלימוד להוליד כעס וריתחא דאורייתא (תענית כז) ואף שאפשר שמותר בריתחא דאורייתא מכל מקום הרוב קשה ולא ימלט ברוב כעס דברים שאינם נאותים ועיין במורה שפירש כל חטא משה בהכות הסלע שדבר בכעס ולא בנחת כראוי לאדם כמוהו ראו עד היכן מגיע וא"כ יש כאן סכנה עצומה וזהו מאמרם ברמז תיבת שמטיה למזיא הרצון שמדקדק עמהם כחוט השערה דכתיב נשערה מאוד וכו' ונזדעזעה ארץ ישראל כי תיכף היה דבר קל נחשב לעון גדול ומרי רב ועושה פגם גדול כנ"ל וע"ז חרדו אנשי כנסת הגדולה למאוד כי כבר כתבנו כי בעונותינו הרבים בעלי תורה במה שהוא אדם עלול לחטוא וא"כ יש לחוש שיקצוף ה' ויהי' כח לסטרא אחרא להתגבר על אדם ולמשוך אותו בתוהו כנודע כי עבירה גוררת עבירה ועיקר עבירה היא עבירה ראשונה קטנה ואחר כך ממילא יצר הרע מתגבר עד שכמעט אין בו כח לקום נגדו ולכך נאמר (הושע יד ב) שובה ישראל עד ה' אלהיך הרצון אף כי רבו העבירות עד ה' מכל מקום תועיל התשובה כי כשלת בעונך הרצון עיקר המכשול היה עון ראשון ועל ידי כך נתגלגלו שאר עונות ולכך התשובה נוח כי עבירה גוררת עבירה ושאר עבירות המה כמעט מוכרחים ולכך חששו אנשי כנסת הגדולה אולי יפן ה' מחמת חטא תלמיד חכם ותהיה עבירה גוררת עבירה וזהו אמרו דלמא מרחמיה ליה ח"ו משמיא ולזאת מצאו לו תקנה כי דע כי מיני מתכות יש זהב כסף נחושת עופרת והם שורש לכל מיני מתכות וזהב רומז על התורה כי זהב אש לוהט ומהאי טעמא שאין בו חלק לסטרא אחרא כלל שהוא לשמה גמור כמו תפילין ציצית הוא כסף שהוא לבן ומלבין ישראל כשלג וכצמר והוא כולו סגול כי מהאי טעמא המה עושים לאדם סגולה מעלה מעלה ומצות שיש בהם כח נחש כגון פריה ורביה שיש בו חמוד יצרו אכילה ביום טוב ושבת וכהנה יתר מצות שיש לסטרא אחרא חלק בהם הם נקראים נחושת כי לנחש יש חלק בהם אמנם התפלה שהיא עיקר עבודה שבלב היא נקראת עופרת כי עופרת יש לו כובד וכן יש להתפלל מכובד ראש וכבר אמרו כי עופרת טבעו עפר ואויר ולכך בקל יותך ויהיה נמס באש כי האויר נפרד בעפר בקל כי טבע אויר למעלה וטבע עפר למטה וכן (יבמות קה) בתפלה צריך שיתן לבו למעלה באויר ועינו למטה בעפר ובכך תהיה עינו למטה כי יזכור כי רוח שהוא אויר (ורוח) ילך למעלה וגופו שהוא עפר

ישוב אל האדמה וזהו ענין עופרת כמ"ש וכשיתפלל יחשוב כן ברוחו למעלה וגופו לארץ ואז תהיה תפלתו בהכנעה ובכובד ראש וכבר נודע כי כל הכורים לצרוף זהב וכסף שורשם עופרת כי הוא המסיר כל סיגים ובדילים ומזכך הכל נקי ובהיר בשחקים והטעם היותו עפר יסודי ואם כן כל הסיגים נדבקים בו כי הכל היה מעפר והכל שב לעפר וכן התפלה כל החטאים ופשעים בהרהור ובמעשה שיחטא אדם ויהיו פגמים וסיגים בנשמתו כשיתפלל בהכנעה ובכובד ראש ויבקש מחילה אז יסורו כל הסיגים והכל נדבקים בו בכור הזה כור לזהב וכסף ואחר התפלה יהיה זך ונקי כי הכור צורף הכל ומצרף הנשמה כי בתפלה והכנעה כל הסיגים מצורפים ובפרטות הגאוה והכעס הכל בהכנעת ושפלות התפלה ממתיקן כי היא המבטלת כח הגאוה והכעס בעמדו בהכנעה וזכור במעמדו השפל ותכליתו כבגד אכלו עש וכמו שאמרו (במדבר רבה כא כא) תמיד של שחר מבטל עונות הלילה ותמיד של בין ערבים עונות היום כן התפלה בשחר ובערב מצרפת ככור כל העונות והסיגים וחטאים קטנים סירכא בת יומא יעברו בכור בעלמא והוא ישאר נקי כשלג ילבין למאוד וזהו מה שאמרו כי אנשי כנסת הגדולה חרדו אולי יהיו בעלי תורה פוגמים בחטאים כל שהוא וימצא השטן פתחון פה לקטרג לזאת לקחו אבר ועופרת ונתנו אפומיה הרצון כי תיקנו סדר תפלה בבוקר ובערב כי קודם אנשי כנסת הגדולה לדעת הרבה פוסקים תפלה לאו דאורייתא כלל ואפילו לדעת הרמב"ם לא היה רק פעם אחת ביום בלי זמן וסדר כלל ואנשי כנסת הגדולה תקנו נוסח וסדר וקביעות כראוי בבוקר ובערב וזהו עופרת כנ"ל שהוא כור הזהב והכסף להסיר כל סיגים ועונות וזהו ושדי אפומיה כי זהו הנמסר לפה לדבר ולהתפלל וזהו השואב קולו של מקטרג דאף כי יחטא איש לאלהים תבוא התפלה בבוקר ובערב ותצרף ותטהר כל יראי ה' להסיר כל בדיליהם ותפלה בכונה יום ביומו סותמת כל פה מקטרג ומסטין ומבטלת החטאים הבאים במקרה וגודרת התאוה בכל אופן למאוד הועילו אנשי כנסת הגדולה ובראשם עזרא בתקנתם תורה ותפלה לבטל יצר הרע דעבודה זרה:

והנה לבטל יצרא דעבירה גם כן כביר מצאה ידם בתקנת גדרים לבטלו אבל צריך לברייתא בקיום המין וישוב העולם ואמרו בב"ק (דף פ"ב) כי עזרא תיקן שתהא חוגרת בסינר משום צניעות פירשו מפרשים לאו דוקא בסינר רק כל מקומות מגולים באשה תיקן שתהיה הולכת בכיסוי לבל יראה בה ערות דבר ותהא צנועה וסינר דנקט לדוגמא בעלמא וזהו ודאי בשוק ברבים ודאי דאורייתא לילך בכיסוי ובצניעות ואפילו גילוי שער דאורייתא בשוק וכמה חרדות חרד ישעיה על בנות ציון שהולכות נטויות גרון וכדומה רק בתוך הבית לא היתה כל כך צנועה ועזרא תיקן אפילו בבית שהולכות בלי מלבושים עליונים תהא חוגרת מכל מקום סינר והיינו בבית אין דרך נשים להיות מעורבות עם אנשים ולא היה שכיח שיהיה תערובות אנשים ונשים ואם יזדמן

ודאי תלך בכל מלבושים וח"ו על בת ישראל שתלך בגלוי בשר נגד אנשים אחרים אבל נגד קרובים אביה ואחיה וכדומה אשר לבה גס בהם לפניהם אי אפשר להזהר והם מעורבים עמה ויש לחוש להרהור והסתכלות ולכך תקן עזרא שתהא אפילו בבית צנועה למאוד שגם לקרובים לא יראה מקום תורפה וינצלו מידי הסתכלות וזהו כוונתם כי נקרו לעינים של יצרא דעבירה הרצון כי עשו תקנה למעט הסתכלות וראיה באשה והיינו בשוק אין צריך לתקנתם רק דלא לתגר בקרובותיה שהם אתה בבית ועשו תקנתם הנ"ל וסימאו עינו של אותו רשע בגדר ותיקון הנ"ל לילך אפילו בביתה בצניעות ואין מקום לתגר בקרובותיה ותקנה גדולה תקנו בסינר הנ"ל והוא משמרת למשמרת הקודש וא"ש ומה מאוד מתקו דברי חז"ל ויונעם לשומרי אמריהם הן בהתמדת תורה לשמה למחות אבן התועים המתעים את האדם מדרכי ה' ותורתו והן בתפלה בהכנעה כנ"ל תמידין כסדרן כי היא המצרפת ומטהרת כל סיגים ופגעים יום ביומו כנ"ל והעיקר בצניעות האשה הן בשוק והן בביתה בחדר משכבה לבל יראה שום גילוי שער ובשר אפילו נגד קרובים ועצמה ובשרה כי בזה ינצל ממלאך המות שהוא מלא עינים להסית לאדם בראיית ערוה ואשת חיל תנצל מכל אלה ויהללוה בשערים מעשיה הן הן דברי חז"ל בחידות ובמראה הטו לתת דוגמא לאדם כיצד יהיה נשמר מפח יקוש:

ועתה נשוב אל שני שעירים כי יצר הרע דעכו"ם ויצר הרע דעבירה כל אחד נקרא שעיר כי שעירים ירקדו זובח לשעירים כי המזיקים הם שעירים והם היצר הרע ובאמת יצרא דעבירה שוה ליצרא דעכו"ם העובר זה בא לידי זה וכל הלהוט בזנות ועבירות עצמותו כפירה אמר בלבו בל ראה ה' וכי הסתיר פניו מזה העולם ועולם כמנהגו נוהג ובלבו דברי תורה כלא נחשב כללו של דבר יצר הרע דעבירה הוא יצר הרע דעכו"ם כי סופו לבוא לידי כך והיום כך ולמחר כך ורבים חללים הפילה וכאשר ב' שעירים הללו רומזים על ב' יצר הרע אחד דעבודה זרה והשני דעבירה לכך היו שוים בכל דבר במראה וקומה כי אין הבדל ביניהם וכמ"ש ולכך שעיר משתלח רומז על עבודה זרה וזהו אין בו צורך כלל ויש לשלחו רחוק רחוק למדבר מקום אשר הרגיעה הלילית אל ארץ גזרה ולדחותו ולפרקו איברים איברים רפאים בל יקומו והיות כל עניני עכו"ם תלוי בשפת ולשון מדברת גדולות וחלקות הלשון ודברי פתוי וערמה כאשר האריך בזה שלמה במשלי בנועם אמרו (ה ג ד) אשה זונה אשר מות בלשונה וארסה בין שיניה עומדת הוא מרמז על המינים כנודע (ע"ז יז) ולכך היה לשון של זהורית קשורה בין קרניו וכשנפל לצוק תחתיות היתה מלבינה להורות כי החיים והמות ביד לשון ולהיות כי מאוד הרחיקו חז"ל להתרחק מן מינות ולא ידבק בידך מאומה מן החרם כי כל העוסק בו פוגם בגוף ונפש והמהרהר בו חטא בנפשו ולכך המשלח שעיר יטמא בגדיו עד ערב (ויקרא טז כו) כי כל הנוגע בו יטמא ולהיות כי גלות בבל היה בעבור עבודה זרה ולכך

הבבליים היו תולשים בשערו של משלח השעיר ואמרו מהר וצא (יומא סו) כי ידעו כמה חובה שנתגלגל בעבור זה שעיר שהוא יצרא דעכו"ם ולכך היו עשר סוכות כי עשר קדושות הן ולעומתן עשר טומאות ועבודה זרה תכלית הטומאה ולכך היו מירושלים עד צוק עשר מילין וסוכות והיה על כל מדרגה סוכה שהיא תורה שהיא מגינה מפני מינות כמ"ש לעיל ותורה היא הסוכה ולכך היו עשר סוכות כי היה למול עשרה מדרגות עשרה סוכות של תורה להגן ולכך אומרים לו הרי מים ומזון שהיא התורה כדכתיב (משלי ט ה) לכו לחמו בלחמי ושתו ביין מסכתי ולכך אמרו (בערכין לב ע"ב) כי ישבו ישראל בסוכות בימי עזרא דהיינו דבטלו יצר הרע דעבודה זרה ואמרו הדבר בסוכה כי סוכה מורה על תורה והוא המבטל יצר הרע דעבודה זרה ולכך בימי עזרא וסייעתו שהעמידו רגל התורה על בוריה אמרו בסוכה וזהו שעיר המשתלח אבל יצר הרע דעבירה הוא אינו לשלחו לצוק ואין לדחותו בשתי ידים אבל צריך כל כחות שלו שהוא התאוה למשגל וזווג ואכילה ושתיה וכדומה מהתאוה זמניות הכל שיהיה לשם שמים לקיום המין לקיום העולם ולקיום הגוף שהוא עולם הקטן ולחזק כוחותיו ומזג גופו להיות בריא אולם לעמוד בהיכל המלך הוא אלהי עולם וזהו שעיר הנשחט כי צריך להחליש כחות שלו לבל יהיה גובר בכחותיו רק להחליש כחותיו ותאות שלו ומה שנשאר מהכחות יהיו לחפצי שמים וזהו מהשעיר אשר עלה עליו הגורל לה' כי מה שהוא בו מהטוב והשארית יהיה הכל לכבוד ה' ולשם שמים ולכך עלה הגורל לה' וזהו יעמד חי שהיה נשאר חי הוא לה' כדי לקיים מצותיו וכך רצונו ולכך נאמר יעמד חי לפני ה' וזהו ענין ב' שעירים ולכך עלינו החיוב למעט בתאות הזמניות ועלינו לשחוט יצר הרע כי מה שנשאר בו הוא לה' וביחוד בימים האלו עלינו למעט התאוה הזמנית ולמסור כל לב ונפש לעבודת ה' ותורתו ולעשות לזה עיקר והשאר טפל ואמרו במדרש (בראשית רבה צג י):

אוי לנו מיום הדין אוי לנו מיום התוכחה בלעם לא יכול לעמוד מפני תוכחתה של אתונו שבטים לא יכלו לעמוד בתוכחתו של יוסף דכתיב ולא יכלו אחיו לענות אותו כי נבהלו מפניו אנו על אחת כמה וכמה עכ"ל ויש להבין כפל ענין מיום דין ומיום תוכחה ומה ראיה זו מאתונו של בלעם ושבטים נגד יוסף ומה ענין זה לזה אבל יובן כי כבר עמד הרמב"ן בחקירה מה טיבן של שלשה ימי זמן הדין כי בכל ראש השנה ויום כפור אדם נידון וכן במות אדם הוא מוכרח ליתן דין וחשבון והוא יום דין גדול לפני ה' ולעתיד לבא בתחיית המתים יהיה יום דין גדול לשפוט כל יצורים וחקר הרמב"ן במה ענין וטיב שלשה זמני דינים הללו אם נידון בפעם אחת למה לי יותר אבל הענין כך דרך משל מי ששלח אחד מעבדיו לבוש בלבוש מלכות למרחקים לעסוק בעבודת המלך והעבד ההוא בבואו למרחוק וישכח ענינו ויתחבר אל הפחותים להתגאל באכילה ושתיה וישכר והוא מתגולל בלבושי מלכות בטיט חוצות ורבב על בגדיו לא חש לעבודת המלך

ופניו כתואר המלך שחורנית שזפתו השמש שהולך כל יום ויום לטיול ומתעסק בכתמים וכהנה מדברים מתועבים מפסידים קלסתר פניו והוד יופי בגדיו בגדי מלכות ויגידו למלך הנה זה האיש אשר בחרת בו ושלחת אותו למרחקים הלא כל מעשיו מקולקלים כזאת וכזאת עושה ויאמר המלך לא יתכן תיכף לענשו רק צוה להכותו מכה קטנה למען יתן אל לבבו לחדול מדרך מתועבת זו וכן נעשה ותיכף צעק חדלו נא מלהכני כי מתחרט אני אשר עשיתי וישמעו וירפו לו אבל במעט ימים נשכח ממנו את אשר נדר לשמוע בקול עבדי המלך הכשרים ויכבד לבו להתחבר שנית אל הפוחזים ויוסיף להרע ולטנף גופו ומלבושיו ואמרו שנית למלך כך מעשה עבדך ויצו המלך לאסרו לבל יראה אור וידיו ורגליו בנחושתים למען ייסר ויעשו כן ויצעק אנא הוציאני מן המאסר הזה למען אוכל לעבדך באמת אעזוב דרכי הרעים ויעתרו לקולו וכצאתו ועבר זמנים נשתכח מאתו הכל וישוב למעשיו המקולקים ומכוערים וכשמוע המלך כן ויאמר אין עוד תקוה כי אם לקרואו לשוב לחצר המלכות ובהגיע למקום אשר המלך ועבדיו חונים ויצו המלך מבלי לבוא לפניו כי אם ראשון יכבס בגדיו וירחץ וינקה גופו מכל שמץ וכתם ונגע ומחלה ויהיה סר כל מראה שחור שיש בפניו ובגופו ולישב כמה ימים בצער וסיגוף עד שישוב אליו עורו כבשרו ויהיו בגדיו לבנים ונקיים לראות פני המלך ואחר כך בשובו לראותו אמר המלך הנה מפאת תואר פניך ורחיצת בגדך אתה ראוי לראות פני שנית אבל כך דרך המלך אשר יעמיד ארץ במשפט לענוש לעוברי מצותיו ומבלי שומעים בקול דבריו כי כך ראוי מפאת הדין והדת וכל אשר היה לו צער בארץ נכר לא היה לעונש רק למען ישוב מדרכו הרעה ולא יעשה כפי אשר זמם נעשה לו זאת למזכרת אבל לא לעונש וכן מה שהיה אחר כך לצער לנקות גופו ולטהר שמלותיו הוא רק כדי שיהיה ראוי להיות מרואי פני המלך אבל בשביל זה אינו בגדר עונש ואחר כך ידין המלך אותו כפי פקודתו ונימוס משפטו מבלי נשוא פנים כי אין רחמים בדין וכן הדבר באדם בשלשה זמני דינים הנ"ל כי הקדוש ברוך הוא שלח לאדם למטה לעשות עבודתו ופקודתו והוא הלך חשכים ואין נוגה בדרכים מקולקלים ויודע הדבר להקדוש ברוך הוא ויצו תחלה לשלוח עליו נגעים קטנים וזהו בראש השנה אשר יפקד איש איך לעשות בו ולהתרות בו שיניח מעשיו מקולקלים ואם מתחלה בבוא עליו יסורים מתחרט וישוב אל ה' ואחר כך ישכח במעט זמן וישוב לקלקולו עד שאחרון קשה מראשון ועבר עבירה ושנה הותר לו ואחר כך יוסיף ה' לדונו כפי צורך הזמן לשלוח עליו נגעים וכמה דברים המעוררים אותו משינתו האולת ואין זה בגדר עונש כמו שלא יתואר לעונש איש אשר יתעלף ויכו אותו על הלחי בכל כחם ויתנו ברזל ורסן לתוך פיו לפתחו בחוזק עד שלפעמים תפול שינו ויזוב דם כי אין זה לנקמה ועונש רק לעורר ולהשיב רוחו אל נדנה כן הדבר ביסורים ועונשים הבאים לאדם בחיים חיותו הם רק להקיץ אותו משינתו

ולעורר רוח נשמתו וזהו הדין שנעשה בכל ראש השנה לאדם וכאשר ראה הקדוש ברוך הוא שבכל זה לא נעשה שליחותו והאדם הולך בדרך לא טוב רע לא ימאס ולא ישגיח בכל היסורים יצוה שישוב אל מקום אשר לוקח משם ויגוע וימות ובמותו נשמתו רוצה לשוב אל מקום פני מלך עליון ואי אפשר לשוב כי נשמתו ומלבושו כתונת עור שלו המה מלוכלכים ומטונפים קיא צואה בלי מקום ואז נגזר עליו כמה זמן יהיה בגיהנום של אש ושל שלג ושאר עונשים כדי לטהר צואתו פגמו וכתמו ויעבור ימי טהרת נגעו כדי שיהיה ראוי לבוא להיכל קדישא וכן כמה זמן יהיה טבול בנהר דינור גיהנום העליון וכל כיוצא בזה וגם זה אין בגדר עונש אף כי נשמתו סובלת צער גדול מכל מקום הכל בגדר כיבוס ורחיצה במים חמים וצוננים כהנ"ל וזהו יום הדין לאחר מיתה ולעתיד לבא אז יהיה יום הדין גדול לומר אמת כבר רחצת וקדשת עצמך לעמוד בהיכל מלך אבל אין זה עונש כי עברת מצות ה' ולא כך ראוי מפאת דינו של עליון ואז נידון לעונשו כפי חטאו על שלא השגיח כלל בכל התראות ולא שם אל לבו להטות מדרך רע לטוב ואלו הן שלשה זמני דינים ודעו כי יום הדין הגדול נקרא יום דין אבל מה שאדם נידון בזה העולם בכל ראש השנה וכדומה מהימים נקרא יום תוכחה הוא רק להוכיח לאדם למען יתן אל לבו לשוב מדרכיו ולולי זה היה לאדם ביום הדין אמתלא כי שוגג הייתי נרדמתי בהבלי זמן ורוח ימי הבלי פיתיתני ואפת אבל מחמת יום התוכחה אי אפשר לטעון כי כבר עברו עליו פגעים רעים שהזהירו והתרו בו חדל לך והוא לא שמע ולא הטה אוזן וזהו אוי לנו מיום הדין ולמה הא יש לנו אמתלא כנ"ל ועל זה אמר אוי לנו מיום תוכחה כי על ידי כן נסתם טענתו כנ"ל רק הא גופיה יצר הרע מתעה לאדם בשני דרכים אחד אם יקרה לאיש פגעים רבים יתלה אותו בקרי מכות מדינה ופגעי זמנים בשינוי אויר וכדומה ובכל מה שיקרה לאדם יתלה בטבע אם יעני יאמר מחמת רעש מלחמה וכדומה דברים הכל תולה במקרה ובטבע ולא ישום אל לבו כי אלהים עשהו למען יחדל מדרכו הרעה אבל איש נבוב ילבב למאוד כי רואה אני כי לא היה כן מימים ימימה והטבע יתמיד ומה יום מיומים ויתן אל לבו לראות אימת קרה לו ובאיזה אופן ואז יכיר כי היום והענין גורם שהוא לעונש כי כך מידותיו של הקדוש ברוך הוא מכוונים לפי ענין החטא והכל מכוון מדה כנגד מדה בזמן בכונה מבעל החכמה אשרי איש שישכיל בזה וטוב לו וזה אמרם בלעם לא יכול לעמוד בתוכחתו של אתונו כי בלעם תלה גם כן הדבר במקרה שאתונו מיאנה ללכת כי לא ראה דבר לתלות במניעת הליכת האתון ואמרה לו אתונו לא היה לך לתלות במקרה כי ההסכן הסכנתי לעשות לך כה ואיך יהיה במקרה והיה לך לשים על לב כי הלא דבר הוא ולא היה בלעם יודע להשיב וכן הדבר באדם ליתן אל לבו ההסכן להיות לי כה ואין זה מקרה והנה עוד יש ליצר הרע טענה אחת כשאדם עושה רע לחבירו כי יאמר לו בממ"נ אם נגזר על פלוני לבל יעני או לבל ילכד בפח הזה אלף כיוצא בך לא

יוכלו לעשות לו רע והאמת עד לעצמו למאוד ואם נגזר עליו מקרה רע אם כן אין לך עונש כי גברא קטילא קטלת והרבה שלוחין למקום ואם אין הדבר ממך יהיה על ידי אחרים ומה לך לפחד מעונש אבל זהו פיתוי של שטות ולכך אמרו (שבת לב כ"ב קט סנהדרין ז) מגלגלים זכות ע"י זכאי וחובה ע"י חייב כי רחמנא לבא בעי כי עכ"פ הוא צריך לעשות כמה דנפקד עליו מן הקדוש ברוך הוא ואם כוונתו לרוע יקבל ענשו דרך משל מלך שיש לו חולי ארסיי ונלאו רופאים לרפאותו ובא איש צורר ואויב למלך ולא ידע מחולי שלו ויתן למלך להשקות סם וארס נחש שרף להמיתו ובבא למלך בקרבו ויגרש הארס מקדם ויעל מורסא ובועה והיה לו לרפואה ויקם ויחי וכי יעלה על דעת שאין לאיש הלזה משפט מות אשר דימה בנפש מרי להמית המלך וכן הדבר באדם החוטא אף כי בלאו הכי נגזר כן על חבירו מכל מקום רעה תבוא לו על ענינו הרע ודבר זה נלמד מן אחי יוסף אשר נבהלו אחיו מפניו אף כי באמת היה ליוסף טובה גדולה כי נעשה למלך מושל ושליט בכל הארץ ובכל זאת היו אחיו בושים וממנו ילמד כל אדם וזה אמרם אחי יוסף לא יכלו לעמוד בתוכחה אנו על אחת כמה וכמה ולא יתפתה ביצרו כי הכל מה' כי מכל מקום הוא מחויב לקבל ענשו החרוץ ומזה ילמד אדם ובפרט בימים אלו ימי דין חיוב על אדם לפשפש במעשיו ולשוב אל ה' כי לו הרחמים והסליחות כי ישוב ירחמנו וישליך במצולות ים חטאתינו ובא לציון גואל אמן:

דרוש ז'

תוכחת מוסר מה שדרש הגאון זצ"ל כ"ב שבט תק"ה בק"ק מיץ בעת שהיה הגירוש ר"ל בק"ק פראג:

ירמיהו הנביא (ירמיהו ח כב) פתח בקונן על תפארת ישראל שנפלה הנה קול שועת בת עמי מארץ מרחקים הה' אין בציון אם מלכה אין בה הכעיסוני בפסיליהם וכו' עבר קציר כלה קיץ וכו' הצרי אין בגלעד וכו' מי יתן ראשי מים ועיני מקור דמעה וכו' עד את חללי בת עמי כו' להבין ענין אמריו ומה זו התימה הה' אין בציון כי למה לא תמה על שום דבר בזה רק על זה קול שועת מארץ מרחקים אבל יובן לפי מה שנאמר בתוכחה (דברים כח מט) ישא ה' עליך גוי מרחוק אשר לא תדע לשונו ודעת הרמב"ן שלא נתקיים בבית ראשון כי נבוכדנצר היה שכן לארץ ישראל ולשונו לשון ארמאי קרוב ללשון הקדש אבל בבית שני היו רומיים רחוקים וגם לשונם לשון לטין רחוק מעברי ומפרשים אחרים אומרים כי בבית ראשון פרס מלך ספרד וכדומה באו לנבוכדנצר לעזרה והמה אומרים ערו ערו וכו' כי היה עם אכזרי ובכל זה צריך טעם למה עשה ה' ככה הלא כל מעשיו מדה כנגד מדה ומה זו מהמדה להביא גוי מרחוק ולשון נכרי אבל נראה כי אמרו חז"ל (סנהדרין סא ע"ב) מטיבן של קרובים אתה יודע טיבן של רחוקים והענין כי ישראל שנפתו בעונות הרבים לעבודה זרה לא היו נפתים לעבודה זרה שבסביבותם כי ראו שאין בהם מועיל אבל פיתו אותם באלהי נכר ממדינות רחוקים ולחשים

בלתי ידועים ושמו אותותם אותות כאילו מפליא לעשות בהקטרה להם ולחישותן כהרוצה לשקר ירחיק עדותו ואמר שכך הוא פועל וכך הוא מטיב ומריע וכדומה וגלל כן היו בעונות הרבים ישראל נפתים אחריהם ולזה הכתוב אומר הלא מטיבן של קרובים אתה מכיר ברחוקים כי כמו שאלו אין בהן ממש כך אלו ולכך אשר עבדו לעבודה זרה הבא מרחוק והקטירו ולחשו בלחש וכשוף לחשים בלתי נודעים כי אילו היו בקיאים בלחשים ההם היו מבינים שכולו מעשה הבל ולהט וכשוף והקטרה לסטרא מסאבא ולכך היה עונשם מכ"מ להביא להם המצור גוי מרחוק ואשר לא ידעו לשונו אך זה בבית ראשון שהיו עובדים עבודה זרה אבל בבית שני אין זו מהמדה כי לא עבדו עבודה זרה וזוהיא שאלת ירמיה הה' אין בציון בשלמא שכפרו בציון בה' ובמלכו של עולם כמו בית ראשון יתכן שיהיה כן אבל הם לא כפרו בה' ומלכה ואדרבה עבדו את ה' למאוד ואם כן למה יבואו גוים יכעסוני בהבליהם ובפסיליהם הלא אנחנו לא עשינו כזאת וזו רוב קינות ירמיה ורוב עורר בכיתו:

וזהו בעונותינו הרבים מהקינה ואנינות שיש לנו כעת על קול שועת עמנו ממרחק היא קהילת קדש פראג ובאו עליהם גוים מרחוק לא ידעו לשונם וגוי אכזרי למה הה' אין בציון אלו שערים המצויינים בהלכה ומלכה אין בה הלא עובדים את ה' בכל לבב ונפש בלי הרף ובאמת כמעט אי אפשר לדבר ולהרים קול לרוב צערי ותוגי על חמדת ישראל כלילת יופי שהיתה לשמה ומקום אשר יתנו תוקף של הלכה מקום נחלי יאורי תורה והמדע מקום שלומדים תורה לשם שמים ועל עם ה' שנפלו בחרב לבי לבי על חלליהם ומי יתנני מלון אורחים ואבר כיונה לישק עפרות קודש מקום אשר נשפכו דם הטהורים האלה ולחבוק אבני קודש אשר ספוני טמוני חכמים ונבונים אשר הערו נפשם למות וחפים מפשע ומנוקים מכל אשמה זכו חולקכון קמיה מלכא קדישא ואיך אפשר לדבר הלא נמס לב ורפו כל ידים וגלל כן אחרתי ולא דרשתי בהספד ואבל וקינה ותוגה עד כה כי סגר עלי המדבר וכמאמר מדרש רבה רבי דרש באיכה מ"ח אנפין ורבי יוחנן בן זכאי כ"ד אנפין וכי רבי גדול מרבי יוחנן בן זכאי אלא בגין דהוא הוי קרוב לחורבן בית המקדש לא הוי יכיל למדרש יתיר מגו בכי' אף אני היודע בטוב מעלתם מקדם וכעת ברוב ירידתם וכשלונם בעונותינו הרבים ולכן עד כדין לא היה לי אפשר לרוב דמעתי על לחיי לומר דברים ברבים והיום הזה אשר בלאו הכי תענית צדיקים למחרתו יום שנקבצו ישראל לפלגש בגבעה אמרתי לא אתעצל בהספד ולעשות אבל יחיד על דברי הצרות ותוגות ושמועות רעות ובאמת גם לי קרה הפסד גדול ואין אני מצטער כלל כי צדיק ה' בכל דרכיו אבל צרות אחינו בני ישראל צר לי מאוד עד לנפש:

וזהו הענין שנחלקו בגמרא (כתובות סב) אי אנחה שוברת כל גופו של אדם או חצי והביאו ראיה מיחזקאל (יחזקאל כא יא) דכתיב בן אדם האנח בשברון מתנים וגו' ויאמרו לך מה

אתה נאנח ואמרת כי שמועה שמענו ונמס כל לבב ורפו כל ידים וכל ברכים תרדנה מים וכו' ויש להבין במאי פליגי וגם להבין הפסוק מה השאלה הזו למה אתה נאנח הלא אדם עלול לפגעי הזמן ואין רגע בלי פגע ויגון ואנחה אבל הענין כך כי ידוע מה שאמרו חז"ל (ברכות ד) בכל לבבך בשני יצרך יצר טוב ויצר רע כי באדם יש חלק טוב והוא חלק נפשי והוא הלב טוב ויצר טוב וחלק רע שהוא חלק חומרי ולב רע ויצר רע וחייב אדם לכבוש זה תחת זה וזהו ודאי אף אם יקרו לאדם צרות רבות ותוגות חייב אדם לקבלן באהבה ושמחה כי מאת ה' לא יצאו רעות בהחלט וזהו שמגיעים לו הוא להתם החטא ולכלות פשע וכדומה וכמו שלא ידאג החולה השותה רפואות מרים וסרוחים וכדומה בחתיכת בשר חי ומורסא רק יעשה אותו באהבה אם יבטיח אותו הרופא מומחה שעל ידי כך יתרפא וישוב לימי עלומיו ואיך לא נשמח בקבלנו רפואות חדים ומרים מרופא הנאמן ואמיתי ובעל היכולת ולכך פירשו המפרשים על הלל בשמעו קול צווחה בעיר שאמר (ברכות ס) מובטח אני שאין זה בביתי כי הלל הרגיל לאנשי ביתו על דרך מוסר והנהגה ישרה כאשר יקרה שום אסון ודבר צער ומחריד לבל יצטערו ולבל יקוננו כי אם יקבלו באהבה כנ"ל אך כל זה על צערו אבל על צער חבירו חייב אדם להצטער עד מאוד בלב ונפש לא ינוח ולא ישקוט להשתתף בצערן ולהוריד כנחל דמעה וחס ושלום להעלים עיניו מצרות של ישראל וזהו תכלית המרי שאמר הפסוק (עמוס ו ז) ולא נחלו על שבר יוסף ובדבר זה אמרו חז"ל שנחרב ביתר שלא היו מצטערין בחורבן ירושלים ובאמת בביתר היו גדולי ישראל אבל חשבו שאין להצטער על מדתו ודינו של ה' אבל טעו כמ"ש כי בשלך אתה רשאי ולא בשל חבירך וזהו הדבר שאמרו באנחה אלו ואלו דברי אלקים חיים הצער ויגון שקרה לאיש עצמו ומאנח אנחה זו אינה בנפש וחלק טוב כלל כנ"ל אבל בחלק רע מן הגוף כי חומר האדם לא יסבול יראה שורו טבוח לפניו ואחרים חומסים ושודדים רכושו עד שנשאר ערטלאי ופוצעים בו מכת חרב וכדומה ולא יאנח אמנם חלק טוב מקבלו באהבה וברצון ולכך אמרו שוברת חצי גופו דייקא שהוא חלק רע אך כששומע שמועה רעה מה שקרה לאחרים בזה כל הגוף הן טוב והן רע יתאוננו ויקוננו כמש"ל ואין לך לקבל מאהבה יסורים של חבירך ובזה אנחה שוברת כל גופו של אדם דייקא וזהו שנא' ביחזקאל כאשר יאנח בשברון מתנים לפני העם ואמרו לו מה אתה נאנח אתה דייקא אתה הוא צדיק וחסיד אין לך להתאנח כלל רק לקבל באהבה כהלל הנ"ל ועל זה ישיב להם אין אנחתי בשבילי רק שמועה בא משל אחרים ונמס כל לב דייקא לב טוב ורע כנ"ל בשני לבבך ורפו כל ידים וכו' ולכך כל צערי בצער אחינו בני ישראל וחלילה לנו למנוע רגע אחד מבלי שיתוף בצערן ולדמות במחשבותינו כאילו אנו יושבים שם ובא עלינו גוי אכזרי בקרדומות וחרבות שלופות גזלו וחמסו כל אשר לנו ופוצעים בנו ועינינו רואות שהורגים מחמדי עין עד אשר עוללים

שאלו לחם ואין גם אחר כך מגרשים אותנו ותלו בני טפלא ובבתינו אין כל ויאמרו צאו מתוך המדינה ולא נדע לפנות ימין או שמאל ודמו זאת במחשבתכם כאילו הדבר עמכם בפועל ידעתי כי תרדנה עיניכם דמעה מאין הפוגות וירב תאניה ואניה ומה הבדל יש אם אנו יושבים פה תהלה לאל ובמחלתו בטח ואחינו עצמינו ובשרינו אשר בבטן עושנו עושיהם יושבים ברעה גדולה צרה ומצוקה אוי שכך עלתה לאחינו בימינו ולכך אל תמנעו מצער ותפלה כראוי והיא מצות עשה של תפלה לדעת הרמב"ן שהתפלה לאו דאורייתא רק בעת צרה מצוה מהתורה להתפלל אבל התפלה צריכה להיות בתום לבב וראשון לפשפש במעשים ולהסיר קוץ מכאוב:

ונשוב להנ"ל לקושית ירמיה למה הביא הקדוש ברוך הוא בימי בית שני גוי מרחוק אבל ידוע מה שכתוב חכמים ז"ל (יומא ט ע"ב) בבית ראשון נתגלה עונם נתגלה קצם ובשני לא נתגלה עונם לא נתגלה קצם ויש להבין מה תליא זה בזה וכי בשביל שנתגלה העון יתגלה ויהיה הקץ מהר וגם הלא בבית שני ידענו העון כמאמר חז"ל (יומא ט) שנאת חנם ואי שלא נכתבה הא בעונות הרבים מתחלת בנין בית שני חדל חזון ונחתמו כתבי קודש אבל הענין כאמרם (מועד קטן כז ע"ב) כשאדם דש בחטא נעשה לו כהיתר ואינו מרגיש בחטא אבל כאשר ינחם וימנע מעשות חטא אז יזכיר בחסרונו ובחטאו אשר חטא ומעלו אשר מעל בה' ובתורתו וזהו בבית ראשון שהרעו לעשות אבל בגלות בבל התנחמו מאשר עשו ולא עבדו עוד עבודה זרה ולא עברו על גילוי עריות ושפיכות דמים ואם כן נתגלה עונם כי בעזבם הרע חטאם לנגדם תמיד ולכך שסרו מלעשות אף ה' ריחם עליהם והבטיחם לגאלם מהר בפקידת שבעים שנה ונגלה קיצם אמנם בית שני שהיה שנאת חנם ולשון הרע וזהו לא שבו בעונות הרבים ועוד היום מחזיקים בטומאה זו לשנוא חנם בפיו שלום את רעהו ידבר ובלבו ישים ארבו ושמח במפלתו ותקלתו ואומרים אין פשע אדרבה לחכם יחשב ובעל תחבולה הציד בפיו ופוסח ורוכב על שני הסעיפים ושפת חלקות ואם כן לא נתגלה עדיין עון בית שני כי הלא להיתר יחשב ולכך בעונות הרבים לא נתגלה קיצם ואנו יושבים זמן רב בגולה כי כל זמן שסיבה המביאה החולי לא תוסר אי אפשר לרפאות החולה בכל מרקחת וסמים שבעולם וכן הדבר אצלינו וזהו היה הואיל שהיו נותנים יתרון לבעל הלשון מדברת גדולות ואמרו (בראשית רבה פצ"ח) חז"ל על לשון הרע יושב כאן והורג ברומי ולמרחוק ישלח חציו ויהומם יפריד אלוף לתת חרב ברעהו וכנגד זה הביא הקדוש ברוך הוא עליהם גוי מרחוק גוי אשר לא ידע לשונו את זה לעומת זה ולכך אמר הנביא תירוץ על שאלתו הלא תדעו עבר קציר כלה קיץ ואנחנו לא נושענו מה שלא היה בבית ראשון והסיבה כנ"ל מחמת שנאת חנם ולשון הרע כי זה עדיין מרקד ואם כן אף זה אין לתמוה על גוי מרחוק ועל שועתם אף כי את ה' דרשו כי חמור מאוד עון לשון הרע ובאמת על רוב עונות יום הכיפור מכפר זולת עון לשון הרע

וסימן עבר קציר כלה קיץ שהוא יום הכיפור בתכלית הקיץ בחג אסיף ואנחנו לא נושענו כי איך יועיל טובל ועולה ושרץ בידו כי בו ביום מלתו על לשונו לדבר ולשנוא אחיו בלבבו כפעם בפעם ובעונותינו הרבים חטאינו אני מזכיר כי אפשר שהוא העון שגרם בפראג ובמדינה צרות תכופות הללו אף שהיה בהם כל מחמדים מה שאין לשער אבל בעונות הרבים לשון הרע ושנאת חנם ומרגל את חבירו בגוים היה קצת שכיח גבם וכל אנשי מיץ אשר היו בפראג בצאתי משם יעידו כי דרשתי כזאת להם חדלו הרע הזה ואם לאו יקרה לכם ח"ו רעה רבה כי רעה נגד פניכם ובעונות הרבים לא שמעו בקול מוכיח בזה ואכן בבקשה מכם ראו כי בעונות הרבים מדת הדין מתוחה על ישראל כי כבר אמרתי כמוהם כמוני:

ואמרינן במדרש (ילק"ש רמז תקב"ג) והם כאדם עברו ברית מה אדם שחטא נידון בשלוחין וגירושין אף ישראל שחטא נידון בשלוחין וגירושין ויש להבין מה הבדל יש בין שלוחין לגירושין וגם מה זה כאדם עברו ברית ומה הענין שדימה ישראל לאדם אבל כבר נודע כי אדם הראשון היה כלול כל נשמות ובחטאו גרם לכל הנשמות וזהו ענין מה שנאמר בקרא (בראשית ג כג) וישלחהו ה' וכו' מגן עדן לעבוד האדמה אשר לקח משם ויגרש את האדם וכו' דתמהו המפרשים כפל הענין וישלחהו ויגרש אבל הענין כי הנשמות אשר היו באדם היו עלולים קודם החטא לבא לגן עדן לעולם כמו אדם הראשון ומחמת חטא נשתלחו מגן עדן לשארי ארצות עולם וזהו מאמר הפסוק (שם) וישלחהו ה' ולא נאמר האדם כי הוא על שאר נשמות שהן נשלחים חוץ לגן עדן לעבוד האדמה והאדם שכבר היה בגן עדן עליו נאמר (שם) ויגרש את האדם שגרשהו מגן עדן לחוץ והנה אף אנו כמו אדם בזה שבחטאו לבד גרם לכל ברואים באמת וזהו כאדם עברו ברית כי אנו בזה כמו אדם הראשון ולכך היו ישראל שחטאו בארץ ישראל בבית שני בשנאת חנם אבל ישראלים שהיו שוכנים בשאר ארצות בכל מצרים ובכל מדינות כמבואר ליוסף בן גוריין לרומים כי ממש כפלי כפלים ויותר היו יהודים השוכנים חוץ לארץ ישראל ממה שהיה בארץ ישראל בזמן החורבן וכולם הרחיקו נדוד מארץ ישראל כי לא יוכלו לסבול הלשון הרע ושנאת חנם וכדומה מהעול הנעשה בארץ ישראל ועזבו ארץ חיים אם כן לכאורה יש לתמוה למה ריחק מהם הישועה הלא הם לא היו בעון הנ"ל הגורם גלות ארץ אבל החטא של ישראל שהיו בארץ ישראל גורם קללה לכל ישראל בכל קצוות אדמה כהנ"ל ולכך היהודים היושבים בחוץ לארץ ולא זכו לעלות לארץ ישראל להסתופף בנחלת ה' הם נדונין בשלוחים כמו נשמות הנ"ל אבל בני ארץ ישראל שכבר שבו לארץ ישראל נדונו בגירושין ויצאו בעונות הרבים משם:

ועוד יש כפי מה שדנו במדרש וישלח ה' לאדם אין שלוח אלא יסורים כדכתיב משלחת מלאכי רעים וכן היה בגלות ארץ ישראל כי נדונו בעונות הרבים ביסורין רבים וחצי רעב ולחומי רשף ואחר כך גלו וזהו הדבר

אשר בעונות הרבים באנשי פראג ומדינה כי נדונו בשלוחין שהיו בם יסורין קשים הכה ופצוע ואחר כך הגירושין שגלו וכן הענין כי שלוח הוא מקרוב וגירוש מרחוק כי אדם הראשון גורש מתחלה מגן עדן לסמוך לו והוא הנקרא שלוח ומשם לארצות רחוקות וכן הדבר בישראל שהוצרכו לילך ממדינה למדינה מתחלה בכל עיר ומדינה הסמוכה לארץ ישראל והוא הנקרא שלוח אבל לאחר כך במדינות רחוקות בכל קצוי שמים בעונותנו הרבים אנו מטולטלים ונדחים והנה באמת כשאנו מתפללים על הגירוש הנ"ל יש להתפלל אם הוא טוב לישראל כי כבר כתב האר"י ז"ל כי לפעמים הגירוש לטובת ישראל כי ישראל גולים ממקום למקום ללקט משם ניצוצות שנפלו בעת החטא בכל ארצות וישראל גולים לשם ללקטן אבל כשכבר ישבו שם עד שלקטו כל הניצוצות אם יאריכו לישב שם תתגאל נפשם ח"ו בניצוצי טומאה ולכך הקדוש ברוך הוא מזמן פתאום גירוש כי כבר נעשה אשר זמם ה' לטובתם ולכך כתיב (ברכות ט ע"ב) וינצלו את מצרים כמצולה שאין בה דגים היינו דלקטו כל ניצוצות ולכך אנו נזהרים מבלי לשוב עוד למצרים והאר"י ז"ל האריך בזה למאוד וזהו הדבר אשר אמרתי בראיית פני רשע כי לפעמים צדיק מביט ברשע כי יש בפניו נצוצי קדושה וכשהצדיק מביט בו אז הקדושה ממשיכה קדושה כנודע כי כל מין למינו אז מושך הקדושה מן הרשע לעצמו וזה היה ענין יעקב שהביט בפני עשו כי בפני עשו היו ניצוצי קדושה ולכך נאמר עליו (בראשית כה כח) כי ציד בפיו שיצחק הרגיש כי בראשו קדושה ולכך היה ראש עשו במערת המכפלה כי ראשו היה בו מהקדושה ולכך הביט יעקב בו ללקט ניצוצי קדושה והראית צדיקים בשכינה היא גם כן כביכול להמשיך לעצמו קדושה ונצוצות טהרה וזהו אמרו של יעקב לעשו (בראשית לג י) ראות פניך כראות פני אלהים כי שניהם הולכים אל כונה אחת להמשיך לעצמו קדושה וכן במשה שהיה מביט בפרעה היה גם כן לקבל ממנו ניצוצי קדושה אבל לבסוף כשנשלם הליקוט ניצוצות היה אסור להסתכל בפני פרעה ולכך כשאמר פרעה למשה (שמות י כח) לא תוסף ראות פני וכו' אמר משה כן דברת לא אוסיף עוד ראות פניך והרצון כן ויפה ובדין דברת כי לא אוכל עוד לראות פניך ובראותי אקבל מסטרא דרע שהוא הכל מסטרא דמותא כנודע רשעים קרוים מתים ואם כן יפה אמרת כאשר אוסיף עוד ראות פניך והיה לו מיתה ח"ו:

ולכך אין לנו אלא לפשפש במעשינו וה' הטוב יבחר אם עונותינו הטו אלה או שהוא לטובה כי לא יטוש ה' את עמו אבל העיקר להספיד על עם ה' שנפלו בחרב וראוי לקונן עליהם קינת דוד על אבנר (שמ"ב ג לד) ידיך לא אסורות ורגליך לא לנחושתים הוגשו הכמות נבל ימות אבנר להבין ענינו נראה להבין במה שאמרו בגמרא דיבמות (דף עח ע"ב) קתבע לשאול שלא נספד כהלכה וקתבעינן ליה על אשר המית גבעונים ואמרינן באשר משפטו שם פעלו ויש להבין דמה קושיא זו וכי בשביל שחטא שאול

ימנעו ישראל לספדו הלא הגדול מי שחטאיו ספורים אשר לו כשמלך העיד הכתוב עליו כמדרש חז"ל (ירושלמי ביכורים פ"ג מ"ג) בן שנה שאול במלכו ואחר כך אמרינן שאול באחת ועל הרוב תמצא בו ב' עונות ובזה היה לו תירוצים ואמתלאות רבות אי צדיק אי חסיד אי קדוש ישראל משיח ה' קשרו עליו קינה והספד באבל יחיד כי כמעט לא מצאנו דוגמתו בכל מלכי ישראל ואיך סלקא דעתך למנוע מלהספידו והתירוץ באשר משפטו שם פעלו גם כן תמוה אבל הענין קושית הגמרא תובן בשנקדים במה שאמרו (ב"ק קיט) על אשר הרג גבעונים וכי אותם הרג הלא לנוב עיר הכהנים הרג אלא שהיו מספיקים מים ומזון לגבעונים מעלה הכתוב וכו' ולמה לנו לומר דהרג לגבעונים שהוא רק גרמא בעלמא ולא בפשוט שהרג לכהני ה' צדיקים וישרים אבל יובן כי כתבו תירוץ על שאול בהריגתו לכהנים שהיה מזרע עלי כנודע כי אביתר הנשאר היה מזרע עלי דנאמר (שמ"א ב כג) כי כל מרבית ביתך ימותו אנשים והם היו כבר אנשים באים בימים והיו עלולים כל שעה למות ואם כן גברא קטילא קטיל אך אמרינן (ראש השנה יח ע"ב) בזבח ומנחה אינו מתכפר אבל מתכפר בגמילות חסדים כעובדא דאביי ורבה ולפי זה לולי שהיו מספיקים מים ומזון לגבעונים היה לשאול תירוץ על הריגת כהנים הנ"ל שהם גברא קטילא אבל מה שהיו מספיקים אם כן בגמילות חסדים מתכפר עון בני עלי ולא היו גברא קטילא ולכך נענש ולכך אמר שהרג גבעונים והנה המפרשים הקשו הלא בדין הרג שאול לכהנים הנ"ל דמרדו במלכות כי אין נשאלין אלא למלך והם עשוהו לדוד מלך ששאלוהו באורים ותומים כמבואר במדרש שטען שאול על אחימלך עשהו מלך וכו' ומתרצים כי כאשר משח שמואל בדבר ה' לדוד למלך ונגיד על עמו כבר פסקה מלכות שאול כי ניחם ה' על מלכותו כנודע ואמרינן בגמרא דסנהדרין (דף מו) הספדא יקרא דחיי והקשו תוס' אם כן למה היה רעב בשביל שלא נספד שאול כהלכה הלא ישראל מחלו על כבודם ותירץ התוס' מלך שאני ואם כן מוכח דשאול עד יום מותו היה קרוי מלך ואם כן כדין המית לגבעונים הנ"ל כמורדים במלכות ולמה קתבע שהמית לגבעונים דהיינו נוב עיר הכהנים הנ"ל ותי' הגמ' באשר משפטו שם פעלו וכו' ע"ש ברי"ף ויובן במה דיש לדייק וכי משא פנים יש בדבר דוד המלך ביקש להרוג נבל לולי בקשת אביגיל וטען כי הוא מורד במלכות ועל אבנר קונן דוד בהריגתו וכי לא מרד אבנר יותר בדוד מנבל הלא היה שר צבא שאול ורדף לדוד בתכלית הרדיפה וגרשהו מארץ ישראל:

אבל תירוץ על שאלה זו מה שנאמר במדרש (ילק"ש ח"ב רמז קמ"א) על פסוק בנות ישראל על שאול בכנה המלבישכם שני וכו' כשהיו בעליהן יוצאים למלחמה או לתורה היה שאול זן ומפרנס נשיהן ובנותיהן ולכך אף על פי שאמר ה' לו נחמתי כי המלכתי וכו' בזכות צדקה נתארכה לו מלכותו צא ולמד מנבוכדנצר הרשע בשביל צדקה האריכה מלכותו שאול הצדיק על אחת כמה וכמה ואם כן בזכות

צדקה חזרה ונמשכה לשאול המלוכה אך זה התירוץ יתכן באיש המחשיב צדקה למצוה ואם כן יש לו תירוץ על חשבו שאול למלכות כי צדקתו עומדת לו כנ"ל מה שאין כן הממאס בצדקה וחושבה לנקלה על כרחך זה הוא אין לו תירוץ במורד במלכות בית דוד ואומר כי שאול מלך כי הלא לדעתו אין מצות צדקה כל כך לבטל גזירות הקדוש ברוך הוא אשר אמר נחמתי כי המלכתי וכו' וזהו הטעם שדן דוד לנבל שהיה איש כילי ולא נתן פיזור לאביונים ומלחמו לדליה כלל ומכל מקום פרץ בדוד ולא תארהו בתואר מלך כלל אם כן בן מות הוא אבל אבנר שהיה צדיק ובעל צדקה וגמילות חסדים ואם כן הוא שפיר יש לו תירוץ כי בזכותו ניתנה לו המלוכה עוד ולכך מצוה לשמוע בקולו ולעשות כאשר יצוה ואין כאן מורד במלכות בית דוד וזוהיא הקינה שאמר דוד הכמות נבל דייקא ימות אבנר כי אתה חושב כמו שנבל חייב מיתה כן אבנר כנ"ל ועל זה אמר כי אינו כן כי אבנר ידיך לא אסורות ורגליך לא לנחושתים וכו' הרצון שהיו ידיו פתוחות ליתן צדקה לכל וברגליו אץ לעשות גמילות חסדים ולא היה נחושתים ועל כן יש לו תירוץ על הנ"ל ואינו בכלל מורד במלכות ואם כן למה ימות כבני עולה וכמות נבל והרי דלכך היה שאול מתואר בתואר מלך ועל כך היו ישראל מחויבים להספידו כמ"ש תוס' מלך שאני הרצון היותו נותן צדקה וגמילות חסדים הם האריכו מלכותו ואם כן כמו דיש לו שכר על הצדקה אם כן אף מהראוי לקונסו על הריגת כהנים עבדי ה' כי אף שהיו מבני עלי מכל מקום גם המה היו נותנים צדקה ומחים נפשות גבעונים ומאי שנא זה מזה אם בצדקה יכופר עון שאול אף בצדקה יכופר עון בית עלי ולכך אמרינן באשר משפטו שם פעלו כי הכל חדא היה דתבע ה' עון שאול בזכות צדקה ועון נוב עיר הכהנים גם כן בזכות צדקה דמאי שנא ומזה נלמד לקונן על עם ה' בעלי תורה גמילות חסדים ויראה עד למאד איך כנפול בני עולה נפלו וכמות נבל ולא יש עיר מלאה גמילות חסדים בעולם כמו פראג המחזיקים על שולחנם למאות ולאלפים בעלי תורה ויראה וגם יש ללמוד כמה גודל הצדקה ולכן כעת המתנדבים בעם לצדקות עניים ודלים האזלא גירוש יתנו בלב שלם כי הלא בזכות צדקה הכל תלוי כדאמרינן במדרש (שמות רבה פל"ט) כי תשא את ראש בני ישראל אין תשא אלא הלואה כדכתיב כי תשה ברעך אמר הקדוש ברוך הוא חייבים לי ישראל ובמה יפרעו חובתם במחצית השקל ויש להבין מה היה זה חוב ומה טיבו מי יקדמוני ואשלם אמר ה' אמנם ידוע מה שאמרו בגמרא (ב"ב י) ובמדרש (תדבא"ז פ"ו) יותר דלכך אין הקדוש ברוך הוא זן עניים כדי שיזכו בו ישראל דהעולם עומד על הצדקה ועל ידי עניים יש לעולם קיום וזהו מלוה ה' חונן דל דשורת הדין על קב"ה לזון לעניים נדכאי לבב אשר ה' קרוב להם רק אנו נותנים להם מזונות בצדקה ואם כן אנו מלוים לה' ועל ידי כן הקדוש ברוך הוא נותן לנו פירי מהלואה בזה העולם והקרן לעולם הבא שמעו עמי זו היא הלואה שמותר ליקח ריבית אפילו מאה בדינר והקרן

בטוח ושכרו ודאי וההפסד אינו ולמה תלכו אחרי ההבל והוא המעמיד אותנו בזה ובבא ואם אין צדקה אין ח"ו קיום לעולם כפי הדין והנה במדבר לא היה אפשר לישראל לעשות צדקה כי אין לך עני מישראל שלא היה לו צ' חמורים טעונים ביזה מביזת הים ומצרים ואם כן לא היה להם ח"ו מצד הדין תקומה אמנם קב"ה כביכול קיימם בתורת הלואה כשיגיע לכלל מצות צדקה שיקיימו אותה ומפני זה הטיב והשפיע להם טוב וזה אמרו כי תשא חייבים לי ישראל כי מיום צאתם ממצרים עד היום הזה הטבתי להם הכל בתורת הלואה ולכן עליהם לפרוע והוא תמורת שמוטל עליהם ליתן צדקה יתננו למשכן והקרבנות כי לא אז להטיב לעניים כלל ולכן בבקשה נדבו בלב שלם אך נדבת לבבכם לא יהיה במעות לבד כי במה נחשב מלא קומצו בעונותינו הרבים נגד חיל רב מישראל ישמרם השם רק כל אחד יקבל על עצמו דבר טוב והסרת עון וכפרת פשע בתשובה כי בזאת ינחם ה' בתשובה על הרעה אשר דיבר לעשות לעמו ולא יאמר מה לי בצרות אחינו כמאמר חכמינו ז"ל (אבות פ"א מ"ז) אל תתייאש מן הפורענות:

ואילו ח"ו היו בכלל צרה ידעתי שכל אחד יקבל על עצמו זה להתמיד בתורה ולהרבות בגמילות חסדים ולמעט בתענוגי עולם הזה וזה לחזק ידי תורה וידים כושלות וכהנה שאר דברים סייגים ושמירות מעשות רע ולרדוף אך טוב כנהוג בישראל זכו חולקכון הנודרים בעת צרה ותופשים אומנות יעקב אבינו ע"ה ואם כן איפוא וכי בשביל שחסד ה' עלינו שאנו מחוץ לצרה ברוך השם נהיה נרפים לנדב לה' כנ"ל אדרבה יותר חובה עלינו לתת הודיה לשמו הגדול ולנדור בערי יהודה בעת צרה גדולה כזו אשר ליעקב כנ"ל והעלות זבחים היא זביחת יצר הרע וחומר המחטיא ובפרט כעת זוכרני קדושים שאבדנו שנהרגו בתוכם בעונותינו הרבים הרב החסיד המופלג צנא מלא ספרא מו"ה יונה רב דק"ק לייפין ז"ל השם ינקום דמו מובטחני בו שהיה צדיק וגדול בתורה וממש לא מצאנו לו עון עיני עיני יורדה מים ואמרו במדרש (שיר השירים רבה פ"א יד) צרור המור דודי לי אף על פי שמר לי שנוטל צדיק דודי לי שנטלו למשכון אשכול הכופר דודי לי אף על פי שנוטל צדיק דודי לי שנוטל לו לכפרה ויש להבין על שנות הדברים צרור המור ואשכול הכופר גם כאן אמר משכון וכאן אמר כפרה ועל מה שנאמר בפסוק צרור המור דודי לי בין שדי ילין ומלות אלו בין שדי ילין הוא קודם הפסוק אשכול הכופר ועל זה לא דרש המדרש כלום ויש להבין ענינו אבל דע כי מיתת הצדיק היא לתשובה לעורר לב העם לומר הן בארזים וכו' וזהו המושכל בשכל אבל יש בו עוד דבר פנימי כי באמת לב רשעים לרוע אבל במות הצדיק והוא בעודנו בחיים חיותו היה חפצו ותשוקתו ליישר דורו בטבע השלם החפץ בשלימות דורו גם במותו הוא משתתף בנפשו ולפעמים בנשמתו או ברוחו עם כל נפש ונפש אנשי דורו ויעזור אותם מכף יצר הרע הגובר עליהם ואם הם טבעו בעונות הרבים בעמקי מצולות נפשו המשתתפת להם

תקום ותושיעם להעלות נפשם וגופם ולחדש להם לב שלם לעבוד את ה' וזהו הענין הנמצא בגמרא ובמדרשים במות צדיק שחזרו בתשובה כי היה על ידי סיוע צדיקים אשר נפשם קשורה בנפשות הדור לזכותם ולישרם אך זהו אינו תיכף שבמת צדיק תשתתף נפשו עם נפשות הרשעים כי מה לכהן בבית הקברות ולא נשאם הארץ לשבת יחדיו ולא כן שורת הדין גם כן כי יש לאדם הבחירה וצריך האדם להתעורר מעצמו לתשובה בלי עזר ממעל עם כל אחד ואחד וכיון שהתחיל בתשובה אפילו כחודו של מחט אחינו הוא לעזרו ולסיעו לבל ישיב לכסלה ח"ו ויפול הנופל וזה ענין הספד כי קודם התעוררות תשובה אין הקדוש ברוך הוא מניח לצדיק להיות עוזר ומסייע לעוברי רצונו וזהו מאמר הגמרא (שבת קנג) אחים בהספידא דהתם קאימנא הרצון במיתתו יעמוד הצדיק שם מבלי הרשוהו מן השמים לירד ולהשתתף עם בני דורו ולהחזירם בתשובה עד כי ברוב הספד אשר עיקרו התעוררת תשובה אז יהיה מורשה לירד ולהשתתף וזה ענין שאמרו (תענית ה ע"ב) יעקב לא מת הכונה כי שאר צדיקים משתתפים רק עם בני דורם אבל לא יותר אבל יעקב משתתף עם כל דור ודור לבל יעזבו את ה' ולכך אמר ה' (מלאכי ג ו) בני יעקב לא כליתי כי תמיד יעקב משתתף עמהם ושאל וכי בכדי חנטו וכו' כי מצרים שהיו חונטים מתים שלהם היה בשביל כך כי ידעו שכל זמן שהגוף קיים יש לנפש דביקות בגוף וכל ענינם היה לדרוש למתים וכל תכלית הכישוף ולהט שלהם היה על ידי נשמות שעל ידי המתים והם נקראים שעירים וזהו היה כל ענינם ולבל תפרד הנפש מהגוף ויהיה קשה להם אחר כך להתדבק בכשופם למתים ולדרוש להם כי איננו עשו חניטה זו שענינה סכין בשמן המור כל הגוף והסירו מתוכו בני מעיים ונותנים שמן בחוץ ובפנים ומניחים אותו בחמה להתייבש וכן מתמידים לערך ע' יום ואז נתקשה הגוף ונעשה כעצם ואבן קשה והוא קיים ממש כל ימות עולם כאשר הוא עוד היום נמצא במצרים פגרים ההם מימים קדמונים והם קשים כאבן נקראים בלשונם מומיא והוא בכל נכאת רפואות לתעלה ומזור הרבה כנודע והיה זה הכל במצרים כדי שתהיה להם דביקות בנפש רשעים האלה ולכך הזהיר הכתוב (ויקרא יח ג) מבלי לעשות כמעשה מצרים לדרוש אל המתים שהוא ענין הנ"ל וכבר העידו כי יאהן פינטי הספרדי נלקח בספינה מארץ מצרים בהחבא ובתחבולות כי המלכים אינם מרשים להוציא הרבה תיבות מלאים מומיא שהם פגרים הנ"ל ויהי בבואו תוך אם הים והנה כולם מלאים משחיתים ויבקשו להטביע הספינה וברוב יגיעה וכמה מאנשיו שנהרגו ונטבעו ונפצעו שהשליך כל תיבות הנ"ל לים ושקט הים מזעפו וזה הטעם שהניח יוסף הצדיק לחנוט את אביו כנהוג מצרים לקיים גופו כדי שעל ידי כן יהיה נפש יעקב קשורה ויהיה לזרעו אחריו קיום והגנה לכל העולם כי עודנה נפש יעקב בזה עולם כרוכה אחר כל גוף וגוף הקיים ובעבורו יטיב ה' לנו כי יש שורש צדיק בעולם הזה ולכך שאל הגמרא

כיון דבלאו הכי נפשו ונשמתו משתתפת עם כל דורות להטיבם ולהושיעם מיד יצר הרע כנ"ל ועל זה אמרינן דלא מת אם כן החניטה כנ"ל ללא צורך על זה השיב כי לא תמיד תשתתף כהנ"ל דאינו משתתף רק עם הנותנים לב לשוב בתשובה כראוי אבל אם הדור בלתי נותן על לב לשוב בתשובה אינו משתתף ולכך צריך על כל פנים חניטה שתהיה נפשו בגופו דבוקה ויגן על העולם למלטם מרעה וזוהיא תשובתו מקרא אני דורש וכו' מה זרעו בחיים אף הוא בחיים הרצון כאיכות זרעו ועניגם כן הוא ענינו אם זרעו בחיים ר"ל שנותנים לב לשוב בתשובה מקור חיים האמתיים אף הוא בחיים כי הוא משתתף עמהם אבל אם ח"ו זרעו אינו בחיים שאינם נותנים לב לתשובה ורשעים קרויים מתים אף הוא אינו בחיים שאינו משתתף עמהם כלל ואתי שפיר ודוק וזו היא כוונת המדרש צרור המור דודי לי שהקדוש ברוך הוא לוקח צדיק למשכון הרצון כי אינו מניח לצדיק תיכף לירד להתדבק בדורו ולהחזירם בתשובה כדי ששב ורפא להם ותהיה להם כפרה רק מחזיקו בידו למשכון לראות אם מעצמם יתנו אל לבם בהעדר הצדיק לשוב בתשובה ולכך נאמר משכון כי כך דרך משכון לאוחזו בידו מבלי להחזירו לבעל החפץ עד פרעון אבל יש לו אחיזה ודביקות עם בעלי תורה ויראה וזהו אמרו בין שדי ילין דדרשינן בגמרא דפסחים (דף פז) ושדי כמגדלות אלו בתי כנסיות ובתי מדרשות והם שדים של ישראל ולכך אמר בין שדי תלמידי חכמים היושבים בבתי כנסיות ובבתי מדרשות להם מתדבק שהם יעוררו ההספד ואהבת התשובה ואם ישראל מתעוררים בתשובה אז הצדיק מתדבק בם וזהו ענין פסוק שאחריו שאומר אשכול הכופר שהצדיק הוא לכפרה כי אחר כך הוא לכפרה שמחזיר כל העם בתשובה ולכך אמר סתם דודי לי ולא אמר בין שדי ילין כי אז הוא מרוה דודים ומתדבק עם כל ישראל בכלל כעם ככהן איש לא נעדר והבן:

ולכן אנשי לבב ראו כמה גדול הענין להספיד ולעורר תשובה במיתת צדיקים אף כי אשר נהרגו בעונותינו הרבים בחרב ארורים האלה על לא חמס בכפיהם וידיהם לא פעלו עולה ובאמת יש לכאורה לשאול למה בעונות הרבים בגולה כאשר החלו צרות לישראל פסק רוח הקודש מישראל והשגת מעין החכמה הלא אין ה' ורוח הקדש שורה אלא על נשברי לב והוא מקום תחנותה של קדושה כנודע בקרא ובמדרש ומושכל כי נשברי לב כח התאוה וחומרי החושים המהבלים ומבטלים השלימות בטל ומוכנע ולעומת זה כח הנפש גובר כי רואה ששוא תמורת ופגעי הזמן ולעמל אדם יולד ובהתגברות הנפשי אף מעייני חכמה ובינה מוסיפים להשפיע יחליפו כח וכנשרים יעלו אבר ואם כן לכאורה הדברים סותרים אך התשובה היא ודאי אילו באה צרה לבד ויש לנפש זמן ליישב בקרב נדנה ולהנחם מעצבון הבלי עולם ולומר מה לך נרדם וכואב לפגעי זמן התמורה הלא מהרסים ומחריבים ממך יצאו קום קנה חכמה וקנה בינה פשיטא דהיה בזה שלימות לנשמה אבל להיות כי בעונות הרבים צרה אל צרה נגשת

וטרם שמתחיל נפשו להנחם מעצבון הזמן באה צרה אחרת עד שתבלבל המחשבה והוא בעונות הרבים משוגע ומבולבל בלי ישוב דעתו ולכך בזה הארת השכל תמוש ממנו ובעונות הרבים על זה חשכו עינינו וזה מאמר הפסוק בירמיהו (ירמיהו ח כא) על שבר בת עמי השברתי קדרתי שמה החזקתני והוא הדבר שאומר תרי סתרי השברתי ואם כן ראויה לחול רוח הקדש לחול מראות אלהים וחכמת אדם תאיר פניו וממה הקדרתי וכי אור עליון משוממני ואני קודר אלך בלחץ אויב ופס ממני קלסתר פנים וצלם אלהי' וקאמר הטעם למה שמה החזקתני שבאה דבר פתאום צרה וחלחלה עד שעשתנותי מבולבלין ואין כחי לישב רוחי לאלהי' ולעבודתו וחכמתו הנפלאה ונשגבה ולכן יש לבכות ולהתעורר אבל אשר בעונותינו הרבים צרה אל צרה נגשת ועיקר בעזיבת חטא ופשע ואמר הנביא (ירמיה ה כב) הצרי אין בגלעד אם רופא אין שם מדוע לא עלתה ארוכת בת עמי הענין במה דקאמר צרי גלעד הוא כשנבין התוס' בתענית (דף ג) על פסוק ויאמר אליהו מתושבי גלעד חי ה' אם יהיה טל ומטר וכו' כי לכך קאמר מתושבי גלעד כי אנשי יבש גלעד הרגו מישראל במלחמות פלגש בגבעה אבל אליהו לא היה מהם כי הם היו האספסוף אבל אליהו היה מתושבי שם ולהבין למה נאמר זה דוקא בהך דבר אליהו ולא בשאר מקומות ומה ענין זה אם היה מתושבי גלעד או לא אבל נראה כי דעת יבש גלעד היה שלא באו לעזרת ישראל כי נימוקם עמם באמרם בכבוד ה' לא מחיתם כי פסל מיכה בדן ובכבוד בשר ודם מחיתם ולכך נענשו ונפלו הרבה מישראל אבל ישראל בכלל חשבו כי החמיר הקדוש ברוך הוא על כבוד ישראל יותר מכבודו והטעם כי כבודו ממילא עומד כי כבודו לאחר לא יתן ח"ו והוא מלך הכבוד סלה אבל בכבוד בשר ודם אם לא יקנא יהיה עולם של הפקר ח"ו ואיש את רעהו יעשוק ותפק משפט וזהו הריב שהיה בין ישראל לאנשי גלעד והנה בהך דאליהו נשבע שלא יהיה טל ומטר ג' שנים מפורש בגמרא דסנהדדין (קיג) דאחאב לעג על קללת משה ועצר את השמים ולא יהיה מטר והוא סגיד לעכו"ם ולא מצי אזיל לרוב המטר וקנא אליהו ונשבע שלא יהיה מטר ואם כן גם בזה יש לדקדק בכבוד ה' שזה אחאב התמיד לפלוח לעכו"ם לא קנא אליהו לשבועה שלא יהיה מטר ובכבוד משה קנא קנאה גדולה והוא בגדר בכבוד ה' לא מחיתם וכו' רק הטעם גם כן כמ"ש לעיל בישראל כי החמיר הקדוש ברוך הוא וכו' והוא נגד דעת אספסוף בגלעד ולכך עכשיו דאמר הפסוק דאליהו נשבע לכן אמר הכתוב דאליהו מתושבי גלעד שהיה דעתם כדעת ישראל ולא כדעת האספסוף דסוברים דיותר יש לתבוע כבוד המקום מכבוד הבריות והענין אמת כי ישראל תובעים ענין פלגש בגבעה כי היתה פירצה גדולה בישראל ונבלה עד אשר זה הוא גם כן כבוד המקום כי איך יתכן להשבית אורח והלא זה עון סדום אשר הפך ה' ביום אפו אבל בעונותינו הרבים עיקר צרותינו וחלינו הוא כי אנו תובעים כבוד בשר ודם ולא כבוד מקום כלל אם ישלח איש לשונו לדבר דבר על

פרנס אחד ענש יענשו או אם יעבור על תקנת קהל כלה ונחרצה משפטו והעובר על דבר ה' העלם יעלימו עיניהם ולא ידברו לו דבר ואם ישבו אנשים יהדיו במסיבה ויאמר אחד במשתה יין דבר הפוגם כבוד השני או משפחתו יריבו כולם עד לנפש ואם בתוך המשתה ילעג עד אין סוף על חכמי הדור ואנשי המעשה ומצות ה' בכתב ובעל פה אין אחד שם על לב ואדרבה יצחקו ויאמרו היטב אשר דיבר ומלעיג על תלמידי חכמים ובעונותינו הרבים נגע זו הוא בכל העולם כל אחד מקפיד על כבוד בשר ודם ואומר אין פשע ברואה חבירו עובר על דבר ה' ואומר מה לי לצרה זו וכי אני רב או קצין עם ולא ישנאהו כלל ומה שאמרו חז"ל (פסחים קיג ע"ב) הרואה בחבירו דבר עבירה מותר לשנאותו אין כאן שנאה כלל אדרבה מוסיף אהבה ומחליק לשונו באמרו הוא רשע ויש בידו להרע ולהטיב וזהו פרי ושרש לכל צרותינו ומכאובינו ונגעי עמנו ממנו פשתו כל הרעות רבות ואילו היה לנו דעת גלעד לתבוע כבוד השמים יותר מכבוד הבריות ודאי לא היינו מגיעים לכל צרות הללו כי אז כבוד שמים במקומו וכבוד התורה ולומדיה ביה תליא והיה כל עושה נבלה מובדל מקהל ישראל ואז היתה רפואתינו נקלה ומהר היה סר חליינו ממנו כי זהו תרופתם לקנא קנאת ה' באמרם (ברכות כ) ראשונים דמסרו נפשם על קידוש השם אתרחש להם ניסים וזהו מאמר הקרא הצרי אין בגלעד דייקא כי גלעד דעתם לתבוע כבוד שמים ורופא אין שם כי אילו היתה רפואתינו בצרי גלעד לתבוע כבוד שמים ודאי היתה עולה ארוכה למחלתינו אבל כאשר בעונותינו הרבים אין צרי ומזור בגלעד ואנו תובעים רק כבוד הבריות לכך בעונותינו הרבים לא עלתה ארוכת בת עמינו ובאמת רעה חולי זה גורמת לנו כל הצרות אחיי למדו נא ממעשה פלגש בגבעה שלפי דברי הרמב"ן לא היה בה עון אשת איש כי היתה פלגש בעלמא ומכל מקום הואיל ונעשה נבלה לנהוג מנהג הפקר בבת ישראל ופריצות התאספו כל ישראל שהוא ת' פרסה על ת' פרסה יאמרו נא אם ח"ו יקרה עון כזה או חמור מזה אם יתאספו יחד כל הפרנסים מקהלות הקדושות בזמנינו לדבר כזה ח"ו אם יגדל עון בית יעקב עד לשמים לא יהיה אחד זז ממקומו ברחוק תחום שבת ובעונותינו הרבים בשביל כך שאין אנו מקנאים כבוד ה' ותורתו אף אם העכו"ם נהגו בנו מנהג הפקר כאילו להם הארץ אין השם תובע עלבון עמו ולולי זאת כבר היתה לנו אות לטובה נגד כל העמים בנפלאות אבל עונותינו הטו אלה ולכן למדו נא מוסר מהנ"ל לעזוב און ועיקר בעונות שאדם דש בהן כי בזה בעונותינו הרבים נעשה להם כהיתר:

ואמרינן (מגילה יד) באביגיל שתבעה דוד ואמרה לא תהיה זאת לך לפוקה ומכשול וכו' ואמר דוד ברוך ה' שמנעני מבוא בדמים דמים תרתי דם נדה ודם נבל והקשה מהרש"א הלא גם מאיסור אשת איש נמלט ולמה לא בירך בזה גם כן ע"ש שדחק אבל באמת לא קשיא מידי כי ידוע (ע"ז ד ע"ב) לא היה דוד ראוי לאותו מעשה אלא להורות תשובה ואם כן אילו בא

דוד על אביגיל לא היה צריך לבוא על בת שבע דמאי שנא הך אשת איש מהך אשת איש אבל הרויח דוד כי בת שבע לא היתה נדה כדכתיב (שמ"ב יא ד) והיא רוחצת מטומאתה מה שאין כן אביגיל ולכך ברך דוד שמנעו מדמים דם נדה כי בזה הרויח כי אילו עשה כן בה היה ניצול מבת שבע ואין כאן הרוחה וברכה זו מה טובה ודברים אלו נכונים אבל מכל מקום כבר אמרו (סנהדרין קז) כי ראויה היתה בת שבע לדוד ונסתרים דברים הנ"ל רק יש לאמר כך דוד חשב אם יחטא בפעם אחת יהיה עדיין החוטא ששנה בחטא מייאש בתשובה בחשבו הואיל ושינה בו ננעלו ממנו שערי תשובה ולכך חשב דוד לעבור פעמיים ולשוב להורות כי מכל מקום שערי תשובה פתוחים מיתברך שמו המרבה מחילה לחטאים ופושעים אמנם אביגיל הרגישה בזה ואמרה לדוד טועה אתה בכך דאם תעשה דבר זה פעמיים אם כן לא תבוא לגדר תשובה כלל כי יהיה בעיניך כהיתר כאמרם (יומא פו ע"ב) העובר ושונה נעשו לו כהיתר ולא תבוא כלל לגדר תשובה בשום אופן ותחת אשר תקוה לעשות ענבים תעשה באושים וזהו מתק לשונה ולא תהיה לך זאת עוד לפוקה ומכשול זאת מכלל דאיכא אחריתי ואם גם אצלי תעבור לא יהיה עוד נחשב לפוקה ומכשול עד שחשוב כי יהיה בעיניך כהיתר ולכך אמרו (יומא פה ע"ב) כל האומר אחטא ואשוב אחטא ואשוב אין מספיקין בידו לתשובה והיינו בעוברו שני פעמים והבן וזהו שכיחי בעונותינו הרבים אצלינו בעבירות דדשו בו אין חלי ולא מרגיש כלל בבקשה מכם ראו מה עבירה עושה כמה עולמות מחריבה ההיטב חרה לנו בשמענו כי עניים ואביונים האלו נגרשים ממשכנותם ואיך לא יחרה לנו בהחריב על ידי מעשינו עולמות שלימות וכמה נפשין ורוחין דאזלין ערטילאין בגולה מדרך לדרך בעונותינו הרבים ובאמת העיקר תלוי במ"ש בדברים קלים שאין אדם נזהר בהן אבל עבירה גוררת עבירה ומה נאמר בעונותנו הרבים אשר שכיח ופרוץ ברוב עיירות בלילה יאספו משפחות אל האח לדברים בטילים ומה יאמר לאל תרבה שיחה עם אשה באשתו אמרו ק"ו באשת חבירו אשר לא ינקה רע אוי לנו מיום הדין כל המרבה דברים עם אשה גורם רעה לעצמו והלא הוא זה אצלינו מגדר דרך ארץ לדבר עם אשת עמיתו בדברי דרך ארץ וספורי דברים והממאן בכלל חסיד שוטה ואינו מעורב עם הבריות יחשב:

ואמרו (גיטין ח ע"ב) בפלגש בגבעה ותזנה עליו פלגשו ר"א אומר זבוב ר"י אמר נימא מצא והקדוש ברוך הוא אומר כתרווייהו זבוב מצא ולא הקפיד נימא מצא והקפיד וכבר הקשו מה ענין הך למלת ותזנה וע"ש שדחקו וביותר קשה איך שייך כתרווייהו דעל זבוב לא הקפיד ומה שלא הקפיד בו אינו בכלל ואם נחשוב דברים שלא הקפיד יהיו כהנה וכהנה ועיקר הדבר לומר מה שהקפיד אבל הענין כי אמרו סוף מסכת גיטין כשם שיש דעות במאכל ובמשתה כן יש בנשים יש אדם שזבוב נופל לתוך כוסו וזורקו ושותה כך מדת כל אדם שאשתו מדברת עם אדם בשוק ואינו מקפיד וכו' הרי הענין

צניעות ופריצות נשים דומה לזבוב והנה תוס' הקשו איך מצא נימא באותו מקום הלא דרך בנות ישראל שאין להם שער בבית ערוה וכבר ידוע בחטא בנות ציון שזנו שהיה החטא גורם שהיה להם שער כדכתיב פתהן יערה ודרשו בגמרא (שבת סב ע"ב) שרוב שערות היה להם כיער וזהו הדבר ותזנה מלשון זנות ואמרינן זבוב מצא פי' ראה בה פריצות כזבוב שמספרת עם כל אדם וכמו דגמ' הנ"ל מדמה להדיא הך דפריצות נשים לזבוב ולא הקפיד דלמא מכל מקום לא זנתה אבל נימא מצא ודרך בנות ישראל שאין להם שער ובזה שפט לאות להקפיד על פריצות הנ"ל כי ודאי זינתה ועל ידי חטא ערוה יש להם שער כמו בנות ציון כנ"ל ועל ידי נימא מצא מקום להקפיד על זבוב הנ"ל והכל מלשון זנות ויפה דרשינן בפסוק ותזנה ואתי שפיר הרי דיש להקפיד על שיחת נשים עם כל אדם ובפרט אם אין בעלה עמה ואמת יצר הרע יש לו שני שמות זבוב והוא כאשר מסית לאדם כי ירעב כזבובים האוכלים במצאם מקום לנוח כי חיותם שמנונית אך יצר הרע נדמה לשער גם כן כדכתיב (משלי כג ז) כי כמו שער בנפשו והוא המותרות ללא צורך כמו שער בגוף אדם שהוא רק לרבוי המותרות הלחות ולכך יש להקפיד על נימא יותר מזבוב כי מה שאדם עושה לתאבון אין עונו חמור כל כך כמו העושה לרוב מותרות כמאמר שלמה (משלי ו ל) לא יבוזו לגנב וכו' כי ירעב והנה לכבוש יצר התאוה אין לך דבר מועיל אלא תפלה שיתפלל לה' להושיע ויכניע עצמו בזה לה' וגם לראות בגנותו כי הוא קרוץ מחומר וכדומה וקב"ה מלך מלכי המלכים חפץ ביקרו ומצוה לעשות כך וכך ובזה יזכה לחיי עולם הבא ואיך יתאוה לשום דבר הלא שרים רבים הגמונים דוכסים בהולכים בשירות מלך בשר ודם והם לא ישגיחו בשום דבר תאוה הם שוכנים בעת מלחמה על פני שדה לא חסים על ברד ומטר היורד בזעם שוכנים לפעמים בכפרים ממש אין ראוי לדירת עבד עבדיהם וכמה יום מבלי לחם בשר ויין וכאשר תחל מלחמה עומדים בראש כולם לא יתנו שינה לעיניהם ויז נצחם על בגדם בדם חללים ולית דמשגח אדרבה יתאוו לזה אפס על ידי כך יהללו בשער המלך אותו וימצא חן בעיני המלך ושרים איך לא ילמוד איש מזה לבטל כל תאות הבלי עולם בשביל לעבוד מלך מלכי המלכים ולמצוא חן בעיניו וכל פמליא של מעלה חפצים ביקרא וישראל אשר בך יתפאר ובמה יחשב נגד דבר גדול זה שום תאוה וחפץ הבלי עולם והנה אמרו (ע"ז ג ע"ב) קודם שחרב בית המקדש היה הקדוש ברוך הוא משחק עם לויתן ואחר חורבן אין שחוק רק יושב ומלמד תינוקות של בית רבן להבין למה אין שחוק ולמה יושב ומלמד תינוקות נבין גם כן במה שאמרו בגמרא דחולין (דף ס) בשעה שנשאו דשאים ק"ו לעצמן ולא יצאו בערבוביא פתח שר עולם יהי כבוד ה' לעולם ישמח ה' במעשיו להבין מה ענין זה להך דנשאו דשאים ק"ו דהדבר בעצמו תמוה למאוד:

אבל דע כי נודע בפסוק כי האדם עלול לחטא כדכתיב כי יצר לב אדם וכו' ולפתח חטאת רובץ אבל למה מה טיבו

של היצר הרע דעת פלסופים ובתוכם הרמב"ם כי גוף אדם אשר הוא מן ד' יסודות החומרי הם היצר הרע באמת כי כל ענינם לחמוד ולהתאוה גופנית חומרית כולם לרוע יביטו אין דורש אלהים הכל סג יחדיו לתאוה זמניות ופשע מקרית וכפי הרכבת ומזג יסודות כן התאוה במזג זה התאוה לממון ובזה לאכילה ושתיה ובזה לשאר דברים נשמתו של אדם היא יצר טוב אשר באמת כל מגמתה לתועלת המועיל הוא המלחמת יצרים להיות הגוף עיקר והצורה טפלה לכן אדם עלול לחטא ופשע אם לא ברוב התגברות העיוני בלימוד וזירוז לבטל החומר לגבי צורה דהיינו הגוף מול הנפש אבל כפי דעת רבים תורנים וכפי הנראה מגמ' וביחוד חכמי אמת אומרים כי יצר הרע הוא מלאך רע באמת מסטרא דס"ם והמון חילותיו אשר שוכן באדם ומסית לו לעבור פי ה' ולולי הוא היה הגוף כרוך אחר נשמה כעגלה אחר מנהיגה ולמול זה נתן ה' יצר טוב שהוא מלאך טוב לשומרו לבל יפול בלכד יצר הרע זה מושך לכאן וזה לכאן ואשרי אדם יבחר ויקרב יצר טוב כי אז טוב לו ואמרו בגמרא (קידושין פא) להדיא חזי דאנא בשרא ואת נורא וכהנה יתר ספורים המורים על זה שהוא מלאך רע באמת ולהבין במקצת דמקצת מה טיבו של יצר הרע ומה זה מבקש להסית לאדם למרוד פי ה' ואמרו (ב"ב טז) יורד ומתעה עולה ומרגיז הוא כי הס"ם וסייעתו היו ממלאכים שאמרו לה' אל יברא אדם כי אדם עלול לחטא וה' לא השגיח בם ולכך למען הראות כי אמת אתם שאדם דרכו כסל למו לחטוא ולמרוד ישלח חציו המונו וצבאיו ויפיצם בבני אדם להסית אותם לחטוא בה' ואז עולה ומרגיז הלא יפה אמרתי אל יברא והנה באמת אילו הדבר כדעת הפלוסופים שאדם עלול לחטא זולת הסתה מבחוץ כי אם חומר גופו עלול לכך יפה יש טענה לס"ם אל יברא כי הוא עלול בעצמותו מחטא אבל באמת זולת הסתת השטן וצבאו אף דהוא מחומר לא יחטא רק החטא הוא בסבת הסתו אם כן איך יעוז ויאמר אל יברא כי עלול לחטא רשע הלא ממך הוא כי אתה הוא האויל המתעה שב במקומך לבל תשב במארב ללכוד נקי כפים יהיו בני אדם שומעים בקול ה' וידוע בקרא גבי מבול (בראשית ו ז) וינחם ה' וכו' ויתעצב אל לבו כי כביכול הקדוש ברוך הוא מתעצב כשאדם חוטא כי אז לכת מלאכי השרת פתחון פה מהאדם אשר בראת לעבור רצונך כמבואר במדרש שאמרו בעת מבול וכי לחנם אמרנו לפניך אל יברא אדם כנ"ל אך אם אדם אינו חוטא רק מסיבת היצר הרע אין כאן טענה כלל כנ"ל והמופת על זה מסיבת מה בא החטא הוא המכריע אם אנו רואים כי דשאים שהם יותר חומר עכור מן אדם ומכל מקום שמעו בקול ה' והיינו כי קצת ניצוץ קדושה יש בקרבם כנודע כי אין לך דבר שאין בו ניצוץ קדושה ולכך כתיב (דברים ח ג) לא על הלחם לבדו יחיה האדם כי על כל מוצא פי ה' וכו' אם כן אם חומר דשאים נכנעו לקול הקדושה מבלי לצאת בערבוביא ולשנות דרכם ומנהגם כי ענין לחות חומרם ומזגם מורה לצאת בערבוביא כדאמרינן אלו שדרכן לצאת

בערבוביא וכו' ומכל מקום בטלו ענינם נגד מקצת קדושה אשר בקרבם מה היה אדם עושה אשר חומרו זך נשמתו וקדושתו רבה פשיטא שהיה שומע קול נשמה מבלי נטות כלל רק בסיבת המסית יצר הרע חוטא ואם כן יפה ברא ה' אדם כי מצד עצמו אינו עלול לחטא ואין לו להתעצב וזהו הענין בשעה שנשאו דשאים ק"ו בעצמן וכו' אם כן מזה מוכח דלולי יצר הרע המסית אינו אדם עלול לחטא ואין לו להתעצב על בריאת אדם ולכך פתח שר העולם יהי כבוד ה' וכו' ישמח ה' במעשיו כי יהיה לו שמחה ולא עוצב ולכך אמרו שר העולם שהוא חנוך ומט"ט כי נודע (בראשית רבה פ"ח ו) מה שכתוב נעשה אדם בנשמת צדיקים נמלך והם מט"ט ואליהו ואמרו יברא ולכך פתח שר עולם כי הוא האומר יברא כנודע בזוהר כי מט"ט וחילו ומלאכיו אומרים יברא וא"ש הנה כמו שיש מופת מדשאים כנ"ל כן יש מן ילדים קטנים עד שיגדלו לאנשים אשר אין עלולים לעון ופשע כמו גדולים ואילו הדבר תלוי בחומר הלא חומר קטנים יותר חומר מגדול שכבר עסק בחכמה ומדע וזכזך חומרו ואין צריך להאריך כי נודע בכל ספרי טבעיים כי חומר הקטן יותר עכור מחומר גדול עד שמוליד ארסו בחומר שלו וממנו אבעבועות הקטנים כנודע אבל ברור שתלוי בהסתת יצר הרע ולכך בהיות בלתי בעל עונשין אינו מבקש להסית ולהחטיאו ולכך בן עשרים שנה שהוא בן עונשין למעלה היצר הרע מתגבר למאוד ולכך בן עשרים לרדוף היצר הרע כי יש כאן מלחמה גדולה עליו

והנה בזמן הבית אמרו (במדבר רבה פר' כ"א כ) בירושלים צדק ילין בה שלן אדם בלי חטא כי מקום קדושת ציון וירושלים וריח הקטורת וקרבנות היו מבערים רוח הטומאה ולא היה ביצר הרע כח לשלוט באנשים כלל ולכך היו בהם קדושים שרוים בלי חטא והיה זה לאות כי אינו בסיבת החומר כי בזה שוה ירושלים כמו שאר מקומות רק הראיה מוכיחה שהכל תלוי בסיבת יצר הרע ולכך בזמן הבית היה הקדוש ברוך הוא שוחק כהנ"ל ישמח ה' במעשיו ואין פה עצבון כלל ועם מי ה' משמח עם לויתן אשר יש בו שני פירושים ושניהם אמת כי הצדיקים נקראים לויתן לשון דבוק שדביקים בה' כדכתיב (דברים ד ד) אתם הדבקים וכו' והם לוית חן וגם הסטרא אחרא הן לויתן נחש בריח ונחש עקלתון והוא אשר יהיה נהרג לעתיד לבא והקדוש ברוך הוא שוחק עליו שאתה אמרת אל יברא חזי כי אין אדם עלול לחטא לולי הסתך אמנם לאחר חורבן אשר בעונות הרבים רוח טומאה גוברת על ארץ ומי גבר אשר לא חטא בעונות הרבים ופסו חסידים כביכול אין שמחה כנ"ל רק שמחתו בתנוקות של בית רבן שמהם ראיה כי אין אדם עלול לחטא וזהו ענין הפסוק (תהילים ח׳:ב׳) ה' אדונינו מה אדיר שמך בכל הארץ אשר תנה הודך על השמים וכמו שפירש"י שאין לו לברא אדם כי אם הודו במלאכי שמים שאינם חוטאים מה שאין כן אדם עלול לחטא אבל מפי עוללים ויונקים יסדת עוז כי על ידי כך מוכח שאדם אין עלול לחטא ולכך להשבית אויב הוא הס"ם וכת דיליה האויב לאדם ומתנקם

כי נוטר קנאה מתחילת בריאת עולם באומרו אל יברא

ומזה תלמדו כמה יש לבכות מבלי פוגת על חללי עמנו ועל שברון לבנו יום ולילה לא דומיה וכבר אמר אסף (תהילים פג ב) אלהים אל דמי לך וכו' ואיך נחשה אנחנו ולא נבכה יום ולילה אשר ניסדו עלינו יחד לעקר שם ישראל מארצם והיום כך ולמחר כך ומה נעשה אנחנו צאן נדחה ואין לנו להמלט אלא בית מלך מלכו של עולם ושם נשפוך שיח שירחם עלינו ויעמוד לימין עמו ועיקר הבכי כאשר אמרתי פשפוש במעשים וליסר עוברי עבירה ומבלי להחניף רשעים עושי עול כאשר אמרתי למעלה ולא לומר כי על ידי כך יגיע לי נזק כי אם לבטוח בה' ואמרינן בגמרא דע"ז (דף יח) כשהלך ר"י ב"ד לבקר ר"ח ב"ת אמר אומה זו משמים המליכו ואתה יושב ומקהיל קהלות ברבים לתורה אמר מהשמים ירחמהו א"ל אני אומר לך דברים של טעם ואתה אומר לי מהשמים ירחמהו א"ל מה אני לעולם הבא א"ל כלום מעשה בא לידך א"ל מעות פורים נתחלף לי בשאר מעות וחלקתי הכל לעניים א"ל אם כן מחלקך יהי חלקי עכ"ל ויש להבין טענו בחיטים והודו בשעורים הוא הוכיח אותו על שמכניס עצמו לכלל סכנה עצומה כזו והוא השיבו מה אני לעולם הבא גם וכי ריב"ד נביא שידע אם הוא בן עולם הבא ועוד איך יוכל החי לידע הלא בקדושיו לא יאמין ואפילו על אבות עולם לא יחד השם שמו כל זמן חיותם ואיך שואל אם הוא בן עולם הבא והתשובה שנתחלף מעות וכו' יותר תמוה דכי בשביל כך יהיה אדם לעולם הבא הרבה מצות והרבה שמירות שייכים עוד טרם שיזכה גבר ארחו לעולם הבא ואילו ידעתי שבשביל כך לבד בטוח אני בעולם הבא אפילו כסות וגלימא דעל כתפאי הייתי מוכר אבל הענין כך כי כבר כתב המהרש"א באומרו אני אומר לך דברים של טעם וכו' והיינו מפני דאין סומכין על הנס דמנכים לו מזכיותיו ע"ש אבל יש ב' מיני עבודות ה' אחד מחמת שכר עה"ב ועונש גיהנם אבל המין השני שהוא העובד השלם הוא שאין עושה לשום דבר כי אם לעשות רצון קונו עד שאמרו בשם חכם שאמר אפי' יודע אני שע"י עשית מצות אני יורש ח"ו גיהנם ועל ידי עבירות גן עדן מכל מקום אני מניח עבירות ועושה מצות היות כן קיום רצון ה' ואם כן אדם כזה יוכל לסמוך אנס ומה איכפת ליה בנכוי זכיות כי הלא אין עובד בשביל שכר גן עדן עד שנאמר שיפחתו לו משכרו והלא כל מגמתו בשביל עשות רצון הבורא ואם כן אם יפחיתו לו יפחיתו וזהוא תשובת ר"ח ב"ת כששאלו אני אומר לך דברים של טעם וכו' והיינו כמ"ש מהרש"א דאין לסמוך אנס דמנכין לו מזכיות על זה השיב מה אני לעולם הבא הרצון מה אני מקפיד לעולם הבא וכי אני עובד ה' בשביל שכר עולם הבא אם יפחת יפחת ואני עושה רצונו להקהיל וללמוד תורתו הקדושה ברבים בבטחון שיעמוד לימיני בנס ואם ינכה מזכותי מה איכפת לי כנ"ל אמנם טעם אחר יש שלא להכניס עצמו בסכנה מפני חשש שאמרו חז"ל (סנהדרין קז) לעולם אל יכניס אדם עצמו לנסיון כי אולי יאסרוהו הרשעים ויענו אותו עד

חלילה יעבירו על דעתו כמאמר שאול פן יתעוללו בי הפלשתים וכאמרם (כתובות לג ע"ב) אלמלי נגדוהו לחנניא וכו' אך אם כבר עמד פעם אחת בנסיון וניצל בטוח הוא שיהיה ה' משמרו מכל רע ורגלי חסידיו ישמור כנודע ולכך שאלהו כלום מעשה בא לידך ואם עמדת שם בנסיון בלי פתיות יצר הרע אז תשכיל ויפה עשית אבל כל זמן שלא עמדת מימיך בנסיון לכבוש היצר הרע אי אפשר לך לעשות כן להביא עצמך לידי נסיון וסכנת נפשות דהיינו נשמתך ולא גופך ועל זה השיב אין לך נסיון גדול יותר מממון כי כאן יש פיתוי והסתת יצר הרע למאוד מאוד כאשר עינינו רואים שהרבה אנשים הסובלים יסורים ומכות בוז וחרפה ועומדים בקדוש השם ובממון יצרם גובר בעונותינו הרבים לאין פשע ובשביל דבר קל אין אלהים לנגד עיניו לגזול ולעשוק עמיתו והיה אם יעשה לו חבירו נקל בעינו לנקום נקמתו ממנו במסירה וחילול השם בעונותינו הרבים אשר הוא מכת מורידים ולא מעלים כללו של דבר אם אתה רואה אדם עומד בנסיון ממון הרי הוא מובטח שיעמוד בנסיון גופו לקידוש השם כי בעונותינו הרבים אין לך דבר שידו וכח של יצר הרע תקיף מממון ואם אין כח לפתות איש בממון אז ברור שיוכל לו בכל עניינים והחוש ומעשים בכל יום מעידים על זה הרבה עד שאין צורך לראייה ולכך אמר לו רחב"ת הרי עמדתי בנסיון אפילו בממון וכבשתי יצרי שנתערב לי ממון חולין בצדקה ונתתי הכל לעניים ואם כן אין ספק שיהיה ה' אתי לכבוש יצר הרע ולקדש שמו יתברך ברבים ועל זה אמר מחלקך יהיה חלקי דוודאי יתקדש שם שמים על ידך בכל אופן וכמו שהיה באמת זכאות חלקהון קמי דמלכא קדישא ומזה נלמד כי לעבוד את ה' בכל לב מבלי פניה כלל ולקדש שמו ברבים והעיקר הנסיון בממון מבלי לחוס על ממון יותר מכפי הראוי ואין צריך לומר בממון של גזל ואינו של יושר כי מחטיא לאדם למאוד וסוף להביא כל הונו ממנו ומזרעו לטמיון ועל זה נאמר (קהלת י כ) הכסף יענה הכל כי יש להזהר ממי שמונע ידו מממון שאינו יושר הוא בחזקת איש כשר וה' ישמור רגלו מלכד וגם לראיה איך ראשונים עמדו נפשם בקדוש השם ועל ידי כך הקדוש ברוך הוא עשה להם נסים וכבר דרשתי פעמים רבות אם אנו הולכים עם ה' בקרי לתלות בסדרו של עולם אף הקדוש ברוך הוא מניח אותנו להתנהג על פי סדרו של עולם ולכן אל תאמרו השרים קשים או יד יהודית גרמו כן שהתקרבו עצמם ביותר לשרים ואדונים וכדומה דברי שטות כי בזה ח"ו יקצוף ה' ואף הוא ילך בקרי להניח הדבר כמנהגו אבל אמת הדבר כי בהשגחה פרטית וגזירה משמים היה כך להתם חטא ובהם הפגיע ה' עון כולנו ועלינו לבכות ולהתודות לה' על רוב חטאינו ואשר מעלנו בו ובתורתו ואף הוא יתמלא רחמים עלינו ולשוש אתנו כדרכו לשוש אתנו לטוב לנו כל הימים ולא יהיה לנו עוד חרפה בגוים ובא לציון גואל אמן:

דרוש ח'

תוכחת מוסר מהגאון זצ"ל ובו הספד

על חכם אחד בז' אדר תקל"ה בק"ק מיץ:

נעים זמירות אמר (תהילים צ׳:א׳) תפלה למשה איש האלהים וכו' ובמדרש זש"ה וזרח השמש ובא השמש לא שקעה שמשו של משה עד שזרחה שמשו של יהושע ולהבין מה ענין זה להך דתפלה למשה נקדים מה שכתב בגמרא דסוטה (דף ג ע"ב) משה היכן מת בחלקו של ראובן בנבו והיכן קבור בחלקו של גד דכתיב כי שם חלקת מחוקק ספון מן ראובן עד גד ד' מילין מי הוליכו לשם אלא משה מת מוטל בכנפי שכינה ומלאכי השרת אמרו צדקת ה' עשה ומשפטיו עם ישראל עכ"ל ויש להבין מה זו קושיא מי הוליכו הלא הרבה שלוחים למקום וברוח פיו יוכל לברוח אפילו אבן דומם מסוף עולם עד סופו וגם מה התירוץ דמוטל בכנפי שכינה ומלאכי השרת אומרים צדקת ה' עשה וכו' מה ענין להך קושיא דמי הוליכו ד' מילין אמנם נראה דידוע דקב"ה קברו למשה דכתיב ויקבור אותו ודעת מהרש"א בסנהדרין (דף לט) דלכך נקבר מה' הואיל ולא ידע איש את קבורתו ולזאת חשב מהרש"א דהיה מת מצוה הואיל שלא היו לו קוברים זולת ה' אבל כפי הנראה ממשנה דסוטה (דף ט ע"ב) לא מן השם זה נתעסק עמו הקדוש ברוך הוא רק הואיל ונתעסק בעצמות יוסף ולא היה גדול בישראל ממנו לכך נתעסק עמו ה' וצ"ל דמחמת לא ידע איש את קבורתו עדיין היה יכול לקבור אותו בן אדם ואחר כך להתעלם מקום קבורתו כדאמרינן (שם יג ע"ב) דהיה סימן בתוך סימן ומכל מקום אי אפשר לדעת קבורתו והיה מפלאות מעשה ה' כי נורא הם רק היה לכבודו הואיל ונתעסק בעצמות יוסף כנ"ל ואם כן אינו בכלל מת מצוה וכבר ידוע (עירובין יג ב"ק פא) דמת מצוה קונה מקומו ורבי עקיבה שהיה מוליך מת מצוה ממקומו למקום קבורה אמרו לו כל פסיעה ופסיעה כאילו שופך דם ודרשינן במדרש (מס' שמחות ומס' דרך ארץ ועיין תוס' כתובות יב ד"ה מבטלין) צדקת ה' עשה וכי היה משה במדבר יכול לעשות צדקה הלא היה להם מן ובאר ולא חסרו דבר אלא צדקה עשה שלקח עצמות יוסף והם הלכו אחר ביזה ובזה יובנו דברי הגמ' דודאי אין קושית הגמ' מי הוליכו דלא נעלם מגמ' דהרבה שלוחים למקום רק השאלה דסבירא ליה כמהרש"א דלכך נקבר מה' היותו מת מצוה אם כן הקושיא עצומה מי הוליכו דמת מצוה קונה מקומו ועל זה השיב הגמרא דלכך היה מת ומוטל בכנפי שכינה לא מטעם מת מצוה רק מלאכי השרת אמרו הטעם צדקת ה' עשה וכו' והתעסק בעצמות יוסף וכו' ולא היה בגדר מת מצוה ושפיר היה יכול להוליך גופו מחלק ראובן לחלק גד ובזה יובן מדרש הנ"ל כי המפרשים הקשו משה אמר סבור הייתי או בי או בך ועכשיו ראיתי שהם גדולים ממני וממך הרי שנדב ואביהוא הם גדולים ממשה ונשמתם באה לתוך פנחס כנודע אם כן היה פנחס גדול ממשה ואיך אמרו שלא היה בישראל גדול ממשה ונראה כך באמת משה חשב כך הואיל ונקדש המשכן בנדב ואביהוא ולא בו שהם מכובדים יותר ממנו אבל באמת לא כן היה כי לא

אפשר שימות משה ונקדש המשכן על ידו כי עדיין לא היה זמן זריחת שמשו של יהושע כי היה צריך ראשון שימוש כל מ' שנה טרם הגיעו למעלה זו למלאות מקום משה מבחר יצורים ואם כן לא היה אפשר לשמשו של משה לשקוע וזו כוונת מדרש הנ"ל דדרש במדרש איש אלהים פטרון ר"ל איש חשוב שאין למעלה ממנו אלא אלהים וקשה הא איכא פנחס שהיתה בו נשמת נדב ואביהוא שהיו גדולים ממשה ועל זה אמר המדרש לא כן הוא כי אין יקר ביצורים למעלה ממשה והא דלא נתקדש בו המשכן משום דכתיב וזרח השמש וכו' שלא שקעה שמשו של משה עד שזרחה שמשו של יהושע ולא היה אפשר למות קודם וא"ש:

והנה יום זה חושך ואפילה בעונותינו הרבים אשר נסתלק בו מחמד עינינו רוח אפינו משיח ה' אשר אמרנו בצלו נחיה וכל הקורות והרפתקאות דעדו עלינו הכל היו בסיבתו כאשר האריך בזה זקני הגאון בעל מג"ע חובה עלינו לשום על לב ולצער להוריד כנחל דמעה ובפרט בזמנים כאלה אשר בעונותינו הרבים דלו וגם נעו ישראל ואין לך יום שקללתו מרובה משל חבירו בעונותינו הרבים כי שמועות רעות ובהלות שמענו כי הרב הגדול המופלא מוה' אברהם פאפארש רב דטיפליץ הלך לעולמו בעונותינו הרבים בלי זרע כלל ומי יחוש לו חוץ ממני אשר טפחתיו ורביתיו כי ממש נתגדל בין ברכי ויצק מים על ידי ותורתי בתוך מעיו והיה כל עסקו בתורה ובחכמה ויראה על זאת ידוו וירדו עינינו דמעה כי אבדנו בשנה זו אבירי ישראל איך אבדו גבורים ויאבדו כלי מלחמה ווי ווי אבדו ישראל בשנה הלזו גבורי תורה ואיך אתנחם בראותי כי בעלי חכמה אשר אמרתי יהיו לאנשי חיל לקום בעד העם ולהיות להם למורה לצדקה ובאורם יהיה ליהודים לאורה נאבדו נאספו תמו בעונותינו הרבים ומחדש לא נשמע אשר יציץ ציץ פרח שושן עדות ללמד אשר נאמר זה יהיה לעם ויזל מים מדליו להשקות צאן ברהטים ואם כן איך אוכל להמלט נהי ובכי וברוך השם שיש עוד תורה בישראל ללמדם חוקים ישרים ומשפטים צדיקים אבל אני חושש מה יהיה דורות הבאים וכי בהמה ירעו איכה ירעו הצאן ישראל על משכנות הרועים כי אין גדיים בעונותינו הרבים ה' ירחם עמו כי לא אלמן ישראל:

אבל הסיבה והטעם בעונותינו הרבים שנתמעט התורה הוא מה שאכתוב בזה הדרוש ובאמת ימים אלו ימי ששון כמאמרם (תענית כט) משנכנס אדר מרבים בשמחה כי החודש נהפך כדכתיב (אסתר ט כב) והחודש אשר נהפך וכן דרש בירושלמי אבל בעונותינו הרבים ערבה כל שמחה ונהפך לאבל חגינו ואיך אשמח בפורים בזכרי הר ציון המה בתי כנסיות ובתי מדרשות שוממים ודרכי תורה הם דרכי ציון ציוני הלכה אבילות שעיקר שמחת פורים הוא בתורה דכתיב (שם ח טז) ליהודים היתה אורה זו תורה ואף המן שמח שנפל הפור בירח שמת בו משה כי אז נסתמו מעיינות החכמה וכמאמר חז"ל (תמורה טו ע"ב) כי שלשת אלפים הלכות נשתכחו בימי אבלו של משה

שהוא בחודש זה ולכך שמח כי ידע כל זמן שיש בישראל תורה לא תהיה ידו עושה תושיה ותורתינו היא חיינו ושלימות נפשינו והנה סיבת מיעוט התורה הוא שפלות התורה כי בעונותינו הרבים מבזים מאוד ללומדי תורה והיקרים המסולאים בפז נחשבו לנבלי חרש מעשה ידי יוצר ובעונותינו הרבים מאוד בזויים בעלי תורה בעיני עמי הארצות וילעיבו במלאכי אלהים בעלי תורה ובאמת העוסק בתורה בזמן הזה הוא מקבל שכר למאוד כי ודאי אי אפשר לחושדו בשום פנים כי בעונותינו הרבים שבע כל ימיו בוז וקלון מי יש בכם מבקש להשיא בתו לבחור מופלא בתורה כולי האי ואולי האי אם יש לו ממון ושאר תוארים אשר לא יאמרו כי היותו בעל תורה הוא חסרון ומעוות לא יוכל לתקן אבל שיאמרו ראה זה עשיר בדעת ועני בממון אתן לו בתי לאשה דבר זה לא יראה ולא ימצא ואין תקוה לבחור להנשא לאשה כי כאשר נושא אשה אין לו במה להתפרנס כי בעונותינו הרבים אין קהלה שיש לה בית מדרש שיתפרנסו מקופת הקהלה לומדי תורה לשם שמים והלא חובה על עיר לזון דיינין ואל ישעו בדבר שקר כי בעונותינו הרבים נתמעטה קופת הקהל כי אילו יצמצמו בהוצאות שאינם צריכים מה שעושים בריבוי נרות שלא לצורך ובשבועות בבתי הכנסת וכדומה ורוב תכשיטין לספרי תורה כפרוכת ומעילים יותר מדי היו יכולים להספיק כמה לומדים הלא כל התורה הוא כספר חתום מבלעדי תלמידי חכמים יאמרו נא מצוה אחת הכתובה בתורה אשר אינה צריכה פתרון מתלמיד חכם ועיקר התורה בתורה שבעל פה כי תורה שבכתב היא רמזים וסימני דאורייתא ועיקרה התורה שבעל פה הנמסרת לחכמי דור להורות על פי התורה אשר נמסר לנו מחכמי הדור מעתיקי שמועה תורה שבעל פה ואם כן עיקר חיינו ושלימות נפשנו תלוי בלומדי תורה שבעל פה:

וזהו כוונת חז"ל (לא ידעתי מקומו לפי שעה) מכה אשר לא כתובה זו מיתה של תלמיד חכם כי עיקר שבר בהעדר התלמיד חכם היא מחמת התורה שבעל פה ואילו לא היה תורה שבעל פה רק הכל בכתב לא היו צריכין לתלמידי חכמים כל כך כי הכל אמור עם הספר וכל יודעי לשון עברי יבחינו הדין והדת לכך עיקר המכה תלוי בזה שלא נכתבה כל התורה ועיקר חסר מספר וזהו מכה אשר לא כתובה ועוד בזה כי כבר פירשו במה שאמרו (שבת קא ע"ב) משה שפיר קאמרת כי תלמידי חכמים בכלל נקראים משה והוא כי כבר פירשו במה שאמרו (תענית ה ע"ב) יעקב לא מת (זוהר א' לז) משה לא מת והיינו כי נשמתם ונפשם לא נסתלקו למעלה רק הם מתקשרים עם נשמות החיים להגין על הדור וביחוד משה נשמתו ונפשו תמיד נקשרת עם חכמי הדור ואדוקה בהם נפשו קשורה בנפשם כי הוא מקור החכמה והמדע והתבונה בתורה שהיא ממרום קדשו אשר ה' יערה רוח ממרום על לומדי תורה הוא למשה לבד כי הוא עיקר הצינור המקבל חכמות אלהים ועל ידו יושפעו לישראל להיות נשמתו כלולה בהם וזהו מאמר חז"ל (נדרים לח) מתחילה ניתנה תורה למשה לבדו והוא נהג

טובת עין להנחיל לישראל ולכך נקראת תורת משה ולכך משה מתדבק בכל לומדי תורה לשמה ולא עלתה נשמתו למעלה רק תמיד שרשה דבוק עם נשמת צדיקים ותלמידי חכמים וזהו (דברים לד ו) ולא ידע איש את קבורתו כי הוא קבור בגולה עם כל חכמי הדור ולכן כל תלמיד חכם נקרא משה וזהו מאמר הפסוק (דברים לד ז) משה לא כהתה עינו ולא נס ליחה וכו' ויבכו אותו ישראל ל' יום דיש להבין מה ביקש הכתוב בזה התואר למשה אם כהתה עינו או לא ולמעלת יקר משה מבחר כל היצורים ירום ונשא ממלך מלכי המלכים תואר זה שפל ופחות למשה מאוד מאוד אבל הענין כי קשה איך לא בכו ישראל על משה יותר מל' יום ואם על רבינו הקדוש אמרו (כתובות קג ע"ב) דהוו ספדי ליה י"ב חודש והטעם כי אמרו (שבת קנב ע"ב) תוך י"ב חודש נשמת צדיק עולה ויורדת כי יש לנשמה קצת דביקות עם הגוף וקשה לה לפרוש לגמרי מן הגוף אף כי הגוף עולם חשוך ובעולם הנשמות כולו אור ולכך אמרו (קהלת ז א) ויום המות מיום הולדו כי גם בלידה יקרה כן לתינוק המוטל במעי אמו במקום חושך ואופל צר עד שצריך להיות מקופל כפנקס ושורה במקום צואה ודם ובבואו לעולם מקום מרווח בהיכל מלך באויר צח וטוב היה אמון עלי תולע ומרבדים מכל מקום צועק וכמה ימים שמונח ממש כאבן דומם לרב צערו ופרידתו ממקום שהיה וגלל כן אמרו חז"ל (כתובות קי ע"ב) אף מנוה רעה לנוה יפה בודק וכן במותו מכל מקום דבוק וכרוך עם הגוף י"ב חודש ועולה ויורד והוא ענין הספד שלנו כי על ידי קול בכי והספד שלנו העולה למעלה הנשמה מתדבקת בו ועולה עמו ולכך אמרו (שבת קנג) אחים בהספד אי דהתם קאימנא דהנשמה נאחזת בגוף וקשה לה ליפרד ולעלות אם לא על ידי הספד ואמרו שם בגמרא (כתובות קג עיי"ש היטב) דהוי ספדי ליה בלילה ואיכא דאמרי ביום טעם מחלוקתם תלוי בכך במה שאמרו במדרש (ויקרא רבה כו ז ילק"ש שמואל א' כח רמז קל"ט) "ויבאו אל האשה לילה ויתחפש שאול וילך אל בעלת אוב" וכי לילה היה אלא אותה שעה היה להם אפלה כלילה ע"כ וקשה מה קושית המדרש וכי לילה היה דלמא באמת לילה היה וכן דרכן של כל הולכי בדרך לא ישר וסטרא דמסאבא להיות במחשך מעשיהם חשך ולא אור אמנם כוונת המדרש כך כי אמרו בגמרא דשבת (דף קנב) דשאל האי צדוקי לר' אבהו אמריתון נשמתן של צדיקים גנוזות תחת כסא הכבוד אוביא טמיא היכא אסיק לשמואל בנגידא ומשני תוך י"ב חדש הוה שנשמתו עולה ויורדת ומבואר בזוהר ביום הנשמה למטה ובלילה למעלה בצרור החיים במקום פקדון הנשמות ואם כן אתי שפיר דיפה הקשה המדרש וכי לילה היה דנשמת שמואל היתה למעלה ולא היה אפשר לאוביא טמיא להעלותו ולכך משני דבאמת יום היה רק היה יום חושך לשאול וכו' וא"ש ולדעת זו היה הספידו של רבינו ביום כי אז נשמתו למטה רואה בצער הגוף והספידוהו לעלות למעלה אמנם יש דיעה אחרת כי ביום הנשמה למעלה ובלילה הנשמה למטה ולכך אמרו

לאיכא דאמרי דהוי ספדי לרבי בלילה סוף כל סוף הקושיא במקומו איך לא ספדו למשה רק ל' יום אבל התירוץ מבואר כי ההספד הוא להעלות נשמת צדיק מאתנו לשרשו אבל משה נשמתו תמיד שוכנת אתנו ואצלנו ומתדבקת תמיד עם חכמי הדור להאיר לנו ולהיות לנו לעינים ולהשגיח עלינו כי הוא רועה נאמן ובכל צערנו לו צער כאשר מבואר בפיוט תענית אסתר שמשה געה ובכה לבטל הגזירה מהמן והוא המשקה העדרים ועדרי הצאן ומימיו מי חיים מהקודש יצאו להשקות לנו תמיד ולכך אין צריך כל כך הספד וזהו מאמר הקרא משה לא כהתה עינו רצה לומר שלא סילק השגחתו מאתנו אף במותו כי תמיד עינו על ישראל ולא נס ליחו הוא השקת מימיו ולהראות אותנו כי תמיד עומד עלינו ומתדבק אתנו ולכך משה לא מת כהנ"ל ולזו לא בכו ישראל רק ל' יום ולא היה צריך יותר כי עודנו לא מש מאתנו ומתדבק עם חכמי הדור וכולם בגדר משה וזהו גם כן מה שכתוב (בראשית רבה נח ב) עד שלא שקעה שמשו של משה זרחה שמשו של יהושע דלכאורה קשה הא פני משה כפני חמה ופני יהושע כפני לבנה (ב"ב עה) ומה ענין שמש ליהושע אבל להנ"ל יובן כי לא שקעה שמשו של משה כלל כי דבק עם יהושע ולא כהתה עינו כנ"ל וזהו מאמר הגמרא (מגילה יג ע"ב) בהמן ששמח שנפל פור בירח שמת בו משה (רבן) והוא לא ידע שבז' באדר מת משה ובז' באדר נולד משה וכבר הקשינו כמה פעמים מה בכך שנולד בז' באדר הלא תמיד אחר אחרון אנו הולכים והמתענה יום שמת בו אביו משום ריע מזל אף שבו ביום היה אביו נולד מכל מקום מתענה בו דמכל מקום דסוף הדבר שנתרע המזל וגם יש לדייק באמרם ראשון בז' באדר מת ואחר כך בז' באדר נולד איפכא הוה ליה לומר בז' באדר נולד ובז' באדר מת אבל הענין כך כי משה לא מת ותיכף שמת תיכף נולד בהדבקו בנשמת יהושע וכן בכל דור ודור ולכך אמרו כי המן שמח כי חשב בירח אדר נסתלק משה ואין כאן הגנה ולא ידע שלא כהתה עינו כלל כי תיכף שמת תיכף נולד ונתעבר בנשמת יהושע ועדיין אורו קיים ומאיר לישראל ולכך הקדים מיתתו ללידתו כסדר וא"ש:

אבל יש עוד פי' בזה כי יש לדייק מה ביקש בגמרא בז' באדר מת וכו' מה נפקה מינה הלא המן לא דקדק על יום בחודש רק על חודש כי באדר מת משה והוה ליה לומר סתמא והוא לא ידע כי באדר מת ובאדר נולד ואף שנולד איזה ימים מקודם או לאחר מכן אבל כבר נודע מה שכתוב במדרש (בראשית רבה צו ד) ויקרבו ימי ישראל אמר הקדוש ברוך הוא ליעקב היום קובל עליך חייך אתה שוכב ואין אתה מת והדבר בעצמו תמוה אבל כבר נודע כי היום יש לו צער ויגון באבוד בו צדיק ראה במדרש מגילה (אס"ר פז יג) כיצד נתרעמו הימים שלא יקרה בו איבוד ישראל ח"ו וכן הדבר בצדיק שהוא שורש ישראל ולעומת זה ביום שמת בו רשע יש ליום שמחה והוא יום ברכה שקרה בו אבוד רשע והנה רבקה אמרה (בראשית כז מה) למה אשכל גם שניכם יום אחד כי עשו ויעקב ימותו

ביום אחד ובזה יש ליום שמחה מצד עשו ותוגה מצד יעקב ויצא שכרו בהפסדו אך אם באמת יעקב לא מתאם כן שמחה זו שמת עשו שמחה שלמה ולא יוסיף עוצב עמו כי יעקב לא מת וזהו מאמר המדרש דהקדוש ברוך הוא אמר ליעקב היום קובל עליך כי בסיבת איחור מיתתך נתעכב מיתת עשו גם כן והיום יושב ומצפה מתי יגיע היום ויאבד רשע זה מן העולם רק קשה מה זו שמחה הלא גם יעקב ימות ויש בו תוגה וע"ז אמר חייך אתה חי ולא מת וא"כ אין תוגה במיתתך ולעומת זה שמחה במיתת עשו וא"ש ומזה תבין כי המן שפט היות שירח אדר הניח שמת בו משה ולא ערער שמע מיניה שמאוד ריע מזלא וא"כ ודאי היה יכול לאבד בו ישראל כי לא יהיה החודש מערער לבל יקרה בו כליון לישראל כאשר עשו שארי חדשים כמבואר במדרש (שם) דאם יהיה מערער היה מערער על מיתת משה שהוא שקול כנגד כל ישראל אמנם באמת טעה כי באמת חודש אדר ערער על מיתת משה רק כל החדשים והימים ערערו לבל יקרה בם תוגה כזה למות משה והיה משפט ה' בכך יום שנולד בו והיה שמחה ליום וירח ההוא בו ביום ימות כדי שיקבל בו תוגה כי את הטוב יקבל ואת הרע לא יקבל אבל שארי ימים וירחים שלא קרה בהם שמחה בלידתו גם במיתתו לא יקבלו תוגה ולכך בז' באדר נולד ובז' באדר מת ובאמת גם החודש והיום ערערו לבל יקרה בהם מיתת משה אבל לא הועיל כמ"ש אבל על כליון ישראל ח"ו יערערו כמו שאר חדשים ויועיל לו כמו שאר חדשים ונכזבה תוחלת המן בזה:

ולכך שימו על לב כמה רעה לישראל באבדן צדיק וכמה טובה בלידת צדיק כי בו נכלל משה רבינו וא"כ חובה עלינו לעשות תקנות להקים עמוד התורה ולגדל פרחי התורה כי בכולם כלולה נשמת משה ובעונותינו הרבים ברואי צדיק תלמיד חכם מת ודור יתום אין נצר משרשיו יפרה אשר אמרנו זה יהיה לעם ויגדל בתורה הוא בעיני כאלו מחדש ובימיו מת משה ומתו מוטל לפני אשר ראוי לעשות לו אבל יחיד ולקונן בלב מר לאולת הזמן אשר רואים ממש עולם חרב ואין שם על לב לבנותו ולעשות לו תמכין כל ענין אחשורוש והמן היה מוסב על התורה ואמרו (שבת פה) ויתיצבו בתחתית ההד מלמד שכפה ההר כגיגית מכאן מודעא רבה לאורייתא ואף על פי כן הדר קבלוהו בימי אחשורוש ויש להבין ענינו אבל להבין מה שכתוב (ישעיהו נט יג) יען כי נגש העם הזה בפיו ובשפתיו כבדוני ולבו רחק ממני וכו' הנני יוסיף להפליא העם הזה הפלא ופלא ואבדה חכמת חכמיו ובינת נבוניו תסתתר ואמרו חז"ל (איכ"ר א לז) זו מיתת תלמידי חכמים ויש להבין מה זה עונש מדה כנגד מדה בשביל דבורם בפה ולא בלב ימותו תלמידי חכמים אבל יש להבין גם כן כי ידוע מה שאמרו במדרש (שמות רבה פכ"ו ב) היש ה' בקרבנו אם אין אם יודע מה בלבנו נעבדהו ואם לאו לא נעבדהו גם זה לכאורה תמוה וכי ח"ו נסתפקו דור המדבר בה' אם יודע מחשבת הלב ואם הדברים כהווייתן הלא זו יותר מהמרי והבגידה מכל החטאים וסרחונות שנכתב בהם בתורה ולא מצינו

שהקפיד ה' ומשה על זה וכבר אמרתי שהדבר הוא כך כי ישראל שראו כבוד ה' במדבר לא ראו עין בעין שכינת ה' רק מלאך ראו ובו היה שריית שכינה וכן מתחילה כשנגלת השכינה למשה לא היה רק על ידי מלאך דכתיב (שמות ג ב) וירא אליו מלאך ה' בלבת אש וכן ישראל לא ראו רק מלאך דכתיב (שם יד יט) ויסע מלאך ה' וכו' וכן תמיד לא ראו רק מלאך ובו היה שריית שכינה והיו ישראל מסופקים בזה אם השכינה שורה בתוך המלאך ואם כן הוא רק כמו מסך מבדיל לבל יזונו עיניהם מהשכינה כמו מסוה משה או שאין שורה השכינה בקרבו רק הוא שליח ה' ואמצעי בינם לבין ה' ואם כן היו ישראל מסופקים אם ישתחוו למלאך ההוא ולמולו כי לא תתכן העבודה בלתי לה' לבדו ואם אין השכינה בקרבו הרי עון גדול להשתחוות למולו ולכך ביקשו לנסות הדבר כי ידוע כי השם לבדו יודע מחשבות בני אדם מה שאין כן מלאכים ולכך אמרו אם יודע מה בלבנו על כרחך דהשכינה בקרבו ואם כן נעבדהו ונשתחוה לו כי ה' בקרבו ואם אין יודע על כרחך דאין שכינה בקרבו רק מלאך מליץ בינותינו ואם כן לא נעבדהו כנ"ל בכוונת ישראל היה בזה לשם שמים וזהו על נסותם את ה' ולכך לא נחשב להם לעון כי לא היה ברוחם רמיה והנה בטעות זו נלכדו כל הערב רב ונפתו אחריהם המוני עם מישראל כי חשבו כי ה' לרוב מעלתו ויקר גדולתו לא ישגיח בעצם בישראל להנחיל להם תורתו כי אם על ידי מלאך כי הוא אמצעי וזהו היה שרש חטאתם בעגל שבקשו

לעשות צורה לשור שבמרכבה כי רצו שהחיות שהם סמוכים אל הכסא הם יהיו האמצעי בינם לשכינה ובחרו בצורה ההיא כי מן צורה ההיא יקבל שור שבי"ב מזלות והוא מושל על מדבר על כן נקראת (שמות טו כב) מדבר שור וחשבו שיהיה להם לעינים בחנותם במדבר וכן במרגלים שכפרו ואמרו (במדבר יג לא) כי חזק הוא ממנו ודרשו (סוטה לח) כביכול בעל הבית אין יכול להוציא כליו משם אשר לא יאומן על דור דיעה שיחשבו שבורא עולם לא יהיה סיפק בידו לגרש קרוצי חומר אשר בעפר יסודם אבל הוא הדבר כי חשבו שהכל על ידי מלאך וחשבו ששר ארצות חזק הוא מהמלאך ההולך לפניהם במדבר ולכן אמרו כי חזק הוא היינו שר ארץ ישראל ממנו היינו מלאך ההולך לפניהם במדבר ולכך לא עבדו ה' בלב כי חשבו שהכל על ידי מלאך כדכתיב (תהלים עח לו) ויפתוהו בפיהם וכו' ולבם לא נכון עמו כי חשבו שהכל ע"י מלאך ומלאך אין מבין מה שבלבם וא"כ אין פשע ומזה פשה המרי בכל עון בית הראשון כי זנו מאחרי ה' והכל בטעות זו והנה ידוע (עיין אס"ר ג ט) כל מלך הנאמר במגילה סתם הוא מלכו של עולם והמן כינוי לס"ם מקטרג על ישראל וכאשר עברו ישראל והשתחוו לצלם בימי נבוכדנצר גבר כחו של ס"ם לקטרג על ישראל ולכך (אסתר ג א) אחר הדברים האלה גדל המלך את המן מעל כל השרים וכל מלאכי השרת הסכימו עמו אין דורש אין גם אחד ממש וזהו וכל עבדי המלך כורעים וכו' והטעם כי כל תירוץ של ישראל היה שלא היה

רק לפנים כמבואר בגמרא (מגילה יב) וזהו לא ידעו מלאכי השרת כי הם אינם יודעים מה שבלבו של אדם וא"כ לפי דעתם כפרו ישראל בעיקר וחייבים כליה אבל מרדכי הקיש דלתי מעלה כי ה' יודע מחשבות אדם הוא ידע כי לב ישראל היה שלם עם ה' ולכך שמע בקול מרדכי ובטל גיאות המן וא"כ בשעת מרדכי ואסתר נגלה לישראל טעותם והכירו וידעו כי לה' נתכנו עלילות ולא ע"י מלאך כי ה' בקרבם ומזה הבינו כי אין לעבוד לה' רק בלב תמים כי יודע מחשבות אדם ולכך קבלו התורה בימי אחשורוש ועבדו ה' בלב תמים:

ולכך אמרו כי התפלה בלי לב אין הקדוש ברוך הוא בעצמו מקבלו רק ע"י שליח מלאך כי הם אינם מכירין בחסרון הכוונה אבל תפלה בכוונת הלב הוא לה' לבדו כי הוא מקבלה כי הוא בוחן לבבות וכבר אמרו בכתובות (דף קד) במיתת רבי אראלים ומצוקים תפשו בארון הקודש נצחו אראלים את מצוקים כי מלאכי השרת ביקשו שימות רבי והצדיקים ביקשו שיחיה הרי כי רצון מלאכי מעלה שימות צדיק ויהיה משכנו בתוכם וא"כ אם אנו מתפללין שיחיה הצדיק אם התפלה הולכת ע"י מלאך אין קטיגור נעשה סניגור ואיך יהיו הם מעלים התפלה לה' שיהיה הצדיק חי והם רצונם שימות אבל כשמתפללים בתום לבב ה' מקבל תפלתנו ותפלתנו בחיי הצדיק מקובלת וזה מאמר הפסוק יען כבדוני העם בשפתיו וכו' הואיל שתפלתם בלי לב והיא ע"י מלאך לא נתקבלה התפלה ואבדה חכמת חכמים ואם זה דבר אמת מכוון בפסוק יוצא לנו כי בעונותינו הרבים עיקר העדר תלמידי חכמים הוא על ידי תפלתנו שאינה בכוונה רצויה בלי לב כלל אוי לנו כי חטאנו לא רחוק הוא מאתנו לקיימו ולעשותו בלב שלם ובנפש חפיצה כל המצוה כדקא יאות ובשלימות וזה גורר שגם תפלות י"ח וקריאת שמע אינם בכוונה ואנו שופכים דמים ועקימת שפתיו בלי לב כזה הוי מעשה לשפוך דם נקי ובחטאתינו נעדרים צדיקים הרבה הכל ע"י קלקול תפלתנו וזה יצא לנו מרבוי אמירות תהלים ותחינות בקשות ותהלים כל ספר בכל יום ועל זה נאמר (סנהדרין קט) כל המוסיף גורע ששגורה בפיהם ולשונם ידבר כל היום ולבבם בל נכון עמו בשום אופן ואילו לא יתפללו בכל פעם רק תפלה המסורה מקדמונים ז"ל מן ברוך שאמר עד עלינו ואיזה מזמורי תהלים אפס שיהיה בכוונה היה יותר טוב ומקובל לה' לבדו ואין צריך למלאך מליץ בינותינו:

ובהך דהדר קבלוה יש להבין בו ענין אחר במה שאמרו (שבת פח) דאמר ה' אם אתם מקבלים התורה מוטב ואם לאו שם תהא קבורתכם דלמה יהיה כן אם התורה חובת גברא וצריך אדם לשומרהאם כן מה צריך קבלה מישראל הלא הם מוכרחים ומצווים ועומדים לקיים מצות ה' הוא היוצר הוא המצוה ואם היה רצון ה' לבלי מכריח ליצוריו על קבלת התורה והיתה דעתו שיקבלום ברצון אם כן מה זו שאמר ואם לאו שם תהא קבורתכם הלא אין לך אונס גדול מזה ומכריח לקבל התורה וגם מה ראו ישראל מתחילה שלא רצו לקבל תורת

ה' אשר כל חפצים לא ישוו בה וגם טענת אומות העולם כמבואר בגמרא דע"ז (דף ב ע"ב) לכאורה טענה חזקה היא כלום כפית עלינו הר כגיגית ובאמת צריך טעם למה כפה לישראל ולא לאומות העולם ולמה הדר קבלוה בימי אחשורוש אבל יובן גם כן כשנבין במדרש מגילה (אס"ר א יג) כשבת המלך אחשורוש על כסא מלכותו כתיב כי לה' המלוכה ומושל בגוים ואת אמרת על כסא מלכותו ותמה יפה ענף מה קושיה היא זו וכי בשביל שלה' המלוכה והוא מתנשא לכל ראש לא יתכן לומר על מלך בשר ודם שיושב על כסא מלכותו וכהנה רבות במקרא ולא שאל כן וכמו שאין פותר להקושיא אף לתירוץ אין פותר וגם יש להבין מה שכתב במדרש (אס"ר י יב) ומרדכי יצא מלפני המלך וכו' מלמד שנעשה מלך וכו' וגם בזה תמה היפה ענף וכי בשביל שיצא מלפני המלך בלבוש יקר כראוי למשנה למלך נאמר שנעשה מלך אבל עיקר הענין דע כי רבים מחכמי תולדה ובראשם הראב"ע חושבים כי יש כח במזל לגרום לאדם כפי תולדה שלו אם יהיה טוב או רע גנב או צנוע כדמצינו בחכמי התלמוד (שבת קנו ע"ב) שאמרו הכלדיים ברך גנבא יהיה (שבת קנו) ומאן דבמאדים אשיד דמא וכו' וכן שפוט ישפטו בכל קורות הגוף וכל נמוסו שבתו וקומו על פי גרם השמימי אבל רבים ובראשם הרמב"ם חולקים על זה וטענתם דאם כן אף אתה תפר יראה ויש בזה ביטול לקיום התורה ושכר ועונש להיות האדם מוכרח מפי המזל ואם בעת לידתו גזר עליו המזל להרע מה יעשה העני בזה לקום נגד משטרי השמים ואמת כי תירצו דאף כי יש בכח מזל לגרום לאדם סדר הנהגתו מכל מקום יש כח באדם לעשות מול המזל ולגבור חיילים ולעשות טוב אף כי המזל בו לרוע וזהו חלק אדם ממעל לגבור על המזל בחכמתו ויראתו אבל עם כל זה הקושיא במקומה כי מכל מקום סיבה ראשונה לחטוא הוא המזל ומה יעוז אנוש קרוץ מחומר להלחם נגד כוכבי שמים ממסילותם ודבר זה קשה מאוד ולאו כל איש אשר לו העוז לעמוד נגד כסילי שמים ודבר זה נמסר לגדולי הדור אבל לאו כל אפין שוים בזה ועל כל פנים אין עונשו קשה כל כך היותו לא במעל ולא עינה מלבו דבר הרע הזה ובזה יובן דברי ממוכן שאמר (אסתר א טז) לא על המלך לבדו עותה ושתי המלכה וכו' ועל כל העמים וכו' דלכאורה הוא כמזלזל בכבוד המלך כאלו יאמר דבשביל פגם המלך אינה ראויה כל כך לעונשים כמו פגמה בכל העולם ודבר זה גנאי למלך כי בשביל כבוד המלך ופחיתות כבודו יותר יש לענוש מנוגע בכבוד המוני עם ובמה נחשב זלזול כבודם נגד זלזול כבוד המלך כי רב הוא אבל נראה במה שנאמר (אסתר א יג) ויאמר המלך לחכמים יודעי העתים כדת מה לעשות במלכה ושתי כי אחשורוש היה חס על ושתי וחשב אולי מפאת המזל היה לי זה שתהיה אשתי מורדת בי ותמאן לשמוע בקוליאם כן לא עליה הפשע כי כך חרוץ המשפט מהמזל ושליחותיה קא עבדה ולכך שאל ליודעי עתים הבקיאים בדבר התולדה לדעת כן אם מפאת המזל או לא אבל כבר כתבו כולם ועיין מהרש"א בסוף

מסכת שבת (דף קנ"ו) גבי אין מזל לישראל דלהרע לכל אומה אין כח ביד המזל כי אם מה' לבד יצא הדבר ע"ש וזהו מאמר ממוכן לא על המלך וכו' אתה חוקר לדעת אם הוא מפאת המזל לא אדוני אם על המלך לבד עותה יש לומר מכח מזל אבל היא עותה על כל השרים ועמיםאם כן זה אינו מפאת מזל ולכך חייבה מיתה:

ומזה נלמד כמה יש לאדם לחפש בזכות טרם שידין את חברו ובעונותינו הרבים כעת נהפך שאם יש חלק אחד מאלף לחוב יחפשוהו ממטמונים לדין אותו לחוב ואין דן דינו למזור ולא כן עשו גוים קדמונים וגם יש ללמוד מה רב הוא המקלקל לרבים ובעונותינו הרבים כל העושה דבר רע לא זו שמקלקל לעצמו אף גם מקלקל לאחרים כי אם יעשה אחד אלף מעשים טובים לא ילמדו ממנו ויאמרו לא כל אדם לו הכח והיראה לעשות כמתכונתו ואם יעשה חובה אחת תיכף ילמדו ממנו לומר אם פלוני עושה כך למה אגרע ולכן יש להזהר מאוד לבלי לגרום רעה לאחרים וכל המחטיא רבים אין רע גדול מזה כי רבים חללים יפיל ובגמרא אמרו (מגילה יב ע"ב) דשאל לבני יששכר הבקיאים בעיבור שנים והם השיבו דילך לגבי עמון ומואב דיתבי בדוכתא דכתיב שאנן מואב וכו' ולהבין הענין מה טוב בבקיאות בעיבור שנים לדון דינה של ושתי ומה השיבו דילך לבני עמון ומואב מי ביקש זאת מידם והליועצים למלך נתנם אם לא רצו לדון ושתי היה די בזה ולמה להם ליעץ למלך ממי תקום העצה ודבר משפט אבל באמת אחשורוש הלך הכל בדין ובמשפט עם ושתי וכבר נודע כי בן נח הוא בר עונשין כשהוא בן כ' כמו למעלה דבמתן תורה נתחדש הלכה דיהיה הזכר בן י"ג ובת י"ב שנה לעונש בגדלות אבל בבן נח עונש שלמטה ושלמעלה שוים ומבואר בילקוט (ילק"ש אסתר א' רמז תתרמ"ט) כשכבש כורש לבלשאצר היתה ושתי נערה ובא אחשורוש ולקחה וידוע כי נערה שנותיה בת י"ב שנים ו' חדשים ומבואר במגילה (מגילה יא ע"ב) כי כורש מלך ב' דריוש ג' וא"כ בשנת שלש למלכו שעשה משתה הרי עברו שבע שנים וא"כ כאשר החל לעשות משתה שהיה בתחילת שלש למלכו היתה ושתי בת י"ט שנים וששה חדשים ותחלת סעודתו היתה בתחלת שנה שלישית שהוא תשרי כי למלכי אומות העולם מתשרי מנינן וא"כ משך הסעודה שהיה ק"פ ימים שהוא חצי שנהאם כן כבר היתה בת עשרים והיתה בת עונשין אך אם היה בחורף הלזה חודש עיבוראם כן עדיין לא נשלמו העשרים שנה כי נשלמו הק"פ ימים טרם שישלם חצי שנהאם כן עדיין אינה בת עונשין ולכך חקר לדעת אצלם אם נתעברה השנה והנה הם ידעו כי לא נתעברה השנה וא"כ היא בת עונשים ומכל מקום פתחו בהצלה תחלה דנודע (יבמות עו ע"ב) דלכך עמוני ולא עמונית דאין דרכה של אשה לקדם ואמרו (שם) היה להם לקדם נשים לקראת נשים ואמרו (תהלים מה יד) כל כבודה בת מלך פנימה וא"כ אם אפי' נשים לקראת נשים אין להם לקדם איך תלך ושתי ערומה לפני אנשים ואמרו במדרש בשביל צניעות

נשי מואב ועמון כאשר יעץ בלעם להפקיר בנותיהם לבני ישראל מיאנו בנות מואב ולכך הוצרכו להפקיר בנות מדין זכו ולא גלו בראש גולים דכתיב שאנן מואב וכו' וזה כונתם דהם ביקשו להליץ בעד ושתי ואמרו זיל לגבי עמון ומואב דיושבים שקט ושאנן והכל בזכות צניעות נשיםאם כן הדין עם ושתי שלא ביקשה לעשות פריצות כזו ולבוא ערומה בפני כל השרים והעמים מזה נלמד כמה יש לאשה להיות צנועה ואמרו חז"ל (מגילה ב ע"ב) בא גבריאל ועשה לה זנב הרצון כי נתן בקרבה להיות צנועה כי אמרו במדרש (בראשית רבה פי"ח ג) דלכך נבראת מן הצלע מה צלע מכוסה וטמון אף האשה צריכה להיות צנועה ויושבה בביתה מבלי תראה ותמצא בחוץ אך זהו אם נבראת מן הצלע אבל למאן דאמר דו פרצופין נבראואם כן אין הבדל בין זכר ונקבה כלל וחז"ל כינו לצלע שנבראה אשה ממנה זנב כדאמרינן בברכות (ברכות סא) חד אמר פרצוף וחד אמר זנב וזהו כי גבריאל נתן בלבה זנב הוא הצלע ולא פרצוף וא"כ צריכה להיות צנועה מבלי ללכת ערום לעין כל:

ומזה יש ללמוד לנשים תוכחת מגולה שתהיינה צנועות יושבות אהלים ותודה לאל בכאן נשים צנועות בעצמותן ת"ל לא נשמע עליהן שום שמץ רע ח"ו אבל בעונותינו הרבים יעמדו ברחוב מקום מהלך רבים עד שכמעט אי אפשר להלוך אם לא יפגשו בם בבקשה מכם למה לכם זאת לגרות היצר הרע בעצמכן הלא די לנו במלחמתנו עם יצר הרע כאשר הוא החל ויש לנו להשמר ממנו מכל רע ולמה לנו להביאנו לכלל נסיון ומלחמה עם יצר הרע שאינה מלחמת מצוה כלל הואיל והוא נעשה מצדנו וביחוד יש לנו להשמר מהרהור והסתכלות כי הוא מזיק לאדם עד למאוד בכל דבר חפץ מחפצי שמים הן לימוד הן תפלה והן בכל דבר ולכן נא הסירו רוע מעלליכם מנגד עיניכם מנעו עצמכם מתועבה זו וביחוד להשמר ולהזהר פן ואולי ח"ו יבוא לידי יחוד אנשים ונשים בחורים ובתולות אשת איש שהוא איסור דאורייתא ויחוד פנוייה דוד ובית דינו גזרו עליהם וכל העובר על דברי חכמים ח"ו חייב מיתה וחמורים דברי סופרים יותר מדברי תורה מי הוא זה ואיזה הוא אשר בשם ישראל יכונה אשר לא יירא ויפחד ויסמר שערות ראשו מהעונשים הגדולים הקשים והמרים עד מאד האמורים בש"ס ובזוהר ובכל ספרי מוסר על עון מוציא זרע לבטלה ר"ל כידוע לכל ואיך יביא האדם עצמו לכלל זה ח"ו ביחוד ובהסתכלות בנשים אשר הוא נמנע ממש לבל יבוא לידי הרהורים רעים ביום לבוא לידי טומאה בלילה ח"ו וזה אין נקרא אונס כי הוא עצמו הוא הגורם ומגרה יצר הרע על נפשיה לכן נא ונא בבקשה מכם יהיה מחניכם קדוש לבל יהיה בבתיכם עירוב וכל אשה שורה בביתה ונשוב להנ"ל כי באמת אם המזל גורם להרע ולהיטיב איה איפוא שמירת התורה בכללה אמנם כבר אמרו (שבת קנו) אין מזל לישראל כי הטעם כי מחמת המזל לא היה ראוי לאברהם להקים זרע בעולם ואברהם באיצטגנינות שלו ראה כי אינו מוליד כי כל המזלות מתנגדים לו

להקים זרע אבל ה' שידד המערכות להקים עם ישראל מאברהם מתנגד למזל ולכך אין מזל לישראל כי לא באו לעולם מפאת מזל ולכך יכולים הם לשמור התורה ולבחור בטוב ולמאוס ברע כי אין המזל מכריחם לשום דבר וזהו הטעם כי כל העמים מאנו לקבל התורה כי הם תחת המזל ומזל גורם להרע ולהטיב ואיה איפוא שמירת התורה אמנם נחנו עם ה' ראויים לקבל התורה כי אין אנו תחת המזל כלל ובזה תבין מה שאנו אומרים אשר בחר בנו מכל העמים דלכאורה קשה הלא חזר על כל עם ולא קבלוהו זולת נחנו עם ישראל וא"כ מה זה שאנו אומרים אשר בחר בנו וכו' אבל לפי הנ"ל יובן דזו היא הבחירה שבחר בנו שלא נתן לשלוט בנו המזל כי אם הגביה אותנו למעלה מהמזל ובשביל זה קבלנו התורה כי לא היה ביד המזל להכריע אותנו בשמירת המצות מה שאין כן אילו הניח אותנו תחת מזל לא היה לנו אפשר כמעט לקבל תורה מטעם הכרחיות המזל ובזו תבין מה שאמרו (שבת פח) אם אתם מקבלים התורה מוטב וכו' ואם לאו שמה תהיה קבורתכם דלא היה כמכריח לגמרי רק כמזהיר ואומר כי ודאי לא לחנם פחדו וסרבו ישראל לקבל התורה היקרה מפנינים רק חשבו כי הם תחת מזל ואם כן המזל יכריח אותם ולא יהיה סיפוק בידם לקיים התורה ולשמרה כראוי ולכך מאנו לקבל התורה אבל הקדוש ברוך הוא אמר להם כי טועים הם וכי הם למעלה מהמזל ואין בהם ממשלת המזל כי אילו היו הם תחת המזל ודאי יהיו נאבדים ח"ו מהעולם כי המזל הוא נגדם וכל משטרי המזל לעקור לישראל ח"ו וזהו אם מקבלים התורה מוטב ואם לאו שתחשבו כי אתם תחת המזל ולכך אין לכם לקבל התורה שם תהיה קבורתכם כי המזל לרוע נגדיכם ותאבדו מהר וזהו ענין כפיית הר כגיגית כי המזלות הם ככיפת הרקיע ונמשלים ככופה הר עלינו כאשר חוש הראות מעיד ולכך לא כפה על אומות העולם הר כי הם באמת תחת המזל ואין המזל נגדם לעקרם ולשרשם אדרבה הוא לטוב להם ולכך לא שייך כפית הר כגיגית באומות העולם כי המזל הוא לטוב להם אך מחמת זה לא קבלו הואיל והם תחת מזל וכמעט ידיהם אסורות כנ"ל וזהו יהיה מטענתם לעתיד לבא כלום כפית עלינו הר כגיגית הרצון שהיינו למעלה מהמזל והיה סיפק בידינו לקיים התורה בלי מכריח למול התורה מפאת המזל והנה אף כי במתן תורה נאמר לישראל והגיעו למדרגה למעלה מהמזל היינו למעלה משבעה כוכבי לכת אבל עדיין היו ישראל במחשבה כי גלגל השמיני שהוא י"ב מזלות מושל בם כי באמת יש לי"ב מזלות קצת ממשלה בישראל ובאברהם שנאמר לו צא מאיצטגנינות שלך היינו דקאי צדק במזרח שהוא משבעה כוכבי לכת וא"כ עדיין היה להם פתחון פה כי אי אפשר לקיים התורה כי מזלות ההמה מכריחים לעשות טוב או רע ח"ו ולכך ויפתוהו בפיהם ולבם בל עמהם כי עדיין היתה תקועה בלבם דעה נפסדה זו כי הם מוכרחים ע"פ י"ב מזלות וכן עשו עגל למזל שור וכל עבודות לעשות כוונים למלאכת שמים בימי בית ראשון היה הכל במחשבה זו כי י"ב מזלות מושל בם וכן כל

עבודתם ולכך אמרו (שבת שם) מודעא רבא לאורייתא כי עדיין יכולים לטעון אנוסים היינו כי מן השמים אנו אנוסים לעבור פי ה' כי מזל מכריח וזהו טענתם ולא סתם ח"ו למרות פי עליון בשאט נפש וכי זו טענה אבל הטענה עדיין אנוסים היינו כי המזל אנסנו ומכריח לעשות אמנם נודע בהמן דהפיל פור מיום ליום ומחדש לחדש כי מתחלה ניסה בשבעה כוכבי לכת כי הוא מזל היום כי כל יום מימי שבוע יש לו כוכב מיוחד כנודע אבל כאשר ראה כי עיקר ישראל תחת י"ב מזלות הפיל פור מחדש לחדש כי י"ב מזלות הם מזלות החדש ועלתה לו כי מזלות הנ"ל היו להרע לישראל כי צלם שעשה נבוכדנצר היה נעשה בחכמת הקסם והשתעבד הכל לנבוכדנצר וישראל בהשתחויה נשתעבדו למזלות והמזלות היו עתידים להרע לישראל כאשר הצליח המן בגורלו שהיה עשוי על פי חכמת כוכבים וי"ב מזלות כנודע אמנם מרדכי התפלל והועיל שהקדוש ברוך הוא שידד מערכות שמים אף י"ב מזלות השמימיים ואם כן משם יכירו וידעו כל ישראל אפילו תחת ממשלת י"ב מזלות אין ישראל יושבים כלל וכי הם למעלה מכל מזל וא"כ אין כאן טענה מבלי לקבל התורה בשמחה וטוב לב כי אין כאן מכריע ומכריח כלל לאומה ישראלית לשמירת ועזיבת התורה כי הם למעלה מכל מזל ולכך בימי אחשורוש קבלו התורה בכל לבב ונפש בלי פניה ושטנה כלל והבן:

והנה תבין מה שאמרו (אס"ר א יב) דביקש אחשורוש לישב על כסא שלמה ולא יכול דמה איכפת ליה אם ישב על כסא זה או זה אבל ענין כסא מלכות שלמה היה כי הגיע לו שפע אלהי מן השמים בעצמו ולא ע"י מזלות וכסאו תיכף אחר כסא הכבוד למעלה מהמזלות וכן אמרו (חגיגה יד סנהדרין לח ע"ש) דו כורסין רמו אחד לו ואחד לדוד כי מלכות בית דוד מקבלים תיכף ואין צריך למזלות אמצעי ביניהם ולכך היה מעשה כסא שלמה וי"ו מעלות וראשו עגול וי"ב אריות להורות על מזלות וכי הוא יושב למעלה וזהו מאמרם כי שלמה מלך בעליונים והיינו כי לא היה צריך לשפעת מזלות כלל וגם אחשורוש היותו מולך בכיפה ובכלל החיות שראה דניאל חשב שגם הוא מקבל השפע מן השמים בלי אמצעות מזלות כלל ולכך ביקש לישב על כסא שלמה אבל לא הניחו אותו לישב כי באמת לא היתה מעלתו כל כך רק צריך לקבל מן המזלות וכוכבי שמים והנה באמת המלך מצד שהוא מלך ראוי לקבל השפעה על עצמו ולא באמצעות מזלות ולכך חייבים הכל בכבודו וזהו מאמר הפסוק (תהילים כב כט) כי לה' המלוכה ומושל בגוים דלכאורה אין לו מובן כי עולם ומלואו לה' הוא ומה שייך שיאמר לה' המלוכה אבל הכוונה כי מאתו הממלכה והוא המשפיע ולא ע"י מזל ולכך אמרו (ברכות נח) המתנשא לכל לראש אפילו ריש גרגותא מן שמיא מוקמינו ליה דהיינו הכל ע"י ה' ולא ע"י מלאך אמצעי כלל וזוהי קושית המדרש כתיב כי לה' המלוכה ומושל בגוים דהיינו המלאכים אפילו מלכי אומות העולם מקבלין שפעם ע"י ה' בלי אמצעי כלל

ומלאך או מזל ואם כן יפה חשב אחשורוש לישב על כסא שלמה ואת אומר על כסא מלכותו והיינו כמו דדרשינן דביקש לישב על כסא שלמה ולא הניחו והוצרך לישב על כסא מלכותו דהא ראוי הוא לישב על כסא שלמה וקושית המדרש שפיר ומשני אמת בזמן שהיו ישראל בארץ ישראל דהיתה השפעת ה' למלכי יהודה אף לגוים היתה השפעת ה' בלי מזל כי אם גבירתה שותה אף שפחה שותה כנודע ולכך היו כל אפין שוין אבל לאחר החורבן דבעונותינו הרבים פסקה שפעת מלכי ישראל אף לאומות העולם פסקה ואינן מקבלין לאחר חרבן רק מן המזלות ולכך כאשר ביקש לישב על כסא שלמה בחרבן הבית לא הניחו וא"ש ומזה תבין כי עיקר מלכות לקבל שפע למעלה מהמזלות אבל בחורבן היה אחשורוש מקבל מן המזלות ואז היה מרדכי בתפלתו עושה שיגיעו ישראל למעלה מהמזלות וזהו כונת הפסוק ומרדכי יצא מלפני המלך והוא כמו שאמרו (שבת קנו) ויוצא אותו החוצה מלמד שהוציאו למעלה מכיפת הרקיע ואמר לו צא מאצטגנינות שלך וכן פה הדבר ומרדכי יצא מלפני המלך כי אחשורוש קבל השפעתו מן המזלות והוא יצא חוץ לכיפת ומשטרי המזלות ולכך נאמר יצא כמו ויוצא אותו החוצה כנ"ל ואמר מלפני המלך שהיה לפנים ולמעלה ממדרגת מלך ולכך קאמר במדרש מלמד שנעשה מלך כי זהו עיקר המלכות שיהיה מקבל מן ה' בלתי צריך למזלות וזהו לא היה באחשורוש ובמרדכי היה שיצא מלפני המלך ועלה למעלה ממנו וא"כ אף הוא נעשה מלך באמת ולכך בסיומא דהך פסוק ומרדכי יצא וכו' ליהודים היתה אורה זו תורה והיינו כמ"ש חז"ל (שם פה) כי קבלו התורה מחדש בלב שלם ותמים וזה לא היה כי אם כאשר הרגישו כי ישראל למעלה מהמזל כנ"ל וזהו כאשר מרדכי יצא מלפני המלך דיצא חוץ לכיפת המזלות אז היתה אורה זו תורה ליהודים וא"ש:

ובזה תבין מה שאמרו (יומא כט) מה שחר סוף הלילה אף אסתר סוף כל הנסים דיש לתמוה הלא כל רגע ורגע הקדוש ברוך הוא עושה אתנו נסים ונפלאות עד שאין קץ לנסיו ונפלאותיו אבל יובן לפי מה שאמרו ז"ל כי הענין מה שנקרא נס הלא כל הפעולות הנעשים הכל מיד ה' ואין הבדל בו אם עושה דבר קטן או קורע ים סוף ואין אצלו דבר קשה או דבר קל אבל מה שעושה דרך הטבע אינו נקרא נס אבל מה שהוא למעלה מהמזל נקרא נס כי לא שכיח שהקדוש ברוך הוא ישנה טבע ויעשה נס וזהו אם אנו מתנהגים על פי מזל שהוא הטבעאם כן כשנעשה דבר למולו נקרא נס אבל אם אנו מתנהגים למעלה מהמזלאם כן לא שייך קריאת שם נס כלל דמאי שנא זה מזה הכל למעלה מהמזל וזהו דעד אסתר היה בגדר קריאת שם נס כי היה למטה מהמזל אבל מן אסתר והלאה שהגיעו למדרגה נשגבה מהמזלאם כן לא שייך עוד נס כי הכל מהשגחה פרטית ואין הבדל ולכך כלו כל הניסים ופריך והא איכא חנוכה ומשני ניתן ליכתב קאמינא יש לפרשו בשנבין מה שכתוב במדרש (ילק"ש ח"ב רמז תתנ"ה) תכתב זאת לדור אחרון ועם נברא יהלל יה שעתידים

ישראל לעשות תשובה ויהיו בריה חדשה מה ענין זה להך תכתב זאת לדור אחרון אבל יובן במה שכתוב בנס דחנוכה כי מה היה הנס הלא לא נעשה בו דבר מה שהוא מפלאות הטבע וסדרן של עולם כי אם גברו מעוטי חשמונאים ליונים רבים מקרה הוא זה במלכויות הלוחמים ושכיח שמעוטים אם הם גבורים ואבירי לבב לא יחתו מקול מלחמה והגפת תריסין ינצחו לרבי רכי לבב ואין לך דור ממש שלא ימצא מלכים אשר הם במתי מעט וכובשים למלכים שיש להם חיל רב אבל האמת העיקר נס שהיה בחנוכה כי בכל צרות שבאו לישראל בצר לישראל ושבו אל ה' בכל לב ויצעקו אל ה' וירחם עליהם ויושיעם אבל בגלות אנטיוכוס ימ"ש גלו ישראל בעון הפריצים ומלשינים וכדומה והם פקרו ולא שבו אל ה' כלל ועיין בספורי יוסף בן גוריון כמה רעות עשו ישראל אז והם היו סיבה לביאת יונים לארץ ישראל והם לא שבו ועמדו במרדם כנודע ועדת חסידים אשר היו עם מתתיהו ובניו הם לא היו מעולם בעדת החטאים ואם כן אין זה מגדר להושיע לישראל רק ה' חס על עמו והושיעם אפילו בלי תשובה כלל וזהו הנס שהוא כנגד חק אלהים וכביכול ה' לא יעות משפט חלילה ואז הושיע לישראל בלי תשובה נגד משפט ה' וזה בגדר נס גדול נפלא שיעשה ה' דבר בלתי תשובה ולכך לא ניתן לכתוב כי כביכול הוא בגדר כבוד אלהים הסתר דבר שעשה ה' דבר נגד הנימוס אלהות ומשפטי ה' ולכך אמר הכתוב (תהלים קב יט) תכתב זאת לדור אחרון ולמה יהיה נכתב כי עם נברא יהלל יה ופירש המדרש דיעשה תשובה וא"כ שפיר יש לכתוב אותו אבל אם השם עושה נס בלתי תשובה אי אפשר לכתוב:

ולכן ראו כמה טובה למקום עלינו והכל בתשובה ועבודת ה' ולכן בהעדר חכמים בעונותינו הרבים אין לתלותו בקרי ולומר שהיה סיבה זמנים רעים וחרדות וצרות תכופות שהם היו בעוכרם כמאמר הרופאים בעלי טבע כי אנו למעלה מהטבע והכל מאתנו ונחנו אבדנו בעונותינו הרבים התלמיד חכם הזה וראוי לבכות ובפרט שזה הלך בלי בנים וזרע קיימא ויותר מוטל עלינו לבכות כי הלך בלי פרי קיים ואמרו בגמרא (יומא כב ע"ב) וירב בנחל על עסקי נחל על נפש אחת אמרה תורה להביא עגלה ערופה נפשות הרבה על אחת כמה וכמה ויצאה הב"ק ואמרה אל תצדק הרבה וכשהרג נוב עיר הכהנים יצאה בת קול ואמרה אל תרשע הרבה וקשה להבנה מה ענין הריגת עמלקים עם זדים ורשעים אשר ארחם ה' להביא בהריגתם עגלה ערופה ומה לענין זה שייכות עם הריגת נוב עיר הכהנים אבל יובן גם כן במה שאמרו (מגילה ז ע"ב) חייב אינש לבסומי בפוריא עד דלא ידע בין ברוך מרדכי לארור המן דהדבר בעצמו אין לו שחר וכבר אמרנו עליו דברים רבים ובאמת יש לעשות לו צורה ופנים מכוון ממש עם מה שכתב האר"י זצ"ל והוא כשנבין דברי המדרש (בראשית רבה יט ב) ד' פתחו באף ונלקו באף וחד מנהון המן פתח באף אף לא הביאה אסתר וכו' ונלקה באף ויש להבין ענינו אבל ידוע מה שאמרו (סנהדרין קיא) ארך אפים

ארך אף מבעי ליה אלא לצדיקים ולרשעים הרי דארך אף הוא לצדיקים וכן ארך אף לרשעים ולכך כתיב אפים כי אפילו לרשעים גם כן מאריך אף וזהו שאמר בזוהר חוטמא דנשיב חיים לכל חי כביכול במשל כמו חוטם דיש לו ב' נקבים ומשניהם יצא הרוח והוא הנותן מקום לבשר ודם להאריך תנועתו ע"י נשיפת החוטם כן כביכול במשל ב' נקבים מאחד מאריך אף לצדיקים ומאחד לרשעים ולכך חוטמא נשיב חיים לכל חי אפילו לעכו"ם כי מאריך אף אפילו לרשעים שהם עכו"ם כאשר אמרתי בדרוש הקדום כאשר האריך בזה האר"י ז"ל זהו כונת הפסוק (דברים לג ג) אף חובב עמים הרצון אף שהוא מאריך אף לרשעים וחובב עמים שהן גוים כי לולי כן לא היה להם קיום אבל חשיבות שלהם הוא אף הנ"ל דנשיב חיים לכל חי ומאריך אף לרשעים ובימי המן נתחייבו ישראל כליה רק במדה זו אף חובב עמים דהוא מאריך אף לרשעים כנ"ל בזו נכמרו רחמי ה' על ישראל וזהו המן פתח באף כי חשב לעורר חימה ואף על ישראל בסיבת עונותם אבל נלקה באף כי אדרבא ע"י אף חובב עמים נעשה הצלה לישראל בכלל ולכך בפורים יש ליתן צדקה אפילו לגוים כמבואר בש"ע (סימן תרצ"ד ס"ג) להורות כי הנס היה על ידי אף חובב עמים וגם הגוים בכלל הצלה וחנינה כמידת הקדוש ברוך הוא לרחם אפילו על רשעים שהם עכו"ם כהנ"ל ארך אף אפילו לרשעים ואף אנו בכלל לחמול על דלי עכו"ם כמידת ה' ולהורות כי זהו בכלל הנס ומזו יובן כפשוטו דברי חז"ל (מגילה ז ע"ב) חייב אינש לבסומי בפוריא עד דלא ידע וכו' המשל בזה כי השמחה והשכרות היא כי הנס היה על ידי אף חובב עמים וא"כ אין הבדל בין צדיק לרשע כי נשיב חיים לכל חי ואף חובב עמים דייקא ומקרה אחד הוא בחמלת ה' להדומה להמן או למרדכי והבן וזה ברור ואמת וממנו נלמוד כמה יש לנו לילך בדרכי ה' ולהדמות להנהגתו עם ברואיו בכל אופן והוא לחמול על אנשים אפילו הרעו לו ועברו רצונו ולא לנקום ולנטור לדורי דורות אפילו על ספק אבל אם יטיב לו אדם מהר ישכחהו ואין זכר לו לא כן מדת ה' מגדיל הטובה ומקטין הרעה:

וחייבים אנו לילך בדרכי ה' ובפרט ימי פורים וכאשר אמרתי מתמול שלשום בדרשה דלכך נקרא יום סליחה ומחילה יום כפורים שהוא יום כמו פורים והוא כפורים כמו בפורים היה אף חובב עמים כן ביום הכפורים הקדוש ברוך הוא מוחל וסולח ומרבה חמלה וחנינה אפילו לעוברי רצונו ולכן ביום הכפורים יש להעביר שנאה ומבלי לנקום לגומלי רעה כי זה מידת פורים וזהו משלוח מנות איש לרעהו להרבות אהבה וחיבה כי זה מידת ה' לאהוב לכל ורחמיו על כל מעשיו וזהו המביא אדם לידי ענוה וחן למעלה ולמטה ואמרו בגמרא (מגילה ז ע"ב) מגילת אסתר ברוח הקדש נאמרה שנאמר ותהי אסתר נושאת חן בעיני כל רואיה מנא ידעי ודחה הגמרא דלמא לכל אחד נדמה לה כאומתו ופירש"י שמעו שבפיהם אמרו כן ויש להקשות בממה נפשך מה זו שאלה מנא ידעי דלמא שמעו שכל הרואים אמרו על אסתר שהיא נעימה ויעלת חן

ועל כרחך צריך לומר דזה אי אפשר להטות אוזן לשמוע כל דברי העם בשושן והנכנסים ויוצאים משאר מדינות הרואים לאסתר ולדעת כי אמרו כן וא"כ עדיין אין מקום לדחות דלכל אחד נדמה כאומתו דמנא ידעיה ואי דאמרו כן בפיהם כפירש"י עדיין קשה מנא שמעו כל דברי הרואים כנ"ל ונראה ליישב דהא דאמרינן לכל אחד נדמה כאומתו הוא דדייק במה שנכתב דמלת רואיה מיותר הוה ליה לומר רק נושאת חן בעיני כל ולזה דריש כי א' וע' מתחלפים והוא רעיה דהיינו דנדמה לכל אחד כאלו היא ממדינתו וריע לו בני ארץ אחת אמנם במדרש מגילה (מד"ר אסתר פ"ו ט) נאמר שנושאת חן אף בעיני מלאכים וצריך לומר גם כן דדריש מיתור מלת רואיה ודריש שהוא רואי י"ה מלה מורכבת וקאי על מלאכים אשו מחזה שדי יחזו וא"ש כי בודאי זו אין קושיא מנא ידעי דיש לומר כנ"ל ששמעו כי כולם אמרו שהיא יעלת חן ואם כי לא היה אפשר לשמוע מכל עין רואה מה בכך הכל נגרר אחר הרוב ודרך המקרא כך לקרוא לרוב כל כנודע ותופס המקרא וזה הוא הסכמה ברוב הרואים רק הגמרא דייקא ממלת רואיה שהוא מיותר כדרש המדרש דנשאה חן בעיני המלאכים וקשה מנא ידעי כי מי עלה למרום לדעת כן ועל כן צריך לומר ברוח הקדש נאמרה וע"ז דחתה הגמרא דלמא באמת לא מצאה חן בעיני מלאכים ומלת רואיה מורה שכל אחד נדמה לו כאומתו וזהו מלת רעיה בחלוף א' וע' כנ"ל ואין כאן ראיה דנאמרה ברוח הקדש וזהו מה שנראה בכונת הגמרא אבל עדיין צ"ל בגוף הדבר וכי בשביל שהיא מבני אומתו נשאת חן הלא בעונותינו הרבים רבים מבני אומתנו ומכל מקום אין להם חן וכן בכל האומות ובשביל שהיא מבני אומתו לא יחויב שיהיה אצל רואיה חן אבל להיפוך החן היה בשביל כך כי היתה מלכה אין כמוה בכל הארץ ומכל מקום כל מי שהיה רואה היתה משתוה לו כאלו היא מבני קומתו ונתגדל עמה בבית כך היתה מקרבת עצמה עמו וזהו גרם חן בעיני כל כאשר הרגישו טיב מדתה וענותנותה ושהיא שוה לכל נפש ובזו ידעו כי אסתר נושאת חן בעיני כל הואיל וידעו מדת אסתר הצדקת שהיא טובה לכל ומשתוה לכל בשר ידעו כי מצאה חן בעיני הרואים כי ברור מי שהוא עניו ושפל ברך שמוצא חן בעיני כל וא"ש דברי הגמרא דבזו ידעו כי נשאה חן בעיני כל והבן ולכך זימנה להמן להורות דאפילו לרשע וגבה רוח יש להשתוות ולכך יש בפורים לשלוח מנות איש לרעהו להורות על מעלת אסתר המלכה כי היו לה הכל לרעים אוהבים והכל לרב ענותנותה:

וכן יש לכל אדם להיות מבלי להיות מתנשא במעלתו רק להיות אהוב לכל ויותר שיהיה מעלה לאיש יותר יש לו להיות שפל ברך ונרצה לכל ובפרטות עם אנשים נאנחים כושלי כח להשתתף עמם בצערם ולחמול עמם זהו תכלית הנרצה מאדם ובזו ימצא חן למטה ולמעלה בעיני מלאכי השרת כמ"ש על אסתר שנשאה חן בעיני מלאכים והכל בשביל שהיתה לכל אחד ריע ואח זהו הגורם חן וחסד ויפיק רצון מן ה' ולכך בפורים כל

אפין שוין וזהו הכל מטוב אסתר וממנה יש ללמוד מידת הטובה והמועלת לאדם ובאמת יש להבין למה אין אסתר מגדת עמה ומולדתה ומהו הטעם שמרדכי צוה כן אבל יובן כי יש קושיה גדולה במה שאמרו במדרש (אס"ר פ"א י) כטוב לב המלך ביין אמרו מלאכי השרת לפני הקדוש ברוך הוא בית המקדש חרב והם עושים שמחה ומשתה ע"ש והקושיה גם כן על כל ישראל שעשו כאשר הרגו להצרים ימי ששון ושמחה ומשתה ויום טוב הא עדיין היה בית המקדש חרב ולשמחה מה זו עושה ואם כי נמלטו ממות היה להם לקבוע יום הודיה ושבח לה' בקריאת המגילה אבל ששון ושמחה מה עבידתא איך נשמח ופארנו חבוש מעלינו וניטל כבוד מבית חיינו וטוב מות מחיים בזכרנו בי באו גוים מקדש ה' ונתנוהו כמדבר ואלפים רבבות כהנים שנפלו לתוך אש בשריפות בית אלהינו באמרם אם אין מקדש לה' למה לנו חיים וא"כ לשמחה מה זו עושה בזמן ההוא ומכל שכן בזמן הזה בעונותינו הרבים אשר הגענו ממש לדיוטה תחתונה שבתחתונים והרי אנו כעצמות יבשים ואין בם רוח ואיך נשמח ונשיר שיר ה' על אדמת נכר אויבינו שלו עתקו וגם גברו חיל אבל דע כי אמרו (פסחים פז ע"ב) לא גלו ישראל לבין האומות אלא כדי שיתוספו עליהם גרים כי בכל מקום שהם מתלקטים להם גרים וכאשר יהיו נלקטים הגרים הראוים לבית יעקב והנלוים עמם אז תהיה הגאולה כי זוהי תכלית הגלות ללקט הנפזרים והנדחים בארבע כנפות ארץ הם נשמות גרים שהם בין האומות ועל ידי גלות ישראל מתדבקים עמם ונלוים להם אמנם מאמר אחר סותר לזה המאמר הסובר (יבמות מז ע"ב) קשים גרים לישראל כספחת אך המפורשים עמדו בזה דא"כ נשמות כשרים שיש בגרים כאשר אנו רואים שהם נשמות קדושות מניחים כל שלות עולם הזה ומתדבקים בישראל עם בזוי ושסוי בעונותינו הרבים והכל לחיי עולם הבא מה תהא עליהם ומתרצים דהיה הקדוש ברוך הוא מלקט הנשמות ומזמנם להיות נולדים ע"י ישראל ולא היה צריך להיות נולדים על ידי עכו"ם שהם קשים כספחת כי עדיין זוהמת נחש כרוך בם מחדר הורתם ושורש לידתם ובזה נראה היה טעות שאול כי אמרו בגמרא (סוטה מ"ו ע"ב) למה עגלה ערופה בנחל יבוא דבר שלא עשה פירות ויכפר על זה שנהרג שהיה עושה פירות ופריך הגמרא מאי פירות אילימא בנים זקן סריס מאי איכא למימר ומשני מצות והנה שאול חשב כסלקא דעתך דגמרא דלכך בנחל כי נהרג אדם שהיה עלול להעמיד תולדות וזרע קדושים וכן אמרו (בראשית רבה כב כא) בהבל קול דמי אחיך צועקים דמיו ודם זרעיותיו ולא חש לקושית הגמרא זקן וחולה מאי איכא למימר כי דברה התורה במצות על הרוב כמ"ש הרמב"ם בטעמי מצות ע"ש ולכך שפט כי ידוע (גיטין נז ע"ב) כי מבני בניו של המן למדו תורה בבני ברק והכל מאגג ולכך ראה שאול מבלי להמית לאגג כי אמר הביאו עגלה ערופה בשביל שמת אחד שהיה מוליד תולדות ואיך אהרוג לנפשות רבות כי גדולים וחכמים יצאו מאגג

ואיך אמית אותו טרם שיוליד כדי ליתן מקום לצדיקים לצאת וזהו היה טעות לשם שמים אמנם באמת אילו היה נמחה זכר אגג היו חכמי בני ברק נולדים על ידי ישראל ולא היה בשביל כך מיעוט צדיקים בעולם ח"ו כנ"ל:

והנה נודע (יבמות עח ע"ב) על שאול שהמית את הגבעונים דלא הרג גבעונים רק את הכהנים אשר בנוב והואיל והם היו מספיקים מזון לגבעונים וה' תובע אונאת גרים כי חביבים גרים לישראל וזהו למאן דאמר דגרים טובים לישראל אבל למאן דאמר קשים גרים לישראל אין זה בכלל טענה מחמת גבעונים וזהו מאמר חז"ל (יומא כב ע"ב) דעת חיות אגג סבירא ליה לשאול דיש לחוש על נשמת גרים והם מזכים לישראל ולכך החיה לאגג ולעומת זה בשעת הריגת עיר נוב לא חמל על מחית גרים כי חשב שהם קשים לישראל והרכיב הדבר אתרי רכשי ולכך נאמר לו בממה נפשך או אל תצדק הרבה או לא תרשע הרבה ובזה יובן מה שכתוב במדרש אחר הדברים האלה גדל המלך את המן כל זמן שלא נשלם ע' שנים היו אומות העולם מגביהים לישראל נבוכדנצר לדניאל וחנניה מישאל ועזריה כורש לדניאל והתך אחשורוש למרדכי דכתיב ומרדכי יושב בשער משחשבו שנשלמו ע' שנים הגביהו לשונאי ישראל שנאמר אחר הדברים גדל המלך את המן ויש להבין למה מקדם הגביהו לישראל ולא אחר כך אבל הטעם כך כי ידעו כי לכך גלו ישראל שיתאספו אליהם גרים וכל זמן שאין הגרים מתלקטים אין להם להיות נגאל ואמרינן (עיין יבמות כ"ד ע"ב) אין מקבלין גרים בימי מרדכי ואסתר שכל זמן שישראל במעלה זמנית יש לחוש שהגרים מתגיירים לשם מעלה זמנית ולא לשם שמים וזה היה מתחבולות המלכים שהגביהו לישראל כדי שלא יוכלו לקבל גרים ולא יהיו נגאלים אבל לאחר שחשבו בחשבונם כי כבר עבר זמן וקץ ולא נושעו ישראל לא השגיחו עוד בקבלת גרים והשפילו לישראל והגביהו צוררי ישראל אמנם מרדכי ידע שעדיין לא הגיע קץ וראוי לקבל גרים לכך צוה לאסתר אשר לא תגיד עמה ומולדתה דאם תגיד יגיעו ישראל לגדולה ע"י אסתר המלכה כראוי לעם המלכה אשר נפש המלך קשורה בנפשה וא"כ לא היה אפשר לגייר גרים כי לשם קורבה לאסתר נתכוונו לכך צוה לאסתר אשר לא תגיד כדי שיתגיירו גרים ואחר כך כאשר נתגדל מרדכי ואסתר היה לכאורה רעה לישראל כי אם כך לא יהיה סיפוק לקבל גרים אבל מחסד ה' שרבים מתייהדים מעצמם וקיבלו גירות וא"כ היתה זו סיבה לקירוב הגאולה כי על ידי כך היו רבים מתייהדים וא"כ נתוספו גרים רבים ובא זמן גאולה וזהו עיקר שמחה של פורים כי התאספו גוים רבים והיתה זו סיבה לקירוב הגאולה ולבנין בית המקדש כי לקטו גרים כראוי ולכך השמחה בפורים כי על ידם נגאלו ישראל ונבנה הבית וכל שמחה שאין בה מענין הבית אינה שמחה כי היא תכלית שמחה שלנו כדכתיב (תהילים קלז ז) אם לא אעלה את ירושלים על ראש שמחתי וזה אם גרים טובים לישראל אבל אם קשים לישראל לא שייך כן

והנה כבר נודע הקושיא איך נאמר ארור המן כי מלת ארור נופל גם כן על זרעו כמו שנאמר ארור כנען וכל זרעו בכלל ארור והא מהמן יצאו גרים גמורים (גיטין נז ע"ב) ולכך אפשר לא אמרינן ארורים בניו כמו שכתב התוספות הנוסחא (מגילה ז ע"ב, ראש השנה דל"א) דהא בניו היו גרים אבל עדיין על המן קשה אבל כבר הדבר מבואר דאנו מארים להמן דטוב היה שלא בא לעולם והגרים היו באים על ידי תולדות ישראל כנ"ל וזהו מה שאמרו (מגילה ז ע"ב) חייב אינש לבסומי בפוריא היינו משום תוספת גרים דבאים בפורים והם היו סבה לבנין בית המקדש וזהו עד שלא ידע בין ארור המן לברוך מרדכי כי עיקר השמחה הוא כעת בפורים על קבלת גרים ומהמן יצאו גרים ואיך שייך לומר ארור המן כי זהו שמחה שלנו בפורים וצריך לומר עד דלא ידע וכו' וא"ש:

ראו כמה חששו להמן דיצאו ממנו גרים איך לא נספיד על איש תלמיד חכם שהלך בלא בנים זסש"ה צדיקים היו ראוים לצאת ממנו ועיקר הדבר בעונותינו הרבים הכל מחמת ביטול תורה והוא מסתעף ממה שאינם מחזיקים לתורה ובשביל זה גם בחור גם שב וישיש לא ילמדו כי בחור למה ילמד ממה ישא אשה ומי יקח אותו הלא הוא לארץ הנגב והם פונים להשמאל ומצפון תפתח הרעה כי מצפון זהב יאתה ואם נשא אשה והוליד בנים ובנות הלא חייו תלוים מנגד כי מי יפרנסו וטפלא דתלו ביה ומי יכלכל יום בואו לשדך זרעו כי כולם יפנו לו עורף באמרם אם אין קמח אין תורה כללו של דבר בעונותינו הרבים נפלה קרנה של תורה מי יקים לו לולי ה' סומך נופלים ובאמת כל מעמדנו הוא בתורה כמו שאמרו (מגילה טו ע"ב) באסתר כשנכנסה לבית צלמים ונסתלקה ממנה שכינה אמרה שמא אתה דן על שוגג כמזיד ועל אונס ברצון או שמא על שקראתיו כלב חזרה קראתו אריה עכ"ל ויש להבין בשלמא מתחלה שפיר קטענה דאם בשביל שנהנו מסעודתו של אחשורוש היה בשוגג כי מתחלה הלכו אל המשתה לאכול בכשרות כדכתיב לעשות כרצון איש זה מרדכי והלכו לקיים רצון המלך אחר כך כאשר הרבו לשתות כמו שנאמר והשתיה כדת אין אונס באו לכלל חטא כי יין הרבה עושה כנודע וזהו שוגג גדול כי יש להם טענה שכורים היו כנודע כי שיכור יחשב לשוגג כאמרם (עירובין סה) יכול אני לפטור את העולם וכו' וזהו מאמרם שמא אתה דן שוגג כמזיד ועל חטא השתחויה לצלם אחשורוש היו אנוסים שהיו מאיימים עליהם להשליכן לכבשן אש כמו שעשו לחנניה מישאל ועזריה על זה אמרה שמא אתה דן אונס כרצון וזה ניחא אבל מה שאמרה שמא בשביל שקראתיו כלב תמוה דכי בשביל שקראה רשע כזה אשר שלח יד בעם ה' לאבדם כלב יהיה חטא גדול בזה לסילוק שכינה אבל הענין כך במה שנאמר במדרש (פסיקתא רבתי יב) ויבא עמלק ככלב נדמה להם והוא כי אמרו (ילק"ש ח"ב רמז תת"ל) במדרש יכרסמנה חזיר מיער עי"ן שביער תלוי אם ישראל זכאים נעשה אלף וא"כ הוא חזיר מיאור וכל

העולים מים ליבשה מתים אבל אם אינם זכאים אזי הוא חזיר מיער מזיק ואמרינן במשנה בכלים (פי"ז מי"ג עיי"ש בפירוש הר"ש והר"ב) כל העולים מים ליבשה מתים חוץ מן הכלב ובזה יובן דישראל היו באותו זמן זכאים כדכתיב (ירמיה א כא) זכרתי לך חסד נעוריך וכו' וא"כ איך בא עמלק הא הוי יאור ולכך כשבא עמלק נדמה ככלבאם כן אף דעולה מן היאור מכל מקום חי ולכך בא להלחם בישראל וזהו הענין באסתר כי אסתר חשבה כי ישראל זכאים באותו זמן ולכך שלחה אל מרדכי לדעת מה זה ועל מה זה נחתם גזר דינם כי חשבה ישראל הם צדיקים אבל מרדכי צוה לה את אשר קרהו בסעודה כי נכשלו ישראל בעבירה ובטלו מהתורה וכדומה ולכך קראתו כלב כי היו ישראל זכאים לדעתה אם כן הרי כאן יאור וא"כ איך יעלה וילחם ויציר לישראל אין זה אלא כלב דעולה מים ליבשה וחי לכך קראתו כלב וחשבה אסתר אולי זה החטא דחשבה לישראל שהם זכאים ולכך קראתו כלב וזה שקר כי אין ישראל זכאים ולכך החרי אף למעלה לומר כי ישראל חף מפשע ושקר הוא וכמאמר הקרא (ירמיה ב לה) יען אמרך לא חטאתי וכו' ולכך חזרה קראתו אריה העולה מים ליבשה מת רק כי ישראל לא היו זכאים והיה ארי מיער דמזיק לטרוף טרף ולכך כשעשו ישראל תשובה כתיב ליהודים היתה אורה זו תורהאם כן לא היה כח ביד אחשורוש והמן להרע לישראל כי הוי יאור וארי העולה משם מיד מת חזו וראו כמה כחה של תורה ואם אנו שוקדים על התורה אין אומה ולשון שולטים בנו כי הם חיות יאור ועולים ומתים וגם זה עיקר אשר כל אחד מחזיק לעצמו לצדיק וישר ובידו אין עון ופשע כלל וניקה מכל התועבות וזהו אצל ה' עון גדול כנ"ל יען אמרך לא חטאתי רק אדרבא יש לאדם תמיד לפשפש במעשיו ויראה אשר בעונותינו הרבים מכף רגל עד ראש אין בו מתום ובזה יתן אל לבו להמציא מזור כאשר יבקש איש צרי כאשר יאמרו לו הרופאים היותו צריך רפואה כי אינו בשיוי המזג ואם לא יקדים לעשות מזור למזג נגעו יבא לידי חולי וכדומה אזי לא ינוח האיש ההוא לעשות כמאמר הרופאים אף כי חובה עליו כאשר יראה וימצא בידו גלולים רבים אשר ודאי יכנע לבבו לשוב אל ה' ועיקר רפואה תורה ומחזיקים בה אשר היא חיים וסמא דכולא ביה לכל חולי הנפש וגם הרחקת גאוה וביטול רצונו מפני רצון אחרים שהיא מידה המביא לאדם לידי העולם הבא כי כבר אמרנו כי כל תאות אדם להתגאה במלבושים ודירה וכדומה בכל ענייני העולם הזה הכל בשביל גאוה וכבוד מדומה צא ולמד מאחשורוש שאמר (אסתר ח ח) כתבו על היהודים כטוב בעיניכם כי כתב אשר נכתב בשם המלך אין להשיב וכבר דרשנו זה בדרשות רבות אבל מה שנראה לומר הוא דכתיב (שם ג טו) והדת נתנה בשושן הבירה והמלך והמן ישבו לשתות והעיר שושן נבוכה ויש להבין נבוך זה מה טיבו הוה ליה לומר והעיר שושן צר ליהודים ויום טוב לנכרים אבל כבר נודע מה שכתב היוסיפון לרומיים כי בדתי הקדמונים דתי יון הרומיים וכהנה העמים היה חוק כל

דת וגזירת המלך שעושה ונותן קודם אכילה ושתיה יש לו תוקף וקיום וכמעט אי אפשר להפר אבל לאחר שתיה אין בו ממש ותוקף כלל כי יין אנסו וכן נימוסם בכל מקום והנה כאן תיכף שהסיר המלך טבעתו ונתנה להמן ישבו המלך והמן לשתות והמן ציוה ליתן דת בכל המקומות ובשושן ידעו זה ונסתפקו היותו סמוך למשתה היין אם נעשה זה קודם שתיית היין או אחר כך דאם נעשה קודם שתיית היין הרי יש לדת קיום אבל אם נעשה אחר כך אין לדת קיום ולכך העיר שושן נבוכה בזה ולכך המלך שהיה חפץ אחר כך בטובת ישראל צוה למרדכי ואסתר שיכתבו כטוב בעיניהם דהיינו דנעשתה הדת לאחר שתיה וא"כ הדת בטלה כי זולת זה אי אפשר בביטול הדת כי כתב אשר נכתב בשם המלך וכו' ולכך כתבו כי נעשה אחר כך והדת בטל אמנם כבר דרשנו כמה פעמים פירוש אחר בזה כי אחשורוש לא נתכוין על איבוד העם כי אם על איבוד הדת ולאבדם פירוש הדת שלהם אבל המן הסיב מלת לאבדם דהוא הכוונה על איבוד האומה ח"ו ולכך אמר כתבו וכו' והנפקא מינה אם לב אחשורוש היה ברע עם ישראל או לא דאם נאמר כפירוש הראשון הנ"ל דעיקר נס היה שהיה אחר שתיית יין יש לומר דאחשורוש היה לכתחלה רע לישראל אבל לפי פירוש השני דכתב לאבדם וכו' נוכל לומר שאחשורוש לא היה לרוע רק המן כנ"ל ואם אחשורוש היה לרע אין כ"כ אשמה על המן חדא דברי הרב ודברי התלמיד דברי מי שומעים מי הכריח לאחשורוש לשמוע בקול הסתת המן וזהו טענה כללית לכל מסיתים וגם אם לב המלך היה לרוע הרבה משמשים לפניו עושי רצונו ואילו לא היה המן היה נעשה על ידי אחר אבל אם לב המלך לא היה לרוע רק המן דעוות וקלקל דבריו כל האשמה תלוי בראשו:

והטעם דמצות פורים לשמוח הרבה ביין ולא כן בשאר ימי הודיה על הנסים שנעשו לאבותינו הוא הדבר אשר דברנו כי עיקר הצלת המן היה בשביל שתיית יין דעל ידי כן בטלו הדת באמרם כי ניתן הדת אחרי משתה היין כנ"ל ואם כן מזה מורה כי לא קלקל המן מחשבת המלך והסיב אותו לפנה אחרת רק כל טעם בטול הדת היה מחמת טענה דהיה לאחר שתיה וא"כ דלב המלך היה לרועאם כן אין כל כך אשמה על המן והעיקר האשמה תלוי במלך ולכך לא ידע בין ארור המן כנ"ל כי אין על המן עיקר החטא והמרי כי הוא עשה רצון המלך ואלו לא היה המן היו אחרים וממנו נלמד אחשורוש שרצה להטיב לישראל לא חס על כבודו וצוה לכתוב שנעשה הדת בשתיית יין ואיך לא נלמד ממנו שלא נעמוד על דעתנו ולא נחוש לבזיון והעדר כבוד להטיב לעצמנו ולנפשנו והלא אדם קרוב לעצמו ולא מצאתי ריע טוב כי אם גויתי אמר החכם והנה כבר אמרתי כמה פעמים כי רעה חולה היא שכל אחד אינו משתתף בצרת חביריו ואומר אך שלום יהיה לי כי בשרירות לבי אלך ומה איכפת לו אם אבדו צדיקים ואם גלו נאות ישראל ועם ה' לבוז ולמשיסה והכתוב צווח (עמוס ו ז) ולא נחלו על שבר יוסף והנה לא כן

במגילה כי צריך להבין מה שכתוב במגילה (דף ב ע"ב) מדפרזים בי"ד שמע מינה מוקפים בט"ו ופריך הגמרא ואימא מוקפים כלל וכלל לא ומשני ולאו ישראל נינהו ועוד מהודו ועד כוש כתיב ופירש"י דכתיב ונכתב בכל מדינות המלך עכ"ל והדבר צריך ביאור חדא איך סלקא דעתך העם הדרים במוקפים חומה לא ישמחו בנס שעשה להם ה' והציל נפשם ממות ומפח אשר טמן להם המן ימ"ש ומה יהיה המקום גורם להם בזה ועוד למה תירץ לאו מבני ישראל המה הוה ליה לשנויי וכי לא היו באותו נס והתירוץ השני דכתיב ונכתב בכל מדינות המלך קשה להבין דכפי הסלקא דעתיה דאין חייבים בפורים רק הפרזים אם כן עדיין היה צריך לכל המדינות לכתוב בשביל הפרזים כי רבים המה בכל המדינות ערי הפרזות כנודע כי מעט המה המוקפים חומה מימות יהושע בן נון ובשביל כך כתבו אבל לא יחויב מזה שתהיה הכתיבה בשביל מוקפים אבל יובן דפריך בגמרא (מגילה יב ע"ב) קרי ליה יהודי וקרי ליה ימיני ומשני אביו מבנימין ואמו מיהודה ואיבעית אימא כל הכופר בעבודה זרה נקרא יהודי דכתיב איתו גוברין יהודאין וכו' ועיין בתוספות למאן דאמר חנניה מישאל ועזריה היו מבני יהודה ויש להבין במה שאמר אביו מבנימין ואמו מיהודה דמה ביקש הכתוב בזה לייחס מרדכי גם כן על משפחת אמו הלא בכל הצדיקים שנתייחסו בתורה מעולם לא נזכרו ונתייחסו אחר משפחת אמם כלל והעיקר דהזכיר הטפל תחלה שהוא משפחת אם כדכתיב איש יהודי והעיקר דהיא משפחת אב הזכיר לבסוף אבל נראה דידוע (ב"ב קכג ע"ב) דאין בני עשו ועמלק נופלים אלא ביד זרעה של רחל אבל הנצחון במלחמה הוא ליהודה כדכתיב (בראשית מט ח) ידך בעורף אויביך וכדכתיב בראש ספר שופטים (א כ) מי יעלה יהודה ודרשינן כי אין נצחון במלחמה רק זרעו של יהודה שברכו יעקב ידך בעורף אויביך ולהבין הענין הוא כך כי זרעו של עשו אינם נופלים אלא ביד בניה של רחל (בראשית רבה צט ב) ולכך כשהיתה המלחמה עם בני עשו היתה תמיד המלחמה ע"י זרעה של רחל ומלחמה עם שאר אומות היא תמיד ע"י יהודה כי הוא הלוחם ולו ניתן העוז להיות ידו בעורף אויביו ולכך בא שאול תחלה ואחר כך דוד כי שאול נלחם בעמלק ואחר כך בא דוד להלחם בכל האומות וכן יהיה לעתיד לבא יבוא משיח בן יוסף תחלה להכרית זרעו של עמלק וצריך בני רחל ואז יהיה כסא השם שלם ויבוא משיח בן דוד להכרית שאר אומות היותו מבני יהודה ולכך יהיו תרין משיחין והנה שאול הכרית כל זרע עמלק מאיש ועד אשה ולא נשאר רק אגג והוא בלילה בא על אשה והקים זרע אשר משורש נחש יצא צפע המן האגגי וא"כ המן מצד אביו היה מזרע עמלק ועשו ומצד אמו היה משארי עמים ובן נח יש לו שאר אם גם כן דעל כרחך אשה זאת היתה משארי עמים דלא היה שריד לבית עמלק רק אגג ובן בנו של אגג על כרחך לקח אשה משארי אומות וא"כ להמן היו שתי הבטחות מצד אב לא יכול להכניע כי אם זרע יוסף ובנימין ומצד אם צריך

להיות דוקא יהודה כי הוא המנצח וא"כ מי הוא שיבא עליו מב' צדדים ולכך זימן הקדוש ברוך הוא מרדכי הצדיק שהיה בקדושה וזרע טהור כמו המן מזרע טומאה כי מצד אביו היה מבנימין כמו המן מזרע עמלק ומצד אם היה מיהודה כמו המן משאר עמים ואם כן הוא אשר גבר עליו והפיל אותו כי היה מכוון זה לעומת זה בכל אופנים ולכך נאמר במגילה איש יהודי וכו' איש ימיני להורות כי לכך היה גובר על המן הואיל והיה משתי משפחות הללו כנ"ל והבן והנה אילו היה המן יודע כי מרדכי ממשפחת בנימין לא היה מכניס עצמו לתגר הלזה כי היו לו חכמים יודעים כי לא יקום להלחם עם זרע רחל רק להיותו חושב כי הוא ממשפחת יהודה ובטוח היה לו כי עשו אינו נופל אלא ביד זרע רחל לא ירא לנפשו עבורו כלל וזהו איש יהודי היה בשושן הבירה הרצון כי בשושן לא נתפרסמה משפחתו של מרדכי רק למשפחת יהודה ולא למשפחת בנימין ולכך בשושן היה מרדכי מתואר לאיש יהודי וקאמר הטעם דהוא סגלה עם הגולה אשר הגלתה עם יכניה מלך יהודה שהיו גולים עמו כל שועי יהודים והיה מוחזק בעיר שושן לאיש יהודי ונתחזק המן במחשבתו כי לא ינצחהו מרדכי וזה אומרם (אסתר ג ה) לראות היעמדו דברי מרדכי כי הגיד להם אשר הוא יהודי דייקא כי אילו היה מוחזק מבנימין לא היו מסופקים שינצחו להמן כי כבר ידעו שמלומדים ישראל בנסים כאשר נעשה עם חנניה מישאל ועזריה ודניאל וכדומה אבל כאשר חשבוהו שהוא מזרע יהודה ואין זרע עמלק נופל בידו לכך נסתפקו היעמדו דברי מרדכי והנה כבר אמרו כי מרדכי הכניס עצמו בתגר הזה להתגרות בהמן ולא הלך לו לעיר אחרת חוץ לשושן כדי שיהיה נמלט מעבירה להשתחות להמן אמנם מרדכי ידע כי הוא יבער עמלקים ועל ידו תהיה תשועה לישראל להפיל ולהכניע זרע זדים ולכך המציא עצמו לכך כדי שיקרה נס על ידו והנה אילו ידע המן שהוא מזרע בנימין היה חושש לנפשו ולא היה מתגרה במרדכי כנ"ל אמנם חשב כי הוא מזרע יהודה ולכך גירה בו וזהו הטעם אשר מרדכי צוה אל אסתר שלא תגיד עמה ומולדתה היינו היותה ממשפחת שאול שהוא ימיני ובזה יהיה המן חושב מחשבות ויפול במחשבתו אשר זמם והנה הטעם דאין זרע עשו נופלים אלא ביד בני דחל משום דעיקר חטא עשו מחמס אחיך יעקב תכסך בושה וכמאמר הנביא (עובדיה א י) ולא זכר ברית אחים אבל דבר זה אף בבני יעקב נמצא שלא חמלו על אחיהם יוסף ולכך זרעו של רחל שידיהם לא היו במעל הזה הם יכולים לנצח לזרעו של עשו אבל באמת גם יהודה לא זמם להרגו כאומרו (בראשית לז כו) מה בצע כי נהרוג אחינו וכו' רק למכרו ביקש וזוהיא טענת אסתר ואילו לעבדים ולשפחות נמכרנו כו' אבל להרוג ולאבד ביד עמלקים זה אינו על יהודים כי הלא גם יהודה לא הסכים על יוסף להרגו וא"ש כללו של דבר לתירוץ קמא בגמרא אין פירוש יהודי כופר בעבודה זרה רק משבט יהודה וא"כ צריך לומר הא דבכל המגילה נזכר לאבד יהודים היינו משבט יהודה דהא

להך תירוץ אין הפירוש כל הכופר בעבודה זרה נקרא יהודי ואילו היה הפירוש במגילה כל ישראל לא היה צריך להביא ראיה מדניאל אתו גוברין יהודאין רק הוה ליה להביא ראיה ממקומו דכתיב יהודים ופירוש כל ישראל ומאי שנא יהודאין או יהודים אלא ודאי דלהך תירוץ לא היתה הגזירה רק על שבט יהודה לבד ולכך כתיב לשלוח יד בעם מרדכי והיינו שבט יהודה וכן כל המגילה היתה רק הגזירה על שבט יהודה לבד כי באמת כל שנאת המלכים היה עיקרה לעקור שבט יהודה כי הוא שרש חטר מלוכה והוא אשר יכניע עמים וירים קרן ישראל וכבר נאמר בעזרא כי בימי כורש עלו כל ראשי אבות ליהודה ובנימין לארץ ישראל וישבו שם בעריהם זולת מרדכי נשאר ולכך נאמר איש יהודי היה בשושן כי הוא לבדו אשר נשאר מגולי יהודה כי כולם עלו בימי כורש וא"כ בזמן גזרת המן אם היתה על שבט יהודה לבד לא היתה הגזירה רק על יושבי ארץ יהודה כי אז היו כולם שם ולא זולתו וכבר ידוע מה שכתוב הפוסקים ובית יוסף באו"ח הלכות מגילה (תרפ"ה סעיף א') דלכך קבעו מוקפין חומה מימות יהושע בן נון דאז היתה ארץ ישראל בכלל פרוץ מחומה ובכלל בלתי מוקף דאפילו ירושלים ראש לארץ ישראל היו החומות פרוצות ויאבל חיל וחומה מכל שכן שאר ערים מן ארץ ישראל ובזה אתי שפיר דקושית המקשן דכיון דהגזירה היתה רק על שבט יהודה והם היו בארץ ישראל ולהם לבדם היה החיוב לשמוח בפורים והם היו יושבים בערי הפרזות כי בארץ ישראל לא היה מוקף כלל לכך אמר הכתוב היהודים היושבים בערי הפרזות כי הם היו יושבים כך אבל מוקפים שהם משארי שבטים כי מבני יהודה לא היו יושבים בערי מוקף כלל וכלל לא כי לא עליהם נגזרה גזירה כי לא היה רק שבט יהודה וע"ז משני הגמרא וכי לא מבני ישראל המה אף שהאמת אתך כי לא היה הגזירה רק על שבט יהודה מכל מקום חייבים כל ישראל לשמוח ולעשות ימי פורים ויום טוב כי היותם מבני ישראלאם כן כולנו כנפש אחת וחייבים אנו לשמוח בשמחתם ולהצטער בצערם מבלי הבדל אלו תגיע לנו השמחה או הצער או לאחינו בני יהודה כי אנחנו נחשבים כאיש אחד כגוף אחד וכל הגוף מחויב בשמחה אם תגיע סכנה לאבר אחד מאיברי הגוף מראש ועד רגל וינצל ממנה וא"כ מכל מקום כל היהודים אף משארי שבטים היושבים בערי מוקפים חייבים ועוד דאי לא תימא הכי דאינם חייבים רק בני יהודה היושבים בארץ ישראל אשר עליהם היתה גזירת המן ולא שאר ישראלים משאר ארצותאם כן למה לי ונשלוח ספרים בכל מדינות המלך דהיינו מהודו ועד כוש הלא אין צריך לשום מדינה רק ארץ ישראל אלא דכל ישראל בכל מקומות מושבותיהם חייבים לשמוח אף דשם לא היה רק ליהודה מכל מקום בני איש אחד אנחנו ומזה נלמד כמה יש לנו לשתף בצער ושמחה של חברנו ולא לומר מה לי בצער של חברנו ואיש לדרכו פונה ועולם הפוך אני רואה לשתף בצער ושמחה של חברו כל אחד מופרד מחברו ובענין תערובות אנשים ונשים

כולם כאיש אחד יחשבו איש ואשה כאילו הם אחים ואין הבדל ופירוד ביניהם כלל בבקשה מכם בימי שמחה הן פורים הן בימי פסח שמרו נא עצמיכם מבלי תערובות אנשים ונשים כי אז שטן בעונותינו הרבים מרקד בקרבכם ואין זה שמחה ונחת לה' תועבת ה' כל עושה אלה אמרו בגמרא (סוכה נ"א ע"ב) דהיו מתקנים בשמחת בית השואבה בעזרת נשים לעשות הבדל ומחיצה בין אנשים ונשים ודרשו קל וחומר מן לעתיד לבא דכתיב (זכריה יב יב) וספדה הארץ משפחות משפחות ומה לעתיד לבא בשעת הספד ואין יצר הרע מגרה בם כך עכשיו שיצר הרע מגרה בנו ושעת שמחה על אחת כמה וכמה ועיין בתוספות ובמהרש"א דהך קל וחומר קאי למאן דאמר דהספד על יצר הרע אבל למאן דאמר על משיח בן יוסף אם כן אף אז יצר הרע מתגרה ויש לדקדק באמת למה ליה להגמרא הך קל וחומר וקאי רק לחד מאן דאמר ולא למד בפשוט מחד גוונא מה התם בשעת הספד בשעת שמחה לא כל שכן וא"כ יהיה קאי לכל הדיעות גם יש לדקדק בלשון יצר הרע מתגרה ולא קאמר שולט כאשר בקצת ספרים יש גירסא שולט אבל הענין כך כי יש להבין מתחלה מאי קסברי שלא עשו הבדל בין נשים לאנשים והיכי סלקא דעתיה לעשות תערובות אבל דע כי במקום קדוש כמו מקדש קודם שבאו פריצים וחללוהו לא היה יצר הרע שולט כלל כי לא שלט שם סטרא מסאבא וזהו בכלל לא הזיק נחש ועקרב וזה יצר הרע המתעה נחש הקדמוני ולכך הניחו התערובות כי אין כאן יצר הרע כלל אבל אחר כך למדו קל וחומר דגם לעתיד לבא יהיה היצר הרע נעקר ומכל מקום יהיו מובדלין מכל שכן עכשיו לכך הוצרך ללמוד קל וחומר למאן דאמר דיהיה ההספד על יצר הרע שנהרג דלמאן דאמר על משיח בן יוסף ולא יהיה יצר הרע נהרג אין כאן קל וחומר דבמקדש לא שלט יצר הרע ולכך דייק בלשניה יצר הרע מתגרה דשולט אי אפשר לומר דאף כאן במקדש לא היה שולט יצר הרע לכך קאמר דעל כל פנים מתגרה ונבואו לביתו מראה לו כדמות בהקיץ ובחלום דמות אשה שראה במקדש כי בצאתו מקודש יש לו ליצר הרע רשות ומתגרה בו מה שהיה בעירוב עם נשים בעת ובמקום בית שואבה וזהו יצר הרע מתגרה ולא שולט רק אחר כך מתגרה בו מה שאין כן לעתיד לבא יהיה נכרת לגמרי וליכא חשש גירוי כלל והבן דבר זה כמה מתקו דברי חז"ל וכמה יש לאדם להזהר מתערובות אנשים ונשים כי אף דיאמר זך אני מפשע ובטוח אני שלא יקרני עון יש בו גרוי יצר הרע כמו במקדש ה' ולכן מנעו עצמיכם מהרע ותערובות ובשעת חדוה זכרו יום המיתה ואין הפירוש מה שכתוב (קידושין ל' ע"ב) אם פגע בך מנוול וכו' יזכיר לו מיתה מיתת עצמו דכמה רשעים אחריהם בפיהם ירצו סלה וכל הולכי למלחמה מזכירים תמיד מיתתם ואין דבר תועבה מה שלא יעשו אבל הפירוש דיזכור למנוול הוא יצר הרע המתעה יום מיתתו דיהרג ויבוער טומאה מארץ ואז יוחלש כחו ולא יוסיף להסית לבני אדם ולכך אמר בשופר (תוספות ראש השנה טז ע"ב

ד"ה כדי בשם הירושלמי) דכד שמע שטן שופר חושב שהוא יום דין שיהרג בהיל וחלש כחו וכן הדבר באדם יזכיר לו יום מיתה שיהרג בזה יחליש כחו ולא יסית ומזה ילמד אדם מוסר אם סטרא מסאבא חלש כחו בזכרו כי אחריתו לדראון איך לא ישוב האדם בזכרו כי אחריתו לעפר ותולעה ונפשו לשאול תרד ווי מיום הדין ווי מיום התוכחה ובפרט כי יראו חכמים ימותו הלא יתן כעפר פיהו וילך הלוך ושחוח עד לעפר אולי יש תקוה וישוב ה' לרחם עמו ולהשיב לה' בכל לבבנו אף הוא ישוש עלינו להטיב אתנו נדחיו כי ימינו פשוטה לקבל שבים ולהוציא ולהסיר רוח הטומאה מן הארץ ולבלע המות לנצח מיושבי חשך וצלמות ה' בחושך אור לי אם נשוב ובא לציון גואל אמן:

דרוש ט'

דרוש נחמד מה שכתוב הגאון זצ"ל בק"ק מיץ לכבוד המקום ולכבוד הביהכ"נ אשר חידשו אותה ותמורת שהיה הקירוי מקדם בנסרים ישנים מרוקבים קירוהו מחדש בסיד וגפת וליבנו כל הביהכ"נ עד שפנים חדשות בא לכאן וראה זה חדש שכבר היה לעולמים פ' קרח תקה"ל:

הלוים בני קרח כאשר שררו על משמרתם ענו ואמרו (בתהלים פד א) למנצח על הגתית לבני קרח מזמור ודרשו במדרש (שוח"ט שם) על הגתית זה דוד שדרך לאומות העולם כגת ואמר מה ידידות משכנותיך ה' צבאות וכו' עד יהללוך סלה ולהבין מדרש הנ"ל למה בחרו בני קרח בשיר זה לומר מה ידידות משכן ה' וכי נכספה וכלתה נפשם לחצר ה' ואמרו לבי ובשרי ירננו וכו' מה טיבו של זה ויותר יש להבין מה כוונת הפסוק גם צפור מצאה בית וגו' אשר שתה אפרוחיה את מזבחותיך ה' כו' אשר נבוכו בו כל המפרשים ולא אמרו בו דבר ברור ונאות במכוון אמנם מה שנראה לענין קוטב דרוש זה בכבוד בית הכנסת כי בעונותינו הרבים בגלות המרה לא נשאר לנו כי אם זה אשר שם יזבחו בני ישראל זבחים לה' ברוח נשברה וקול דממה דקה מגישי מנחה והוא לזכר בימי ענינו למקדש ה' והיכל ה' אשר עוד ירחם ה' עלינו לבנותו על תלו ומה רב הוא החסד מה' אשר השאיר לנו זאת והיא כקוץ מכאיב וסילון בעיני שטנא עד שבלעם הרשע בקש לבטלו ברוב כחו בסטרא אחרא כאשר עשה בעונותינו הרבים בשארי דברים אבל ה' הפיר מחשבתו כאומרם (סנהדרין קה ע"ב) כולן חזרו חוץ מבתי כנסיות ובתי מדרשות וטעמו של דבר למה חזרו חוץ מאלו יובן בשנקדים מה דאמרו (ברכות ח) איכא סבי בבבל תמה למען ירבו ימיכם על האדמה כתיב כיון דאמרי ליה דמקדמי ומחשכי לבי כנישתא אמר היינו דאהני להו ויש להבין למה בחר בזה יותר מכל מצות ועבודת השם שעוסקים בני בבל הלא עם ה' כולם צדיקים ומה מדייק מקדמי ומחשכי לבית הכנסת ולא סתם דאזלו לבית הכנסת מה ענין קדימה והחשכה אמנם נראה מה שאמרו בריש ברכות (דף ט ע"ב) כל הסומך גאולה לתפלה אינו נזוק כל היום א"ל וכו' דרב ברונא דאדם גדול הוא ושמח במצות זמנא

חדא סמך גאולה לתפלה ולא פסק חוכא מפומיה כוליה יומא וכתבו תוספות בד"ה כל הסומך וכו' וא"ת הלא כל העולם סומכין גאולה לתפלה ומה רבותא דרב ברונא דלא פסיק חוכא מפומא ותירצו דפירושו כותיקין שקורא קריאת שמע קודם הנץ החמה ותפלה לאחר הנץ עכ"ל והקשו כל המפרשים אם כוונת התוספות להקשות מרב ברונא לא היה להם להעמיד דבריהם על הך דסומך וכו' רק למטה גבי רב ברונא ואם כוונת התוספות להקשות על הך דאמר כל הסומך דאינו נזוק דהא כולם סומכים ואינם נקיים מנזקין לא הוה ליה למנקט בלישנא מה רבותא דרב ברונא רק הוה ליה להקשות כן וגם למה הקשו על רב ברונא מה רבותא וכו' דלא פסיק חוכא ולא הקשו יותר דאמרו זימנא חדא הוה סמיך גאולה לתפלה וקשה כל יומא ודאי סמיך כי הוה ר' ברונא ח"ו מפסיק בין גאולה לתפלה בשיחה בטילה וכדומה מהפסקות אשר בעונותינו הרבים רגילים בו המתפרצים ועיין מה שכתבו בזה מפרשים:

אמנם נראה כוונת התוספות כך דעל זה דאינו ניזוק כל היום אין לפרש כפשוטו היזק הגוף בנזקין דשכיחי אך יש לפרשו על נזקי נפש דאינו חוטא כל היום כנראה מירושלמי (ברכות פ"א ה"א) דמצוה גוררת מצוה ומגנא לבל יבא לידי חטא וזהו הכונה דאינו ניזוק כל היום והדבר הזה מוכרח דהוא שבח לרב ברונא דשמח במצוה דלא פסק חוכא כל היום עבור דסמיך ואילו הוא למגן וצנה לבל יקרהו נזק אין זה מיוחד לרב ברונא לבד זה ענין כל אדם טוב ורע שוגה ופתי כאשר יעשו דבר אשר ימלטו בו כל היום מרעה ירוצו ולא ייגעו לעשותו ואילו היה איזה דבר סגולי להנושא שיהיה בטוח שלא יקרהו ביומו מקרה ופגע ידעתי כי ידלגו עור ופסח יחד לקנותו במחיר אפס יהיו בטוחים מבלי כושל ואדרבה הפחותים יותר מבני עליה אשר כל מבטחם וחפצם בה' ואינם חרדים לשום דבר נזק כי מה' לא תצא הרעה וקידוש לבנה בכל חודש יוכיח שזהירים במצוה זו יותר מכל מצות הואיל ונדפס שיש בטחון שלא ימות באותו חדש אמנם אם הכונה כמו שכתבתי לא על נזקי ומקרי גוף כי אם על ידו ימלט מחטא בזה לא ישמחו המוני עם כי אם איש אשר לבבו שלם עם ה' וזהו תכלית חפצו בזה העולם לעשות נחת רוח ליוצרו לבל ילכד ח"ו בעון ויעול בכסופא קמי מלכא ולכך רב ברונא ששמח הוא לאות שהוא מבני עליה ואדם גדול ביראה והנה כבר נדפס בש"ע המיוחס להאר"י ז"ל בהא דכל הסומך וכו' דאינו ניזוק כל היום היינו באינו עושה עבירה בו ביום ובאמת אילו לא נאמר משמיה דגברא רבא כוותיה ראוי לומר דהא אמרינן על הך (קידושין לט ע"ב) דהרי שאמר לו אביו עלה לבירה וכו' היכן אריכות ימיו של זה ופרכינן ודלמא מהרהר בעבירה היה הרי אפילו על יעוד שכר שנאמר מפי ה' להדיא (שמות כ' יב) כבד וכו' למען יאריכון ימיך עבירה מבטלת שכר ויעוד ההוא אף כי מה שאמרו חכמים ז"ל ביעוד שכר דאינו נזוק עבירה מבטלת אותו אך זה יתכן אם הפירוש אינו ניזוק כפשוטה אבל אם הפירוש אינו ניזוק שמגין למלטו

מעון למה לי דעבירה מבטלת השכר הלא זה מגין דלא יקרהו עון ועל זה אנו דנין דבסמיכת גאולה לתפלה היה ראוי להיותנו כל היום חפים מפשע ומנוקים מעון ובזו יובנו דברי תוספות דקושית התוספות על הגמרא כל הסומך גאולה לתפלה אינו נזוק כל היום דהא אנו סומכין יום ביומו וממש אין יום בלי פגע ומכשול בגוף ונפש ולית ליה דגורם החטא לבטלו כנ"ל דהא שכר סמיכת גאולה לתפלה למלט האיש מחטא כהנ"ל וא"ת דפירוש אינו ניזוק הוא כפשוטו נזקי גוף ולא שמירה מחטא על זה קאמר התוספות ומאי רבותא דרב ברונא דלא פסק חוכא מפומא הלא זה טבע כל בני אדם ואין זה מעלה לרב ברונא ועל כרחך כהנ"ל ופירוש דמשמרו מהחטא וא"כ קושיא ראשונה במקומה עומדת וא"ש ותירצו התוספות היינו כותיקין וכו' ולא קשיא מידי כלל העולה דהסומך גאולה לתפלה כוותיקין שהוא תפלה עם דמדומי חמה ניצול בו ביום מחטא וכן הוא מאמרם (ברכות ט ע"ב) לסמוך גאולה לתפלה בתפלה של ערבית וכבר כתב הרא"ש דאותן המקדימים להתפלל ערבית קודם צאת הכוכבים אי אפשר לסמוך גאולה לתפלה כראוי דזמן קריאת שמע של ערבית מצאת הכוכבים רק ראוי להתפלל עם צאת הכוכבים ואז סומך גאולה לתפלה כבשחרית והנה יש להבין במה דאמרו למען יאריכון ימיך על האדמה כתיב דבאמת למה הלא זה הוא שכר על שמירת המצוה ולמה לא יהיה לשומר מצות בחו"ל שכר גם כן וכי ח"ו אבד סברם ליושבים בגולה והלא תורת ה' בכל העולם ניתנה וצ"ל דגבי האי עובדא דאמר לו אביו עלה לבירה וכו' פרכינן ודלמא מהרהר בעבירה הוה וכו' הרי אף דנאמר אריכות ימים אם מהרהר בעבירה ומכל שכן שעשה עבירה בפועל דלכולי עלמא בטל השכר ההוא בעולם הזה ובטלה אריכות ימים ואמרינן (במדבר רבה כא כא) דבירושלים מעולם לא לן אדם בחטא דתמידין מכפרים יום ולילה ע"ש ופרשו המפרשים דלאו דוקא ירושלים רק הקרא מכנה כל ארץ ישראל בשם ירושלים דקרא כתיב צדק ילין בה וכל דברי ירמיה וישעיה וכי על ירושלים לבד נאמרו הלא על כל ארץ ישראל רק הכל טפל לירושלים וזה פשוט ואם כן אתי שפיר דעל האדמה שהיא ארץ ישראל שפיר חל יעוד השכר למען יאריכון ימיך דלא היה סיפק ביד עבירה לבטלו דלא לן אדם בעבירה כי התמידים היו מכפרים כנ"ל אבל בחוץ לארץ דאין להם כפרה זואם כן מי גבר אשר יעבור יום ולא יחטא וא"כ לא חל יעוד ההוא לכך נאמר שפיר על האדמה וזו היתה שאלתו איכא סבי בבבל תמה דהא על האדמה כתיב דשם היו מנוקים מעון מה שאין כן בחוץ לארץ אבל כד שמע דמקדמי דהיינו דמשכימין להתפלל בדמדומי חמה כוותיקין ומחשכי לבית הכנסת דהיינו בערב להתפלל עם צאת הכוכבים וא"כ סומכים גאולה לתפלה כראוי והוא להגין לבל ינזקו כל היום והיינו דיהיו נצולים מפשע וחטא וא"כ שפיר חל שכר מצוה ויעודה לאריכות ימים ולכך הם זקנים בימים והיינו דאהני להו ואתי שפיר ודו"ק:

הדור אתם ראו כמה חביבה מצוה

בשעתה להקדים ולהתפלל כראוי הן בשחרית והן בערבית ולא כימות הקיץ שאתם מתפללים מנחה וגם מעריב ממש סמוך או אפשר קודם פלג מנחה לא כן הוא ראוי ונכון ואיך יתכן להתפלל השכיבנו וכדומה ואחר כך תלכו ארוכות וקצרות ברחוב ותרבו בדברים בטלים ושיחה של שטות ורבים אשר ישכבו ממש בלי קריאת שמע על בוריה וחדא שנשאר לנו בגולה להגין מחטא ופשע ולהרבות שכר באורך ימינו בזה ובבא תאבדו בנקל ואין צריך לומר שאין לשיח בין גאולה לתפלה או חזנים המנגנים בין גאולה לתפלה בנגונים ומאריכין ביותר מכדי שיגמור כולו בלי ספק כי התפלה אצלם מאוד במרוצה ודלוגם אהבה אז הוי הפסק גמור והמכשלה תחת ידינו בעונותינו הרבים ואמת כאן מחיתי על כל החזנים עד אחר תפלת י"ח ועד בכלל מבלי לשורר ולנגן דבר מה ועבדו את ה' ביראה וממני ילמדו כל העולם לעשות כן ואנחנו בבית הכנסת שחדשנו נחדש ברית לה' להתפלל שם בכונה למאוד וערל וטמא הוא שאור המבאיש לא יבא בית ה' כי אם נכבס לבנו בבורית להתפלל לה' שחרית וערבית ונשוב למה שהתחלנו כי בבלעם כל הברכות חזרו כו' כי יש להקשות למה חזרו אמת כי כונתו היה לקללם אבל הלא נודע כי כל כחו היה ברגע שכועס ה' אבל אם יקלל זולת זמן זה אין בקללתו ממש ולא יעשה פרי ובאותן הימים מבואר בגמרא (ברכות ז) דלא כעס ה' ואם כן אף אילו קלל בפה מלא היה כלא נחשב כי לא זעם ה' אף כי בפיו יברך וצריך לומר דכבר ידוע מה שכתוב בגמרא דברכות (שם) דאמרינן אל זועם בכל יום וכמה זעמו רגע וכמה רגע אחד מחמשת אלפים וכו' שבשעה ואין כל בריה יכולה לכוין חוץ מבלעם הרשע וכו' והיינו דכתיב (מיכה ו ה) למען דעת צדקות ה' אמר הקדוש ברוך הוא כמה צדקות עשיתי עמכם שלא כעסתי בימי בלעם וכו' וכמה זעמו רגע וכמה רגע כמימרא ויש להבין כפל הדברים דכבר אמר בתחלה כמה זעמו רגע וחזר ואמרו שנית וכמה זעמו רגע תרתי למה לי והוא מיותר ואין לו ענין כלל וביותר קשה על דלעיל אמר דרגע הוא אחד מחמשת אלפים ולבסוף אמר כמימרא ממה נפשך אם השיעורים מתחלפים אם כן דברי הגמרא סותרים זה את זה מיניה וביה ואם הם שוים למה נתן בתחלת דבריו הך שיעורא ולבסוף שיעור אחר הוה ליה ליתן שיעור אחד השוה והיותר מבורר הוה ליה לומר והנה הקשו התוספות (ד"ה שאלמלי) מה היה יכול בלעם לקלל בדבור אחד ותירוץ התוספות כלם דחוק דלאיזה אומה יעלה אם לישראל או לעמון ומואב וכדומה כי הלא לא היה זמן להזכיר שם אומה שמקלל אמנם הענין כי לפי הקרא אל זועם בכל יום גדר הקדוש ברוך הוא שיהיה כועס בכל יום והוא צורך תיקון עולם וא"כ יש לתמוה איך אמר בימי בלעם לא כעס אם כן אין הקרא אומר אמת חס ושלום דזועם בכל יום ואם היום יבא שנית בלעם לקלל לישראל חס ושלום ה' ברוב רחמיו לא יכעוס וא"כ אף עתה אין אומר שזועם בכל יום אבל הענין דכבר נאמר בפיוט הקליר לפרשת

שקלים כי השעות מתחלקות לרגעים והמדקדקים מחלקים רגעים לרגעים הרי דיש שני מיני רגעים גדולים וקטנים ואם כן ה' יסד חוק ולא יעבור לכעוס בכל יום כמאמר הפסוק וזמן כעס רגע אחד אבל אם יכעוס רגע גדול או קטן זה אין נגדר בגדר וחוק מה' ולכך תמיד ה' כועס רגע גדול ובו היה בלעם מקלל אומות כרצונו כי היה לו זמן לדבר מה שאין כן כשבא לקלל ישראל לא כעס ה' רק רגע קטן שהוא כמימרא כדי שלא לשנות חוקו ומכל מקום לא היה בלעם יכול לקלל כי מה היה יכול לדבר ברגע כזה כקושית התוספות וזהו מאמר הגמרא אל זועם בכל יום וכמה זעמו רגע וכמה רגע קאמר שעור אחד מה' אלפים ולא רגע כמימרא דא"כ איך היה יכול לדבר וקאמר והיינו דקאמר נביא וכו' שלא כעסתי באותן ימים רק דא"כ קשה איך נאמר בקרא אל זועם בכל יום כהנ"ל ועל זה משני וכמה זעמו אז בימים שלא כעס בזמן בלעם רגע וכמה רגע כמימרא וא"כ קיים חוקו לזעום בכל יום אבל היה רגע קטן רק כמימרא ולא רגע גדול כנ"ל שהוא אחד מחמשת אלפים וא"כ לא היה יכול לדבר וא"ש והנה כבר גדר הפילוסוף דברגע אחד יכול אדם להרהר דברים רבים אף דאי אפשר לפורטן בפה כי הדמיון תופס הרבה בפעם אחת עד שבחלום שעה יחלום איש דברים לא יכילון ספור יום שלם ולכך בלעם שהיה בלבו להרע לישראל בלבו חשב כל הקללות ברגע קטן זה שכעס ה' רק בפיו לא יכול להוציא מאפיסת הזמן ולכך אמרו חז"ל (סנהדרין קה ע"ב) מתוך ברכתו אתה יודע מה היה בלבו ואתו שפיר קושיה הנ"ל דהא לא כעס ה' כי באמת רגע קטן כעס נשמע מזה דקללתו של בלעם בעונותינו הרבים חלה כי חשב רעה על ישראל בעת אשר זעם ה' ברגע קטן:

והנה טעם סמיכת גאולה לתפלה כותיקין הוא שאמרו (שם) כשהחמה זורחת משתחוים גוים לחמה ומיד כועס ה' ולכך לבל יהיה גם עלינו עובר כעס מחויבים אנו תיכף ברגע זריחת החמה להתפלל ולעבוד את ה' בלבב שלם ואז יחון ה' אותנו מבלי יחול עלינו כעס ה' וזוהיא שלימות המתפלל כותיקין שהיא למגן ומחסה בעד כעס ה' ולכך אינו ניזוק כיון דבעת ריתחא התפלל לא חל עליו הכעס וזהו נכון וכן בשקיעת החמה הרבה אומות שעובדים החמה בשקיעתה ולא נראית עוד על אופק ואף הם מעוררים כעס ולכך ראוי אז גם כן להתפלל לה' וזהו סמיכות גאולה לתפלה בערבית בזמנה בצאת הכוכבים ולכן אמרו שכל הברכות חזרו לקללות כי בעת רתחא היה בלבו רע עלינו ונתקיימה בעונותינו הרבים מחשבתו אבל בתי הכנסיות ששם יתפללו בעתים מיוחדים להפר כעס ורגע אשר זעם ה' כנ"ל ולכך לא חלה עלינו מחשבתו לרעה כי ע"י בתי הכנסיות משביתים אנו חרון מאתנו וא"ש ראו כמה גודל מעלת בתי הכנסיות ועד היכן כח המתפללים בהם בטהרה ויראה מגיע וכמה מעלות טובות למקום עלינו ששייר לנו בגולה בתי כנסיות ובתי מדרשות ולהבין ענין בית הכנסת ביותר ודברי המזמור הנ"ל שהתחלנו בשנקדים להבין משנה דשלהי עדיות (פ"ח מ"ו) אמר

רבי אליעזר שמעתי כשהיו בונים בהיכל ובעזרה היו עושים קלעים להיכל וקלעים לעזרות אלא שבהיכל בונים בחוץ (כדי שלא יזונו עיניהם מהיכל) ובעזרה בונים מבפנים אמר רבי יהושע שמעתי שמקריבין אע"פ שאין בית כו' שקדושה ראשונה וכו' קדשה לעתיד לבא אמר רבי יהושע מקובל אני מריב"ז וכו' הלכה למשה מסיני שאין אליהו בא לטמא ולטהר וכו' אלא לרחק וכו' ויש להבין מה ענין זה לזה הך דרבי אליעזר ורבי יהושע והך דר' יהושע דקיבל הלכה למשה מסיני שאין אליהו בא וכו' וגם כבר הרגיש הרמב"ם דמה ענין הלכה למשה מסיני בביאת אליהו איך שתהיה ענין ביאתו ומה זה שיהיה נמסר למשה טיבו יבא לאיזו סיבה שתהיה ביאתו ואנה מצינו זה כמו שכתב הרמב"ם בפירוש המשנה אבל להבין כל הנ"ל נקדים לתרץ דברי הרמב"ם כמו שכתב הראב"ד דאמרינן בפסחים (דף פה ע"ב) חלונות ועובי חומות נתקדשו ופריך הגמרא (שם פו) עובי חומות היכי משכחת ליה הא הוה ליה עליות דלא נתקדשו וצריך לומר דשוי לקרקע עזרה חומות היכי משכחת ליה ומשני משכחת ליה בשורא ובר שורא דכתיב ויאבל חיל וחומה דבר שורא שוה לקרקע העזרה והרמב"ם (פ"ו מהלכות בית הבחירה ה ט) העתיק החלונות ועובי חומות נתקדשו ומותר לאכול שם קדשי קדשים והשיגו הראב"ד דסבירא ליה דוקא בבר שורא דשוה לקרקע העזרה והכסף משנה הודה דצריך עיון וכתב אולי סמך אלעיל דכתב דעליות לא נתקדשו ועל כרחך מיירי בבר שורא ומלבד דתירצו דחוק דלא הוה ליה לסתום אף גם הא דמשנינן משכחת ליה בבר שורא על כרחך לא בעזרה מיידי דלא היו כן בחומת עזרה עיין במידות אם תמצא שהיתה חומת עזרה שורא ובר שורא מעולם לא היה כן רק הגמרא מיירי מעובי חומות בירושלים לענין דמותר לאכול על גבם קדשים קלים ובירושלים היה ההיקף משורא ובר שורא כדכתיב ויאבל חיל וחומה וא"כ אם כיון הרמב"ם במאמרו דעובי חומות נתקדשו לבר שורא על כרחך מיירי לענין אכילת קדשים קלים ואיך כתב הרמב"ם לאכול קדשי קדשים שהוא דוקא בעזרה ובעזרה לא היתה מציאות כלל לבר שורא ובאמת בלאו הכי יש לדקדק למה נקט רמב"ם בלישנא הך דעובי חומות נתקדשו לענין קדשי קדשים ולא לענין אכילת קדשים קלים בחומות ירושלים ואדרבה המשנה נשנית בפסחים דעובי חומות נתקדשו והיינו חומות ירושלים לענין אכילת פסח דנאכל בכל ירושלים דאם לא כן אין מקומו שם במסכת פסחים ונראה ליישב דאמרינן בגמרא דמגילה (דף י) אר"י המקריב בזמן הזה בבית חוני פטור דלא קדשה לעתיד לבא והדר ביה מקושיא דרב מרי דתנן אין בין שילה לבית עולמים וכו' ואין אחריה היתר ועוד תנן משבאו לירושלים נאסרו הבמות ולא היה להן עוד היתר והיא היתה לנחלה עכ"ל והקשה התוספות (ד"ה מאי טעמא) מתחלה מה קסבר ר"י וכי לא ידע המשנה והלא הן שגורות בפי כל והניחו בקושיא ומה שנראה ליישב והוא דשם אמרינן כתנאי ר"א אומר שמעתי שהיו עושים קלעים להיכל

וקלעים לעזרה וכו' ואמרינן שמעתי שמקריבין וכו' מכלל דר' אליעזר סבר לא קדשה לעתיד לבא אמר רבינא דלמא לכולי עלמא קדשה לעתיד לבא ומה דשמיע ליה קאמר וקלעים לר"א לצניעותא בעלמא ויש להבין מהיכי תיתי נימא כן דלא קאמר רק מה דשמיע ליה דאם כן דלא נפקא מינה לדינא מה העיד בה ר"א דשמע דהיו קלעים כיון דלדינא לא נפקא מינה בשלמא אי קמ"ל דלא קדשה לעתיד לבא שפיר העיד אבל אי לא משמע מיניה וכי בעדיות נשנית עדותן של חכמים לספורי מעשים מה דלא נפקא מינה כלל לדינא דבר זה נשתקע ולא נאמר לכן נראה דידוע בגמרא (זבחים לג) וכן בגמרא דפסחים הנ"ל דמידות המקדש וביחוד ההיכל נמסרו מה' כדכתיב (דה"א כח יט) הכל בכתב מיד ה' עלי השכיל ואם יחסר מהמדה כל שהוא כפי המסורה מעכב כמבואר בגמרא בכמה דוכתא ופשוט והנה במשנה דמידות (פ"ד מ"ו) וכן הרמב"ם כתב דאורך ההיכל מאה אמה וקחשיב בתוך המאה אמה עובי כותל מערבית שש אמה ומזרחית שש אמה וכן רוחב ההיכל ע' אמה ומנה בתוכו כותל דרומי וכותל צפוני שש שש ולפ"ז יש כאן קושיה כשהיו בונין היו עושין קלעים בהיכל לפנים מהחומה כדי שיהיו בונים בחוצאם כן מקום עובי הכתלים היה חוץ לקלעיםאם כן לא היה מן קלע מערבית למזרחית רק פ"ח אמה וכן מן קלע צפון לדרום רק נ"ח אמה וא"כ אילו אמרינן דקדושה בטלה רק הקלעים היו משמשים כמו מחיצות כמ"ש רש"יאם כן לא היה כאן היכל רק אורך פ"ח על רוחב נ"ח וזהו נגד מדה של ההיכל המסורה ברוח הקדש מיד ה' ואיך סלקא דעתיה לעבוד בו עבודה לה' לא ירצה (ועיין במדרש רבה (בראשית רבה פרשה ס"ד י') בימי ריב"ח שנתנה מלכות רשות לבנות הבית רק להחסיר במדתו ונתבטל הבנין עי"כ) וזוהיא קושי' חזקה ועל כרחך צריך לומר דהקדושה לא נתבטלה דקדשה לעתיד לבא אם כן מקום הכתלים לפנים יחשב דהרי הן בקדושתן רק קלעים היו לצניעות והיא כמעט ראיה שאין עליה תשובה ותמהני מהמחברים שלא הרגישו בה כלל ובזה קושיה הנ"ל מיושבת דשפיר מוכח דר"א סבירא ליה קדשה לעתיד לבא רק קלעים משום צניעות ולא קשיאאם כן מאי קמשמע לן בעדותו דאדרבה טובא קמשמע לן דמזה דשמע דהיו עושין קלעים מוכח דקדשה לעתיד לבא דאם לא כן הא חסרה להם המדה והנה יש מקום לומר לפי מה דמחלק הרמב"ם (פ"ו מהלכות בית הבחירה הט"ז) בין קדושת מקדש לקדושת ארץ ישראל דמקום השריית שכינה לא בטלה דאע"פ ששמם לא זזה השכינה וכבר נודע דעיקר השרית שכינה היתה בהיכל וקדש קדשים מדדרשינן וכבוד ה' מלא את הבית (דה"ב ז א) דהיינו היכל ולא עזרה כנודעאם כן יש לאמר אף דקדושת עזרה בטלה והותרו במות מכל מקום ההיכל שהוא מקום שריית שכינה לא בטלה וא"כ אתי שפיר דבהיכל דעשו קלעים לפנים מעובי חומות דלא בטלה קדושה ועשיית קלעים מבואר טעמן שלא יזונו מהיכל וזהו צריך לומר לכולי עלמא אפילו למאן דאמר בטלה דאם לא כן למה עשו מבפנים וכמ"ש

רש"י אבל בעזרה דעשו קלעים מאי צניעותא שייך שם בחצר ועל כרחך משום בנין דבטלה קדושת מחיצות ולא קדשה לעתיד לבא רק לפי מה דתנן במשנה דזבחים (פרק יד ה) משבאו לירושלים כו' לא היה להם עוד היתר והיא היתה לנחלה ואמרינן דירושלים היתה לנחלה דכתיב היה לי נחלתי כאריה ביער ומבואר בסוף מידות (פ"ד מ"ז) דכינוי אריה מוסב על ההיכל דהיכל צר מאחריו ומלפניו היה רחב ודומה לארי שנאמר (ישעיה כט א) הוי אריאל קרית חנה דוד ע"שאם כן אילו יש סלקא דעתא להבדיל בין היכל לשאר עזרה וירושלים אין להביא ראיה מקרא דנחלה המוסב על אריה שהוא היכל לקדושת עזרה לומר שאין אחריה היתר ועל כן צריך לומר דאין הפרש וא"ש דר' יצחק ידע להנך משניות רק סבירא ליה תנאי היא ולא קשיא ממשניות כיון דתנאי הן כמו שכתב התוספות להדיא ואי קשיא הא על כרחך אף ר' אליעזר דשמע דהיו קלעים על כרחך צריך לומר דקדשה לעתיד לבא דאל"כ חסרה לה היכל במדה כנ"ל יש לאמר דהיכל ודאי קדשה לעתיד לבא אמנם רב מרי הקשה לו ראשון מהך דמגילה רק דלא תימא תנאי היא הוסיף להקשות לו מהך משנה דזבחים דקתני ביה היא היתה לנחלה וע"כ מוכח דאין הבדל בין היכל לעזרה דהא הך קרא דנחלה איירי בהיכל כנ"ל וא"כ מהך דשמע ר"א דהיו קלעים מוכח דקדשה לעתיד לבא ושפיר הדר ביה ובזה מיושבת קושית התוספות נמי דהקשו הא תנאי איכא בעלמא דלא קדשה לעתיד לבא ולמה הדר ביה דלפי מה שכתבתי ניחא דכיון דמהך דר"א דמקלעים להיכל מוכח דקדשה לעתיד לבא ואם כן כל התנאים בעדיות סבירא להו קדשה לעתיד לבא הלכתא כוותיה כדקיימא לן בכל דוכתי דהלכה במה דתניא בבחירתא ופשיטא דהלכה קדשה לעתיד לבא כתנאי דעדיות ואתי שפיר ובזה יובנו דברי הרמב"ם דלהרמב"ם קשיא ליה קושיא דלעיל דאיך סלקא דעתיה בגמרא דר"א סבירא ליה דלא קדשה דאם כן חסרה ליה מדה בהיכל כנ"ל אמנם ליישב צ"ל דלפי מה דאמרינן בגמרא (שבועות יד) וכן פסק הרמב"ם דמותר להוסיף על עיר והעזרות על פי בית דין של ע"א ולמ"ד לא קדשה לעתיד לבא על פי בית דין לבד לחוד ואין צריך מלך ואורים ותומים כמבואר בגמרא פ"ב דשבועות (שם) וצ"ל אע"פ דכתיב הכל בכתב מיד ה' השכיל היינו לגרוע אבל להוסיף יש רשות להוסיף על פי בית דין וכך היה צווי והשכלה מה' ולפי זה יש לומר באמת השכלת המדה מה' לא היה רק רוחב ההיכל באורך וברוחב בלי עובי החומות ולא היה באמת רק רוחב נ"ח על אורך פ"ח רק הם הבית דין של ע"א ונביאים הוסיפו לקדש בגמר בנין כל עובי חומות ולכך היתה המדה של היכל אורך ק' על רוחב ע' אבל זו לא היתה מדה הניתנה משמים רק היא על ידי תוספת בית דין וא"כ לא קשה מקלעים שהיו מבפנים דחסרה ליה מדה כנ"ל דאין זה חסרון מהמדה המושכלת מאת ה' כי באמת לא היתה המדה רק פ"ח על נ"ח רק בגמר הבנין קדשו גם כן החומות ואז נעשה היכל ק' על ע' וא"כ שפיר

הקריבו על ידי קלעים כי היתה מדת קלעים מכוונת ועובי חומה תוספת ולק"מ ולפי זה תליא אי אמרינן לא קדשה לעתיד לבאאם כן צריך לומר הא דהיו קלעים בהיכל דמדה שהיה בכתב מיד השם לא היה עובי החומות בכלל אבל אי אמרינן קדשה לעתיד לבא לא זו דאין אנו צריכים לדוחק הזה אף גם דאי אפשר לומר בבית שני הוסיפו על היכל עובי חומה ולכך מדתו ק' דלמ"ד קדשה לעתיד לבא בכל אלו תנן וצריך להוספה מלך ואורים ותומים מה דחסרו בבית שני ואם כן על כרחך צריך לומר דמזמן בית ראשון בכתב מיד ה' היה מדת ההיכל כמו שהיא מנויה במסכת מידות והנה על קושית הגמרא מעובי החומות דהא הוה ליה עליות יש לאמר דלא קשה מידי דהתם בפסחים פריך מעליות של בית קדשי קדשים דנתקדשו ומשני הגמרא היכל קאמרת שאני היכל דכתיב ויתן דוד כו' את תבנית אולם כו' ועליותיו כו' וכתיב הכל בכתב מיד ה' כו' הרי דעליות היכל נתקדשו ואמרינן בזבחים פרק קדשי קדשים (דף ס"ג) דמותרים כהנים לאכול קדשי קדשים בהיכל וכן פסק הרמב"ם בהלכות מעשה הקרבנות (פ"י ה"ג) וא"כ שפיר יש לומר דעובי חומות ההיכל נתקדשו שיהיו מותרים לאכול שם קדשי קדשים אך הא הוה ליה עליות זה אינו דהא מיירי בהיכל ושם נתקדשו עליות כמבואר בגמרא ולא קשה מידי רק זהו אי עובי חומה היה במדה שנמסר לדוד משמים אם כן שפיר יש לומר דשם נתקדשו עליות אבל לפי מה שכתבתי לעיל דכפי המדה שנמסרה לדוד לא היה עובי חומה בכלל רק אחר כך קדשו אותו בתוספת עזרה אם כן לא שייך גביה הכל בכתב וכו' דהא היה רק תוספת על פי בית דין ואם כן עדיין קשיא הא עליות לא נתקדשו ולא תהיה תוספות זו יותר טובה מקדושת עזרה עצמה דלא נתקדשו עליות ואם כן יש לאמר דגמרא דהקשתה על רב דאמר עליות לא נתקדשו ממשנה עובי חומות נתקדשו תיפוק ליה דהוי ליה עליות לא הוי מצי לשנויי דמיירי בעובי חומות דהיכל דהוא קשה אם כן רב דאמר כתנאי הניחא למאן דאמר קדשה לעתיד לבא אבל למאן דאמר לא קדשה לעתיד לבאאם כן צ"ל כהנ"ל דעובי חומת היכל לא היה בכתב מיד ה' לקדשו ואם כן עדיין קשה דהוה ליה עליות כהנ"ל ולכך משני הגמרא דאתיא ככולי עלמא בבר שורא אבל לפי דקימא לן קדשה לעתיד לבא ומוכח דעובי חומת היכל היה בכתב מיד ה' כהנ"לאם כן שפיר יש לומר דקאי על היכל ולענין אכילת קדשי קדשים דשרי בהיכל כנ"ל ואין צריך לדוחק אבר שורא והן הן דברי הרמב"ם דפסק קדשה לעתיד לבא ושפיר יש לאמר דקאי על עובי חומות ולכך דייק בלישנא עובי חומות נתקדשו לאכול שם קדשי קדשים והיינו בחומת היכל ולכך לא נקט בלשנא קדשים קלים כי מיירי בחומות היכל ולא שייך שם אכילת קדשים קלים רק קדשי קדשים דדרשינן מקרא (במדבר י"ח י) בקודש הקדשים תאכלנו וא"ש ודברי הרמב"ם מזוקקים שבעתים ודו"ק והנה בגמרא יבמות פרק האשה (דף צ ע"ב) מחולקים התוספות ומחברים אם נביא

רשאי לשנות הדין אפילו לשעה במקום דלאו מגדר מלתא דבגמרא פריך אליו תשמעון אפילו אליהו בהר הכרמל ומשני הגמרא למגדר מלתא שאני ותפסו רבים מהמפרשים לעיקר דאפילו אליהו שהיה נביא וקעביד שחוטי חוץ לשעה לולי דהיה למגדר מילתא אין בידו לעשות דהוה בכלל אלה המצות שאין נביא רשאי לחדש ודעת רמב"ם (הלכות יסודי התורה פ"ט ה"ג) דלשעה יכול לשנות אפילו בלי מגדר מלתא ובלבד שיהיה מוחזק בנבואה וחוץ מעבודה זרה ר"ל ולשיטה זו יש לומר דלא קשה מהנ"ל איך הקריבו בקלעים דחסרה ליה מדתו של היכל ומעכבא דהא הקלעים היו אותן שנים משך הבנין מן ימי כורש עד ג' לדריוש וזה הכל בימי חגי זכריה מלאכי והם היו הבונים כדכתיב בעזרא להדיא ע"ש וא"כ יש לאמר דבאמת משורת הדין היה אסור להקריב בהיכל דחסרה ליה מדה רק ע"פ נביאים הקריבו שנים הללו דיש כח בידיהם לשנות הדין על פי נבואה לשעה אמנם לדיעה ראשונה לית ליה כן דהוי בכלל אלה מצות וכו':

ובזה יש להבין מה שאמר ר"י (עדיות פ"ח מ"ז) שמקובל הלכה למשה מסיני שאין אליהו בא לטמא ולטהר וכו' שנתקשו בו מה טיבה של הלכה למשה מסיני זו ואנה נרמז דיש לומר דהלכה למשה מסיני היה דרך כלל שאין רשות ביד נביא על פי נבואה זולת מגדר מלתא שיש אפילו רשות ביד ב"ד לשנות דברי תורה אפילו לשעה והכי כתיב אלה המצות שאין נביא רשאי לחדש ועל זה ודאי היתה הקבלה הלכה למשה מסיני וא"כ אליהו ז"ל שיבא אף שיאמר לטמא ולטהר לאסור ולהתיר אין שומעין לו דאין רשות ביד נביא לשנות מה שהוא נגד דבר הלכה המסור בידינו ולכך אינו בא אלא לקרב ולרחק כו' דדברים אלו הם רק גלוי מלתא ובירור האמת ואין בם ניגוד לדברי תורה ובזה יבנו כל המשך המשניות בעדיות שהתחלנו דאמר ר"א שמעתי שהיו בונים בהיכל עושים קלעים וכו' וקשה הא חסרה ליה מדה ותירוץ הנאמר לעיל דהוסיפו אחר כך על המדה דחוק ליה כהנ"ל ולכך בא ר' יהושע ליישבו ואמר שמעתי שמקריבין אע"פ שאין בית וכו' דקדשה לעתיד לבא ואם כן לא קשיא מידי להנ"ל דלא חסר ליה מדה וקלעים רק שלא יסתכלו כנ"ל רק דלא תאמר מנא ליה כן דלמא לעולם לא קדשה לעתיד לבא והא דהקריב בהיכל והיתה חסרה מדה דלמא היה על פי נביאים כנ"ל ולזה קאמר אר"י מקובל אני הלכה למשה מסיני שאין אליהו בא לטמא ולטהר היינו כמו שכתבתי שאין רשות ביד נביא לשנות דבר מצוה אפילו לשעה דכתיב אלה המצותאם כן לית ליה כן ועל כרחך דקדשה לעתיד לבא וא"ש והדברים צרופים כפתור ופרח ויש מקום ליישב הך מלתא דר' יצחק דאמר שמעתי שמקריבין בבית חוניו והדר ביה מקושיא דר"מ וקשיא ליה קושית התוספות דכי לא ידע משניות דרב מרי בשניישב המדרש באליהו כתיב (מלכים א' יח לו) ובדברך עשיתי כמו שבראת עולם דכתיב (תהלים לג ו) בדבר ה' שמים נעשו אף עכשיו אמור לאש שתרד מהשמים ויש להבין מה דייק בזה ומה רצונו באומרו כמו

שבראת עולם וכו' אבל הענין דאמרינן (מנחות קט ע"ב) חוניו בנה בית לה' במצרים כדכתיב ביום ההוא יהיה מזבח לה' בתוך ארץ מצרים והקשה בתוספות (ד"ה והעלה) הא הוי שחוטי חוץ ותירצו המפרשים דלא נאסרו שחוטי חוץ אלא בארץ ישראל מקום מקודש לה' ושם נבחר ירושלים מזולתו אבל לא בחוץ לארץ כי לא חלה קדושת הבית ואמרינן במדרש (ילק"ש ח"ב רמז מ"ז) תבור וכרמל בשמך ירננו (תהלים פ"ט יג) תבור וכרמל מהרי חוץ לארץ היו וכשנתן הקדוש ברוך הוא התורה נתקו ממקומן ואמרו היש הרים גבוהים מאתנו עלינו יתן ה' תורה ולא נתן ה' עליהם תורה דכתיב למה תרצדון הרים גבנונים ומה שכר נתן להם הקדוש ברוך הוא קבעם בהרי ארץ ישראל ולפי זה אם באנו אנו לילך אחר ענין בריאת עולם ויום הוסד תבל היה הר הכרמל שייך לחוץ לארץ והיה אליהו דהקריב בהר הכרמל מותר להקריב רק אם אנו הולכים אחר זמן דלפנינו דהר הכרמל נקבע בארץ ישראל אסור להקריב ולכך אליהו דהקריב בהר הכרמל ובקש מה' להוריד אש משמים ושלא יהיה חס ושלום כמקריב שחיטת חוץ אמר בדברך כמו שבראת שמים וארץ דכתיב בדבר ה' שמים נעשו עשיתי ואז מישך שייך לחוץ לארץ וא"ש:

והנה יש לדקדק במה דאמרו במשנה (זבחים יד ח ע"ב) משבאו לירושלים נאסרו הבמות ולא היה להן היתר דפשיטא דאם נאסרו לא היה להם היתר ואם כוונת המשנה לאחר חורבן הוה ליה לומר כמו דאמרו במשנה דמגילה (א' יא) ירושלים אין אחריה היתר ולא סתמא ולא היה להם היתר והוה ליה לומר לאחריה וגם קשה תרתי משניות למה לי הך דמגילה ודזבחים ולפי דעת תוספות (סנהדרין פט ע"ב ד"ה אליהו) בסנהדרין דאליהו דהקריב שחוטי חוץ לא נעשה בהיתר מה' כמו שכתב רש"י רק באיסור למגדר מלתא וסמך עצמו אדרש (בראשית רבה פ"ב ה') גוי וקהל גוים ממך יצאו (בראשית לה א) עתידין בניך לעשות גוי כקהל עמים ע"ש וזו נראית כוונת המשנה דכל כך היה איסור הבמות חמור משבאו לירושלים ולא היה להן עוד היתר אפילו ע"פ נביא כי לא הותר בדבר ה' כלל ונוספה קדושה ממשכן שילה דבשילה הרבה פעמים היה היתר משמים כנוח וגדעון כמבואר בגמרא (זבחים קיט ע"ב) מה שאין כן קדושת ירושלים לא היה להם עוד היתר אפילו בדבר ה' לתוקף קדושת הבית ודברי משנה נכונים וזוהיא כוונת הגמרא דרבי יצחק ידע כל הנך משניות רק סבירא ליה דהכל שייך בארץ ישראל ולא בחוץ לארץ לכך אמר שמעתי שמקריבים בבית חוניו דהוה במצרים ובחוץ לארץ מותר והקשה ליה ר"מ דתנן במגילה קדושת ירושלים אין אחריה היתר ותנן התם בזבחים ולא היה להן עוד היתר וקשה בשינוי הלשון ותרתי למה לי ועל כרחך צריך לומר להורות דעובדא דאליהו היה באיסור וקשה הא הר הכרמל שייך לחוץ לארץ כי זהו פשיטא ליה לגמרא דהולכין אחר תחילת בריאה וחוק שם בתבל והציב גבולות עמים איזה שייך לארץ ישראל

ואיזה לחוץ לאדץ ועל כרחך צריך לומר דגם בחוץ לארץ יש איסור במות וקשיא ליה לר"י ולכך הדר ביה ולזה ניחא גם כן קושית התוספות דהקשו דמה פריך לר' יצחק ממשנה דהא איכא תנא דסבירא ליה לא קדשה לעתיד לבא דזה אי אפשר לשנויי לר"י דהוא אמר המקריב בבית חוניו שמע מיניה דסבירא ליה דבא"י אסור דאם לא כן בית חוניו דקאמר למה ועל כרחך דסבירא ליה קדשה לעתיד לבא רק סבירא ליה לחלק בין ארץ ישראל לחוץ לארץ ובהכי ניחא נמי קושית התוספות בזבחים פרק השוחט והמעלה (דף קז ע"ב ד"ה ר"ל) דאמר שם ריש לקיש המקריב בזמן הזה פטור דלא קדשה לעתיד לבא והקשו התוספות בתימה דלמה לא פריך לריש לקיש מהנך משניות כמו דפריך מינייהו לר' יצחק ולפי מה שכתוב ניחא דלריש לקיש שפיר יש לומר תנאי היא אבל לר"י אי אפשר לומר דהוא גופיה סבירא ליה בארץ ישראל אסור ודו"ק אלו הן הדברים אשר נאמרו לכבוד ביהכ"נ לחנכו במילי דאורייתא מיוסדים על אדני המדע ובאמת בגולה קדושת בית הכנסת יש לה קדושת היכל ממש כי תפלה בלחש היא במקום קטורת ויבא דבר שבחשאי ולכך הוא מן הלב כי משם עולה קיטור החיוני לראש והוא קטורת וע"ז נאמר (מלאכי א יא) בכל מקום מוקטר מוגש לשמי מנחה טהורה כי אין לך מנחה טהורה יותר מתפלה בכוונה בלי מחשבה זרה ובתום לבב ונקי כפים היא המגרשת רוחות רעות היא המקשרת ישראל לאבינו שבשמים ולכך נקרית קטורת קשר בינינו לה' ולא היו מקטירין קטורת אלא בהיכל וא"כ יש לבית הכנסת קדושת היכל אשר עליות בו נתקדשו ולכך הטיבו את אשר החלו ליפות העליות וקירות לרומם בית ה' ולהתנאות לפניו וללבן הכותלים וכבר מבואר במשנה (מידות פ"ג מ"ד) וכן העתיקו הרמב"ם (בית הבחירה פ"ד הי"ג) דבכל שנה היו מלבנים ההיכל להורות כי זהו תכלית האדם והוא ביתו בית קבע ופרוזדור לעלות משם לשמים ונשוב למזמור שהתחלנו ונאמר הטעם במה שאמרו במדרש טבעו בארץ שעריה (איכה ב' ט) לכך שררו בני קרח דמי שיעלה שערים יעלה בני קרח והביאו התוספות בקידושין (דף לא ד"ה איסתייע) ע"ש ויש לומר למה נתלה דוקא העלאת בני קרח בהעלאת שערים שנטבעו אבל הענין כי יש להבין במה דמצינו דבזכריה (זכריה ב ח) אמר ה' למלאך שלא ימוד ירושלים כי בפרזות תשב ובסוף יחזקאל מצינו מדה מכוונת להיכל אבל תדע במה שאמרו כי במדבר לא ראו בשעת הכנסת כלים לנרתיק דדרשינן (יומא נד) כבלע את הקודש אמנם בבית הבחירה היו מגלין הפרוכת ובבית השני לא היו רשאים להסתכל כמבואר בגמרא דיומא (שם) נתגרשה חזרו לחיבתה הראשונה והענין כל זמן שיש לחצונים אחיזה בעולם צריך להיות הכל בצנעה לבל יאחזו בו ולבל ישלטו וכפי מיעוט התגברות החצונים כן יותר ראוי לעשות הדבר פומבי וזה היה באדם הראשון כי לא היה ערוה בעולם והתגברות סטרא אחרא והיה ממש רק בכח ולא בפועל ולכך (בראשית ב כה)

ויהיו שניהם ערומים ולא יתבוששו ואדם הראשון חשב שאין מציאות סטרא אחרא כלל בעולם ושמש עם חוה לעין כל ואמרינן (בראשית רבה סוף פי"ח) דראה נחש ונתקנא כי היה להם אז מכל מקום קצת כח והתחילה עין הרע עד שגרם החטא ואחר כך נעשה ערום והוצרכו לחפות בעלי תאנים כדכתיב (בראשית ג יא) מי הגיד לך כי עירום אתה וה' ידע מתחלה ולכך באמת דעתו היתה שאדם הראשון יתנהג בצניעות כדי שלא יתגברו החיצונים וזהו אומרם (ברכות סא) שקלעה הקדוש ברוך הוא לחוה הרצון שהביאה בצינעה כקלעים ולא הפירוש כקליעת שער רק הפירוש הנכון שהביאו בצנעה ובהסתר מכוסה בלבושי אור ויקר וקלעה מלשון קלעים שהיו במקדש ואמרו (מגילה דף י) קלעים למה משום צניעותא וכן הדבר בחוה ולכך דרשינן מן ויבן כי הקלעים משמשים במקום בנין כנאמר לעיל במקדש שהיו כמו בנין ומחיצות אבל אדם הראשון שאכל מעץ הדעת שמרבה תאוה כנודע לא בוש ובעל לעין כל ונתקנא בו נחש ויצא שרש פורה כל הסטרא אחרא ולבסוף הוצרך לכסות וכן הדבר במתן תורה שאמרו (תנחומא פרשת כי תשא) לוחות ראשונים שנתנו בפומבי שלט בהן עין הרע כי לולי ישראל שחטאו בלבם דכתיב (תהלים עח לו) ויפתוהו בפיהם וכו' היה חירות מן מלאך המות ולא היה עוד ערל וטמא והיה עולם התקון ולכך נתנו בפומבי אבל באמת היה בעונותינו הרבים לסטרא אחרא כח הואיל ולבם בל נכון לה' ולכך גרמו סיבת עין הרע מחיצונים לשבר הלוחות וכמה צרות לישראל ולכך ניתן אחר כך אהל מועד מחופה ומכוסה ביריעות ומכסה על גבי מכסה ואז דיבר ה' עמם על צניעות ובחשאי למאד ושומר לשומר וכסוי לכסוי כביכול ולכך במדבר שהיה ע"י חטא התגברות הסטרא אחרא לא היו רשאין להסתכל בשעת הכנסת כלים כדאמרינן דהכלה היתה צנועה מאוד אמנם בבנין הבית דנכבש הסטרא אחרא כדכתיב (מלכים א ג טז) אז תבאנה נשים זונות לפני שלמה אז היה יותר פומבי ולכך היו מגלים הפרוכת ומראים לעולי רגלים מה שאין כן בבית שני דבעונותינו הרבים חזרו הקליפות לגבורתם חזרו לצניעותם כדאמרינן נתגרשה קאמרת חזרה לחיבתה הראשונה והיה צריך כל כך צניעות עד שאפילו בכרובים דצורתא שהיה בכותל לא היו רשאים להסתכל כי כרובים ממש לא היו בבית שני ואין לך דבר שמבטל ענין קליפות רק צניעות והצנע לכת ולכך אמרו להיות צנוע בבית הכסא כי שעירים ירקדו שם ולכך קטורת שמבטלת כח סטרא אחרא ומלאך המות בעצמו מסרו למשה (שבת פט) היה בתכלית החשאי עד שכל אדם לא יהיה באהל והנה לעתיד לבא אמרינן בגמרא (סנהדרין צח) לא זכו בעתה זכו אחישנה וכהנה יתר בגמרא דמורה דגאולה תהיה על ב' אופנים או שיהיו ישראל בתכלית הטוב או שיהיה כדי לקיים הבטחתו כי לא יטוש ה' עמו ואם יהיו זכאים אז תהיה הקליפה נכרתת ורוח טומאה יסיר מהארץ וא"כ לא יהיה עוד ערוה בעולמות ולא יהא צורך לצניעותא ומחיצה וקלעים ועל אופן זה אמר

המלאך שאין צריך לחומה כי היא תשב בפרזות ואף על פי שחומת ירושלים מוגבלת לאכילת קדשים קלים לא יהא צריך לה כי יהיו נאכלים בכל מקום כי אין צריך שמירה וצניעות אמנם אם תהיה גאולה באופן השני אז תהיה עדיין מציאות קליפות וסטרא אחרא במקצת כדכתיב (ישעיה סה כ) נער בן מאה שנים ימות והוא שטן והוא מלאך המות אז יהיה צורך במחיצות לבית המקדש וירושלים ובזה דיבר יחזקאל ולכך כשאמר לו השם להודיע לבני ישראל תבנית הבית אמר (יחזקאל מג י) ויכלמו מעונותיהם כי באמת אוי לאותה כלימה שתהיה ערוה עוד בעולמות להצריך עוד מחיצה ושומר לשומר ולכך מתחילת עלותם בימי כורש עד גמר עלותם ע"י עזרא בימי דריוש היו קלעים כהנ"ל כי ראוי היה בימי עזרא לעולם התקון אילו היו ישראל עושים תשובה כראוי ועלו כולם לארץ ישראל ולכך כל יעודי נבואה על כבוד הבית האחרון סתומים ולא מפורשים שיהיו בבית אחרון אחרי בית שבנה עזרא כי אילו היה הדור זכאי לכך היו מתקיימים אז יעודי נבואה ולכך לא בנו הנביאים תיכף רק עשו קלעים כי אם ישובו מדרכם ויעבדו ה' בתמים יהיה עולם התקון ואין צריך למחיצות ועשו קלעים שיוכלו להסירן בקל והנה זוהיא טעות קרח כי קרח חשב דאיסור הבמות הוא מטעם זה בעת התגברות הקליפות צריך לעבוד ה' בהצנע בבית מיוחד ומשומר שומר לשומר ולך עמי בא בחדרך ולכך צריך שם כהן כי הוא המכניע זדים הסטרא אחרא כי הוא איש חסד ודומה למיכאל שר הגדול המשמש במקדש למעלה הלוחם נגד הסטרא אחרא כנודע אבל כאשר יכנעו הקליפות הבמות מותרות כי מלא כל הארץ כבוד ה' לעבוד אותו ואין צריך לכהן ולכך אמרו אין כהן בבמה וקרח חשב שכבר הגיעו לתקון לזמר עריצים כי ישראל היו בעיניו זכאים למאוד דור דעה ולכך אמר (במדבר טז ג) כי כל העדה כולם קדושים ובתוכם ה' ואין צריך למקדש והותרו הבמות ואין צריך לכהן ומדוע תתנשאו אבל טעה בשנים חדא דלא היה אז התקון כהנ"ל דהיו במדבר צריכים לצניעות ולא היו רשאים לראות בשעת הכנסת כלים ושנית כי בלאו הכי נשגבה מעלת בית המקדש מבמות כי כביכול כמו שיש למעלה בתי בראי ובתי גוואי כדאמרינן בחגיגה (דף ה ע"ב) כך כביכול למטה הבמות הן בתי בראי והמקדש בתי גוואי מכוון לבית המקדש של מעלה וזהו שנתלה עלית בני קרח בעלית שערים כי לפי דעת קרח בעת התיקון אין צריך לצניעות ושמירה כלל ומלא כל ארץ קדושת השם אין צריך לשערים לעלות כי מה טיבו של שער אם לא ינעל ויהיה פתוח ובפרזות ישבו ולכך בעלית שערים זהו מורה טעותו כי צריך בית לה' ואז יעלו כי יודו לה' פשעם אדאם כן צריך באמת טעמאם כן למה טבעו שערים בשלמא לולי הנ"ל היינו אומרים כי לא יהיה עוד צורך להם לעתיד לבא ולכך נטבעו והיו כלא היו אבל אם יצטרכו לעלות למה נטבעו ע"ז מתרץ המדרש דלכך נטבעו היותם מעשה דוד כי דוד עשה השערים ונטבעו לבל ישלטו בם גוים ופירוש לדבריו כי

הקדוש ברוך הוא אמר לדוד (דה"ב כח ג) אתה לא תבנה הבית ומפרש הטעם כי דוד לחם עם גוים רבים ואם יחרב יאמרו גוים אלהיהם נקם נקמתם ולכך לא בנה הבית וא"כ אילו שלטו בשערים עדיין יאמרו כך על השערים ולכך היותם מעשה דוד נטבעו וזהו אמירת שיר בני קרח שדעתם שיעלו שערים ואז יעלו בני קרח ואמר דלא תקשהאם כן למה טבעו אם סופם לעלות ועל זה אמרו על הגיתית זה דוד שדרך לכל הגוים כגת וא"כ לכך נטבעו לבל יאמרו אלהיהם נקם עבורם כהנ"ל אבל סופם לעלות וקאמרו הטעם מה צורך להם הלא אז תטוהר הארץ ולא יהיה מגור לקליפות ועל זה אמרו דמכל מקום נבחר המקדש כי אין תיכף התקון על בוריו כמש"ל ולזה אמרו (תהלים פד ב) מה ידידות משכנותיך ה' צבאות נכספה וגם כלתה נפשי לחצרות קדשך שיש לו מעלה יתירה למאוד כי הוא מקום מקודש למאוד וא"כ צריך לשערים להגביה מקום מקדש ויעלו ויתודו בני קרח על חטא אביהם וקלקולו ופירשו ההבדל שיש בין מקדש לבמה כי אמרו (עיין זבחים סט קיט ע"ב) אין שיר בבמה והטעם כי יתקנאו בנו מלאכי מעלה שהם תכלית מעשיהם לרנן ולשורר לה' ויהיה ח"ו קנאה עלינו אמנם בבית המקדש אין קנאה כי כל אדם לא יהיה באהל ודרשינן (ילק"ש איוב פסוק כג) אפילו מלאכים והוא מכוון נגד מעלה ולכך יש בו שיר מה שאין כן בבמה דקיימא לן אין שיר בבמה וזהו אומרם לכך ידידות משכנותיו וחצרות קדשו משום דלבי ובשרי ירננו אל אל חי מה שאין כן

בבמה אין שיר וקול רנה והנה יש עוד הבדל במה דקיימא לן אין עוף בבמה וכן פסק הרמב"ם והטעם כי בהמות מורות על קרבן נשמת רשעים לתקנם וזהו מותר בכל מקום אמנם עופות שהם תורים ובני יונה דכנסת ישראל נמשלה בהו (ברכות נג ע"ב) הם מורים על נשמת צדיקים כנודע ולכך אין רשות להקריבם זולת במקדש דמכוון נגד בית המקדש של מעלה אשר שם מיכאל שר הגדול מקריב נשמתן של צדיקים כנודע (מנחות קי ובתוספות ד"ה ומיכאל) וידוע כי זו שלימות לכל מין עוף שיהיה מינו נקרב על גב מזבח ה' לרצון וזוהיא שלימותם וזהו שאמרו בני קרח (תהלים פד ד) גם צפור מצאה בית ודרור קן לה הרצון שגם העופות מוצאות שלימותן בבית ה' ומפרש מה היא שלימותן אשר שתו אפרוחיה את מזבח ה' להקריב שם קרבן לה' וזוהיא שלימותן ושלימות המקריב כי הוא כמו מיכאל שר הגדול וזהו הבדל בין בית המקדש לבמות וא"כ שפיר (שם פסוק ה) אשרי יושבי ביתך דייקא עוד יהללוך סלה כי שם ישוררו מחנה מול מחנה כהנ"ל וזהו שיעדנו לבאר ועתה נאמר הנה שבח בית הכנסת אמור אשר הוא במדרגת מקדש ה' והיכל ה' והוא מקום שגורם להעלות תפלתנו כי שם השרית שכינה כנודע כי בבית הכנסת מקדמי שכינה ואזלי לבוא וזהו שאמרו במדרש פרשת וירא (בראשית רבה מח ז) והוא יושב פתח האהל וה' נצב עליו ביקש לעמוד אמר הקדוש ברוך הוא שב סימן שבניך יושבים בדין ואני אעמוד על גבם והענין כי יש להבין למה בתלתא עד דיתבי ועשרה

מקדמי שכינה ואזלא (ברכות ו):
אבל העניין כי אמרו בשו"ע (או"ח ק"ב פי"א) אסור לישב בתוך ד' אמות של מתפלל כי שם שריא שכינה אבל אם כבר ישב והוא עומד להתפלל אז מותר לישב כי הוא בא בגבולו ובדיינים צריכים להיות כישיבה ואילו היתה השכינה מקודם היה אסור לישב ולכך אין השכינה באה אלא עד דיתבי והוא בא בגבולו ומותר מה שאין כן התפלה דהיא בעמידה ולכך עשרה שעומדים להתפלל מקדמי שכינה (ברכות ו) ולכך באברהם שהיה יושב וביקש לעמוד כשנגלתה לו השכינה אמר לו שב דאני בא בגבולך וסימן יהא לך בדיינים שהם יושבים ואני עומד על גבם ועל כרחך משום דאני בא בגבולם ודו"ק ולכן מאוד יש ליזהר בביהכ"נ שהוא מקום מיוחד לשכינה ואמרו בגמרא (ב"ב צט) כתיב (שמות כה כ') ופניהם איש אל אחיו וכתיב (דה"ב ג' י"ג) פניהם אל הבית ומשני בזמן שעושים רצונו של מקום פניהם איש אל אחיו ואם לאו פניהם לבית והקשה הריטב"א (יומא נד ע"ב) קושיא עצומה דאמרינן בזמן החורבן נכנסו גוים ומצאו כרובים מעורים זה בזה וכו' דאיך אפשר הא בעונותינו הרבים בעת החורבן היו אין עושין רצונו של מקום ואיך יתכן שיהיה פניהם איש אל אחיו עיי"ש ובאמת יש בזה סוד גדול עמוק בדרך נסתר אבל בדרך נגלה הענין הוא כי חביבין ישראל שאינם צריכין לשליח (יומא נב בל"א) והרצון שאין צריכין לאמצעי ותיכף העבודה והתפלה הולכת מהאדם לה' כי השכינה חופפת עליו ומקבלה הימנו וזהו בצדיקים גמורים אשר הם דבקים בה' מבלי מסך מבדיל אבל בבינונים אי אפשר לילך התפלה והעבודה תיכף לה' רק נבחר בית המקדש מקום השרית שכינה וכל התפלה והעבודה היא לשם לבית מקדשו שם השרית שכינה וקבלת התפלה ובית המקדש הוא מקום ממוצע לקבל התפלה מבני אדם ומשם עולה לה' ולכך אמרו (ברכות ל) והתפללו אליך דרך ארצם שכל התפלה תהיה למקום בית המקדש כי שם מקום חנית התפלה ומשם מלאכי אלהים עולים ויורדים בסולם נצב ארצה להעלות התפלה כחלום שראה יעקב אשר אמר (בראשית כח יז) זה שער השמים אך בעונותינו הרבים אשר אין לנו מקדש כמעט אבדה תקוה להעלות התפלה לשמים אמנם בחסדו הותיר לנו שריד אשר אין דור שאין בו צדיקים מבני עליה לא יחסרו מל"ו צדיקים אם כן כל התפלות סובבות לתפלתן של צדיקים ומתדבקות בתפלתן גם כן לעיל בזבחים סט דמ"ד יש מנחה בבמה יש עופות בבמה וא"כ מסתבר דהלכה כת"ק (דדינו כרבים כנודע מבעלי סוגי' ובתוס' ביצה ב ע"ב ובשאר דוכתי) נגד ר' יהודה וקיימא לן דיש עופות בבמה מיהו לפי מה דמסיק הש"ס קיז דרבנן ס"ל אין מנחה בבמה וע' תוס' שם ד"ה ורבנן יש ליישב אמנם מש"כ המחבר הגאון בעדותו "וכן פסק הרמב"ם" לפי שעה לא ידעתי מקומו והוא שאין מסך מבדיל בינו לבין השם ע"י תפלתו גם תפלת אחרים עולה וזהו אומרם (יבמות סד) ה' מתאוה אל תפלת צדיקים גמורים כי ה' רוצה שתעלה תפלת כל פה חפץ בתקנת יצוריו

ומתאוה שיתפללו צדיקים גמורים וע"י תפלתם גם תפלת אחרים עולה וזה אומרם בזמן שישראל עושים רצונו שהם בגדר צדיקים גמורים פניהם איש אל אחיו דהיינו כנסת ישראל אל הקדוש ברוך הוא כי הם אינם צריכים לאמצעי רק תיכף מפי ישראל התפלה באה להשם ואתם הדבקים בה' ולכך פניהם איש אל אחיו אמנם באין עושים רצונו התפלה הולכת אל בית המקדש ואם כן פניהם של ישראל אל הבית כדכתיב והתפללו דרך ארצם וכדקיימא לן (ברכות ל) שישים פניו למקדש ואף השם נותן פניו אל המקדש לקבל תפלתם של ישראל וזהו פניהם אל הבית הן פני כנסת ישראל והן פני הקדוש ברוך הוא אך זהו בעת קיום בית המקדש אבל בחורבנו חוזר הדבר שתפלתם מתעכבת עד תפלת צדיקים גמורים שהם פניהם איש אל אחיו כנ"ל ואם כן חוזר הדבר להיותם מעורים איש אל אחיו בצדיקים גמורים ואין כאן בית אמצעי כלל בעונותינו הרבים ולכך בחורבן בהמ"ק היו כרובים מעורים והבן ודו"ק שהוא ענין גדול למאוד ולכן אמרו (ברכות ו ע"ב) הקובע מקום לתפלתו אומרים עליו הי חסיד והי עניו מתלמידו של אברהם אבינו דכתיב וישכם אברהם בבוקר וכו' יש להבין מה ענוה שייך בזה אבל לפי הנ"ל יובן דמי שהוא צדיק גמור אין צריך למקום ממוצע לתפלה כי פניהם אל המקום אבל בינוני צריך בית מיוחד לשרית שכינה למקום ממוצע כי משם תנוח תפלתו ומשם תקובל כהנ"ל פניהם אל הבית ולכך הקובע מקום לתפלתו שיהיה דווקא בבית הכנסת מקום מיוחד לשריית שכינה אשר שם תקובל תפלתו ולא זולת הוא עניו שאין מחזיק עצמו לצדיק גמור עד שלא יהא צריך לממוצע בינו לבין המקום וכן היה אברהם אבינו ע"ה מתנהג אף שהיה צדיק גמור קבע מקום כדי שיהיה מקום המוכן לשריית שכינה ממוצע בינו ולא תלה בזכותו ולכך אומרים עליו מתלמידיו של אברהם אבינו ע"ה ולכן ראוי כאשר חדשנו בית הכנסת נחדש ברית עם ה' והוא יחדש ימינו כקדם לעובדו ביראה בקדושה ובטהרה ואמרו נא עכשיו שבית הכנסת מרום גובה עד למטה מסויד ומלובן אם יבא איש וישליך עליו טיט ועפר עד שיהיה בו כתמים ידעתי כי יחרה אפכם בו והאיש ההוא מבזה נאות יעקב והעבודה הבל פה שיש בו חטא היוצא מפיכם בביהכ"נ מנבל פה ומנוול כל ביהכ"נ בכתמים ונגעים קיא צואה בלי מקום וסר צל השכינה ח"ו מאתנו כדכתיב (דברים כג טו) ולא יראה בך ערות דבר וכו' ובעונותינו הרבים כמה בתי כנסיות היו בפראג אשר כדמותן לא היה בכל עולם ובלע ה' ולא חמל נאות יעקב ולא זכר הדום רגליו ביום אפו ואין קב"ה עביד דינא בלי דינא ובלי ספק שהיה הואיל והוציאו בביהכ"נ הבל שיש בו חטא וכל הגדול מחבירו קודם לעונש בעונותינו הרבים ולכן הוסרו והתפללו לה' בכונה ועבדו ה' בכל לבב במקדש מעט ואולי נזכה לראות מקדשו בנוי לנס עמים אז יגל יעקב וישמח ישראל ויהי נועם ה' עלינו ששון ושמחה ימצא בה תודה וקול זמרה ובא לציון גואל אמן:

דרוש י'

תוכחת מוסר מה שדרש הגאון זצ"ל בק"ק מיץ ב' אב תקה"ל והספד על ב' חכמי הדור ז"ל:

ישעיה אמר (ישעיה א ב) שמעו שמים והאזיני ארץ כי ה' דיבר והפך הסדר ממה שאמר משה (דברים לב א) האזינו השמים ותשמע הארץ וכבר דיברו בו מפרשים טעם שינוי הדברים אבל עם הענין נראה כי כבר אמרו (תנחומא האזינו) דלכך ייחד שמים וארץ היותם עדים ויד העדים תהיה בו בראשונה וכו' אבל גם נתייחדו להיות שני עדים מתרים בם ועצר שמים במטר והוא אולי על ידי כך יתנו ישראל אל לבם לשוב אל ה' וכבר אמרו מפרשים במי שנאמר בו האזנה הוא העיקר ובמי שנאמר השמיעה הוא טפל והאזנה היא עיקרית להטות אוזן בהשגחה גמורה ולכך נתן משה האזנה לשמים להיותם רחוקים מבני אדם ולא ימהרו לעשות משפט חרוץ בישראל כי חפץ חסד הוא לטובת ישראל ואילו נתן האזנה לארץ היה במהרה משפט כי קרוב הוא אך זהו בעשותם דין בישראל כדכתיב (דברים יז ז) יד העדים תהיה בו בראשונה אבל בעשותם התראה אדרבה יש למהר כל רגע פסידא דלא הדר אולי ישובו ויתנו על לבם ומה לנו להשהות באיסורים ודרכים הרעים אך כבר נודע כי כל דבר שיצא מפי הקדוש ברוך הוא אם ישובו יש בו חזרה אבל מה שנאמר כבר על ידי נביא לית ביה חזרה וגזירת נביא אינה חוזרת לבל יאמרו הנביא משקר ולכך משה אמר (דברים לב א) אמרי פי והיינו שכבר יצא הדיבור מפי נביא וא"כ לית ביה חזרה כי כלה ונחרצה ואין יחוד שמים וארץ להתרות כי התראה זו מה טיבה כבר נגזרה גזירה ואין זה אלא לעשות משפט ולכך תלה האזנה בשמים להשהות משפטם אמנם ישעיה אמר כי ה' דיבר ועדיין זמן לחזור וא"כ טיבם של שמים וארץ להתרות ויש למהר מעשיהם אולי ישובו לה' ולכך נתן האזנה לארץ ונכון הוא ואם כך שעדיין לא יצא הדיבור לפועל לצאת מפי נביא מה שהנביא ישעיה ניבא ולא היה דבר ה' אליו ומלתו על לשונו כי אם ראה במראה נבואה והשיג דבר ה' ולכך נאמר חזון ישעיה אשר חזה דייקא לא ניבא רק חזה כי ניבא מלשון ניב שפתים ולא היה עדיין מילתא של ה' בפיו לנבאות כי אם כן לא היה אפשר בחזרה וחסד ה' היה ועדיין לא כלו רחמיו לעורר ישראל אולי ישובו ולכך לא נאמר רק לשון חזה ולא ניבא ועוד כי יש בו נחמות ויעודי גאולה השלימה לעתיד לבא וכבר אמרו (מדרש שוח"ט תהלים ט') לבא לפומא לא גליא ופירושו הנביאים שניבאו בפה לא התנבאו בקץ היותו סתום אבל בהשגת הלב ובשכל הנבדל שהוא שכל שלם השיגו וזהו לבא לפומא לא גליא וכבר נודע כי חזיון הוא לא ראיה בעינים כי אם ראיה בלב כמו שכתב הזוהר על ואתה תחזה וכו' שלא היתה ראיה בעין כי אם בשכל להשיג מי הם חכמים וכמו שכתב האר"י דלכך נאמר תא חזי ולא שמע היותו השגת הלב ואמרו כי לכך נקרא חזה הדופן שעל הלב כי כל חזיון מלב ולכך נאמר בישעיהו חזה ואמר בנים גדלתי ורוממתי וכו':

ואין כוונתי כעת להאריך בדרוש וענינים גדולים כי מפאת אבילות זמן הימים שבאו גוים וחללו קודש ה' ופרצו ושמו מקדשנו לתועבה ואיך אנחם הלא כל ראש לחלי וכל לבב דוי ולבי בל עמי וביותר שבאנו לעורר אבל יחיד על הני תרי רבנים וחכמי הדור אשר היו לנו לעינים ה"ה הישיש המובהק בחכמה ובמדע מוהר"ר אליעזר בק"ק צילץ והשני העולה על בני דורו מאור ישראל מ' אליהו רב דקרעמזיר הם נסעו למנוחה ועלינו חיוב הספד ואבל וביחוד בימים אלו אשר אמרו (ראש השנה יח ע"ב) שקולה מיתת צדיקים כשריפת בית אלהינו ויש אומרים יותר כי באמת עיקר מעמד ומצב האומה הישראלית הוא בתורה ועיקר התורה נשענת על לומדים היודעים להורות בשכלם הקדוש בהוראות ישרות וחוקים צדיקים ובאמת אילו יש במציאות להגות מתוך ספר ולהורות לא היה העדר תלמידי חכמים כל כך קשה לישראל כי איש אשר לו שאלה וכדומה זיל קרי מתוך הספר וכן תראה וכן תעשה אבל דבר זה אי אפשר כי אי אפשר לכוון הדעת בכתב כמו שכתב הרמב"ם באגרת תימן כי אי אפשר לכוון בכתב לבל יקרה בו טעות ומכשול ומי לנו גדול מאדון הנביאים משה שכוון היחוד המוחלט והאמיתי בלב ישראל ואמר (דברים ו' ד') שמע ישראל ה' שהוא אלהינו הוא אחד מוחלט בלי פקפוק ועם כל זה בעונותינו הרבים הכופרים מצאו מקום להכשל ולתלות טעותם ולומר השילוש כנודע ואם כן בדבר זה מכל שכן בדינים והוראות אשר אף שנכתב באר היטב בספר צריך שיקול דעת חכם אם הנדון המושאל דומה בכל הפרטים לדין הנכתב כי בקל יפול בו השינוי והחילוף ודינו של זה לא כשל זה כלל ובגין כך מאוד קשה העדר חכמים מורים הוראות ישרות כי הם חיינו וכבר אמרתי בזה בדרוש הקדום שזה פירוש הפסוק (דברים כה סא) וכל מכה אשר לא כתוב וכו' אמרו זהו מיתתן של תלמידי חכמים רמזו בזה כי פרידתם וסילוקם בשביל כך קשה הואיל אשר לא כתובה בספר התורה כל הדינים והוראות וצריך רב ומורה צדק לקהל ישראל ולכך יש עליהם לקונן כי קשה סילוקם וא"כ כעת הזמן גורם להתאבל בזה ובזה:

כי באמת יש לנו להספיד על צדיקים בשני אופנים אחד להעדרם כנ"ל כמו שאמרו (איכ"ר א כח) גלתה יהודה וכי אומות העולם אין גולים אלא שבשביל שאוכלים מפתם ושותים מיינם אין גלותם גלות אבל ישראל שאינם נהנים מפתם ויינם גלותם גלות להלן אומר ויגל ישראל מעל אדמתו וכאן אומר גלתה אלא כיון שגלו תש כחן של ישראל כנקבה עכ"ל וכבר דקדקו דמה קושיא דאמת דגם אומות העולם גולים וכי בשביל כך לא נימא שגלו יהודה וגם התירוץ אנה נרמז בקרא וגם מה שתירץ שלכך נאמר גלתה בלשון נקבה עדיין קשה איך כתב ויגל יהודה בלשון זכר הא תש כחם כנקבה אבל הענין כבר נודע מה שכתב (איכה א' ג) היא ישבה בגוים לא מצאה מנוח כי כל מי שאינו מבני אדמתו אין דעתו מיושבת עליו הואיל ואינו מבני ארצו כמבואר בגמרא (עיין מגילה יב ע"ב ובכורות ט) ולכן נאמר שישבו בגוים

ולא מצאו מנוח והנה אמרו (גיטין נו ע"ב) בטיטוס שקם עליו נחשול לטבעו ואמר כמדומה שאין כחו אלא בים ירד עמי ליבשה וילחם עמי אמר קב"ה יתוש הוא בריה קלה דאית ליה עיולא ולית ליה אפיקתיה הוא ילחם בך וכו' ע"ש ויש להבין למה בחר ה' ביתוש ומה ענין זה לטיטוס ומה מדה כנגד מדה יש בזו שצוה ליתוש להלחם בו אבל כאשר נבין וכי לא ידע טיטוס מלחמת יהושע בן נון לל"א מלכים והורדת אבני אלגביש והעמדת חמה לו ולמלך חזקיה ואיך היה חושב שאין כחו אלא בים וצריך לומר כי כבר כתב הרמב"ן כמה פעמים (עיין בפרשת אחרי י"ח כה) כי ארץ ישראל היא תחת ממשלת ה' ולכך שם עיקר חיוב שמירת התורה ובחוץ לארץ כל מדינה תחת שר ומזל פרטי ולכך נאמר (מ"ב יז כו) משפט אלהי ארץ וזה ידע טיטוס גם כן וחשב כי חו"ל היותו תחת שרים ומזלות סילק הקדוש ברוך הוא השגחתו בכל אופן והכל ביד המזל והשר ולכך חשב בארץ ישראל ודאי שכח ה' גדול למאוד לעשות נסים ונפלאות אבל בחו"ל כבר נמסר לשרים ולמזלות ואין ביד ה' לשדד מערכותיהם וכבר אמרו בגמרא בפ"ק דגיטין (דף ח') כי ימים הסמוכים לארץ ישראל דינם כארץ ישראל וכן כתב הזוהר כי הים דינו כא"י ולכך חשב כי במים כחו חזק כמו בא"י אבל ביבשה בחו"ל לא היה יכול לו וזהו מאמרו ילחם אתי ביבשה והיינו בחו"ל כי כבר יצאו מא"י ומה שהביאו לכלל הטעות הזה לומר שכחו יפה בים אבל לא ביבשה הוא מקושית שלמה בקהלת (א ז) כל הנחלים הולכים אל הים והים איננו מלא הרצון שאינו מתמלא להיות מתגבר ושוטף ויורד לכסות כל היבשה כי איך אפשר שיום יום ירבו המים מן הנחלים ואין מקום לצאת ותירץ שלמה בקהלת שמקום שהם הולכים שם הם שבים ללכת במחילות בקרקעות תהום בזה כיחש טיטוס כאשר עוד היום חכמי מחקר כחשו בזה ואמרו שאין מקור הנחלים מן הים כלל רק הם בריאה בעצמן בכדור ארציי שברא ה' מעיינות ומקור מים חיים וא"כ הקושיא גדולה איך לא ישובו מי הים לכסות הארץ ומזה שפט ששר המושל בים אינו שר המושל בארץ וביבשה ותחומו של זה לא תחומו של זה ואין אחד נוגע בתחומו של חבירו כי חלק להם בעת הבריאה וא"כ אי אפשר לים לירד ליבשה ולהחריבו ואין שם ממשלתו וא"כ כיון שידע שאלהי ישראל שליט בים בימי פרעה וכדומה שפט כי על כרחך אין ממשלתו בחוץ לארץ במקומות הנמוכים מים דאם לא כן למה לא ירדו משם ליבשה למקומות הנמוכים ומזה נולד מקום כפירתן ולכך ענשו הקדוש ברוך הוא ואמרו ההיטב תימה לך על הים שכל הנחלים הולכים בקרבו ואין בו מוציא אף אני אשלח יתוש שגם כן אין לו רק עיולי ולא אפוקי ילחם בך ויכול לך ומזה תראה כי אין התמיה על הים כי רבות נפלאות כאלו פעל ה' בקרב הארץ ויתוש בריה קלה כאחד מהן ומה התימה על הים ונשוב כי זהו היה הטעם של סנחריב שבלבל כל הארצות כי הוא אמר שהוא אלוה כי הוא היה משביע לשר וכוכב שלו ולמען לא יעבדו גוים לשרים ומזלות העביר אותם ממדינה למדינה וא"כ לא

ידעו עבודתו וטיב נמוסי העבודה לשר ואלוה ההוא כלל ונחלש כחם ובזה היה לבדו אמיץ כח על ידי שרו ומזלו ואם זהו כך אם כן הקושיה איך אמר הקרא שישראל בגוים לא מצאו מנוח היותם חוץ לארצם אדרבה להם יש יותר מנוח מכל הגוים כי הלא סנחרב בלבל כל הארצות והם שלא במקום מזלם ושר שלהם וזרה עבודתם לא כן ישראל אשר ה' אלהים בכל מקום ומלכותו בכל משלה ולכך תירץ שאומות העולם שאוכלים מפתם ויינם אין הגלות ניכרת מה שאין כן ישראל וזוהיא כוונת הפסוק מרוב עבודה פירוש שיש להם עבודת ה' לרוב ומובדלים ומופרשים בעבודת ה' ובמצות רבות אשר על ידי כן מובדלים מבין העמים ועל ידי כך היא ישבה בגוים אין לה מנוח והנה ענין גלות השכינה ושפחה כי תירש גבירתה הנאמר בקרא (משלי ל כג) כמו שכתב בכתבי האר"י ז"ל הוא כי כל זמן שישראל בארץ ישראל הוא משפיע לארץ ישראל והפסולת והתמצית הם משפיעים לשרים ומזלות חוץ לארץ אשר משטרם על גויי הארצות אבל כשאנו בגולה בין עמים אז הקדוש ברוך הוא משפיע לשר ההוא כדי להשפיע לישראל שתחת ממשלתו והוא לוקח לעצמו ועמו השפע והתמצית ופסולת לישראל כאשר האריך בזה וזהו שפחה כי תירש גבירתה כי השר מקבל השפע ונותן הפסולת לישראל וזוהיא גלות השכינה שאנו חייבים להתאונן ולבכות עליה בלב קרוע ומורתח כי זהו נגד הטבע כי מטבע צדיק וישר להשפיע לצדיקים וישרים

אך זהו אם אין צדיק מובהק וגדול וקדוש שמו בארץ ישראל אבל אם ישנו שם הקדוש ברוך הוא משפיע בו מה שהוא כפי צורך ישראל והוא משפיע לישראל וכל ישראל ממש כלולים בו ומזה תבין מה שאמרו (איכה א ג) גלתה יהודה כי תש כחם כנקבה והרצון כי מקדם היו הם משפיעים לאומות והיו הם בבחינת זכרים ואומות העולם נקבה אבל בגלות הם מקבלים מאומות העולם והם זכרים ואנחנו נקבות המקבלים שפע ולכך תש כוחנו כנקבה אך זהו לאחר גדליה בן אחיקם אבל בחייו היותו צדיק גמור היה הוא המקבל ועל ידו מקבלים ישראל ולכך במותו אמרו (ראש השנה יח ע"ב) שקולה מיתתו כשרפת בית אלהינו להיות כי מותו גרמה רעה לישראל כמו בית המקדש כי כל זמן היותו חי קבלו ישראל על ידו השפע כמו על ידי בית המקדש ובזה תבין כי לכך נאמר (מ"ב כה כא) ויגל יהודה מעל אדמתו ונאמר בלשון זכר ששם נאמר כי מינה נבוזראדן לגדליה בן אחיקם לשר ומושל בארץ ישראל על יתר הפליטה ואם כן לא היה תש כחם כנקבה כנ"ל משא"כ ירמיה שניבא וקונן על העתיד לבא שבעוונותינו הרבים יהרג גדליה ולא יעבור איש בארץ ישראל כלל ואם כן יהיו הם מקבלים מן האומות ויתברך שמו כחם כנקבה ולכך אמר גלתה וא"ש:

מזה נשמע כמה עלינו להצטער בהעדר תלמידי חכמים ובפרט מרביצי תורה המלמדים לתלמידים ישרות הלימוד ולא דברים שאין בהם ממש בפלפול של הבל ושוא ומדוחים אשר

בעונותינו הרבים כמעט דור יתום בזמן הזה אוי לנו על שברנו והכל לאין ספק מחמת ביזוי תורה ואין איש שם על לב לחזק לומדים ולחזק צדקה ועל ידי כן באנו בעונותינו הרבים מתחלה ועד סוף לתכלית הצרות ועודנו מרקד בנו לבזות התורה ולומדיה ויפה אמר המדרש (תהלים נ ב) תשב באחיך תדבר בבן אמך תתן דופי יושבים מדברים באבות ודורות ראשונים לומר מה ראו אבותינו שהרשיעו כל כך עד שגרמו לנו הרעה הזאת אשר אנחנו לחרפה בגולה כי כבר אמרו (יומא ט ע"ב) טובים צפרנים של ראשונים וכו' ואמר מנשה (סנהדרין קב ע"ב) אילו הוית התם הוי נקטית בשפולי ורהיט ואזיל צא ולמד אחאב היה עובד עבודה זרה כמה כיבד לספר תורה (שם) והכניס עצמו במלחמה עצומה מבלי לזלזל בכבוד התורה ואנחנו בעונותינו הרבים מזלזלים בכבוד לומדיה אשר חמורה מספר תורה כדאמרינן (מכות כב ע"ב) הני בבלאי טפשאי דקיימי קמי ספר תורה ולא לפני תלמידי חכמים אשר הם עיקר התורה וחכמת אלהים בקרבם והוא החלי הרע אשר אצלנו שגורם רעות רבות בעונותינו הרבים על אשר ירדה התורה ואין מקים דגלה והיות אבותינו היו טובים מאתנו אמר המקונן (איכה ה ז) אבותינו חטאו ואינם ואנחנו עונותיהם סבלנו שפירושו לפי דעת האר"י ז"ל שאמר הא דאמרינן (מכות כד) משה אמר פוקד עון אבות על בנים וכו' יחזקאל אמר איש בחטאו יומת שלא ביטל יחזקאל דברי משה רק בחטא שהוא שוגג אין הבנים נענשים בסיבת האב

וזהו שדייק איש בחטאו יומת אבל במזיד אף הבנים נענשים בסבתם ולכך דייק משה פוקד עון אבות שהוא מזיד וא"כ זוהיא הכוונה אבותינו חטאו ואינם רוצה לומר חטאיהם אינם כי אין אנו נענשים על ידם אבל אנחנו עונותיהם סבלנו כי בעונות אנו נענשים בסיבתם אבל חוץ לדרכו נראה כי כל הגדול מחבירו ענשו גדול וכמאמרם (יבמות קכא ע"ב) הקדוש ברוך הוא מדקדק עם הצדיקים כחוט השערה דכתיב וסביביו נשערה וכו' ואצל גדול חטא קטן לגדול יחשב ליקר מעלתו ואצל קטן לפחיתת ערכו גדול לקטן יחשב לפי ערך הגדול ולכך ראשונים שהיו יקרי ערך ומעלה כאשר עשו רק שוגג תיכף היה עונשם מה' ואף ה' עלה בם לכלותם אבל אנחנו היותינו קטני ערך אפילו אם עושים כזה נושאים וסובלים העונות מבלי יקרה כליון דהיינו אם אנו עושים דברים אשר אצלם היה נחשב לעון כי זהו מה שאצלם נקרא עון אינו נחשב אצלנו לשוגג כי אין לנו דעת כל כך להשיג העון והמרי והפגם בחטאינו וזוהיא כוונת המקונן על שפלות הדור כי ראשונים היו טובים מאלה וכי ירדו הדורות מטה מטה אמר אבותינו חטאו ואינם כאשר עשו רק חטא אינם כי היה בהם חרון ה' ואנחנו עונותיהם פירוש אנו עושים מה שהיה אצלם נחשב לעון ומכל מקום סבלנו לרוב פחיתות ערכנו ודבר גדול דיבר הנביא בזה להודיע כמה בעונותינו הרבים נתקלקלו מדרגות הדורות ואם זה בימי ירמיה אנחנו בעונותינו הרבים כעטלפים לא ראו אור וגם בעונותינו הרבים בזמן החורבן היה הכל לסבת

בזיון התורה ועבירה גוררת עבירה אשר על ידי כן מתלוצצים בלומדים ואינם שמים על לב להוכיח איש את רעהו בלב תמים ואמרו במדרש (ריש פתיחתא דאיכה רבתי) אילו זכיתם הייתם קורין כי ביום הזה יכפר וכו' תטהרו ועכשיו שלא זכיתם אתה קוראים חטא חטאה ירושלים וכו' טומאתה בשוליה ואמת כבר אמרתי בזה כי ידוע מה שכתבו מקובלים כי צריך להיות בין מתן תורה ליום הכפורים ג' פעמים מ' יום כנגד ק"ך שנה של משה ע"ש ואמרינן במדרש החודש הזה לכם זוהיא תחלת התורה וראוי היה ליתן להם אז לישראל כל התורה אלא שחטאו במצרים ונשתהה מתן תורה עד עצרת כי מנו מ"ט ימים והנה ידוע בירושלמי הובא בתוספות פרק קמא דראש השנה כי בבית ראשון חרב הבית בא' לחודש אב ואז היה התעניתאם כן אילו זכו במצרים והיה מתן תורה בר"ח ניסן יום שנא' בו החודש הזה לכם היה ק"כ ימים של אחריו בא' באב והיה אז יום הכפורים אלא בשביל שלא זכו ונתעכבה התורה ועל ידי כך נתגלגלו עונות שנשתהו במדבר וגרם שליחת מרגלים והגיעו לבכי בלילה זה לדורות כנודע זהו מה שאמרתי אבל כוונת הדרוש פה הוא כך כשנבין מדרש (איכ"ר א כא ועיין במסכת מנחות נ"ג ע"ב) בליל חורבן בא אברהם לבית המקדש והיה הקדוש ברוך הוא מטייל עמו ארוכות וקצרות אמר לו מה לידידי בביתי אמר לו בני היכן הם אמר לו גלו וכו' אמר לו לא מלו דכתיב ובשר קודש יעברו מעליך ועוד ששונאים זה את זה עכ"ל וכבר דרשתי בזה פעמים רבות כללו של

דבר להבין הענין בקצרה כי צריך להבין מה היה הענין בזה הטיול וכי הזמן גורם לטייל והשאלה מה לידידי בביתי אינה מובנת ומכל שכן שאר דברים ושאלת בני היכן הם וכי לא ידע שבעונותינו הרבים גלו בראש גולים אבל יובן בשנבין במה שאמר במדרש (שם ה ב) ירמיה אמר נחלתינו נהפכה לזרים ישעיה אמר בית מקדשינו ותפארתינו וכו' אבל אסף אמר באו גוים בנחלתך טמאו את היכל קדשך וכו' יש להבין למה באמת שינה אסף מלתו מן הנביאים הנ"ל ונראה דכבר ידוע כי המינין מצערין לישראל ואומרים בבית ראשון שהיה בהם חטאים גדולים ומפורסמים נגאלו בקץ ע' שנים ובבית שני אשר לא נמצא בעם ישראל מהתועבות הגדולות רק שנאת חנם תהיה אריכות הגלות זמן ארוך כזה אבל טעו כי חשבו כי בגאולה בימי עזרא כבר נמחל עון בית ראשון ולא כן הוא כאשר יעודי כל הנביאים מורים על זה וכאשר הארכתי בביאורי לירמיה רק להיות כי ישראל היו נעורים מהתורה ונשתקעו בעבודה זרה עד ששכחו בשבעים שנים שהיו בגולה שמירת שבת מצות סוכה וכדומה כאשר הדבר מבואר בעזרא ונחמיה נשאו בנות אלהי נכר עמוני מואבי ולא ידעו כי הרחיק ה' אותם מבוא בקהל ה' וא"כ אילו ח"ו היו יותר בגלות ולא היה פקידה היתה נשכחת מאתם תורת אלהינו מכל וכל עד שלא היה רושם זכירה אצלם ונתערבו בעמים והיה ח"ו נשבת זכר ישראל וזכר תורת אלהינו ועל זה נכרתה הברית לבלי תשכח תורת אלהינו ולבלי יתערבו בגוים והן עם

לבדד ישכון ולזאת עשה ה' למען שמו ולמען תורתו ופקד אותנו מקץ ע' שנים אשר עדיין רשומה של התורה והמדע קיים ואז היו עדיין עזרא וכנסת הגדולה שהנחילו לנו תורה וכן בכל דור ודור שקבעו לנו מסמרות וסייגים עד שעל ידי כן אי אפשר לשכוח ולעבור הגדר של תורה וכאשר שיער בחכמתו העליונה שכבר נשקעה התורה בלבנו מבלי שכוח חזר והגלנו למרק חטאים מבית ראשון וכן באמת כנ"ל כי אנחנו בגולה לא שכחנו מצות ה' אדרבה בכל דור ודור מוסיפים תקנות וא"כ הגלות השניה היא עיקרה גלות הראשונה רק בחסד ה' מבלי להפר בריתו גאל אותנו ולכך בסיום התוכחה בתורת כהנים שהיא רומזת על גלות ראשונה כמ"ש הרמב"ן נאמר בסופה (ויקרא כו מב מד) וזכרתי את בריתי וכו' ואף גם זאת וכו' להורות כי לכך נגאלו מהר כי זכר ה' בריתו כנ"ל ודבר זה כבר אמרתי כמה פעמים בדרוש הקדום כי דברים כנים הם וזוהיא כוונת ריש המאמר כי בזמן החורבן בא אברהם אבינו לבית המקדש ולא היה אברהם כל כך מצטער על הגלות כי מלומד היה בכך וכל ימיו היה בגירות ויתהלך מאוהל לאוהל וד' אמות קרקע לקבורה לא היה לו רק אברהם דאג כי ברוב גלות ישכחו ישראל תורת ה' וילמדו מגוים לילך סרה עד שישכח שם ישראל וזהו היה צערו והקדוש ברוך הוא לנחמו ולהסיר דאגה זו ממנו הלך עמו ארוכות וקצרות וזהו לישב דעתו של א"א ע"ה ומזה תבין כי בית ראשון נבנה בזכותנו אבל בית שני לא היינו אנחנו כדאים ואדרבה עדיין עון אבותינו כרוך בנו למאוד רק ה' עשה למענו ולמען שמו הנקרא עלינו ולמען בריתו אשר כרת אתנו כנ"ל וזהו מאמר דניאל (דניאל ט יט) למענך אלהים כי שמך נקרא על עירך ועל עמך אם כן ירמיה וישעיה שדיברו מן בית ראשון יפה אמרו נחלתינו נהפכה וכו' בית קדשנו ותפארתנו וכו' אבל אסף שכל המזמור מקונן על בית שני אמר באו גוים בנחלתיך שמו בית מקדשך לעיים וייחס הנחלה ומקדש לה' כי הכל נבנה בשביל קדושת השם ולא בתום לבבנו ולכך נקרא נחלת וקודש ה' ומזה תבין דברי הרמב"ם דפסק דקדושת בית ראשון בטלה וקדושת בית שני לא בטלה והוא הטעם דאמרינן היא היתה לנחלה ולכך לא בטלה הקדושה כמבואר בפ"ק דמגילה (דף י') ובסוף מסכת זבחים ובבית ראשון היה נחלתינו וא"כ אין כל כך נצחיות לקדושה דהיא נחלת בשר ודם והוא עובר ובטל אף נחלתו וקדושתו בטלות אבל בית שני שהיה נחלת ה' כמאמר אסף והוא נצחי וקדושתו אין לה הפסק כלל ולכך קדושתו לא בטלה ולכך נאמר (חגי ב ט) גדול יהיה כבוד וכו' האחרון מן הראשון דבית ראשון היה נקרא נחלת אדם ובית שני נקרא נחלת ה' והוא מבואר במדרש ביום חרון אף ה' לא היו ישראלים ראויים להיות בגולה רק יום אחד אלא שגרם החטא והענין כי כבר נאמר (איכה ד כב) תם עונך בת ציון כי על ידי חורבן בית המקדש ששפך הקדוש ברוך הוא חמתו וכילה בית תפארתו נתכפרו להם כל העונות ולכך נאמר תם עונך בת ציון רק שלא היו ישראל זכאים בעונותינו הרבים

וא"כ היה חסד גדול מה' ששפך חמתו על הבית אשר נקרא שמו עליו והיו ראויים להגאל אילו היו שמורים מלחטוא וזוהיא שאלת הקדוש ברוך הוא לאברהם מה לידידי בביתי הרצון מה איכפת לך בביתי שנשרף ונחרב הלא זה לכפרת עון ישראל וא"כ מה לך להצטער הלא זו טובת בניך וזהו שדייק מה לידידי בביתי מה איכפת לך ועל זאת השיב אם כן שחורבן בית המקדש גורם לכפרת עוןאם כן בני היכן הם היה להם להגאל כיון שחורבן בית המקדש גורם כפרה ועל זה השיב הקדוש ברוך הוא אמת אילו היו עושים רצוני אבל הם העבירו ברית קודש שזהו לאות לישראל וזהו שה' זוכר ברית וגם שונאים זה לזה שמפריד החבילה ומחלק התיומת ישרים ולכך לא נגאלו ולולי זה היו נגאלים וא"ש כללו של דבר על ידי חורבן בית המקדש היו ראויים להגאל תיכף רק הואיל והעבירו אות ברית קודש וגם היו שונאים זה את זה וידוע במדרש במקומו חטא חטאה ירושלים ששונאים זה את זה וגם על טומאתה בשוליה דרש (איכ"ר א לח) שלא היו נמולים וזהו בשוליה וא"כ יובן אילו זכיתם שלא חטאתם אחר החורבן אם כן היה חורבן מכפר עד שהיה נאמר תם עונך בת ציון וכו' וא"כ היה חורבן מזבח כפרה יותר מכל קרבנות שהיו כל עונות מתכפרים ולכך היו קוראים כי ביום הזה יכפר עליכם מכל חטאתיכם לפני ה' תטהרו כי תם עונך בת ציון אבל עכשיו שלא זכו קוראים חטא חטאה ירושלים וכו' כי זה בגלל שהיה להם שנאת חנם וגם קרא טומאתה בשוליה להורות שלא היו מקיימים ברית קודש ובשביל כך לא היה חורבן בית המקדש כפרה שלימה על כל חטאים ועדיין בעונותינו הרבים עונותינו על עצמותינו והנה עיקר שנאמר ששונאים זה את זה לא עם הארץ זה לזה רק עם הארץ לתלמידי חכמים כאומרם (פסחים מט ע"ב) ואנשכנו כחמור וכבר אמרנו כי השפעה מגיעה לצדיקים ותלמידי חכמים ומהם מקבלים שארי ישראל וא"כ התלמידי חכמים הם בבחינת בעל המשפיע ועם הארץ בבחינת נקבה מקבלים שפע ואם הם שונאים זה את זה הם נפרדים אשה מבעלה וזהו מאמר הפסוק חטא חטאה ירושלים והיינו כדדרשינן במדרש שהיו שונאים זה את זה על כן לנדה היתה שגלמודה אשה מבעלה כנדה כן עמי הארץ מופרשים ומובדלים מבעליהם הם הצדיקים ותלמידי חכמים וא"ש:

הביטו וראו כמה גדול עון שנאת חנם וכמה טובה מעכבת על ידה ובעונותינו הרבים פשתה הנגע צרעת בקרב ישראל דהיינו ח"ו לומר שלא יאהוב איש את גופו של חבירו ואם יקרה לו נזק או שיעליל השררה על יהודי הלא כל ישראל זריזין להצילו בהשתדלות בנפשם ומאודם ואין צריך לומר להצלת נפשות הלא אח פדה יפדה ויתקעו עצמם ממש בנפשם ומאודם יום ולילה לא ישבותו וכי יחלה אחד הלא כולם מתפללים ומבקרים וכל העזר האפשרי לא יאצל מהם ואפילו לרהוט ג' פרסאות בחלא וכאשר אשה תהיה מקשה לילד ויבא חבל לה הלא כל נשים שאננות ועשירות יקומו באישון לילה וילכו להיות נעור לעזור

היש לך אהבה ואחוה וריעות גדולה מזו זכו חולקכון עמא קדישא קמיה מלכא קדישא וזוהיא תפארתנו נגד הנכרים אשר יספרו מאהבת ישראל זה לזה אך זהו הכל באהבת הגוף אבל באהבת הנפש שהיא עיקר האהבה אהבה נצחית ואהבה שסופה להתקיים בעונותינו הרבים אין בינינו אלא מעט כי אם יראה איש את רעהו הולך שובב בדרך לבו לא ייסר אותו ולא יאמר לו אל אחי לא טוב המעשה ולא זו דרך החיים אשר דרך הקודש יקרא לה ואדרבה יתן כמעט שמחה בלבו כי חבירו סניא שמועתיה ואם יראה חבירו מדבר בבית הכנסת במקום שאסור לדבר לא ימחה בידו אם יראה מתלוצץ ומרבה שיחה עם נשים מדבר ניבול פה ודברי נרגן ולשון הרע וכדומה לא ימחה בידו כלל אוי ואבוי היש לך שונא גדול מזה רואה חבירו טובע בנהר ואין מוחה זו שנאת חנם בלי מצוות שהיה בזמן בית שני כי רבו העוברים ולא מיחו ובשביל זה נעשו פרצות רבות בבית שני שהיו כת צדוקים ויתר כתות שפקרו בדברי תורה שבעל פה ומרו פי בית דין הגדול שבירושלם וזהו יותר עון מכל העונות כי זהו בכלל כפירה ודרך זרה היא מי שאומר בבית שני לא היה עון גדול נמצא ביניהם כלל היש עון גדול מאפיקורסים שכפרו בתורה שבעל פה ובהוראת סנהדרין שיושבים על כסא ה' ואלהים נצב בעדתם ובזה רבו כמו רבו בשיטות צדוקים בייסותים כת יהודא גלילי וכת שהיו שוכנים ביערות ומדברות והכל היה נגד רצון חכמי ישראל הפרושים כי לא קיימו מצות רגלים ומועדי ה' ורבים מכתות שלא נשאו נשים כלל ויתנהגו כמשפט אחים ואחיות אצל הנוצרים ועכו"ם קדמונים כי מאתם למדו עכו"ם לעשות כמותם ורוב מהכתות שפקרו בהשארת הנפש ותחיית המתים היש לך עון גדול מזה ומה צריך חולי רע ומר יותר עד אשר הכהן גדול שהיה בשנה ההיא שנחרב הבית היה איש צדוקי כמ"ש יוסף בן גוריון בספרו לרומיים תפח רוחיה דהאי כהן און ימ"ש אשר כך עלתה בשנתו ואיך היה צום נבחר עת רצון לה' להתמלא רחמים על ישראל ולהנחם מהרעה אם איש צורר ומתעב כזה בא קודש פנימה ולכן משחז"ל (יומא ט ע"ב) כי בבית שני היה עון שנאת חנם הכונה כי זהו שרש המרי כי על ידי כך באה כל הרעה הזו וזהו החלי כי היותם שותקים בעוברי עבירה על ידי כך יסובב כי פשתה הרעה מרעה אל רעה יצאו וגברו המינים וצדוקים ואפיקורסים ימ"ש באמת רוב המוני עם הן לומדים הן אינם לומדים חושבים כי לא יאות להוכיח רק לרב ומורה אבל איש אחר לא נאה לו להוכיח לעמיתו וזהו שקר כאשר דרשתי פעמים רבות שטועים אתם בזה אדרבה אם רב יוכיח יאמרו אין כל אדם יוכל להיות רב ומורה ומי כמוהו עושה וזה יאמר כך וזה כך ויתלוצצו על הרב אבל אם איש כערכו יוכיחו ויאמר לו מה תחשדני גם לי לבב כמוך להיות כמוך רק הדבר רע לשמים וכהנה ולמה לא תחוס על נפשך ולמה תמרה פי קונך ידעתי כי דברים כאלה יותר יפעלו מכל תוכחות שלי מימים ימימה ולכך אמרו חז"ל (אבות א ו) עשה לך רב וקנה לך חבר

כי חבר יותר צריך מרב עד שתקנה אותו בכסף מלא וח"ו להתחבו לרשע וחבר פועל יותר מעשרה רבנים והמוני עם נמנעים מזה וחושבים פן יצחקו עליהם ויאמרו מי שמך לרב מוכיח כאשר באמת רבים מתלוצצים ואומרים ראה זה דבר חדש זה נעשה מוכיח בין לילה היה וכו' וכדומה מדברי ליצנות ושטות אבל מי האיש החכם ויבן את זאת שיותר שישחקו עליו צעירים יותר שכרו מרובה וסוף דבריו לעמוד ודבריהם יהיו כעלה נובל וכבר נודע מאמר עקביא (עדיות ה ו) מוטב שאהיה שוטה כל ימי ואל אהיה רשע שעה אחת לפני המקום ואין השחוק שוה כשבח ושכר שיש לו אצל הקדוש ברוך הוא כמבואר בזוהר כי כאשר ישראל מתפללים בצבור ומסיימים ברכת מחיה מתים כרוז קאי מאן הוא גברא דמשגיח להוכיח חוטאים ולהדרם לפולחנא דמלכא קדישא ובא מלאך ומביא דמות דיוקן של איש כזה ע"ש שמפליג בגודל השבח ויקר ושכרו הרבה מאוד וא"כ מה חשוב השחוק והבזיון שיש לו בעולם הזה ומה ערך יש לו נגד השכר ועשיית רצון קונו ונחת רוח ליוצרו אשרי אדם יחזיק בו ויאמר זאת לאחר סיום ברכת מחיה מתים כי גם זה בכלל מחיה מתים להחזיר בתשובה רשעים כי הם מתים אמיתיים ועל ידי תשובה הם חוזרים להיות חיים וזוהיא תחיית המתים אמיתית וכמו שתחית המתים תהיה מה' ועל ידי טל כן קבלת רשעים בתשובה הוא על ידי קב"ה שחותר חתירה כי המלאכי שרת מקטרגים ומחיה אותם על ידי טל אורות שלו לחדש נשמתם אשר היא מסואבת ופגומה ועל ידי טל ירחץ צואת בת ציון וישוב לראות פני אלהים וזוהיא תחיית המתים ולכך אחי ורעי כמה יקר בעיניכם לומר זה מחיה מתים ומעשה אליהו ואלישע הוא ממבחר שבפלאים שהחיה המתים ודבר זה בידכם לעשות כל רגע ושעה להשיב רבים מעון ולהחזיר טועים לדרך הישר זוהיא תחיית המתים המובחרת כי מה נפקה מינה בגוף אשר תחלתו מטיפה סרוחה וסופו למקום רימה ותולעה אבל עיקר התחיה לנשמת אדם אשר היא נר אלהים וכבתה חושך ולא אור בעברו את מצות ה' ויש לה מיתה עצמית ועל ידי החזרה בתשובה ושמוע לקול מוכיח תשוב רוח לנדנה וחיה תחיה ולכך אמרו (פסחים סח) צדיקים בידם להחיות מתים כל שעה ורגע והיינו כמ"ש לכן בבקשה מאתכם קיימו מצות ואהבת לרעך להוכיח עמיתו ואמת כי רוב המוני עם אינו מקיים מצוה זו ואינו אוהב לנפשו גם כן ואיך יאהב חבירו יותר ממנו אבל אמת זו היא כוונתי גם כן אם יוכיח לחבירו גם ידו לא תפעל רע וכי איך יערב ללבו להוכיח לחבירו והוא בעצמו השרץ הזה בידו:

וזו היא כוונתי שאני מרבה להוכיח אף כי יודע אני אוי לי על שברי שאיני כדאי לכך ומכף רגל ועד ראש אין בי מתום רק על ידי כך בכמה דברים אני מובדל מיצר הרע אם יסית אותי לומר לו כלך מאתי כי איככה אוכל לעשותו ואני מוכיח לאחרים לחדול הרע הזה ובעונותינו הרבים הא גורם שאין התורה נחשבת אצלם לכלום ומחליפים עולם קיום בעולם עובר ועל זה מקונן ירמיה (איכה א יא) כל

עמה נאנחים מבקשים לחם נתנו מחמדיהם באוכל להשיב נפש ראה ה' והביטה כי הייתי זוללה ולהכין ענין הפסוק נבין מתחלה דברי הגמרא (ב"מ פה ע"ב) מה שכבר פירשנו בו כמה פעמים אבל זהו מה שנראה לי עתה קרוב לפשוטו דבר זה שאלו לחכמים וכו' על מה אבדה הארץ ולא ידעו להשיב עד שאמר הקדוש ברוך הוא בעצמו על עזבם את תורתי והדבר תמוה דמה זה דחכמים ונביאים לא ידעו הלא כל נבואתם מלאה בזה הואיל ואינם שומרים תורת ה' שיגלו בראש גולים ומקרא הוא בתורת כהנים במשנה תורה ובקריאת שמע שחרית וערבית אבל נראה כי מה שאמרו (סנהדרין ל"ה) וישקוד ד' על הרעה וכו' כי צדיק ה' צדקה עשה הקדוש ברוך הוא שהקדים לגלות קודם זמן ונושנתם כי עדיין גלות קיימת והיו יכולים ללמוד תורה אצל חרש ומסגר אלף אבל אילו גלו בזמן ונושנתם לא היו אלו קימים ולא היה להם רב ללמוד תורה ומזה מובן כי זמן הגלות היה מוגבל בזמן ונושנתם רק הקדימו הקדוש ברוך הוא בחסדו כדי שילמדו תורה וא"כ על כרחך נתמלא סאתם עד זמן ונושנתם כי כאשר נתמלא סאה הקדוש ברוך הוא נפרע מאומה (סוטה ט) וע"כ שלא נתמלא סאתם בזמן ונושנתם והנה אם היו ישראל בזמן הבית כרוכים על התורה וכולם ידעו התורה מפי חכמים ונביאים שבאותו דור לא היו צריכים ללמוד תורה אצל החרש ומסגר כי גם להם היה לב יודע תורת ה' וא"כ היו יכולים להתמהמה בארץ ישראל עד זמן שנתמלא סאתם וזוהיא השאלה על מה אבדה הארץ כי ידעו בחטאם גלו אבל יודעים היו כי עדיין לא נתמלא סאתם עד זמן "ונושנתם" וא"כ מהיכי תיתי לפרוע מהם קודם שנשלם סאתם והן בגוי אמורי נאמר (בראשית טו טז ע"ב) כי לא שלם עון האמורי והאריך הקדוש ברוך הוא ואיך לא יאריך אפו לעם קרובו ישראל ואולי ישובו בין כך וזוהיא היתה השאלה על טיב מהירות הגלות קודם זמנה ולא ידעו חכמים ונביאים אבל השם אמר הטעם על עזבם את תורתי ולא למדו בתורה והוצרכו לילך מהר בגולה ללמוד מן חרש ומסגר וא"ש וטעם שעזבו תורת ה' כי החליפו עולם קיים בעולם עובר וילכו אחר תאות לבם לאכול ולשתות מעדנים ויין ענושים כאומרם (שבת קמז ע"ב) חמרא דפורגיתא ומיא דדיומסת קיפחו יו"ד השבטים מישראל שלא למדו תורה וכבר אמרו (שבת קנא ע"ב) ת"ח לא מיעני ואמר הגמרא הא חזינן וכו' אהדורא אפתחא לא מהדר ובזה אמרתי כוונת הגמרא (שם) אמר ר' חייא לדביתהו כי אתי עניא אקדימי ליה ריפתא כי היכי דלקדמו לבנייכו אמרה לו מילט קא לייט להו אמר לה גלגל חוזר בעולם ויש לדקדק מה זה מילט קא לייט להו הוה ליה לומר סתם קלייט להו אלא לפי הנ"ל ניחא דשתי קללות קללן אחת שיהיו עניים ושניה שלא יהיו בני תורה כי אז יהיו מן המהדרין אפתחא וא"ל גלגל חוזר בעולם בכל ענין הן בתורה והן בעניני עולם הזה ולפי מה שאמרנו כי לכך גלו ישראל קודם זמנם בשביל שלא היו בני תורה ואילו גלו בזמנם לא היה להם רב ללמוד והיתה התורה נשכחת כנ"ל וא"כ

נדונים כזולל וסובא דנהרג על שם סופו שלא יתקלקל ביותר ואף אלו כמוהו שאם המתינו היה הקלקול ביותר וזהו מאמר הפסוק (איכה א' יא) כל עמה נאנחים מבקשים לחם היינו אהדורי פתחא והטעם שאינם בני תורה כי בזמן הבית נתנו מחמדיהם שהיא התורה שהיא כלי חמדה וחמדת כל העולם באוכל להשיב נפש והלכו אחר אכילה ושתיה ותענוגי זמן ובשביל כך לא למדו ונעשו ממהדורי פתחא כי אילו למדו לא הגיעו למדרגה זו ואמר (איכה א יב) ראה ה' והביטה כי הייתי זוללה הרצון שנעשה בי עונש כזולל וסובא שנהרג על שם סופו כך אני בשביל שלא למדתי קרה לי כמשפט בן סורר ומורה וגליתי קודם תשלום המדה כנ"ל ועיקר כבוד התורה להקים בתי מדרשות ובית ועד לחכמים אשר שם יתנו תוקף הלכה כי זה עיקר חיינו ושם ה' שורה במקום ד' אמות של הלכה (ברכות ח) ואמר (שם לב ע"ב) ותאמר ציון עזבני ה' וה' שכחני היינו עזובה היינו שכוחה אלא אדם נושא אשה על אשתו הראשונה זוכר מעשה ראשונה ואתה עזבתני ושכחתני עכ"ל ומאמר זה צריך ביאור דמה קושיא עזובה היא שיודע ממנה ומכל מקום עזבה ושכוחה היינו שאינו זוכר ממנה דבר ומה התמיה עזובה ושכחה דבר אחד והתירוץ אדם נושא אשה שנייה זוכר מעשה ראשונה אין המשל דומה לנמשל כי ח"ו שלקח הקדוש ברוך הוא אשה אחרת דהיינו אומות העולם תמורת ישראל כי נשבע הקדוש ברוך הוא שלא להחליף אותנו באומה אחרת (גיטין נז ע"ב) והבטחות הרבה יש בתורה גם כן מזה שאין הקדוש ברוך הוא בוחר באומה אחרת תמורת ישראל אבל יובן בשנבין במה שאמרו בגמרא דגיטין (דף נח) מעשה בתינוק שנשבה ברומי עמד ר' יהושע בן חנניה על פתח בית האסורים ואמר (ישעיה מ"ב כד) מי נתן למשיסה יעקב וישראל לבוזזים ואמר התינוק הלא ה' זו חטאנו לו ולא אבו בדרכיו הלוך כו' אמר מובטח אני שתינוק זה יהיה מורה הוראה בישראל ולא זז משם עד שפדאו בממון הרבה עכ"ל ע"ש והדבר תמוה דהתינוק לא חידש בזה דבר רק הוא אמר תחלת פסוק והתינוק סוף פסוק וכי בשביל זה היתה הבטחתו שיורה הוראה והפריז לפדות אותו בממון הרבה ובדרך פשוט אמרתי לפי דקיימא לן (גיטין מה) אין פודין את שבוים כו' מפני תיקון העולם שהשוסים לא ירבו לשבות מהם שבי ופסקו הפוסקים (שו"ע יו"ד סימן רנ"ב סימן ד' ובש"ך) מהדין אינו מחויב לפדותו יותר מכפי דמיהן אבל לפנים משורת הדין אם רוצה להחמיר יחמיר ואמרינן (ב"מ ל ע"ב) לא חרבה ירושלים אלא שהעמידו דבריהם על דברי תורה ולא הלכו לפנים משורת הדין ועיקר הלימוד דיש לילך לפנים משורת הדין הוא משום דכתיב והלכת בדרכיו מה הקדוש ברוך הוא מתנהג לפנים משורת הדין אף אנו מחויבים כי חס ושלום אם יצא הקדוש ברוך הוא במשפט עם הבריות מי יזכה לפניו בדין ולכך גלו בשביל שלא הלכו לפנים משורת הדין ואם כן יובן הנ"ל דר' יהושע בן חנניה עמד בפתח בית האסורים להתנצל שלא יפדה אותו ואמר כי יש בו תיקון עולם כי מי נתן

למשיסה יעקב וישראל לבוזזים כי אם ירבה בפדיון יבוזו רבים מישראל בשביל דמי פדיונם ובזה הרגיש התינוק ואמר הלא ה' זו חטאנו לו אשר בדרכיו לא הלכו שלא הלכו לפנים משורת הדין כדרכי ה' ולכך נחרב הבית ואם כן אם אתה תלך לפי הדין גם אתה תעשה כדרכם וחובה עליך לילך לפנים משורת הדין ולפדות אותי אפילו יותר מדמיהן ובזה הרגיש ר' יהושע בן חנניה כי דבר גדול דיבר ובזה היה בטוח כי יהיה לאילן רב ופדה אותו לפנים משורת הדין וא"ש וזהו מה שנראה בדרך פשוט אבל יש בו עוד ענין קרוב למרכז אמת והנכון והוא דיש שני מיני פורענות אחד הבא מאת ה' והוא לפי הנראה רע אבל יש בו הטוב המוחלט ותחלתו קשה וסופו רך ומתוק כי הוא למרק עונות כי מפי עליון לא תצא רעות כלל וזהו שאמרו חז"ל (ברכות ה) כי המה יסורים של אהבה ואת אשר יאהב ה' יוכיח אבל מין שני הוא שהקדוש ברוך הוא מסלק ממנו השגחתו ומסרו לפגעים שוטרי זמן וכסילי השמים ומקרי טבע ואז ישבע רעות רבות והוא רע המוחלט כי ה' סר מעליו ואינם יסורים של אהבה כי באו במקרה וזהו רבים העונשים בעונותינו הרבים הבאים על ישראל אשר אמר הכתוב (ויקרא כו כג כד) ואם תלכו עמי בקרי אף אני אלך עמכם בקרי והוא שכאשר יגיע להם דבר עונש אין תולים כי מאת ה' הוא להזהירם על עונותם למען ישובו ויתחרטו רק תולים שמפאת מקרי הזמן וכוכבי שמים בא להם כך ואף ה' הולך עמם בקרי לסלק מאתם השגחה פרטית שהיא בדרך נסי ולמעלה מטבע ומניח אותם תחת הנהגת הטבע ויפגעו בם פגעי הזמן והמה שלא בכוונת עונש רק לפי המקרה והוא הכל רע בתכליתו ובפרט ישראל אשר מפאת גזירות חוקות השמים ומסילות הכוכבים עלולים לירידה ואבדן חס ושלום כי צאצאי אברהם לא הסכים המזל שיולדו רק הקדוש ב"ה אמר לו צא מאצטגנינות (שבת קנ"ו) וא"כ לפי משפט מהלכי גזרות הכוכבים אין לתולדות קדושים הללו קיום בעולם ולכך כאשר נמסרו ישראל למזל מצאו צרות רבות ורעות וזהו חלי והמרי שעוד בעונותינו הרבים אצלינו כאשר יקרה שום סיבה ודבר לאיש לא יהיה מייחס אותו לה' אשר לו נתכנו עלילות ישראל כי אם יאמר הטבע פעל כך או האי גברא לאו בר מזלא וכדומה אם יחלה יאמר שהיה לרוב אכילתו ומזג האויר שאינו שוה לו וכדומה בכל דבר אם יפסיד עסקו יתלה הדבר בעצלותו או בפועלים אשר לו וכדומה וישכח ישראל עושהו כי הכל מעונש פרטי מה' ולמול זה אף ה' הולך עמו בקרי וזהו שאמרו (פסחים ק"י ע"ב) מאן דקפיד לדקדק בפגעי זמן קפדינן בהדיה כי נמסר למזל וה' סר מעליו להצילו בדרך ניסי אשר זהו ממש מעמד ומצב ישראל לחיות על פני האדמה בדרך ניסי והנה שני אופנים הללו יש לפרש בקרא (ישעיה מד כד) מי נתן למשיסה יעקב וישראל לבוזזים הלא ה' וכאן יש באמת אתנחתא ע"ש להורות כי הלא ה' מוסב למעלה שהוא ה' הנותן יעקב וישראל לבוזזים ומאתו בהשגחה בא ונתן הטעם למה עשה כן זו חטאנו לו ופירש רד"ק מלת "זו" כמו אשר חטאנו מבלי הלוך בדרכיו

וכו' אך יש לפרש באופן השני מי נתן למשיסה יעקב וכו' ובאה התשובה הלא ה' זו חטאנו לו מבלי הלוך בדרכיו כי הלכנו בקרי עמו ואף הוא הלך בקרי עמנו ונמסרנו לממשלת המזל ובסיבה זו באנו לבוז ומשיסה וא"כ הלא ה' מוסב למטה לזו חטאנו לו וכו' אבל לא שהוא נתן למשיסה וכו' ולא היה מאת ה' והנפקא מינה בין שני הפירושים כי אם מה' היה אין לנו להתחכם ולפדות השבוים יותר מכדי דמיהן כי הלא רצון השם הוא למוסרן ביד שוסים והוא להרוס ואנו לבנות הלא צורם מכרם וה' הסגירם ואפילו בעניים שאלו (ב"ב דף י) אם ה' גזר על העניים להיות חסרי לחם איך נפרנס אותם רק אם בני חיי ומזוני במזלא תליא אבל אם ה' שינה הטבע ונתן ישראל לשבי אין לנו להתאמץ יותר מכפי הענין כי זהו רצון ה' אבל אם לא היה מה' רק במקרה כי נמסרו בידי מזל פשיטא דחובה עלינו לעשות רצון השם הנשגב ממזל ולעשות מול המזל להודיע כי תורתנו למעלה מטבע ומזל וזהו שר' יהושע בן חנניה אמר מי נתן למשיסה יעקב וישראל לבוזזים והפסיק במאמר ולא סיים הלא השם כי ראוי להפסיק במקום שיש אתנחתא אך הוא בכונה הפסיק מקודם למען שמוע איך יקרא התינוק הפסוק והתינוק החכם הזה השכיל במלתו ולא קרא הלא ה' להפסק מאמר להיותו שייך לראש הפסוק רק קרא הלא ה' זו חטאנו וכו' כאילו שייך למטה שחטאנו לה' ולא שה' פעל אתנו הרעה הזאת ואז הרגיש ר' יהושע בן חנניה בגודל חכמת התינוק שיודע שאין לייחס להשם הרעה זו כי אם לפאת המזל ולא היה רק סילוק השגחתו מה' ועל כן חייב להתאמץ בפדיון שבוים ולרפאות מחצי פגעי זמן וליתן ארוכה למה שמחצו לכך אמר מובטח אני שיהיה איש חיל בתורה ולא שקט עד שפדה אותו וכו' וא"ש:

והנה גם במלת וה' שכחני יש לפרש כן שבכל מקום שנאמר בתורה וה' פירושו הוא ובית דינו (ירושלמי סנהדרין פ"א ה"א) שהוא יסורים ומכה ועונש כדכתיב (שמות יב כט) וה' הכה כל בכור וכו' ואם היסורים באים בכונה מאתו לעונש ודין כבר אמרנו שהוא טוב אבל אם הוא רק הסתרת פנים וסילוק השגחה הוא רק רע כל היום וזהו וה' שכחני הרצון כי היסורין שבאים מה' ובית דינו אינם בעצם השגחה רק בשכחה וסילוק פנים ולכך באו אלו הפורעניות ולא שהיה נעשה מאתו בזכרון טוב והשגחה וכבר ידוע כי ציון הוא כנוי לבתי המדרש כדאמרינן (ברכות ח) אוהב ה' שערי ציון אלו שערי ציון המצויינים בהלכה ועזיבה יש לה שני פרושים אחד מלשון דחיה והרחקה ואחד מלשון בנין כמו ויעזבו ירושלים ופירש רד"ק מלשון בנין והוא מגזרת מעזיבה שדברו בו חז"ל והנה המקשן פירוש ותאמר ציון עזבני ה' היינו לשון דחיה והרחקה כי בגלות בעונותינו הרבים בטלה ממש תורה אין תורה בגוים וזהו שעזב ה' שערי ציוןאם כן פריך שפיר היינו עזובה היינו שכוחה כי מה מורה שכוחה דהא פורענות לא היה בהשגחה רק במקרה דפשיטא דכללא הוא כל יסורים שיש בהם ביטול תורה אינם יסורים של אהבה (שם ה) וא"כ כיון דעזב ה'

בגולה בתי מדרש ויש ביטול תורה פשיטא שאינם יסורים של אהבה ועל כרחך דהוא פורענות בא במקרה וא"כ אין צריך לומר שה' שכחנו דאין בא בכונה ובזכרון טוב מאתו יתברך כיון שיש עזיבה לתורה ועל זה משני הגמרא דלא כן פירוש של עזיבה הוא בנין דבגולה לא בטלו בתי כנסיות ובתי מדרשות כדאמרינן (סנהדרין קה ע"ב) כל הקללות של בלעם חזרו חוץ מבתי כנסיות ובתי מדרשות שהם קיימים בגולה ואם כן כך הפירוש בלשון בתמיה אדם נושא אשה שנייה זוכר מעשה ראשונה ואתה לא נשאת אשה שנייה אדרבה אשה ראשונה אתה מחזיק בה בכל עוז ומכל מקום שכחני וזהו ותאמר ציון עזבני ה' מלשון בנין שבגולה בנה לי בתי מדרשות ובתי כנסיות והוא עיקר ציון ושם דבקותו עמי בכל כדאמרינן (ברכות ח) אין להקדוש ברוך הוא בעולמו אלא ד' אמות של הלכה ומכל מקום וה' שכחני מבלי לרחם עלינו בגולה וזהו בתכלית התמיה:

ומזה חזו וראו כי עיקר התורה ויראת ה' בכל לבב ונפש מבלי לילך בקרי ולשמור מצות ה' וכמה עלינו להתכוין בכל מעשינו להשמר מעבירה ובפרט בגולה וענין יראה כבר אמרו שנחלקת לשתי יראות יראה בעולם הזה מחמת שיקרה לו היזק בגופו וממונו זה לא נאות כלל ויראה מחמת עונשין וגיהנום זוהיא היראה שהותרה לאדם להיות כי גם זה בכלל אמונה להאמין בכלל השארות נפש וכי יש גמול ועונש וחשבון בשאול להוציא מלב אפיקורסים הכופרים בעולם הגמול ועונש וא"כ אמונה זו מחשיבה ליראה הזאת להיותו בכלל עובד ה' וזהו (בראשית טו ו) והאמין בה' ויחשבה לו צדקה כי מצדקת ה' שגמל טוב להיראים מחמת שכר ועונש בעולם הבא בשביל אמונה אבל נבחר מזה יראה פנימית והיא יראה של מלאכי שרת שהם יראים מהדר גאון הקדוש ברוך הוא ולרוב יקרת מעלתו הם זעים ודוחלים כי כאשר יתן האדם ללבו גדולת מעשה בראשית הלא ישתנו כליותיו ותרבה אימה למאוד ויותר שישיג האדם מעלת הבורא יותר תהיה יראה זו ברוב עוז ולכך מלאכי מעלה שמשיגים בקצת גדולת יוצר בראשית והם בפמליא שלו עובדים ה' ביראה ולכך אנו אומרים בברכת יוצר עונים ואומרים ביראה ומשמיעים ביראה יחד בקול כי אצלם הכל ביראה פנימית אבל אנחנו שוכני גוית חומר שאין אנו משיגים גדולת הבורא יותר עבודה אצלנו באהבת השם כי איך לא נאהב לשם הרחמן רב חסד ואמת בזה ולכך אנו אומרים אהבת עולם אהבתנו ואף לנו ראוי לאהוב אותו וקורין קריאת שמע ואהבת וכו' כי למעוט השגתינו יש לנו לאחוז במדת אהבת ה' והנה במתן תורה השיגו השגה מה' ויראו מחזה שדי ולכך כתיב ויראו והקדוש ברוך הוא אמר (דברים ה כו) מי יתן והיה לבבם זה ליראה את ה' וכו' ולכך אנו מתפללין בעת הדוכן בתפלת רצה ושם נעבדך ביראה וכו' וכשנים קדמוניות והיינו במתן תורה שאנו עובדים ה' ביראה פנימית והנה הטעם דהך יראת גיהנום ועונש אינה כל כך יראה שלימה נתן בעל חובת הלבבות ז"ל טעם היותה עבודת השיתוף כי ירא את

ה' ונפשו שלא יצוער בגיהנום ועונשים וא"כ אין עובד ה' לבד רק נפשו גם כן עובד הרי זה כעובד בשיתוף מה שאין כן ביראה פנימית שאין כאן עבודה אלא לה' לבדו וזה שאומר בברכה הנ"ל ושם נעבדך ביראה כשנים קדמוניות בא"י שאותך לבדך ביראה נעבוד כי ביראה זו העבודה לה' לבדו ואין זולתו אתו והבן ובזה יובן מה שכתבו חז"ל (ברכות יט) אל יפתח אדם פה לשטן שישעיה אמר לולי ה' צבאות הותיר לנו שריד כמעט כסדום היינו וחזר ואמר שמעו דבר ה' קציני סדום וכו' עכ"ל ויש להבין וכי בשביל כך נפתח פה לשטן בממה נפשך אם יש לו מקום לקטרג בלאו הכי כקבר פתוח גרונו הלא זה דרכו להשטין ואם אין לו מה בכך שהנביא אומר כך אוי לנו שפותחים פה לשטן בדברנו לשון הרע רכילות ליצנות ניבול פה שיחה בטלה עם אשתו ומכל שכן באשת חבירו מדבר גנות של חבירו שולח פה בתלמידי חכמים ומדבר דברים בלתי ראוים לאביו ואמו ונערים בפני זקנים הרגיל בשבועות שוא ושקר ונדרים מדבר דברים בטלים בבתי כנסיות ומכל שכן בעת התפלה המלשין ומגלה מסתורים של ישראל כאלה וכאלה הם פותחים פה לשטן הם בעונותינו הרבים שנותנים כח לסטרא אחרא להיות לו פה מדבר גבוה ולא מאמר הנביא כנ"ל אבל יובן כשנבין גם כן דברי הנביא מה אמר לנו בזה לולי שהותיר ה' לנו היינו כסדום אבל עכשיו שהותיר אין אנו כסדום פשיטא אם אין אדם עשיר הרי הוא עני בתכלית אבל בשביל שהוא עשיר אינו עני וכן בכל הדברים ומה אמר לנו בזה בדברי תוכחות אבל הענין כך כי באמת בזמן ישעיהו היו עדיין בישראל אנשים יראים והולכים בדרכי ה' לגמול חסד ולעשות הטוב והיושר אבל ישעיה ידע בנבואה כי אין זה ליראה פנימית וכדומה רק הואיל וכבר גלו עשרת השבטים ויהודה ובנימין עדיין נותרו במקומם ומחמת מגור שגם הם יגלו עבדו את ה' מיראת עונש זמני ועונש עולם הזה אבל לא לשם שמים ואילו כבר גלו עד שלא היה מורא גלות עליהם היו עובדים עבודה זרה כשארי רשעים וכאנשים הארורים במצרים שאמרו לירמיה שלא יחדלו לקטר למלכות שמים כי מאז שחדלו חסרו מכל וזהו שאמר ישעיה בנבואה ותוכחה לולי ה' צבאות הותיר לנו שריד שעל ידי כך אתם יראים ועובדים ה' אבל לולי זאת הייתם כל כך רעים וחטאים לה' כמו סדום וכסדום היינו וא"ש והנה השטן אינו בוחן לבות רק יראה לעינים ולכך אמרו עליו (ע"ז כ ע"ב) שכולו עינים כי לא ידע מחשבות צפוני בני אדם וא"כ בראותו ישראלים עובדי השם לא ידע כי אין כוונתם לשם שמים ולא היה לו פתחון פה לקטרג כלל אבל ישעיה שגילה מצפון הזה ואמר בנבואה כי אין מחשבתם רצויה ואינה רק ליראה זמנית מיד מצא השטן מקום לקטרג ולומראם כן הרי הם רעים כסדום ולכך באה הנבואה וכינה אותם קציני סדום וא"ש ולכך יש ליזהר בעבודת ה' ומכל שכן קריאת שמע ותפלה שיהיה הכל לשם שמים בכוונת הלב וביראה אמיתית:

וביותר יש ליתן ללב בשומעו העדר תלמיד חכם והחי יתן אל לבו כי בצלו

חיינו ואם כי מת בסבתנו לכפרת פשע יותר יש לנו לשוב בתשובה ואמרו במדרש (בראשית רבה ריש ויחי) כצל ימינו עלי ארץ הלואי כצלו של כותל אבל הוא רק כצלו של עוף ויש להבין מה יש הבדל בצללים הללו אבל ידוע כי עיקר הצל מאדם הוא נשמת האדם ורוח חיוני ולכך אמרו יהושע וכלב על הגוים (במדבר יד ט') סר צלם מאתם כי נשמת רוח חיוני כבר הלכה ואמרו על שעת פטירת אדם עד שיפוח היום ונסו הצללים כי הוא נשמת אדם והנה כל זמן שהנשמה בגוף יש לו צל כמו כותל לצלו ובמותו נפסק הצל כנפול הכותל אבל זהו אם כאשר ימות שם ינוח ולא ישוב שנית לעולם הוא שפיר כצל הכותל כאשר כותל עומד הוא במקומו וכאשר יפול הכותל פסק הצל לגמרי אבל אם צריך להתגלגל שנית בעולם הרי הצל חוזר אבל הוא בגוף אחר והצל משתנה ממקום למקום וזהו כצלו של עוף שצלו לא עומד במקומו ובכל מקום שהעוף שוכן עושה צל לפעמים במקום זה ולפעמים במקום אחר מקום אשר ישכון כן הנשמה המגולגלת ובאמת תכלית היסורים לנשמה הוא הגלגול כאשר כבר באה וסבלה המות וחבוט הקבר ובאה מעולם חושך ואופל לעולם שכולו אור וזך ונקי יהיה צריך לחזור לזה העולם וישוב לימי עלומיו וכולי האי ואולי הוא שיזכה לאורח חיים בבואו שנית לעולם זוהיא צרה גדולה וזהו אמרו חז"ל (יומא כ"ט) קשה עתיקי מחדתי על זה ישימו ללב כל ישרי דרך להטיב מעשיהם אולי ינוחו ולא ישובו שנית כי מצטערים אנו על הראשונים וזהו אומרו הלואי שיהיה כצלו של כותל

כנ"ל והנה ידוע כי לפעמים הצדיק מגולגל לטובת הדור שהדור יתום והוא בגלגול לתקן הדור כמה שנאמר על הפסוק (דברים ג כו) ויתעבר ה' בי למענכם שבא משה בסוד עיבור לטובת ישראל לזכותם (זוהר ח"ג רטז) אך זהו אם מספידים ומתאוננים על מיתת צדיק כמו שישראל בכו על העדר משה שלשים יום מאין הפוגות אבל בלי הספד אין הצדיק חוזר לבוא כי רואה שלא נהגו כבוד במותו וזוהיא כוונת חז"ל (סנהדרין מו ע"ב) הספדא יקרא דחיי כי על ידי כך יחזור להם הצדיק וזהו תכלית כבוד הדור דכתיב (ישעיה כד כג) ונגד זקניו כבוד וזוהיא כוונת הפסוק (שם נז א) ואין איש שם על לב ואנשי חסד נאספים באין מבין כי מפני הרעה נאסף הצדיק יבא שלום ינוחו על משכבותם והיינו כמ"ש כי אם מספידים כראוי אז חוזר בגלגול בשביל זכות הדור ולא ינוחו על משכבותם אבל כאשר אין איש שם על לב ואין מבין להרגיש כי מפני הרעה נאסף הצדיק וראוי לקונן ולהספיד עליו אז לא יוסיף לבוא שנית בסוד עיבור או גלגול כי אם ינוחו על משכבותם ולכן ראוי לקונן ולעורר הספד ובפרט כעת אשר בלאו הכי חובה עלינו לומר איכה בחורבן בית המקדש ואף על זה נאמר איכה נפלו גבורים גבורי תורה מי יורה דעה ומי יבין שמועה ושקולה מיתת צדיקים כשריפת בית אלהינו ולכן ראוי לשפוך כמים לבנו נוכח פני ה' אבל צריך הכנה לתשובה ועיקר בלי לעבור שום נדנוד עבירה בפרהסיא כי אין השכינה כל כך בגלות אלא לעוברים בפרהסיא על מצות והנה בעונותינו

הרבים השחתת פאת ראש וזקן זהו מעוברים בפרהסיא ובעונותינו הרבים כופרים בדיוקנא דמלכא קדישא כי הם עולמות עליונים וצינורות קדושים מוריקים טובה ואמרו ברבה (איכ"ר ה ה ע"ש במ"כ) על צוארינו נרדפנו אנדרינוס גזר כל מאן דאית ליה שער בראשו מן יהודים יתקטל חזר ובטלו אבל גזר כל מאן דאית ליה שער בקדליה שהוא עורף יתקטל וזהו על צוארנו נרדפנו והוא כי ענין עשו שהיה אדמוני אדרת שער כי ידוע כי רבוי הליחות ומותרות שדוחה הטבע ממנו גדילים השער ובראש ראוי לדחות הליחות כי היא מעבירה השכל ויותר רבוי כח החום בראש כן ירבה השכל וטבע הליחות לירד למטה באבר כטבע המים לכן בסוף הראש שהוא הליחות שם יוצא הזקן ולכך אנשים בעלי זקנים הם בעלי מדע שיצאה מהם הליחות ונשים וסריסים חלושי שכל כי טבע ליחות המים מעבירה השכל וזבות הדמים וזהו בראש אבל בגוף צריך לליחות לבל יגבר כח אש ודם ולכך אנשים שיש להם בגוף שער אם כן ליחות המים יוצאת לחוץ ונשאר בקרבו רק חום ואש והוא איש דם מלא חימה וכעס וזולל וסובא כי טבע אש מכלה כל אכילה וכאשר הנסיון מעיד בקטנים שיש להם רבוי שערות שאוכלים ואינם שבעים וקורין בל"א מיט עסיר וכן היה בעשו שהיה לרוב שערות בכל גופו תגבורת החום והדם גובר בו ולכך היה אדמוני וכולו חימה ואף להשחית איש ציד להרוג ולנאוף אשת רעהו לרוב חמימותו ולא היה שבע לכך אמר (בראשית כה ל) הלעיטני נא

וכו' ולכך נקרא אדום כי טבע אדמוני גרם כל זה ולכך יצחק בהרגישו זאת כי טבעו זולל וסובא ולבל יגזול ויבוז חשב לברכו ברוב דגן וכו' וכאשר אמר (שם כז ל) ודגן ותירוש סמכתיו ולבל יהרוג לנקי חנם שמהו למושל ארץ וגבור וא"כ תהיה איפוא הריגתו בדין ליסר דין ומלך במשפט יעמיד ארץ וזוהיא היתה כוונתו ולכך קודם הברכה בדק ליעקב הידים שעירות כי זה היה כל טעמו לברכה ולכך אף לבסוף ברכו (שם פסוק מ') על חרבך תחיה להיותו אדמוני וזהו הכל משערות כנ"ל והנה בראש ראוי להיות שערות ולכך ראש עשו היה טוב ולכך בא ראשו לקבורה במערת המכפלה מה שאין כן גופו אשר שעירים ירקדו ואנדרינוס ידע זה כי לכך על חרבך תחיה בשביל שער ויעקב איש חלק (שם פסוק י"א) ולכך צוה מתחילה אפילו על הראש יהיה חלק אבל אחר כך בטלו כי זהו יתכן אף ליעקב ולכך נתן אחר כך הגזרה על שערות בצואר וכדומה כי זהו מיוחד לעשו ולכך אמר כל מאן דאית ליה מבני ישראל שער בצואר יתקטל כי הוא מיוחד לעשו וזהו על צוארנו נרדפנו והנה באמת אין לך דבר הגורם חטא אלא המרבה באכילה ושתיה והם מביאים לכל עבירות וישראל שהיו מרבים בסובאי בשר ויין כמה רעות הגיעם כאומרם (איכה ה ה) על צוארנו נרדפנו והיינו אכילה ושתיה ועשו בא לכלל סטרא מסאבתא הכל בעבור אכילה ושתיה וכאשר אמרו בגמרא דגיטין (דף נז) דהאי בר דרומא אמר הלא אלהים זנחתנו וכו' ואתענש ופריך דוד נמי אמר הכי

ומשני דוד אתמוה קמתמי והקשה מהרש"א דהא לשון חדא אמרו אבל הענין במה שכתב התרגום ועלו מושיעים בהר ציון לשפוט את הר עשו דייתי בני רומי לשם לציון ושם יבואו מושיעים ויהרגו טבח רב לה' ברשעים ויש להבין למה יהיה כך אבל הענין כמ"ש הזוהר (ח"א קיז) כי במצרים היתה כל כך התגברות הטומאה עד שאפילו מלאך שליח ה' לא היה יכול לילך לשם פן יתעב עד שהשכינה בעצמה הלכה לשם אמנם ברומי היתה גם כן כל כך התגברות עד שאינו נאות ששכינה תשרה שם ולכך אין רומי נופלת שתלך השכינה לשם ומה עשה הקדוש ברוך הוא נותן בלב רומי לילך ולצבוא על ירושלים ושמה יעלו מושיעים ושמה תהיה מפלתם בארץ ישראל כי שם תהיה השריית השכינה כדכתיב (זכריה יד ג) ויצא ה' ונלחם בגוים וזהו מאמר דוד (תהלים ס יב) מי יובילנו עיר מצור ומי ינחני עד אדום כי לשם אי אפשר להלוך כי הלא אתה אלהים זנחתנו וכו' ואי אפשר לילך לשם כי אם כאשר יבואו לארץ ישראל בהר ציון להלחם שם תהיה בם המגפה אשר יגוף ה' וזו היתה טעותו של בר דרומא כי דוד אמר בדרך תמיה מי יובילני לשם אם כן הם בטוחים בזה אבל באמת טועים הם כי בעל הסיבות יסבב שיבואו לארץ ישראל ושם תהיה קבורתם ומפלתםאם כן ברומי אי אפשר כי שם אלהים יזנח אבל כשבאו לארץ ישראל להלחם בבר דרומא שם השכינה יצאה להלחם ולא הוה ליה לומר אלהים זנחתנו וכו' כי לא יזנח ה' שמה וזהו היה חטאו שנענש ולכן אנחנו בגולה בעונותינו

הרבים בתכלית השקיעה והיא נקראת מצולות ים ששמה עצם תכלית מסטרא דמסאבא ועלינו לצעוק אל ה' וה' הבטיח אותנו (תהלים סח כג) אמר ה' מבשן אשיב אשיב ממצולות ים אבל תדע כי צריך הרבה תשובה כי בעונותינו הרבים נתלכלכנו בצואה כנ"ל לכך הבטיח הקדוש ברוך הוא (ישעיהו ד ד) אם רחץ ה' צואת בנות ציון וכתיב (איכה ה כב) כי אם מאס מאסתנו קצפת עלינו עד מאוד וקאמר המדרש (סוף איכה רבתי) אם מאס מאסתנו לית סבר קצפת עלינו מאוד אית סבר ועל זה ידוו כל הדווים דאמר כי מאס מאסתנו לית לנו סבר וא"כ מה נעשה ומה נדבר אם יוצר עולם מאס בנו ואמר דלית לנו סבר ח"ו איה איפא תקותינו תוחלתנו חדשים לבקרים אבל תדע כי כאשר קבלו ישראל התורה יצאה נשמתן והוריד הקדוש ברוך הוא טל של תחיה והחזיר נשמתן (שבת פה ע"ב) ויש להבין למה היד ה' תקצר ח"ו לעשות תיכף נסים שלא יצאה נשמתן כלל אבל כבר נודע כי ישראל נגועלו במצרים בתועבות ומלוכלכים בעונות והיה גופם בלתי כדאי לקבל התורה ולכנס בברית ה' ולכך יצאה נשמתן והרי הם מתים והגוף בטל והוריד הקדוש ברוך הוא טל של תחיה ונעשה גוף חדש ובריה חדשה שהוא ענין טל של תחיה שיהיה גוף חדש כמ"ש המדרש הנעלם פרשת תולדות (ח"א קלד ע"ב) ע"ש ואז היו ראוים לקבל התורה מפי גבורה וכן קאמר בתקונים (תיקון כו) על משה שבסנה כשנאמר (שמות ג ה) של נעליך היינו שגוף הישן שנתגדל במצרים בבית פרעה נפרד ממנו ועל

ידי טל של תחיה נעשה לו גוף חדש כדי שיהיה ראוי לנבואה ע"ש וכן היו ישראל במתן תורה וכן יהיה לעתיד לבא כי ודאי גופינו אינו ראוי למעלה נשגבה שיהיה לישראל בזמן אשר נאמר עליהם הנה ישכיל עבדי וכו' רק שאז גם כן יהיה כמו מתן תורה כמו שאומרים והוא ישמיענו שנית וכו' וא"כ הגופים האלו המה מאוסים לפני הקדוש ברוך הוא כי המה מגועלים בעונות ולית ליה סבר אבל הקדוש ברוך הוא יחדש בטל של תחיה גופים אחרים בריה חדשה והם ראוים לקבל כמו במתן תורה וזהו שאמרו במדרש פרשת אמור (ויקרא רבה ל ג) ועם נברא יהלל יה עתיד הקדוש ברוך הוא לעשות בריה חדשה כי על ידי כן נזכה לכל כי יבטל המיאוס שמאס ה' בנו ואז ישוב ה' לשוש אתנו כנאמר ביחזקאל (יחזקאל לז יא) שבני ישראל אומרים יבשו עצמותינו ואבדה תקותנו והיינו מטענה הנ"ל כי מאס מאסתנו לית ליה סבראם כן אבדה תקותינו ח"ו ולכך הראה לו הקדוש ברוך הוא תחיית המתים להחיות עצמות יבשות וזהו שיהיה בגדר תחיית המתים ויהיו בריות חדשות ובטל המיאוס ויגאל אותנו ה' ועיין ביחזקאל סימן ל"ו וסימן ל"ז ותראה כמ"ש כי לכך היתה תחיית המתים להודיע לישראל לחזק ברכים כושלות שה' יגאל אותם ולא יאמרו אבדה תקותינו וזהו שאמר הפסוק כי מאס מאסתנו לית לנו סבר קצפת עלינו עד מאד אית לנו סבר אינוח כעסך ואז השיבנו ה' לפתוח לנו שערי תשובה כי ה' יעזור לתשובה והיינו על ידי מלך כהמן וזהו על ידי קצף הקדוש ברוך הוא וזוהיא הכוונה כי קצפת עלינו עד מאוד אית סבר כי זה הקצף הוא בעצם פתח תקוה כי על ידי כך שיהיה קצף לקום מלך כהמן ויהיו פתחי תשובה אצלנו פתוחים וזהו השיבנו ה' אליך ונשובה ואי דלית לנו סבר מחמת כי מאס מאסתנו חדש ימינו כקדם היינו כשעת מתן תורה לחדש ימינו בבריאה חדשה כהנ"ל ואז יבטל המיאוס כנ"ל ולכן בבוא עלינו צרות תכופות יום קשה מחבירו שבר אל שבר ראוי לנו לעורר בתשובה אולי ירחם ה' לטוב לנו כי אריכות הגלות הוא הכל לטובה לבל נשוב לגולה ח"ו כמבואר במדרש (ילקוט שמעוני ישעיה רמז תמג) עניה סוערה לא נוחמה הקדוש ברוך הוא יאמר לאברהם לך נחם לישראל ביקש לנחמם יאמרו אתה הוא שקראתו הר שנאמר היום בהר ה' יראה בא יצחק לנחם יאמרו אתה שעשית שדה יבא יעקב לנחם יאמרו אתה עשית כלא היה שנאמר אין זה כי אם בית אלהים יבוא משה לנחם יאמרו לו אתה שקללתנו מזי רעב ולחומי רשף אמר הקדוש ברוך הוא עניה סוערה לא נוחמה אנכי אנכי הוא מנחמכם וכו' עכ"ל להבין בממה נפשך מה זו נחמה אם בבנין הבית אחרון מהיכי תיתי לא יקבלו נחמה יהיה מה שיהיה אין זכרון לראשונים ואם עדיין לא נבנה מה מקום נחמה יש לאבות עולם לנחם ישראל אם אין בית ה' בנוי על תלו אבל ידוע מה שכתוב במדרש הנעלם אם תעוררו את האהבה עד שתחפץ עד שיחפץ לא כתיב אלא עד שתחפץ והיינו כי הקדוש ברוך הוא ביקש לרחם על בניו אבל כנסת ישראל אינה רוצה עד שיהיה כל כך מובטח שלא

יהיו חוזרים ונגלים כי אם יהיו חוזרים להגלותאם כן יהיה קשה מקדם ולכך כתיב עד שתחפץ וזהו (איכה ד כב) תם עונך בת ציון לא יוסיף להגלותך וכו' וזהו שהקדוש ברוך הוא בקש לאבות שינחמו לישראל שיהיו מרוצים להשיב נדחיהם ולבנות הבית כמקדם ולא בבנין עדי עד שלזה צריך זכזוך רב ורוב צרות בגלות ולכך בא אברהם לנחם ולדבר על לבם שירצו בזה והם השיבו אתה קראת לבית ה' הר שמכוון נגד הר אלהים עליון וא"כ כבר אמר דוד מי יעלה בהר ה' ומי יקום במקום קדשו וכו' נקי כפים ובר לבב הרי תנאים הרבה התנה דוד מי שיזכה להר בית ה' ואדם אחד מאלף שיזכה לכך ובני עליה להר ה' מעוטים כפי תנאים הנ"ל וא"כ מה לנו בנחמה ההיא מי יזכה בה מי יכול לעלות שם הרי רובם ככולם יהיו בלתי זוכים לעלות הר ה' ובא יצחק לנחמם ואמרו הוא קראו שדה היינו שלא יזכו לבית המקדש כי אם שיהיו נדושים ושחים עד לעפר כשדה שהיא נדשת ומסילה להולכים וגלל כן רצון יצחק שיעקב יעבוד לעשו כי לא יזכה לבית המקדש כי אם ברוב צרות וא"כ כי בזה תנחמנו שנסבול עול הגלות וגרות וצירוף ושעבוד אשר קצנו בחיינו ובא יעקב לנחמם ואמרו אתה אמרת שאין אדם זוכה לבית המקדש כי אם שהוא כל כך עניו עד שמשים עצמו כלא היה כלל כמו שנאמר (חולין פט) גדול הנאמר במשה ואהרן שאמרו נחנו מה וכן צריך להיות מי שיזכה לבית המקדש ולכך אמר אין זה כי אם בית אלהים הרצון מי שאינו וכלא היה יחשב זה הוא הזוכה לבית אלהים וזה אומרו הלא אתה עשיתני כלא היה הרצון שרק האדם הזוכה כל כךאם כן מי יוכל לעמוד בזה זולת משה ואהרן לא מצינו אדם כזה וא"כ מה נחמתנו ובא משה לנחמם אמר לו הלא אתה קללתנו מזי רעב והיינו רעב לתורה שתשכח תורה ולכך לחומי רשף שהם מזיקים כמו שכתב רש"י כי כל שעוסק בתורה מזיקים בדילים הימנו (ברכות ה) אבל ברעב לתורה אין מזיקים ולחומי רשף בדילים וא"כ שיהיה רעב בתורה איך נזכה בבית הבחירה שעיקרו תורה דכתיב (ישעיה ב ג) כי מציון תצא תורה ואם אין תורה אין כלום כי היא מקור ראשון ואחרון לכל ולכך לא מצאו נחמה עד דאמר הקדוש ברוך הוא אנכי אנכי הוא מנחמכם כי הקדוש ברוך הוא הבטיח להסיר לב האבן ולחקוק תורתו בקרבנו ולבער רוח טומאה מהארץ ולא יוסיף עוד לבוא בנו נחמה שלימה אשרי המחכה ויגיע לימים אלה ובא עכו"ם וטמא ולשום משכנו בתוכנו לנצח והיא לציון גואל אמן:

דרוש י"א

תוכחת מוסר מה שדרש הגאון זצ"ל בין כסא לעשור בשנת תק"ו ל בק"ק מיץ יע"א:

המלך דוד פתח ואמר (תהלים כז א) ה' אורי וישעי ממי אירא וממי אפחד וכו' ודרש במדרש (שוח"ט מזמור כז) ה' אורי בראש השנה וישעי ביום הכפור ולהבין דברי המדרש אשר דבריו סתומים מה הוא שמייחס האור לראש השנה וישעי ליום הכיפורים יובן מה שכתוב בגמרא דיומא (דף כ)

השטן בגימטריא שס"ד דאית ליה רשות וביום הכפור שהוא יום שס"ה לית ליה רשות ולהבין למה על שס"ד יש לו ולא על שס"ה ומה ענין יש בו אבל יובן גם המקרא דפעם אחת אומר ועניתם את נפשותיכם בתשעה לחדש ופעם אחת אומר בעשירי לחדש וחז"ל אמרו (ברכות ה ע"ב) כל האוכל ושותה וכו' ולהבין כל הענין הוא משאחז"ל (ביצה ה) ב' יומא דריש שתא כיומא אריכתא דמי והטעם משום דאדם הראשון נברא בערב שבת באחד בתשרי ומבואר ברבה פרשת בראשית (בראשית רבה יב ו) דלא שקעה אורה כל יום שבת עד מוצאי שבת ואז חשב אדם עולם חשך ולכך יום א' ויום ב' תשרי כיום אחד דמי וא"כ אז בשנת הבריאה היה יום הכפור במנין החמה ט' לחדש כי החמה לא שקעה ביום א' וזהו ועניתם בט' לחדש אמנם למהלך לבנה היה בעשירי כי במהלך לבנה לב' ימים יחשב וזהו בעשירי לחדש וכן הענין כי ט' סוף הנפרדים ובצירוף עם א' נעשה יו"ד שהוא תחלת אחדים בעשירי וכן יום כפור בצירוף ראש השנה נעשה יו"ד ובתחלת הבריאה ניתן לשטן בחטא אדם הראשון לשלוט בכל ימי שנה לא נכחד יום אחד והיינו למהלך החמה כי אומות העולם מונים חמה (סוכה כט) ובמהלך החמה היה רק שס"ד ולכך השטן בגימטריא שס"ד אבל יום הכפור הוא היום אשר נתבצר כי נחלק יום ראש השנה לשנים ומזה נצמח יום הכפור שהוא עשירי והוא היום אשר לא יחד לו בימי שנה כי לא היה בשנה ראשונה רק שס"ד ימים ולכך ביום הכפור שהוא יום עשירי אין לשטן רשות וחלק בו ולכך הוא יום הכפור יום אחד ודרשינן במדרש (בראשית רבה פב ג) שיום הכפור יום מיוחד והיינו כנ"ל כי עשירי התחלת עשיריות והוא אחד באמת והוא מיוחד נבדל מכל ימות השנה כנ"ל ולכך בתשיעי יש לאכול כי בתשיעי יש לשטן רשות בו יש ליתן לו חלק באכילה אשר יש לשטן בו חלק כנודע אך לא בעשירי והוא קודש לה' ולכך הוא היום אשר יש בו ישע ועזר כי לית לשטן רשות בו אך זהו היה הכל הואיל והיה בראש השנה אור כיום אריכתא ב' ימים כא' אבל לולי זאת גם ביוכ"פ היה לשטן רשות ולא היה מקום ח"ו לכפרה לרוב קטרוג השטן וזהו אמרם ה' אורי וישעי אורי בראש השנה שהיה אור מאריך ומאיר ב' ימים כיומא אריכתא ועל ידי כך ה' ישעי ביוכ"פ כי על ידי כך ביום הכפור אין לו לשטן לקטרג וה' ישענו כי אין קטרוג והנה אמר ממי אירא וממי אפחד וכו' אמנם אסף אמר (תהילים מ"ט:ב'-ג') שמעו זאת כל העמים האזינו כל יושבי חלד גם בני אדם גם בני איש יחד עשיר ואביון אטה למשל אזני אפתח בכנור חידתי למה אירא בימי רע עון עקבי יסובני וכו' יש להבין מה ביקש מיושבי חלד ולא אמר מיושבי ארץ ולא צריך למליצה שהחולדה לבדו בקשה ויתר דברים גם בני אדם וכו' אין צריך לדקדק כלל כי כל הרואה יבין כי הדברים נראים כפולים ומיותרים וביחוד צריך ביאור לאמרו אטה למשל אזני כי בכל דברים אין אומר דבר במשל רק פשוט למה אירא וכו' ואין בזה כלל מהחידה ומשל כלל כי אם דברים פשוטים כהווייתם

ומה זה שדייק אטה למשל אזני ולא סתם אשמע משל אבל ענין אמרו למה אירא בימי רע עון עקבי יסובבני אמרו חז"ל (יל"ש ח"ב רמז תשכ"ח) עבירות שאדם דש בעקביו או שכרוך בעקב והכל הענין מה שהביאני להרבות לדרוש בתוכחת מוסר כפעם בפעם מאין דומיה לי וידעתי כי יצחקו עלי צעירים ויאמרו מי זה ירבה מילין ללא עצה לרוב דברו לא יחדל פשע ומה אהני וכדומה מדברים אבל אמרו חז"ל (שבת צז) החושד בכשרים לוקה בגופו מנא ליה ממשה דאמר והן לא יאמינו לי אמר ה' ישראל הם מאמינים בני מאמינים הם ולכך נלקה בצרעת ויש להבין מה זה לוקה בגופו הוי ליה למימר סתם לוקה וגם מה זה דנענש בצרעת ולמה היה זה האות דוקא ולמה אמר הבא ידך בחיקך ויוציאה והנה מצורעת כשלג למה הוצרך דוקא להכנסת יד לחיק וגם פעם שנית שנתרפא אמר גם כן להכניס ידו לחיקו הלא דבר הוא וכי הקדוש ברוך הוא עושה דבר במקרה ח"ו וגם סירוב שליחותו של משה באמרו והן לא יאמינו לי יש להבין מאי איכפת ליה עכ"פ יעשה מאמר השם ואם לא יאמינו הוא עשה את שלו והרמב"ם בהלכות תשובה (פ"ד ה"ד) כתב דברים רבים שחזקתם שאינם שבים היותם חושבים שאינם חוטאים כלל ואחד מהם החושד בכשרים אומר בלבו שאין חטא כי מה עשיתי לו שמא עשה או לא עשה אין כאן אלא חשד והוא אינו יודע שהוא עון עכ"ל וכבר אמרו (ויקרא רבה יז ד) אין בעל הרחמים פוגע בנפשות תחלה כי אם על שאר דברים ואם לא ישוב לבסוף בא על גופו אך זהו בדבר שאדם נותן על לבו חטאתי ופעלתי עון ואם כן בבוא פורענות על מקנתו וקנינו תיכף שב ומתחרט אבל בדבר שחושב חף אני מפשע יעבור על קניניו ושאר עסקיו כזאת וכזאת בשביל כך לא ישים ללב לשוב כגון על חשדו בכשרים כי אין זה בגדר עון אצלו לפשפש ביה לזכרו ומכ"ש לשוב בתשובה עליו וא"כ תיכף נענש בגופו וזהו מאמר (שבת צז) החושד בכשרים לוקה בגופו דייקא תיכף פוגע בנפשו כי למה לחנם ילקה בשאר דברים מבלי מועיל והנה כבר אמרו חז"ל (ערכין טז ע"ב) תמה אני אם יש בדור הזה מי שיודע להוכיח א"ר טרפון עד שאתה אומר תמה אני אם יש בדור הזה מי שיודע להוכיח תמה אני אם יש בדור הזה מי שמקבל תוכחה ויש להבין וכי בשביל שאינם מקבלים תוכחה לא יוכל לומר אם יש מי שיודע להוכיח אדרבה בדור שאינם מצייתים למוכיח צריך התבוננות רבה למוכיח איך יתחכם בלשונו ומליצתו להטות אוזן אנשים לשמוע בקול דברו אבל הענין כבר אמרו חז"ל (יבמות סה ע"ב) כשם שמצוה לומר דבר הנשמע כך אין לומר דבר שלא נשמע והטעם הנח לישראל מוטב שיהיו שוגגים (ביצה ל) אבל כבר כתבו הפוסקים (עיי"ש בתוספות) כי לא בכל דברים אמרינן כן בדברים שיש עיקר בתורה לא אמרינן הנה וכו' וא"כ המוכיח לרבים צריך דעת וחכמה מה שסופו להשמע יש לו לומר ודברים שאין להשמע יפה שתיקתו לבל יהיו מזידין וגם איזה שישנו בגדר הנח לישראל או לא זו הידיעה שצריך להמוכיח ועל זה אמר

תמה אני אם יש בדור הזה מי שיודע להוכיח ובודאי מי לא יכול להוכיח סור מרע ועשה טוב ואין בי רוח יתירה מה שאני מוכיח וידעתי כי כולם כדאים לכך אמנם הבחנתו הוא להבדיל בין דברים הנשמעים לבלתי נשמעים וע"ז השיב שפיר מה צורך בדור הזה מי שיודע להוכיח הלא בדור הזה אין מי שיקבל תוכחה הן דברים נשמעים הן אינם נשמעים אין שייך כאן להבחין כי הכל חדא בעונותינו הרבים בלתי נשמע כללו של דבר תקנתו של מוכיח קלקלתו של הדור כי על ידי כך נעשו מזידין וזוהיא טענת האשה הצרפית לאליהו (מ"א יז יח) כי באת אלי לפקוד עוני והוא הטעם כי ע"י רוב תוכחות אליהו הכל נעשו מזידין אמנם אמת אם המוכיח יוכיח רק פעם אחת וכדומה ודאי שהפסדו מרובה משכרו אבל אם יוכיח כפעם בפעם מבלי הרף ודאי דבריו יעשו פירות בשקידה תמידית וכאשר יפעלו מים בזולפם תמיד עלי חלמיש צור אשר יעשו בו חריטה איך לא יפעל בלבות שלומי אמוני ישראל אשר מצבתם ויסודתם בקודש וכבר כתב ר"י אברבנאל בפסוק באמרו (שמות ד ו) לשים ידו לתוך חיקו שיקרב אליו ישראל בחיקו ישאם וילמדם דעת ומוסר כי זה היה עיקר שליחות משה לישראל לבשר הישועה למען ישובו כדאמרינן (מכילתא בא י"ב כ"א) משכו ידיכם מן העבירות וקחו לכם מצות וזה היה טעם משה שסירב בשליחות כי היה רועה נאמן לישראל כי חשב שיקלקל שהן לא יאמינו לו ולא ישובו וא"כ יהיו מזידין והשיב לו השם אמת כן דברת בתוכחה פעם אחת ולכך הבא ידך אל חיקך והיינו כנ"ל להוכיחם וללמדם דרך ישרה והנה היה מצורע כי זה מורה על עון ופשע כדדרשינן (ילק"ש ח"א רמז תקנז) מצורע מוציא רע ובעגל כתיב (שמות ל"ב כה) כי פרוע העם ודרשינן (ויקרא רבה יז ג) כי נצטרעו ואף כך הוא בישראל כי בתוכחה ראשונה יהיה נגלה עונם ויגדל עון בית יעקב שיהיו נחשבים כמזידין כאשה צרפית הנ"ל ולכך היה מצורע אמנם השב נא עוד ידך אל חיקך הרצון הוסיף להוכיח כדכתיב הוכח תוכיח ואז יהיו שומעים בקולך כי דור דעה הם ובני אל חי ולכך סופם לשמוע ויכופר עונם כי ילמדו דעת ומוסר וכן היה בפעם שניה והנה שבה כבשרו כי נרפא עונם ונסלח פשעם ונרפא נגע הצרעת ממארת ולכך אמר השם (שמות ד ח) אם לא יאמינו לקול אות הראשון וכו' כי כך דרכו של מוכיח להוכיח תמיד ולא ילאה לא יתן מחסום לפיו אולי ירצה ה' ולכך אל תתמהו בניי על חפצי תמיד להוכיח ובאמונה אני אומר לכם כי בכל ימי ושנותי עלי ארץ לא נבחר ולא היטיב לבי שעה אחת אפס שעה זו אשר אני עומד להוכיח ולהשיב רבים מעון וגם לכם שעה זו נבחרת מכל ימיכם עלי ארץ כי זהו תכלית חיים וקיום גויתינו לשמוע בקול מוכיח וליתן אל לבבנו לאהבה וליראה את שם ה' הנכבד והנורא והוא עיקר וכאשר יתרגל בעבירות כלא יחשב אצלו וימות בארץ גזעו ולא ישוב לה' כל ימי חלדו חושד בכשרים מתכבד בקלון חבירו אוי ווי שעון הזה מרקד בנו גדולים וקטנים ישישו כמשוש על כל הון כאשר ימצא גלוי קלון וערות

רעהו ויחפשהו כמטמונים לפרסם הקלון אם אמת ואם שקר ואם ישמע איש על חבירו קלון יתגדר בו למאוד וזהו רגיל אצלינו בבקר וערב בשכבנו ובקומנו מבלי הרף וגם הסתכלות בנשים ושיחתן ועסק עם נשים לא יאומן כי יסופר כמה רבתה פירצה זו אשר איש אין נקי ואיש אשר יסתיר פניו ויבלום פיו לדבר עם נשים לשוטה ופתי יחשב וכהנה רבים נגעי אדם מבלי שום לב לדבר עבירה ותכלית דבורי בזה היום הוא להקיץ אתכם לומר הנה יום פקודה קרבה ואמשול לכם משל לתוכחתי יריד לייפציג שבו מקיפים לכל סוחרים הדרים במקום אחר ובזמן יריד שני צריכים הם לפרוע והיתה עיר אחת והיו בה כמה סוחרים שהיו בעלי חובות למקיפים הנ"ל ואחד היה שלא היה סיפק בידו לשלם ליריד המוגבל ומה עשה היה נוגש ומזכיר לכל שאר סוחרים שיזכרו יום יריד הנ"ל וצריכים לעמוד בפרוע פרעות כי השעה צריכה לכך לא ישקוט ולא ינוח עד אשר הסוחרים באים ליריד הנ"ל איש צרור כספו בידו והוא לא נסע ואמר אמתלא שיבוא לשם אחר איזה ימים כי מצפה להשיג עוד מעות ובבואם לחנוני המקיף ההוא ושאל הסוחר אותם איה פלוני זה המה הגידו לו בוא יבוא לכאן וסיפרו לו כמה הזכרות וזירוזים עשה לנו איש פלוני ההוא לפרוע לך בזמנו ממש יום ולילה לא נתן לנו מנוחה ויתמה החנוני ההוא למאוד ובבוא האיש הזה להחנוני ביקש ממנו הרחבת זמן כי כעת הזמן בגד בו ואין בידו עתה המעות עד פעם אחרת והפציר בו לבל ישים עליו עון כי לא במרד הוא כי לא היה באפשרותו לאסוף כעת הון בחפזו והגיד לו אדרבה אני זרזתי לכל הסוחרים באזהרה אחר אזהרה לבל יעבור זמן ואף אני אוחיל לצאת בפרעון כסף כאשר יעבור מועד והחנוני רואה כי באמונה אתו וכי הוא שוקד למשמרתו ואין ברוחו רמיה נכמרו רחמיו עליו וימתין לו עוד זמן זמנים טובא עד כי פרע אחת לאחת הקפותיו וכן הנמשל אני יודע במך ערכי כי דל אני ממעשים טובים ורוב הקפותי ומה אעשה ליום המוגבל ויום זכרון לכל נפש אני מזכיר כל איש שיהיה זריז ליום פקודה אשר יקום ה' לפקוד מצעדי ופרי עלילות איש ויפשפש במעשיו בכל אופן אולי יחוס ביום הדין בגשתי לפני אדון העולם וידי ריקות מן המצות שיביט בעניי ויכמרו רחמים עלי ליתן לי זמן לתקן עונותי וה' לא יחשוב לי עוני כי אין ברוחי רמיה היותי מזכיר לכל לשוב מעון ואולי אבנה גם אנכי ממנו ולכן נא אל יהיה לטורח ועומס דברי הללו ובאמת עון עקב למה אמר עון עקבי (תהלים מט ו) יש בו בחינות רבות אחד כי יש להבין בגמרא דב"ק (דף נט ע"ב) אלעזר זעירא מסיים מסאני אוכמא אשכחיה דבי ריש גלות א"ל מאי טעמא סיים מסאני אוכמא א"ל דאביל על חורבן ירושלים א"ל חשוב אתה להתאבל על חורבן ירושלים וכו' תפסוהו א"ל האי מאן דקץ כופרא מאי משלם וכו' א"ל תמרי א"ל הלא תמרי לא הוי א"ל אמור את א"ל בששים וכו' ושבקוהו וכו' עכ"ל ע"ש ויש להבין למה היה מתאבל במסאני על החורבן ולא בשאר לבושים ושינה מנהג של

ישראל במנעליו שהיה דרכם להיות לבנים כמ"ש תוספות שם ולמה תפשוהו על התאבלו על חורבן בית המקדש הלא אבילות לכל מסורה שישו אתה משוש כל המתאבלים עליה ואם אשכחך ירושלים תשכח ימיני כתיב ושאלת האי דקץ כופרא דאין ענינו כלל להא דנתפס היותו מתאבל על חרבן ותמוה לכל וגם יש להבין למה דוקא בששים אבל יובן כי נודע כי כח התאוה תלוי בעקבים וכאשר יצונן העקב אז תבטל התאוה וזהו הטעם שביום הכפור אסור בנעילת סנדל וכן בכל תענית ציבור כנזכר בדברי חז"ל כדי לבטל התאוה ולכך הסנדל חופף העקב כי זהו עיקר יהיה מגולה לבטל כח התאוה ולכך במקדש וכל מקום מקודש היו צריכים לילך בגילוי כדי שיבטל כח התאוה ותהיה מחשבתו נקיה להשגה שכלית ולקבל כח שפעת אלהים וזהו (שמות ג ד) של נעלך מעל רגליך כי המקום אשר אתה עומד עליו אדמת קדש וכן זהו הטעם בחליצה כי לא אבה יבמי כי נתאוה לשאר נשים כח התאוה ובוז יבוז בדבר מצוה ליקח ולבנות בית אחיו לכך (דברים כה ט) וחלצה נעלו מעל רגלו והנה יוסף בן גוריון בקינה שלו על בית המקדש שנחרב אמר כי הדורכים על רצפת בית המקדש היו משיגים חכמה והיתה רצפה מחכמת והוא כי המקום היה אדמת קדש והדורכים עליה השיגו חכמה ונתדבקה בהם רוח הקדש ולכך הוצרכו לילך בלי סנדל שלא יהיה דבר חוצץ בינם לבין האדמה אשר דורכים עליה כדי שישיגו שפעת קדש מהאדמה וזהו של נעליך כו' כי המקום

וכו' אדמת קדש ואין ראוי להפסיק ולבטל בהשגת קדושה ומזה הטעם היה חסידא ופרישא אליעזר הנ"ל סיים מסאני אוכמי להיות כי בחרבן בית המקדש ראוי ממש לבטל כל התאוה כמו שאמרו (ב"ב ס ע"ב) נשים לא נקח יין לא נשתה בשר לא נאכל ולכך שם אות אבילות במסאני המעוררים תאוה לזכור תמיד בחרבן בית המקדש אבל עיקר טעם כי לולי שנחרב המקדש היו דורכים על אדמת קדש והיו הולכים יחף להשיג מדרגת קדושה וכעת בעונותינו הרבים אשר חרב אנו לובשים מנעלים כי בטלה קדושה בעונותינו הרבים ולכך מסאני דהיה לבוש היה אוכמי על אבילות כי ע"י החרבן הגיע ללבוש נעלים ואילו היה קיים היו הולכים יחף והיו מגיעים לכמה מעלות קדושה אך כל זה להשיג ע"י דריכת קרקע הקדש ולהדביק מקדש לקודש לאו כל אדם זוכה לכך ורבים מהמונים אשר ידרכו ולא ישיגו דבר רק מי ששכלם טהור וזך וקרובים למדרגת רוח הקדש להתדבק בשכל אלוה הם המקבלים תועלת בדרכם על אדמת קודש והם העולים בסולם בית ה' כי אין מסך מבדיל בין שכלם לשכל הנבדל משא"כ המוני עם גדר דרכם בגוית חומר וכי ידרכו לא ירגישו ולא יקבלו שום השגה כלל ואין זה אלא לבני עליה המועטים ולכך כאשר ראו כי זהו לבוש מסאני אוכמא על אבילות ביטול השגה כנ"ל חשבוהו ליוהרא היותו מבני עליה שמשיגים ומוסיפים אומץ בדרכם עלי אדמת קודש כי לשאר בני אדם אין כאן העדר תועלת בזה כמאמר אסף (תהלים עט ב) נתנו נבלת עבדיך וכו' בשר חסידך וכו' קרי

ליה עבדיך היינו רשעים וקרי ליה חסידך וכו' ועי"ש בסנהדרין (דף מז) מה שכתוב ע"ז אבל יובן גם כן במה שדרשו דאומות העולם צריכים לשלם כל מה שהרגו מישראל במיטב וכמו שאמרו חז"ל (ראש השנה כג) תחת הנחשת אביא זהב תחת רבי עקיבא וחבריו מה תמורה יש וידוע דכל איש מישראל יכול להשיג השגות מבחר שבנביאים עד משה ע"ה ואפילו רשע יכול לשוב להגיע למדרגה גדולה מאוד ולכך האומות שהורגים רשעים שבישראל לעת יום נקם ושלם צריכים לשלם כאלו הרגו צדיקים דאילו היו חיים היו יכולים לשוב ולהגיע למדרגה גדולה ולכך אמר אסף אע"פ שהרגו לעבדים יש להם לחשוב כאילו הרגו לחסידים כי היו יכולים להגיע לכך ועליהם לשלם באופן זה וכן הדברים אם הורגים לפרחי ישראל יענשו כאילו כבר הגיעו למדרגת נביאים כי אילו היו קיימים כנ"ל וכבר נודע במדרש (ויקרא רבה פ"ל) בכפות תמרים כי תמר מורה על נביאים כדכתיב צדיק כתמר יפרח אמנם ידוע בבית שני אף שהיו בני אדם אשר מפאת מעלתם היו ראוים לנבואה אבל כבר נחתמה הנבואה ולא היתה נבואה בבית שני וכמ"ש בהלל (סוטה מח ע"ב) ראוי שתשרה עליו שכינה כמשה רק אין הדור זכאי לכך אך היתה השגה ע"י חלום כי בלילה עלתה נשמתם למרום עליון כמ"ש על האר"י ז"ל ורשב"י ומכ"ש בדורות שקדמוהו וזהו אמרם בבית שני בחלום אדבר בו ובזה תובן שאלתו של אליעזר האי מאן דקץ כופרא הרצון אומות העולם שהרגו אילנות קטנים הם פרחי ישראל ואפילו פושעי ישראל בכינוי כופרי וכשיגיע יום חשבון ותשלומין מאי משלמי ואמר תמרי דאילו היו חיים היו יכולים להגיע למדרגת נביאים הנקראים תמרים כנ"ל ושאל הא לא הוי תמרי הא בבית שני לא היה אפשר להשיג מדרגת הנביאים וא"ל שישלם כופרי הא יכולים ליעשות מצד עצמם תמרים חכמים גדולים כנ"ל אמר להו שמשלם כאילו הגיעו למדריגת חכמים שהשגתם היא ע"י חלום וזהו אמרו בס' כידוע (ברכות נז ע"ב) כי החלום אחד משִשים בנבואה וזו היתה תכלית ההשגה בבית שני ובזה הורה לנו אליעזר שאפי' שהוא בעיניהם מעט בערך מכל מקום אילו לא נחרב הבית היה יכול לעלות מדרגה מדרגה עד הגיעו למעלות השלימות אשר קנו שלימות ותופס הארה בדורכם על הרצפה יחפים וא"כ שפיר יש לו להתאונן על ביטול מקום השגה ושלימות אף שהוא כעת במדרגה זו ומשום הכי שבקוהו וא"ש ומזה יובן כי כל התאוה תלויה בעקב ולכך אמרו על תאוות שאדם להוט ורודף אחריהם בלשון עבירות הכרוכות בעקב או דש בעקב וזהו שיש לאדם לירא בימי רע כאשר ריבוי תאוה רודפים לאדם לסור מדרכי ה' והנה גדר התאוה באדם הוא בשני מינים אחד ריבוי אכילה ומשגל וכדומה שהוא גם כן תאוה לבהמה והוא מטבע עפר שנולדות תאוות כאלו אמנם יש תאוות מיוחדות באדם משא"כ בבהמה דהיינו להתגאות וכדומה להרחיב גבולו בבתים וחצירות וסגולת מלכים ומדבר לשון הרע וכדומה מהרבה תאוות

המיוחדות לאדם במה שהוא אדם וזהו מוליד כמו גלי ים שעולה תמיד במעלות רוממות גאוה וחימה כדכתיב (תהלים קז כה) יהמו גליו יעלו שמים וכו' אמנם יש באדם רוח נשמת חיים שהוא חלק שמים וזהו בראשי תיבות אי"ש א'דמה י'ם ש'מים אמנם אשר כרוכים אחר תאות בהמה למלאות נפשם כי יערב המה בני אדם כי מאדמה לקחו והנה אותם שאין להם חלק שמים כלל כל עשרם ורוב קנינם הם לרוע ואין בהם דבר טוב כלל יצבור מאין פוסק ולא יראה טוב בעולמו וע"ז נאמר כי הוא עני בדעת וכי לא ישבע לנפשו ולנשמתו טובה וזה נמשל לחולדה כי כל מה שיש בים יש ביבשה (חולין קכז) וידוע כל מה שביבשה טמא בים טהור וכן להיפך (כלים יז יג) וא"כ אין לך מכל מיני טומאה שאינם טהורים גם כן והם מתהפכים טמא וטהור וזהו אנשים שיש להם חלק שמימי גם כן עשרם לפעמים לטוב ולפעמים לרע כי עושה צדקה וכהנה והוא לטוב והם בזה בגדר עשירים והולכים אחר שרירות לבם הרע גם כן ובזה הם עניים והם בגדר שאר עופות ומינים טמאים שיש לעומתם בים טהורים אמנם אלה שאין להם חלק שמימי המה עניים בתכלית כמ"ש ואין להם בשום אופן סימן טהרה וזהו חולדה כי החולדה רק ביבשה וביבשה הוא משרצים טמאיםאם כן אין כאן טהרה כלל וזהו מאמר בני קרח (תהלים מט ב) האזינו זאת כל יושבי חלד היינו אותם שאינם בשום אופן בגדר טהרה כלל ואמר בני אדם והם בתורת אדמה גם בני איש והיינו כמ"ש שיש בהם גם כן אדמה ים שמים והם יחד עשיר ואביון שהם כלולים משנים עשיר ואביון כי מצד אחד הם עשירים ומצד אחד הם עניים שני הפכים בנושא אחד והנה באמת כל תוקף קיום התורה אשר יזכה הנער את אורחו הוא בכלל אחד שיעשה אדם המצות בשמחה זו תכלית שלימות האדם כאשר יעשה עבודת ה' שיהיה בעיניו כמשוש להון רב והוא המביא אדם ליראה ואהבה את ה' וזהו ממש כלל כל תורת האדם השלם כי בזה יתדבק בה' ויטה אהבתו ויתלהב בתורתו ללמוד תורה ויראת ה' כל הימים וכן חילופו מי שאינו עושה בשמחה ללמוד תורה ויראת ה' כל הימים נענש הרבה וירחק למאוד משלימות כדכתיב תחת אשר לא עבדת וכו' בשמחה וטוב לבב וכך כתב האר"י ז"ל דצריך לעשות כל המצות בשמחה ושמחת מצוה תהיה בהתבונן אדם בתכלית שפלותו טיפה סרוחה כלי מלא בושה ומלך מלכי המלכים צוה לעשות דבר ליקח ענף לולב ואתרוג ובו יעשה רצונו ויהיה לרצון לה' איך לא ישמח ואילו יגיע לאיש אחד מכאן כתב מהמלך לילך בשליחותו איזה ימים ובזה ימצא חן בעיניו הלא ידלג שור באהבת עשות רצון מושל ארץ ואם ילך בדרך ויצטרך לפסוע עלי קמשונים ולדלג פחתים והרים אשר במעדר יעדרון לא ידאג ולא יפסק חוכא מפומא וכן יפה לעשות כי כולנו חייבים בכבודה של מלכות ואיך לא נשמח בשמחה שלימה שאין בה עצב בעשיית מצות ה' אשר לא נפלאת היא וקשה ונוח לעשותה כי לא הטריח ה' על ברואיו בשום דבר ובזה זכינו למצוא חן בעיני ה' ולהיות

דבקים בו כל הימים ואיך לא נגיל ולא נשמח בכל לבבנו ובפרט כי ע"י מצוה בעשותה בשמחה נזכה להשגת חכמה והשגת רוח הקדש כמבואר בגמרא (שבת פח) בשעה שאמרו ישראל נעשה ונשמע יצאה בת קול מי גילה רז זה שמלאכי השרת משתמשים בו וכו' עושי רצונו והדר לשמוע בקול דברו ויש להבין מה הרז הזה ומה שמשתמשים בו מלאכי השרת אבל הענין כי מחלוקת יש בין הפילוסופים ובין התורניים וביחוד המקובלים כי דעת פילוסופים להשיג השגת אלהות ואין צריך לומר דברי נבואה צריך הכנה בהתחכמות בחכמות ומושכלות בטבעים לימודים וכהנה להתדבק שכלו בדברים שכליים עד שיוכל להפשיט הצורות מן החומר בשכלו וישב ויתחכם עד הדבקו בשכל הפועל ומשם בשכלים הנבדלים ומשם בשכל אלוה ולכך אריסט"ו וחביריו כפרו בנבואה שאמרו למי יאות הנבואה יותר מהם שהשכילו לדעתם ביותר וכילו כל ימיהם בהסתכלות בעומק החכמות וחקירות אבל התורניים ומקובלים חלקו על זה ואמרו לא זה המביא לרוח הקדש כי אם בעשות מצוות בשלימות וכונה רצויה אם ירצה אלהים את פעלו ויאיר לנו באורו לזרוח עליו כבוד ה' והעושה סוכה לשמה בשמחה ובדקא יאות יוכל לזכות יותר לשלמות שכלים נבדלים ושכל אלוה מכל חכמות אריסט"ו וכת הפילוסופים כל ימיהם ולכך אחז"ל (סנהדרין נט ע"ב) מפני מה זכה זה לנבואה מפני שעשה כך וזה מפני שעשה כך תלוי הכל בקנין המצות והעבודות אשר בעבורן זכה לא בעוסקם במושכלות ולכך אמרו (סוכה נא) שמחת בית השואבה שהיו מרקדים וחוגגים בשמחה של מצוה ובפרט בירח איתנים שהיו שואבים רוח הקדש ולא כאשר יאמרו הפילוסופים שצריך הכל התבודדות בעיון החכמה וכדומה וזהו כי ישראל במצרים היו גם כן נפתים בקול כלדים ופילוסופים אשר חשבו השגת רוח הקדש ע"י התחכמות בחכמה רק בבואם למדבר וכבר ראו בים מה שראו הבינו האמת כי שקר נחלו חכמי מצרים ועיקר השגת רוח הקדש ונבואה תלויה בקיום המצות וזהו אומרם (שמות כד ז) נעשה ונשמע דהיינו ע"י עשיית מצוה נזכה לנבואה וקול אלהים ולא ע"י התחכמות וזהו שאמרה הבת קול מי גילה רז זה לישראל דיזכו לנבואה ע"י עשיית המצות והוא כמלאכי השרת שאין זוכה מלאך לקול אלהים שהוא עיקר שלימותו ואושר האחרון אם לא שיעשה ראשון מצות ה' ואילו היה תלוי במושכלות הלא הם בעצם שכלים נבדלים וכל עצמותם להשיג עלולים ולכך אמרם בראשון עושי רצונו והדר לשמוע בקול דברו וטרם שיעשו מצות ה' אשר אליהם יזכה לקול ה' וא"ש הביטו וראו כמה כוחה של מצוה וכמה יש לנו לשוש ולשמוח בקיומה והלואי שיהיה לנו חלק אחד מחלק אלפים שמחה מה שיש למלאכי השרת למעלה בעשותם מצות ה' והאיש השמח בזכרו מצות ה' ישכח כל צערו ויגונו ותוגתו בזה העולם כי במה נחשב נגד קיום מצות ה' אשר זוכה לעתיד לבא למראה הנבואה ומחזה שדי יחזה ולמה זה אדם הבל

יגע וישמח במצאו הבל מדומה כאשר ימצא אדם אלף תגרים וכדומה אם ישתכר מה הוי מהרבה השמחות והגדולה ואם יקרא ק"ש ויניח תפילין וכדומה כדקא יאות אשר לא יערכנה כל הון לא ישמח אדרבה הכל עליו למשא וימים אלו הבאים הם מלאים מצות שופר יום הכפור סוכה לולב ושאר מיני סוכה ושותא בפי הבריות מי יתן שכבר יעברו הימים אלו אין בהם חפץ לעשות דבר הוי המחליפים עולם קיים בעולם עובר בלי טעם כלל הלא כוכבי שמים אינם מקבלים שפע כי אם ראשון בעשות רצון ה' ולכך ששים ושמחים לעשות רצון קונם ולכן אנשי לבב שמעו אלי ועבדו את ה' בכל לבבכם באהבה ובשמחה ובשנה זו יותר מוטל עלינו תפלה וצדקה לה' כי בעונותינו הרבים חרון אף ה' היה בישראל בשנה שעברה ונגדע קרן ישראל בחורבן עיר ואם בישראל בלע ה' ולא חמל נאות יעקב הם בית הכנסת ובית המדרש בפראג אשר כמוהו לא יהיה בכל תפוצות ישראל ומתו כמה נפשות מישראל רבים נהרגו על קדוש השם הי"ד וקצתם שמתו על מטתם שהיה גם כן לרוב צער ויגון ומבת ציון יצא כל הדרה בעלי תורה וחכמה ובעונותינו הרבים עוד היום חרון אף ה' אשר ימים אלו שמענו ותרגז בטני אשר מתו שני בעלי תורה המופלאים אחד חכם וסופר מופלא בדורו כמוה"ר אברהם אויש זצ"ל ושני יניק וחכים צנוע ומעלי ממש מת בלי חטא ופשע כי מנעוריו היה עולה תמימה לה' כמוה"ר אהרן ז"ל ווי ווי מישראל חסרו גבורי כח איך אבדו גבורים ויאבדו כלי מלחמה לכן עלינו לבקש רחמים ולשפוך שיחה לפני ה' שיסיר כעסו ושבטו ואל תאמרו מה לנו ולהם הלא למעלה אין הבדל בין עיירות וכל ישראל בכלל בסקירה אחת נסקרים ועונותינו הטו זאת ואילו היינו אנו זכאים היינו מגינים שלא קרה להם כן והלא איש אחד אנחנו וכשלו איש באחיו:

וזהו מאמר הגמרא (יומא פו) כתיב ונקה וכתיב לא ינקה הא כיצד מנקה לשבים ואינו מנקה לשאינם שבים ודבר זה צריך ביאור דפשיטא דלא ינקה לשאינם שבים וכל האומר הקדוש ברוך הוא ותרן יוותרו חייו (ב"ק נ) אמנם הענין נודע כי כל ישראל ערבים ואיש בעון חבירו נתפס ובפרט מי שיש בידו למחות ולא מוחה ואין פירושו של למחות כמו שחושבים העולם שהוא ידו תקיפה לגעור בעושי עול ולכוף כאגמון ראשם לא כן הוא רק כל אדם שרואה שחבירו עושה דבר שלא כהוגן יש בידו למחות דהיינו לומר אל בני לא טוב הדבר כלך מדרך זו ואם הוא לא ישמע לו הרי הוא מנוקה מעון ואפי' מערבותו אבל אם כובש פנים בקרקע גם הוא עונו ישא וחטאת הקהל הוא דרך משל אחד גוזל וחבירו גם כן גוזלאם כן כל אחד נענש בעבור גזלתו ועבור גזילת חבירו גם כן היותם שניהם בעבירה וע"ז נאמר (ויקרא כו לז) וכשלו איש באחיו ואם אחר כך אחד חוזר בתשובה ושני עומד במרדו וברשעתו זה השני לא זו בלבד שנענש בעבור עצמו אף גם נענש בעון גזל חברו גם כן היותו ערב ואף שחבירו שב מכל מקום הואיל והוא לא שב אם כן לא

נתרצה למעשה חבירו הרי למולו לא נסלח העון וחטא הגזל במקומו עומד להעניש אותו כי לזה שנמחל החטא בתשובה הוא חמלה מה' מרצון מוחלט בלי טעם ורחמים גדולים לה' שיסלח לעון כאשר יתחרט והרי זה נמחל בחמלת ה' אבל להעומדים במרדם אין כאן חמלה וחטא חברו במקומו עומד שנענש בעון חבירו וזהו אמרו מנקה לשבים ואינו מנקה לשאינם שבים הרצון אותו עון עצמו ששב עליו הוא מנוקה לאותו איש ששב עליו אבל מכל מקום הוא עומד להפרע לגבי חבירו בשביל ערבות הואיל ואינו שב ודברי הגמ' מדוקדקים היטב ולכן ראו כמה עון גורם וכמה גדול כח התשובה והעיקר כמ"ש לשמוח בשמחה של מצוה ואז יתן אל לבו מבלי לעבור פי ה' וללמוד דיני תורה ולהשמר מעבירות שדש בעקביו ובפרט הלכות שבת ויום טוב וברכות ברכת הנהנין מי שאינו בקי בהן ממש אינו בתורת אדם ישראלי וגמרתי בלבי בלי נדר והסכמות נדר ביו"ד ימי תשובה אלו אי"ה לכתוב דיני שבת בקצרה בלשון אשכנז ולחלק לבעלי בתים שאינם כל כך בני תורה וביחוד בגליל שלי וידעתי כי יצחקו עלי רבים ואהיה להם למשל כל היום מגינתם אבל מוטב שאהיה שוטה כל ימי ולא איעול בכיסופא קמי מלכא קדישא במטותא אחיי חוסו על זמן יקר הנבראים מבלי לכלותו בתוהו והבל יפה שעה אחת בעולם הזה בתורה ומעשים טובים מכל חיי עולם הבא והלא תודה לאל יש לנו תורת אמת וישרה וכי אנו כשאר עמים עכו"ם אשר לדעתם קנין שלימות חמור עד שיתענו יום וליל ומסגפים עצמם בסיגוף עצום ומכ"ש עמים היושבים בארץ הודו וגלילות אשר הרבה יושבים במחילות תחת קרקע ואינם רואים בשנים רבות אור יומם ושרש עשבים לחמם ואומרים שזהו לקנין שלימות ולא כן אנחנו שהנחיל ה' אותנו תורת אמת ומשפטים ישרים ולא העמיד עלינו דברים קשים לעשותם ויום אחד בשנה שצוה לענות נפש צוה לאכול מקודם ולמצוה יחשב וכל עסקינו בעבודת ה' הכל בדרך ממוצע ע"כ נא אל תשמחו בשמחה של שטות ויגיעו מועדים הנה הרוג בקר ושחוט צאן ותחת אשר ראוי לאדם לשמוח בשמחה של מצוה נהפוך הוא כי סוכה ולולב וכדומה עליהם לטורה רק שמחה של שטות בתערובות אנשים ונשים ווי ווי מה נאמר ליום פקודה במה יתרצה עבד לאדוניו מה יאמרו על הסתכלות בנשים ושיחתן הם חרבות ולפידים והרהור עבירה קשה מעבירה (יומא כא) כי מביאים לאדם לידי חטא קרי וכדומה ואם כי חמדת ישראל וכל חפצם הוא בברית קודש אשר הוא חותם ה' להגן על ישראל בזה ובבא בדברים כאלה מקלקל החותם ואינו ניכר וזהו שאמרו בגמרא (תענית ד) אמרה כנסת ישראל שימני כחותם על לבך אמר הקדוש ברוך הוא בתי את מבקשת דבר פעמים נראה ופעמים אינו נראה אני אשימך במקום הנראה תמיד הן על כפים חקותיך וכו' להבין מה זה וכי תהיה כביכול שכחה לפניו שיתכן בו לפעמים נראה ולפעמים אינו נראה וכל הדברים צריכים ביאור אבל יובנו כי חותם ישראל הוא אות ברית קודש כדכתיב

וצאצאיו חתם באות ברית קודש וכן בברכת המזון נאמר על בריתך שחתמת בבשרינו ודא חותמא דמלכא קדישא אמנם בהסתכלות העבירה בחיבוק ונישוק לדבר עבירה ומכ"ש ווי ווי למי שמטמא ברית קודש במעשה ומנבל פיו ח"ו כי ברית הלשון יותר גבוה מברית קודש ואם מטמא עצמו בברית הלשון גם ברית הקודש חותמו נמחק ונטשטש ח"ו אמנם אין דבר עומד בפני צדקה ואמרו (ב"ב י ע"ב) אפי' עבודה זרה צדקה מכפרת וזה תמיד עומד להגן וצא ולמד מנבוכדנצר הרשע אמר אדמה לעליון והחריב מקדש אל ושפך דם ועשה כל תועבות ה' בצדקה נארך דינו (עיין דניאל ד') עד שפסק מצדקה ואז נטרד מבני אדם לכן אחי אל תרעו לסגור יד מצדקה וחנינת דלים היא אשר תקרב הגאולה ויעלו לציון מושיעים כדכתיב (ישעיה נו א) שמרו משפט ועשו צדקה כי קרובה ישועתי לבוא וזהו כוונתם כי אחז"ל כנסת ישראל בקשה מה' לזכור לישראל חותם ברית קודש וזהו שאמרו שימני כחותם על לבך חותמא דמלכא קדישא אבל ה' השיב דזהו דבר שלפעמים בלתי נראה והיינו בשעת חטא אז החותם הנ"ל מטושטש אבל אשים אותך על כפים היינו צדקה וזהו נראה תמיד כי צדקה יכפה אף ואין עבירה מכבה אותה כלל למדו נא לשמור עצמכם בשמירת הברית אמרו בגמרא (מנחות מג ע"ב) כשהיה דוד נכנס במרחץ אמר אוי לי שאני ערום מן המצות כשנסתכל בברית מילה שר למנצח על השמינית ולהבין זה מה שאמר אני ערום אבל כבר אמרו כי המצות ומעשים טובים הם לבושי אדם כדכתיב (איוב כט יד) צדק לבשתי וכו' וידוע כי בועל ארמית נמשכה ערלתו וקשורה בו ככלב והיינו שכל זכיות שלו הוא מקבל בסטרא דמסאבא והוא ערום מכל וזהו הנאמר ביוסף (סוטה לו ע"ב) לעשות צרכיו נכנס וינח בגדו ותתפשהו בבגדו וידוע כי דוד לקח יפת תואר ואמרו (קידושין כא ע"ב) לא דברה תורה אלא כנגד יצר הרע כי גירות שלה באונס אינה גיורת ולגויה תחשב וזוהיא כוונת הגמרא כשנכנס דוד למרחץ הרצון במליצה הזו שהרהר בתשובה ונכנס לרחוץ צואת וגלולי עונות ונזכר ביפת תואר שלקח וחשב אולי הוא באמת בגדר בועל ארמית וא"כ כל המצות ולבוש צדק נפשט מעמו והוסר עדיו ולכך צעק ואמר אוי לי כי אני ערום ממצות כי נלקח כל מחמדי אמנם כאשר נסתכל בברית מילה הכיר שהוא אינו בגדר בועל ארמית כי אין נמשך ערלתו ומזה נח דעתו כי ידע דעדיין לו המצות ולבוש צדקה כשריון לכן במטותא חוסו על בגדיכם לבל יבא בם רקב או רבב ח"ו וביחוד למנוע שמחה של הוללות וצחוק וקלות ראש אין לך דבר שמפריע לאדם מעבודת ה' אלא דברים כאלה ובפרטות בלילה אשר על כל משמר ה' שואג על נוהו ואיך יתכן אשר ישבו בלילה בחורים ובתולות ישישו כאשר ימצא קבר פתוח גרונם בלשון נבלה ווי ווי על עון גדול כזה וזכו חלקיכם אשר תקנתם מבלי לישב על סעודה שקורין סעודת קנין וקנס יותר עד שעה יו"ד בלילה ואחר כך יוצא החתן מחדרו כי אז משמר מתחלף והקדוש ברוך הוא מקונן על חורבן בית המקדש ואיך

נשוב ונשמח בשמחה אשר אין בה נחת רוח ליוצרנו ודעו כי אמרו בגמרא (ברכות ג) ג' משמרות הלילה ועל כל משמר ומשמר ה' שואג וכתבו הרא"ש והטור (שו"ע סימן א') שסוף כל משמר ומשמר יש לקונן על חרבן בית המקדש יש לתמוהאם כן הא דהאריכו כל הספרים וביחוד ספר הזהר והמקובלים לקונן בחצות כי ה' מקונן אז ביותר על החורבן והא אינו סוף משמר והמגן אברהם הרגיש בזה והביא ראיה מגמרא דבמשמר השני הקדוש ברוך הוא מקונן באמצע וזה צריך באמת טעם למה נשתנה וגם יש להבין במה דפליג רבי ור' נתן (שם ע"ב) אי ג' משמרות אי ד' הוי לילה ולא קחשיב ר' אליעזר בהדי דרבי דס"ל ג' הוא לילה ובפרט לפי הנראה דגרסינן ר' אליעזר שהוא ר' אליעזר הגדול הקדמון ואיך יחלקו ר' נתן ורבי בדברי ר' אליעזר וגם במשנה יש לדקדק דנתן הסימן עד אשמורה ראשונה והוא גופא בספק אם הוא חלק רביעי מלילה דד' משמרות או חלק שלישי מלילה דג' משמרות הוי לילה ואין זה מגדר הסימן דסימן צריך שיהיה מבורר מאין יפול בו שום ספק אמנם ברור הדברים לפי דאמרינן דאיכא מאורות ברקיע ופירש"י כתות מלאכי השרת מיוחדים שאומרים שירה בכל משמר ובזה ישבתי גמרא דחולין (צא ע"ב) דאמר מלאך אני ומיום שנבראתי לא הגיע זמני לומר שירה עד עכשיו מסייע ליה לרב חננאל אמר רב דאמר ג' כתות אומרים שירה בכל יום וכבר נתקשו בזה תוס' מה זה דמסייע ליה אבל יובן כי בכל משמר יש כתות מלאכים האומרים שירה וכמ"ש רש"י וא"כ לר' נתן הוי ד' כתות וידוע מה שכתוב הרמב"ם בפירוש המשנה (ברכות ג ע"ב) די"ב שעות הוי לילה ונחשבות מן שקיעת החמה עד זריחת החמה ואותן ב' שעות שיש מן עלות השחר עד הנץ החמה הן בכלל י"ב שעות הלילה וא"כ שנחלק הלילה לד' חלקים הגיע שעה קודם עלות השחר משמר אחד וקשהאם כן איך אמר המלאך שלחני כי עלה השחר והגיע זמני לומר שירה הא כבר עברה שעה מהמשמר ואם להמתין עד כלות המשמר עוד יש זמן ב' שעות ואם נאמר כפירש"י בחומש (בראשית לב לב) ובש"ס דאז עלה השחר קודם זמנו ב' שעות עדיין אינו מכוון דא"כ עדיין היתה לו שעה אחת למשמר הרביעי ולא היה למלאך זמן נחוץ אמנם אי אמרת ג' משמרות והוי רק שלשה כתותאם כן קודם עלות השחר ב' שעות מתחיל המשמר דהוא ארבע שעות עד הנץ החמה ואז זרחה החמה ב' שעות מקודם והיה אז תחלת משמר ג' וסוף למשמר ב' שיש כתות שאומרים שירה וא"ש ומהך דאמר דהגיע זמני לומר שירה ש"מ דג' משמרות הוי לילה וג' כתות האומרים שירה ודו"ק הנה לר' נתן דס"ל דד' משמרות הוי לילה וד' כתות האומרים שירה הם האמורים בנוסח התפלה והחיות ישוררו וכרובים יפארו ושרפים ירונו ואראלים יברכו הרי כאן ד' כתות אך ידוע מה שכתוב בש"ס דחגיגה (יג ע"ב) לאחר החורבן נתמעטו ב' כנפים ואיזהו אותן שאומרים בהם שירה וא"כ הרי כאן לאחר חורבן רק ג' כתות והטעם אמרו שכת ההיא היה זמנה בסוף משמר שני

מד' משמרות והוא חצות לילה ואז הקדוש ברוך הוא וכל הפמליא של מעלה מקוננים ביותר על חרבן בית המקדש ולא נאות לשורר כי בעת קינה שיר מה בעי תמן ולכך אינם אומרים שירה ולכך מד' משמרות נעשה ג' כי בטלה שירת החיות והוא ענין חצות שהקדוש ברוך הוא מתאונן ביותר ויותר על שבטלה השירה בעת ההיא ומשום הכי רבי ור' נתן שנחלקו בענין המשמרות בקרא נחלקו קדמו עיני אשמורת וזהו היה קודם חורבן הבית אבל לאחר החרבן לכולי עלמא אין כאן רק ג' משמרות ולכך בהך מלתא דאמר ר' אליעזר על כל משמר שואג הקדוש ברוך הוא כארי דאיירי לאחר החורבן אין חולק דג' משמרות הוי לילה וכן המשנה דאיירי לאחר חורבן שפיר נתנה סימן משמרת ראשונה דהוא חלק ג' מלילה ודו"ק ראה כמה מתאונן ה' על חורבן מקדשו וכמה העדר יש בו עד שכל החיות אין אומרים שירה בלילה במשמר מיוחד רק אומרים ביום בשאר צירוף מלאכי שרת ואיך לא נקונן לילה ויום ונבכה תמיד על אובדן תפארתינו ואובדן חכמתינו עד שכמעט לא נשאר בנו שום לחלוחית חיות כלל ואינו רק עצמות דאית ביה הבל דגרמי ומה לנו לשמוח ולגיל בשמחה שאין בה ממש אוי לנו מיום הדין אוי לנו מיום התוכחה ולכך בבקשה מכם חדלו הרע ראו ימים אלו אשר חנן ה' את האדם לשבת ישיבת עראי על האדמה להיות עסקו להועיל ותכלית המקדש ג' רגלים הם ג' מתנות שנתן קב"ה לישראל כמבואר בברכות (דף ה) תורה ארץ ישראל עולם הבא ופסח מורה על ארץ ישראל כי עיקר יציאת מצרים בשביל ארץ ישראל כנודע וכן ביו"ד ניסן עברו את הירדן ועשו פסח בגלגל סוכה מורה על עולם הבא אשר היא סוכה מזרם ולכך הקדים ראש השנה ויום כפור קודם סוכות שהם תנאי עולם הבא מחילה וסליחה תשובה ועזיבת חטא וימים האלו צריכים התבוננות יתירה לזכות לעולם הבא ואם כי כבר קבעתי לכם העיקר עוד עיקר אחד יש מה שמביא האדם לידי שלימות כאשר כבר דרשתי כמה פעמים בדרשות הקודמות והוא שאל יחשוב האדם כי הכל בקרי כי אם יתלה הכל בעונש ושכר כי אין לאיש ישראלי שום דבר בקרי רק הכל בעונש ושכר רק העונש נחלק לב' אופנים וזהו אמרם (ברכות ז ע"ב) מזמור לדוד בברחו מפני אבשלום בנו קינה מבעי אלא ה' אמר לו הנני מקים רעה וכו' עכשיו רואה אני שהוא בני סתם ברא וכו' ויש להבין דאדרבה הוא ראה שאבשלום רדפו עד נפש ונהג בו מנהג אכזריות יותר מכל עבדים ואכזרים ואם הוא לא ירא ממנו איך ברח לנפשו אך יובן כי בעונשין יש ב' אופנים א' כי העונש מגיע לאדם בכונה מה' לענשו על חטאיו ולהטיבו באחריתו ואופן הב' כי איש מזלו רע וכפי מולד כוכבי השמים הוא לרוע רק ה' מגן בעדו ומשדד מערכות השמים וכאשר יחטא ה' מסלק השגחתו ומניח למנהגו של עולם תחת כוכבי שמים וכסיליהם והמה פעלו בו כפי מזלו לרעה והבדל בין אופן זה לזה הוא דבאופן ראשון ינקה עונו ומקבל תשלום פרי חטאתו ואז טוב לו לעולם הבא אבל באופן שני אין כאן עונש רק

סילוק השגחת אלהים והוא כפי מזלו ומקרי טבעו כך הוא ועונשו עדיין בשלימות ליום הגמול וזהו כי מתחלה חשב דוד להיות כי כפי מזלות וכוכבי שמים היה במערכה רעה למאוד רק ה' מגן בעדו להשיבו למקום נגידים ועכשיו שאמר הקדוש ברוך הוא להקים לו רעה חשב שיסלק השגחה פרטית ויהיה תחת מזלו אשר הוא לרוע והוא עבד או ממזר שהוא עונש כפי הטבע אבל בראותו כי בנו רודפו אמר הלא מטבע הבן לחוס על אבאאם כן אילו היה מפאת הטבע או מקרה לא יתכן שיהא בנו רודפו שהוא בטבע חס על אביו וע"כ שהיא השגחה פרטית מבעל המשלם גמול וא"כ הרי מקבל עונשו ונפטר בזה מחטאתו והוא באופן הראשון ולכך שר מזמור לה':

באופן זה יובן משאחז"ל (סנהדרין קז) והנה דוד בא עד הראש לעבוד עבודה זרה וכו' וכל הגמרא תמוהה בעצמותה עד שאין צריך לדקדק ולהאריך בה אבל יובן במה שאמרו חז"ל (סנהדרין ז ע"ב) כל המעמיד דיין שאינו הגון כאלו נוטע אשירה ובמקום תלמידי חכמים כאילו נטעו אצל המזבח והטעם כי אלהים נצב בעדת אל ובקרב אלהים ישפוט אצל הדיין הדן שם השכינה שורה והשפעתה קבועה כי המשפט לאלהים אך זהו בדיין הגון אבל בדיין שאינו הגון תמורת שריית שכינה שורה סטרא דמסאבא וזהו ענין אשירה שהיו עושים למשכן לסטרא אחרא שהיה שורה עליה רוחות טמאים ומרכבה לסטרא אחרא וא"כ דיין שאינו הגון הוי כאילו נוטע אשירה כי שניהם משכנות לסטרא אחרא ושמה הרגיעה לילית כת שלה בעונותינו הרבים ולכך אמרו כנוטע אשירה ואם יש אצלו תלמידי חכמים וא"כ על תלמידי חכמים הופיעה רוח הקדש מהשכינה קדישא ועל דיין בלתי הגון רוח דמסאבא הרי כאן להבדיל בין קודש לחול קדושה וטומאה במעמד אחד וזה כנוטע אשירה במזבח שהוא קדושת המזבח וטומאת אשירה וזה פשוט ובזה יובן בדוד דדוד היה עניו ולא היה מקפיד על גדולה כלל ולכך כשראה בנו אבשלום רדפו עד לנפש וזה בשביל שחומד להיות למלך היה בדעתו למחול לו המלוכה שהוא ימלוך בישראל והוא דוד יהיה נחבא אל הכלים כאחד מכת הנרדפים ללמוד תורה בקנין השלימות והנה כבר נודע מלכי בית דוד היו שופטים לישראל ויהי דוד עושה משפט ואמרו חז"ל (סנהדרין י"ט) מלכי בית דוד דנין ודנין אותם דכתיב בית דוד כה אמר ה' דינו לבוקר משפט וא"כ זהו שעלה ברצון ליתן המלוכה לאבשלום בנו אין לך הקמת דיין שאינו הגון יותר ממנו והרי הוא כנוטע אשירה וזהו אמרם ביקש דוד לעבוד עכו"ם כי הוא כעכו"ם לזה בא חושי הארכי והפליג הענין שחמור ביותר ואמר מלך שכמותך הרצון אצל תלמיד חכם עון חמור יותר וזה לעבוד עכו"ם מלך שכמותך אתה ראוי והגון איך תמנה לשאינו הגון ולך יאתה המלוכה אמנם דוד לרוב ענותנותו ביקש להוכיח שגם הוא אינו הגון כלל והוא כי ה' אמר לו הנני מקים עליך רעה והוא אבשלום הרי שהיה בגזירת ה' שיקום על אביו לרודפו וקשה הא הברירה היא ביד אדם ולכך אמר (נדה טז ע"ב) צדיק

ורשע לא קאמר כי אילו אמרו היה הדבר בגזירה מוחלטת ולא היתה הבחירה ביד איש וא"כ הלא זה בן למרוד באביו הוא עון פלילי ואיך יביא עליו השם וישימו לעונש ולגזירה מה' להיות בן רודף הא זה מבטל בחירת טוב ורע ומזה שפט דוד שאינו הגון ח"ו והוא רשע וקיימא לן בכבוד אב בעושה מעשה עמך הא אביו רשע אין חייב כלל בכבוד וא"כ אין כאן בגדר עבירה שבן ימרוד באביו ולכך נגזרה גזירה וא"כ שגם הוא אינו הגון אין עון בהתמנות אבשלום למלוך תחתיו וזה כוונת מאמרו מלך שכמותו יהרגנו בנו והשיב לו חושי הארכי כי אינו מחמת עונש רק מחמת סילוק השגחה כמש"ל בנשאו יפת תואר ויפת תואר מולידה בן סורר ומורה בטבע ולא בעונש מכוון כי נסמך לה אהובה ושנואה שסופו לשונאה כי היותה נשואה בע"כ ובשנואה בטבע להוליד בן סורר ומורה כי הטבעים משתנים ומזגיהם אינם שווים בעת הזריעה ולידה כנודע וא"כ אין זה גזירה לבטל הבחירה רק היה להעלמת עין משדד המערכות וממילא נולד כך ועתה ראו כי אין דבר במקרה וזה גם כן ענין הנ"ל:

אמנם להבין אטה למשל אזני שהתחלנו בו יובן כמ"ש בגמרא דסנהדרין (דף קב ע"ב) רב אשי אמר למחר ליפתח בחברין אתא מנשה בחלמא וא"ל חבירך וחברי דאבוך קרית לן מהיכא בעית למישרא המוציא א"ל לא ידענא א"ל מהיכא דבעית למישרא המוציא לא גמירת וחברך קרית לן ואמר ליה אגמרי לי ולמחר דרישנא לך בפרקא א"ל מהיכן דקדים בישולא והדברים תמוהים דמאי נפקא מיניה אם הוא חברו או רבו ומה ראיה בזה דלא ידע הך למשרי המוציא והדברים תמוהים מאוד אבל יובן במה שכתוב בגמרא (סנהדרין נט ע"ב) ראה נחש שמלאכי השרת צולין לו בשר ומצננין לו יין ובערוך גורס מסננין לו יין נתקנא בו להבין דלמה בשביל כך אבל תדע כי קודם חטא אדם הראשון לא היה שום אוכל צריך אפייה ובישול כדאמרינן (כתובות קיא ע"ב) לעתיד לבא תוציא ארץ גלוסקאות והטעם כי אין מגרש ארס של נחש כי אם האש כי ארס נחש שרשו יסוד העפר ונחש עפר לחמו והאש תכלית רחוקה מעפר זה למטה מטה וזה למעלה מעלה ולכך אש מגרשת ארסו של נחש לכך אמרו (א"ה אולי הכוונה על שו"ע יו"ד סימן ס' ס"ג) בשר צלי אין בו משום גילוי כי כאשר האש שולטת אין ארס נחש כלל ולא נשאם הטבע לשבת יחדיו וכן יין מסונן מגרש הארס כמבואר בגמרא (ב"ק קטו ע"ב) וכן יין המצונן (ע"ז ל ע"ב) פירוש שבשלו ראשון ואחר כך ציננו כמ"ש המפרשים וא"כ בשולטת בו אש הארס מגורש ולכך ביקש להטיל ארס באדם כדי שימות וישא חוה כנודע אבל בראותו כי אי אפשר כי מאכלו הוא באופן שאי אפשר להטיל בו ארס ולכך נתקנא בהסית עץ הדעת ובחטאו על כל רוב מאכלו נמשך ארס של נחש בזה האופן שאין ראוי להאכילו עד הגישו אל האש ואז מגורש הארס וראוי לאכילה ולהיות כי לאו בכל מקומות ואוכלים הארס בשוה ולכך במקצת הם סם המות כי הארס קשה בהם ומקצתו רק באופן הזה שאין יוכשר לאכילה כלל אם לא

באפיה ובישול באש לגרש ארס ומקצת אשר בו הארס מיעוט ולכך ראוי לאוכלו חי אבל עכ"פ יש בו שום קצת ארס ולכך אמרו הטבעים כי כל דברים חי בלתי מבושל הם מזיקים ועיין ברמב"ם הלכות מדע מה שכתוב בזה ובזה תבין למה אנו מברכין המוציא על הא דקדים בשולא כי הנמהר לבשל ולשלוט בו האש לא היה כ"כ ארס בו גם מיהר לצאת חפשי מן הארס אשר שכב עליו וא"כ ראוי לברכה כי תיכף בהגרש הארס סטרא דמסאבא חל סטרא דקדושה וא"כ זה שנמהר יותר חל עליו יותר מהר סטרא דקדושה ולא שהה עליו סטרא דמסאבא כמו על אחר ולכך זה ראוי לברכה וזה הוא נכון וברור כן הענין בנשמת אדם דהנה תבין דלמה בדורות קדמונים היה להם נשמות יותר גדולות ובהירות בתורה יותר מדורות שאח"כ עד שאמרו (שבת קיב ע"ב) אם ראשונים כבני מלאכים כו' הוא כי בחטא אדם הראשון נפלו כל הנשמות בצלו דימא בארסו של נחש וכל דור ודור הנשמות נלקטות ויוצאות חפשי וא"כ הנשמה שממהרת לצאת יותר מן חברתה אף היא יותר טהורה כי לא היה סטרא מסאבא כ"כ שורה עליה כמו על אחרת שאחרה לצאת ואינו דומה מי ששוקע בצואה יום למי ששוקע יומים וזה הענין כאן במכוון גבי המוציא דמי שמיהר לצאת מן הארס כנ"ל הנה ידוע (סוכה נב) דכל הגדול מחבירו יצרו גדול ממנו ובזה יובן כי רב אשי חשב כי מנשה לא היה גדול יותר ממנו וא"כ נתרעם עליו שלא לחם נגד יצרו ואי דהוי יצרא דעכו"ם מאי שנא בימי רב אשי היה יצר דעבירה ומכל מקום היה נלחם נגדו ותודה לאל שלא עמד יצר הרע נגדו וזה שאמר למחר ליפתח בחברין כי חשב כי מנשה בדומה לו אמנם מנשה בא להתנצל ולומר כי היה גדול ממנו וא"כ יצרו היה גדול ממנו ואין ערך לו עם יצרו לזה נתן טעם למה היה דורו גדול מדורו ושאל מהיכן מברכין המוציא מהיכן דקדים בשולו והטעם כמש"ל כי נתמהר לצאת מידי ארס נחש כנ"ל ואף נשמות המוקדמות לצאת יותר חל עליהן רוח קדושה כנ"ל ויצרם גדול ולכך למחר דרש ברבוותא כי יצרם גדול ולכך א"ל אילו הוית התם וכו' דהיה גם כן מקדים לצאתאם כן היה גם כן יצרו גדול וגם לו היה אי אפשר לעמוד נגד יצר הרע ובזה דברי הש"ס נכונים חזו וראו בעונותינו הרבים מה שבא בהבל ארסו של נחש ויש ב' מיני עבירות באדם אחד מחמת היותו בשר ודם ויסודו מעפר ויש בו מידות העלולים לעפר וכדומה אבל מין אחר מחמת יצר הרע שהוא ארסו של נחש המפתה לאדם לעשות עון בלתי טבעו מעפר דרך משל גאוה אין זה מטבע אדמה קנאה אין זה מטבע אדמה וכהנה רבים החטאים במעלו מעל בה' אשר הכל מצד נחש לא מצד אדמה והנה על מין הראשון אינו כל כך מחטא אדם כי כביכול יש פתחון פה נגדו לאדם שברא האדם מן האדמה וזוהיא היתה טענת איוב (ז כ) נוצר האדם למה שמתני למפגע לך ומה אתנחם על עפר ואפר (שם מב ו) אבל מה שבא לאדם מארס נחש מלבד כי זה מחטא אדם הונחל מאב לבן אף גם יש כח ביד אדם ללחום נגדו דהיינו אם יתבונן אדם

במעשיו וכל דרכיו יהיו בדעת ובהשכל לא יגוף באבן רגליו הוא אבן המתעה אבל אם ילך אדם בלי דעת ולא יתן אל לבו הרי יצר הרע גובר עליו וזהו ישופך ראש (בראשית ג טו) ר"ל כשיתן דעתו ומחשבתו אליך לשמור רגליו ישופך ואתה תשופנו עקב שאם יהיה דש בעקביו ולא יתן אל לבו לשמור רגליו מלכוד ישופנו הנחש ולכן מין זה החטא תלוי באדם ועל זה עיקר:

וזה מאמר יצחק (שבת פט) בשעה שאמר הקדוש ברוך הוא בניך חטאו והיינו כי היותם בניך ונולדו והעון כרוך בעקבם מחטא אדם הראשון מדור לדור ויצחק השיב וכי במין זה לבד החטאים הלא גם במין הראשון אשר התחלתם סיבת יצירה מאדמה וזה אמרו וכי בניי הם ולא בניך כי אתם יצרתם מחומר לכך אמר פלגא עלי ופלגא עליך כנ"ל מין אחד לאדם ומין אחד לה' ואת"ל כולו עלי ר"ל תאמר דהכל נולד מפאת חטא אדם הראשון הא עקידה קמך וכבר נודע ענין עקידה להחליש כח של נחש מאדם הראשון ונעשה אחר כך יצחק בריה חדשה ופסק כח הנחש הכרוך בעקבי התולדה דור ודור כי היה בריה חדשה ואם כן איך אפשר דכל החוטאים יהיו בסיבת הנחש אשר כבר נחלש כחו בזרע יצחק מחמת עקידתו ועל כרחך דגם סיבת יצירתו מאדמה גורם וא"כ פלגא עליך ואתי שפיר כללו של דבר עיקר העון שאדם נענש על עבירתו מחמת הנחש שהוא נגד הטבע עפר ואדמה גאוה חמדה קנאה ותחרות כעס לשון הרע ורכילות וזה מן הנחש הכרוך בעקביו של אדם כדכתיב (בראשית שם) ואתה תשופנו עקב ויש לאדם לשום לבו וכוונתו לשמים ואל ישמע לקול נחש וזה אמרם (ברכות ל ע"ב) המתפלל אף אם נחש כרוך על עקבו כי ישופנו עקב אל יפסיק לבטל כוונתו לשם שמים כי השם יעמוד בעזרו ולא יהיה יכול לוי כי באמת אף דהיה נוצר מהאדמה לולי החטא היה כל מעשהו בקדושה ובזה יובן דברי הש"ס בכתובות (דף ה) מפני מה אצבעותיו של אדם הם משופים כיתדות שאם ישמע דבר שאינו הגון יכוף את אצבעו לתוכו ויש להבין וכי יש לשאול אטבע הבריאהאם כן אף על שפוע החוטם וגם על אצבעות הרגלים יש לשאול וכבר נתנו חכמי הטבע שקורין פיזיקה טעמים רבים בתועלת אנושי אבל הענין כי חכמי הניתוח שקורין אנטומיה חקרו למצוא בטבע יצירה כי לחוש הראות כמו עינים נוצר בצדו מכסה אם רוצה פותח ואם רוצה סותמו וחוש הדיבור יש לפה כח לסגור ולבלום או לדבר אבל בחוש השמיעה אין באוזן דבר המונע השמיעה ובע"כ צריך לשמוע אף אם רוצה או לא אם לא שנותן אצבעו לאזניו וזה אינו באוזן כלל רק באבר אחר ולמה נשתנה האוזן משאר אברים וחתרו למצוא הרבה בזה ולא מצאו בזה הדבר שום טעם וסיבה אבל הענין כך הוא כי קודם חטא אדם הראשון היה כל ענין אדם הכל לעבודת ה' ועל זה היו כל חושים ולכך בפה אף במלאכי מעלה יש גדר פעם לדבר ופעם לחשות כדאמרינן (חגיגה יג ע"ב) חשמל עתים חשים עתים ממללים ולכך היה בפה בעצמו הכח

לדבר ולשתוק ופשיטא הראייה במלאכי השרת צריכים לפעמים התעלמות עין מזיו השכינה ולכך נאמר (יחזקאל א יד) החיות רצוא ושוב וכן באדם אי אפשר להביט תמיד בפני שכינה ולכך היה בעינים בעצמן כח לסגור ולפתוח אבל באוזן שקודם החטא לא היה באדם שום דבר רק לדבר דברי רוח הקודש וטהרה ולזה האוזן לא תשבע לשמוע ולא מצויר בו דבר שיומנע משמיעה ומלאכים שומעים תמיד דברי אלהים חיים ולכך לא היה באוזן שום דבר המונע השמיעה אבל כשחטא ובעונותינו הרבים גבר הנחש ואדם עלול לחטוא ולשמוע בקול מסית לו דובר נבלה וכדומה אוי לעינים שכך רואות ואוי לאזנים שכך שומעות הוצרך הקדוש ברוך הוא ליתן לאדם מגן לאזן לעכב השמיעה ומה נעשה הוא הדבר שנאמר במדרש ילקוט (הוא במדרש אבכיר) על הפסוק זה ינחמנו מעצבון ידינו כי בשעת הבריאה לא היה חילוק אצבעות כלל ואחר כך לאחר חטא אדם הראשון נחלקו וזה היה הטעם כי היתה אז האוזן צריכה דבר המונע שמיעה ויוצר האדם לתקן אדם לבל ילכד בפח הנחש חלק האצבעות כדי למנוע שמיעה מיניה בעת הצורך וזו היתה שאלת הש"ס מפני מה אצבעותיו של אדם כיתדות כי ודאי אילו היה מתחלת בריאה לא תפול בו שום שאלה כמו שלא תפול שאלה אשאר אברים בתבניתן רק על אצבעות שלא היו בשעת הבריאה רק יד שלם ואחר כך נעשה כן ועל זה שאל ולכך משני שהיה להגן מפני אוזן שלא ישמע דברים בלתי הגונים וזה

נתחדש לאחר חטא אדם הראשון כנ"ל הרי למידין אנו מאוזן כי לולי חטא אדם הראשון אף שהיה נוצר מן אדמה מכל מקום לא היה עלול לחטוא רק הנחש הכרוך בעקביו של אדם הסיתו לחטוא ולכך אין לאדם טענה להשם למה מחומר קרצתני כי אין זה סיבה לחטא כלל וזוהיא כוונת המשורר (תהלים מט ו) שביקש לומר למה אירא בימי רע עון עקבי היינו עונות הכרוכים בעקבי והיינו מנחש המסית והמדיח אשר ישופנו עקב כאשר כתבתי לעיל כי כל התאוות אצל האדם תלויות בעקב כי שם שורה ארס נחש המסית לאדם רק שלא תאמר לא כן הוא רק הוא מפאת הבריאה מחומרי לזה אמר אטה למשל אזני שלא נוצר ביה שום מניעה לשמיעה כנ"ל ועכצ"ל דבשעת יצירה לא היה אדם עלול לחטוא כלל והיה מחנהו קדוש והכל היה בסיבת הנחש ולכך אטה למשל אזני ולזה אמר אפתח בכנור חידתי היינו להביא ראיה שלא היה חילוק אצבעות עד ימי נח והוא דהנה ידוע (ירושלמי סוכה פ"ה ה"ו) דנבל הוא כלי שיר המובחר מכל כלי שיר שמנבל כל מיני זמר וקשה על יובל (בראשית ד כא) שתופס כנור ועוגב ולא נבל שהוא נבחר ולא נאמר שלא היו בקיאים בחכמת המוזיקה כמו עתה אבל יובן כי לכנור יש מקום לנגן בלי חילוק אצבעות רק בכל פס יד לחלוק ולדחוק על הנימין אבל נבל אי אפשר בפס יד אם לא בחילוק אצבעות זה משפיל וזה מגביה דוחק ומרויח כנודע לבעלי נגן ואז לא היה חילוק אצבעות ולא היה אפשר לתפוס רק כנור ועוגב ומזה יבין החידה שלו וא"ש ומזה יש

להבין כמה יש לאדם להשמר מדבר רע וכי ביד אדם להשמר מעקבו של נחש בדעת ובהשכל כאמרו ישופך ראש ולהמלט מארסו אשר תוקד עד שאול ולכן מי האיש החפץ חיים יתן לבו לעשות כל דבריו בהשכל ודעת ולשמוח בשמחה של מצוה שכר מצוה מצוה וירצה ה' פעלו ויהיה אורו כאור שבעת ימים ובא לציון גואל אמן ואמן:

דרוש י"ב

הספד גדול מה שספד הגאון להני תרי גאוני ארץ בחורף בשנת תק"ו לפ"ק בק"ק מיץ:

המלך דוד פתח (תהילים י"ב:ב') למנצח על השמינית כו' הושיעה ה' כי גמר חסיד כי פסו אמונים מבני אדם יש להבין מה ענין גמירת חסיד לפסו אמונים והוא ממה דאמרו במדרש (בראשית רבה ח ה) כי חסד אמר יברא האדם כי האדם בעל חסד ואמת אמר אל יברא כי הוא בעל שיקרא מה עשה הקדוש ברוך הוא השליך אמת ארצה כו' ויש בזה ב' פירושים או שלא השגיח על אמת כיון שיש בבני אדם מדת חסד או דפירוש שלקח התורה שהיא אמת המוחלטת ונתנה לבני אדם ובזה יהיו מיושרים ומודרכים על האמת ועיקר החסד היינו שמתחסד עם קונו והוא נקרא חסיד באמת (זוה"ק ח"ב קי"ד ע"ב) ולכך אמר הושיעה ה' כי גמר חסיד וכו' וא"כ אין כאן סיבה לבריאת וקיום אדם אמנם יש מדת אמת דכמו דברא עולם בשביל מדת חסד ברא גם כן בשביל מדת אמת ולזה אמר כי פסו אמונים מבני אדם וא"כ צריך עזר וישע כי נתמוטטו בעונותינו הרבים עמודי העולם ושחו עד לעפר ויש בזה תוספת הענין כי כבר נודע מה שכתוב במדרש (ויקרא רבה כו א) וה' אלהים אמת למה אמת שהוא חי וקיים והוא כי אמת חי וקיים היותו במספר קטן תשעה ותשעה חי וקיים כי אם תכפילו בכל אופן שתרצה ישאר לעולם תשעה ולכך חותמו אמת שהוא חי וקיים וזהו (תהלים קיט קס) ראש דברך אמת כי התורה נקראת גם כן אמת ולכך התורה נצחית וזהו ולעולם כל משפט צדקך וכן להוגים בתורה והולכים בה קונים לעצמם ולדורם מדת נצחיי עד שהיתה הבטחה כי לא תשכח מפי זרעו עד עולם ולכך כשאנו תופסים מדת אמת אז אין דור יתום ועד שלא שקעה שמשו של זה זרחה שמשו של אחר וכן לעולם היותו חי וקיים אבל כשאנו מניחים לדת אמת אז ירתק חבל הכסף בעונותינו הרבים ובא השמש והעולם נשאר חושך מבלי זורח וזהו מאמרו כי גמר חסיד ואין בא אחר למלאות מקומו ואמר הטעם כי פסו אמונים וא"כ בהעדר האמת פסק התחסדות וגמר חסיד והנה עסקינו היום לא להרבות בדרוש כי סגר עלי המדבר בשפה ברורה לרוב כובד אנחתי ולבי דוי עלי אוי לי שהגעתי לדבר זה להספיד שני שרי צבאות ישראל אחד הגאון החסיד שבכהונה מו"ה ברוך זצ"ל רב דק"ק פירדא אשר כל ימיו עסק בתעניות וסיגופים נודעים זקן יושב בישיבה ואחרון הכביד אשר נמס כל לב וחובה על כל ישראל לקרוע בקריעה שאינה מתאחה כי נפלה עטרת ראשינו החסיד הקדוש והטהור העניו מתלמידיו של הלל הצדיק הגאון שר התורה וחכמה

והיראה מו' אברהם פ"ב בן הקדוש שזה שנה שנהרג על קדוש השם הגדול בלייפ"ן מוה' זלמן הי"ד אוי לנו כי חטאנו והורמה המצנפת והוסרה העטרה מעלינו לעורר אבל יחיד וצריכים אנו לומר דברים המעוררים תשובה ויראת ה' כי זה עיקר הספד וכבר צווחו קדמאי על המספידים ודורשים דרשות בפלפול תורה ודברים שאינם בגדר הספד וכבר אמרו חז"ל (ברכות ג) אין אומרים בפני מת אלא דברים של הספד והספד הוא כאומר לפני המת דהמת תמן קאי וזהו מאמרם (שבת קנג) אחים בהספדאי לבל יאמר דברים שאינם נוגעים להספד כי התם קאימנא לנגדיכם וענין ההספד הוא חזרה בתשובה כי צער הצדיקים במיתתם הוא כאב הנפרד מבן שאף שהולך למדינה טובה ושמינה מכל מקום יש לו צער היותו מניח לבן לבדו מי ינוד לו ומי יקום בעדו לנהלו לאין כושל ובשמעו כי הבן מתנהג בדרך טובה ישמח לו וישכח עצבו על אשר הרחיק ממנו נדוד וכן הוא במיתת צדיקים כי במותם אין להם עצבות כלל היותם מגיעים לעולם שכולו בהיר בשחקים ותענוג אמיתי עדן המופלג עין לא ראתה רק צערם לרוב געגועם על הדור מי יגן בעדם לקום בפרץ ומי ינהלם גלל כן לא ביקש משה למות במדבר אף כי ידע שיהיה בצרור החיים כל מגמותיו היו בשביל תקנת ישראל כמ"ש זקיני הגאון במגלה עמוקות ע"ש לכך כשאנו מספידים עליו וחוזרים בתשובה להנחם מהרעה ולקבל על עצמנו לעשות טוב ולרדוף אחר מעשים טובים ומצות אזי ינוח לו להצדיק ויתעדן במנוחתו השקט וזהו הענין ולכך חובה עלינו להתעורר בתשובה ובעונותינו הרבים עולם חרב ראינו נפלו מאורות וכוכבי שמים אספו נוגהם כי מי יערוך בשבחם ויפליג בתפארתם:

והנה אמרו בגמרא (חגיגה ה ע"ב) חייב לקבל פני חכמים דכתיב ויחי עוד לנצח לא יראה השחת כי יראה חכמים ימותו הרואה צדיקים במיתתם כך בחייהם על אחת כמה וכמה ומקשים הא אמרינן גדולים צדיקים במיתתם יותר מבחייהם והק"ו מופרך גם יש להבין במה שאמרו (שם) רבי ורבי חייא אקלעו לאתרא אמרו איכא צורבא מרבנן באתרא ניזיל ונקבל אפיה אמרו איכא ומאור עינים הוא אמר רבי חייא לרבי תוב את ואנא איזל ולא תזלזל בנשיאותך אעפ"כ אזל א"ל אתם הקבלתם פנים הנראים ואינם רואים תזכו לקבל פני שכינה הרואה ואינה נראית א"ל רבי לרבי חייא איכו השתא מנעתן מהאי בירכתא עכ"ל ויש להבין למה מתחלה נתרצו שניהם ללכת ובשומעם שהוא מאור עינים א"ל רבי חייא לרבי שלא ילך לזלזל בנשיאותו תחלה מאי קסבר ולבסוף מאי קסבר וכשברכם א"ל רבי איכו השתא מנעתן מהאי ברכתא גם כן קשה וכי לא ידע מתחלה שיש שכר טוב להמקבלים פני תלמידי חכמים אמנם נראה כי ידוע דענין קבלת פני חכמים יש בו שתי תועליות אחד הרואה אותו מקבל ממנו ברכת שפע וטוב כמו שהרואה פני רשע פוגם בנפשו ומשיב רעה לעצמו כן הרואה פני צדיק משיב לנפשו שפע טוב וברכה כי עליו חל ושורה אור שכינה

ולכך אמרו (עירובין יג ע"ב) האי דמחדדנא מחבריא דחזיתא לר' מאיר מאחוריה ואילו חזיתיה מקמיה הוה מחדדנא טפי ויש עוד תועלת בזה במה שהצדיק ותלמיד חכם רואה אותו כאמרם ראיה של צדיק לברכה כי כמו מן בעל ארס קוי אור היוצאים מן העין מזיקים לאדם ולכן יש אנשים אשר מזיקים בראות ויוצא מתוך עיניהם ארס וכן בלעם הרשע קוי עין שלו היו מזיקין כן קוי עין היוצאים מן צדיק לברכה וראייה שלהם לטובה וא"כ יש בצדיק שתי תועליות אחת שאנו רואים אותו והשנית שהוא רואה אותנו וע"ז הפסוק סובב בהבטחתו לעתיד לבא (ישעיה ל' כ) ולא יכנף עוד מוריך והיו עיניך רואות את מוריך פירוש שלא יהיה שום כנף מעיל מול פניו כמסוה ולכאורה הדבר כפול אבל לפי מה שכתוב ניחא דכוונת הפסוק לבשר שיהיו לנו שתי תועליות שאנו נהיה רואים אותו והוא יראה אותנו ותהיה התועלת בשלימות וא"כ א"ש דלמד ק"ו מה הרואה צדיקים במיתתם כך דאין כאן רק חד תועלת שאני רואה הצדיק הרואה צדיקים בחייהם שיש בו ב' תועליות על אחת כמה וכמה שיש בו שכר ותועלת והנה נפקא מינה בין שתי תועליות הנ"ל אם המקבל גדול מהמתקבל אם הוא שראיית הצדיק לברכה אף בזה שייך דמ"מ ראיית הצדיק לברכה אבל התועלת הב' הוא מקבל השגה מן המתקבל כמו דחזיתי לר' מאיר אם הוא גדול בתורה ממנו לא שייך כן מי יקבל ממי ובזה יובן דטרם שאמרו להם שהוא מאור עינים לא חשש רבי חייא שילך רבי דאין כאן זלזול בנשיאות כלל כי יקבל ברכה כאשר יהיה התלמיד חכם וצדיק רואה אותו אבל באמרם שהוא מאור עינים ואין כאן תועלת רק לקבל השגה ממנו כמו דחזייה לר' מאיר ואם כן זהו זלזול לרבי דהוא חכם גדול ממנו על שהוצרך להתחדד בראותו ולכך א"ל תוב את ולא תזלזל בנשיאותך אמנם באמת יש עוד תועלת למקבל פני חכם כאמרם (ירושלמי פ"ה ה"א) המקבל פני חכם כאילו מקבל פני שכינה וא"כ יש לילך לקבל פנים עכ"פ ולכך זה החכם אמר כן לרבי שאין זה גנאי לך בלכתך לקבל פני כי אתם קבלתם פני הנראים תזכו לקבל פנים וכו' והיינו כי הוא כקבלת פני השכינה וזהו שאמר רבי איכו השתא מנעתן מהאי ברכתא כי בהאי טעמא אין הבדל קטן כגדול אפילו תלמידי חכמים שוים וממנו נלמד כמה גבוהה מעלת תלמיד חכם וכמה תועלות נמשכים ממנו ובעונותינו הרבים נלמד כמה חסרנו בהעדרם והרי זה כחורבן בית המקדש כי נסתלקה השפעת ברכה וקבלת פני שכינה:

ואמרו בגמרא דראש השנה (דף טז ע"ב) חייב אדם לקבל פני רבו ברגל שנאמר מדוע את הולכת אליו לא חודש ולא שבת היום מכלל דבחודש ושבת איבעיא ליה למיזל וכבר נתקשו בו פתח ברגל ומביא ראיה על חודש ושבת ורגל מאן דכר שמיה אמנם יובן בהנ"ל דקבלת פני תלמיד חכם כקבלת פני שכינה וא"כ בזמן הבית לא היה חיוב לקבל פני רבו ברגל כי היו מקבלים פני שכינה בעלותם לראות בית ה' אבל חודש ושבת דאינם עולים וכבר נודע מה שכתוב במדרש (יל"ש ח"ב רמז תק"ג) והיה מדי חדש בחדשו

ומדי שבת בשבתו ראוים היו ישראל לעלות לרגל כל חודש ושבת אלא שחס עליהם המקום להקל מאתם הטורח מהראוי לעלות בחודש ושבת וא"כ לעומת זה עכ"פ יש לקבל פני תלמידי חכמים שהוא כעין קבלת פני השכינה ואין בו טורח הדרך לכך בשונמית שהיתה בזמן הבית לא הזכיר מועד וחג כי אם חודש ושבת דשם הוי לה למיזל ממידת חסידות ולכך ר' יצחק דאיירי בזמן הזה אמר חייב לקבל פני רבו ברגל כי ברגל חייב מהתורה לעלות לראות לפני השם בעזרהאם כן עכשיו החיוב ברגל לקבל תמורתו פני תלמיד חכם ולכך לא הזכיר חודש ושבת כי זהו אינו מן החיוב כי לא נזכר בתורה ואינו רק מידת חסידות הואיל ויהיה לעתיד לבא אבל חיוב ליכא רק ברגל בזמן הזה בעונותינו הרבים וא"ש ודוק כי הם דברים ברורים ואמתיים מכל זה יש לנו להספיד ולהתאונן למאוד על העדר צדיקים וסילוק שכינה בעונותינו הרבים ובאמת עיקר הספד הוא לעורר בתשובה ולמשוך מעבירות שבידינו וזהו שע"י שאנו רואים צדיקים מתים ואנו בעונותינו הרבים עניים ודלים אין לנו מגן לקום בפרץ וזהו (תהלים מ"ט) כי יראה חכמים ימותו שיתן על לב ויומת יצר הרע בקרבו כמאמר דוד (תהלים ק"ט) ולבי חלל בקרבי ולסור מרע ולעשות טוב והנה סור מרע יהיה בחרטה גמורה ובכי ואנחה וישים אל לבו כמה גורמים שהיו בעונותינו הרבים לסיבת מיתת צדיקים ואיך לא יוריד כנחל דמעה בזכרו כי היה בידו ע"י מעשים טובים ליתן חיים לצדיקים

האלה ובעונו ספו תמו ותהיה תשובה בתכלית השלימות אבל אהובי בניי ואחיי כבר אמרתי לכם זה כמה פעמים כי לחדול הרע צריך הכנה קלה והיא טובה עד מאוד כמו הרופאים שנותנים לאדם לאכול כל יום בתמידות בבוקר וערב משקל איזה גרעין מסמים ומרקחת לחיך וזה טוב לו יותר משימתין עד שיחלה ואחר כך ישתה רפואות לרוב שהן כחרבות לגוף מבלבלות הטבע וכן מי שבשם ישראל יכונה החיוב עליו לקרות בכל יום ערב ובוקר איזה דפים מספרי מוסר אשר הם תודה לאל רבים בדפוס ומהקדוש לה' ספר של"ה אבל יקרא בו מה שכתוב בתוכחת מוסר ולא מה שכתוב בדרשות ויתר הכרעה בפוסקים בענין ברכות כנודע מגדולת ספרו שהוא מקיף בכל הדברים וכלל גדול בתורה כי זהו יוצא מגדר התוכחה אבל יקרא מה שכתוב בענין תוכחה בשער אותיות וכדומה וכן חובה כאשר עשיתי זה אשתקד ובלי נדר עוד דעתי לעשות בזמן הזה ללמוד עם תלמידים בחורים ובעלי בתים טרם פותחי ללמוד עמם שיעור בגמרא או פוסק ללמוד עמם דף א' משל"ה למען ידעו כי לא המדרש עיקר אלא המעשה ולא יהיו בעונותינו הרבים בחורים נעדרים מיראה והולכים אחר הבל עולם כמאמר יצר הרע שמח בחור בילדותך וילכו אל הנערה למען חלל השם קדוש ישראל חלילה לנו מעון הזה והאיש אשר אלה לו לומד יום ביומו בספרים הנ"ל אזי יבחין כמה חטא לנפש וכמה רעות שעשה ויהיה חרד לדבר השם בסור מרע ועשה טוב בבקשה מכם כי מובטחני בכם אילו

בא פה בצל קורתכם הגאון מו' ברוך או הגאון מו' אברהם פ"ב זצלה"ה כמה כבוד עשיתם להם ברוב הוצאות בכל מיני פירות ומגדים ויין ישן מפני חדש תוציאו והנה עתה באו אלו שנים הנה לשמוע קול הספד כאמרם (שבת קנג) דהתם קאימנא ראוי לכבד אותם בכל מיני כיבודים ומנות שבעולם ומה יחשב נגד קבלת מדה טובה אחת על עצמינו ומכ"ש בשום ללבינו לעזוב רשע ולילך מכאן והלאה בדרך הישר לפני ה' זהו כבוד האמיתי וזהו תכלית ההספד ואמרו (בב"ק י"ז) וכבוד עשו לו במותו זה חזקיה מלך יהודה שיצאו לפניו ל"ו אלף חלוצי כתף אר"י והלא לאחאב עשו כן גם כן אלא שהניחו ספר תורה על מטתו ואמרו קיים זה מה שכתוב בזה ויש להבין מה ענין חזקיה לאחאב ולמה פירוש דספר תורה הניחו לו ולא פירוש שהכבוד היה שהושיבו ישיבה על קברו כמ"ש מהרש"א וגם יש להבין בפסוק מה קמ"ל דעשו לחזקיה כבוד למי ראוי יותר כבוד ויקר כי אם למלך חזקיה מלך יהודה מזרע דוד וצדיק וחסיד וה' חפץ ביקרו שעשה לו נס ששינה סדרי מהלך שמש עד ששלחו ממרחקים לדרוש המופת בארץאם כן פשיטא דעשו לו כבוד אבל אמרו (אבות ד ה) כל המכבד את התורה גופו מכובד על הבריות ורמזו בגופו כי רבים מכנפי ארץ דהיינו עשירים פני העם אשר להם יד ושם להרע ולהטיב להם כל הכבוד כל רואה אותם ישתחוה אפים ארצה יותר מלאלף בעלי תורה אבל במותם אשר נסע רוחם ואין כאן אלא גוף אין כאן משגיח ומותרם מן הבהמה אין ולקברות יובלו מבלי משגיח אבל במות הצדיק ומכבד התורה גופם דייקא כאשר פרחה נשמתו מכל מקום גופו מכובד וזהו ענין הספד על תלמיד חכם כי גופו מכובד וזהו לכבוד התורה:

וכבר נודע מה שכתוב על חזקיה כשהיה רואה תלמיד חכם היה מחבקו ומנשקו ודורשים עליו את יראי ה' יכבדאם כן גופו מכובד להספיד וזהו דייקא וכבוד עשו לו דייקא לגופו ולו דוקא היותו מכבד התורה ולכך שאלו הלא לאחאב עובד עכו"ם עשו כן והוא כי אמרו בפרק חלק (סנהדרין קג) דאחאב כיבד התורה למאוד כמבואר שם וא"כ אף גופו היה מכובד ולכך נעשה לו יותר הספד משאר מלכי ישראל הואיל שכיבד התורה למאוד נתכבד גופו ראו כמה גדול כבוד התורה שאפילו לאחאב עובד עכו"ם לא נתקפח שכרו והיה לו כבוד במותו כמו חזקיה ואמרו חז"ל (שבת קנג) מהספידו של אדם ניכר וכו' ואחאב היה רשע וכבוד התורה היה מגן בעדו ונעשה לו הספד כאדם גדול לכן ראוי לנו מאד להזהר בכבוד התורה והלא דבר זה מאז ועד עתה מיום שחדלנו לכבד התורה ולומדיה כראוי פסקו לומדי תורה ותלמידי חכמים גדולים כמו שהיו בדורות קדמונים כי מי ילמד עשירים משליכים התורה אחר גיום ועוסקים בדרך ארץ וכדומה עניים שמהם תצא תורה אין להם משען ומשענה ואין נותן מלחמו לחם זו אשה כי מי משיא בנותיו לתלמידי חכמים אם לא עני ואביוןאם כן תיכף טרוד על המחיה ועל הקללה של אדם הראשון (בראשית ג') בזעת אפיך תאכל לחם וע"י כך תפוג התורה וכבר אמרו משל

למלך ששלח אחד משריו החשובים למדינות רחוקות לראות אם ינהגו בו כבוד היותו משלח אחד מהעומדים לפניו וכאשר היה השר ההוא ימים רבים שם ולית מאן דמשגח ביה לחלוק בו כבוד הראוי לא יכל המלך לסבול עוד בזיון השר ההוא החביב בעיניו וצוה אל השר ההוא לשוב לביתו וכן הנמשל הצדיק ותלמיד חכם הוא משולח מהקדוש ברוך הוא מלך עולמים והוא חביב לפני ה' ובבואו לארץ חפץ ה' שינהגו בו כבוד וכבר נודע כי בכל יום כרוז קאי לפני תלמיד חכם וצדיק הבו יקרא לדיוקנא דמלכא קדישא וכאשר ה' רואה שאינם מכבדים אותו לא יכול לסבול בזיון התורה ויצו לעלותו למקום אשר היה מתחלה וא"כ כל בזיון התורה ולומדיה סיבת מיתת צדיקים ותלמידי חכמים וזה ענין הספד להגדיל כבוד התורה ולומדיה ובזה יתוקן החטא של בזיון התורה כי בהספד מתגדל כבוד התורה כאמרם (סנהדרין מז) יקרא דחיי ושכבי והנה באמת עיקר כבוד למת בהרהור תשובה כי נודע דמיתת צדיקים מכפרת והיא לקרבן כפרה ואין קרבן בלי וידוי ועזיבת חטא כי לולי כן זבח רשעים תועבה שנאמר (במדבר ה ז) והתוודו את חטאתם ולכך במיתת צדיקים צריך וידוי פה ועזיבת חטאים בחרטה גמורה וחלוטה ואז יכופר עון בית יעקב בזה יובנו דברי הגמרא (ראש השנה דף ג') וישמע הכנעני מלך ערד מה שמועה שמע ובא שמע שמת אהרן ונסתלקו ענני כבוד והקשה תוספות הא כתיב כי בא דרך האתרים ונראה ליישב דיש עוד להבין במ"ש דהיה עמלק ושינה עצמו לבא בדמות כנען למה שינה עצמו דוקא בדמות כנען ולא בדמות שאר אומות מכל ע' אומות אבל יובן כי מבואר במדרש (בראשית רבה ק ו) ויבואו עד גורן האטד ראוי היה הכנעני להדיש כאטד אלא בזכות שהספידו ליעקב הגן עליהם והנה כאן כתיב במיתת אהרן (במדבר כ כט) ויבכו אותו כל בית ישראל שלשים יום וישמע הכנעני וא"כ יש לישראל בטחון שזכות הספד לצדיק יעמוד להם ויגן בעדם וכבר נודע כי כל עסקי מלחמה הוא חוזק לבב ובטוח בהצלחה עד שאמרו (סוטה מד ע"ב) תחלת נפילה ניסה כי גורם המסת לבב ולכך עמלק חשש שיהיה לישראל חוזק לבב כי יבטחו בזכות הספידם לצדיק ולכך נתחכם להלביש עצמו כמו הכנענים והם יש להם גם כן זכות הספד שהספידו ליעקב ואם כן לא יבטחו ישראל כלל בזכות הספד ובזה יובן דברי הגמרא כי אמרו חז"ל ועיין ברש"י בחומש (שם כא א) מה שנאמר שבא עמלק בשמעו כי בא ישראל דרך האתרים הוא כי חשב שיבואו דרך המרגלים תרי ארץ וחטא מרגלים יגרום להם שיפלו לפניו אך כבר נודע כי מיתת צדיקים והספדם מכפרים כמזבח כפרה וא"כ אף שחטאו במרגלים כבר סר עונם וחטאתם תכופר אבל יש הבדל בין הספד להספד אם חכם מת ואין להחיים תועלת נרגש ממנו בזה העולם רק ההספד והבכי הוא בעבור העדר השלימות האמיתי וענין עולם הבא בזה רב שכר המספידים כי כל צערם הוא בשביל העדר שלמות האמיתי ונצחי ואף שכרם מדה כנגד מדה

להיות להם שלימות אמיתי ונצחי אבל אם ע"י צדיק תועלת נרגש בזה העולם והם מספידים אותואם כן אין כ"כ שכר להספד כי בעבוד העדר התועלת הזמני הם מספידים לזה דכך כל אדם בהעדר ממנו חסרון ותועלת זמן יתאבל עד למאוד ושחה לעפר נפשו לזה אמרו מה שמועה שמע ובא ואם כי שמע כי באו דרך האתרים הוא חטא מרגלים הלא כבר נקדם רפואה למכה כי בכו על אהרן ל' יום ונתכפר להם כל החטא וע"ז אמר שמע שמת אהרן ונסתלקו ענני הכבוד אם כן ההספד היה לתועלת הזמני כי עתה יפגעו בם כל מלכי אומות העולם כי אין להם מגן מעמוד ענן וכהנה יתר התועליות הנרגשות שאבדו בסילוק עמוד ענן וע"ז סופדים ובוכים ולא להעדר צדיק שלימות הנצחי וא"כ לא יכופר עונם ולכך באו להלחם בהם וא"ש ראו כמה גדול כח של הספד אם הוא בלי פניה שהרי לכנענים עמדה זכות הספד יעקב ע"ה כי באמת הקדוש ברוך הוא חפץ ביקר צדיק ולכך חובה לבכות על הספד למאוד כמו בעזיבת חטא ביום הכפור יום מחילה וסליחה ובאמת כבר אמרנו כי בעונותינו הרבים אבדנו רבות בהעדר צדיקים ושלימים כאלה וראוי לתפוס באומנות אבותינו ונפרש הקינה שקונן דוד על שאול ובנו יהונתן כאשר נאמר (שמואל ב א יז) ויקונן דוד על שאול ויהונתן בנו והוא לא קונן היותו מלך רק להיותו שאול בחיר ה' וצדיק כאמרם (יומא כב ע"ב) בן שנה שאול במלכו מה בן שנה נקי מחטא וכן יהונתן כולם צדיקים ע"ז קונן ולא על היותם נסיכי אדם כי אין שלטון ביום המות ולכך נאמר בגמרא דמ"ק (דף כה ע"ב) כי רב אשי שאיל לספדנא ההוא יומא מאי אמרת א"ל אם בארזים נפלה שלהבת מה יעשו אזובי קיר לויתן העלה בחכה מה יעשו דגי הים ויש לפרש מה השאלה מה יאמר יספיד עליו ויקונן כראוי והאי ספדנא שכפל הדברים ארזים ודגים עם לויתן כפילה זו מה טיבה אבל נראה דאמרו (גיטין נט) מימות רבי עד רב אשי לא היה תורה וגדולה במקום אחד ואם כן אצל רב אשי היה תורה וגדולה במקום אחד וא"כ שאל רב אשי האי יומא מאי אמרת אם תספיד על העדר התורה או על העדר הגדולה והספדנא השיבו שעל שניהם יספיד מול הגדולה יאמר אם בארזים וכו' שהוא תואר הגדולה כמ"ש (עמוס ב ט) אשר כגובה ארזים גובהו כו' ועל התורה יאמר אם לויתן העלה כו' כי מבואר במסכת אבות דרבי נתן (פרק מ') שתלמידי חכמים נמשלו לדגים שבים ואמר על ראש חכמים שהוא תואר בתואר לויתן ולכך אמר העלה בחכה כי כבר אמרו (שבת לג) בדוד המלך וכן ברבה בר נחמני (ב"מ פו) כד היותם עוסקים בתורה אי אפשר למלאך המות ליטול נשמתם רק היה עושה תחבולה באיזה רעש להשתיקם מתורה ואז שלט בהם לכך אמר העלה בחכה שהוא חכה לתוך פיו שלא יכול לדבר דברי תורה ואז יכול מלאך המות לשלוט כנ"ל לכך דוד בחר להספידו על העדר התורה והשלימות ולא על הנגידות ונסיכות כלל לכך אמר על שאול שהיה צדיק ועוסק בתורה ובמדע ואמר (שמואל ב א יח) ללמד בני יהודה קשת הלא היא כתובה על ספר הישר להבין זה יש בו

פירושים שונים ועיקר כי בהעדר צדיקים ותלמידי חכמים העדרם נזק לבחורים וילדים שיכולים ללמוד מהם והמשילו פלפול התורה לחיצים ואבני בליסטראות כמ"ש (תהלים קכז ד) כחצים ביד גבור כן בני הנעורים ובזוהר המשיל בזה הרבה לפלפול התורה (וכן בקידושין ל ע"ב גם כן נדרש על התורה) ואמר ללמד בני יהודה פלפול התורה כחצים ביד הנעורים ולכך נאמר בקינות איכות (איכה ה יד) זקנים משער שבתו בחורים מנגינתם כי כבר אמרו (בסוטה ל"ה) הואיל ודוד אמר זמירות היו לי חקיך נענש שטעה בדבר מקרא שנאמר ולבני קהת לא נתן והוא הרכיב ארון על עגלה חדשה והקשו המחברים הא אמרו (מגילה לא) כל הקורא בלי נעימה ושונה בלי זמרה עליו הכתוב אומר ואני נתתי חוקים לא טובים ותירצו כי בבית המדרש יש לשנות בזמרה כדי להנעים אף לחבירו אבל בבית יש לשנות בלי זמרה כדי שלא יהיה נראה כמזמר שירי עכו"ם ח"ו ודוד אמר זמירות היו לי חוקיך בבית מגורי דייקא וע"ז נענש ובזה יובן כי בבית המדרש יש להנעים המשנה אבל לא בבית וא"כ כשנתבטל בעונותינו הרבים בית הועד אף הנעימה מן המשנה בטלה וזה אמרו זקנים משער שבתו דבטלו חכמי ועד יושבי בשער הלכהאם כן בחורים מנגינתם דבטלו לימוד בשיר ובטלו המנגנים בלומדי תורה אמנם להבין מה זה מדה כנגד מדה בשביל שאמר זמירות היו לי חוקיך תהיה לו טעות בהרכבת הארון על עגלה נראה דכבר כתבו מחברים דטעות דדוד היתה כי חשב הא דכתיב (שם) בכתף ישאו היינו במדבר אבל לא לדורות אבל בספרי דרש עבודת הקודש עליהם בכתף אין לי במדבר לדורות מנין ת"ל ישאו לדורות אמנם בגמרא דערכין (דף יא) דרש על ישאו אין ישאו אלא לשון שירה ופירשו המפרשים כי כשהיו נושאים ארון ברית ה' היו מזמרים ואפילו הפרות שהיו מוליכות הארון כתיב בהו (שמואל א ו יב) וישרנה הפרות ומזה למד דוד דאמר זמירות היו לי חוקיך כי הארון היה מושא בזמירות דכתיב ישאו לשון שירה והוא כי התורה נקנית בשיר כדכתיב (דברים לא יט) ועתה כתבו לכם את השירה הזאת ומפרשים דקאי על התורה ובזה יובן כי הוא קרא לתורה זמירות והיינו דפירש ישאו לשון שירה וא"כ לא היה לימוד דנוהג לדורות דדרש ישאו ללשון שירה ולכך נכשל בדבר שאפילו תינוקות יודעים כי באמת נוהג והפסוק ישאו קאי אף לדורות כנ"ל וא"ש ראו רבותיי וחכמיי איך אל יפרוש אדם עצמו מבית המדרש אפי' רגע אחד ועל בינתו אל ישען לומר העשרתי מצאתי און לי בתורה איני צריך לחבר ורב כי מי לנו גדול ממשיח אלהי יעקב המלך דוד טעה בפשט הפסוק ואילו שאל בבית המדרש ודאי סנהדרין באותו זמן היו מפרשים לו כהלכה ולכן בעונותינו הרבים גובה רוח איש הוא המביא לאדם לכל התקלות ומכשולים והוא המפריע אדם מעבודת השם והוא המכשיל אהבה וריעות והתדבקות חבורה ובאמת ראוי לכל אדם להתחבר עם כל יראי ה' ולומדי תורה ולהיות עמם נפש אחת כי זהו רצון

אלהים לכך חובה עלינו להוריד דמעות על אדם כשר ולהתאבל במות ישרים להורות כי משתתף עמם בצרה וזהו מאמר דוד למנצח על השמינית הושיעה ה' כי גמר חסיד כו' כי כאשר החל להתאונן ולזעוק מרה על העדר תלמידי חכמים ושיתף עמם בצרה אמר על השמינית כי כבר אמרנו במה שכתוב בגמרא דסוטה (דף ה') תלמיד חכם צריך להיות בו שמינית שבשמינית הפירוש אמיתי כך במזמור אשרי תמימי דרך אמר תמניא אפי ואות החי"ת היא השמינית ביה ובחי"ת יש גם כן שמונה חית"ן ואחת מהן הוא חבר אני לכל אשר יראוך וזו המדה שצריך להיות בתלמיד חכם שיהיה חבר לכל יראי ה' וחושבי שמו ולא יחשוב מה לי ולהם אני גדול הדור ומנהיג אין כבודי להשתתף עם שפל אנשים אהיה נחבא אל הכלים במה יחשב כי אין גאוה לפני המקום וה' אוהב נדכאים והם פמליא שלו ולכך כאשר שיתף דוד עצמו עם החסידים שהם לרוב שפלים ונבזים וכל רואם ילעיגו עליהם אמר למנצח על השמינית רמז על השמינית הנ"ל שהוא חבר אני לכל אשר יראוך וכן הצדיקים מתחברים תמיד עם אנשי דורם ולא בלבד בחייהם אף כי במותם תמיד אהבתם לא פסקה מאנשי דורם להיות להם למגן ולמליץ יושר וכדומה ובזה תובן גמרא דכתובות (דף ק"ד) מאן דאמר נח נפשיה דרבי ידקר בחרב וכי נח נפשיה אהדר בר קפרא קרעיה לאחוריו ובכי א"ל נח נפשיה דרבי א"ל אתם קאמריתו ויש להבין מה שכתוב כל האומר נח נפשיה דרבי ידקר בחרב למה מי גבר יחיה ולא יראה מות וגם בר קפרא שבקש להגיד להם ברמז דנח נפשיה למה אהדר קרעיה וכו' וכי לאחוריו יביטו הוי ליה להניח הקרעים לפניו וירגישו במיתת רבי מבלי הגיד להם דבר אבל נאמר כי צדיק נפשו קשורה בנפשות הדור ולכן כתב האר"י ז"ל בעובדא דרב פרידא בעירובין (דף נ"ד ע"ב) דנפקא בת קול דיזכו דרא לעולם הבא כי מה שייכות לדור במעשיו הטובים וכתב כי נשמת הצדיק עם נשמת דורו הן קשורות ודבוקות בשורש אחד ולכך בפועל הטוב שלו גם להם ייטיב ה' היותם קשורים בו ולכך אף כי מת הצדיק מכל מקום נפשו קשורה למטה בגוף ואינה עולה בהחלט להיותה קשורה עם נפשות דורו אשר עודם בחיים ולכך אמרו ברבי (כתובות ק"ג) כל ביה שמשא הוי אתי לביתיה כי נפשו שכנה למטה בגופו ונח לו לשוב לביתו וזהו תמיד כל זמן חיי הדור ההוא כי אז נפשם קשורה בנפשו אבל כאשר יעבור הדור ההוא נפסק הקשר ונפשו עולה למעלה בצרור החיים ולא תשוב עוד למטה הולך ולא ישוב כי אין לו חיבור ודיבוק עם דור שלאחריו ולכך יעקב אבינו הוא בדורו תמיד לא זזה נפשו מגופו לדבק עם נפשות החיים ובחבורתם נרפא לנו היות לנו למגן לכך אמרו (תענית ה ע"ב) יעקב אבינו לא מת ואמרו מה זרעו בחיים אף יעקב בחיים להתקשר עמם וזהו מאמרם כי כל האומר נח נפשיה דרבי נפשו דייקא ידקר בחרב כי ידעו דגר רבי עם בני דורו עד שבטחו כי לא תסתלק הנפש בהחלט רק תשכון בתוך הגוף כנ"ל והנה בר קפרא ביקש לעורר הספד ויגון ואנחה על העדר

רבי קרע ואהדר קרעיה לאחוריה להורות כי באמת בדור הזה אין כ"כ נרגש העדר רבי כי עדיין נפשו דבוקה בנו ושוכנת בגופו ובקבר אבל דורות הבאים אחרינו הם ירגישו בחסרון רבי ולהם יחשיך היום ובא השמש המאיר כי איתם אין לרבי התקשרות ושייכות ותסולק נפשו למעלה מעלה למנוחה והם ישארו לאנחה ולכך שם הקרע לאחוריו להורות על דורות הבאים אחריו וכן תמיד ולכן צווח דוד על בני יהודה הם הדור הבאים אחריו כי להם יותר העדר מלנו ולכך אנו חייבים להוריד כנחל דמעה על איבוד אדם כשר אבל הדמעות שאנו מורידים על אדם כשר צריך מתחילה להיות בתשובה ועזיבת חטא לרחוץ מצואה וגלולים שבידנו דאל"כ דהוא מלא עבירות הן דמעות מלאות צואה ורע בתכליתן לכן צריך לסגל תשובה ותרטה בפרטות על אבוד צדיקים גדולים שהיו לנו לחומה והשפיעו לנו תמיד והנה נשוב להנ"ל כי קונן דוד על שאול ועל יהונתן בנו והוא כבר התחלנו לעיל במה שכתוב הכתוב בחזקיהו שעשו לו כבוד מאי קמ"ל ולמה הניחו ספר תורה והוא דרש"י פירש (בראשית לה ה) בשם המדרש דלכך לא נזכר מיתת רבקה שהוציאו מטתה בלילה בחשאי לבל יאמרו ארורה האם שגידלה לעשו הרשע והקשו המפרשים דא"כ במות יצחק נמי ותירצו דבן כסיל תוגת אמו (משלי י א) כי תליא רשעת הבן בסוגית האם כמ"ש מהרש"א ביומא (דף מ"ז) שאלו לאם בן קמחי במה זכית וכו' שלא שאלו לאביו כי הכל תלוי באם אך זהו בכל אדם אבל חזקיהו דלא נסיב אשה משום דידע דנפיק מיניה מנשה וכאשר דיבר לו ישעיה ליסב אשה נסיב בת ישעיה דאולי על ידיה תבוטל הגזרה הרי דלא היה בסיבת האם כי חזו דנפיק מינה ואדרבה חשב ע"י האם יבוטלאם כן יש כאן סברא מבלי לקוברו ביום ופומבי כי אם בלילה בחשאי ולכך אמר הכתוב דלא כן הוא (דה"ב לב לג) וכבוד עשו לו במותו ויצאו לפניו רבים מישראל וכו' רק באמת למה מה נשתנה זה מאמנו רבקה ואמרו כי אדרבה הוא בראותו כי נפיק מיניה רשע לא ביקש להוליד רק ע"י הנביא הוכרח לקיים מה דפקדו ה' לקיים מצות פריה ורביה והוא כדי לקיים פריה ורביה שם נפשו בכפו אף כי יהיה לו רשע מכל מקום לא נמנע ליקח אשה וא"כ לא שייך ארור שזה ילד דהא באמת לא ביקש להוליד רק עשה כדי לקיים מצות פריה ורביה כמאמר הנביא ואדרבה שבחו יותר דראה דיהיה לו רשע מכל מקום לא שת לבו אפס לקיים מצות ה' מה שצוה ה' וזהו מאמרם (ב"ק יז) שהניחו ספר תורה על קברו לומר דקיים זה מה שכתוב בזה נשא אשה כדי לקיים מה שכתוב בספר תורה זה אף שהיה לבו נוקפו כי חזא דנפק מיניה רשע אעפ"כ לא שת לבו רק לקיים כנ"ל וא"כ יש יקר וכבוד בזה ולא גנאי ח"ו ומזה הטעם יש לאמר גם כן ביצחק מה שכתבו המפרשים הנ"ל כי על יצחק אפשר לומר דהוצרך להוליד לקיים פריה ורביה משא"כ אשה דאינה מצווה על פריה ורביה ולכך אמרו דהניחו ס"ת על קברו לכבודו ולא שהושיבו ישיבה על קברו כקושית מהרש"א דעיקר הרבותא

הכבוד במותו שלא הוציאו מטתו בלילה כנ"ל ברבקה אבל בישיבת ישיבה הוא לאחר קבורה וזה אין רבותא עיקר רבותא במותו כנ"ל ודוק ולכך אם צדיק הוליד רשע קשה לספוד עליו לבל יאמרו כנ"ל ברבקה אבל בהוליד צדיק כמותו אז יש לעורר הבכי והספד לכך אמר על שאול ויהונתן בנו שהיו צדיקים גמורים וראוי לקונן מבלי פוגת:

והנה אמרו בגמרא דכתובות פרק המדיר (דף ע"ז ע"ב) כשמת ריב"ל שאל ליה רשב"י נראתה קשת בימיך א"ל הן א"לאם כן לאו את בר לוואי וקאמר הגמרא ולא היא רק דלא לאחזוקי טיבותא לנפשו אמר כן ותמהו רבים בעלמא דקשוט איך נאמר כן הא כתיב (תהלים קא ז) דובר שקרים לא יכון לנגד עיני אבל הענין כבר תמהו כל בעלי טבעים על זכירת ברית הנאמר בקשת (ועיין אריכות בזה בהגהת של"ה פרשת נח ותירץ גם כן בשם הגאון הימ"א נזכר בדרך הגון ע"ש) כי הוא דבר מטבע כאשר תזרח השמש מול עבים עכורים מלאים קטורי מים כאשר הנסיון מורה בשומך נגד קוי השמש צלוחית מלא מים אבל בזוהר יש כי יש תרי קשת משונים בגוונים הוא טבעי אבל מה שיש בו מראה תכלת לגמרי הוא הקשת הנרצה להזכרת ברית כי תכלת מלשון כליה ר"ל תכלת מורה כי נתחייבו ח"ו כליון ויש להם תכלית טוב בזכירת ברית לכך רשב"י ששאלו נראה קשת בימיך כוונתו על קשת ממין השני שהוא אינו טבעי כלל כנ"ל וריב"ל השיב סתם נראה היינו כוונתו לקשת הטבע והא דלא אמר ליה בפירוש שקשת זו ראה היינו דלא לאחזוקי טיבותא לנפשיה אבל מכל מקום לא כיזב מילתא כי באמת נראה קשת הטבעי והנה לפ"ז צריך לימוד והבחנה להבחין בין ראיית קשת אם הוא טבעי או קשת הזכרת ברית כי אז יש לנו לעורר בתשובה כי לכך בא האות לחזור בתשובה ולחדול מרע ואלהים עשהו שייראו מלפניו והנה כל זמן דצדיק בעולם ודאי לא נראתה קשת רק ממין הטבע ואין צריך לימוד והבחנה וזהו מאמר דוד כל זמן ששאול ויהונתן צדיקי עולם קיימים ודאי לא נראתה קשת ממין השני ואין צריך לימוד להבין בין קשת לקשת אבל במותםאם כן צריך לימוד ללמד בני יהודה קשת להבחין בין קשת לקשת וזהו אמרו הלא היא כתובה על ספר הישר שפירושה ס' בראשית (ועיין היטב ע"ז כה) ששם נאמר (בראשית ט יג) את קשתי נתתי בענן ע"כ אין כוונה על קשת הטבעי לכך ילמדו להבחין למען דעת לשוב בתשובה וא"ש והנה אחיי ורעיי למדו בקשת בהעדר הצדיקים יסודי עולם אשר היו לנו לחומה אוי לנו כי אבד רוח אפינו אשר אמרנו בצלו נחיה בגולה ומה נלמד מענין קשת שמירת ברית קודש יורה כחץ למטרה ווי למאן דפוגם בברית קודש אין צ"ל לאותו שפוגם חס ושלום בבת אל נכר אלא אף בפנויה נדה ואצ"ל אשת איש אוי לו טוב לו שנהפכה שלייתו על פניו למה מרחם יצא למרוד פני קונו ולגרום רעה לכל העולם כי מפריד קשת של מעלה וגורם קללה גם נערים חתן וכלה וכל המתעללים בנערה מתקדשים ומטהרים אל הגנות ברחוב וכדומה

עוסקים עמם בשיחה בפרט בבית משתאות ועת הטיבו נגן בכנור כי יקשו עצמם לדעת ויוציאו בחומם זרע לבטלה וכהנה יתר התועבות היחתה איש גחלים בחיקו ולא יכוה ודאי אש עד שאול תאכל וכבר דרשתי פעמים רבות ותודה לאל פה קהלתי נעשה גדר לבל ילך חתן אל הכלה כי אם פעם אחת בחדש ואז לא יעכב יותר עד שעה עשירית אשרי להם והנני מתרה בכם שמרו אותו כאילו יש בו סכנת נפשות העובר אותו כי העבודה שיש בו סכנה עצומה ממש כל באיה מגיע ירכתי שאול אוי לי אמי כי ילדתני על פרצת הדור בברית הנני מתרה בכם השמרו לכם ונקיתי מאלתי שבועה מהר סיני להוכיח עמיתי כי נחר גרוני בקראי והנה יש עוד פירוש להא דאמר ללמד בני יהודה קשת כפשוטו של מקרא שמורה על קשת מלחמה והוא כי שני מיני כלי זיין יש קשת וחרב וישמעאל ירש בברכתו מאברהם (בראשית כא כ) רובה קשת ויצחק שהיה ממלא מקום אברהם ביקש להוריש לעשו גם כן מלחמת קשת ולכך א"ל (שם כז ג) שא נא תליך וקשתך ואלו היה עשו זוכה לברכות היתה ברכתו גם כן קשת אבל יעקב הקדימו ולא האציל לו רק חרב ולכך לא בירך לו רק על חרבך תחיה (בראשית כז מ) כי חרב נשאר לו ולא קשת אבל קשת לישמעאל נשאר לכך נשא עשו מחלת בת ישמעאל כדי שיהיו שניהם לו והנה אמרו (בראשית רבה צט ב ע"ב) אין זרעו של עשו נופל רק ביד זרעה של רחל והוא כאשר אמרתי כמה פעמים כי כל זכות בני עשו הוא מן תמנע שהיתה בת מלך ונעשתה פלגש לעשו ולא הקפידה על כבודה רק להיותה בבית אברהם ויצחק ואין הקדוש ברוך הוא מקפח שכר כל בריה (ב"ק לח ע"ב) לכך יצא ממנה ראשית גוים עמלק הנה רחל עשתה יותר שהיתה עקרת הבית ומחלה על כבודה ונעשתה פלגש והניחה לאחותה לאה להיות גבירה לכך זרעה של רחל כובש לעשו אמנם נצחון שאר אומות ביד יהודה כי ירש מיעקב וביחוד קשת כמבואר במדרש (ילק"ש ח"א רמז צ"ד) כי ישמעאל ירה קשת ביצחק לבל יירש אביו אבל יהודה אמר מה בצע וכו' וכן יהודה תמיד ראש הלוחמים וזהו מאמר דוד עד עתה שהיו שאול ובניו קיימים מזרע רחל להם החרב כי הם בכחם ירשו לעשו והיו לוחמים בחרב אבל עכשיו שמת שאול ואין לבני יהודה ממשלה בחרב כי זהו טכסיסו של עשו רק קשת כמ"ש (בראשית מט ח) ידך בעורף וכו' כי ליהודה נתן הקשת ולא החרב לכך אמר ללמד בני יהודה קשת הלא כתובה על ספר הישר ידך בעורף וכו' ואמר (שמואל ב א) הצבי ישראל על במותיך חלל איך נפלו גבורים וכו' כי מדרך הנימוס ונהוג במנהיגי עם שכיח באיש אחד כאשר ירבה עליו העומס וטורח הצבור יכעיסנו ויקיץ ברוב טורח וזהו מטבעי אנושי אבל באמת חטא גדול הוא למנהיג שמחוייב לישא כצאן עלות ינהל מבלי לבעוט בטורח ועומס ויותר שעליו הטורח יותר עליו החיוב להתנהג בנעימות בלי שום כעס אוי לי על שברי כי לפעמים גם אני בזה המכשול אשר אני כועס כאשר ירבה הטורח מבני אדם ולא כן היושר וכבר כתב הרמב"ם

בספר המורה כי עיקר חטא משה רבינו ע"ה בסלע היה שדיבר עם העם בכעס שמעו נא המורים היה לו לדבר בנחת וזה אצל ראש העדה לחטאת גדול ומרי ואם היה שאול מתנהג כן אין לתמוה היותו נענש אבל באמת שאול היה בנחת מתנהג עם כל העם עד שלא היה בו מידת כעס כלל וכבר נודע כי צבי אין לו מרה כלל וזהו הצבי ישראל אתה ראש ישראל נדמה לצבי שלא היה מרה בו כלל וא"כ אין להאשימו בעבור שכעס על ישראל וזה פירוש גם כן (שה"ש ח' יד) ברח דודי ודמה לך לצבי דהיינו דאל יכעס עלינו כלל ואמרו במדרש (חזית) כתיב (תהלים לד טז) עיני ה' אל צדיקים וכתיב (שם לג יח) עין ה' אל יראיו כאן בעושין רצונו כאן באין עושין רצונו והכונה כי ידוע כי עין אחת כינוי למדת הדין ועין אחת למדת הרחמים ולכך בעושין רצונו משגיח בשני עינים כי אף למדת הדין הם הגונים אבל כשאין עושים רצונו ואין יכולים לסבול מדת הדין הוא משגיח רק בעין אחת והוא בעין של רחמים וידוע (ילקוט תהלים רמז תש"כ) שצבי כשהוא ישן מביט בעין אחת לכך אמר ברח דודי ודמה לך לצבי היינו שתביט רק בעין אחת והוא של רחמים וזהו הצבי ישראל שהיה מתנהג עם ישראל במדת הרחמים ולא במדת הדין כלל וכלל ולכך אמר בסנהדרין (שיר השירים רבה פ"א טו) עיניך יונים פירש"י סנהדרין שנמשלו ליונים וזהו הטעם כי מלבד מה שאמרתי כי חכמי ישראל היו שותים תמיד מים חיים של תורה ולא מקיאים דהיינו שלא נשכח דבר מאתם כאמרם (אבות פ"ב ח) בור סיד שאינו מאבד טיפה וידוע במשניות מסכת פרה (פרק ט מג) כל עופות שותים ומקיאים חוץ מיונה לכך נקראים עיניך יונים אף גם הטעם כמ"ש בהנ"ל כי הם מתנהגים שלא בכעס ולא היה להם מרה כיונה שאין לה מרה כלל אשרי אדם שינצל מכעס כי כעס בחיק כסילים ובעונותינו הרבים מדה זו גורמת רעה לאדם בזה ובבא והעידו לי על הגאון ז"ל דק"ק פירדא שהיה מרחיק מאוד מכעס כל ימיו וביותר הייתי מכיר בהחסיד ר"א פ"ב ז"ל שלא היתה בו מידה זו כלל ולא ראיתיו כועס כל ימיו והיה סובל טורח כל עיר פראג ממש בלי פרס כלל ואדרבה היה נושא בעול והיה שכמו נוטה לעול אחינו ובצרתם היה לו צער והיה כל נאנח ונעזב ומבקש לחם יבוא אליו ובעצתו ינהגם בנפשו ומאודו וקיבלם בפנים שוחקות ויפות ולא היה כמוהו ממש מימות ראשונים בחיי נפשי ולכך ראוי לקונן באבל יחיד כי הוא היה ממש יחיד בדור ואין בעולם חסיד וירא חטא כמוהו ומי יתנני ראשי מים ועיני מקור דמעה ואבכה כי בדברים רבים העמידני על אמת ויושר ואני חייב בכבודו כראוי והנה עוד מכשול מצוי בפרנסי הדור והוא כאשר יהיו בתכלית הרוממות ויכבדום זקני עם ובין נגידים יושיבום דעתם זחה עליהם ויתגאו למאוד וזהו עון פלילי כנזכר בפרקי אבות דרבי נתן (פרק לח ג) נשאל ר"י לר"ג על מה נחתם גזר דין לדון כעוברי עבירות חמורות והשיב כאשר דרש ברבים והעם הפליגו בשבחו ועוצם חכמתו זחה דעתו עליו ולכך חרוץ דינו ליהרג וזה

בעונותינו הרבים מכשול מצוי לכל עם קטן וגדול כאשר ידרוש או יעשה שום דבר לתקוע להתפלל והעם יפליגו בשבחו ותיכף יגביה דעתו ויאמר מי כמוני וכהנה מהתרוממות בנפשו ודעתו ובאמת הוא מהמרי הגדול כי הלא ראוי להחזיק טובה לה' אשר חננו בזה והבדילו משאר בני אדם ובפרטות אם יתגאה איש בלימודו וחכמתו הלא אם ילמד אלף אלפים שנה לא יבין תכליתו של קוצי של יו"ד הכתוב ולא ידע סיבת טעם טבעי מחקרי על בוריה ואיך יעמוד איש מעותד אל הטעות והשגיאות אין רגע בלי מכשול להתגאות ולהמרות פי קונו כי אין דבר מתועב לפני ה' מגאוה ודוחק רגלי שכינה ואם היה שאול המלך מתנהג כן לא היה כ"כ מהתימא על אשר קרהו ההריגה כאשר קרה להרוגי מלכות כנ"ל אבל באמת שאול לא היה לו כך טבע זה אדרבה יותר שהיה עולה לגדולה היה לבו חלל בקרבו ונשבר ונבזה ונמס רוח בזכרו כי הוא אדם עומד למקרה זמן ופגעיו ולא לעולם חוסן וזהו מאמרו על במותיך חלל הרצון כשהיה מגיע לתכלית הגבהות ורוממות היה לבו חלל בקרבו וא"כ שפיר קשה איך נפלו גבורים לכך אמר (שמו"ב א כ) אל תגידו בגת כו' אין הכונה לבל יאמרו הריגת שאול בעונותינו הרבים כולם ידעו והלא לקחו גוית שאול והביאו אותו להיכל פסילי אלהיהם אבל כבר אמרו מפני הרעה נאסף הצדיק כדי שלא יראה הרעה נאסף אמנם לפעמים מת בחטאו וע"ז אמר דוד אל תגידו בגת ואל תבשרו בחוצות אשקלון כמאמרי הנ"ל אשר דברתי כי שאול ויהונתן היו חפים מפשע ומנוקים מעון כי בשומעם זאת ושפטו כי מיתתם היתה לבל יראו ברעה אשר ימצא ח"ו לישראל וישמחו ויעלזו ולכך אל תגידו זאת למען יחשבו כי בעונם מתו ומזה נלמד כמה יש לנו להרבות בתשובה ותפלה וצדקה ומעשים טובים בהעדר צדיקים כאלה אנשים הללו שלימים היו מבלי דופי ושמצה ובעונותינו הרבים מפני הרעה נאסף הצדיק ועלינו להתפלל שתהיה מיתתם לכפרה לבל יגיעו ימי רעה ח"ו התקוששו וקושו להסיר מאתכם כל דבר רע כי מיתת צדיקים משמים כמתרה וצווחת ואומרת שובו בנים שובבים כי הנני לוקח מחמד עיניכם והעיקר כאשר אמרתי מאן גבר בעי חיי יתמיד יום ביומו בספר תוכחת מוסר ואותם האנשים הלומדים בחבורה ספר של"ה לא יקראו אותו כסדר כי רוב פלפול וקבלה ודרוש והעיקר ללמוד בתוכו בשער אותיות ודברי מוסר שלו אשרי תמימי דרך ההולכים באורחותיו מה נעמו כי מפה קדוש יצאו וכהנה שאר ספרי מוסר ואפי' נשים ובתולות חובה עליהם לקרות בכל יום מספרי מוסר הנדפסים בלשון אשכנז לב טוב שמחת נפש תם וישר וכדומה ואם תעשו כן מובטח אני שיהיה לבכם נפתח על שרשי היראה ליראה את פני ה' הנורא ולא בקל תחטאו בשאט נפש:

ואמר דוד (שמואל ב א כא) הרי בגלבוע אל טל ואל מטר וכו' דבר זה כבר אמרתי במקום אחר כי כאשר יהרג הצדיק אז נפשו מבקשת להתדבק בדמו אשר נשפך ואז מעכבת שבל יהיו צמחים כראוי כי שרשי

הקדושה אשר במקום צמחים מתדבקים בנפשו כדרך כל הדברים להתדבק בדומה לו ניר קטן בניר גדול והצמחים שיגדלו במקום ההוא אין בהם ניצוצי קדושה קיא צואה בלי מקום ואין נאותים לאכילת ישראל כנאמר (דברים ח ג) כי לא על הלחם לבדו יחיה האדם כי על כל מוצא פי ה' היינו ניצוצי קדושה אבל במקום הזה אינו כאשר הארכתי בזה בדרוש הקודם לכך אמר הרי בגלבוע וכו' אל טל ואל מטר עליכם ושדי תרומות כי למה מטר וטל להוליד זרע ופרי הארץ הלא לא יצליח ואין טוב למאכל ישראלי ולכך אמר שדי תרומות כי תרומה נקראת קודש כדכתיב (ירמיה ב ג) קודש ישראל לה' ראשית תבואתו ועיקר תרומה היא שרשי הקדושה שבתבואה והם ראשית והם המופרשים לכהן אבל כאן שלא יעלה שום קדושה כללאם כן טוב שלא יעלה זרע ולא יצמח צמח ולא תופרש תרומה ממנו כי מה לכהן בבית הקברות כי הזרע שיוגדל שם משורש רע אין בו חלק טוב ולא נאות לישראל אף כי לכהן לאכול מחלק רע ולחם מגואל פיגול הוא לא ירצה והטעם כי שם נגעל מגן גבורים וכו' מגן שאול בלי משוח בשמן ופירשו המפרשים שלא היה נמשח בשמן המשחה ואפשר לומר כי נתן טעם דאין להאשים לשאול בעבור החיותו אגג כי לא נמשך בשמן המשחה וא"כ אין לו תואר מלך כמאמר חז"ל (עיין בכריתות ה' ע"ב ובתוספות שם ובשמו"א י א ברד"ק ובאלשיך וכן במל"ב ט' א) כי שאול לא היה לו תואר מלך היותו בלתי משוח בשמן משחת קדש וא"כ אין עליו להכרית זרעו של עמלק כי צריך מלך להכריתו כדאמרינן בסנהדרין (דף ב ע"ב) כי יד על כס יה וכו' אין כסא אלא מלך וגם תירוץ על מיתת נוב עיר הכהנים כי הוא לא היה הורגן רק דואג ואין שליח לדבר עבירה רק אילו היה מלך כיון שלא היה מפורסם הדרוש "רק" למעט דבר מצוה כי אפילו יואב ראש לישראל לא דרש "רק" והרג לעמשא שביטל מצות המלך כמבואר בסנהדרין (דף מ"ט) ומכ"ש שאין להאשים לדואג שהיה שומע בקול שאול המלך להרוג לנוב עיר הכהנים כי לא דרש "רק" אבל אם אין לשאול דין מלך אזי חטא דואג ונצול שאול וזהו אמרו בלי משוח בשמן המשחה ואין לו תואר מלך ועוד נראה במה שכתוב כי שמן המשחה היה כמו טל קודש כדכתיב (תהלים קל"ג ב) כטל חרמון וכו' לכך אמרו כשמן הטוב על הראש יורד על הזקן זקן אהרן שיורד על פי מידותיו כי שמן המשחה היה מגדל ומרומם להנמשח בו כמו טל קודש המחיה מתים ולכן אילו נמשח שאול בשמן המשחה היה מגדל זרעים אף בלי טל ומטר ולכך נאמר באסא (דה"י ב טז יד) שקברו היה בבשמים והיינו היותו נמשח בשמן היה מגדל בשמים ולכך אמר בלי משוח בשמן משחת קודשאם כן אין מגדל זרעים כלל ולכך אל טל ומטר עליהם כלל ולכך היה רעב בארץ על שאול שלא נספד כהלכה כי ע"י הספד אנו מעלים נפשו של צדיק למעלה כאמרם (שבת קנ"ג) אחים בהספדאי דהתם קאימנא וע"י הספד לא יקום שם כי אם יעלה מעלה מעלה וא"כ שאול שנספד שלא

כהלכה היתה נפשו למטה ונתדבקה בו שרש קדושה ולכך היה רעב בארץ כנ"ל ואמר מדם חללים וכו' והוא כי ידוע דחטא שאול היה בשמעו לקול ישראל אשר חמלו על מיטב הצאן והכרים והשמנים לעמלק ושמן וטוב השאירו וזהו מחלב גבורים כי עמלקים היו גבורים כנודע וחלבם ומיטב שלהם השאירו ישראל ועוד היה חטא במה שצוה לדואג להמית נוב עיר הכהנים והנה זהו הכל היה בעקימת שפתיו ודיבור פיו אך לא במעשה אבל יהונתן בנו היה נקי מכל וכל ודבר ידוע בפסוק וביחוד בתהלים כי המשיל העושה מעשה בעקימת שפתים לדורך קשת שיורה חץ הלאה וכן הדבר בדבר שפתים אך למחסור כי ידרוך קשתו כאויב לעשות פעולתו מרחוק והלאה ולכך שאול שחפץ ופעל שנהרגו כהנים באמירת פיו ראוי מדה כנגד מדה שתהיה קשתו נסוגה אחור מול אויב וירשיע בכל אשר יפנה הואיל שדרך קשתו כאויב נגד אוהבי ה' ועמו הקדושים אבל הואיל שלא פעל רע במעשה ידיו אף מהראוי שפועל ידיו לא ישולם לו כי הלא ידיו לא עשו רע אבל יהונתן שמנוקה מעון מכל ראוי שאפילו קשתו ומכ"ש חרבו לא תשוב ריקם וכבר נודע כי נוב עיר הכהנים היו מזרע עלי ונקנסה מיתה עליהם כל מרבית ביתו ימותו אנשים (שמו"א ב לג) ובזה רבים מפרשים התנצלו בעד שאול דגברא קטילא קטל וזה מאמר דוד מדם חללים הרצון המה נוב עיר הכהנים שהיו חללים וגברא קטילא וחלב גבורים הוא אשר חמל על מיטב ושמנו של עמלק כנ"ל בשביל זה קשת יהונתן לא נסוגה אחור כי אין לו דבר בזה וזך מכל עון ואפילו קשתו אינה ראויה שתשוב ריקם ושאול שחטא באמת ראוי שקשתו תסוג אחור אבל הואיל ולא עשה מעשה בפועל וידיו תמימים לה'אם כן ראוי שחרב שאול לא תשוב ריקם כלל ואינו כן ששבה חרבו ריקם עד שנפל על חרבו ומת והוסיף דוד לומר שאול ויהונתן הנאהבים והנעימים בחייהם ובמותם לא נפרדו וכו' כי כבר נודע מה שדרשו חז"ל (ברכות י"ב) אתה ובניך עמי במחיצתי בשרו שמואל שיהיה בן עולם הבא אבל חכמים אחרים פקרו בזה ואמרו כי אדרבה מזה ראיה שלא היה לו עולם הבא כי שמואל לא הועלה מאשת אוב רק שד לבש עצמו בדמות שמואל ואמר שיהיה עמו במחיצתו מקום אשר הרגיע לילית שעירים ובדרך פשוט מצאנו להם תשובה שע"כ עמי מוסב על שמואל כי אילו נאמר על שאול לבד היה להם מקום לכפור כי בו כפרו העכו"ם אבל אתה ובניך עמי וכי יעלה על דעת שיהונתן גבר ענוותן שהיה בן מלך ואמר לדוד אהיה לך למשנה ולא נמצא בו עול יהיה ח"ו אצל משכן הקליפות ועל יהונתן אף העכו"ם מודים וע"כ עמי מוסב על שמואל וכן הדבר בשאול וע"ז אמר דוד שאול ויהונתן וכו' ובמותם לא נפרדו אי אפשר להסב מלת עמי על שני פירושים וכמו שיהונתן יהיה בצרור החיים כן יהיה שאול ואי אפשר להפרידם ואמר הנאהבים והנעימים בחייהם כי נודע (אבות פ"ג מ"י) כל שרוח הבריות נוחה הימנו רוח המקום נוחה הימנו וא"כ הם שהיו נאהבים ונעימים לכל

מזה אות אמת כי חפץ ה' בם ואף במיתה לא יהיו פרודים וכולם יהיו לחיי עולם אמיתי שכולו טוב ואמת ואמר מנשרים קלו ומאריות גברו והוא דיש להבין במה שכתוב (ע"ז ה') אר"ל באו ונחזיק טובה לאבותינו אלמלא הם לא חטאו וכו' היינו כמו שלא באנו לעולם פירש"י לפי שהם חיים לעולם וכל זמן שהם קיימים אין אנו חשובים לכאורה מאמר זה יש בו מהזרות למאוד דאף דאמת יהיה כן שעל ידי כך הגיעה לנו טובה גדולה וכי בשביל זה נחזיק טובה לנפש החוטאת וממרה פי עליון וביחוד תמוה מה הוא התועלת דאם היו ראשונים קיימים לרוב יקר מעלתם היינו כלא נחשבים העבודה זוהיא תכלית הגאוה והמרי וטבע רשעים כך הוא בשמעם כי גדולי הדור מתו שמחו לומר עכשיו הרי אנו בעולם גדולי הדור ואין כמונו אבל טבע צדיקים שישמחו כי יש גדולים מהם לשמש אותם ולנשק עפרות רגלם הנשמע דבר רע כזה לומר טוב כי מת משה ואהרן וזקנים ודור דעה שראו ה' פנים אל פנים אפס נהיה אנחנו ראשי הדור מתגאים על העם וחטא נדב ואביהוא היה שאמרו (סנהדרין נ"ב) מתי ימותו שני זקנים הללו אבל ברור שיש פנים אחרות לדברי מאמר הנ"ל בשנבין גם כן במשנה פרקי אבות (סופ"ד) אל יבטיחך יצרך שהשאול בית מנוס לך שעל כרחך אתה נוצר ועל כרחך אתה נולד ועל כרחך אתה חי ועל כרחך אתה מת ויש להבין מה זו הבטחה ומי שוטה שישמע לקול יצר הרע שיהיה מנוס בשאול שוחה עמוקה ציה וצלמות ואם שוטה זה יפתה לזה מה

זה שאנו אומרים לסתור הבטחת שטות כזו כי ע"כ אתה נולד וע"כ אתה מת וכי בשביל זה לא ימלט מלהבטיחו בו ואם הולך על סוף דאתה עתיד ליתן דין וחשבון הוי ליה למשנה להזכיר זה בלבד ומה זו אריכות ע"כ אתה נולד כו' אבל יובן כמ"ש כי המיתה מכפרת ונרמז בקרא (סנהדרין מ"ו ע"ב) וכפר אדמתו עמו אך אמרו בגמרא דסנהדרין (דף מז) מת מתוך רשעו לא הוי ליה כפרה והענין כי כבר אמרו טבעיים כי המיתה מוכרחת (עיין רמב"ן פרשת בראשית אריכות בזה) והוא כי כל דבר שהוא בהכרח סופו לבטל המכריח וחוזר למקומו כאשר תכוף ברזל בתכלית עקמימות סופו להתפשט ולחזור מעקימתו וכן אם תזרוק אבן בהכרח למעלה בכח לא ינוח שם ויחזור למקומו וכן בכלי שעות שבנוי על דבר המכריח הוא עקימות הברזל שקורין קולמוס כלי שעה סוף להתפשט וינוח ואם הקולמוס הוא גדול ומעוקם הרבה ושוהה להתפשט יהיה הכלי שעה מתנועע זמן רב אבל עכ"פ סופו לנוח וכמה מתנות אשר נדרו שרי מדינות למי שיעשה כלי בתנועה תמידית שקורין (מאד"ם פערעטוי"ם) ונלאו ולא יכלו כי כל דבר המכריח סופו לנוח ואין דבר המוכרח המתמיד ומזה שפטו כל המחקרים כי היות אדם כמו כלי שעה כאשר יתמו חום השרשי וחום הטבעי שהם העושים תנועת אדם כקולמוס בכלי שעה כאשר ינוח מלנוע ינוח וימותאם כן שהמיתה מוכרחת מה זה יש כאן כפרה דבר המוכרח אין כאן מכפר אבל כבר אמרו (ע"ז ד ע"ב) לא היו ישראל

ראויים לאותו מעשה רק להורות תשובה כי אחר העגל שבו בתשובה שלימה לפני ה' למאוד עד שבצום הנבחר נתבשר למשה סלחתי כדבריךאם כן יש כאן שאלה כיון דלא חטאו למה היו מתים כלל וצ"ל אף דלפי האומרים דטבע אדם למות מכל מקום אם עושים רצונו של מקום היו החיים ע"פ ניסים ולמעלה מהטבע כדכתיב (תהלים פ"ב ו) אני אמרתי אלהים אתם ובני עליון כולכם הרי שאתם למעלה ממזל ומהטבע המכריח המיתהאם כן קשה כששבו בתשובה הרי חזרו למקומם הראשון וא"כ הוי ליה להיות שלא ימותו כמו קודם חטא דהא התשובה מכפרת ולא נשאר רושם החטא אמנם צ"ל באמת כן הוא אבל ישראל לגודל צדקתם וחרטה שהיה להם על החטא להוסיף כפרה קבלו על נפשם המיתה כדי לזכך חומרם כמ"ש הרבנו יונה (בשערי תשובה שער א כ) שבעל תשובה אף ששב למאוד מכל מקום תמיד לא יפסיק לשוב ויהיה בלבבו אולי אין התשובה מספיקה לעוצם המרד בה' וכן עשו ישראל וקבלו מעצמם עליהם המיתה כדי שתהיה כפרה להם נוסף על התשובה כמ"ש האר"י ז"ל על ויתנצלו בני ישראל את עדים מהר חורב שהם ב' כתרים מדת הרחמים ומלכיות ובתשובתם קבלו על עצמם מדת הדין ומלכיות כדי להרבות בסליחה ולכך המיתה מכפרת כי מעצמם קבלו בתשובה המיתה ואילו לא רצו היה הכתר נקי ממדת הרחמים בידם ולכך שורת הדין שתהיה המיתה לכפרה כי גלל כן הערו נפשם למות ולכך במת מתוך תשובה מיתה מכפרת

כנ"ל כי אין טענה דהא המיתה בע"כ כנ"ל כי גלל כן קבלו מיתה והיה בידם מהיות חפשי ממנו הואיל ששבו לה' אבל מת מתוך רשעו הרי אינו בגדר בני עליון כולכם והרי מוכרח ובע"כ ימות כדרך ונימוסי הטבע שכל דבר המוכרח סופו לנוח וא"כ מה זו כפרה הואיל והוא דבר מוכרח ואינו ברצונו וזוהיא כוונת המשנה אל יבטיחך יצרך שהשאול הוא הקבר בית מנוס לך כי המיתה מכפרת דכתיב וכפר אדמתו וע"ז אמר כי היא הבטחה של רמיה איך תכפר בע"כ אתה חי וא"כ אף בע"כ אתה מת כי כל דבר המוכרח סופו לנוח כנ"ל וא"כ דמיתה בע"כ איך תכפר ואיך יהיה השאול בית מנוס לך משא"כ כששב בתשובה אז המיתה רצונית ואז המיתה מכפרת ועוד תדעו כי כבר אמרו סיבת לידת אדם וביאת נשמה בעולם הוא לחם עצלות לא תאכל כי אוכלת למעלה נהמא דכסופא אבל כאשר תסגל מצות ומעשים טובים בזה העולם אז מלחם אביה תאכל כפי מעשיה והנה החוטא ושב בתשובה אמת דנמחל עון והרי הוא כקטן שנולד אבל עדיין מחוסר טוב גמור שלא יהיה לה לנשמה נהמא דכסופא אבל במותו המיתה מכפרת גם כן שהוא רצון האדם כנ"ל עד שאמרו (יומא פ"ו ע"ב) שחטאיו נעשו כזכיות ואז נעשו כזכיות בחזרתו לקבר מסובל צער קבר ורימה וכדומה ואז נעשו לו זכיות ומשלחן גבוה קזכו וזהו מאמר חז"ל (אבות פ"ד מ"ד) מאד מאד הוי שפל רוח שתקות אנוש רימה וקשה דהוי ליה למימר סוף אנוש רימה אבל לא תקוה כי אין זו תקות אדם להיות רימה ולא ע"ז מצפה

ומייחל רק הוא בא בעצמו בלי ריצוי ולמה נקרא אנוש אבל הוא הדבר שכתבנו כי תקותו של איש להיות נשמתו למעלה בצרור החיים עליון וזהו לא יגיע עד אשר שיהיה מתחלה רמה ותולעה וזה יתן האדם אל לבו כמה יהיה שפל אנשים ולא יגיע לתקותו אשר מייחל ומצפה כל ימיו עד שנעשה לרימה ותולעה אך זהו באיש בינוני בעל חטאים אבל צדיקים גמורים שלא שלטה בהם רימה ומכל מקום נשמתם ברום המעלה כי כבר מצאה ידם בזכות מעשים טובים להעלות נשמתם בלי צורך כלל ולכך אמרו בסנהדרין (דף מ"ו ע"ב) דקבורה לצדיקים שלא לשנות ממנהגם וידוע כי בינונים נקראו בשם אנוש כי אז הוחל לקרא בשם ה' ופירוש לשון חולין שלא היו כ"כ צדיקים כמו שת ולכך דייק שתקות אנוש דייקא וא"ש וזהו מאמר הנ"ל בואו ונחזיק טובה לאבותינו והחזקת טובה היא על שקבלו על עצמם מיתה אפס להעלות נשמתם למרום עליון ותהיה להם כפרה מעליא שאלמלא לא חטאו דומים היינו כמו שלא באנו לעולם כי לא היו מתים ואף שחטאו מכל מקום כשעשו תשובה היו חוזרים מהדין למעלתם כבראשונה אפס שהם קבלו על עצמם מיתה להטיב לנשמתם ולכן בואו ונחזיק טובה להם שהערו נפשם למות ולא חסו על חייהם רק תהיה לנשמתם מעלה נשגבה וכפרה מעליא והוסיף לקח טוב ולשונו לשון זהב באמרו דומים היינו כמו שלא באנו לעולם כאשר כתבתי כי עיקר המיתה להועיל שלא תאכל נשמתו נהמא דכסופא כי זהו עיקר טעמא שבא לעולם ולולי זאת טוב שלא בא לעולמאם כן לולי שהערו נפשם למותאם כן כל בן אדם היה כקטן שנולד ומה יתרון לו כלא היה יהיה והרי זה כאילו לא בא לעולם ואוכל נהמא דכסופא וזהו מאמר בדקדוק דומים היינו כמו שלא באנו לעולם כי הרי הוא כקטן שנולד כדאמר ריש לקיש דידוע (ב"מ פ"ד) דבעל תשובה היה שהיה לסטים ור' יוחנן קרבו תחת כנפי שכינה ולכך אמר הוא לולי קבלו על עצמם מיתה היינו כמי שלא באנו לעולם כי היינו כקטן שנולד ומה יתרון בזה עדיין הוא אוכל נהמא דכיסופא ולכך החזקת טובה להם שקבלו המיתה כדי שתעלה הנשמה בלי כיסופא למעלה מעלה קמי מלכא קדישא והנה יש פנים למאמר הנ"ל בשנבין מה שכתוב (ע"ז ה) הא כתיב פרשת יבמות ופרשת נחלות ומשני על תנאי וקשה למה בחר הגמרא בהך ב' פרשיות ולא בפרשת אמור לכהנים לנפש לא יטמא ופרשת פרה אדם כי ימות באהל וכהנה יתר פרשיות אבל ידוע מה שכתוב (ב"ב קט"ז) מ"ט נאמר באיוב מיתה ובדוד שכיבה דוד שהניח בן כמותו לא נאמר מיתה שהרי הוא כאילו חי הואיל בנו ממלא מקומו וזוהיא כוונת הגמרא אילו לא חטאו לא היו מתים דהיה הכל בגדר שכיבה ולא בגדר מיתה דהניחו בנים כמותם ולכך דומים היינו כמי שלא באנו לעולם דמה שכתוב אם קדמונים בעצמם בעולם או צאצאיהם כמותם אם זרע משה הם כמשה מה היה נחשב איש אחד נגדם וכן דור המדבר דור דיעה אם יהיה זרע כמותם מה היו אחרים נחשבים ולכך אי אפשר

להקשות משום פרשה שבתורה רק מפרשת היבמות דכתיב ובנים לא היו לו וכן בנחלות ובן אין לו ומזה הקושיא דהא אמרת דיניחו בנים כמותם ואם ימותו בלי בנים אין לך מיתה גדולה מזו ומשני על תנאי ובזה יובן גם כן מה שכתבו התוספות (שם ד"ה שאלמלא) בהא דס"ד דהחזקת טובה הוא שלולי חטא לא היה מוליד והא טוב לאדם שלא נברא ויובן הכל בטוב טעם ודעת כי ידוע (ע"ז ד ע"ב) לא היו ישראל ראויים לאותו מעשה אלא להורות תשובה קשהאם כן מה זה שכעס משה עליהם תירצו המפרשים דהיה ראוי זה לעשות ע"י דור אחר שאינם כל כך במעלה נשגבה כמו ישראל באותו הדור ולא היה כ"כ חילול השם אבל דור ההוא שהיו בתכלית המעלה והרוממות השיגו השגה נפלאה והם יחטאו וישימו באלהים תפלה הוא חילול השם גדול מאוד לכך כעס אך לפי הס"ד דלולי דחטאו התמידו הם ולא הולידו כללאם כן איך כעס משה כי אם הם אין מורים דרך לתשובה מי יורה וכן במסקנא דלולי דחטאו היו הדורות הבאים אחריהם כמותם וא"כ מאי שנא אם הם מורים דרך לתשובה או דור אחר הלא כולם שווים במעלה וגדולה כי תמיד הבאים אחריהם כמותם ואם כן אין כאן הבדל בין דורות הבאים לבינם וזהו מאמר חז"ל בואו ונחזיק טובה לאבותינו שהכניסו את עצמם בחטא ומרי אפס להורות דרך לתשובה רק דלא תימא הלא לא יפה עשו שהם בני עליה עשו כזאת היה להם להניח לדורות אחריהם פחותי המעלה וערך לעשות כזה ולא נאה להם לערך

מעלתם לעשות ולחלל שם שמים ברבים ולזה אמר כי לא היתה להם ברירה כי אילו לא חטאו לא באנו לעולם והתמיד הדור ההוא לעולם בלי קיום דור אחר ואם כן עליהם היה מוטל לפתוח פתח לתשובה ומעתה לא קשיא הא טוב שלא נברא דאין הכוונה כלל להחזיק טובה שגרם חטא שאנו נולדים רק אמר שלולי החטא לא נולדו דורות וא"כ אין עליהם תלונה בזה והחזקת טובה שהורו ונתנו יד לבעלי תשובה לשוב בתשובה ופריך הגמרא והא כתיב פרו ורבו ולזה משני אע"פ דהולידו מכל מקום בניהם כמותם ולכך דומים היינו כמו שלא באנו לעולם כנ"ל ולא הוי מיותר דהיו מולידים כמותם אם כן מאי שנא אם הם עושים עול כזה או דור אחריהם הלא אין הבדל במעלתם ולכך יפה עשו ועלינו להחזיק טובה להם שחתרו פתח לתשובה וא"ש וכמה יפה ונעמו דברי חז"ל אשרי מי שמבלה זמנו בדבריהם ובתורתם יהגה יומם ולילות כי עמקו מחשבותם ובער לא ידע כאותם שאמרו בפרק קמא דעירובין (דף י"ג ע"ב) נחלקו ב"ש וב"ה אם טוב לאדם שלא נברא משנברא והסכימו טוב לאדם שלא נברא והדבר גם כן זר ח"ו דיש חסרון בחוק הבורא שברא אדם לרע ויותר טוב היה שלא נברא וכי זהו תואר בעל השלימות שכל מעשיו בשלימות וכוונת הטוב האמתי והמועיל להטיב ואיך ח"ו נייחס לבורא שפעל ועשה דבר שטוב היה שלא פעלו ואם כן אין תמים פעלו ח"ו וח"ו להעלות על לבנו ומחשבתנו כלל אבל תבין כי יצירת כל בעל חי וכן האדם היה מאדמה אבל ההפרש

הוא כי כל בעלי חיים נולדים מהאדמה כמו עוד היום שרוחשים תולעים וכדומה בעלי חיים מאדמה וזהו ודאי כי פועל ראשון היה היוצר הכל אבל היה ע"י אמצעי ה' בגלגל וגלגל בכח אדמה ואדמה הולידה והצמיחה וכן כל יצירת בעלי חיים מן האדמה אבל יצירת אדם הראשון לא כן היה כי ה' היה פעלו ראשון ואחרון כי יצרו מהאדמה בלי סיבת הגלגל וכח אדמה כלל והוא היוצר אדם תיכף בכחו כמו שברא כל העולם בלי אמצעי כלל גלל כן נקרא אדם עולם קטן כי הוא נברא מה' בלי אמצעי כמו כל עולם ודבר זה אין ספק שלימות גדולה לאדם שנברא מה' ואין צריך להאריך בו וכבר האריך בזה האר"י ז"ל אבל לענין חטא אדם יש כאן ב' בחינות כי יש לאמר אילו נברא ע"י אמצעי לא היה ענשו כ"כ גדול כמו שנברא ע"י הקדוש ברוך הוא כי פגם יותר במעשה ידי בורא ומרד בו ולא עשה רצונו בשלימותאם כן אם כי היא מעלה גדולה לשלימות לעומת זה היא יותר עונשו לעוברי רצונו ויש לאמר לא כן כי כבר צווח איוב (איוב י' ג) כי תמאס יגיע כפך כי אם היה ע"י אמצעי כאשר היה חוטא היה ה' כועס עליו והיה מכלה כרגע אבל בעבור היותו יציר כפו חס עליו ומתנהג עמו בחמלה וחנינה ורחמים מרובים כאב לבן ובזה שתי סברות נחלקו בישיבה אם לענין חטא ועון טוב לו היה שלא נברא מה' רק כמו שאר בעלי חיים או אדרבה טוב לו שנברא כי בזה רחמי ה' רבים והסכימו שטוב לו שלא נברא כי עכשיו ששלימותו יותר גדולה היותו מעשה ידי יוצר הכל כן פגמו מרובה לערך מחצבו וסיבובו מבעל הסיבות ולכך אמר עכשיו שנברא יפשפש במעשיו כנ"ל כי פגמו גדול מנשוא ומזה נלמד כמה יש לנו ליראה מפגם החטא ועון כי תיכף פוגם ביוצרו אשר ברא בלי אמצעי כלל:

וכמה יש להספיד ולבכות במות הצדיק כי אמרנו כי אדם נקרא עולם קטן ועולם שחרב בעונותינו הרבים ראינו שאם נחרבה עיר או מחוז כמה רבה המהומה או אם תצא אש ותאכל בתים רבים כמה מהומה וכולם יבכו את השריפה אשר נשרף רכוש קניינים צורכי עולם הזה ואיך לא נחרד ולא נבכה את השריפה אשר שרף ה' בהעדר צדיקים יסודי עולם כאלה אשר נחרבו כמה עולמות ושקעה שמש שלא בעונתה ויש לנו להתקנאות בם ולומר אנשים כאלה צדיקים היו ראו איך נפטרו בשם טוב ואיך רבתה התאניה ואניה בבית ישראל ומה יועיל לאנשים הצוברים הון בעת פקידתם יאבדו מי ינוד להם ומי ירום ראש בעבורם לכך אמר דוד (תהלים מ"ט י') ויחי עוד לנצח ולא יראה השחת כי יראה חכמים ימותו יחד כסיל ובער יאבדו הרצון שיתן אל לבו מוסר והבדל בין מיתת חכם ואבידת כסיל ובער אשר יעזבו לאחרים חילם ואינו אלא איבוד בעלמא ואין משגיח במותם כי בשומו כזה אל לבו ודאי שיסור מלכת אחרי הבל וידבק עצמו במישרים ולילך במסילותם והנה עיקר המזמור ההוא לכאורה מחוסר הבנה בפתחו (מ"ט ה') אטה למשל אזני אפתח בכינור חידתי כי מה החידה שאמר במזמור ההוא לא מצינו בו משל וחידה אבל

באמת אמר דוד כך כי אצל העולם מצות צדקה ממש עיקר כאילו הוא יתד שכל שלימות הנצחיי תלוי בו עד שיחשבו איש כילי מצדקה ודאי יורש גיהנום ולעומת זה איש שוע ונדיב ודאי יורש גן עדן וגלל כן רבים שיש להם אבירות לב רחוקים מצדקה ואי אפשר להעלות על לבבם ליתן צדקה ממש מתיאשים מן השלימות אבל דוד פתח כאן דרך לומר לאו הכל בצדקה תליא ונעים מליצתו כך בחידה אני אראה לכם דרך ישכון אור שלא ליתן צדקה כלל ומכל מקום יזכה לחיים נצחיים וזה מאמרו אח לא פדה יפדה ויקר בעיניו פדיון נפשו שיהיה אצלו יקר ונגד לפדות נפשו בצדקה וחדל לעולם לפדות נפשו בצדקה ומכל מקום ויחי עוד לנצח ולא יראה שחת וזוהיא המליצה והחידה הנרצים מדוד שיזכה אדם לשלימות אף כי לבבו רחוק מצדקה ואמר דרך ואופן והוא כי יראה חכמים ימות מגודל החרדה והפחד שיש לו בפני תלמיד חכם והוא בכלל את ה' אלהיך תירא לרבות תלמידי חכמים שיגור מלפניו בראותו וכי יראה כסיל ובער ירחק מאתם כאילו נאבדו מאתו ולא מצאם כלל כל כך יהיה הפירוד והרחקה ולא יחוש להנאת ממונן והונן כי יעזוב לאחרים חילן ולא יגע בכל אשר להם וכשיהיה מתנהג בדרך זו אז יזכה לשמירת מצוה כי דיבוק תלמיד חכם ומוראו כדיבוק השכינה ומורא שמים ובזה יהיה סר מרע ויתרחק מעבירה בתכלית ההרחקה ויהיה אך עושה טוב היותו סר למשמעת תלמידי חכמים וזהו יסוד גדול ועיקר לשלימות אדם יותר מכל כאשר יעשה כל זה לירא ולגור מפני תלמיד חכם לשמוע בקולו ולסור מהתחברות רשעים ופושעים וזה ינוח לו יותר מאילו יהיה נבל מתדבק לרשעים מתלוצץ בתלמיד חכם ויראים רק מהנהו מכיסו ונותן פזר לאביונים כי אפילו מצות צדקה רבה היא מלוה שלו הוא הקדוש ברוך הוא דכתיב (משלי ו' ד) מלוה ה' חונן דל וכתריס בפני פורענות אבל אין בו שלימות וע"ז נאמר (הושע ו' ד) וחסדכם כענן בוקר כי עיקר וראשית הוא שלימות בתורה ומבלי לילך אחר הבל כלל ולעשות ככל התורה אשר יורוהו חכמי הדור כי הם במקום ה' ממעל ולהם נותן כח להדריך העם לעבודתו והאיש ההולך אחריהם ולא סר מחיבתם ויראתם בודאי יחזה בנועם ה' ולכך אמר דוד כי שאול ויהונתן במותם לא נפרדו הרצון ע"י מיתה לא נפרדו כי מיתה היתה מכפרת והרי שאול מנוקה מעון כמו יהונתן ולא תאמר הלא בע"כ הוצרכו למות ואיך יכפר וע"כ אמר דקבל על עצמו המיתה דהוי מנשרים קלו לילך למלחמה ולא המתינו כלל עד יעבור זעם ה' ומאריות גברו לעמוד בעד עמו לגבורת הנפש מאד כי נתבשר לו משמואל כי ימות במלחמה בכל זאת לא סגי מלילך למלחמה ללחום בעדם לקיים רצון אל היש חוזק לבב יותר מזה ואריה דבי עילאי לא שוה לו בשום אופן ובפרט שאול שהמית עצמו בנפש חפצה לבל יתעוללו בו פלשתים אין לך חוזק לבב יותר מזה ומיתה כזו ברור שמכפרת לכך במותם לא נפרדו והוסיף לומר (שמו"ב א' כ"ד) בנות ישראל אל שאול בכינה המלבישכם שני עם עדנים המעלה עדי זהב על

לבושכן וכבר נודע כי שאול וסיעתו חשבו כי דוד פסול לקהל היותו מזרע רות המואביה וחשבו שהיה לקדם נשים לקראת נשים רק כבר אמרו בגמרא (יבמות ע"ז) כי אין לנשים לצאת חוץ דכתיב כל כבודה בת מלך פנימה אבל שאול חשב כי הך מיירי בבנות ישראל שהן בנות מלכים דכל ישראל בני מלכים והיה להם הבטחה ואתם תהיו לי ממלכת כהנים אבל לא בשאר אומות שהם רק עבדים ושפחות לבנות הגבירה ועליהם לקדמאם כן שאול היה ס"ל האי קרא האומר כל כבודה בת מלך פנימה וכו' קאי רק בבנות ישראל וזהו מאמר דוד בנות ישראל אל שאול בכינה אתם בנות ישראל בכו על העדרו כי הוא חלק לכם כבוד יותר מכל בנות שאר אומות ומשפחות האדמה והוא המלבישכם שני וגם עדנים ועדי זהב וכו' כי חושב קרא מוסב דוקא עליכם ואתכן בחר מכל הנקיבות וא"כ ראוי לכם לבכות עליו ועל יותרת הכבוד והיקר הזה ואתן בנות ישראל נשים ובתולות שמעו קולי אליכם ביחוד אומר הפסוק (תהלים מ"ה יד) כל כבודה בת מלך פנימה לכן מדרך העכו"ם אל תלמדו לילך במעגלם בטיול הכרמים וברחובות בגנות עלי נהר בפרטיות במקומות אשר אנשים ובחורים ונערים שכיחי הלא בנות מלכים אתן וכבודכן לשבת בית ואם קטנים אתם בעיניכן כעת בגולה בעונותינו הרבים עם בזוי ושסוי הלא מלך מלכו של עולם חפץ ביקרכן ולגדולה מזה העולם אתן מתוקנות אם תאבו ותשמעו ללכת בדרכי ה' כי מקום צניעות שם משכן רוח קדושה כאשר היה במשכן ובכל מקומות כי אין רוח הקודש שורה רק במקום צניעות ולכך אחז"ל (ברכות ל"ד ע"ב) אסור להתפלל בבקעה ופירש"י מקום גלוי לכל כי שם לית סטרא דקדושה רק במקום צניעות וכפי שיותר בן אדם צנוע יותר תחול עליו רוח הקודש ולכך כהן גדול שבעה ימים קודם יום הכפור היה מופרש למאוד וכן במלואים שבעה ימים אל תצאו לחול עליו רוח הקודש כי אין לו אחיזה לסטרא דמסאבא במקום מוצנע משא"כ במקום הפקר ובפרהסיא ולכן אבל לבל יחול בו סטרא דמסאבא היות מדת הדין מתוחה עליו אין יוצא כל שבעה מפתח ביתו לכך אשה אשר תעמוד בחוץ ושבתה בית מעט פעם כה ופעם כה ממשכת על עצמה סטרא דמסאבא וסופה לבוא לידי מכשול ועבירה גוררת עבירה שהולכת בגלוי בשר וכבר אמרו גילוי בשר באשה ערוה ובעונותינו הרבים מן לבושי זרים למדו שכל הצוואר ערום מבלי לבוש וגלוי שער הנני מתרה בכם הסירו הדבר הרע הזה כי אשה אשר צווארה ערום לבסוף לטבח תובל ע"י מלאך המות במיתה קשה וחמורה ולא תנקה מדינה של גיהנום ועונשה קשה מאד כי היא חוטאת ומחטיאה אחרים לא כן דרך בנות ישראל הכשרות לבל יראה חוץ בשרן צאו וראו מתמר אם המלכות שחשבה יהודה לזונה איך כסתה פניה ויהודה לא היה מכיר בה בכלתו נשואה לשני בניו ראו מה זכתה אשר כל קוטר זרע מלכות בית דוד שהיא משפחה נבחרה מכל יצורים יצאו ממנה וכן יזכו כל הנשים כשרות שיולידו בנים כשרים ולהיפך

הפרוצות אף שאין עוברות עבירה בפועל ח"ו רק בפריצות בעלמא יולידו בנים זרים ולכך (משלי י א) בן כסיל תוגת אמו ולכך אמר ליהונתן לבשתך ולבשת ערות עמך שאמרו אין אתה כדאי למלכות היותך אמך פרוצה ח"ו ועוד יאמרו כל זמן שבן ישי חי נבחר למלכות ש"מ דכל כבודה בת מלך פנימה בבנות נכרים ומכ"ש בבנות ישראל אמנם יש עוד בזה והוא כי יש טעם למה לקח שאול מיכל מדוד ומיאן לתת לו לאשה וזה כי שאול ראה בחכמה כי אחד מזרעו יהיה למושל בישראל ונסתפק אם קאי על מיכל שהיא אשת דוד ואשה כבעלה או על יהונתן בנו ולכך לא ביקש להניח מיכל ומירב בנותיו אצל דוד כדי שיחול ניצוץ מלוכה על יהונתן כי ראה כמציץ מחרכים שתחול לו מלוכה על זרעו ולכך אמר שאול להיות כי אמרו חז"ל (נדה ל"א) תלה הכתוב הנקבות בזכרים וזכרים בנקבות ואם יהיו מיכל ומירב הוא מפאת שאול ואם יזכה יהונתן הוא מפאת אמו ואמר לבשתך ולבשת ערות אמך כי לי יהיה היקר ביחול המלכות על בנותי ואמך תהיה ערוה אשר בנה יהיה משולל ממלכות ולכך דוד בקוננו אמר צר לי עליך אחי יהונתן טוב לי שתהיה חלה המלוכה עליך ואתה חי ולא יהיה חל על מירב ומיכל והוא הדבר שנאמר (ש"ב א כו) נפלאתה אהבתך לי מאהבת נשים ודרשו במדרש מאהבת מירב ומיכל והוא הדבר אשר כתבתי שהיתה אהבתו יותר עליו מאלו נשים האחיות ויותר היה ניחא ליה שתהיה חלה המלוכה עליו כי אהבתו יותר עזה וסיים (שם פסוק כ"ז) איך נפלו

גבורים היינו גבורי לבב בתורה ויראה ויאבדו כלי מלחמה כי אמר שכל כך היה תוקף גבורתם ללחום כאשר נאבדו כלי מלחמה ולא היה לישראל שום חרב וחנית להלחם כי נאבד מאתם רק לשאול ויהונתן היה החרב כמבואר בקרא במלחמה שהרג יהונתן למצב פלשתים והיו הם הלוחמים והעומדים בפרץ נגד כל חיל פלשתים ועל ידם נעשתה ישועה בישראל וזהו תוקף גבורה וע"ז קונן דוד בעת שהיו כל כלי מלחמה ביד ישראל איך לא יהיו גבורים אלו יכולים לעמוד במלחמה וזהו לאות כי ה' נלחם בם והסגירם כי לולי כן לא היו נופלים וא"כ ראוי לקונן כי לא מתו בטבעם במקרה רק מתו בעונש וכן ראוי לנו גם כן היום לקונן כי לא מתו במקרה כי צדיקים גמורים אלו הם למעלה מטבע ומקרה וגבורי כח עושי רצונו של ה' היעזוב ה' חסידיו אם לא כי הוא בעון הדור וא"כ עלינו לקונן ולשוב בכל יכלתינו אל ה' ונצעק לו מקירות לבנו כי לא תמו רחמיו וחסדיו אשר יאמר למלאך הרף ידך ובלע המות לנצח אמן:

דרוש י"ג

הספד מה שספד הגאון זצ"ל בחודש אב תקו"ל לג' חכמי ישראל בק"ק מיץ:

אסף פתח ואמר (תהלים פג ב) אלהים אל דמי לך אל תחרש ואל תשקוט וכו' עד ולא יזכר שם ישראל עוד כו' ואמרינן במדרש תהלים אל דמי לך אנו דוממים דכתיב ישבו לארץ ידמו זקני בת ציון למה אתה דומם ולהבין

דבריו הוא מה שכבר אמרו בגמרא דחגיגה (דף ה ע"ב) דמחורבן בית המקדש נתמעטו פמליא של מעלה אשר לכאורה תמוה אבל הענין לפי מה שכתוב במדרש (איכה א א) אמר הקדוש ברוך הוא כל מה שאבל עושה אף אני אעשה על חורבן בהמ"ק אבל יושב ודומם אף אני אשב ואדום וכבר אמר (תהלים לג ו) ברוח פיו כל צבאם כל דבור שיוצא מפי הקדוש ברוך הוא נברא מלאך וא"כ אחר חורבן שהקדוש ברוך הוא דומם מתמעטים מלאכי השרת משא"כ בזמן בהמ"ק שהקדוש ברוך הוא דיבר לפרקים אין מספר לגדודיו כי איך אפשר לסופרם אמנם מה טעם ותועלת יש בשתיקה זו נראה כי אמרינן (פתיחתא איכ"ר כ"ה) ותדמע עיני מפני גאוה מפני גאותן של מלאכי השרת שאמרו מה אנוש וכו' והיינו כי מלאכי השרת מתקנאים בישראל ועיקר קנאתם בשביל ישראל שהם גבוהים ממלאכי השרת והיינו דוקא מלאכי השרת שנבראו כל יום ורגע להם הקנאה אבל מלאכים הקיימים לעולם הם גבוהים מישראל עיין בראב"ע והביאו השל"ה מאמר ב' מיו"ד מאמרות ואף המה אין להם קנאה בישראל אדרבה הם המליצים בעד ישראל ולכך לאחר החורבן אשר בעונותינו הרבים בלאו הכי מדת הדין מתוחה מיאן הקדוש ברוך הוא להוסיף מקטריגים ושוטנים לישראל ולכך הקדוש ברוך הוא דומם מבלי ברוא עוד לרגעים מלאכים חדשים שיקנאו בישראל אך כל קנאתם הוא ע"ז שאנו אומרים שירה קודם להם כדדרשינן (חולין צ"א ע"ב) ברן יחד כוכבי בקר הם ישראל והדר ויריעו בני אלהים הם המלאכים המתחדשים שנקראו בני אלהים אבל אם אין אנו אומרים שירה גם שנאתם וקנאתם אבדה והנה בזמן החורבן נשתקעו ישראל לומר שירה כי איך נשיר שיר ה' על אדמת נכר וכדכתיב (איכה ב י) ישבו לארץ ידמו זקני בת ציון כו' ולפ"ז יש להקדוש ברוך הוא לברוא מלאכים החדשים כי אפס קנאה אצלם וזהו כוונת אסף אלהים אל דמי לך כיון שאנו דוממיםאם כן אין לך לידום ועליך להרבות חיל במלאכים כי לא יהיה להם קנאה עלינו הואיל ואנו נאלמנו דומיה בעונותינו הרבים אי לזאת אחיי ובניי כמעט לרוב צערי ויגוני וכאבי נעכר נאלמתי דומיה אך ימים אלו ימי אבל שוממות בית תפארתנו וצרה אל צרה לזכור בחורבן עיר כלילת יופי ונפוץ עדרי צאן כאילים לא מצאו מנוח למרעה וכמה בתי כנסיות ובתי מדרשות נחרבים וביחוד אשר עתה באתי להספיד ולהתאבל על שלשה אבירי ישראל כאשר שמעתי שמתו בירח אחד הרב המופלא גדול בתורה רך בשנים ואב בחכמה כמוה' יהודה ליב בן הרב בעל מחבר נזר הקודש שהיה רב בק"ק קעלין והרב ר' ליב הנקלש ז"ל מפראג אי חסיד אי צנוע ומעלי בקי בחדרי תורה ממש ד' טורים וד' ש"ע על שפתיו קבועים וממש כל ימיו לא שח שיחת חולין ולא הלך ד' אמות בלי תורה ואחרון הכביד הרב הגדול מוה' שמואל שפירא חתן הגאון מוה' ברוך כהנא האב"ד דק"ק פירדא הוא הגבר אשר הרביץ תורה בישראל בתלמידים למאות ולאלפים והיה ישר בלמודו וחסיד במעשיו לית ענוותן

כמוהו טוב לכל ויחסרו ישראל שלשה אבירי שרי תורה אשר אמרנו בצלם נחיה ע"ז ירדו עיני מים כי תלתא תמיהי מדכר דכירי אינשי ולכך אמרו (סנהדרין קי"א) חבל על דאבדין ולא משתכחין כי היו אברהם יצחק ויעקב והמה שלשה פלאי ולא משתכחין וכן הדבר הזה בעונותינו הרבים אשר תלתא שברים אי אפשר להרפא וענין שאמר ה' למשה חבל וכו' כי הקדוש ברוך הוא אמר הם לא שאלו אחרי שמי ואתה תשאל לשמי כי ודאי מאחד אין ראיה כי זה חושב כך וזה חושב כך אבל להיות כי שלשה בסוג אחד ולא שאלו והוא שאל בזה יש לתמוה על משה רק ודאי על יצחק אין כאן תמיהה לכאורה למה לא שאל כי ראה שאביו לא שאל ומכ"ש ביעקב בראותו שאברהם ויצחק לא שאלו אך כל זה אם הם כולם במדרגה וסוג אחד אבל אם הם ממדרגות מתחלפות אין לומר שזה נתלה בזה רק מעצמם לרוב צדקותם לא שאלו הנה ודאי אם צדיק אחד מת וצדיק אחר ממלא מקומו הראשון נשכח כי יש כאן תמורתו וכן לעולם משא"כ כשאין ממלא מקומו ואחד בגדר אחר מחבירו אין נשכח הראשון כי שברו מי ירפא וזהו מאמר ה' חבל על דאבדין ולא משתכחין וזהו לראיה כי כל אחד מאבות היה במדרגה אחרת וסוג מתחלף כי לולי כן היה אברהם נשכח בממלא מקומו יצחק וכן יצחק ביעקב כנ"ל וע"כ דהיו מדרגות מתחלפים ומכל מקום לא שאלו לשמי ואתה תשאל לשמי ולכן אלו ג' חכמי ישראל היה כל אחד במדרגה מתחלפת מעלתו של זה משונה ממעלתו של זה ובאמת חבל על הך דאבדין וכו' ויש עוד פנים אחרות כאמרם (בראשית רבה ק ד) במשה כתיב ויתמו ימי בכי אבל משה וביעקב כתיב ויעברו אלא משה שלא היו לו בוכים נאמר ויתמו יעקב היו לו בוכים נאמר ויעברו ויש להבין ח"ו על משה לא יהיו בוכים איה יהושע וע' זקנים כולם בניו והכתוב מעיד ויבכו אותו כל ישראל ואם על בחיר יציר ה' לא נבכה על מי נבכה אבל כבר גדר הפילוסוף הטבעי כי כשתהיה לאדם חדוה ושמחה אי אפשר לזכור לו צער ויגון כי החדוה מפיגה צער וכן להיפך כי כשיקרה לאדם צער יהיה זוכר כל הצרות מקדם ויוסיף יגון על יגון בכל אופן ולכך במות משה נחלו ישראל ארץ חמדה שהיא שלימות אדם בזה ובבא שכחו ביגון משה ופסק הבכי משא"כ במות יעקב היה לו הבכי כי החל הגלות כמ"ש רש"י (בראשית מז כח) במות יעקב נסתמו עיניהם משעבודאם כן חזר ונעור אבל יעקב ולכך כתיב ויעברו וזו סבה דאבדן אברהם יצחק ויעקב לא נשכח כי הגלות שהיתה בסיבת מיתתם והשעבוד לא נתנו לישראל לשכוח מיתתם והנה קב"ה הוכיח למשה כי אברהם ויצחק ויעקב לא הרהרו כי הבטיחם בארץ ישראל ולא היה להם ד' אמות קרקע ולכאורה אין זו ראיה דלא הרהרו בשלהם ולא הקפידו אם ארץ רחבת ידים לפניהם או אם הם מסתפחים בארץ לא 'להם כגר וכן משה אילו הגיעו לו צרות רבות לא היה מהרהר אבל משה היה מצטער בצרת ישראל באמרו ומאז באתי וכו' הרע לעם הזה ודיבר כרועה נאמן לעדרו אבל גם בגלל זה שלא זכו

אברהם יצחק ויעקב בארץ ישראל תיכף נתגלגלה הגלות ואילו זכו תיכף בארץ ישראל לשבת בה לא היתה מגיעה גלות לישראל וא"כ אף הרהור זה שהיה לאברהם יצחק ויעקב להרהר לא היה בשביל עצמם כי אם בשביל ישראל ומכל מקום לא הרהרו וזהו שאמר ה' חבל על דאבדין וכו' והטעם כי הגלות מזכירה תמיד מיתתם כנ"ל וא"כ שהגלות מסתעפת מזה ואעפ"כ לא הרהרו ואתה מהרהר וא"ש והנה גם אצלינו שהוא בלאו הכי ימי אבל וגלות על אובדן בית מקדשינו אשר בו היתה שלימות נפשנו וקרן ישראל נגדעה בעונותינו הרבים שוממות עיר כלילת יופי מקום תורה לרבים ואבדו חכמי לבב ורבים חללים שנפלו זכי חולקיכון קמי מלכא קדישא אלו הלוקים אלו הגולים אלו הנסקלים שנפלו מגגות ומתו ואלו הנחנקין בתולות ישראל הצנועות שקפצו לתוך המים ויטבעו לבל יתעללו בהן הרשעים שמעו עמי כי נאנחה אני בנות ישראל עליהן בכינה אל בנותי כי מר לי מר שנגעה בנו יד ה' ואילו בת יפתח שהיתה לקרבן אשה לה' הלכו בנות ישראל מימים ימימה לתנות עליה מה תעשו לכשירים וצנועים כאלה הלא ראוי מבלי לידום כי אם להרבות בכי וצעקה על אבל ישן וחדש ואמרו בגמרא (חגיגה ה ע"ב) דמוע תדמע ותרד עיני דמעה כי נשבה עדר ה' שלשה דמעות הללו למה אחת על מקדש ראשון ואחת על מקדש שני ואחת איכא דאמרי על ישראל שגלו ממקומם ואיכא דאמרי על ביטול תורה מאי כי נשבה עדר ה' ומשני כיון שגלו ישראל אין לך ביטול תורה גדול מזה עכ"ל ויש להבין הפירוש על ביטול תורה ורחוק מפשוטו דמקרא ולא אמר כפשוטו דלכך ראוי לדמוע על גלות ישראל כדכתיב הלא ע"ז ראוי לבכות גם מה שכתוב כיון שגלו אין לך ביטול תורה וכו' קשה הא אמרו (סנהדרין לח) שהקדים הקדוש ברוך הוא גלות יכניה שילמדו שם בבבל תורה והם חרש ומסגר ואמרו בסוכה (דף מ"ד) דלכון אמרי דלהון היא פי' התוספות דעיקר תורה בבבל מן חרש ומסגר יותר מארץ ישראל ואמרו בפסחים פרק האשה (דף פ"ז ע"ב) שישראל גלו לבבל שיאכלו שם תמרים ויעסקו בתורה אבל יש להבין גם כן במה שדרשו ז"ל (ב"מ פ"ה ע"ב) על פסוק מי האיש החכם וכו' על מה אבדה הארץ אמרו דבר זה שאלו לחכמים ולנביאים ולא פירשוהו עד שאמר הקדוש ברוך הוא בעצמו ויאמר ה' על עזבם את תורתי וילכו אחרי שרירות לבם ואחרי הבעלים ואר"י שלא ברכו בתורה תחלה ודבר זה בתכליתו תמוה מה היא השאלה העמוקה הזו שלא יוכלו חכמים ונביאים לפותרה וזיל קרי ביה רב הא כתיב בקריאת שמע (דברים י"א ט"ז) השמרו לכם וכו' ואבדתם וכו' והלא כל דברי נביאים מלאים מזה ודברי ר"י שלא ברכו בתורה תחלה ביותר תמוהים ממש מחוסרי הבנה:

אבל הענין יובן כשנבין מקרא בתורה (דברים ל"א:י"ז) והסתרתי פני וכו' ומצאוהו רעות רבות וצרות ואמר ביום ההוא הלא על כי אין אלהי בקרבי מצאוני הרעות האלה ואנכי הסתר אסתיר פני על כל הרעה אשר עשה כי פנה אל אלהים אחרים עכ"ל

ויש להבין מה זה שיאמרו על כי אין אלהי בקרבי מצאוני פשיטא מה יחדשו בזה ומה טיבה של אמירה זו וגם כפל הענין בהסתרות פנים אשר נאמר אחר כך ואנכי אסתיר וכבר התחיל בו והרגיש בו הרמב"ן ע"ש שדחק וגם זה שדייק כי פנה אל אלהים אחרים ולא אמר סתם על כל הרעה שעשו כי יש רעות רבות המביאות עונש זולת עבודה זרה והכל כמ"ש (סנהדרין ק"ה) כי בימי יחזקאל (ע"ש דמשמע דירמיה הוי) בקשו לפרוק עול ואמרו עבד ששלחו רבו ואשה שגרשה בעלה כלום יש לזה על זה ויש להבין וכי בשביל שגלו פסקה התורה אשר נתן ה' ומה ענין זה לאשה הגרושה מאישה ולא כן אנחנו עם ה' מצווים ועומדים אבל ידוע מה שכתוב בגמרא (שבת פ"ח) מכאן מודעה רבה לאורייתא דיכולים לטעון אנוסים היינו והקשה תוספות (ד"ה מודעה) הא הדר קבלוהו בערבות מואב תירץ רשב"א דקבלוהו על תנאי לכנוס לארץ ולכך אין להם טענה רק כשניטלה מהם ארץ ישראל וזהו מאמר הגמרא שבקשו לפרוק עול בימי יחזקאל והיינו כטענת הגמרא דכיון דגלו בטלה קבלת ערבות מואב וקבלת התורה היתה באונס ולכך בקשו לפרוק עול והנה הפוסקים הביאו קושיא בשם תשובת מהרד"ך בהא דקיימא לן (רמב"ם הלכות שבועות פ"ג ה"א וה"ג) נשבעים להורגים ולאונסים ובלבד שיבטל השבועה בלבו והלא במתן תורה נשבעו מבלי ביטול בלב ותירץ בשלמא באונס דיכול לבטל בלב ואינו יודע מה בלבו אם כן צריך לבטל ואם לא ביטל הרי גילה דעתו דניחא ליה בשבועה משא"כ לפני ה' דיודע מחשבות אי אפשר לבטל והכל בכלל אונס והנה כבר דרשו (בראשית רבה כו ב) היש ה' בקרבנו אם אין (שמות יז ז) אם אתה יודע מה בלבנו או לא הרי לשון ה' בקרבנו היינו שיבחין מה שבקרב לבנו ובתוונא דלבנו יתיב וזהו ענין הקרא דאמר והסתרתי פני וכו' וזוהיא הגלות ובגולה ימצאו צרות רבות ורעות ואמר ביום ההוא היינו בגולה למה יהיו לי עתה בגולה צרות הלא בעת שניטלה ארץ ישראל ממנואם כן יש לנו תירוץ אנוסים היינו ולמה קרו לנו כעת צרות רעות ומזה תבין ע"כ כי אין אלהים בקרבנו ח"ו שאינו יודע מה בלבנו וא"כ אין כאן אונס דהיה לו לבטל בלבו כקושית מהרד"ך ולכך קרוני צרות אלה כי אין לטעון אנוסים היינו ולהסיר זה הטעות והמינות בא הכתוב לתרץ ולומר דאין תמיהתם כלום כי התוספות הקשה (שם) הלא יהושע כרת עמהם ברית ותירץ תוספות יהושע לא כרת עמהם רק על עכו"ם וא"כ לפי"ז על עכו"ם אין להם טענת אונס וזהו שאמר ה' הסתר אסתיר פני לא בשביל שאר עבירות דקשה לכם אנוסים היינו רק לכך אסתיר פני כי פנו אחרי אלהים אחרים ובעכו"ם לא שייך אונס כנ"ל וא"ש ובזה יובן גם כן כי ידוע כל מה שבא קללה ופורענות לישראל הוא בשביל חטאת ישראל כדכתיב כמה פעמים בקרא ובשעת חורבן כבר נמחל לישראל הכל כמ"ש (איכה ד כב) תם עונך בת ציון ומה שהיו נענשים הכל היה בסיבת חטאים שחטאו ישראל אחר כך וא"כ הא

דהיתה ארץ ישראל כמדבר ולא עבר איש והיתה שממה הכל היה בסבת חטא שחטאו אחר כך רק ע"ז יש להם תירוץ אנוסים היינו וכאן אי אפשר לומר כתירוץ הנ"ל דחטאו בעבודה זרה כי בגלות ישראל מעל אדמתם לא עבדו עכו"ם וא"כ מה טעם יש לעונש הגדול הזה עד שאפילו הארץ לקתה בעונם אמנם ידוע מה שאמרו (ברכות ד') ראוים היו ישראל בימי עזרא כמו עולי מצרים אלא שגרם החטא ונדחקו כל המפרשים מה החטא אם נשיאת נשי נכריות אין זה מספיק כ"כ לחטא גדול לעכב עוד הישועה אמנם יובן ע"פ דאמרו חז"ל (סנהדרין ס"ד) על יצר הרע דעכו"ם דצעקו אנשי כנסת הגדולה האי דאחריב ביתינו והגלנו מארצינו ועדיין מרקד בנו הלא לא עבדו עכו"ם בבבל כלל אבל יובן במה שנחלקו בעבודה לה' אם מאהבה ואם מיראה עד שאמרו יראה פנימית קודמת לאהבה ותדעו דרך משל מלך גוזר גזירות והעם אומרים ליראת מלכותך לקיים ציווי פקודתך אנו עושים כן אין זה גנאי למלך אדרבה יקר וכבוד כי ליראתו ותוקף מלכותו העם סרים למשמעתו אבל אם מתחלה בקבלת המלכות כשממנים אותו למלך אז אם אחד יאמר למלך אדוני המלך ליראתך היותך גבור מניתי אותך למלך ולולי יראתך לא הייתי מסכים במינוי שלך הלא זה שנוא בעיני מלך למאוד כי מורה שאינו כדאי למלך רק מחמת יראה הודו לו היש בזיון גדול מזה וכן הדבר בהקדוש ברוך הוא לקבל עול מלכותו והאמונה שהוא יחיד ולעבדו בלב שלם זהו צריך מאהבה בלי פניה אחרת ומבלי להרהר לחבק חיק עכו"ם ח"ו כלל ולומר לולי יראת עונש המקום הייתי עובד לחמה וכוכבים כי זה מורה שיש ח"ו ספק ביחוד ה' ומלכותו וזה ח"ו טינא ומינות בלב איש אמנם כאשר תקוע בלב יחודו באהבה ובשמחה לשמור מצותיו מבלי לאכול דברים האסורים ולחמוד חמדת זמנים אף שעושה זאת ליראת הקדוש ברוך הוא לבל יקצוף כי המעשה בעיני ה' רע זה מורשה ומותר ואין בו ח"ו שום הגעת בכבוד המקום וזהו כבודו ולכך אמרו (ברכות ל ע"ב) וגילו ברעדה מקום גילה שם תהא רעדה וזהו הנרצה מתחלה לקבל יחוד מלכותו באהבה ובחדוה אבל אחר כך לקיים מצותיו צריך יראה ורעדה למאוד ולכך נאמר בקריאת שמע בקבלת עול מלכותו ויחודו הקדוש וטהור ואהבת וכו' זה צריך להיות באהבה והנה בעונותינו הרבים ישראל בגולה בבבל עדיין היה לתא דעכו"ם קשור בלבם ולא עבדו ה' מאהבה רק ליראת עונש וגלות כי ראו מה קרה להם בסבת עכו"ם אבל לבבם היה חומד וכוסף לעכו"ם כי היה להם הרבה חמדת הזמן ע"י עכו"ם כמאמר הנשים לירמיהו (ירמיה מ"ד יח) מעת חדלנו לקטר וכו' חסרנו כל וזה העון טמון בלבם וזהו שאמרו אנשי כנסת הגדולה ועדיין מרקד בנו כי לא עבדו בגולה עכו"ם בפועל ולכך אמרו שגרם החטא היינו חטא עכו"ם הוא חטא גדול וזה היה נשרש בלבם ולכך היתה גם כן ארץ שממה כי בעכו"ם לא שייך אנוס הייתי כמ"ש:

וזה מה שאמרו שאלו לחכמים ולנביאים על מה אבדה הארץ היינו לאחר חורבן כאשר גלו ישראל וזהו

שאמר הפסוק על מה אבדה ארץ נצתה כמדבר מבלי עובר והיינו שאין ישראל עוברים שם כי כבר גלו וא"כ למה אבדה ארץ אחר כך הא כעת אין עונשי ישראל כ"כ גדול כי יש להם טענה אנוסים היינו וזה היה קשה לחכמים ולנביאים לפרשו כי ידוע כל מה שבלבו של אדם אפילו מלאך אינו יודע רק השם לבד יודע מחשבות בני אדם ולכך קשה להם לפרש הדבר עד שבא ה' יודע מחשבות ופירשו ויאמר ה' על עזבם את תורתי וילכו אחר שרירות לבם דייקא וילכו אחרי הבעלים והיינו בלבם היו חומדים וסוררים ללכת אחרי בעלים שלמדו מאבותם והיה טמון בלבם ולכך נענשו וזהו אמרו של ר"י כי מה שהוא מאהבה שייך ברכה אבל מה שהוא בלי כוסף וחומד לא שייך ברכה וראש לכל התורה ותחילתה הוא אנכי ה' אלהיך כי הוא ראש ושורש לכל התורה וזהו שאמר שלא ברכו בתורה תחלה דייקא דלא קבלו מצות יחוד ה' ועבודתו באהבה עד שהודו ובירכו לה' כי שרש עכו"ם היה טמון בלבם ובזה יובן גם כן הך דהתחלנו במה שאמר כיון שגלו ישראל אין לך ביטול תורה יותר מזה והוא כמ"ש כיון שגלואם כן יש להם טענת אנוסים על כל התורה ואין לך ביטול תורה גדול מזה ובזה ניחא מה דהוצרך לדרוש על ביטול תורה ולא כפשוטו על גלות ישראל משום דקשה דממה נפשך אם אתה נותן ב' דמעות אחת לחורבן בית ראשון ואחת לבית שני ואתה עושה חורבנות לשניםאם כן גלות בבל וגלות רומי תעשה לשנים דמאי שנא חורבן בית המקדש ומאי שנא גלות ישראל והרי כאן ד' ולזה מפרשו על ביטול תורה והיינו דע"י גלות נתעוררה טענת אונס היינו לקיום תורה וזה יתכן בגלות בבל אבל גלות רומי בבית שני לא יתכן זה דכבר קיימו וקבלו בימי אחשורוש ולכך ליכא רק ג' דמעות וא"ש ומזה נלמד בעונותינו הרבים כמה יש לנו להוריד כנחל דמעה על העדר יראי ה' בימים הללו בק"ק פראג והמדינה וכמה ביטול תורה איה שוקל ואיה סופר איה בית המדרש הקבוע לרבים איה בית המדרש של תינוקות אבל יותר יש לקנא אותן זכי חולקיהון אשר סבלו יסורין ביזה שממה וגלות ממש נפוחי כפן סובלים על יראת המקום ואין לך קידוש השם יותר מזה ואילו שמעתם אומרים כאשר אחד נתעשר בפראג ומצא מציאה הון רב כמה הייתם מקנאים אותו לומר זה הצליח ויותר יש להתקנאות שזכו למעלות השלמות ונדו מביתם כגר על פני השדה ואין פורס להם לחם וקיימו וקבלו מבלי התרסה כלל נגד השם ותורתו זכו חולקיהון בתורה ובאמת מי שאהבתו בוערת כאש נגד ה' כל הצרות ויגונות כאין נגדו הלא העידו הכותבים זכרונות הרופאים באיש שיש לו תשוקה אשר באהבתה ישגה עד שאצלו כל מר מתוק ולא יקפיד אם אמון עלי תולע או עלי אשפתות וכאשר כתב גאלינוס בחולה שלא ידע סיבת החולי וכאשר באתה אשה אחת לחדרו הרגיש בדופקו שינוי וכן היה בלכתה מחדרו ובזה ראה שכל חושים תלוים בזה ומזה הבין מחלתו וכן האיש אשר לו חולת אהבה עם ה' לא ירגיש בשום דבר והכל כלא נחשב כי

אל ה' תשוקתו ולהב אש אהבת ה' ימשול בו בכל אופן ולכך אמר שלמה (שה"ש ח ו) מים רבים לא יוכלו לכבות את האהבה רשפיה רשפי אש הוא אש אהבה ולא יכאיב לו שום נזק ולא ירגיש בשום דבר צער וזה המליצה שאמר אם תלך במו אש ותבוא במים אתך אני הרצון שאם אהבת ה' תקועה בלבו לא ירגיש באש ומים וזהו הרמז במדרש (מדרש איכה ריש פתיחתא) אילו זכיתם הייתם קוראים אש תמיד תוקד על המזבח ועכשיו אתם קוראים ממרום שלח אש בעצמותי שהוא הנרצה כי לבו של אדם הוא מזבח הפנימי וחיצון לפני ה' לרצון זבחי אלהים רוח נשברה ושם תוקד אש תמיד לא תכבה ומי שאש בוערת בקרבו לא ירגיש בשום צער וכאב ולא היו אומרים ממרום שלח אש אבל להיות דלא היתה אהבתם שלמה עם ה' ונכבתה האש והיו מרגישים במקרה הזמן וצעקו ממרום שלח אש:

אמנם דברי המדרש הזה יש לו פנים אחרות ועיקר תכלית ואבל ההספד הוא לזכור ענין מורה הזמן ולומר הלא ראינו כי אנשים האלה ישבו לבטח פתאום באה הפורעניות ואל יתייאש אדם מן הפורעניות כי בעונותינו הרבים כשמדת הדין מתוחה על ישראל כל ישראל בחזקת סכנה וצריך תפלה ותשובה הלא נודע לכם כי לימים ימימה אמרתי שחוששני כי יש ריתחא בעולם ושטנא נצח לקבלנא ולכן בבקשה קומו ונגדור גדר לה' שירחם ה' על עמו ובלי ספק שהקדוש ברוך הוא ינקום דם עבדיו השפוך אם אנו עושים תשובה וזהו מאמר הפסוק (תהלים קמ"ט ז) לעשות נקמה וכו' הדר הוא לכל חסידיו היינו כמ"ש כי כשהקדוש ברוך הוא עושה נקמה הוא אות שישראל שבו בתשובה גם כן וזהו תכלית פארם הודם והדרם והענין במה שאמרו בב"ב (דף י') כי שאלו הלא המפרנס עניים עושה נגד רצון ה' משל לרב שחובש עבדו במאסר ואחד נותן לו מזונות והשיבו כי המשל כך אב שחובש בנו במאסר כי יש לאב נחת בשקם אחד ומפרנס בנו ואנו בנים למקום וצ"ל תוספת קצת דמכל מקום למה יש חרון אף ה' במעלים עין מצדקה הלא הוא חובשו ומנע ממנו אוצר תבואה וצ"ל כי כך המדה אב שכועס על בנו וממאן לזון אותו אם שומרי משמרת ביתו אין נותנים לו בהחבא מזונות לסוף האב כועס עליהם ואומר אני כעסתי אתם היה לכם להיות חכמים ולדעת כי בני הוא עכ"פ היה לכם לזונו ומבלי להשגיח בכעסי וכן הדבר בעני שה' כועס על שומרי משמרתו שלא זנו אותו ומזה הטעם והענין יש להבין שהקדוש ברוך הוא שולח לרשע לנקום מצדיקים כפי הדין כי אין השם עביד דין בלי דינא ח"ו ורשעים נקראים חרבו של מקום ומכל מקום מעניש הרשעים שעשו שליחות הלזו כמ"ש נבוזראדן (גיטין נ"ו) אלהים בעי לכפורי ידו בהאי גברא והוא הטעם הנ"ל אב שמצוה בכעסו למשרתו להכות לבנו מכות רצח המשרת החכם אינו מכהו כי יודע היותו בנו וכאשר יעבור הזעם יחוננהו אבל הטפש יעשה כמצותו וכשוך חמת אב היטב חרה לו על המשרת הזה שלא הבין להתנהג בחמלה עם בנו ומבלי להשגיח בדבריו בעת כעסו וזהו

לעשות נקמה כו' הדר הוא לכל חסידיו כי מזה אות ומופת היותינו בנים למקום ולא עבדים והיש פאר והידור יותר מזה שאנו בנים לבורא עולם ומלואו גם יובן במה שכתוב בזוהר (ח"ג ל ע"ב) דכתיב (תהלים נ"ב ג) חסד אל כל היום וכתיב (תהלים ז' י"ב) אל זועם בכל יום וא"כ איך החסד דכל יום ותירץ דזעם שיש לו כל היום על הרשעים הוא החסד לצדיקים כי שופך חמתו ומדת דינו על הרשעים ואז מדת טובו ורחמיו בשפע על הצדיקים וזהו לעשות נקמה וכו' ואז הדר הוא לכל חסידיו כי יהיה נועם ה' וטובו על החסידים הישרים והנה בעונותינו הרבים בגולה אין ה' כועס וזועם על רשעים ומזה נראה שאין אתנו חסד בעונותינו הרבים כל היום:

וזו היא תפלת אסף הנ"ל אל תחרש ואל תשקוט אל כי מדת אל זועם וחסד אל שוקט בעונותינו הרבים בגלות ובקש הוא שאל תשקוט המדה ההיא ותתעורר המדה ההיא להיות זועם בכל יום להשיב נקם לצריו ולהיות עלינו אור חסדו כל היום ולכך בתפלת י"ח תקנו תחילה ברכת המינים שישפוך ה' כעסו על הרשעים על מלכות זדון וסיעתו ואחר כך ברכת על הצדיקים ואמר אסף (תהלים פ"ג) כי הנה אויביך יהמיון ומשנאך נשאו ראש ויובן במה שכתוב (מועד קטן כ"ו) דירמיה קרא (א"ה ע"ש הלשון א"ל ליהוקים כתב ירמיה ספר קינות א"ל מה כתיב בי' וכו') מגילת איכה באזני יהויקים וקרא לכל פסוקים ראשונים אמר אנא מלכא כד הגיעו להיו צריה לראש אמר מאן אמרה אמר ירמיה כי ה' הוגה מיד קדר אזכרות ושרפן באש ויש לתמוה כי דבר זה בלתי מובן בקראו כי ירושלים תשב בדד כאלמנה והיתה למס וגלתה יהודה מעוני ודרכי ציון יהיו אבילות וכהנה יהיה מתנשא הוא בלבו לומר אני אמלוך מלך כזה מה טיבו בנאות מדבר שועלים הלכו בו בעונותינו הרבים ואין מלך בלא עם וגם מה שאל מי אמר וירמיה השיבו ה' הוגה השאלה והתשובה תמוהות פשיטא כל דברי ירמיה מפי ה' ולא ענה מלבו כלל וקדירת אזכרות לשרפן באש פשיטא אין לה מובן כי נלחם לחלל שמו הגדול והקדוש אמנם יובן מה שכתוב בגמרא פ"ק דסנהדרין (דף י"ז) דאלדד ומידד התנבאו משה מת ויהושע מכניס ופריך הגמראאם כן איך אמר משה מי יתן וכו' מינח ניחא ליה ומשני גמרא לא סיימוה קמיה עיין פירש"י ודוחק אבל אמרו הפשט כי לכך אמר משה מי יתן וכו' כי מה שהקדוש ברוך הוא אומר ע"י נביא אינו חוזר לבל יחשדו אותו לנביא שקר לכך אמר (במדבר י"א כט) מי יתן כל עם ה' נביאיםאם כן יהיה סיפק ביד ה' להנחם מהרעה אשר דיבר עליו כי כולם ידעו שאין הנביא אומר שקר רק הקדוש ברוך הוא חזר ולא נביא שקר הוא אך במה דאמרינן (בראשית רבה נג ד) שזה שאומר הקדוש ברוך הוא בעצמו חוזר היינו לרע אבל לטוב אינו חוזר כי לא יחזור ה' מיעוד הטוב וזוהיא קושית הגמרא מינח ניחא ליה ולמה לי כנ"ל דביקש שיהיו הכל נביאים שיהיה בחזרה הא אמרו יהושע מכניס לארץ וטובתו של יהושע אי אפשר בחזרה ואף מיתת משה אי אפשר בחזרה כי אין מלכות נוגעת וכו'

וע"ז משני הש"ס לא סיימוה קמיה וא"ש והנה כל מה שאבותינו בארץ ישראל לא האמינו בדברי הנביאים המתנבאים בשוממות הארץ ואמרו לא תבא עלינו רעה הוא שחשבו כי ה' אל רחום וחנון ארך אפים חומל ישראל למאוד ואפילו בעת כעסו לא שוכח רחמיו ולכך אף שדיבר לעשות רעה כאשר יגיע העת לעשות יחמול על עמו וינחם על הרעה וזו היתה תכלית טעותם ולכך כשירמיה אמר לו כל פסוקי איכה לא חרד ואמר מלכא אנא כי לא תקרה הרעה אשר ניבא כי ינחם ה' ויחמול על עמו אבל כששמע היו צריה לראש היינו כי אמלאה זו חריבה זו וכשאנו יורדים הצרים עולים ואם כן זהו לטובתם ובזה אין דבר ה' חוזר כי אין דובר דיבור לטובה ויחזור בו ויוציא דבריו לבטלה חס ושלום רק ידוע דעת הרמב"ן שהוא רק דבר ה' בפועל אבל ע"י רוח הקדש וכדומה יש חזרה ולכך שאל מי אמרה אמר כי ה' אמרה וכשומעו כי יצא מפי ה' לטוב לעמים צרי ישראלאם כן ליתנוהו בחזרה והרי הרעה לפניו ובזה נתמלא כעס וחימה וא"ש ומה שקדר אזכרות ושרף באש הוא שטען טענת משה כי שמך נקרא עליהם ומה תעשה לשמך הגדול וכן טען דניאל (דניאל ס' יט) כי שמך נקרא על עירך ועל עמך ושם ה' נקרא על בית המקדש כדכתיב (דה"ב ו' לג) הבית אשר שמו ה' נקרא עליואם כן בשרוף הבית באש אף שמו כביכול כאילו וכו' וזהו מטענת יהויקים איך אפשר לשרוף בית ה' ולזה קדר האזכרות ושרפן באש להורות כי שריפת בית המקדש אינה נוגעת לו רק לכבוד ה' אשר שמו הגדול נקרא עליו וא"ש והנה כבר כתבתי בירמיה במה שנאמר (ירמיה י"ח ט) ורגע אדבר על גוי וממלכה לבנות וכו' הנראה כך כי יש חזרה אפי' מדיבור טוב והוא כי הקדוש ברוך הוא נותן זמן שיהיה לעם הזה טובה על זמןאם כן אחר כך ביד ה' כפי מעשה העם ההוא אם להאריך זמן שיהיה זמן ארוך או זמן קצר ועכ"פ דברו לא ישוב ריקם כי לא דיבר רק לזמן וזהו מה שכתוב רגע אדבר כי רגע לשון זמן וכשמדבר כן אז אם ירעו מעשיהם ישוב ה' ממאמרו הטוב ויקוים רק בזמן פחות מן הזמנים כי מתחלה לא היה יעודו רק לרגע וברצותו מרחיב וברצותו מקצר ולפ"ז אף אם עלו כבר צרי ישראל למעלה וגדולה אחר כך יש ביד ה' לרחם על עמו ולהנחם מהרעה כי יעוד הטוב לצריו כבר נתקיים כי לא ניתן להם גבול קצבה וזהו מאמר אסף כי הנה אויביך יהמיון ומשנאיך נשאו ראש פירוש שכבר עלו ונשאו ראש וא"כ כבר נתקיים יעודם הטוב ואף אתה חזור בך לרחם עמך ולהנקם מצריך ולכך יש לשמוח בראות רוממות צרי ישראל כי בזה יתקיים יעוד ה' וישוב ה' לרחם על עמו אך באמת כלו כל הקיצים והדבר תלוי בתשובה ואין התשובה כמו שחושבים המוני עם טבילה ותענית סיגוף ורבוי דברי תהלים ותפלות שערי ציון וכדומה והכל בלי לב רק שפתיו נעות ואין כאן עזיבת חטא אשר בעונותינו הרבים מורגל מנעוריו וגם כי יזקין בארץ גזעו לא יסור הימנו תפלה בלי כונה ובפרטיות בלי מבטא על פי גדר הדקדוק ולפעמים אומרים טעות עד שיש בו ממש חירוף וגידוף ולדעת

הרמב"ם (הלכות ק"ש פ"ב ה"ח) הקורא קריאת שמע בלי קריאה כראוי על פי דקדוק הלשון לא יצא ידי חובתו אוי לנו כי רבים ימותו ואין בידם קריאת שמע אחת ומה נעשה לשיחה בטילה ושיחת אנשים ונשים בושני מכם אתם אומרים פרקי אבות ולומדים בעת מנחה בבית הכנסת (אבות א' ה) מכאן אמרו כל המרבה שיחה עם אשה גורם רעה לעצמו ולא יעבור זמן מהעת צאת מבית הכנסת והנה אגודות אגודות ברחוב ועל המים וכדומה אנשים ונשים ברוב דברים לא יחדל פשע העבודה שאין בשיחה לא תורה לא חכמה ולא ישרות ודבר מועיל כי אם לשון הרע ושיחה בטילה ומה תענו ליום פקודה מה ששמעו אזניכם וראו עיניכם כמעט רגע תשכחו מהר סרו מהדרך אשר למדום אבותם בפרקי אבות בעונותינו הרבים קהל פראג היה בהם כל חמדה לא היה קהל בכל העולם זהירים וזריזים שמצוות ולומדי תורה לשם שמים כמותם רודפי צדק רק עון זה חוששני הואיל שלא מחו כ"כ על תערובות אנשים ונשים לזאת הפגיע בם ה' עון כולנו ולא נפקד מהם איש כלל בעונותינו הרבים וממש הערו נפשם למות אך בה' אל ימרדו הלא תכירו כי הם עם קדוש לה' אשר עמדו בנסיון כזה היו לבוז ולמשיסה וממש טובים חללי חרב מחללי רעב ואמרו בגמרא (סנהדרין ק"א) כשחלה ר"א נכנסו תלמידיו לבקרו אמר חימה עזה יש בעולם התחילו כולם לבכות רבי עקיבה שמח כו' ונתן טעם לשמחתו כי אילו אין פשתנו לוקה וכו' הייתי חושב קיבל רבי עולמו ועכשיו שאני רואה רבי בצער אני שמח אמר ר"א לרבי עקיבה כלום חסרתי מהתורה א"ל רבי עקיבא למדתנו רבינו (קהלת ז' כ) כי אין אדם צדיק בארץ אשר יעשה טוב ולא יחטא עכ"ל ויש להבין מה ביקש ר"א באומרו חימה עזה וכו' הלא עין תלמידיו רואים כי על המשכב הוא וגם למה בכו וכי לא ידעו את אשר יאהב ה' יוכיח הן יסורין של אהבה ומה זה ששאל כלום חסרתי וכו' לכאורה נראה ליוהרא וגם וכי היה נעלם ממנו פסוק אין צדיק בארץ וכו':

אמנם נראה דיש להבין גם כן במה שאמרה אשת איוב (איוב ב' ט) עודך מחזיק בתומתך ברך אלהים ומות והשיב איוב כאחת הנבלות תדברי וקאמר שם בכל זאת לא חטא איוב ולא נתן תפלה לאלהים דכבר הרגיש במדרש וכי סלקא דעתך אשתו של איוב ובפרט למ"ד (ב"ב ט"ו ע"ב) שהיתה דינה בת יעקב שתיעצו לגדף השם הנכבד וגם מה חידש הקרא שלא נתן תפלה פשיטא הלא כל דבריו עד כה היו בצדק וביושר אבל כבר אמרו (ברכות נ"ד) בכל מאודך בכל מדה שהוא מודד לך הוי מודה לו והיינו כי על הטובות יש לברך הטוב והמטיב ועל הרעות דיין אמת ואף כי הכל מה' אחד מכל מקום במה שיצא ממידת רחמים יש לברך לבעל רחמים באמרו הטוב והמטיב ובמה שיגיע מדת הדין יש לברך לבעל דין ואין לערב המידות זו עם זו לכך אמרו בכל מדה וכו' וזה מבואר ממש שם בגמרא דברכות והנה בגדר היסורין הבאים על אדם יש שתי בחינות אחת לא לעונש רק להזכירו ולעוררו משינת אולתו דרך משל אדם שיתעלף יכוהו על לחיו וכהנה

מעינוי נפש עד שירגיש ותשוב רוחו בקרבו ואין הכאה זו לעונש או מאיש שחרה אפו עליו כי אם לטובתו והאיש האוהב לו ביותר הוא יעשה לו כזאת ואף הוא בחזרתו לבריאותו יחזיק לו טובה בזה וכן בחטאים שאדם דש בהם ויתעלף ואין רוח טהורה בקרבו וכשיגיע לו מצער וכאב ירגיש ויאמר ה' עשה לי כזאת כי כזאת וכזאת עשיתי ולומד מוסר ולא ישוב לאוולתו אשר חטא לנפש וזו תכלית הטובה ולא נקרא כלל עונש כמו הנמשל באדם הנ"ל שהיא תכלית הטובה והקירבה מאדם לחבירו אמנם בחינה שנית היא לעונש לאדם בעבור חטא שנענש מה' כי חרה אפו בו על כי עזב מצותיו ודרך הישר וזהו שהוא מיוחס למדת הדין כי נעשה בחמת ה' והמופת להכיר היסורים מאיזה בחינה הם הוא איש אשר יבואו עליו יסורין עד שאי אפשר לעמוד בהם כי אם יגוע וימותאם כן ע"כ מבחינה שניה הם כי אי אפשר להיות מבחינה ראשונה כי לא ניתן לו זמן לתהות על הראשונות ולהטיב דרכו כי מת מתוך היסורים וזהו פשוט והנה איוב יסורים שהיו מתחלה באים לו באבוד רכושו ובניו ייחס הכל לבחינה ראשונה לעורר משינתו האוולת למען ייטיב דרכו ולזאת חשבם כי לא נעשו ממידת הדין כי אם מבעל הרחמים גמורים כנ"ל ולכך כל ברכותיו היו למידת הרחמים וזהו שאמר (איוב א' כב) ה' נתן ה' לקח יהי שם ה' מבורך דייקא שהוא מידת רחמים מבורך כי הוא בכלל טובה שיש בו ברכה למידת הרחמים ולזה שתקה אשת איוב כי גם דעתה היה בכך אך כאשר הגיעו יסורים שהיו כ"כ מרים וקשים עד שאמרו חז"ל (ב"ב ט"ז) קשה צערו של שטן וכו' ושפטה אשת איוב כי יסורים הללו למיתה ניתנו וא"כ אי אפשר שיהיו מבחינה ראשונה כי הלא ימות בהן רק ממידת הדין וא"כ הברכה למדת הדין בכלל ברוך דיין אמת כנ"ל וזהו שאמרה כי ראתה שהוא מייחס גם זה למידת רחמים אמרה עודך מחזיק בתומתך ברך אלהים וכו' רצונה לומר לא כן הוא כמו שאתה חושב שהיסורין שלך הם בגדר רחמים כי מות תמות ביסורים הללו וא"כ ברך אלהים דייקא הברכה תהיה למידת הדין ומות כי תמות תיכף כי אי אפשר לסבול יסורים כאלה ותחיה וזה מורה כי הוא לעונש מבעל דין ולו נאה לברך כביכול והשיב איוב לא כי כי לא אבעוט ביסורין ואקבל וחיה אחיה וזה אמרו (איוב ב' י') את הטוב נקבל וכו' ודעתו היה שהכל מבעל הרחמים ולא בירך למידת הדין כי אם למידת הרחמים וקאמר דלא תימה ששינה המידות למעלה וקלקל הצנורות כביכול כי אם בכל זאת לא חטא איוב ולא נתן תפלה לאלהים דייקא שלא פגם במידת הדין ויפה עשה שבירך לבעל הרחמים כי כל יסוריו לרחמים גמורים היו להטיב באחריתו כנודע ובזה יובן גם כן מאמר הנ"ל כי כבר אמרו חז"ל (ויקרא רבה י"ז ה') אין בעל הרחמים פוגע בנפשות תחלה והנה יש ג' אופנים במה שפוגע בנפשות תחלה א' אם יסורים הבאים לאדם לא בשביל עצמו כי אם לייסר הדור שיאמרו אם לצדיקים קרה כן אנן מה נעשה ואם בארזים נפלה שלהבת וכו'אם כן אם יבוא עונש זה

לצדיק בחסרון ממון שלו וביתו ובגדיו העבודה שלא יקחו ממנו מוסר שום אדם כי מי יחוש אם תלמיד חכם או צדיק מופסד בממון אדרבה יצחקו עליו צעירים ויאמרו כך יפה לו לאו כל אדם זוכה לב' שולחנות וכדומה ומעולם לא ראיתי אחד שהרהר בתשובה בראותו שתלמיד הכם נלקה בממון שלו ואומרו קהל ה' אם שמעתם כי שלשה חכמי לב ז"ל שספדנו כעת ירדו מנכסיהם אם הייתם מאנחים אנחה קטנה עליהם או להוריד דמעה טיפה כחרדל אבל בשמעכם כי פגעה מדת הדין בגופם ישראל קדושים הם לבכות עליהם וללבוש שק ואפר בחלותם כראוי לספר תורה ששרוי בצער:

והנה יש עוד ב' אופנים והם כמעט א' אם היסורים אינם באים לייסר הצדיק שישוב מדרכו רק עבור עונש דהיינו תלמיד חכם שביטל מתורה ואמרינן (קוה"ר א' ט"ו) שהוא מעוות שלא יוכל לתקון כי אפילו ילמד כל היום בלאו הכי צריך לעשות כן ובזה הענין בא העונש עליו תיכף בגופו כי לא שייך שיבוא על ממון שלו אולי יחזור אין זה בגדר החזרה כי הוא מעוות וכו' ועוד יש אופן אחר והוא במה שנאמר (קוהלת ז' ב) אין צדיק בארץ אשר יעשה טוב ולא יחטא הפירוש הוא כך כי כעת אי אפשר לעשות כל מצות בלתי חלק חטא וחלק סטרא אחרא כדומה מצות עונה מצות פריה ורביה בלתי יצר לתאוה אי אפשר לעשותו וכן לאכול בשבת בלתי יצר לתאוה וכיוצא בזה ממש עד שאנשי כנסת הגדולה הוצרכו להניח ליצרא דעבירה דצריך ליה לברייתא ולזאת בעונותינו הרבים כל מצות ומעשים טובים יש חלק לסטרא אחרא בגוויהו ולעתיד לבא כעולם התיקון יהיה הכל בלי צד יצר הרע כמו קודם חטא שהיה אדם בועל בלי חמדת יצר הרע ולכך לא יתבוששו וכן יהיה לעתיד לבא ויהיה כשירצה איש לזקק לאשתו יתפלל לה' ויזווג כי מה' יהיה לו כח הזה וזהו (בראשית כ"ח כא) ויעתר יצחק לה' לנוכח אשתו (ועיין במדרש נעלם פרשת אלה תולדות וכו' ע"ש) וזהו אין צדיק בארץ אשר יעשה טוב ולא יחטא כי לא סגי בלאו הכי ולכך הקדוש ברוך הוא שחפץ בטובת בחיריו למען יהיה שכרו זקוק ומזוקק לעולם הבא לבל והיה בו סיג בתערובות סטרא אחרא במצוה שולח לו עונש בזה העולם ושכרו שלם לעוה"ב וא"כ עונש זה בא על דבר שאין בו מהחזרה ותשובה כי בעולם הזה לא סגי בלאו הכי ולכך בא תיכף על נפש צדיק ויובן בזה דר"א חלה ולא הגיעו לו שום יסורים בממון כי אם תיכף חלה ואמר חימה עזה יש בעולם מהיכי תיתי שיבואו תיכף יסורים על הגוף אין זה אלא חימה עזה יש בעולם והיסורים הם כדי שילמדו תועים בינה לייסר המוני עם כנ"ל האופן הראשון ולכך באו עלי כי חמה עזה יש בעולם דייקא וכששמעו תלמידים לזה התחילו לבכות שהוא נענש בעון דורו ובחבורתו נרפא לנו וה' הפגיע בו עון כולנו ורבי עקיבה שחק כי חשב שהוא מפאת עצמו ולא שיחזור בו כי אם לעונש ולכך בא תיכף על גופו ואמר כי שמח כשרואה פשתנו לוקה וכו' וזהו שיסורים באים לעונש ור"א השיב שרבי עקיבה סבור

בדעתו שהוא מפאת האופן השני הואיל ונתרשל בתורה ואין לו תקנה כנ"ל לכך שחק ולזה שאלו עקיבא כלום חסרתי מהתורה הרצון שמנע רגע אחד שלא למד כי כבר מבואר בגמרא דסוכה (דף כ"ח) בהפלגת התמדת התורה של ר"א ממש בלי ביטול הרף עין ואמר רבי עקיבה לא כן אני חושב כי אם הוא באופן השלישי כי אדם אין צדיק וגו' על זה אמר פשתנך לוקה שלא יהיה בשכרך לעולם הבא שום סיג ולזה אני שמח וזהו אי אפשר בחזרה וא"ש ומזה נבוני עם שפטו נא כמה חובה עלינו להצטער בצערם של צדיקים אבל לא יהיה צער בעלמא ואנחה לבד רק כמ"ש לתת ללבו לתקן מעשיו בכל דרכיו ולראות להתמיד בתורה כפי אפשרי כי מעוות הוא לא יכול לתקן וכל רגע פסידא דלא הדר וכשאתם עוסקים בתורה יהיה עסקיכם לשם שמים לא לפלפול ויוהרא רק ללמוד לשמור ולעשות כל איש ישראל אשר איננו בקי בהלכות שבת מרישא לסיפא לא יכונה אצלי בכלל איש השלם אוי ווי איך מצפים ומייחלים לגאולה ואלמלי שמרו ישראל שתי שבתות היו נגאלים (שבת קי"ח ע"ב) והגאולה תלויה בשמירת שבת ואנחנו בעונותינו הרבים עוברים בחסרון ידיעה על רוב איסורי דאורייתא ודרבנן ההולך בדרך ורוח נושבת ורוקק ברוח ורוח נושאת הרוק עובר משום זורה כדומה כהנה וכהנה איסורים רבים וסיפר לי אחד מתלמידי שהיה בעלזס והיו יושבים בשבת במסיבה וחם להם ולקחו החלונות מתוך ציר שלהם והסירו משם ותלמידי מחה וצחקו עליו והוא איסור גמור איסור בנין וסתירה ולכך חובה ללמוד הלכות שבת ויום טוב ושמירת שבת מקרבת הגאולה ואמרו במדרש כפויי טובה בניי אני אמרתי למענכם שלחתי בבלה ואתם אמרתם קרא עלי מועד לשבור בחורי והוא תמוה אבל יובן במה שכבר מקדם בדרוש חנוכת בית הכנסת אמרתי קושיא זו להריטב"א ז"ל (יומא נ"ד ע"ב) במה שנכנסו גוים לקדש הקדשים ומצאו כרובים מעורים זה בזה וכו' דהא בזמן שאין עושים רצונו של מקום אין פניהם איש אל אחיו וכבר תרצתי אז אבל כעת יובן בדרך אחרת כי ידוע מה שכתוב במדרש (עיין בזוהר ח"ב קע"ט) לעולם לא זזה שכינה מישראל בשבתות וימים טובים אפילו בשבת של חול ובהך אפילו בשבת של חול רבו בו פירושים ואין דבר יוצא מידי פשוטו כי כל מועדים נקראים שבת כנודע וכוונת המדרש אפילו יום טוב שני של גליות שהוא באמת חול דבקיאי אנן בקביעא דירחא ואמרו (ביצה ו' ע"ב) לגבי מת כחול שווינהו רבנן ומכל מקום לא זזה שכינה ומבואר בירושלמי דתענית (פ"ד ה"ה) בחורבן בית ראשון היה חורבן הבית באחד באב כי בט' תמוז הובקעה העיר וכ"א יום מקל שקד הוא א' באב וידוע בגמרא דעירובין (דף י"א ע"ב) כי ט' אב היה ביום א'אם כן ראש חדש אב היה בשבת והיתה אז השכינה שורה בנו ושפיר מצאו פניהם איש אל אחיו וא"ש אך הטעם באמת למה סיבב הקדוש ברוך הוא שיחרב בשבת ולא היתה מגינה שבת לבל יחרב בה הטעם שהוא לטובת ישראל

כי למענכם שלחתי בבלה כי השכינה הולכת עם ישראל להגן בעדם כאם המרחפת על הבנים ולולי כן ח"ו כבר גוענו ואבדנו ולכך מבואר בזוהר (ח"א דף קמ"ט) שנגלה המרכבה ליחזקאל לנחם לישראל כי חשבו שאין השכינה אתם בגולה וא"כ ח"ו אבדה תקותינו ויחזקאל נחמם שראה המרכבה בנהר כבר ולאות כי השכינה עמהם לכך לולא שהשכינה היתה בלאו הכי שורה בישראל בעת החורבן ביום שבת קדש היה קשה לשכינה לדבק בישראל אחר סלוקה למעלה ברום גבוה אבל הואיל בלאו הכי שבת היתה למטה שורה עליהם וכשנחרב הבית לא זזה מאתם כאם אשר בניה תנחם והלכה בגולה אתם ואם בגולה צריכה להיות השכינה אתנו לבל יכלו אותנו הצרים מכ"ש ביום חרון אף ה' ביום זעם ביום החורבן לולי שהשכינה היתה אז שורה בישראל עבור קדושת שבת כבר פגעו בישראל לבלי יהיה ח"ו שריד באהלי יעקב וזהו סיבת החורבן בשבת ובזה יובנו דברי המדרש כי כבר נודע כי שבת אלה מועדי ה' וכו' ולכך כנסת ישראל מתרעמת קרא עלי מועד לשבור בחורי והיינו כי בשבת קדש נחרב הבית ולמה לא הגנה זכות שבת והקדוש ברוך הוא משיב כפויי טובה אתם זהו לטובתכם אני אמרתי למענכם שלחתי בבלה והיה לכם לדעת כי מזה הטעם נחרב בשבת וזוהיא תקנתכם וא"ש ראו כמה יש לנו לכבד השבת כי זוהיא שמגינה בעדינו ושכינה אז לנגדנו ובאור אלהים חיים אנו הולכים לכן צריך שמירה ביותר ביום השבת בכל דברים כעומד לפני שכינה ומי לא ייראו ולא יחת ובכל מקום יש קדושת המקדש כנזכר באיוב לזאת יחרד לבי ויתר ממקומו ודרשו במדרש (ילק"ש רמז תתקכ"א) אין ויתר אלא קפיצה בני אהרן ועוזיהו נכנסו להקטיר מתו ונצטרעו טיטוס נכנס בשלום ויצא בשלום והמכוון בזה כי רבים מייחסים שלימות למקום כמו עוד היום אומות אומרים סגולת המקום להשמיע תפלה שם כמו שסגולת המקום להצמיח פרי זה משא"כ מקום אחר כן סגולת מקום זה להשמיע תפלה ולעבוד עבודה יותר משאר מקומות אמנם האמת אף כי מעלת מקום הכנה לכך העיקר במעשה האדם לקשור שם השריית שכינה ואמרו חז"ל (תענית כ"א ע"ב) לא המקום מכבד האדם כל זמן שהשכינה היתה בהר נאמר צאן ובקר אל ירעו ואחר כך הותרו וכן מורה קדושת המקדש כל זמן שהשכינה שם כשהיו נכנסים נדב ואביהו ועוזיהו היו נזוקים ובהסתלקות השכינה טיטוס ושאר צוררים נכנסים ויוצאים כי סר צל השכינה משם לבל יהיה אור שכינה זורח ומבהיק וזהו כוונת המדרש ויתר אין ויתר אלא קפיצה פירוש שהלב קופץ ממקומו כי מתחלה הלב חשב שהכל תלוי בקדושת ומעלת המקום אבל כעת הלב קופץ מזה דהיינו מן המקום כי אין עיקר תלוי במקום כי אין מקום מכבד כנ"ל והראיה כי נדב ואביהו ועוזיהו נענשו בכניסתם וטיטוס יצא בשלום שמע מינה דאין מעלה במקום גרידא כי אם הכל בעשיה לשמה לקשר שכינה וזהו ויתר ממקומו כי הלב שחושב לתואר מעלה למקום קפץ וראה ששקר חשב ולכן

בכל מקום שמשמרים שבת כראוי יש קדושת מקדש ושריית שכינה ולכן מאוד יש ליזהר בשבת בעסקיו ודבריו וענינו כעומד לפני ה' ועיני ה' תמיד בו הנה טעם ופירוש על ששחקו גוים (איכה א' ז) ופרש ידו על כל מחמדיה הענין הוא כך כי כבר נודע כי לפי המזל ח"ו יש לנו כליון כי המזל מורה שאברהם אינו מוליד רק אנו למעלה מהמזל והנה כל מעשי עכו"ם בטלמסאות הוא כך שעושים צורת זכר ונקבה בדבוק והוא מורה על חמה ולבנה ומקטרים ומנסכים והוא לשיטתם לחכמת הקסם להוריד שפע כי יושבים תחת המזל הנה המה היו תמיד יודעים כי אין לנו עסק עם מזלות כי אין מזל לישראל ולכך חשבו אף כי לפי מערכות השמים רעה נגד פנינו מכל מקום אנו למעלה מזה ובבואם לקדש הקדשים ומצאו כרובים מעורים שהוא זכר ונקבה בדיבוק חשבוהו למיני טלמסאות והוא לחמה ולבנה וא"כ ראו שישראל גם כן צריכים לכך חשבו שהם גם כן תחת המזל וע"פ חכמת כוכבים רעה נגד פניהם ח"ואם כן שחקו ויאמרו זה היום שקוינו בלענוהו כי משמים נלחמו בעדם כוכבים ממסילותם וזהו גם כן שעמון ומואב שמחו בזה כי עיקר עוונם היה בשכירת בלעם ובלק וקסמים בידם כי בן נח מצווה על כישוף וזה היה ענין בלעם כי מה בכך שידע רגע אשר יכעס ה' וכי בשביל כך ח"ו יהיה השם בעת אפו עושה דבר נגד הדין וישמע בקול מתועב כזה וכי בן אדם הוא ח"ו לקבל בעת כעס לשון הרע ויקטול בלי חקור הדין היטב הלא הוא שופט צדק ודיין אמת צדיק וישר

תמים פעלו אבל כל עסקיו לקסום קסם כדכתיב (במדבר כ"ב ז) וקסמים בידם רק אין הקסמים מצליחים רק ברגע כשה' כועס אז נוטלים סטרא אחרא שפע ואז יש לסטרא אחרא יותר כח בקסמים ואז מצליחים ביותר וזו היתה מעלת בלעם כי בלק היה יותר בקי בחכמת הקסם לעשות טלמסאות בקטורת ועבודות כנ"ל רק כל חכמת בלעם היתה לכוון השעה והעת אשר זועם ה' ואז הקסם מצליח והכל היה בכישוף ולכך ריחק ה' אותם הואיל והלכו בקסם ובן נח מצווה על כך ודור הפלגה שנענשו היה הכל הואיל שהלכו אחר קסם ולכך כאשר ראו כרובים חשבו שהוא גם כן ממין הקסם וא"כ מה חטאו בקסם הלא ישראל גם כן עושים כך ולכך אמר (איכה א' י) עמים אשר לא יבואו בקהל לך פרשו ידם על מחמדיה כרובים לסובב בשקר כהנ"ל ובזה שלמדו הואיל ועושים טלמסאות חשבו כי אין ח"ו שריד לישראל כי מזלות נלחמו נגד ישראל והכרובים היו צפונים וטמונים בתוך קדש הקדשים והגוים הוציאום וזהו מאמר אסף (תהלים פ"ג ה) על עמך יערימו סוד ויתיעצו על צפוניך היינו כרובים שהיו צפונים בהסתר מקום סתר ישיתו עצה עליהם ויאמרו הנה ככל המון גוים בית ישראל עובדים לצבא השמים וא"כ כלה ונחרצה משפטם כי המזל למולם לכך אמר (שם פסוק ה') לכו ונכחידם מגוי ולא יזכר שם ישראל עוד כי כל עבודתם למזל כמונו והמזל לוחם נגדם וא"ש אבל יש עוד פירוש בזה ונקדים להבין במה דדרשו (חגיגה ה ע"ב) על פסוק (ירמי' י"ג יז)

ואם לא תשמעוה במסתרים תבכה נפשי מהו במסתרים מקום יש לקב"ה ושמו מסתרים ומי איכא בכיה קמיה קב"ה והאמר רב פפא אין עצבות לפני קב"ה דכתיב עוז וחדוה במקומו ומשני כאן בבתי גואי כאן בבתי בראי ופריך בבתי בראי לאו הכתיב ויקרא ה' צבאות לבכי וכו' שאני בית המקדש דאפילו מלאכי שרת מר יבכיון עכ"ל יש להבין דהא קרא מדבר בנביא שמזהיר העם ואמר שאם לא ישמעו לו יבכה נפשו במסתרים ומה ענין זה להקדוש ברוך הוא ועוד מה שאל מהו מסתרים מה קושיא מקום סתר שמה לבל יכירו ברואיו בעצבונו וגם יש להבין החילוק בין בתי גואי לבראי ומה הם ועוד הא כבר אמר שבמקום הנקרא מסתרים בוכה וכאן אמר בכל בתי גואי והא אמר רק במסתרים בוכה ומה ענין קושיא זו לר"פ הא מקרא מלא עוז וחדוה במקומו ויתר דברי תימא מבוארים בעצמם ואין צריכים לשאלה כלל אבל יובן דיש להבין במה דקאמר הנביא אם לא תשמעו במסתרים תבכה נפשי כי לא בכה אלא פומבי הלא אמר (ירמי' ח' כג) מי יתן ראשי מים ועיני מקור דמעה ואבכה וכו' ומי יתנני במדבר מלון אורחים והענין הוא כך כי להסיר הצער הגדול אחד הוא מי שאין דעתו שלימה לא ירגיש בצער ולכך אנחנו בעונותינו הרבים איננו מרגישים כ"כ חורבן בית המקדש לחסרון דעתינו ואין שוטה מרגיש יוסיף דעת יוסיף מכאוב ואילו אנחנו היינו משיגים העדר שלמותינו ואובדן תפארתינו בחורבן בית המקדש לא היה ערב לנו לאכול ולשתות כי אם להתפלש בעפר גם בכיה יש נייחא במקצת לעצבים ולכך צוותה התורה ליפת תואר (דברים כ"א יג) ובכתה אביה ואמה וכתב הרמב"ן (ד"ה וטעם האבילות) כי יש לעצבים נייחא בבכי והוא כי ד' מידות באדם כידוע הם בנוים על ד' יסודות ואם יש לא' מותרות תקלקל הגוף אם לא ידחנו ומותרות לבנה שהיא יסוד מים בפה ברוק ומותרות ירוקה שהיא רוח באוזן בצואת אוזן הוא ומותרות אדומה שהיא אש בחוטם ולפעמים כאשר תגבר הרבה יזוב דם מנחיריו ומרה שחורה שהיא יסוד עפר היא המולדת בטבע עצבון וכאשר תגבר יצא אדם ח"ו מדעתו והרופאים קראו מעלאנקאל"י ומותרות ילך בעינים ולכך לאחר הבכי אשר מותרות מרה שחורה נדחות יש לעצבון נייחא כי מרה שחורה דוחה המותרות ותקנה גדולה היא לצער ועצבון לרחוק נדוד מן המקום שקרה לו העצב וכאשר לא יהיה נגד עיניו לא יגדל כאבו ועצבו כ"כ וכבר ידוע כי יותר שמתגבר יסוד מים בראש יותר הוא סכל טיפש ואפילו בהמות שראשם מים שוטים ומשתגעים כנודע ולכך הנביא לרוב צערו עלי ישראל אמר מי יתן ראשי מים היינו שיהיה בלי דעת להרגיש השבר ותקנה שניה עיני מקור נוזלים לבכות תמיד תקון שלישי מי יתנני במדבר מלון אורחים להרחיק נדוד ממקום מקדש וארץ ישראל אולי ישכח כמה שברו וצערו אבל כבר אמרו (מדרש איכה פ"ד יד) חורבן בית המקדש היה טוב לישראל ששפך חמתו על עצים ואבנים ונמחלו ע"י כך עונות ישראל כדדרשינן תם עונך בת

ציון אבל עיקר היגון על הגלות המרה הזה:

ואמרינן במדרש (איכ"ר ה' יז) על זה היה דוה לבנו וכו' על הר ציון ששמם שועלים הלכו בו האשה שפירשה מבעלה איזה ימים נאמר (ויקרא ט"ו לג) הדוה בנדתה אנו שפורשים זה כמה שנים על אחת כמה וכמה יש להבין ק"ו בעונותינו הרבים הכל יודעים זה וגזירה שוה לכל נפש לשלול שלימות חיינו בגלות הארוכה ולא נשאר בנו שום תואר והנביא המשילנו (יחזקאל ל"ז ג) התחיינה העצמות היבשות אבל באמת באנו ליישב פשוטו של מקרא דלמה אמר בשביל כך דוה לבנו בשביל ששועלים הולכים בבית ולא טעם אחר שבעונותינו הרבים עם ה' להרג ולביזה ועת צרה היא ליעקב מיום ליום אבל להבין אם נדה נקראת דוה היותה מופרשת מבעלה הלא זבה יותר מופרשת דצריכה שבעה נקיים אבל כבר אמרו חכמי מדינות אם המלך יגרש אחד מחצרו לא יגרשו תיכף לעולמים כי אז יצר לו וימות רק יגרשהו לזמן וא"כ לא תמוש תקותו שהוא בעומד וחוזר ולאט לאט מורגל בגרושיו ואם אחר כך יתוודע לו שהוא מובדל לזמן מרובה כבר מורגל טבעו והנה זבה ברואה פעם אחת שומרת יום כנגד יום ואין דוה כל כך כי מצפה מחר תהיה טהורה לבעלה וכשרואה למחר עדיין מצפה למחר לא תראה ותהיה טהורה ואם תראה ביום ג' כבר מורגלת לישב בדד מבעלה ולכך אין כאן דוה משא"כ נדה תיכף ברואה טפה כחרדל צריכה לישב שבעה ימים מובדלת מבעלה היא דוה ומצטערת שתיכף יודעת שהיא מובדלת וזה הטעם שהסתיר ה' קץ הגלות המר הזה דאילו היה נודעאם כן היו ישראל באותו זמן דווים מאוד שיהיו זמן רב בגלות ולא יוכלו לסבול הצער אבל כיון שהוא נסתר חושבים כל עת צרה בעונותינו הרבים שהוא עקבתא דמשיחא ובזמן ר' עקיבא שהיה מעט אחר החורבן קוה על משיח וטעה בבן כוזיבא ובזוהר מבואר דלכך היו בבבל נביאים כי השכינה לא זזה בחורבן בית ראשון מן הבית הואיל והיה הגלות על זמן מועט משא"כ בחורבן שני שהוא לזמן רב נסתלקה השכינה מכל וכל והנה הליכת שועלים בבית מורה שנסתלקה השכינה כי בעוד שהשכינה שם מגור להיות לילך שם כנודע ולפי"ז מהליכת שועלים הוא אות שנסתלקה שכינה וזו אות בעונותינו הרבים על אריכות הקץ וזה שאמר הפסוק על זה דוה לבנו שועלים הלכו בו דמורה על אריכות הגלות לכך דוה לבנו וזה שאמר ר"ג אשה שפרשה מבעלה נקראת דוה בנדתה ולמה לא זבה וצ"ל דלזבה יש תוחלת ותקוה מיום ליום ואינה דוה כנ"ל אף זו אילו לא הלכו שועלים לא היה דוה לבנו משא"כ עכשיו כנ"ל וזה (איכה א' ח) חטא חטאה ירושלים על כן לנדה היתה וא"ש והנה לפי מה שכתוב הטעם שנסתר הקץ לבל יכאב לב העם וא"כ המבין יבין סתירת הקץ היותו לזמן מרובה וארוך וז"ש הנביא במסתרים שהקץ הוא נסתר זהו ראיה שיהיה ארוך וע"ז תבכה נפשי אמנם יש עוד טעם על סתירת הקץ ופירוש על מה שאמרו בסנהדרין צ"ט מאי יום נקם בלבי אר"י ללבי גיליתי לאבריי

לא גיליתי ופירש"י שלא הוצאתי דבר מפי שהיו אבריו יכולים לשמוע אבל בלבי היה טמון הדבר לבי לפומי לא גליא ללבי גליתי לפומי לא גליתי והוא דאילו ישראל עושין תשובה נגאלין מיד ובאמת הקדוש ברוך הוא יודע כי יעברו ימים רבים ולא ישובו אמנם כבר נודע (נדה טז ע"ב) כי צדיק ורשע לא קאמר דהבחירה ביד איש והקשו תוספות (ד"ה הכל) האיך אמר חזקיה חזאי דנפקי מנאי בנין דלא מעלי והתירוץ הוא דכביכול מפיו אינו יוצא שיהיה זה צדיק או רשע דא"כ הוי גזרה ואבדה הבחירה אבל במחשבתו חקוק וגלוי אם יכשר או יפסל כי הלא יודע עתידות והחכמים ברוח הקדש משיגים מחשבת הבורא ב"ה ולכך על תרגום בראשית מפרש במחשבתה ובחד תרגום בסוכלתנא כי החכמה היא המחשבה וחכמים משיגים מחשבת ה' והוא רוח הקדש באמת ומדרגת נשמתם ולכך חכם עדיף מנביא (ב"ב י"ב) כי החכם מדבק נשמתו במחשבת ה' ומשיג יותר ממה שהנביא שומע מה שה' מוציא מפיו כביכול ואפילו בשר ודם יש דברים בלבו מה שאינו מוציא מפיו ומכ"ש בקב"ה ולכך החכם שמשיג במחשבתו הבורא יותר גדול מנביא שהוא מלשון ניב שפתים ולכך דניאל עדיף מינייהו דאינהו נביאים והוא ברוח הקדש משיג יותר בחינת חכם ולכך חזקיה השיג במחשבת רוח הקדש והנה הקדוש ברוך הוא אם יאמר הקץ לזמן מוגבלאם כן מורה שהדורות לפנים לא היו זכאין וצדיק ורשע לא קאמר לכך אי אפשר לומר הקץ אבל אנשים שחכמתם משיגה במחשבת אלהים

המה יודעים זמנו וזהו לבי לפומי לא גלאי דצדיק ורשע לא קאמר אבל לבי מקום מחשבה גלוי גלאי זמן הקץ כנ"ל ולכך דניאל עדיף מינייהו שהשיג במחשבה ולכך השיג הקץ כנודע ובזה יובן דברי הגמרא דקאמרינן דנביא אמר במסתרים תבכה נפשי היינו על קץ שהוא מסתרים וע"ז קשה הא אדרבא זה לטובת ישראל ולכך נסתר הקץ דכל יומא זמנא הוא אם ישובו והיה עת גאולה וליכא למימר דידע שלא ישובו ויאריך הגלות מאד הלא זה אי אפשר דהא צדיק ורשע לא קאמר וע"ז משני דנביא השיג בחכמתו ברוח הקדש מחשבת המקום ובעונותינו הרבים לא ישובו מיד ויאריך הקץ ולכך בכה וזה שאמר מקום יש לקב"ה ושמו מסתרים והיינו מקום מחשבת אל שהוא כנוי ללב וכן בכנוי מסתרים שהוא תכלית הסתר וע"ז הקשה הגמרא איך אפשר לנביא שיהיה מלא בכי ועצבון להשיג מסתרי אל והלא צריך שמחה גדולה כאמרם (שבת ל ע"ב) אין השכינה שורה אלא מתוך שמחה כי אז יתדבק שכלו בשכל הפועל מעלה מעלה עד הדבקו בשכל נבדל וזהו מאמר רב פפא אין עצבות לפני מקום אין הכוונה על הקדוש ברוך הוא שהוא נבדל מכל תוארי גשם רק העומדים לפניו לשמשו ולהשיג שפע אצילותו אין בהם עצבות כי אי אפשר להשיג ברוח הקדש מבלי שמחה וזהו עוז וחדוה במקומו הרצון להשיג מקומו של עולם צריך עוז וחדוה לכך אמר לפני קב"ה דייקא וא"כ קשה האיך השיג ירמיה במסתרים בעצבון ובכי אך תדע דהמפרשים הרגישו במה שאמרו אין

השכינה שורה אלא מתוך שמחה דכתיב (תהלים ל"ד יט) קרוב ה' לנשברי לב ושכינתו בכלים שבורים עד שאמרו (שבת י"ב ע"ב) השכינה למעלה מראשותיו של חולה והיש עצבון גדול מזה אמנם הישוב כי להדבק בשכינה צריך מעלות מעלות כמ"ש הרמב"ם (יסוה"ת פ"ז ה"א) ראשון להדבק בשכלים הנבדלים הם המלאכים השומרים משמרת ה' ואחר כך לעלות אל אור פני אלהים חיים וכל זמן שלא הגיע להדבק בשכינה אז צריך שמחה כי המלאכים הם מיימינים ומשמאלים המשמאילים הן מרא דיללא אשר סטרא אחרא מצדם ולילית מקרבם אבל סטרא דקדושה הכל בשמחה והכל ששים ושמחים לעשות רצון קונם ולכך אם אינו בשמחה אינו מתדבק במלאכים הטובים וח"ו מתדבק בסטרא דלילית אשר כולם עצבים ויגונים ולכך העצבות בגדר מרה שחורה שהוא יסוד עפר ולא יתדבק עפר לילך מעלה אבל שמחה בגדר מרה אדומה שהוא יסוד אש אשר טבעו לעלות מעלה ולהתדבק בשורשו אבל אם כבר הגיע שעבר מדרגת המלאכים ונכנס לקדש פנימה להתדבק בשפעת ה' שם אין צריך שמחה דאדרבה הקדוש ברוך הוא קרוב לנשברי לב ויפן לקול יגונו לנחמו וליתן עליו מהודו וזה הכוונה שאמרו חז"ל (שבת ל ע"ב) קודם דנפתח בגרסא שהוא להתדבק בה' צריך מילין דבדיחותא לשמח כדי לבל יתן מקום לסטרא אחרא ח"ו לחול אבל אחר דפתח וה' למולו כי אין לה' אלא ד' אמות של הלכה בעולמו אז צריך להיות שפתותיו נוטפות מור וזה שאמר בבתי בראי היינו מחיצות מלאכים אין עצבות אלא עוז וחדוה במקומו אבל במסתרים דהיינו הנביא שכבר הגיע להדבק בה' ומחשבתו שהוא סתרי אל ונקרא סתרים והוא בתי גואי לא יפסיד השגתו בשביל עצבונו וקרוב לנשברי לב ופריך הגמרא הא בתי בראי איך תאמר כי עצבות הן מצד סטרא אחרא הכתיב ויקרא ה' לבכי והאיך קס"ד שיתן כח לסטרא ההוא ומשני שאני חורבן בית המקדש דאז גבר כח הדין וסטרא אחרא היה לו אחיזה גדולה וידם היתה רמה עד שגברה מדת עצבות בכל פמליא עד שאפילו מלאכי שלום כת מיימינים בכו ועצבו אבל זולת זה אין עצב בסטרא דקדושה כנ"ל וא"ש הכל ומזה למדו במה שכתוב (פסחים קיט) דהקדוש ברוך הוא חותר חתירה מתחת כסא כבוד לבעלי תשובה והטעם כי הבעל תשובה צריך עצבון על עונותיו וחטאיו וא"כ אי אפשר לעבור דרך הישר מקום מלאכים כי יגבר כח מקטריגים כנ"ל לכך הקדוש ברוך הוא חותר חתירה לקבלו בעצמו והוא קרוב לנשברי לב ויש לו דרך מיוחד מקום שאין צדיקים גמורים עומדים כי הם עולים דרך הישר מעלה מעלה כנ"ל אמנם בעונותינו הרבים עכשיו נהפך הוא כי אין איש דואג על חטאיו רק יתעצב על העדר קנינו ורכושו וכבוד המדומה וכדומה ענייני הבל מגביר כח הסטרא אחרא לא כן חלק עם ה' אשר בחר לנחלה האוהבים ה' בכל לב היש שמחה גדולה כאשר יזכור בה' אשר בחר בנו מכל עם וקרבנו לתורתו וכתינוק ההולך לבית הספר שיש לו צער אבל הגדולים

יצחקו עליו דטבא ליה עבדו וכן אנחנו מה שאנו חושבים ליסורים מלאכים וצדיקים גדולים יצחקו עלינו והדין אתם וכללו של דבר שהאיש המצטער לא יאות לשאלו בענין צערו כי אז יכבד צערו ולכך אמר שלמה המלך ע"ה (שה"ש א' ז) הגידה לי שאהבה נפשי איכה תרעה איכה תרביץ וכו' כלומר אותם שאהבה נפשי ואינם מצטערים על היסורים משא"כ המצטערים אין ראוי לשאול כנ"ל והנה ע"י שהקץ נסתר חושבים הגוים שאין לנו תקוה ח"ו וזה שאמר אסף ויתייעצו על צפוניך הקץ שהוא צפון ונעלם לכך מתיעצים שאין תקוה והנה באמת כל תכלית ה' מבלי לכלות אותנו וזה שאמרו חכמינו ז"ל (מדרש תהלים קמט) הללו את ה' מן הארץ וכו' אש וברד וכו' בשמים הן בא דוד ואמר לא יגורך רע וביקש רחמים והורידן לארץ ויש להבין מה אכפת ליה ונראה דידוע דאש מעלה אינה מכלה דכתיב (שמות ג' ב) והסנה איננו אוכל ואש שלמטה מכלה והטעם כי למטה כשיבער עץ ודומה לזה תיכף יסוד מים שיש בדבר ההוא ינוס ויברח כי גרשהו האש וכן האויר שהוא מלא מים ויסוד אש ידבק באשו מין במינו ולא נשאר רק יסוד עפר שהוא אפר הנשרף אבל אש שלמעלה עושה שלום במרומיו אש ומים ואין המים בורחים כלל והכל באגודה אחת ולכך אינה מכלה והנה אש של מטה אי אפשר לשלוח בנו כי היא מכלה והקדוש ברוך הוא הבטיחנו (מלאכי ג' ו) בני יעקב לא כליתם ולפורענות לא יעשה שינוי טבע אבל אש שלמעלה שאינה מכלה זו יש לשלוח להבעיר כמוקד אש ולא יכלה ולכך דוד למען לא ישולח בנו אש ה' כי באש ה' נשפט ביקש רחמים והורידן לארץ כדכתיב אש וברד וכו' וא"כ אי אפשר לשלוח בנו אבל יש לתמוה האיך הורידן לארץ הא כתיב (איכה א' יג) ממרום שלח אש אלא בזמן הבית שהיתה אש מערכה היתה אש של מעלה קשורה בו ולכך מצוה להביא משל הדיוט ולכך (ויקרא ו' ו') אש תמיד תוקד לא תכבה כדי להיות אש שלמעלה נקשרת בו אבל בעונותינו הרבים בחורבן פסקה אש מערכה חזרה אש למעלה לכך קודם החורבן בטלו קרבנות בי חזרה אש למעלה ושלח אש ממרום וזה הכוונה שאמרו במדרש אילו זכיתם הייתם קוראים אש תמיד תוקד והיתה אש למטה ואי אפשר לשלח בכם אבל כשלא זכיתם ובטלה אש מערכה ועלתה אש מעלה ממרום שלח אש הרי הכל תלוי במעשינו ועבודתנו והקדוש ברוך הוא הבטיחנו שלא יעשה בנו כלה וישוב להאיר אופל אלמנה ולקבץ נדחי ישראל ולצרף כבור סיגנו ובדילנו וירחיק מאתנו הצפוני היצר הרע הטמון בלבנו ונהיה דבקים בה' כמ"ש (דברים ד' ד) ואתם הדבקים וכו' חיים כולכם היום אמן ואמן:

דרוש י"ד

תוכחת מוסר מה שכתוב הגאון זצ"ל בימי סליחות קודם ראש השנה תק"ז לפ"ק בק"ק מיץ יע"א:

ישעיה הנביא אמר (ישעיה נ"ח א) קרא בגרון אל תחשוך כשופר הרם קולך והגד לעמי פשעם ולבית יעקב

חטאתם להבין מה זה הענין קריאת הגרון ולמה בחר בגרון יותר משאר מוצאות משמיע קול דברים וביחוד מה שאמר הרם כשופר קולך לכן נראה כי באמת המוכיח לישראל להגיד להם עונם צריך בחינה יתירה לבל יכשל ח"ו בדברי סרה על ישראל כי הקדוש ברוך הוא תובע עלבונם ומקפיד על זה והרי זה בכלל מוציא דיבה וכי הוציא שם רע על בתולת ישראל וכאב הכועס על בנו ומכל מקום מקפיד אם אחר ידבר עליו דברי קנטור וכדומה ולכך אמרו במדרש (מד"ר דברים פ"ב ח) כי משה אמר עצמות יוסף נכנסים לארץ ישראל ואני אין נכנס והשיב לו ה' יוסף הודה בארצו ואתה לא הודית ויש לתמוה למה לא אמר על שאר הנכנסים לארץ ישראל ולמה דוקא יוסף ובפרט לפי מה שכתוב (ילק"ש בשלח רמז רכ"ז) שכל עצמות השבטים בכלל נכנסו לארץ ודרשינן ליה מן והעליתם עצמותי מזה אתכם דייקאאם כן למה תלה הדבר בעצמות יוסף דוקא אבל ידוע מה שכתוב במדרש (ד"רוילד פ"ט ו) שאמר משה בהן קלסתיך ובהן אתה גוזר עלי והשיב ה' הלא אתה אמרת והן לא יאמינו לי וכו' הרי דלכך נענש מלבוא לארץ ישראל בשביל שחשב ודבר סרה על עם ה' היותם קטני אמנה והנה ידוע דכל שורש ומצב ישראל הם שבטי יה אשר הם כללו של ישראל וא"כ המדבר סרה על השבטים גדול עונו ממדבר על זרעם אחריהם ויפה כח האב וא"כ היתה טענת משה חזקה עצמות יוסף הן נכנסות לארץ ישראל אף שהוציא דיבה על השבטים ואמר שאוכלים אבר מן החי וכדומה ממאכלות אסורות והיה שקר כי ידם היתה תמיד לה' ואני שהייתי רק מחושדי ישראל אולי לא יאמינו לי לא אכנס לארץ ישראל והשיב לו השם לא מן זה הטעם אין אתה נכנס רק עיקר טעם הוא כי משה היה סיבה למרגלים ודור המדבר כי באמת ה' אמר לו (במדבר י"ג ב) שלח לך מרגלים לדעתך וכו' והיינו לחפור הארץ לדעת איזה מקום נוח בקל לכבוש ואיזה מקום קשה אבל לחקור טיב הארץ השמינה או רזה וטיב פירותיה זה אינו מגדר מרגלים ועל ידי כך נתגלגל שאמרו פירות משונים ואוכלת יושביה וכדומה ואילו היתה שליחותם רק לדעת המקומות כנ"ל לא היו באים לידי כך וגם ע"י חקירה זו נולד ספק בעיני העם כאילו יש ספק בדברי ה' ח"ו שהפליג בשבח ארץ ישראל זבת חלב ודבש וכו' וזה אמרם משה לא הודה בארצו הרצון שלא הפליג להודות ולהלל שבח ארץ ישראל עד שהוצרך לשלוח מרגלים ולחקור בטיבה השמינה או רזה ולא כן יוסף שאמר לשר המשקים (בראשית מ' ט"ו) וזכרתני והוצאתני מן הבור הזה כי גנוב גנבתי מארץ העברים וכו' ויש להבין מה צורך הגדה זו לשר המשקים שנגנב מארץ עברים אבל באמת הוא כך כי החסידים הראשונים היו בוחרים לשבת תמיד במערות וחורי עטלפים כדי להתבודד ולהתרחק מן בני אדם המרגילים ומביאים לידי חטא והנביא צווח (ירמיה ט' א) מי יתנני במדבר ורשב"י ע"ה היה יושב במערה כמה שנים וכי קצרה ידו למקום שאין מגיד לקיסר וכמבואר בש"ס וכדומה הלא מלאכי

מעלה היו סובבים אותו תמיד כנודע אלא בחר בישיבה זו לקנין שלימות ולכן בצאתו השיג מעלה גדולה עד שנתגדל למעלה מר' פנחס בן יאיר כמבואר בש"ס (שבת לג ע"ב) ואחר כך היה הוא ודורו שאחריו יושבים כולם במערה ולומדים בתורה כאשר מצינו בזוהר דברי חכמים אחרים בזמן רשב"י ובזוהר סיפורים רבים מהחכמים רבים שהיה דירתם תמיד במערות ובמחילות לקנין השלימות להתרחק מבני אדםאם כן יש לאמר אף יוסף הצדיק נבחר לו לשבת בבית האסורים נבדל מישוב בני אדם להנצל מחטא בני אדם ולעבוד ה' בתכלית העוני וחוסר וזו היתה שלימותו כדכתיב (בראשית ל"ט ב) ויהי ה' את יוסף והלא בצאתו היה עלול לחטאים ולרוב יופיו בנות צעדה עלי שור וכמה מלחמות שצריך להתגבר ביצרו עד שאמרו (סוטה לו ע"ב) לולי דיוקנו של יעקב היה ח"ו נלכד בפח אשת אדוניו ואמרו (שם) שהוציא יו"ד טפות זרע ע"י יו"ד אצבעות והם היו בעונותינו הרבים גרמא לצרות רבות וביחוד יו"ד הרוגי מלכות אמנם יוסף אשר חמד ובחר לצאת מהמאסר כי ידע כי עיקר שלימות האדם היא בארץ ישראל מקום אשר שם משכן ה' ובו יקנה אדם שלימות התדבקות גמורה עם ה' ושם אין מסך הבדל רוחות הטמאות וכדומה והגבר אשר יבקש להתדבק בה' היה צריך לעלות לא"י וע"ז היה יוסף חומד לשוב לארצו ארץ חיים ולקנות שם שלימות גמורה להיות כסא ומרכבה לה' ככל אבותיו ובשבתו בבית האסורים אי אפשר לזאת וזהו אמרו והוצאתני מבור הזה לא לשם תענוג לבקש חופשיות משביה כולי ליתנהו ביה רק הטעם כי גונב גנבתי מארץ עברים וכל מגמתי לשוב שמה להתדבק בה' באור אלהים חיים ולא לתענוג עולם הזה ובחר בשבת ארץ ישראל ולא אמר לשוב אל אביו רק תלה הכל בארץ ישראל כי חשב זה לעיקר וכל האבות זכו למעלה נשגבה כזו מחמת זכות ארץ ישראל וזה הודה בארצו לזה היה השבח והודיה ולכך אף כי לא זכה בחיים מחמת שכבר החלה הגלות יעקב ובניו ירדו מצרימה זכה לאחר מותו שבאו עצמותיו לארץ ישראל וא"ש ומזה תבינו כמה מצוה יש לחמוד לעלות לארץ ישראל כמ"ש השל"ה וספר יראים שתמיד יהיה בלב אדם חשק וחמדה לארץ ישראל כדכתיב (מלכים א' ט ג) והיו עיני ולבי שם כל הימים ותמיד אם אדם מלא כל חמודות יזכור שהוא חסר שאינו בארץ ישראל תכלית השלימות מה קנית ויתעצב על כך כי עיקר חסר אצלו וכמ"ש (תהלים קל"ז ו) אם לא אזכרכי אם לא אעלה ירושלים על ראש שמחתי כי לשמחה מה זו עושה אם מקום תכלית האושר האמיתי חסר ושנית נלמד כי כל מה שהאדם מבקש בזה העולם הוא הכל בשביל קנין שלימות אם מבקש עושר הוא כדי שלא תטריד אותו העניות בעבודת ה' כאמרם (עירובין מ"א ע"ב) עניות מעבירה האדם מדעת קונו וכן הכל וזה כוונת הנוסח (בתפילת שמו"ע) זכרנו לחיים למענך אלהים חיים וכו' דיש להבין פירושו של למענך דבשבילו יתן לנו חיים ומה איכפת ליה בנו וגם בזוהר (תיק"ז תיקון ו') תמה על הני תפילות בראש

השנה וביום הכפור הכל לחיים ולפרנסה ואמר הם ערב רב ככלבא בישא צועקים הב לן חיים הב לן מזוני ובאמת נוסח התפלה הוא כך זכרנו לחיים אבל ענין בקשת חיים הוא בשני אופנים אם הוא באופן שיהיו חיים לענין תענוג עולם הזה וכדומה בכבוד המדומה כמו שרוב החיים מבקשים לתכלית זו חיים וע"ז אופן דיבר הזוהר כי הם ככלבא בישא וכו' אבל אופן ב' והוא כדי לעשות רצון ה' כי לא המתים יהללוהו ולא כל יורדי דומה וכל זמן שאדם חי יוכל לתקן עוותו ולעשות קנין שלימות וכאמרם (אבות ד' י"ז) יפה שעה אחת בתורה ומעשים טובים בעולם הזה מכל חיי עולם הבא ובזה האופן היטב אשר תקנו זכרנו לחיים וכו' למה מבקשים חיים למענך אלהים חיים לעשות נחת רוח בתורה ומעשים טובים לה' לתקן אשר מרדנו בו הכל לשם ה' ולא לפנים אחרות ואם אדם כוונתו לכך מה טובה ומה נעימה תפלתו ונשמע מזה מה שהתחלנו לדבר כי מאד יזהר איש בתוכחתו לבל יוציא שם רע על ישראל עם קדוש לה' ובאמת יש לתמוה על מה שאמר ישעיה בשביל שאמר (ישעיה ו' ה) תוך עם טמא שפתים אנכי יושב נגע מלאך ברצפה בוערת בפיו ואמר סר עונך וכו' והלא בראש דבריו אמר תיכף (ישעיהו א' ד) הוי גוי חוטא עם כבד עון וכו' אשר הוא יותר מעם טמא שפתים שאמר אבל ידוע כי הנביא נבואתו ניתנה לו בקירבו כדכתיב (ירמי' כ' ט) והיה בלבי כאש בוערת והוא מוציאו משם ולחוץ כדכתיב (שמואל ב' כ"ג ב) רוח ה' דבר בי ומלתו על לשוני ואינו עושה רק כמעשה כלי בעלמא שמוציא מפיו מה שניתן בקירבו ולכך אם הנביא מדבר בנבואה אין עליו עונש כי לא ענה מלבו ואת אשר ישים ה' בפיו ידבר ולכך פתח נבואתו (ישעיה א' ב) יאמר שמעו שמים וכו' כי ה' דבר אבל זה שאמר תוך עם טמא שפתים אנכי יושב ענה מלבו ולא הוא דבר נבואה ולכך נענש וזהו כי הנביא נתיירא להגיד לישראל פשעם וחטאתם כי בקל ילכד בדיבור אחד לקרוא אותם חוטאים רשעים וכדומה וענוש יענש ולכך זרזו המקום ואמר הוא דבר הנבואה תדבר קרא בגרון אין לך אלא להוציא בגרון ולחוץ מה שניתן ברוח הקדש בקירבך ואמר הרם קולך כשופר כמו שאין השופר רק מעשה כלי בעלמא ומה שנופחין בתוכו יוציא ברוח דרך נקב השני כן אתה אינך משמש אלא מעשה שופר בעלמאאם כן אין עליך יראת עונש ותגיד לעמי פשעם בטח כי לא מלבך תדבר וכנ"ל וכן הדבר אצלי יגורתי להוכיח פן אדבר ח"ו לעז על ישראל אשר הם קדושים רק אדבר כל מה שכתוב בספרים ואהיה רק כמליץ לומר בעל פה מה שכתוב בספר רק כמו שופר בעלמא להשמיע קול במחנה העברים וגם כל הדברים סובבים על עצמי כי יודע אני שברי וקלקולי בעונותינו הרבים והריני כמדכיר וכל הדברים אלי יגיעו אהובי בניי הנה קרב יום ה' יום ראש השנה ארץ רעשה וצבא השמים יחולו כי הוא כיום בריאת שמים וארץ וכו' ואיך לא נחיל ונראה לעשות לנו צידה כל ימות השנה לשרש יצר הרע והמשל כמו חולה אשר יאמר לו הרופא בימי אייר אשר

המזג אויר טוב מאוד יעסוק ברפואה ויבדיל עצמו ימים עשרה או עשרים לא יעסוק בשום דבר רק יעסוק כדי להבריא את גופו בסמים מרים ורפואות וכדומה ואכילת דברים בריאים והאיש אשר שומע בקול רופא וכאשר יעברו ימים אלו והוא חוזר לאכול כל דבר המזיק לגופו כפי מזגו בודאי לא תועיל רפואתו ואדרבה תזיק כי הוא כבר למד מזג גופו מבלי לאכול דברים המזיקים כמו דברים חמוצים וכדומה אבל איש חכם וישמור אלה שלא יאכל אחר כך אף שכבר גופו בריא אולם כי אם דברים הבריאים לגוף למזגו ואף כי אין צורך בשמירה כ"כ כימים האלו שהיה עוסק ברפואות כי כבר הבריא מכל מקום ישמור מבלי לאכול דברים המזיקים ביותר כי יחדש החולי ויתקפו עליו יותר מקדם כי כבר נחלש כחו בחולי הראשון ובקל מקבל גופו ההפסד וכן הדבר ברפואת חולי הנפש כי ימים אלו ימי אלול ותשרי וביחוד בין כסא לעשור עלולים למאוד לרפואה ולרפא כל פצע וחבורה ומכה טרייה כאשר ישים האדם ללבו לעסוק ברפואות ובשלימות בתשובה כראוי וכמאמר חז"ל הלא המה רופאים ומומחים בקיאים ויבדיל עצמו משאר דברים אפס תהיה כוונתו לבד להבראת נפש וכאשר יעברו ימים הפיקח משמר עצמו מכל עבירה לבל ישוב למחלתו כבראשונה ואם כי אינו נזהר כל כך מאזהרות בפרישות וסיגוף כמו בימים האלו עכ"פ משמר עצמו מדבר עבירה ופשע נגד ה' ותורתו לבל יחלה וימות מיתת שאול ושחת ח"ו אבל הכסיל כאשר יעברו ימים האלה ושב ורפא לו הנה ימים אלו ימי בכורי ענבים לא ישים ללבו לשמור עוד דרך עץ חיים לא יחוש לביטול עשה ולא תעשה בחשבו כי כבר סילק עונו וחטאתו להתכפר והנה זה שוטה יכבד חליו שנית יותר מהראשון והנה אמדו במדרש (ילק"ש תהלים רמז תשי"ח) שהשטן אומר לה' ביום הכפורים ישראל גנבים הם והקדוש ברוך הוא נוטל עונות ישראל ומטמינם תחת פורפירא שלו והשטן בא ורואה כי הקדוש ברוך הוא הטמין אמר (תהלים פ"ה ג) נשאת עון עמך כסית כל חטאתם סלה עכ"ל ולהבין מה ביקש בזה שישראל גנבים ולא שאר דברים וגם מה שהקדוש ברוך הוא מטמין עונות הטמנה זו מה טיבה ואיך ומה וכי הקדוש ברוך הוא וותרן ח"ו יעוות משפט וגם מה שאמר השטן נשאת עון עמך כסית וכו' ומה כוונתו בזה ומה מאמרו ואולם במדרש אחר (פרדר"א פ' מ"ו) נאמר כי השטן אומר בניך דומים למלאכי השרת אין להם שנאה וקפיצות כמו מלאכי השרת ולכאורה הדברים סותרים וגם מה ביקש בשבחו של ישראל ואם לית ליה רשות ישב וידום אבל בעונותינו הרבים בואו ונווכחה כל התשובה שאנו עושים בימים האלו הוא הכל משפה ולחוץ אין הלב עמו כי מי קורע ללבו בכל התכלית ולהסיר לב האבן מבשרו בכל אופן ויפתו בפיהם בוידוי גזלנו ועדיין בעונותינו הרבים הגזילה תחת ידינו טפלנו שקר עדיין השקר מרקד בנו וכהנה יותר וביחוד שנאה ביום הכפור קמים כל העם כאיש אחד באהבה וחיבה עד שכל הרואה יאמר איש אחד ואחים הם אבל בוחן לבבות יודע כי

בקרבו ישים ארבו ולא זזה השנאה מלבו ואפילו ביום הכיפורים אם ימצא מקום להתכבד בקלון חבירו או להשתרר וכדומה לא יחוש מלעשותו כללו של דבר מה נבחר מעשה ישראל בימים האלו ובפרטות ביום צום הנבחר בכל מעשים ועבודת ה' אבל העבודה המסורה ללב בזה חוששני שאינו כ"כ שלם כמ"ש וכבר אמרו (יומא כט וע"ש פירש"י) הרהור עבירה קשה מעבירה כי אמרו (ב"ק עט ע"ב) החמירה תורה בגנב יותר מבגזלן שלזה יש מורא לבשר ודם ואין לו מורא שמים הרי עשה ח"ו עין שלמעלה כאילו אינה רואה וזהו הרהור עבירה שימנע לעשות עבירה בפרהסיא מחמת פחד בני אדם ומהרהר בעבירהאם כן אין אלהים נגד עיניו וזהו מאמר השטן ישראל גנבים הם הרצון במראית העין הם צדיקים כמאמר מדרש השני אין להם שנאה וקפיצות כנ"ל וכללו של דבר במראית העין ובמעשה הם כמלאכי השרת מנוקים מעון אבל זה מהמרי כי לבבם בלתי שלם ובקירבם ישימו ארבם וא"כ הרי הם גנבים שעושים עין מעלה כאילו אינה רואה ח"ו ונענשם יותר חמור כגנב כנ"ל ובזה מקטרג לישראל ולכך אלו ב' מדרשים הם כונה אחת ועל דרך אחת הולכים ומה עשה הקדוש ברוך הוא שהבחין לבבות בני אדם ה' הוא יודע כנודע כי אין מלאכי השרת בוחנים לבבות ולכך נוטל עונות ומסתירם תחת פורפירא שלו שלא יהיו גלוים לפני ב"ד של מעלה לדון בם רק ה' לבדו הוא הרואה אותם והוא צריך לדון וא"כ שהקדוש ברוך הוא הוא בגדר הדיין וקיימ"ל (רה"ש כ"ו ע"ב) אין עד נעשה דיין ואין הקדוש ברוך הוא יכול להעיד על לבם שהוא בלתי שלם וא"כ חזר הדין למראה עינים ישפוט ובזה הודאת השטן בעצמו שאנחנו זכאים ולכך אמר השטן רבש"ע נשאת עון עמך הרצון אם תעשה כך מבלי להניחו בגלוי ולהעיד על עונות שבלב שלפניו נגלה רק תסתיר אותם למען תדין אתה לבדךאם כן נשאת עון עמך כסית כל חטאתם סלה ואתה אין עד נעשה דיין ויצאו זכאים בדין ע"פ דברי השטן בעצמו ולכך התפלל דוד (תהלים י"ז ב) מלפניך משפטי יצא ואז עיניך תחזינה מישרים הרצון שתדין לפי ראות עינים ולא מחשבת איש כי אז מי יצדק בדין כי מי יאמר זך לבבי מהרהור ופשע וזהו כשהקדוש ברוך הוא שופט ולא ב"ד פמליא של מעלה ולכך באיוב כתיב (איוב א' ו) ויבואו בני אלהים להתיצב על ה' היינו ב"ד של מעלה ואז יש לשטן פתחון פה לערער כי אז יכול ה' להעיד ולכך ויבא גם השטן בתוכם לקטרג ולכן נא רחצו והזכו הסירו רוע מלבבכם עבדו את ה' בכל לב ודבר זה יותר נח אם ישים ה' נגד עיניו וכי שוא כל אדם סלה ויתבונן ביצורי ה' וכי גדלו מעשיו ומה מאוד רבו רחמיו על האיש בבריאת האדם ומי שבקי בחכמת הניתוח שקורין אנאט"אמי הוא יכיר אהבת ה' לאדם וחכמת יצירה וכאשר הזמין לאדם כל צרכו בגידים ועצמות ועורקים זה העצם רך וזה העצם קשה זה לח וזה יבש הכל במזגו ממוצע ושוה זה בזה מה רבו מעשיך ה' כולם בחכמה עשית אם יתבונן אדם בזה הלא יטהר לבבו מכל פשע ויתקע

בלבו אהבת המקום ויראתו ויהיו כל ענייני העולם הזה כלא חשובים בעיניו וינוח מכל עצבי הזמן ודאגות המטרידות הלא יראה כי ה' יוצר האדם הכין כל מפעליו להיות לו כל הצורך וא"כ למה ידאג ולא ישמח במעשה ה' כי רבו וביחוד ימים אלו יטהר לבבו מכל סיג ופשע ובפרטות בתערובות אנשים ונשים כי זהו קוץ מכאיב וסילון ממאיר בעונותינו הרבים ואין שנוא לפני המקום אלא תערובות אנשים ונשים ובתולות ולכן כבר קבעתי לכם ואהיה כמדכר לכם מבלי ללכת ערב ראש השנה ויום הכפור על קברות רק האנשים ויקדימו הנשים לילך ביום שלפניו או יומיים ילכו גם להסיר מלבן הגאוה והקנאה אשר מדה רעה כזו מביאה לאדם לכל הצרות ויגונים:

אמרו ביומא (דף עא ע"ב) כהן גדול הלך מקדש הקדשים לביתו והלכו כל העם אחריו ופגעו בשמעיה ואבטליון והניחו לכהן גדול והלכו אחריהם ואתו שמעיה ואבטליון למיפטר מיניה ואמר הכה"ג ייתו בני עממיא לשלם והשיבו לו ייתו בני עממיא דעבדו עובדא דאהרן ואל ייתו בני אהרן דעבדו עובדא דעממיא פירש"י עובדא דאהרן רודף שלום ויש להבין מה רודף שלום יש כאן ומי המחרחר ריב ומה שלום רדפו שמעיה ואבטליון ואם כי יפטרו מכהן גדול כך היה הנימוס בירושלים שכל אחד הלך אצל כה"ג לנשק ידיו ששמש לה' בבית קדש הקדשים כמבואר בספרים רבים עד שהעידו שלא היה אפשר לכהן גדול לילך לתוך ביתו עד חצות הלילה כי אין מישראל שלא היה נושק לכה"ג את ידיו וגם מה ביקש כה"ג בזה שקראם בני עממין הלא אין לשמעיה ואבטליון פשע במה שהם הלכו אחריהם וכי קראו להם אבל יובן במה שדרשו במדרש (ילק"ש פרשת בא רמז רי"ג) ובא הגר והלוי גר שנתגייר הרי הוא ככהן ולוי ולהבין הטעם כבר נודע (שבת קלט ע"ב) מה טעם זכה אהרן לכהונה בשביל וראך ושמח בלבו זכה לחושן המשפט שבו והיינו כי מבואר במדרש (שמות רבה פ"ג בא) כי אהרן היה גדול ממשה והיה במצרים לישראל לנביא ומשה לא היה במצרים כלל בחזקת מתנבא כי נתגדל בבית פרעה ומשם ברח לכוש ומדין וא"כ אמר משה מה יאמר אחי בבואי אל מצרים להשתרר עליו ולהנבא להם והלא מקנא בי וגדולה קנאה ואמר לו ה' יתברך לא כן הוא והבטיחו שאהרן ישמח בו בתכלית השמחה בלב ובשביל כך זכה לכהונה והנה כל ענין הגרים הוא שמתדבקים בנו בהיותינו בשפלות בזה העולם ובימי דוד ושלמה לא קבלו הגרים והם מניחים גיאות ושרי האומות שהם בגדר המעלות ולהם בזה העולם משפט הבכורה ורוממות הנסיכות ואין לך ממש זמן שהיה לישראל בזה העולם חוץ בימי שלמה ולא התמיד הענין ובכל זה שש ושמח לרצון קונו ולהשפיל עצמו ולהתדבק בישראל הרי זה ממידות של אהרן ולכך אמרו גר שנתגייר הרי הוא ככהן ולוי כי בשביל כך זכה אהרן לכהונה ולכך אמרו (יבמות מה ע"ב) כל משימות שאתה משים לא יהיה רק מקרב אחיך ואין ממנין גר לשום מינוי בישראל והטעם כי אילו היה מגיע לשום מינוי אפשר שגירותו לא לשם

שמים רק להשתרר והרבה משום שררה מחליפין דתם ולכך אמרו מבלי לתת לו מינוי כלל ואם בכל זאת יתגייר הרי בחון שכונתו לשם שמים ועוזב כל השררה ומסתמא לשם שמים עשה וזהו לאות כי רוח טהרה והכנעה ויראתו ביראת ה' נוססה בלבו ויהיו ברוכים לה' וזהו מאמר המדרש בפנחס (במדבר רבה פרק כ"א ג) שהיו שבטים מבזים אותו ראיתם בן פוטי זה שפיטם אבי אביו עגלים לעבודה זרה וכו' לפיכך הכתוב מיחסו פנחס בן וכו' בן אהרן הכהן והיינו כמ"ש שהם חושבים לגנאי היותו בן גרים ואדרבה הגר תופס מעשה אהרן כמו יתרו שהיה ראש מדין ובישראל היה רק שפל ולא נתקרב לשום מינוי וא"כ ראוי לכהן כמו אהרן ולכך הכתוב מיחסו שהיה כהן וזהו ענין כהן גדול הנ"ל כי המהרש"א כתב דלכך היו הולכים אחר שמעיה ואבטליון כי היו יותר תלמידי חכמים וממזר תלמיד חכם קודם לכהן גדול עם הארץ והנה כה"ג זה לא ביקש לתת להם מעלה שבשביל זה הוא הואיל שתלמידי חכמים גדולים המה ובשביל זה הלכו אחריהם רק אמר ייתו בני עממיא לשלם היותכם בני גרים וא"כ הרי אתם ככהנים גדולים והשיבו הם דלכך בני עממיא ככהנים גדולים דעבדו עובדא דאהרן שאינם מתקנאים ואינם מקפידים על השררה אבל אתם מבני אהרן ומתקנאים מבלי לתת לנו מעלה היותנו תלמידי חכמים וזה אינו עובדא דאהרן והוא עובדא דעכו"ם אשר כל עניינם ומחשבתם הכל גאוה וקנאה כנודע:

ולכן עם ברי לבב הסירו אלהי נכר מקרבכם הוא הגאוה והקנאה זהו שמרקד בנו מאוד ידעתי כי רבים אשר לא ירצו לשמוע תוכחתי באומרם הלא אנחנו גם כן יודעים וכבר אמרו חז"ל (אבות פ"ד א) איזהו חכם הלומד מכל אדם והכוונה אל יאמר אדם אני גדול מזה ואף גם שאני בעצמי שנוא לפני ה' אוי לי על שברי ומכל מקום בור שנוא ומימיו חביבים דברי הם אמת וישר כמו שאמרו בשופר שהוא לעורר בתשובה ויהיה התוקע מי שיהיה הכל מוציא רבים ידי חובתן ואף אני אין עושה רק המעשה שופר אהיה זכאי או חייב כמאמר הנביא (ישעיה נ"ח א) הרם כשופר קולך מצות רבות שיש ממש חיוב על האדם לעשותן ומחמת קנאה נמנעים לבל יאמרו ראה זה נתגלגל זכות על ידיו והגיע לבריות על ידיו דבר טוב אוי לנו הלא ימינו כצל על הארץ ואדם איך יתגאה ויתקנא ויחמוד הלא ימיו חרוצים וכבר אמר איוב (איוב ז' א) הלא צבא לאנוש עלי ארץ וכימי שכיר ימיו כעבד ישאף צל וכשכיר יקוה פעלו כן הנחלתי ירחי שוא ולילות עמל מנו לי ולהבין זה כבר נודע כי כל ימי איש אם בגבורות שמונים שנה ועד כ' אינו בר עונשיםאם כן בצרי ליה לכל היותר ס' שנה וכבר נודע מה שכתוב הפוסקים (שו"ע חו"מ סימן של"ג ס"ג בהגה) שאין להמשרת להשכיר עצמו ביותר משלש שנים משום דבעבד כתיב שש שנים יעבוד וכתיב (שמות כ"א ב) משנה שכר שכיר הרי שכיר זמנו ג' שנים וא"כ בן אדם שכל ימיו הנשארים לעבודת ה' ס' שנים הוא כמו עבד כי שש שנים וששים הכל אחד אחידיות ועשיריות

כנודע וא"כ יש לתמוה האיך קרא לו שכיר הלא שכיר הוא רק ג' שנים ואף לפי הנ"ל הוא רק שלשים שנה אבל כבר אמרו (שבת פט ע"ב) יצחק אבינו בחשבונו פלגא דלילות דאדם ישן וא"כ הרי נשאר רק שלשים שנה והרי זה כשכיר כנ"ל וכבר נודע אף כי בלילה האדם ישן מכל מקום צל נשמתו בו להאיר כל הלילה כנודע בכל המפרשים וזה מאמר הפסוק כי צבא לאנוש עלי ארץ כמה יהיו שנותיו והוא רק כימי שכיר דהיינו כעבד ישאף צל דגם לילה נשתתף לענין צללים כנ"ל אבל ימי המעשה הם רק ביום וזה אמר כשכיר יקוה פעלו כי פועל אדם ישולם לו רק ביום ומפרש הטעם כי הנחלתי לי ירחי שוא ולילות עמל מנו לי ולכך אינו כימי שכיר כי לילות אינו לחשבון כמאמר יצחק וא"כ איפוא מי גבר אשר לא יראה לקנות שלימות להרחיק כל מידות מגונות מעצמו ואשרי האדם השוקד תמיד לקרות בספר איוב כי הוא כולו מחמדים וכבר כתבתי ספר מיוחד לזה כי מאמר חז"ל הוא (ב"ב טו) איוב משל הוא על ישראל בכלל כי בימי שלמה היה ישראל בתכלית השלימות וקרוב לה' כנודע כי הסטרא אחרא וכת דיליה היה מוכנע לו והיו אז ישראל במעמד גבוה כמו מעלתו של איוב שהיה להם בימי שלמה ממש מעין עולם הבא כמו שהפליגו בטובת איוב כן היה לכל ישראל בימי שלמה והחל השטן לקטרג על ישראל כי מרוב הטובה הם עובדים השם וזהו ויקם ה' שטן לשלמה והשם נתן ביד שטן למעט תחלה אחת לאחת ממשלת ישראל כאשר היה בעונותינו הרבים מתחלה נחלקה מלכות בית דוד והיתה הלוך וחסר עד שלבסוף נמסרו ישראל ביד שטן לגמרי שייסרם רק מבלי לעשות בהם כלה ח"ו כי ע"ז נכרתה הברית לבל יעשה כליון ח"ו וזהו את נפשו שמור ומאז החל ישראל לקונן ולדבר ברוב צערם עד שאנחנו בעונותינו הרבים בגולה שכורת ולא מיין וזהו איוב לא בדעת ידבר וכל עסקינו בגולה אשר יצחקו עלינו צעירים וכדומה ורבים יסורים וכל ראש לחלי וכל לבב דוי הכל מבואר במענה איוב וזהו הכל מיסורי ישראל וגם משיח בן דוד שסובל יסורים בשביל ישראל והארכתי בפרטות דברי איוב איך הכל מוסב על ישראל וכן רעי איוב הם חכמי ישראל ואין מנחם לאיוב ולא מצא עזר כנגדו בעונותינו הרבים כי כאבו נעכר יום ביומו אמנם בביאת אליהו בן ברכאל הוא אליהו הנביא כאשר יבוא הוא על ישראל והשיב לב אבות על בנים אז ימצא איוב תנחומים ואז ישוב רוחו בקרבו ואז יזכה למראות נבואה וידבר ה' את איוב מהסערה והוא המובטח ע"י נביאים (זכריה ט' יד) וה' עליהם יראה ויצא כברק חצו והלך בסערת תימן והיא הסערה שידבר ה' עם ישראל ולבסוף יוסיף לישראל משנה מאשר היה בימי שלמה והמה ימות המשיח אי"ה ולכן עם ה' ברי לבב עד מתי תהיו שכורים ולא מיין כבר אמר עלי (שמואל א' א יד) הסירי יינך מעליך וכן אנחנו צריכים ליישב עצמנו מבלי לבלות זמן בחנם כי אם לראות לעבוד ה' בשמחה ובכל צרותינו לשמוח ואמרו בגמרא מגילה (דף י ע"ב) כאשר שש להטיב אתכם

כן ישיש להרע וכו' ומי חדי הקדוש ברוך הוא במפלת רשעים כו' ומשני הוא אינו שש אבל אחרים משיש דייקא נמי דכתיב ישיש וכו' ויש להבין אם הוא אינו שש למה משיש לאחרים בפרט איך יתכן שום שמחה בהצר לישראל אבל אמרו חז"ל (מכות כד) רבי עקיבה כשהיה רואה רומי בתכלית הגדולה ורוממות שהיתה מושלת בכל העולם ושפלות ירושלים בעונותינו הרבים שהלכו שועלים בה היה שוחק ונתן הטעם אם לעוברי רצונו כך לעושי רצונו עאכ"ו אם בעולם הזה כך בעולם הבא עאכ"ו וזהו מאמר דוד (תהלים ד' ה) נתתה שמחה בלבי מעת דגנם ותירושם רבו כי בזה נלמד ק"ואם כן בהרע לישראל והטיב לעכו"ם יש לשמוח כי מזה ראיה כמה טובה כפולה ומכופלת יהיה לישראל באחרית הימים אי"ה אך זהו לבני אדם שאינם יודעים עד כמה מגיעה טובה אשר ייעד ה' לעמו ולכך בראותם הטובה והצלחה לרשעים ישמחו כי ממנה ישערו עד היכן תגיעה טובה לישראל מכח ק"ו הנ"ל אבל לה' אשר אליו נגלו כל תעלומות לא שייך זה כי מה צורך לק"ו אם לעוברי רצונו כך הלא הוא בלאו הכי יודע מה רוב טוב אשר צפון ליראיו וזוהיא קושית הגמרא כאשר שש וכו' מי איכא שמחה קמי קב"ה במפלת רשעים וצ"ל דהשמחה היא מחמת הק"ו לעושי רצונו עאכ"ו ע"ז מקשה הגמרא הלא הוא אין צריך לק"ו הנ"ל ומשני באמת הוא אינו שש עבור הק"ו כי הוא אינו צריך אבל אחרים ישיש ולכך כתיב ישיש כי אחרים יודעים להעריך הטובה ובראותם הטוב מעכו"ם ילמדו ממנו הק"ו ויש להם שמחה לכך נאמר ישיש וא"ש וכמה יש לנו לשמוח בראותנו הצלחת רשעים ומצירי ישראל ושפלות עם הקדוש וכל הבא לעולם מה' הכל לטובה היא בתכלית הטובה כפולה רק אין אנו משיגים כאשר לא ישיג החולה הטובה שעשה לו הרופא בהשקותו מים המרים ומלוחים אשר לא יערב לחיך ומולידים לו קיאה השוברים כל גופו וכאשר שב לאיתנו אז יכיר טובת הרופא ומנשק עפרות רגליו וכן אנחנו בהגיע אלינו רעה אזי לא נבחין כי היא רפואה שלימה ותכלית טובה לגויתנו ולנפשנו לכן הנה ימים באים המה ימים אשר בו יכול אדם להברות גופו ונפשו ולא אטריח עליכם בסגופים ותענית כי המה קרובים להפסד למאוד כי מי שאינו בריא אולם וכח התענית מחלישים כוחו מלעבוד עבודת השם כראוי ואפשר עוברים על ונשמרתם לנפשותיכם וגם מוליד בטבע כעס אשר היא מידה מגונה למאוד רק עיקר להתרחק מעבירה והרחקת עושק ושנאה ומידות רעות בנפש וקיום מצות עשה ודקדוקי מצות בתכלית השמחה ושיהיה לשם שמים בלי גאוה רק יהיו עושים לקיים מצות הבורא מבלי לומר אני אשוב כשיהיה כך וכך דרכם של בני אדם לומר כאשר אגמור דבר זה אזי אפנה את עצמי לעבוד ה' וכדומה כשאזכה לגמור משפט זה או עסק זה או נשואין בניי ובנותיי אז אשוב לה' בכל לבב וע"ז אמרו חז"ל (אבות פ"ד מ"ד) אל תאמר כשאפנה וכו' שמא לא תפנה וזה דרכו של יצר הרע להרחיק הדבר על הזמן וזכורני אחד היה בפיה"ם שהיו רבים נושיו

וכאשר בא הנושה לקחת ולנוגשו ביקש מאנשים שהיה להם היכרות אצל ב"ח וסוחרים לפשרו לפרוע על זמנים מתחלפים ואנשים הנ"ל שאלו אותו שיאמר כיצד יהיו הזמנים אם ארוכים או קצרים והשיבם אין לי נ"מ בזה יהיה איך שיהיה רק העיקר שהפשר יהיה שלא אצטרך לשלם תיכף בעת הפשר שום דבר כי לא היה בדעתו לקיים הזמנים ולכך לא חשש על הרחבה זמן ארוך או קצר רק שלא ליתן שום דבר תיכף כן הדבר ביצר הרע כשרואה שיש לאדם חימוד לתשובה אומר עכשיו יש לך עסק פלוני ויטרידך המתן זמן קצר הלא בקרב ימים יעבור העסק ואז תעבוד ה' מבלי מונע ובין כך כמה עיקולים ועיכובים יסובב ויעברו ימים ואין שב בעונותינו הרבים צאו ולמדו מן קין והבל אשר זה היה סיבת כל הקלקולים בעולם ולהבין הענין קין והבל אשר שעה ה' למנחת הבל ואל מנחת קין לא שעה וכאשר הרע לקין אמר (בראשית ד ו) למה נפלו פניך אם תטיב שאת ואם לא תטיב לפתח חטאת רובץ ודרשינן במדרש (בראשית רבה פכ"ב ו) שהבל אמר לקין אם אתה ממתין ליצר הרע מתחלה פותח לך כחוט השערה ולבסוף יהיה כעבותות העגלה ויש להבין מה ביקש הבל בזה ומה זה ענין להא דשעה ה' אל מנחתו אבל הענין כי הקריבו קרבן לה' לתקן חטא אדם הראשון כי גם הם היו בכלל חטא והנה נודע מה שכתוב רש"י (בראשית ה כ"ט) ומדרש כי לאחר חטא אדם הראשון נתקלקלה הארץ ולא הולידה פירות כלל רק קוצים עד שבא נח ולכך נאמר עליו (בראשית שם) זה ינחמנו מעצבון ידינו ולפ"ז קין שהביא מבכורות פרי האדמה ע"כ שהיו מן אותן פירות שהיו בארץ קודם החטא כי לא צמחו לאחר החטא מחדש אבל הבל שהביא מבכורות צאנו ע"כ הם מתולדות בהמות שנבראו ויצאו מן הקרקע כשנוצר האדם כמ"ש שהכל היה תחת הקרקע עד שבא אדם כי באותן יתכן בכור וא"כ הבל הוצרך להמתין עד שהיו הצאן הנולדות ויהיו ראויות להקרבה לכך נאמר (בראשית ד' ג') ויהי מקץ ימים כי היה צריך זמן וא"כ מהבל לא היה פגם ששהה בקרבן שלו כי הוצרך להמתין ולא סגי בלאו הכי אבל קין שקרבן שלו היה מובן כי היה מן הנבראיםאם כן למה המתין בקרבנו זמן מה ולא היה מן הזריזין המקדימין למצות ולכך שעה ה' למנחת הבל ואל מנחת קין לא שעה הואיל ואיחר קרבן שלו וכאשר חרה לקין כי לא שעה כי לא הבין מה בכך ששהה בקרבנו השיב לו הבל אם בזמנו אין ליצר הרע רשות ובקל תדחה אותו אבל אם תמתין כבר נעשה גבור וכעבותות עגלה ואי אפשר לכובשו ולכך חרה אף ה' כ"כ ולא קיבל קרבנך כי צריך להיות זריזין ומקדימין היכא דאפשר כמו ביצר הרע שצריך להתרחק ממנו מיד בהיותו קטן וא"ש מזה נלמד כל דברים שיש לעשות במהירות ובזמנו כי אם תמתין יזקין היצר הרע ואי אפשר לגרשו בשום אופן ולכן אין לנו אלא לשוב לה' בכל לבב ולחדול מעשות רע לבלי לבלות זמן בתוהו כי בעונותינו הרבים כאשר תחלוף השנה ויחשוב האיש במה אבוא למלך בראש השנה ומה בידי מעש בלי פגימה וחלק יצר הרע

בו ובעונותינו הרבים יודע אני בעצמי כי מעט אשר לפני אוי לי שעברה שנה ומצות ה' בידי מעט שיהיו הכל בלי פגם וכולן כליל לעבודת ה' ומה מאוד מחמירים בעלי היראה בענין זה דרך משל התוקע שופר וכונתו לתקוע לשם מצוה ואפשר ח"ו שכונתו גם כן שיהללוהו אחרים היותו תוקע טוב הרי הוא כעובד לה' ולבריות הרי כאן שיתוף ח"ו וכן בכל המצות אם לוקח לולב בשביל הבריות ובשביל המקום הרי כאן עובד בשיתוף אוי לנו מה נאמר ומה נדבר נשב בדד ונדום נקוה לה' אולי ירחם להסיר לב האבן ובאמת אנו מצפים ובוטחים על חסדי ה' כמאמר גמרא דערכין (דף יו"ד ע"ב) אומרים מלאכי השרת מפני מה אין ישראל אומרים שירה לפניך בראש השנה וביום הכפורים פירוש הלל אמר להם הקדוש ברוך הוא ספרי חיים וספרי מתים פתוחים לפני והם יאמרו שירה להבין השאלה והתשובה הוא כך דהנה ידוע על כל הנסים אומרים הלל ושירה ואין לך נס גדול מה שקרה לנו בראש השנה ויום הכפורים וכמבואר במדרש (ירושלמי רה"ש פ"א ה"ג) מי גוי גדול אשר לו אלהים קרובים אליו כי אנו לובשים לבנים ושמחים ובוטחים לה' כי הוא נושא עון ומטריד לשטן בשופר עד שיוציא לצדק דיננו ואין לך נס גדול מזה וא"כ ראוי לומר שירה יותר מכל הנסים ולכך שאלו כן אבל תשובת השם היתה לא כן בשלמא בנס יציאת מצרים היו אומרים שירה מפני שכבר יצאו שוב לא יבואו שמה כהבטחת ה' וכן בכל הנסים אבל בזה אף דבראש השנה יצאנו זכאים מכל מקום חלילה מחטוא אחר כך כי בקל יכשל כמאמר הש"ס (תענית ח ע"ב) אם נגזר לגשמים והם חוזרים לרעה הגשמים יורדים למקום בלי נוצר לזריעה וכן הכלאם כן תמיד לא נגמר הנס ואנו צריכים תמיד רחמים שימרו ועיזרו לבל נכשל בעבירה ולבל יגבר עלינו אויב צר פנימי וחיצון ח"ו ולכך אין כאן גמר הנס לומר הלל וזה שאמר ספרי חיים וספרי מתים פתוחים לפני כי ח"ו לא ישובו והם תמיד פתוחים בלתי סוגר וא"כ איך אפשר לשיר וכבר אמרו (אבות פ"ב מ"ה) אל תאמין בעצמך עד יום מותך ולכן כבר אמרתי אל תאמרו בעבור ימים האלו הותרה הרצועה כבר היה יום הכפור ימי הכפרה ואחר כך נשכימה לכרמים כדרך העולם לילך בקרי עם השם מבלי משים ללב מצוה תמה וברה ואמת אמרו תוספות בשם רב הי גאון (ערכין י' ע"ב ד"ה אמרו) כי גם מלאכי השרת אין אומרים שירה בראש השנה ויום הכפורים ולכך ממאן לומר ביוצר והחיות ישוררו והקשו התוספותאם כן למה אמרו מלאכי השרת מ"ט אין ישראל אומרים שירה ולא שאלו על עצמם ונראה כי הטעם שעלה ברוחם שישראל יאמרו שירה הלא דוודאי המלאכי השרת אין אומרים הואיל והקדוש ברוך הוא דן ואם בים לא שררו הואיל ומעשי ידי ה' טבעו בים איך ישוררו ביום אשר רבים רשעים נגזרו למיתה רק ידוע דבים הוצרכו ישראל לומר שירה ביחוד הואיל ומלאכי השרת לא אמרו שירה הוצרכו הם לומר שירה וכן נאמר ביהושע (י' י"ב) שמש בגבעון דום שלא אמרה

שירה הוצרך יהושע לומר שירה במקומה כנודע במדרש (ילק"ש שם רמז כ"ב) וא"כ כאן שאין מלאכי השרת אומרים שירה לדעתם היה הואיל שדן ישראלאם כן יש לישראל לומר שירה עבורה כמו בים וזוהיא היתה שאלתם אבל יפה שאלו אילו הטעם בשביל דין ישראל אבל באמת גם המלאכים בעצמם נידונים בראש השנה כמאמר ר"א בחרוז ונתנה תוקף הנה יום הדין לפקוד על צבא מרום ואין לישראל לומר שירה תמורתם כי לא היתה המניעה בשביל ישראל וכבר נודע במאמרם (שמות ל"ג) כי לא יראני האדם וחי דדרש המדרש אפילו מלאך שנקרא חי כי מלאכים הם נצחים ונקראים חיים ובני אדם נקראים מתים כי סוף האדם למות וזוהיא תשובת השם ספרי חיים וספרי מתים פתוחים פירוש הן ספרי מלאכי השרת והן ספרי בני אדם וא"כ אין להם לומר שירה:

עמדו נא וראו מה נורא יום ה' אשר תלהט אש סביב ועד תקיעת שופר אלפי אלפים פרסאות גחלי אש בוערות ולזאת אפילו מלאכי השרת יאחזון רעדה לבל יוקדו בגחלי אש ה' כי באש ה' נשפט ולכך בקהילות פולין אומרים שחרית בפיוט והחיות בוערות אש אשר כל סוגר החרוז באש כי אי אפשר לשער גודל האש עד שבא השופר ואז התקיעה מורה רוח של חסד למעלה ובא רוח ומפזר אש ויזלו מי חסד ולכך מלאכי השרת מצפים לשופר ואמרו אשרי העם יודעי תרועה לכן אין להאריך בשחרית ראש השנה בשום דבר עד שופר כי איך יתכן למעלה האש בוערת ואנו נעמוד למטה ונבלה הזמן בשירות ונגונים של שטות מן חזנים הלואי שלא יהיו שוררים שירים שמנגנים בבית אופר"א מזמרים אותו לשיר מלך עליון שנתייסד לכבוד המקום המלך בכבודו וכל רגע יש היזק שאינם ממהרים בשופר בבקשה מכם אחינו בית ישראל חדלו דברים של שטות והסירו מסוה עורון מפניכם ולא נבלה זמן בזמירות של הבל ובעונותינו הרבים רבים המתפללים בראש השנה ויום הכפור אינם בעלי תורה כי בוחרים תמיד באנשים שיודעים לצפצף בצעקת שוטים ואינם יודעים הברת אותיות כלל להברות ולהגדיל ולהניח ולהרפות הרפוי ולחזק החזק אוי לנו שעדיין השטן מרקד בנו לשום כונתנו בעמדנו לפני הבורא לשפוך שיחנו באלה הדברים שאין בהם ממש ולא נייחא כלל בשום אופן והנה יש עוד פירוש בגמרא הנ"ל לפי מה שכתוב גמרא (ע"ז ד ע"ב) לא ליצלי אינש מוספי דריש שתא ביחיד בג' ראשונות דהקדוש ברוך הוא יושב ודן ודלמא מפקיד ליה בדינא ועיין במגן אברהם (או"ח תקצ"א סק"ז) שהביא בשם ס"ח קושיא דהא בכל יום ג' שעות ראשונות דן ומה הבדל יש בין ראש השנה לשאר ימים ותירץ דכאן הדין יותר חזק מכל ימות השנה ואם אמת כדבריו מכל מקום יש עוד הבדל לענ"ד דבשאר הימים בג' ראשונות הדין נחתם מיד וכל יום בכלל עיון ופקידה לדעת אם ישוב להפכו מרעה לטובה וכן להיפך ח"ו ולכך בשאר ימות השנה האיך נימא דלא להתפלל בג' ראשונות דאולי מעיין בדינא ומה לו לעשות אם ימתין להתפלל בין כך

נגמר הדין ומה תועיל תפלה אחר גמר דין וקשה צעקה לאחר גמר הדין על כל פנים טוב שימהר להתפלל קודם משא"כ בראש השנה שפיר אמרינן שיתפלל לאחר גמר הדין דהיינו לאחר ג' שעות ואף דכבר עבר דין מכל מקום לא נחתם ותפלתו תועיל גם כן כמו בעת הדין וידוע דמלאכי השרת אומרים שירה כעלות השחר כדאמרינן (חולין צא ע"ב) שלחני כי עלה השחר ומלאך אני והגיע זמני לומר שירה אבל הלל קיימ"ל דכל היום כשר להלל וזוהיא שאלת מלאכי השרת מפני מה אין ישראל אומרים שירה בשלמא אנחנו כי זמנינו בבוקר ואז זמן דיןאם כן איך יתכן לשורר בשעת זעם משא"כ ישראל דיש להם לומר כל היום וא"כ היה להם לומר שירה שהוא הלל אחר שלש שעות והשיב להם הקדוש ברוך הוא כי כל היום בכלל הדין באומרו ספרי חיים ומתים פתוחים לפני ואינם נסגרים בג' ראשונות כי אין גזר דין בג' ראשונות ואינו נחתם וכל היום נידון ולכך אין להם לשורר ואף אנחנו איך נשיר ונשמח בשמחה שאינה של מצוה ואפילו בחג השמחות הוא חג הסוכות שלנו הוא לשמוח בשמחה של מצוה באתרוג ולולב אשר הגדיל ה' חסדו עמנו להנחיל מצוה כזו וכבר דרשנו טעמים רבים על ד' מינים הללו אבל יש עוד טעם להיות דיש להבין למה תקנו בכל הפיוטים לומר באל"ף בי"ת וגם בגמרא (ברכות ד ע"ב) נתנו מעלה למזמור תהלה לדוד דאית ביה אל"ף בי"ת אבל אמרו באחד שבא למלך גדול ולא היה סיפק בידו להרבות לו בתוארים כראוי לכבודו לקח נייר אחד חלק והתחיל לכתוב תואר שלו בשולי היריעה להורות כי הרי נייר חלק לפניך תוכל לכתוב על גביו מה שתרצה וכן הענין בזה כי נודע כי כל הדיבורים נכללים בכלל אל"ף בי"ת וכו' באלו כ"ב אותיות נכללים כל הדיבורים וא"כ אנו שמשבחים לה' מי יערוך אליו תהלה ולכך בהתייסד השיר באל"ף בי"ת הרי כאילו מורה כל הדיבורים שבעולם כלולים כולם בשיר שבח ולא יבצר דבר מה שהפה יכול לדבר מה שלא יהיה נערך בשבח לה' והרי זה דרך כלל בכל הדברים וכן בוידוי הוא מיוסד אשמנו ועל חטא באל"ף בי"ת כי חטאנו בכל מה שהפה יוכל לדבר בעונותינו הרבים ולכך כתבו כל המהנדסים ובעלי גמטריאות כי כל ענינים שבעולם שמים וארץ וכל אשר בהם חוץ לאלוה נכללים בנקודות קו ושטח מעוקב נקודה קטנה עומדת תמיד במרכז וממש אין לו כמות רק היא ראשית כל דברים ואחר כך קו אין לו כ"כ רוחב רק אורך בקו מורכב מנקודות ואחר כך שטח הוא דבר שיש לו אורך ורוחב אבל אין לו גובה אבל הוא בעל שתי קצוות אלו גבולים ומעוקב הוא גשם שיש לו גובה גם כן והוא בעל שלשה קצוות אורך רוחב גובה בזה נכללים כל הנבראים ממש כמו נקודה והוא דומה לה וגם כן הכל מתאוים למרכז כנודע לכך אתרוג נקרא רגג תאוה לעינים ולולב משוך כמו קו וערבי נחל הוא על שטח שאין בהם מעלה ולכך אין בהם גובה ונקרא ערבי נחל כי נחל משוך ומורה על שטח וכן ערבה לשון שטח כמו ערבות מואב הוא ערבה ומדבר כיוצא בזה

הרבה ולהיותה בעלי ב' קצוות נאמר ערבה שתים והדס מורה על מעוקב שהוא גובה ולכך נקרא עבות שהוא דבר עב ולא יתכן עב בלתי גובה והוא בעל ג' צלעות לכך נאמר הדס שלשה וא"כ בד' מינים כלולים כל חלקי עולם בכלל לכך איש הישראלי הנוטלם ומשבח לה' הרי כאילו נוטל כל עולם בידו ומשבח בו לה' ומורה בו שה' הוא המניע לעולם בכלל בכחו הגדול ולכך המצוה לנענע להיות שהוא המניע משגיח בכל חלקי העולם ולכך מעלה ומוריד לד' רוחות ומנענע להורות כי הכל מה' והכל נברא לכבודו יתברך ולתת הודיה לשמו הגדול ובאמת אם ישים איש כזה ללבו ודאי שימצא נחת וישמח שמחה תמה וברה בנטילת לולב ולא יעלה בו שחוק וכדומה אשרי איש שעמלו בתורה ובמצות ועושה נחת רוח ליוצרו כי זה כל אדם כאשר אמרתי כי כצל ימינו על הארץ והעיקר גם כן למחות בעוברי עבירה ובפרט בעון תערובות ח"ו אנשים ונשים מאד ראוי לקנא בפרט כאן עיר שכולם כהנים ממש ועל הכהן מוטל ביותר לקנאות ברית קודש ולכך (במדבר ה' יב) כי תשטה אשתו והובא אל הכהן והוא מקריב מנחת קנאות כי על הכהן לקנאות קנאת ברית ולכך נתכהן פנחס בקנאו ברית קודש ולכך אליהו שהוא פנחס אמר (מל"א י"ט י) קנא קנאתי וכו' כי עברו בריתך וזה מאמר הקרא (ויקרא כ"א ט) ובת כהן כי תחל לזנות את אביה היא מחללת דאמרינן (ב"ק נ) גבי נחוניא חופר שיחין דלכך ניצלה בתו מבור דבר שנצטער בו אותו צדיק אל יכשל בו זרעו ואילו היה הכהן מקנא קנאת ה' צבאות בברית לא היה נכשל זרעו לזנות וע"כ דגם הוא לא שמר ברית כהונתו כראוי ולכך את אביה היא מחללת דאות היא שלא קינא הברית ובפרט ח"ו הבועל ארמית אוי לאותה עבירה רבים שאלו למה עונש דבועל ארמית לא נזכר בדברי תורה כלל רק הלכה למשה ומדברי קבלה אבל התירוץ כי התורה לישראל ניתנה ועל הישראלים נאמרו בתורה כל העונשים על עבירות אבל הבועל ארמית קשורה ככלב ונמשכה ערלתו ואינו בגדר ישראל והתורה לא ניתנה רק לבני ישראל ולכך לא נזכר בועל ארמית כלל כי הרי נדחה מכלל ישראל לכך (סנהדרין פא ע"ב) קנאים פוגעים בו ולא צריך בית דין לכן השמרו עצמיכם מכל דבר פשע ואיש אשר ח"ו יחטא ימהר לשוב כי תשובתו קשה ואולי יחון ה' צבאות כי חנון ורחום הוא ואל ימתין בתשובה כמ"ש כי מי יודע אם מחר בכחך לשוב ואיתא במדרש (ויקרא רבה ל"ד ג) :

אמרו על הלל הזקן שכשנפטר מתלמידיו ואמרו לאן אתה הולך אמר לגמול חסד עם דין אכסניא דאית ליה בגו ביתא אמרו לו וכי כל יום אית לך אכסנאי א"ל ולאו נשמתא אכסניא בכאן ולמחר היא אזלית ויומא לית אנא יודע ולהבין וכי לא הרגישו התלמידים דנתכוין לנשמתו ואם לא הרגישו מה שאלה על צדיק כהלל דלא יהיה כל היום מכניס אורח ותשובת הלל דאמר היום בכאן ולמחר אזלא גם כן צריך ביאור דלמה לא אמר בפשוט דאנו כאן גם כן כאורחים גרים על הארץ ולמה ליה למימר למחר אזלא אבל ידוע (עיין תוספות חולין פ"ד

ד"ה עשרה וכו' בשם המדרש) דאורח הכא לאדם יום אחד או יומיים יכבדו בעל הבית למאוד כראוי אבל אם יתמהמה אצלו ימים ושנים לא יכבדו יותר מארוחתו ארוחת תמיד כי מי יכלכל תמיד יום בואו במשתה רב אבל יום או יומיים טרם צאת האורח אז יוסיף הבעה"ב לכבדו ולעשות משתה כי האורח ילך ומי יודע יום הזדמן שיבוא שנית בגבולו וכן הענין בנשמה שהיא אורח בגוף שהוא תכלית יצר טוב הבא לאדם בי"ג שנה מתחלה האדם מכבדו כאורח הנוטה ללון אבל כאשר שורה אצלו זמן זמנים אין כאן כבוד הרב וזה אמרם של תלמידים להלל וכי כל יומא אכסניא הלא כבר נשתקע וכמעט הוא תושבאם כן למה זה תכבדו ביותר והשיב הלל בשביל כך כי נשמתו דא אכסניא שהיום בכאן ולמחר תלך ולכך אני גומל חסד לא בשביל הביאה רק בשביל יציאה כי איני יודע יום צאתה ואני צריך לגמול ולהתנהג בכבוד בה כדרך אורח אשר פעמיו כוננו לילך יום ויום וכן יש לנו לעשות לגמול חסד לנפשנו וחסד עם אחרים ואם יהיה גומל חסדים לאחרים וגומל לנפשו רעה ח"ו וכי דינא הכי אדם קרוב לעצמו וליתן טעם למה נשמה נקראת אכסניא הוא מה דכתיב (תהלים ע"ח לט) ויזכרר כי בשר המה רוח הולך ולא ישוב ויש להבין מה זה רוח הולך ולא ישוב וח"ו לומר כן אבל יובן במה שכתוב (אבות ד' ב) עבירה גוררת עבירה ולהבין הוא כך דודאי הגוף אינו יכול לעמוד נגד יצר הרע כמאמרו (קידושין פא) חזי דאת נורא ואנא בשרא אבל בשכון נשמת אדם שהוא כח אלהים בקרב אדם אזלא אימתה נגד יצר הרע והנה נשמה עצמותה קדושה מאוד ואינה סובלת שיחטא אדם אפילו חטא קל שבקלים לכך אדם שנמשך אחר יצר הרע לחטוא חטא קל תיכף נשמתו כועסת והולכת ממנו ולא נשאר בגוף רק צל נשמה בעלמא וא"כ אחר כך יצר הרע גובר על הגוף ואין מי שיקום נגדו ולכך הוא הדבר שכתבתי לעיל דמתחלה יצר הרע כחוט ואחר כך כעבותות העגלה משום דמתחלה הנשמה נגדו אבל בדבר קטן שהנשמה הולכת אז היצר הרע הולך ומתגבר כי מי ילחם לו וזהו כוונת הפסוק ויזכור כי בשר המה ובשר אי אפשר לעמוד נגד יצר הרע דהוא נורא כנ"ל אבל קשה הלא יש לו רוח ממעל ולזה אמר כי רוח הולך בקצת עבירה ולא ישוב עוד ובאמת לכך נאמר (בראשית ב ז) ויפח באפיו נשמת חיים ונשמה רק נפיחה ועומדת ברוח כדי שתלך ותשוב ולא תהיה תקועה באדם לגמרי וזה רוח הולך ולא ישוב ולכך נקראת נשמה אכסניא כי היא כל רגע עומדת לעקור כאשר יחטא אדם ואשם באחת מן העבירות קלות תיכף תלך נשמתו מאתו וסר צילה ממנו ולמאן דהיה מבין חכמת צללים היה מרגיש מיד בראות אדם אם נשמתו בקרבו או סרה ממנו ולכך הרשעים בחייהם קרוים מתים וזה ענין תקיעות שופר כי שופר הוא גם כן רוח בעלמא ונפיחה בעלמא ולכך תוקעים להזכיר כי בן אדם רוח הולך ולא ישוב ויש לרחם עליו ודע כי הנשמה נפוחה באפו של אדם והוא פתוח כי הנשמה בו נכנסת ויוצאת וכדכתיב (ישעיה ב' כב) אשר נשמה באפו והחוטם הוא עיקר פרצוף פנים

כדאמרינן ביבמות (דף ק"כ וע"ש בתוספות ד"ה הכרת בשם הירושלמי) דהכרת פרצוף הוא החוטם והחוטם הוא דומה לשופר כי מתעקם לתוך גולגולת של הראש וצורתו כך והוא כמו השופר בעיקום ודע כי יש הבדל הנשמה באה מהשם עצמו שנופח בחוטם והוא בבחינת תקיעה פשוטה בלי הפסק ע"י השופר שהוא החוטם כדכתיב ויפח באפיו ולהיות בן אדם רק נפוח באפו ורוח הולך כנ"ל ולכך ה' ארך אפים כי בשביל כך מאריך אפו אמנם הרוח בא ע"י מלאכי השרת המה שלשה מדריגות כמבואר ביוצר שרפים ואופנים וחיות הקודש והנשפע מה' בא לחיות ומשם בהפסק לאופנים ומשם בהפסק לשרפים ומשם בחוטם אדם ואינה באה בקו ישר מה' לאדם והוא שברים ג' שברים אמנם הנפש באה ע"י עולם הגלגלים וט' גלגלים הם כנודע כי עשירי אינה משמש כלל והוא תרועה ומבואר בשו"ע (סימן תק"צ ס"ג) שצריך להיות תשעה כחות הנקרא ט' טרומיטין וזהו תקיעה שברים תרועה כנגד ג' מיני נשמות שיש באדם ולכן יש לאדם להתעורר בתשובה למאוד בשמוע קול ג' תקיעות ובאמת כבר דרשנו פעמים רבות כי השטן נוח לו לבסוף שיעשה האדם רצון קונו וכן בחרוז שחברתי המתחיל אתה יצר הרע מה תבקש ממני קבעתי באות כ' כי רצונך להגדיל חני לפני יוצרי אשר קנני מי ביקש זאת מידך ראות פני:

ואמרינן בש"ס (ב"ב טז) שטן לשם שמים נתכוין דאמר מנשייא ליה לרחימי דאברהם ולכך אמר (איוב א' ט) הלחנם ירא איוב את ה' להבין מה לו לשטן לחוס כ"כ לבל ישכח אהבת אברהם אבל יובן כי בזה כל חיות השטן כנודע כי תורניים ופלוסופים מחולקים אם צדיקים עדיפים ממלאכי השרת או מלאכי השרת עדיפים אבל תלוי בזה סיבות ותכלית עשיית מצות אם יש בהם תכלית לקיום העולמות כמ"ש מקובלים כי הכל צרכי גבוה או אם נאמר כדעת המדרש (בראשית רבה פמ"ד א) מה איכפת לקב"ה שיאכל בשר חזיר או בשר שור רק לבחון בני אדם אם יעשו רצונו וכן יסד נוסח בתפלת נעילה ואם יצדק מה יתן לך ונ"מ בין אלו הוא דרך משל למלך שצוה לעשות מבצר בספר המדינה להגן בפני אויבים ויצא עבד אחד ובנה בקצה אחד במקום אחד שלא היו לו מתנגדים מבצר חזק למאוד בלתי לכבוש אבל עבד שני יצא ובנה השני במקום שהיו מתנגדים תמיד ולא היה כ"כ חזק כי נתעכב מחמת המתנגד והנה המלך שמח ביותר במבצר שאין לכבוש ממבצר שיש לכבוש אף כי באמת כי עבודתו היתה רבה כי נלחמו אתו תמיד מה בכך סוף כל סוף כוונת המלך למבצרם להגן על המדינה יותר נתקיימה בראשון מבשני כי זהו אין כ"כ חזק ובקל יכבשו אותו האויבים אבל מלך שרוצה רק להבחין עבדים מי ומי השלם אתו ונרצה באהבתו לעבודתו וגלל כן ציום לבנות באיי הים בתים ועבד אחד הלך לשם ובנה כרצונו כי לא היה לו מעכב אבל השני לחמו אתו שודדי הים ונתן נפשו בכפו ויבן בית כמצות המלך ולא היה מהודר כבנין של ראשון ולהיות כי אין תועלת למלך בבתים כלל רק עשה להבחין לב עבדיו וראוי כי השני ששם נפשו בכפו

ללחום יהי' אהוב למלך ביותר מן הראשון אף כי בנינו מהודר כי השני הראה במופת עוז אהבתו ויראתו למלך בלחמו נגד שודדים וממשל תבין בקל הנמשל כי בודאי מצות המלאכי השרת למעלה שלימה בלי פגימה להיותה משוללת יצר הרע וחומר מעבודת בני אדם המורכבת בחומר ורבים לוחמים לו תמיד ואין מצוה ועבודה מבלי שיהיה בה פגימות רבות וא"כ אם עשית המצות לצורך העולמות ודאי כי עבודת מלאכי השרת למעלה תוכשר ותוחשב אף כי אין להם מתנגדים אבל אם כוונתו להבחין ודאי צדיקים נבחרים אף כי יש פגימה בעבודתם וזהו הבדל גם כן בין אברהם לאיוב כי אמרו חז"ל (ב"ב טו ע"ב) גדול הנאמר באיוב יותר ממה שנאמר באברהם אבל לא בשביל זה היה יותר צדיק מאברהם כי אברהם היה תמיד נרדף וסבבוהו צרות רבות רעות נע ונד בארץ לא מצא מרגוע והיה חסר מקום אפי' ד' אמות קבר לא היה לו ואפשר שהיה לו קצת פגימה במצות אבל איוב שהיה שקט ושלוה בביתו לא חסר לו כל טוב וכל אוהביו השלימו אתו פשיטא שהיה יכול לעשות מצוה בלי פגימה יותר מאברהם כי לא היתה לו שום מניעה והרי זה בגדר מלאכי השרת ואברהם בגדר צדיקים הנ"ל וחזר הדבר למחלוקת הנ"ל הנה להכריע בין דיעות הנ"ל הדבר מבורר אם אין רצון השם בבחינה רק בעשית המצות ולהגדלתו ולכך יוכשר בעיניו מעשה המלאכי השרת כנ"ל ואם כן היא גופא קשיא למה נברא השטן הוא היצר הרע ומאן מעכב על ידו לא היה לו לבראו ויהיה הכל מעשה האדם בשלימות כמו מלאכי השרת אלא ודאי רצון הבורא להבחין ובזה יובנו דברי הש"ס הנ"ל השטן בראותו בשבחו של איוב חשב אולי ששכח אהבת אברהם הואיל שקצת פגימה בעבודתו שאינו כמלאכי השרת וכוונת ה' בעשית המצות לקיום העולמות וא"כ בזה יהיה השטן מבוער מן העולם ואין צורך בו ולזאת בנפשו דבר השטן וא"ש יהיה איך שיהיה ניחא ליה להשטן שיעמדו הצדיקים בנסיון כי אם ח"ו כולם ישמעו לואם כן יקצוף ה' ויבערו מהעולם בראותו כי הכל סג יחדיו ומה תועלת אם יבחנו בני אדם אם אינם עומדים בבחינה ולכך נוח לו לשטן שיעמדו צדיקים בנסיון ולכך ביום כפור מלמד זכות ומפאר לישראל קמי קב"ה מטעם הנ"ל כדי שלא יקצוף הקדוש ברוך הוא לבערו מן העולם ולכך אמרו (סנהדרין צח) שבן דוד בא בדור שכולו חייב דאז יקצוף ה' על השטן ויבערו מן העולם והוא שרו של עשו ובנפול זה יקום זה יה"ר שיהיה דור שכולו זכאי ואז גם אויבינו ישלימו אתנו ועמך כולם צדיקים ובא לציון גואל אמן ואמן:

דרוש ט"ו

תוכחת מוסר מה שדרש הגאון זצ"ל י"א טבת תק"ז לפ"ק בק"ק מיץ יע"א:

ישעיה הנביא אמר (ישעיה נ"ה ו) דרשו ה' בהמצאו קראוהו בהיותו קרוב וכו' ואל אלהינו כי ירבה לסלוח ודרשו במדרש והובא בילקוט (ישעיה רמז תפ"א) זהו עשירית איפה שוותר הקדוש ברוך הוא משלו ולהבין נראה

כי רבים חשבו כשהאדם בתכלית הצרה ומצוקה עד שלבו בל עמו ודעתו בלתי מיושבת עליו שפטור מתפלה כי מה יתפלל הלא עיקר תפלה עבודה בלב וזה אי אפשר לו וסמכו עצמם אמקרא (איוב ל"ו י"ט) היערוך שועך לא בצר אבל באמת לא זאת עצה היעוצה ואדרבה כשאדם צועק לה' מתוך צרה ה' שומע בקולו ביותר כמאמר דוד (תהלים קי"ח ה) מן המיצר קראתי ואמר (שם ס"ו ב) ברוך ה' אשר לא הסיר תפלתי וחסדו מאתי ודרשו (ברכות ה) שיסורין של אהבה הן שאין בהן בטול תפלה וטעם הדבר כי אז קרוב ה' לו כי קרוב ה' לנשברי לבאם כן יותר מקובלת תפלתו אבל עדיין קשה הא עיקר תפלה כוונת לבב וזה שאין דעתו מיושבת תפלה זו מה פעלה אבל הענין דע כי האדם היותו מורכב מחומר ורוחני אף כל עבודה להשם צריכה להיות בשניהם כמו שאמרו (שם נד) בשני לבבכם היינו יצר טוב ויצר הרע שהיא הנפש כינוי ליצר טוב וגשם כינוי ליצר הרע וכן בתפלה ולכך אמרו (יבמות קה ע"ב) המתפלל צריך שיתן לבו למעלה שהוא משכן הנפש והרוח שתהיה כוונתו לה' ועיניו שהם תאוות הגשם כדכתיב (במדבר טו לט) ולא תתורו אחרי לבבכם למטה לבטל התאוה בשומו ללב עפר המבטל תאוות ומעפר בא ולעפר ישוב ויש להבין במה שנאמר לעיל במדרש זהו עשירית איפה שויתר הקדוש ברוך הוא משלו והוא כי נודע מה שכתוב המפרשים בקרבנות קין והבל ששעה ה' לקרבן הבל ולא לקין הוא כי הקרבן הוא תמורת אדם וצריך גם כן להיות מורכב מרוח חיים וגשם לכך תוכשר בהמה אשר נפש רוח חיים בקרבה ולכך שעה ה' להבל היותו מצאן אבל קין שהביא צמחים שהוא רק חומר וגשם מבלי חלק רוחניאם כן אין זה תמורת אדם היותו מורכב מרוחני גם כן ויש כאן מהשאלותאם כן קרבן מנחה עשירית איפה איך תוכשר לקרבן הלא זה כמו קרבן קין אבל התשובה היא כי חלק רוחני לה' דכתיב (תהלים קט"ו טז) השמים שמים לה' ואב ואם נותנים הגשם וה' נותן הרוח וא"כ עני זה שאין לו להקריב וה' לרוב חמלתו חומל עליו ומוחל על חלק שלו שהוא חלק רוחני ודי שמביא חלק גשמי שהוא קמח ומלח דומם וצומח וחלק רוחני ה' מוותר לו ולכך בעני יוכשר עשירית איפה לקרבן כי אין לו יותר וזהו מאמר המדרש ואל אלהינו כי ירבה לסלוח כי מרבה מחילה למאוד ואמר זה עשירית איפה שאין בו חלק רוחני כלל ואין נאות כלל לקרבן מכל מקום ברוב חמלתו מרבה מחילה ומוותר שלו וזהו אמרו זהו עשירית איפה שוויתר משלו ומחל על חלק גבוה ובזה תובן תשובת שאלה הנ"ל גם כן כיון דכונת הלב לשמים הוא חלק רוחני אשר בקרבו וזהו חלק ה' הקדוש ברוך הוא ברוב רחמיו בראותו כי הוא במצוקה ואי אפשר לכוון דעתו מוחל על חלקו כמו בעשירית איפה ודי שיתפלל מתוך צרה אשר בודאי תאות וכחות הגוף לרוע בטלים לרוב צערו וחלק הגשם מתפלל ואף אם אין כוונתו שלימה ה' יסלח לו וזהו מאמר ישעיה הנ"ל דרשו ה' בהמצאו קראוהו בהיותו קרוב והיינו מתוך צרה וצוקה שהלב נשבר

שאז קרוב ה' לנשברי לב אז תתפללו להשם וקראו להשם כי אז קרוב אליכם ולא תמתינו עד עת הרוחה שאז אין קרוב לכם כעת הזאת ולבל תאמר מה תועיל התפלה כי אי אפשר להתפלל בכוונה כראוי ע"ז אמר זוהיא טענת יצר הרע לבטל מתפלה ואמר יעזוב רשע דרכו ואיש און מחשבותיו כי אם ישוב אל ה' בתפלה וקאמר הטעם ואל אלהינו כי ירבה לסלוח כי מוותר משלו לעני מי שאין ידו מגעת על חלק רוחני אפס להרבות סליחה ואף הוא כמוהו כי לא יקפיד ה' על תפלה בלי כוונה בעת צרה ולב נשבר כי ירבה לסלוח אי לזה הטעם קמתי היום י"א טבת לעורר ולומר תוכחת מוסר אף כי העם עודנו בחולשה מיום הצום שהיה אתמול כי זהו כוונתי להיותם עדיין בלב נשבר ונדכה לצרות שקרו עמנו בעונותינו הרבים יום גבר אויב וצר על עיר יפה נוף משוש כל הארץ ואין ספק שהקדוש ברוך הוא משתתף עמנו ביום צרה כזו אשר בצרתינו לו צר ובכל תענית צבור הקדוש ברוך הוא משתתף עם ישראל ולכן חשבתי לעורר היום ולומר קראו לה' אשר קרוב לנו והנה עיקר דרשתי במה שכתוב יעזוב רשע דרכו וכו' כי לא מחשבותי וכו' כי באמת חשבתי כי ממש חובה לדרוש בתוכחת מוסר בימי גשמים כי בימות החמה יש זמנים רשומים המעוררים אדם לתשובה ימי ספירת עומר יודעים המוני עם שימים אלו ימי דין וכן ימים אשר בעונותינו הרבים אויבינו השיבנו בין המצרים ומכ"ש מ' יום שעלה משה למרום ואצ"ל אלול וירח איתנים בימים אלו החי יתן אל לבו לשוב אל ה' אבל בחורף אין זמן רשום לשום אות ולהזכיר לאדם יראת ה' באמת אין זמן נבחר לעבודת ה' ויראתו מימי גשמים כי החום מכריע אדם לרוב עסקו והתחברות ריעות וכדומה אבל בחורף שלילות ארוכים וכאשר תגיע שעה יו"ד בלילה הנה נפרדים איש מרעהו וכל אחד בביתו ובני ביתו ישנים וראוי לכל אדם לשוב אל לבו הגיע עת שאוכל לחשוב מעשי ויוכל ללמוד כמה שעות בתורה ומעשים טובים ויראת ה' ובכל זה יכול לישן כראוי וכן באשמורת הבוקר משעה ה' עד שעה ז' יוכל אדם לעשות מה שלבו חפץ ביראת ה' ולא יקרה לו ביטול משום דבר אוי ווי המבלים זמן לילות ארוכים הללו בשינה בטילה ויושבים חבורות בדברי שחוק וליצנות בעונותינו הרבים :

ואמרו בגמרא (ע"ז ח) כיון שראה אדם שימים מתמעטים והולכים היה מיצר ואומר אוי לי כי עולם חשך בעדי מעונשי כיון שהגיע תקופת טבת והתחילו ימים להתארך שמח וקבע ח' ימים יו"ט לשמים ואחר כך נקבע לעכו"ם והיינו כי אמרו (עירובין סח) לא נברא לילה אלא לגירסא ואיכא דאמרי לשינתא ופירשו שם להיות שבימי חמה שהלילות קצרים לשינתא כי מתי יישן ויניח מעצבו ובחורף לגירסא וזהו כי ביום יצא אדם לפעלו ומבטל ממלאכת שמים וזהו הכל לסיבת חטא אדם הראשון שנגזר עליו העמל ובזעת אפיך וכו' אבל קודם החטא שלא היה הצורך לעמל והארץ תוציא פריה בלי טורח כנודע לא היה לו סיבה לבטלו ביום מגירסא ואין צריך לילות הארוכים לכך כשראה

שהיום מתקצר והלילה הולך וגדל והבין כמאמר חז"ל דאיברא לגירסא ואמר אוי לי עולם חשך בעדי כי לולי שחטאתי היה אף היום מוכשר ולא צורך לבריאת הלילה לגירסא אמנם בחטאי שצריך האדם לעמל ויגיעהאם כן החשיך הקדוש ברוך הוא עולם כדי שיוכלו ללמוד בלילה לכן עיקר עבודת ה' תלוי ממש בלילה דהיינו עבודה שהיא בלב לכוון מחשבתו ודעתו שלימה לה' ועיקר הלילה בחורף לכן ראוי לעורר בתשובה כראוי והנה ר"ת הקשה איך חשב אדם דעולם יחשך תמיד וכי לא ידע מהלך חמה בגלגולה וידיעת כדורי ארץ שזה גורם אריכות וקצרות ימים ולא השיג דבר רק ע"י חטא נשתבשה דעתו וזהו דוחק ח"ו דכ"כ נטרפה דעתו ובפרט כל המחברים כתבו דאדם הראשון קידש החדש וא"כ ידע סדר קידוש החודש ומהלך לבנה מכל שכן דידע מהלך חמה כדכתיב (תהלים ק"ד יט) שמש ידע מבואו וכו' ומי ידע דין קידוש החודש והלכותיו ולא ידע מסלול חמה וטיב מהלכתה האמיתי ואמצעי ולכאורה היא שאלה גדולה אבל באמת לא קשה מידי והוא דנודע לפי חכמי כדור ארצי היושבים תחת קו השוה תמיד להם יום ולילה שוים כל ימי שנה קיץ וחורף אבל היושבים רחוק ממנו לצד צפון בחורף נתקצרו הימים היות חמה משכנה במזלות הדרומיות עד שכפי היותה רחוקה מקו השוה וקרוב לקוטב צפוני יותר הימים קצרים ולילות ארוכים והיושבים סמוך לקוטב צפוני ממש כל החורף אין להם יום רק שעה אחת והקרובים עוד כמו מדינות גרינלאנד כל חדשי שנה לילה חוץ סיון תמוז אב שכולו יום והיושבים תחת קוטב צפוני ששה חדשים כולה לילה דהיינו ימי חורף וחדשי קיץ כולו יום וכן ההיפך היושבים לצדדים נהפך הוא מה שהוא ליושבי צד צפון בחורף היותו חמה במזלות דרומיות יש להם בקיץ כי אז החמה במזלות צפוניות כנודע באופן שאין לך יום וחדש בשנה שלא תהיה מדינה בכדור ארצי שבו ממש כולו יום ומדינה שהיא ממש כולה לילה לפי מושבם לצד קוטב צפוני ודרומי וע"ז נאמר (בראשית ח כב) וקיץ וחורף ויום ולילה לא ישבותו שתמיד הם בעולם פעם אחת זה בכה וזה בכה ובזה יובן הנ"ל כי אדם הראשון קודם חטא ישב בגן עדן שהוא לפי דעת רוב המחברים וביחוד האר"י ז"ל תחת קו השוה וא"כ היה לו כל ימות השנה יום ולילה שוה וכאשר נטרד מגן עדן אילו הניחו ה' לדור תחת קו השוה לא היה לו ימים קצרים כלל אבל נגרש לארץ ישראל וארצות הסמוכות כמבואר במדרש (ילק"ש פרשת בראשית רמז ל"ד) ואז נתקצר היום מתשרי ואילך הלוך וחסר ושפט אדם כי זהו לעונש על חטאו כי זהו כעין מיתה שנגזרה עליו ולכך נגרש למדינה זו לסבול לילות ארוכים וא"כ חשש ופחד לנפשו כי לעולם יסבול צער החשך ההוא כי אם תגיע תקופת טבת שאז בארץ ישראל הימים מוסיפים ולילות מתקצרים יגרשהו ה' למדינה סמוך לקוטב צפוני ושם בחשך ישכון כל ימי חורף ואם תגיע תקופת תמוז ששם אור החמה במושבה יגרשהו ה' למדינה סמוך לקוטב דרומי וישב בחשך כל הימים וזהו אומרו אוי לי

שעולם חשך בעדי וזוהיא מיתה שגזר עליו ה' ושרוי בצער אבל בהגיע אור תקופת טבת שמתארכים הימים והניח ה' לישב שם בלי טרד ממעונתו שמח כי יתנהג בדרכו של עולם כמהלך החמה פעם יום ארוך פעם יום קצר ולכך קבע חג לה' להודות לו זהו מה שנראה בכוונת הדברים לפי פשוטן אבל יש עוד בזה תוספת דעת וחכמה מה שכבר אמרתי בדרוש הקדום והואיל דצריכים ליה בהאי עניינא ולתרץ בזה עוד מדרש אחר באתי לפרש בביאור יותר כעת בשנבין מקודם דברי המדרש בראשית (פרשה כ"ב ד') ויהי מקץ הימים וכו' למ"ד בניסן נברא העולם נולד הבל בפסח ועשה עד עצרת למ"ד בתשרי נולד בחג ועשה עד חנוכה ולדברי הכל לא היה להבל בעולם רק חמשים יום ותמה היפ"ת וכל המפרשים למ"ד בתשרי נברא העולם שעשה הבל קיום עד חנוכה הרי חי קרוב לנ"ד יום ואפילו נימא שבחג עצמו נולד וכ"ש דאם היה בראש חדש תשרי וכו' ע"ש ביפ"ת שמניח בצ"ע וכתב שיש כאן טעות סופר אבל הדברים מובנים בשנבין גמרא דראש השנה (דף כז תוספות ד"ה במאן) מה שכתוב תוספות מר"ת על הפייט הקלירי שיסד במוסף יום א' דפסח בפייט הטל עתותי קיץ וחורף בניסן נבראו וא"כ ס"ל כר' יהושע דבניסן נברא העולם ובפיוט' מוסף ראש השנה יסד דאדם הראשון נברא בראש השנה ונידון בו כמ"ש אופד מאז לשפט היום וכו' ויתר מקומות רבים ותירץ בדוחק ע"ש ונראה דגם יש לדקדק למה מונין התקופה מניסן וגם ניסן ראשון לחדשים ולבריאת אדם מתשרי כדאמרינן לשנים כר' אליעזר מתשרי ממ"נ אם תשרי ראשון לשנים יהיה גם ראשון לחדשים אבל יובן כי מה שאומרים הבריאה בניסן או בתשרי הכונה תליית המאורות חמה ולבנה אם היתה תלייתן מכוונת נגד מזל טלה ומאז התחילו להלך משם למזלות צפוניות שור וכו' והוא התחלת הקיץ או שנתלו מכוון נגד מזל מאזנים ומשם התחילו להלך נגד מזלות דרומיות שהוא התחלת חדשי חורף וזהו פשוט והנה הא שיש מן מהלך מזל טלה עד מזל מאזנים קפ"ג יום במהלך החמה הוא לפי מתינות מהלך החמה שאינה הולכת ביום רק מעלה אחת וכל מזל ל' מעלות וששה מזלות ק"פ מעלות ואילו הלכו במהירות לא היה צריך זמן כ"כ ומבואר ברבה בראשית (פ"י ד) על ויכולו שמים אין ויכולו אלא לשון כליה עד שלא חטא אדם הראשון היו המזלות מהלכין דרך קצרה במהירות משחטא היו מהלכין דרך ארוכה ובמתינות וכו' ע"ש וא"כ כשתלה ה' המאורות במזל טלה בתחילת ליל ד' תלאן ה' יתברך כי כך ראוי לתלותן במזל טלה היותו ראשון לכל מזלות כמ"ש כל חכמי תולדות רק אז קודם החטא הלכו במהירות למאוד ולכך מתחילת ליל דלי"ת שנתלו בליל ד' נגד מזל טלה מיהרו להלך ממזל למזל עד שביום ו' בבקר כבר היתה החמה במזל מאזנים ואז היתה תקופה ומולד תשרי כי עמדו חמה ולבנה נגד מזל מאזנים כי בזמן מועט כזה מהרו להלך מן טלה עד מאזנים ובו ביום נברא אדם ולכך במזל ניסן שהוא טלה נתלו המאורות

שהוא ראשון לחדשים אבל אדם שנברא ביום ו' היה בתשרי כי אז היו המאורות במזל מאזנים שהוא תשרי וכן יסד הקלירי עתותי קיץ וחורף בניסן נבראו כי העתים וזמנים מתחלפים תלוים במהלך המאורות בהילוך המזלות והיה במזל טלה התחלתם ולכך אמר בניסן נבראו אבל בריאת אדם היתה בתשרי ולכך במוסף ראש השנה שדיבר מענין בריאת אדם הראשון דיבר הכל מתשרי כי בריאתו היתה בתשרי וכבר הלכו אלו מאורות מניסן לתשרי וא"ש ודוק כי זה דבר גדול למאוד לא שערוהו כל חכמי קדם ובזו תבין המדרש הנ"ל כי כבר אמרו המפרשים כי לכך אמר המדרש כי נולד הבל בפסח או בחג כי הבל נולד אחר כך ובלידת קין ותאומתו צריך להמתין אדם שבועיים כלדת נקבה כי שמרו אף קודם מתן תורה שמירות כאלו כנודע (רמב"ן בראשית ל"א ל"ב) דרך נשים לי לכך נולדו הבל ותאומתו אחר כך בכלות י"ד ימים שהם פסח או חג והנה אם מתחלת ליל ד' עד יום ו' בבוקר ב' שעות ביום הלכה חמה מתחלת טלה עד מאזניםאם כן הלכה בס"ב שעות ששה מעלות וא"כ הלכה קרוב ליו"ד שעות מזל אחדאם כן ביום ו' בבוקר שעה ב' ביום שהיתה החמה במזל תשרי ומאורות לא נשתנו מהלכן המהיר עד בכלות יום הששי כדכתיב (בראשית א' לא) ויהי ערב ויהי בקר יום הששי ויכולו לשון כליה ששינו מהלכן להלוך במתינותאם כן עוד יום גדול יו"ד שעות שהלכו במהירות כמקדמאם כן הלכו כל מזל שלם ובעת ערב כבר היתה החמה במזל חשוון שהוא עקרב וא"כ ט"ו ימים אחר כך שנולד הבל כבר היה ט"ו חשוון והיה אז חג בט"ו חשוון כי חמה היתה במזל עקרב וזהו היה אפיקוראות של ירבעם בן נבט שעשה בחשוון חג (מל"א י"ב לב) והבן וא"כ דבט"ו בחשון נולד הבלאם כן עד כ"ד כסליו עד בכלל מ' יום ומקץ ימים דהיינו ימי חנוכה שהוא ח' יום והיינו מ"ח יום וביום שלאחריו נהרג היינו מ"ט יום ולכך אמרו שלא עשה הבל קיום בעולם יותר מחמשים יום ואפשר שלזה נתכוין רש"י כאשר הביא בעל מתנת כהונה (שם ד"ה חמישים) שלא דקדק המדרש בחשבון והיינו כי כמ"ש הוא רק מ"ט יום ושם נאמר חמשים וזהו דרך המנין כמ"ש (רא"ש פרק ערבי פסחים ס' מ') על תספרו חמשים יום שסכום מנין הקרוב למספר גדול אף שחסר אחד וכן בשבעים נפש ירדו אבותיך מצרימה ודוק כי הוא אמת לאמיתה של תורה ומעתה גם זה יובן כי אדם ראה כי מתחלה היה מהלך החמה במהירות ואחר כך בחטאו נשתנה והלכו במתינות וזהו גורם שהיו הימים קצרים כי אילו מהרו ללכת כמקדם לא היו הלילות ארוכים כי בששה ימים תעבור ממזלות דרומיות למזלות צפוניות רק חטאו גרם שהלכו במתינות וגרמו קצירת הימים וזה אומרו עולם חשך בעדי ועווני הטה אלה שחשך היום ודאג לנפשו אף שיגיע יום תקופת טבת אולי בחטאו עשה קב"ה שתלך עוד במתינות יותר כיון דכבר נשתנה מהלכה אולי יהיה עוד שינוי לגריעותא שתלך במתון ביותר וא"כ יהיה קצירת הימים משוך

זמן רב למאוד ולכך כשראה תקופת טבת שימים חוזרים להאריך והשמש משמרת נתיבתה מבלי תלך עוד יותר במתון מכאשר נגזר עליו בעת חטאו אז שמח ועשה חג לה' והנה החג הזה היה מתחלה להשם ואחר כך נהפך לעכו"ם כי כל ענין אדם הראשון היה מטוב ורע עץ הדעת פעם טוב ופעם רע ועיקר החג הוא בסוף ימים שמונה שקבע אחרי תקופה כמבואר בירושלמי וזהו עיקר קלנדריי"א ואם תקופת תשרי היה כ"א לתשריאם כן היה תקופת טבת כ"ב לטבת כנודע כי יש ביניהם צ"א יום וז' וחצי שעות וח' ימים החג וא"כ סוף החג היה יו"ד בטבת וישראל בבית ראשון הלכו בעקבות עכו"ם ועשו יום ההוא גם כן חג לעכו"ם ככל העכו"ם ולכך בעונותינו הרבים ביום ההוא בא מלך בבל לצור על עיר הקודש ומצא מקום לחול ולכך נאמר (יחזקאל כ"ד ב) בעצם היום הזה סמך מלך בבל על ירושלים כי היום הזה גורם כמ"ש שהוא סיבת המצור וגם ביום ההוא יש מענין עץ הדעת טוב ורע להתהפך כי בזמן הבית הוא לששון ולשמחה ובזמן החורבן בעונותינו הרבים אבל ומספד וצום ודע לפי מה שכתוב בירושלמי (תענית פ"ד ה"ה) דבבית ראשון נבקעה העיר בט' לתמוז ופריך הירושלמי מה אני מקיים מקל שקד שהוא כ"א יום ומשני בראשון חרב הבית בא' לאב ופירשו המפרשים על מה שכתוב (תענית כט) אילו היה שם קבע בעשירי כי בערב הציתו אש ועיקר השריפה אשר שרף ה' בעונותינו הרבים היה ביום שלאחריואם כן איך היה מקל שקד

ותירץ כי גם בקיעת העיר היתה לעת ערב ועיקר הכבישה וכניסת הגייסות ולגיונים היה ביום שלאחריו וא"כ היה ביו"ד לתמוז עיקרו ובזה תראה כי בכל תקופה מן ד' תקופות השנה יש יו"ד בו פעם לטוב פעם לרע כעץ הדעת כאשר אמרתי כמה פעמים ראה יו"ד טבת לרע בעונותינו הרבים וג' חדשים לאחריו שהוא יו"ד ניסן לטובה כי הוא שבת הגדול כי נס גדול בו ביום מקחו בעשור ונבקע הירדן ג' חדשים לאחריו יו"ד תמוז בעונותינו הרבים לרוע כי נבקעה העיר בו כנ"ל כי עיקר פורענות ביו"ד תמוז וג' חדשים לאחריו ביו"ד תשרי יום מחילה וסליחה וצום הנבחר בכן יש להתעורר בזמנים הללו ולראות כי ימים אלו ימים הפכיים ולזאת ראוי להפך עצמינו מרע לטוב ולשוב אל ה' ולהיות שמור מלהט חרב המתהפכת והנה תשובה תפלה צדקה הם עיקרים למבוא דרך עץ חיים אבל בראשם היא תורה כי התורה סובבת על גביהם ובלתי תורה אין דבר כי היא המורה הכל איך יעשה אדם כל דבריו הן בתשובה הן בתפלה והן בצדקה כפי הראוי ולא יחטא ולכן באמת יש כאן ארבעה דברים תורה תשובה תפלה צדקה הן הן המביאים את אדם לדרכי חיים והן כנגד ד' תקופות השנה טבת כנגד תורה כמש"ל כי לא איברא לילה היינו לילות ארוכים אלא לגירסא וגם יכול אדם לקנות שלימות כנודע בלילה כאשר ישכבו אנשים יתבודד כנודע ואין מטריד ומחריד ויחזור על משנתו או עונו הלא כביר ימצאו ידיו ווי לאותם אנשים המבלים לילות ארוכים כאלה בהבלי עולם שיחה

בטילה ושינה וכדומה מה נענה ליום פקודה אשר יבואו לילות ארוכים דניימו על משכבם בקבר ולא יהיה לנו פתחון פה כי כלינו זמן בהבלי עולם בלילות אשר היו ראוים לקנות שלימות והיום לעשותן ומחר לקבל שכרן והלילה מעותד לתשובה ולכך אמר הקרא (ישעיה כ"א יב) אתא בוקר וגם לילה אם תבעיון בעיו שהוא תשובה ניסן כנגד צדקה כאומרם (ירושלמי ב"ב פ"א ה"ו) בזכות צדקה נגאלו ישראל ולכך אמרו שצריך ליתן קמחא דפיסחא לעניים כי גאולת מצרים היתה בצדקה תמוז נגד תפלה כי אז מ' יום שהתפלל משה כדכתיב (דברים ט י"ח) ואתנפל לפני ה' וכו' תשרי ידוע כי הן ימי תשובה:

אמנם ד' דברים אלו הן כנגד ד' כתות שאינן רואות פני שכינה חשמ"ל (סוטה מב) חנפים כנגד תפלה הלא יחניף איש לרעהו להרבות לו תארים וישק עפרות זהב לו ויחוה קידה היותו מחלה פני נדיב ומצפה לתשלום גמול כי אולי ייטב לו או ירע לו בהמנעו מלעשות ואיך לא יתפלל לה' באמת ותמים ויתארו בתארים האמיתיים וכאשר יתפלל לה' בכוונה וישים אל לבו כי לה' נתכנו עלילות להרע ולהטיב שוב לא יחניף לאיש ולא ישא פני אדם כי מה' לבדו הכל ובמה נחשב אדם אשר נשמה באפו ולכך אסרו (ברכות יד) ליתן אפילו שלום לאדם קודם תפלה ואין לך דבר שמבטל חנופה רק תפלה בכונה ושימו לנגד עיניכם כי אין ביד אדם להרע ולהטיב אם ה' לא צוה וכנגד מידות השקרנים היא התשובה כי עיקר התשובה היא מדת אמת להודות על פשעיו ומבלי לשקר בו בכל דבר ובזה ינצל מכל חטא כי אם יפתהו יצרו שיגנוב הלא זכור יזכור אם ישאלו אם גנב הלא לא יכול להודות כי באמת גנב ואם יכחיש שיקר וכן כולם כלל של דבר מדת האמת היא עיקרית לבעל תשובה וזהו חותם כל דבריו כמאמרם (שבת נה) חותם של הקדוש ברוך הוא אמת וע"ז נתייסדו כל המצות לשומרן ולכך נקראת התורה אמת ועיקר כת לצנים היינו יושבים ומבטלים מהתורה ומבלים זמן בהבלי עולם כמ"ש (אבות פ"ג ג) כל המדבר דברים בטלים בכלל מושב לצים ולכך תורה נגד לצים והוא פשוט כי הוא דבר והיפוכו טבע מספרי לשון הרע להרע לחבירו וזהו דרכם כסל למו אומרים כאן והורגים באספמיא וכל מחשבתם לרוע כנורע ולכך תקנו להיטיב לזולתו ולראות להשתדל בטובת חבירו ולכך צדקה נגד מדת לשון הרע ולזאת אחיי ובניי דעו כי עיקר דרשתי היום תמכתי לד' מידות הנ"ל כי מוחזקני בכם שאתם תודה לאל יראי ה' ואין צריך להוכיח לכם על עבירות זדונות ושגגות וידיכם מנוקות מכל פשעים זכי חולקכון קמיה מלכא קדישא אבל במידות הללו כשל יכשלון כל איש גדול וקטן שם הוא בעונותינו הרבים אין אחד נמלט מזה אוי לי על שברי אשר בעונותינו הרבים אין אחד נקי מדברים אלו והם דברים חמורים כי ענשם קשה כנודע ולכן אמרתי להאריך בזה ולהזכיר דברים אלו ואולי ירחם ה' להסיר מאתנו לב אבן להשליך מאתנו רוע המידות המגונות האלה אשרי אדם ימלט מהן והנה מדת החנופה יבינו רבים שהוא אם יאמר לחבירו כמה

יפה אתה והוצק חן בשפתותיך וכדומה מתארים והוא רק להחניפו לקבל גמול או לבל ירע לו וכדומה ובאמת גם זה עון חמור הוא אבל עיקר החנופה בראותו כי חבירו עובר עבירה קלה או חמורה והוא שותק ואין מוחה זהו תכלית המרי מהחנופה ע"ז תאבל הארץ ומלואה כי חנף תחנוף ארץ וכאשר דרשתי כמה פעמים כי החנופה לראות בחבירו דבר עבירה ושותק הוא ממש בכופר בגמול ועונש כי הלא עין כל רואים שותפים במשא ומתן ויורשים בתפיסת הבית שלא חלקו אם ישליך אחד צרור כסף לים הלא יצעק עליו חבירו בכל כחו ואם לא ישמעו לו יקבל עליו בב"ד ויצעק בשלך אתה רשאי ולא בשלי כי שלך שלי ושלי שלך כי שותפים אנחנו בדבר הזה ואילו יראו עובר עבירה אשר אנו בכלל שותפים וחטאת הקהל ההוא ונדון עלמא בתר רובא ובעונו יגיע לנו רעה וא"כ איך יהיה כמחריש ושותק ולא ירד עמו עד לחייו כמאמר חז"ל (ערכין טז ע"ב) עד הכאה והוא הכל מתגבורת החנופה ובעונותינו הרבים כ"כ החנופה הגיעה עד שרבים בראותם חבריהם עושים עבירה לא זו ששותקים אף זו שמתנצלים בעדם לומר יפה עושים ובעונותינו הרבים נלאו כל רודפי אמת להעמיד הדת והישר על תילה ומי שבידו להוכיח ואינו מוכיח רבים חללים הפיל ויש להבין במה שאמר אברהם (בראשית י"ח כה) חלילה לך להמית צדיק עם רשע והיה כצדיק כרשע השופט כל הארץ לא יעשה משפט דקשה הא אברהם לא התפלל על חיות הצדיקים שבעיר רק כל בקשתו היה להחיות כל העיר אפילו הרשעים וא"כ מה זו תפלה להמית צדיק עם רשע הקדוש ברוך הוא ישיב לו הצדיקים יחיו והרשעים ימותו ולא יהיה מקרה אחד לעובר ולשאינו עובר וכפל אברהם הדבר השופט כל הארץ לא יעשה משפט והדבר תמוה לכאורה דכי יחייב המשפט להחיות רשעים בשביל צדיקים הלא המשפט הוא איש בעונו ימות ובמדרש (בראשית רבה פמ"ט ט) אמרו אמר אברהם אתה תופס החבל בתרין ראשין אם דין לית רחמים אם רחמים לית דין והדבר תמוה לכאורה אנה ראה בזה בסדום דתופס רחמים ודין כאחד הלא ה' אמר לו להשחית סדום והוא דין ולא רחמים והפסוק הלזה נקבע בכל תפלות לאמרו בימים נוראים כמעט בכל סליחות ולא ידעתי מה סנגוריא יש לנו בו שאנו בעונותינו הרבים חוטאים ומתייראים מיום הדין:

אבל יובן במה שכתוב בגמרא (סנהדרין קיא) כשעלה משה למרום וכו' אמר הקדוש ברוך הוא ארך אפים אמר משה למאן אמר הקדוש ברוך הוא לרשעים ולצדיקים אמר משה לצדיקים ניחא אבל רשעים יאבדו אמר לו ה' חייך דתצטרך לו במרגלים (לפנינו שם ליתא אבל נדרש ממשמעותו) אמר משה ועתה יגדל נא כח ה' כאשר דברת לאמר ולא כאשר אני אומר וכו' עכ"ל ויש להבין לצדיקים מה צורך לארך אף הלא הם צדיקים וגם למה יהיה נצרך לזה משה במרגלים ולא מקודם בעון עגל שביקש גם כן משה מלפני ה' והזכיר מידותיו שהוא ארך אפים וגם כן הוצרך לאמר שאף לרשעים ארך אף

אבל הענין כבר נודע אם צדיקים רואים לרשעים עוברי עבירה ואינם מוחים אף המה בכלל עונש כמו הרשעים וזה שהקדוש ברוך הוא מאריך אף לצדיקים דהמה בעצמם צדיקים רק בזה חטאו לנפש שלא מיחו בעוברי עבירה ע"ז מאריך להם אף לשוב והיה דעת משה שלאלו יאריך אף הואיל ולא פעלו עולה בעצם אבל לעושי רע ינקום לבער חטאים מן הארץ ובעגל כבר נודע כי בעיקר העובדים היו שלשת אלפים איש והם נהרגו בחרב בני לוי ויתר שטעו אחריהם מתו במגפה ובהדרוקין כמבואר בגמרא דיומא (דף סו ע"ב) ולא היה עיקר החטא והמרי רק בעבור שלא מיחו כמו שעשה חור וזה היה אז חטאת הקהל ולכך שפיר התפלל משה אף לשיטתו ארך אפים כי כאן היה כל הצורך מאריך אף לצדיקים שלא מיחו כי החוטאים בנפשותם ספו תמו באמת אבל במרגלים אשר כל העדה סרו לדברי המרגלים וילונו אז הוצרך משה להתפלל לה' שאף לרשעים באמת יאריך אף ולכך אמר כאשר דברת והנה גוף הטעם שמאריך אף לרשעים הוא כי שורת הדין שיש להעניש לצדיק כמו לרשע כי הרשע טען אילו היה מוחה לי הייתי שומע בקולו והייתי סר מרע לעשות טוב וא"כ הקדוש ברוך הוא לא יעות משפט ח"ו וא"כ מה יעשה להעניש לצדיק גם כן זהו נגד מידותיו הרחמים ארך אפים שמאריך אף וכך היא המדה טובה מלפניו יתברך שמו ואם יניח לצדיק יצעק הרשע וכי כך הדין היה לו למחות וח"ו שיצא משפט מעוקל ולכך מאריך אף לרשעים גם כן וא"כ אין להם לצעוק ואם מכל מקום אינם שבים אין להם פתחון פה עוד וזוהיא טענת אברהם אבינו שבא מכח ממ"נ להציל כל אנשי סדום בעבור הצדיקים ואמר ממ"נ אם גם הצדיקים ימותו הואיל ולא מיחו זהו נגד מידותיו רחמנות ארך אפים לצדיקים וזה חלילה לך להמית צדיק עם רשע והיה כצדיק כרשע כי כן המדה מלפניך להאריך להם אף כי חפץ חסד אתה וח"ו מתבטל מידת הרחמים ואם באמת תאריך להם רק רשעים יאבדו גם זה בכלל חלילה השופט כל הארץ לא יעשה משפט כי במשפט רשעים יצעקו אילו מיחו היינו סרים למשמעתם מבלי לעשות רע וא"כ במשפט עונשם שוה וא"כ מה תעשה וזהו מאמר המדרש אין לתפוס החבל בב' ראשין כי אם רחמים לצדיקים כמדתך הרחמים לית דין ברשעים כי המה יצעקו מה נשתנו ואם דין ברשעים אי אפשר לעשות להם לצדיקים רחמים כי לא יעות המשפט ח"ו ולכך לא סגי בלאו הכי שתאריך אף לרשעים כמדתך ויצאו כולם וכן השיב ה' לא אשחית וכו' ולכך אנו אומרים אותו בימים נוראים לעורר מידת הרחמים להאריך אף לרשעים ויגדל כח ה' כאשר דברת הביטו וראו כמה עונש מגיע מחנופה מבלי למחות בעושי רעה עד שנענש לפי הדין כעושי רעה לגמרי והנה ביותר יש להשגיח על בני אדם המשחיתים פאת זקנם בתער ותודה לאל בקהילתנו לא היה שכיח שיעשו כן אפילו נערים וקל שבקלים אבל שמעתי שכעת חוזרים הקלים קצת לעשות במחשך מעשיהם אצל אומנים נכרים הנני מזהיר אתכם

לבל ישמע ולבל יפקד עוד כן כי איך אראה הרמת יד בתורת משה כ"כ פומבי כאילו עולם הפקר ח"ו והרואה כן וחונף ושותק ענשו חמור כי כאן לא שייך ארך אף לצדיקים כמש"ל כי זה בכלל י"ג מידות מי"ג תקוני דיקנא קדישא והם שלחו ידם בו ואין קטיגור נעשה סניגור אוי שוטים איך תאבדו עולמות בשביל שטות כזאת ודבר זה הוא חוק מן ה' לתת כן לישראל בלי ישלחו יד בו ולא נאמר בתורה טעם והוא ברית כמו שיש ברית קודש במילה כן הזקן ברית סמוך ללשון ברית הלשון וכן הזקן אות ברית לישראל חתומים בתקונא דדיקנא קדישא וחותם קודש קדשים וכל מי שיש לו זקן הוא בצלם אלהים אבל מי שאין לו אינו בצלם אלהים רק הוא בצלם אדם בליעל הס"ם כמאמר התקונים (זוהר ח"ב ק"ג) האי אל אחר אסתרס ולא עבד פירי ולכך שימו נא על לב אם יאמרו לאחד אתה אינך בצלם אלהים הלא יריב עמך ויהיה לו לבושת לקלון וזה שוטה וסר לבב השחתתו פאת זקנו איבד צלם אלהים אמנם הכל עושים כדי להידמות לרשעים לזנות ולנאוף ולגנוב ולכך למעלה משפה שקורין גרעני"ן בל"א יש לו ומגדלו ולמטה משחית הפיאה הואיל ולמעלה מנהג הנכרים כך אינו חש וע"ז צווח דוד (תהלים נ' טז) ולרשע אמר אלהים מה לך לספר חוקי דהיינו הזקן הוא חוקי לבלי לגלח ואתם תספרו בתער השכירה וכן פירוש האר"י ז"ל על תהלתי יספרו (ישעיה מ"ג כ"א) מלשון גילוח הזקן וכן פירוש כאן שיספרו חוק ה' וישאו בריתו שזקן הוא ברית כנ"ל עלי פיך

כי למעלה מהשפה ישאר הברית ויגדלו השפה ופאה כנ"ל ולמה אתה עושה להתדמות לרשעים ולעשות כל תועבות אם ראית גנב ותרץ עמו ועם מנאפים חלקך וכו' וקאמר אלה עשית והחרשתי יש לו עוד גאוה ורמות רוח לומר כי עדיין לא סר צלם אלהים מאתו וזהו אומרו דמית היות אהיה כמוך כי צלמך צלם אלהים בינו בוערים בעם וכו' כי זהו תכלית המרי והעזות ולכן חדלו נא הרע וראו מבלי להחניף לאדם וזהו דרכם כסל למו ברוך השם שנתפרסם ברבים קלונו של זה וידעו העם מה ענינו אוי ווי לכך להתכבד אדם בקלונו של חבירו ומכ"ש בקלון הזה שאדם עושה עבירה והלא בנפשו דיבר כי בחטאו גם לו יגיע עונש ולשמחה מה זו עושה וכי תשמח היד כאשר תכשל הרגל וישבר וישמט מדוכתיה וכן הדבר באיש לחבירו כי הכל כאיש וגוף אחד נחשבו לא ינקה ה' כל עושה אלה ובפרט להמסייעים לעבירה ודוד המלך אמר (תהלים ג' א') מזמור לדוד בברחו מפני אבשלום בנו וכו' ואמרו בגמרא (ברכות ז ע"ב) מזמור לדוד קינה מיבעיה ליה ותירץ הגמרא סבור הייתי שמא עבד או ממזר יהיה כמ"ש הנני מקים עליך רעה וכו' אבל סתם ברא חס על אבא עכ"ל וכבר דרשתי בזה בפנים אחרות כמה פעמים וכעת אפרשהו בענין אחר כי מלבד שצריך ישוב במאמרו שברא חס על אבא כי הוא ראה גם ראה כי בנו אבשלום רדפו עד חרמה ואילו נפל בידו היה שופך דמו ארצה אף גם מה זה שדאג שיהיה ממזר ועבד דלא יחוסו עליו בממ"נ אם מה' היתה הסיבה כדי לקבל

עונש על עבירהאם כן יש לו לקבלו בשמחה כראוי לדוד ולחכם לבב וטוב אלף מיתות בעולם הזה מרגע אחד גיהנום בעולם הבא ומה שיש העיקר לתמוה בקושית הגמרא מזמור לדוד קינה מבעיה ליה הלא זה ראוי לחכם לבב וישר במידות לשמוח כי תפגעהו רעה ומקרה לא טוב וזוהיא מדת השלימות וזהו תכלית כל ספר איוב אם תרצה לעמוד על שרשי ויכוח איוב עם חבירו הא לך כפי מה שכתוב מדברי הרמב"ם במורה בעניני השגחה והוא כי עיקר הדברים וקוטר כל מאמריהם בנויים על דברים אלו שאומר ומי שישים דברים אלו בלבו יבין כוונת כל דבריהם באופנים מתחלפים וזהו שרשן כי איוב היה מתחלה תם וישר וחשב כי הצלחת אדם שיהיה לו כל דבר הוא לבל יכשל בגזל וכדומה ויהיה בידו להטיב לזולתו ובפרט לכושלים ואומללים ולא תטרידהו שום טרדה כדי שיוכל לעסוק בעבודת ה' וכאשר קרה לו שהלך ברוחו וקיים כל זה כמאמרו (איוב כ"ט יב) כי אמלט עני משוע ויתום ולא עוזר לו וכו' ולב אלמנה ארנין ובכל זאת הגיע לתכלית היסורין ונמנע ממנו כל טוב הן בבריאות גופו וקיום קנינו ובניו חשב כי אין הקדוש ברוך הוא משגיח באדם אף כי בבריאתו ויצירתו היה משגיח בפרטיות בחכמה רבה כאשר האריך בזה ואמר (שם י' י') הלא כחלב תתיכני וכו' כאשר האריך בעניני ספר יצירה היה הכל בחכמה וכונה מיוחדת לא נופל במקרה ומכל מקום אחרי צאתו מרחם אמו הסיר ה' השגחה מבני אדם וימסרם לפגעי ומקרי הזמן ומשטרי שמים וכדומה ואין כאן השגחה וזהו אומרו (שם ט' כ"ד) ארץ נתנה ביד רשע וכו' אחת היא על כן אמרתי תם ורשע הוא מכלה (שם פסוק כ"ב) וכהנה דברים רבים בכל מאמרו ושינה ושילש בהם ואמרו חז"ל (ב"ב טז) ביקש איוב להפוך קערה על פיה והיינו כפירה בהשגחה פרטית מה' על בני אדם אמנם חביריו לא כן חשבו ואליפז התימני חשב כי ה' לא יעוות משפט והאריך בזה רק באמת חטא איוב אף כי לא ידע ואשם כי הנסתרות לה' גלוים וזה אומרו (איוב ט"ו טו) ושמים לא זכו בעיניו (שם ד' יח) ובמלאכיו ישים תהלה וכו' וכל שורש דבריו על כך סובבים ובנוים ובלדד השוחי בחר בדרך אחרת ואמר שהוא להטיב באחריתו או בזה או בבא עכ"פ יאהב אותו ויוכיחו להטיב באחריתו וזהו מאמרו (שם ח' ח) והיה ראשיתך מצער ואחריתך ישגה מאוד וכהנה רבים דברים המורים ע"ז וצופר הנעמתי אמר כי אין לחקור טעם כי לא כמחשבותינו מחשבת הבורא וכל טעם שאנו אומרים לריק ותוהו יחשבו כי מי בא בסוד אלוה וזה מאמרו (שם י"א ז) החקר אלוה תמצא ומי בא בסודו ולכך אין לבקש טעמים רק להאמין כי הוא משגיח וכרצונו עשה כי אי אפשר להשיג סודו ודעתו וידיעתו ובזה החזיק גם כן אליהו בן ברכאל הבוזי אלא שהוסיף בראיה וסיפר מחסד ה' ואין לתמוה על מקרה אדם הן לטוב והן לרע כי גבהו דרכי אל ועמקו מחשבותיו למאוד ואין לדמותן למחשבתנו ושכלנו והמשל כמו אם נגיד לבעלי חיים שיש להם קצת

השכלה כי נעשה תחבולות לעבור בים אוקיינוס מקצה לקצה רחוק אלף פרסה או שנעשה כלי שעות מן התנועה שתנוע לשעות ורגעים משמיע קול וקול שיר כנגיני מוזיקי מעצמו בלי נוגע בו אדם שנים רבות הלא יהיה בעין בעל חיים לתמהון ולא יאמין כלל אפשרותו אבל לבעלי אדם בעלי מדע ותחבולות בקל להאמינו ומוסיפים יום יום תחבולות חדשות ולא שערום חכמי קדם והמשל עלינו ימשול כמו שאין בהמות מבינות מה שגלוי ופשוט לנו מכ"ש שאין לנו לחקור ולבקש תבונה במחקרי אלוה אשר אין ערך לנו עמו כערכנו עם בהמות וזהו מאמרו (איוב ל"ה יא) מלפנו מבהמות ארץ ומעוף השמים יחכמנו כי מהם נקח בינה מבלי להתרעם על ה' במעשהו להיות ידיעתו רחוקה מידיעתינו וזהו תכלית מאמרו ואיוב כאשר זכה לרוח הקדש ודיבר ה' עמו הבין כי כל שלימות האדם אינו כמו שדימה רבוי הקניינים וכדומה דברים המקרים רק השיג כי עיקר שלימות להכיר הבורא ולזכות לרוח הקדש וזהו יושג ע"י סיגופים ושברון כוחות הגוף ופיסוק התאות וזה תכלית השלימות והצלחה אמיתית והשגחה פרטית מה' אשרי אדם יגיע לזה וניחם על אשר חשב עצמו לגבר שנאבדו כל הצלחותיו ותקותיו כחרס הנשבר וקלל יום הולדו כי ראה כי הבל כל הנאבד ממנו קנינים המדומה ומעטים הם היסורין בערך שהשיג חקר אלוה במקצת והשיג רוח הקדש וזה אומרו (שם מ"ב ה') לשמע אוזן שמעתיך ועתה עיני ראתך ע"כ אמאס כי לא השיג עד עתה ואמאס בהבלי עולם ועניני גשם וגוף וזהו אומרו (שם פסוק ו') ונחמתי על עפר ואפר כי ניחם על צערו על יסורי גוף וכליון בשרו ואיבריו כמאמרו כי במה נחשב מעפר בא לעפר ישוב ולגדולה מזה מתוקן שמחזה שדי יחזה זהו תמצית כל ספר הזה לפי דעת הרמב"ם במורה ספר הקדוש הזה למשל נאמר שילמדו ממנו כל ישרי לב ולא נופל מהם דוד המלך ומה זו שאלה קינה מבעיה ליה:

אבל יובן במה שכתוב בגמרא (סוטה י ע"ב) שבעה פעמים בני שאמר דוד אסקיה משבעה מדורי גיהנום ויש להבין מה תועלת יש באמירה זו בני עד שיהיה מועיל להעלותו מגיהנום ומה סגולת הדבר בני להציל נפשו מיד שאול אבל כבר שאלו אם הקדוש ברוך הוא מייסר לאדם ע"י רשע דרך משל נגזר על בית המקדש שיחרב ועל נבוכדנאצר שיחריבואם כן למה נענש בשביל כך הלא רצון ה' עשה וכך יפה לו לעשותו כי כך נגזרה הגזירה אמנם התשובה כי רצון נבוכדנצר היה בלאו הכי לנקום בישראל ולעשות בהם כאשר זמם רק לולי החטא היה ה' מונעו ולא הניחו לעשותו אמנם בחטא ישראל הניח לו ה' מקום לעשות כרצונו והוא עשה בבחירתו ולא אנוס על פי דיבור ועשה כלבבו להרע לנקום נקם ולכך ענוש יענש בחושב רעה לעשותו וזהו הטעם בכל דברים אך זהו אם מטבעו לעשות הרע אבל ודאי אם מטבעו אינו לעשות רק נעשה בגזירת המקום לענוש בו החוטא קושיא הנ"ל במקומה עומדת למה יהיה נענש הלא בא בשליחות של מקום ואין ברוחו רמיה ולולי גזירת ה' לא היה עולה בלבו כלל לעשות רע

וכבר אמרו (שבת קמט ע"ב) כל שחבירו נענש על ידו אין מכניסין וכו' כי גם ענוש לצדיק לא טוב ומכ"ש כשחבירו נענש מחמתו והוא גורם לכך ע"י חטא פשיטא שגם הוא נענש וכבר התפללו חכמים קדמונים כר' נחוניא בן הקנה בתפלתו במסכת ברכות (דף כח ע"ב) שלא יהיו אחרים נענשים על ידו וכדי שלא יקרה לו עון בכך וזוהיא שאלת הגמרא מזמור לדוד קינה מבעיה ליה דהא חבירו נענש על ידו כי עון גדול שרודף אביו ורבו ומלך בישראל וא"כ אף הוא יהיה נענש ואין לשמוח כלל במה שחבירו נענש על ידו לשמחה זו מה עושה שזימר ותירץ הגמרא באמת גזירה זו לרודפני אמר דוד משמים היא הנני מקים עליך רעה וסבור הייתי עבד או ממזר שדרכם מבלי לחוס ולהדר פני גדול וא"כ ודאי יענשו כהנ"ל בנבוכדנצר כי לבבם רע והגזירה היתה רק להניחם לעשות כמחשבתם הרעה ומרה תהא אחריתם וא"כ ודאי שהייתי מקונן בתאניה ואניה כי רדף אויב נפשי ואף אני אהיה נלקה בעבורם אבל עכשיו שבני רודף אחרי ואין זה מדרך העולם ומעולם לולי גזירת המקום לא היה עולה בלבו לרודפני ולהיות לי לשטנה ואין זה אלא גזירה מן השמים וא"כ אין לו משפט עונש כי רצון ה' עשה והרי זה כמעט אנוס ע"פ הדיבור ולכך זימר בברחו מפני אבשלום בנו כי לא יקרה לו עונש ולכך במיתת אבשלום ונגש לדין למעלה להורידו לגיהנום ירכתי שאול התנצל דוד בעבורו וצעק בני אבשלום הלא בני הוא ואיך יעלה בלבו לעשות לי רעה וכי כך היא המדה והטבע מבן לאב וכבר אמרו (סנהדרין עא) בן סורר ומורה לא היה ולא נברא אין זה אלא גזירת המקום היה בכך ואין לו לעונשו ולכך באמירת בני התנצל בעדו והואיל כי יפה טען ניצול ממדורת אש והנה היה לדוד מופת על זה כי הוא לא ענה מלבו הרע רק משמים נוססה בקרבו לרדוף אחר אביו והוא כי נודע מה שכתוב בזוהר (ח"א קפ"ה) וישליכו אותו אל הבור למען הציל אותו מידם ושאל הזוהר הלא בבור היו נחשים ועקרבים וא"כ מה זו הצלה ותירץ כי בזה אפשר לעשות לו נס אבל להמלט מיד אדם הקם להרגו קשה הנס כי אדם בעל בחירה ואין הקדוש ברוך הוא מבטל הבחירה בקל ולכך קשה לעשות נס להציל מיד אדם ולכך אמר ה' לשמואל (שמו"א ט"ז ב) עגלת בקר תקח מידך כי קשה לעשות לו נס למלטו מיד שאול היותו בעל בחירה ולפ"ז לא אבשלום בעצמו בתכונתו הרעה הזו ירדפו רק הקדוש ברוך הוא מנע העזר מדוד כנ"ל בנבוכדנצראם כן היה קשה לדוד להתפלל להמלט ממנו כהנ"ל כי קשה לעשות נס להמלט מיד אדם בעל בחירה אמנם כאשר אבשלום לא היה בזה בעל בחירה כאשר כתבתי כי לא ענה מלבו רק משמים נוססה בקרבואם כן תחול התפלה שיסיר ה' כעסו מאתו וישיב לב אבשלום כמקדם ולא ירע לדוד כי לבבו בעצמותו לא היה לרוע עם אביו דוד וזהו מאמר דוד מה רבו צרי ומה הצרות ומפרש שאין הצרות ענין רדיפה כי זהו סובל בטוב ומקבלם באהבה אבל הצרות שרבים קמים עלי ואומרים לי דהיינו לנפשי אין לו לאבשלום חלק לעולם הבא

בעשות רעה זאת לרדוף אביו מלך ישראל וזהו שאומרים לנפשי אין ישועתה לו דייקא לו היינו אבשלום באלהים סלה וא"כ רב צרותי בזה דיהיה חבירי נענש על ידי ואין מכניסין אותי במחיצות למעלה אבל אמר דוד כי שקר הוא שקר אומרים כי אתה מגן בעדי וכו' ומרים ראשי שלא אהיה נתפס בשביל כך כי אין לו משפט מות ועונש גדול כהנ"ל היותו בני ומביא ע"ז מופת וראיה כי קולי אל ה' אקרא ויענני מהר קדשו סלה עד כי אני שכבתי וכו' ולא אירא מרבבות עם אשר שתו עלי ואם היה בבחירה לא היתה תפלתי נשמעת ואין זה אלא משמים נלחמו בי וה' הסיתו בי ולכך אין לו עונש גדול וזהו שהיה מזמר והולך והביא ראיה כי שמע ה' בקולו לבל תהיה יד אויביו מבקשי רעתו רבה ומצליחה ואין הקדוש ברוך הוא עושה נס בקל לבטל בחירת האדם כהנ"ל:

כמה מילי מעליא איכא למילף מהך ראשון כי מה מאוד יקבל איש על עצמו בשמחה ובלב טוב בראותו כי הצלחתו עומדת לנגדו ובכל אשר יפנה ירשיע בשביל זה לא יסיר תומתו ויקבל מאהבה עד אשר ישיר בקול זמר לה' שנית שיצטער למאוד אם חבירו נענש על ידו ח"ו וכמו ששמירת גופו עליו לבל ילכדו בעון כן שמירת חבירו עליו כי הכל גוף אחד ועצם מעצמו ובשר מבשרו ואם בשר חבירו יכאב נפשו עליו תאבל ושלישית שישים כל מגמתו בשלימות התורה ומדע לדעת ה' וימאס בכל עניני עולם הזה וצערו ומכאובו כי אהבת התורה תגדל עליו כ"כ עד אשר יהיו שאר דברים עליו כלא כמאמר איוב (מ"ב ו) ונחמתי על עפר ואפר וכבר גזרו חז"ל (ערכין טז ע"ב) כמה שיעור תוכחה עד הכאה והנה עוד חנופה יש שאדם מחניף לעצמו ומצדיק עצמו בדין ואינו רואה חוב לנפשו ועל כל פשעיו תכסה אהבתו המדומה ובאמת שונא לנפשו בזה עד מאד כי מה יועיל באומר לנפשו חף אני מפשע ואני מושלם במעלות וירא אלהים למאוד וה' יודע כי מכף רגל ועד ראש אין בו מתום פצע וחבורה ומכה טריה נעדר מכל חכמות ומה יענה אנוש כזה לומר חדאי נפשי כי כבר מצאה ידי הלא בעונותינו הרבים אין רגע בלי פגע עונות ואם יעסוק בחכמה כל ימיו לא ימצא כטיפת מים מחכמת ראשונים וא"כ למה זה ירום לבבו וישכח בכל חסרונות אשר יש לו באמת להכיר יותר מזולתו אך זהו שנופל בסוג ומין השני שהחלנו ויעדנו לדבר בו והוא כת שקרנים אשר בסוג שקר נכלל גם כן גאוה והן תאומים זה מול זה כי ע"י שקר נולד גאוה כי משקר בעצמו ואומר כמה פעמים לפני אנשים כי הוא חכם וצדיק וסופר וכהנה מהמעלות ותוארים עד בדברו כן פעמים ושלש יהיה זה אצלו מאומת וקבוע בדעתו כאילו לא בדה מלבו בשפת שקר וכאילו דובר מישרים כי כל מה שאדם דש בו להגידו אחר כך נקבע בדעתו מבלי לזכור כי ממנו יצאו הדברים בדוים וא"כ אחר כך ירום לבבו בחשבו למי היקר וכבוד יותר ממני ואל מי תדמיוני ואשוה ובאמת לא כן הוא הוא אמר ולא כן הוא כי אינו צדיק מלוכלך בעונות נעדר ממדע רק מחמת שקרנות נולד לו רמות רוח וכן להיפך

כל שקר נולד מגבוה לבב ורמות רוח כי יבוש כאשר ישאלו לו למה עשית כך ולמען יתגדל יכזב לא יודה בעשותו הנבלה וכן בכל דבריו למען ירום ישקר בכל דבריו עד שהרגל נעשה טבע וישקר בכל דבריו אף במה שאינו נוגע בכבודו ולתועלת לו כלל לכן ב' מידות המגונות ורעות בעונותינו הרבים הן היו בעוכריו לכל דבר והן התחלות לכל מידות רעות כאשר כתבתי לעיל אם יתפוש אדם מידת אמת ינצל מכל חטא ופשע ואמר במדרש (בראשית רבה נ' ט) מלאכי השרת בשביל שנתגאו ואמרו כי משחיתים אנחנו את המקום נדחו ממחיצתן שנים רבות ויש להבין מה גיאות יש בכך הלא בהדיא אמרו וישלחנו ה' לשחתה אבל תבין במה שכתוב בגמרא (ברכות ד ע"ב) גדול הנאמר במיכאל ממה שנאמר בגבריאל דבמיכאל כתיב ויעף אלי אחד מן השרפים ובגבריאל כתיב והאיש גבריאל מועף ביעף יש להבין מה נ"מ אם נאמר ביה טיסה אחת או יותר אבל יובן כי ידוע כי מלאך אחד אינו עושה ב' שליחויות היינו במלאכים בלתי נשגבים אבל מלאכים גבוהים עושים שליחויות הרבה כאחד ולכך מיכאל שעשה בזה שלקח רצפה ושם בפי הנביא ב' שליחויות א' שיסרו על דבר שפתים אך למותר באומרו על עם קדוש עם טמא שפתים והוא דין ועונש ושליחות אחד של רחמים שאמר לו (ישעיה ו ז) סר עונך וחטאתך תכופר ונתן נבואת ה' בפיו כמ"ש המפרשים וא"כ לולי שהיה מלאך נשגב במעלתו לא היה אפשר לעשות בשליחות אחת והיה צריך לעשותו פעמיים זו אחר זו ולכך היה צריך לשתי טיסות לכל שליחות טיסה מיוחדת אבל מיכאל לרוב מעלתו עשה הכל בטיסה אחת ולכך לא נאמר רק ויעף וכו' בעיפה אחת אמנם גבריאל בבואו לדניאל גם כן פעל שתי שליחויות אחת גלותו גלות ישראל (דניאל ט כד) שבעים שבעים נחתך על עמך ואחת מפלת עכו"ם וטובת ישראל וזה היו שני דברים מתחלפים ולכך לא עשה שליחותו בטיסה אחת רק לכל שליחות טיסה מיוחדת ולכך נאמר מועף ביעף ולא היתה מעלתו כ"כ לפעול שתי שליחויות בפעם אחת וצריך לכל אחת עיפה וטיסה מיוחדת והנה המלאכים הנ"ל היו אחד להפוך את סדום ושני להציל לוט כי אין מלאך אחד עושה שתי שליחויות אמנם הם באו ואמרו כי משחיתים אנחנו כאילו על שניהם שליחות הפיכת סדום והצלת לוט כדכתיב (בראשית י"ט טו) ויאיצו המלאכים בלוט וזהו לתוקף מעלתם שהם נשגבים וכדאים לעשות שתי שליחויות כאחד כמו מיכאל וזו לא היה (א"ה צ"ע מתוספות ב"מ פ"ו ד"ה ההוא) ובעבור כן נדחו ממחיצתן כי דובר שקרים לא יכון הרי כמה הקדוש ברוך הוא מדקדק על מידות גאוה ושקר ואיך יעוז איש קרוץ מחומר נבהל לתמורת הזמן רוח עברה בו ואיננו איך יתגאה לומר אעלה על במתי עב אדמה לעליון ברוב גבהותו עד שלא ירגיש בשום תועבה ואיסור אפס תהיה לו לתפארת ווי ווי גאוה ושקר מה רבים חללים הפילו ומה עצמו כל הרוגיה אשרי הגבר ימלט מהם ולא יבוש ויעול בכסופא קמי מלכא קדישא והנה בגדר גאוה הוא גם

כן מבלי להחזיק טובה לעצמו אף דפועל דבר טוב כי מה הוא בערך הטובה שפעל הקדוש ברוך הוא עמו רועו לא יחסר ובפרט כי לולי עזרת ה' אי אפשר לשום גבר לעשות דבר טוב כי מי יקדימני ואשלם לו אמר ה' ודרשו במדרש (ויקרא רבה פכ"ז ב') עשית מזוזה אני נתתי לך בית עשית ציצית אני נתתי לך בגד וכן הכל באופן שאם לדין יש תשובה שאין להחזיק טובה בעשותו דבר טוב כי כך חובתו והכל מה' אין כאן מצעדי גבר:

ואמרו בגמרא דסנהדרין (דף צג ע"ב) מפני מה לא (נחמיה ה יט) נקרא ספר נחמיה בשמו משום דהחזיק טובה לעצמו שנאמר זכרה לי אלהי לטובה ופריך הגמרא דוד נמי אמר הכי (תהלים קו ד) זכרני ה' ברצון עמך ופקדני בישועתך ומשני הגמרא דוד רחמי קבעי וכו' ויש להבין הלא דברי נחמיה גם כן היו לבקש רחמים מה' שיזכור לו לטובה וכי ח"ו הלך בטרוניא רק כל מגמתו לבקש רחמים שיזכרו ה' לטובה אבל לפי הנ"ל יובן כי אם לדין יש תשובה שאין מגיע לאדם שום תשלום גמול ושכר על עשותו טוב כי הכל מה' ומי יקדימני ואשלם לו אמר ה' כנ"ל אמנם לפנים משורת הדין ה' ברוב רחמיו וחסדיו מתחסד עם בני אדם כאילו לא קדמו לסייע לו ובבחירתו מעצמו עשה הטוב והישר ונאמן הוא ברוך שמו לשלם שכר פעולתו אבל הכל מצד חסד ולא מצד הדין ולכך נחמיה אמר זכרה לי אלהי לטובה וזהו אינו כי אלהים מדת הדין וא"כ הודה נחמיה כאילו מגיע לו מפאת הדין זכירה לטובה על כושר פעולתו וזה אינו ולכך נענש אמנם דוד אמר זכרני ה' ברצון עמך שהוא שם הוי"ה ברוך הוא בעל הרחמים וחמלה שהתפלל שיזכרהו ברצון כי חפץ חסד לתת לאיש כמפעלו כאילו פעל מעצמו ולא סייע הקדוש ברוך הוא ויפה דיבר וזה תירוץ הגמרא דוד רחמי הוא דקבעי וכוונו להנ"ל שתלה בקשתו במדת הרחמים ולא כן נחמיה שתלה הזכרון במדת הדין כאילו מגיע לו תשלום שכר בדין ומשפט ראו בניי ואחיי כמה יש לאדם לדקדק במעשיו ודבריו ולזכור כי אפילו הטובות שבו לא יגיע לו שכר בדין כי אם ברוב חמלה וחנינה מה' הרחמן על כל מעשיו וא"כ מה יעוז אנוש בזכרו כי הרבה לפשוע ובמקום מצוה אחת מגיע לו אלף עבירות אוי לנו מיום הדין אוי לנו מיום התוכחה מי יכול לעמוד מה יהיה לו פתחון פה בעמדו לפניו לדין ומה יתגאה איש אשר אינו בטוח לשעה אחת ורגע אחד שלא ינטל ממנו כל הדרו ויהי כגבר אין ווי ווי הי תורה הי מצות דמגנו עלן ויש לנו לדקדק בקיום מצות עשה ביותר כי היא חיינו ואורך ימינו וגם העיקר המביא אדם לידי מעשה טוב ויראת ה' היא ענוה כי גסות ומידה המגונה שקר כמ"ש הם שאור שבעיסה להביא לאדם לכל התועבות אבל התופס במידת ענוה ינצל מכל חטא ממש לכך העידה תורה על משה שהיה עניו מכל אדם ראו צדקת דוד במה שכתוב (תהלים ק"ו ד) זכרני ה' ברצון עמך וכו' בשנבין דברי גמרא (ברכות י) דחזקיהו לא אזל לגביה ישעיה היותו מלך וישעיה לא אזל לגבי חזקיהו היותו נביא וה' הטיל פשר דבר שחלה חזקיהו ואזל ישעיה לבקרו ואמר ליה כי מת אתה כו'

משום דלא נסיב איתתא וא"ל משום דחזי ברוח הקדש דהוי ליה בנין דלא מעלי והשיב לו ישעיה בהדי כבשי דרחמנא למה לך מה דאפוקדת אבעי לך למעבד וכו' עכ"ל יש להבין מה זו שנתגאה ישעיה מבלי לילך לאיש צדיק כמוהו בשלמא חזקיהו מיאן לילך כבר אמרו (כתובות יז) מלך שמחל על כבודו אין כבודו מחול אבל ישעיה למה לא מחל על כבודו דהרב מותר למחול על כבודו וגם קשה מה שאמר לו ישעיה בהדי כבשי דרחמנא למה לך הא לא היה אצלו מן הכבשי דחזי ברוח הקדש דהם בנין דלא מעלי ואין כאן דבר סתום ולו נגלו תעלומות ובזה מצא חקר אלוה דיהיו יוצאים ממנו בנין דלא מעלי אבל הדברים יובנו בכך דהקשו איך ס"ד לישעיה מבלי לילך לחזקיהו הא קיימא לן (הוריות יג) מלך קודם לכהן גדול וכהן גדול קודם לנביא ומכ"ש דמלך קודם לנביא ועיין בברייתא סוף הוריות ותירצו היינו מלך על כל ישראל אבל חזקיהו שלא מלך רק על ב' שבטים הנשארים הלכך לא תארהו ישעיה בתואר מלך כראוי אם לא ימלוך על כל ישראל ביחד ולכך חשב שהוא קודם לו במעלה ובזה יובן טעם הנביא ישעיה שלא רצה למחול כבודו לילך לחזקיהו כי ע"י כך ביקש להראות לו כי חטא לנפשו במה שלא לקח אשה כי ודאי ח"ו על חזקיהו שביטל עשה דפריה ורביה דהא קיימא לן (יבמות סג ע"ב) כבן עזאי האומר נפשי חשקה בתורה פטור מפריה ורביה ואין לך מי שנפשו חשקה בתורה יותר ממלך חזקיהו שדרשו עליו בחלק (סנהדרין צד ע"ב) וחובל עול מפני שמן שאין לך תנוקות בכל גבול ישראל שלא היו יודעים בתורה וא"כ ודאי דאין עליו משפט כעובר על מצות עשה אבל מכל מקום אף דפטור לא קיים מצות עשה דהא לא נשא אשה והרי זה דומה למי שאין לו טלית בת ד' כנפות למ"ד שחובת מנא שאין חייב בציצית ולא מיקרי עובר על מצות עשה אבל מכל מקום לא קיים מצות עשה זו דהא אינו מקיים ציצית וכן הדבר בזה דאף דפטור מחמת חשק התורה מכל מקום לא קיים פריה ורביה והרי ביטל מצות עשה וגבי ציצית אמרינן בגמרא (מנחות מא) דקטינא דלביש סדינא למען יהא פטור מציצית והוכיחו לו מלאכי השרת ואמרו קטינא קטינא סדינא בקייטא וכו' שאל ענשיתו והשיבו אין בעידן ריתחא ענשיתו פירוש על עשה כה"ג דפטור ממנו דסדין בציצית פטור רק מכל מקום לא קיים מצות ציצית יבעידן ריתחא נענש עליו וא"כ אף בחזקיהו בביטול פריה ורביה כן ואמרינן בגמרא (ראש השנה ח ע"ב) מלך וצבור מלך נכנס תחלה לדין מקמיה דליפוש חרון אף ויפוש ריתחא וא"כ בזה בטח מלך חזקיהו כי חשב בפועל אינו עובר על מצות עשה כי נפשו חשקה בתורה כבן עזאי ובעידן ריתחא לא יענש היותו מלך נכנס תחלה לדין טרם דליפוש חרון אף ויפוש ריתחא אמנם ישעיה הנביא ברצונו להוכיח דלא יבטל מפריה ורביה ויהיה נשמר מאף וחימה של הקדוש ברוך הוא ולמען לא יבטח היותו מלך נכנס תחלה לדין ולא יהיה בעידן ריתחא מיאן לילך אצלו והיינו כי הוא חשוב ממנו מפני שלא מלך רק

על ב' שבטים ולית ליה תואר מלך ונביא קודם כנ"ל ובזה שהראהו דאין לו תואר מלך וא"כ אינו נכנס תחלה לדינאם כן אין לו לבטל מפריה ורביה דלא יענש בעידן ריתחא לכך בכונה לא הלך אצלו דמזה יוודע לו היותו לאו בתואר המלך ויהיה בכלל עונש פריה ורביה כנ"ל וא"ש והנה כשבא ישעיה אצלו מחמת חוליו כי חזקיהו הלך לשיטתו דהוא מלך וא"כ אין לו פחד מעידן ריתחא אז הוכיח לו ישעיה בשם ה' כי יענש היותו מבטל מפריה ורביה ואמר חזקיהו כי חזי ברוח הקדש דיהיו לו בנין רשעים אבל תדע כי ודאי לנביאים וכן מלאכי מעלה נגלה היותו איש צדיק ורשע כמ"ש התוספות (נדה טז ע"ב ד"ה הכל) אף צדיק ורשע לא קאמר אבל בנבואה קאמר אבל שישוב בתשובה אי אפשר להשיג כי זהו נגד שורת הדין רק הקדוש ברוך הוא לרוב רחמנותו וחמלתו חותר חתירה מתחת כסא כבודו לבעלי תשובה וזהו בדרך נסתר ושביל ונתיב מוצנע לאו כל עין רואה לבל יקטרגו מלאכי השרת ולכך חותר חתירה מתחת כסא כבוד בסתר ונעלם לבל ירגישו בו מלאכי השרת וזהו שערים שהיו במקדש כל שערים היו משמשים כניסה ויציאה (תמיד ל ע"ב) והם שערים מכוונים למעלה מקום ביאת צדיקים ומלאכי השרת וכמו שנאמר זה השער לה' צדיקים יבואו בו אבל שער שבדרום היה סגור ה' אלהי ישראל בא בו והיינו ששער זה מיוחד לבעלי תשובה אשר הקדוש ברוך הוא חותר חתירה להכניסם בו ולכך זה השער יהיה סגור ה' אלהי ישראל בא בו כי הוא המכניס והמביא בעלי תשובה דרך זה השער מה שלא יודע לשום בריה וזהו הפותח שער לדופקי בתשובה כי יש להם שער מיוחד לכך ולכך במקום שבעלי תשובה עומדים אין צדיקים גמורים יכולים לעמוד (ברכות ל"ד ע"ב) כי שביל ההוא לבעלי תשובה נעלם מעין כל בריה ואין צדיקים מגיעים לשם ולכך אין להשיג זה בנבואה אם ישוב הרשע בתשובתו מרשעתו או לא כי זהו שביל מיוחד לא תגיע שם השגת שום נביא ולכך נאמר במדרש בישמעאל (בראשית רבה נ"ג יד) וישמע אלהים את קול הנער קטרגו מלאכי השרת ואמר הקדוש ברוך הוא אני רואה מה שאתם אינכם רואים והיינו כי כבר אמרו כי ישמעאל חזר בתשובה בימי אברהם אביו וזה לא ידעו מלאכי השרת וידעו מרשעתו אבל לא השיגו מתשובתו כי זו היא החתירה תחת כסא הכבוד ולכך אמרו שימות בצמא אבל הקדוש ברוך הוא ראה כי ישמעאל יחזור בתשובה ולכך החיה הקדוש ברוך הוא אותו וכן הדבר במלך חזקיהו כי ראה ברוח הקדש שיהיה מנשה רשע אבל תשובתו לא הבין ולא ידע ולכך פירש מאשה לבל יהיה פריה ורביה אבל ישעיה אמר לו בהדי כבשי דרחמנא למה לך כי זהו שמנשה ישוב בתשובה הוא מן הנעלמות ונסתרות לבל תוכל להשיגו ברוח הקדש אבל באמת עשה תשובה שלימה (סנהדרין ק"ג) עד שאמרו כי הוא בגן עדן ראש לכל בעלי תשובה כמבואר בכל בו בחדרי גן עדן ע"ש ולכך מה דפקדת הוה לך למעבד פן יחזור בתשובה כאשר

באמת היה ולכך נסב באמת אשה ודו"ק:

הביטו נא וראו כמה עמקו מחשבות הבורא וכמה יש לאדם להנצל מעבירה ולהודות לה' שהרבה רחמיו לקבלו בתשובה עד שאפילו מלאכי השרת לא ידעו ממקום קבלתו וה' ברוב רחמיו פותח לו פתח מיוחד והוא אחד מניסים שעשה הקדוש ברוך הוא עם בריותיו וכמאמר דוד (תהלים קי"ח כ"ב) אבן מאסו הבונים היתה לראש פינה מוסב על בעלי תשובה שכולם מאסו אותו אפילו מלאכי השרת והיה לראש שנשגבה מעלתו יותר מצדיקים וקאמר (שם פסוק כ"ג) מאת ה' היתה זאת היא נפלאת בעינינו דהיא אחת מפלאות ה' שמפליא לעשות עם בני אדם וזהו מאמר ישעיה (ישעיה נ"ה ז) יעזוב רשע דרכו ואיש און מחשבותיו וכו' שלא תאמר הא ראינו צדיק אובד בצדקו ורשע מאריך ברעתו וזהו לאות על סילוק השגחה מבני אדם כמ"ש לעיל בטענת איוב וע"ז משיב כמש"ל בטענת צופר ואליהוא בן ברכאל כי אין לשער ידיעתנו עם ידיעתו ולא כמחשבתו מחשבותינו כו' ולא דרכינו דרכיו וכו' וגם כי מדרך השכל אין התשובה מועילה להחוטא ולכך הרשע אמר כבר חטאתי ומה לעשות עוד אבל הקרא אומר הרשע יעזוב דרכו דרך רשעים כי התשובה מועילה בדרך ניסי וזה אומרו לא מחשבותי כמחשבותיו וכו' כי הקדוש ברוך הוא לרוב רחמיו חושב מחשבות לבל ידח ממנו נדח חוץ לשורת הדין וחוץ לגדר עולם להטיב בעלי תשובה בתשובה עד שאפילו מלאכי השרת לא השיגו אותו כלל ובאמת אילו בני אדם אינם כפויי טובה לא היה עולה בלבם לעשות דבר רע כמש"ל הוא אשר נתן לו בגד איך יגמול למולו להמרות דבריו מבלי לעשות ציצית כראוי וכן בכל דברים אם אין אדם כפוי טובה לא יעבור בקל מצות ה' כי איך יעשה תחבולות רשע ה' חונן בחמלתו הרבה ליתן לו דעה ובינה ואיך יגמול שבדיעה שחנן לו יחשוב מחשבת רשע ה' נתן לו לשון מדברת ואמירה נעימה איך יגמול לדבר דברים אשר לא כדת ליצנות לשון הרע שקר חנופה נבול פה מסירה וכדומה ולכן הנזהר מבלי להיות כפוי טובה לא במהרה יחטא וזהו כוונת המדרש (שמות רבה פ"א ח) אשר לא ידע את יוסף היום לא ידע את יוסף ולמחר לא ידע את ה' והיינו כמ"ש כיון דהיה כפוי טובה כ"כ ועשה עצמו כאילו לא ידע את יוסף מה שהיה מחיה ממש כל מצרים ולולי הוא כבר ספו תמו בזלעפות רעב וקיבץ כל כסף העולה למצרים והוא כפוי טובה לעשות עצמו כלא ידע וא"כ המדה הרעה הזו תגרום שסופו יכפור בה' ולא יכיר כי ממנו כל החסדים היותו כפוי טובה וישכח עושהו ויאמר לי יאורי ואני עשיתי וא"ש דלבסוף אמר מי ה' אשר אשמע בקולו וכן אורחות כל הולכי עקלקלות שסופם לכפור בה' ובאמת מידה זו להיות כפוי טובה מסתעפת גם כן משורש גאוה כי מי שלבו רם ודעתו גבוהה בוש מלומר שיקבל טובה מזולתו ובלבו אומר אין לי צורך לשום אדם וחכמתי וכחי ועוצם ידי יעשו לי הכל ולכך הוא כפוי טובה אין לך מדה מגונה שאין מעורב בה גסות רוח בניי חדלו מזה אל יאמר אדם הואיל ואני פרנס ומנהיג ורב

ומורה לי נאה להתגאות ח"ו יותר כשהוא מושל על עם ה' יותר נאות להיות שפל רוח צא ולמד במה שאמרו (יבמות ע"ו ע"ב) ויהי כראות שאול את דוד יוצא לקראת הפלישתי וכו' פריך הגמרא ולא הוי ידע ליה וכו' אלא הכי קפריך אי מפרץ קאתי מלכא הוי אי מזרח קאתי שאלני אי מותר לבוא בקהל ע"ש אבל יש להבין למה דוקא מלכא הוי אי מפרץ ולא מזרח נראה דאמרו בגמרא דיומא (דף כ"ב ע"ב) דלכך לא נמשכה מלכות שאול להיותו בלתי דופי שמא תזוח דעתו עליו אבל דוד שבא מקופה של שרצים היינו מואב הוכשר למלך לבל תזח דעתו ומזה הטעם נבחר שבט יהודה למלכות היותם באים מן תמר כמבואר במדרש (רו"ר ח' א) בפסוק רגזו ואל תחטאו שאמר דוד כשהיו אומרים לו שבא ממשפחת בזויה מואב והשיב דוד וכי לא כל שבט יהודה באים מתמר ולכך נבחר יהודה למלכות אך יש להבין מה זה חשש פגם בלידת יהודה מן תמר הלא אז היתה מצות יבום נוהגת באבי המת קודם שניתנה תורה ונתחדשה הלכה שיהיה דוקא האח מיבם ועיין במדרש ורמב"ן לתורה (בראשית ל"ח ח ד"ה ויבם אותה) ומהר"י אברבנאל שכולם הסכימו שיהודה קיים מצות יבום בנשואי תמר וא"כ מה זה לידה בפגם אדרבה מצוה רבה היתה שנולד ע"י מצות יבום בנשואי תמר ונראה לפי מה שכתוב בגמרא דיבמות (דף כ ע"ב) גזרה ביאה שניה אטו ביאה ראשונה (צ"ל גזירה ביאה ראשונה אטו ביאה שניה) דעיקר מצות יבום רק בביאה ראשונה אבל אחר כך אין שום מצוה מובחרת דכבר קיים מצות יבום ונהנה לתאותו וחמדתו מן איסור ע"ש בתוספות (דף כ ד"ה יבא) דהקשו הא אין מתעברים מביאה הראשונה ע"ש אבל בתמר דמיעכה באצבע ודאי דעיקר מצות יבום בביאה ראשונה להקים זרע למת ולא יותר והנה כבר הסכימו הטבעיים דאי אפשר לאשה להתעבר תאומים מביאה אחת רק משתי ביאות וכ"כ רש"י (בראשית כ"ה כו ד"ה ואחרי) גבי יעקב ועשו דמשל לשפופרת נכנס ראשון יצא אחרון וע"כ דסבירא ליה משתי ביאות נתעברה דאי מטיפה אחת לא שייך נכנס ראשון וזהו פשוט וא"כ תמר שהולידה תאומים נראה להדיא דב' ביאות הוי וא"כ ביאה ראשונה ודאי דלית ביה שמץ פקפוק וכולה קודש אבל ביאה שניה בזו יש חשש לפקפק דכבר נתקיימה המצות יבום בביאה ראשונה ולפ"ז הנולד מביאה ראשונה אין בו פקפוק וחשש פגם ולו נאות המלוכה דאין בו דופי אבל הנולד מביאה שניה בזה יש חשש פגם והוא בכלל יש בו דופי ואין ראוי למלוכה ולכך זרח דיצא ראשון וע"כ דנכנס אחרון כמ"ש רש"י לעיל ביעקב וא"כ יש בהריונו דופי ואינו ראוי למלוכה משא"כ פרץ דיצא אחרון וזה שאלת שאול אי מפרץ אי מזרח קאתי וע"ז השיב לו שפיר דואג אתה שואל על משפחה בזויה כנ"ל הלא פסול לבוא בקהל וא"ש הביטו נא וראו כמה הקפידה תורה על גסות רוח אף שראוי למלך מבלי למחול על כבודו מכל מקום הקפיד לבל ירום לבבו ומינהו מקופה של שרצים ומכ"ש שיש לאדם שפל אנשים שישים ללבו מבלי יתגאה בעונותינו הרבים כשאדם ממשפחה

רמה מתגאה למאוד וכבר אמרו בגמרא מנחות (דף נג) אי בר אבוהן יאי בר אוריין יאי כי העיקר במעשה אדם:

ואמרו במדרש כששאל לדואג בן מי זה העלם א"ל זהו בן ממי שמכריע העולם בצדקתו ויש להבין דואג שאויב לדוד עד מאוד מה ביקש בזה ששיבח את ישי אבי דוד לשאול אבל יובן בשנבין דברי גמרא (יבמות ע"ו ע"ב) דפריך על הא דשאל בן מי זה העלם ולא הוי ידע ליה והכתיב ויהי אצלו לנושא כליו אלא מאבוהו קשאיל והא כתיב והאיש בימי שאול וכו' זה ישי אבי דוד שנכנס באוכלסין ויצא באוכלסין וכו' ויש להבין בממ"נ מה קושיא יש כאן אמת דידע לישי וידע לדוד אבל לא ידע שדוד הוא בנו של ישי ואם אמרינן דקושית הגמרא דכתיב והנה ראיתי בן לישי בית הלחמי וכו' הרי דידע דדוד בן ישיאם כן בקיצור הוי ליה להקשות מהך קרא דידע לאביו של דוד דכתיב ראיתי בן לישי ולמה ליה דרש הנ"ל דיצא ונכנס באוכלסין אמנם נראה לפי מה דאמרינן בקדושין פרק יו"ד יוחסין (דף ע"ו) דהנושא אשה כהנת צריך לבדוק וכו' ואין בודקין ממי שהוא נכתב באסטרטיא של מלך כי היו הכל מיוחסים כדי שתהיה זכות אבותם מסייעתם וא"כ קושית הגמרא כך דזה ודאי דס"ל להגמרא הא דאמרינן אאבוהי קשאיל אין הכוונה מי הוא אביו דזה פשוט ידע דהא כתיב ראיתי בן לישי וכו' כנ"ל רק קושית הגמרא דלמא אאבוהי קשאל לידע אם הוא מן משפחה מיוחסת או לא וע"ז פריך הגמרא הא נמי ידע ליה דהוא מן המיוחסין שבישראל דאמר מר וכו' זה ישי שנכנס באוכלסין וע"כ היה מיוחס דאל"כ איך אפשר לכנס הא אין יוצאים למלחמה רק מיוחסים שבדור ולכך משני הגמרא דשאל אי מפרץ קאתי וכו' וא"ש ובזה יובן המדרש הנ"ל דדואג ביקש להעמיד דעתו דדוד מפסול קהל ממואב כמבואר בגמרא ודלא יקשהאם כן איך ישי נכנס ויצא באוכלוסין קאמר דבריו הנ"ל דהנה כל טעם דבעי מיוחס כדי שזכות אבותיו יסייעהו וזהו באדם בינוני אבל בצדיק מופלג אשר כמוהו לא היה ממש כמו ישי שמת בעטיו של נחש (ב"ב יז) ודאי שאין צריך לזכות אבותיו וזכותו מכריעה יותר מכולם וכבר פירשו המפרשים דהא דאמרינן בגמרא (תענית כ"ה ע"ב) דרבי עקיבא התפלל ונענה ור"א התפלל ולא נענה ויצא בת קול לא שזה גדול מזה רק זה מעביר על מידותיו וזה אינו מעביר על מידותיו ופירשו המפרשים חס ושלום שר"א לא היה מעביר על מידותיו אבל הכוונה שרבי עקיבה היה בן גרים והיה ראוי לו טבע אבותיו במידות מגונות והוא לא עשה כן והיה צדיק גדול וזהו מעביר על מידותיו ולכך נענה אבל ר"א כך הראוי כי היה בן צדיק גזע משה רבינו ומה יש להתפלא אם מידותיו מובחרות וטובות הרי דמי שהוא בן מקופה של שרצים והוא צדיק יותר אהוב וחביב לפני מקום מבן של קדושים וא"כ ישי שהוא כ"כ צדיק אין צריך לזכות אבותיו וראוי לו לילך למלחמה כי ודאי שחפץ ה' בידו יצליח על אויביו יתגבר אף יצריח וזהו מאמרו של דואג כי ישי הוא צדיק גמור מופלא

בצדיקים וא"כ אף שאינו מיוחס כדאי לילך למלחמה כנ"ל ומכל מקום אין כאן ראיה על זרע בועז מרות שהם כשרים לקהל ה' ובזו יובנו דברי רש"י בחומש פרשת מטות (ל"א ו ד"ה אותם) אותם ואת פנחס מלמד שפנחס שקול כנגד י"ב אלפים איש ולמה שלח פנחס עמהם וכו' ויש להבין למה לא אמר שאלה זו מקודם טרם שאמר פנחס שקול כנגד כולם ולפי הנ"ל ניחא דיש לאמר דלכך שלח פנחס דידוע דשבטים היו מבזים אותו בן פוטי זה וכו' ולכך יחסו הכתוב כנודע ולכך להראות לכל שהוא מיוחס שלחו המקום לראש צבא לצבוא על מדין וא"כ ע"כ מיוחס דלולי זאת לא היה יוצא למלחמה ולק"מ אבל עכשיו דאמרינן דפנחס היה שקול כנגד כולםאם כן דכ"כ רב זכותיה אין כאן ראיה על יחוסו רק לרוב זכות עצמו ראוי לילך למלחמה כנ"ל בישיאם כן שפיר שאל רש"י למה שלח פנחס עמהם וא"ש צאו ולמדו כמה יש לאדם מבלי להתגאות ביחוסי אבותיו ועיקר לראות ביחוס עצמו להיות שפל ברך ורואה לזכות נשמתו ולתת נחת רוח ליוצרו כי במה יתגאה אדם ויותר שאדם שפל אנשים ונכנע עד מאוד עד העפר יותר הקדוש ברוך הוא חפץ בטובתו וירוממהו בקהל עם ובין נגידים ישים כסאו והקדוש ברוך הוא סר לתפלתו ואין גבהות ושפלות לפני המקום וזהו אמר דוד במזמור מה רבו צרי הנ"ל כי לדוד היו שני מיני אויבים מתחלה דואג וסייעתו הם היו קודם שחטא בבת שבע ודברו עליו שאין ראוי לבוא בקהל אף כי למלך בישראל ואחר כך אחיתופל וסייעתו שכבר נגמרה ההלכה שמותר לבוא בקהל אומרים עליו שבא על בת שבע אשת איש ואין לו חלק לעולם הבא ואיך ימלוך בקרב ישראל ועל שני מיני אויבים אמר דוד מה רבו צרי פירוש שיש לו שני מיני אויבים ובעניניהם מתחלפים כי רבים קמו עלי שהם אומרים שגבוהים ממני והם ממשפחה מיוחסת עד שנאה להם המלוכה ולא כן דוד שהוא ממשפחה בלתי ראויה לקהל ה' ואיך ימלוך עליהם איש נכרי וזהו קמים עלי שהם בעיניהם גבוהים יותר מדוד ומין השני שהוא אחיתופל וסייעתו שאומרים שאין לו חלק לעולם הבא וזהו רבים אומרים לנפשי אין ישועתה לו באלהים סלה אמנם דוד השיב על שניהם ואמר ואתה ה' מגן בעדי כבודי ומרים ראשי להראות שאני נאה למלך ולי יאתה משפט המלוכה ואמר על כת ראשונה בטענתה היותי ממשפחה בזויה ע"ז אמר אדרבה זוהיא מעלה היותי מעביר על מידותי כמו רבי עקיבה הנ"ל ובזה הקדוש ברוך הוא ישמע תפלתי ביותר להיות שאיני הולך בעקבות משפחת בית אמי אומות המואביות כמו הנ"ל ברבי עקיבה שהתפלל ונענה וזהו אומרו קולי אל ה' אקרא ויענני מהר קדשו סלה והיינו שתיכף נענה בתפלתו והוא כמו רבי עקיבה וזהו כבודי שאף שהוא מזרע מואב ומכל מקום לבבו שלם עם ה' ה' ישמע בקולי וה' כבודי ומרים ראשי ועל טענה שניה שאין לו חלק לעולם הבא כבר אמרו חז"ל (שבת נ"ו) וה' עמו אפשר חטא בא בידו וה' עמו ובאמת זה גופא צריך ראיה שהשכינה היתה עמו יען זה היה נס מפורסם

שנעשה לאות וראי' מוחלטת שחפץ ה' בו וכי הוא חביב לפני המקום והוא כי כל חצות לילה היתה רוח צפונית מנשבת בעצמו להקיץ לדוד לעבוד מלאכתו מלאכת השמים וש"מ כי נרצה פעלו מאוד לפני המקום וזהו אומרו של דוד אני שכבתי ואישנה הקיצותי מעצמי כי הכנור מעיר אותי עד שאני ניעור ולכך קאמר הקיצותי סתם כי מעצמי ניעור וזהו לראיה כי ה' יסמכני וה' נצב לימיני ולכך היתה הקצת דוד ע"י כינור כבודו של דוד כנ"ל ולכך קאמר עורה כבודי עורה הנבל וכינור כי זהו כבודו התעוררות ע"י נבל וכינור ולכך לא אירא מרבבות עם אשר סביב שתו עלי כי השם יסמכני וה' לי לא אירא אמנם להבין מה ענין כנור שרוח צפונית מנשבת ונוגעת הכנור הוא בשנבין מה שכתוב (ברכות ד) למה אמר משה כחצות שמא יטעו אצטגניני פרעה ויאמרו משה בדאי הוא ויש להבין מהיכי תיתי יטעו ומה טעותם בזה הלא כל איש נבוב ילבב לדעת רגע חצות הלילה מענין חצות יום ע"י כלי שעות וכלי מים וכדומה ומה יועיל באומרו כחצות אולי יטעו כשיעור מרובה אבל הענין כבר אמרו (יבמות ע"ב) אין לך חצות לילה שאין רוח צפונית מנשבת בו בעת רצון מה' הוא שנאמר ויהי בחצות הלילה וה' הכה כל בכור הרי בחצות הוא עת רצון לה' ולכך באותו עת ורגע פקד עמו לגאלם ולייסר למצרים והנה לפ"ז דעת רצון הוא למעלה וכמ"ש בזוהר גם כן (ח"ג ס"ח) דחצות לילה אתעורר רעותא למעלה ויש לדקדק כי חצות לילה בכדור ארצי סובב בסבוב הכדור באופן שאין לך מדינה ומדינה שלא ישתנה בו עת חצות ומה שהוא חצות בצרפת אינו חצות בספרד וא"כ למעלה דעת רצון הוא לגבי הקדוש ברוך הוא וכדאמרינן (זוהר ח"א ע"ז) הקדוש ברוך הוא נחית לשעשע עם צדיקים שבגן עדן אין ספק שאין כל חצות לכל מדינות דא"כ כל מעת לעת זימנא הוא למעלה שיהיה עת רצון וברור ופשוט שרגע אחד מן כ"ד שעות הוא לבדו עת רצון למעלה וע"כ דחצות שהוא בארץ ישראל הוא רצון למעלה כי למעלה הכל נדון לפי ארץ ישראל היא הארץ אשר תמיד השגחת ה' בה ועץ חיים למעלה וזה השער לה' להשפיע בו כלל האמצעי והכל נדון לפי ארץ ישראל וכל התורה ומצות הכל בארץ ישראל הם עיקר ושם ה' יקרא על ארץ ישראל וא"כ ה' שאמר בחצות הלילה אני יוצא בתוך מצרים כי אז עת רצון מילתא כוון על רגע חצות של ארץ ישראל אבל אם יאמר סתם בחצות יטעו אצטגניני פרעה ויחשבו דמחצות של ארץ מצרים דיבר ובאמת במצרים לא היה אז חצות כי יש הבדל בין מצרים לארץ ישראל ברוחב מעלה כנודע למפות הארץ וא"כ יאמרו משה בדאי ולכך אמר כחצות שבמצרים אינו חצות ממש רק רגע סמוך לחצות אמנם מלבד זה היה טעות לאצטגניני פרעה כי הם כל מגמותם לצפון וזה היה כל כשופם כנודע כי מצפון תפתח הרעה וכל סטרא בישא שוכן בצפון כנודע וגם עבודתם היה לטלה שהוא ראש למזל הצפוני ולכך עבדו לטלה כנ"ל ולכך מצפון תפתח הרעה (ירמיה א' יד) ויש להבין בחצות לילה שמנשבת רוח

צפונית איך יתכן שיהיה הוא לעת רצון ולעשות ישועה בקרב ארץ ובישא לא הוי טבא ובכתבי האר"י ז"ל האריך בזה גם כן והארכתי בזה במקום אחר ואין כאן מקומו אבל באמת יש לאמר כן כי כך מידותיו להוציא יקר מזולל דהיינו לערב דין ברחמים כי ברחמים אי אפשר לנקום ברשעים כי רחמיו על כל מעשיו כתיב ולכך מערב דין ברחמים ורשעים נדונים וצדיקים מתרפאים לכך בחצות הלילה שרוח צפונית מנשבת היה דין במצרים וה' הכה כל בכור ורחמים לישראל דזהו עת רצון מילתא שנושבת רוח צפונית לייסר רשעים ולהטיב לצדיקים וכן בצדיקים דוקא ע"י יסורים זוכים לשלימות כנ"ל באיוב והם יסורים של אהבה וזהו מרוח צפונית שיש בה מהדין לייסר לצדיקים אבל אחריתן טובה ועת רצון להטיב באחריתם ואולי לכך נקראת צפונית כי כבר כתבנו לעיל דעת צופר הנעמתי ואליהוא בן ברכאל כי זה שלפעמים צדיק אובד בצדקו ורשע מאריך ברעתו הוא מסודות ה' וכבשי דרחמנא ולכך נקרא צפון טמון לא ישיגו כל שכל על בוריו כי מי ימצא חקר אלוה וזה הטעות של אצטגניני פרעה כי יודעים כי בחצות לילה רוח צפונית וזהו עיקר עבודתם לטלה שהוא ראש לצפון וע"ז היתה סובבת כל אמונתם ולכך ראש לצלמי משכיתם נקרא בעל צפון כי הוא ראש לצפון ויטעו לומר שמשה בדאי הוא כי צפון הוא מאלהיהם ולכך לא פעל ה' כי אם עבודה זרה שלהם ולכך אמר כחצות שאין כאן רוח צפונית והבן ודע כי במה שכתוב רוח צפונית מריעה

בתחלה ומטיבה לבסוף וכן היה בדוד שהיה סובל יסורים אבל אחריתו וכסאו כשמש נגד ה' וכבר אמרתי מה שכתוב דוד (תהלים מ"ט ה) בכינור חידתי כי החידה הוא הכינור כי נודע בכינור כאשר ידחק בנימא ישמע קול ויותר אשר דופק באצבעו בנימא ודוחקו יותר משמיע קול וכן הדבר בבן אדם יותר שסובל דוחק וצער ויגון יותר ריחו נודף ומאיר נשמתו ככינור המשמיע קול ערב ונגוני ביותר דוחקו ודופקו ולכך אמר בכינור חידתי וזוהיא רוח צפונית שהיתה מנשבת בכינור של דוד כי כך רוח צפונית גם כן מוחת ומרפאה וזהו היה כבודו של דוד שסבל מרעין וקבלן מאהבה ורבים צחקו עליו ולכך אמר דוד (תהלים ד ג) בני איש עד מה כבודי לכלימה ולכך אמר (שם נב ט) עורה כבודי עורה הנבל וכנור אעידה שחר שמעו וראו כי זהו הכבוד לאדם שמקבל יסורים מאהבה ונכנע לפגיעת הזמן ובזה יתפאר האדם שהיא תפארת לעושיה אבל לא יתגאה האדם ברוב הונו ועוצם הצלחתו בעולם ומה יתגאה איש בדבר שאינו שלו ותכלית הסכנה לירד כל יום לבאר שחת ח"ו ומה יתגאה איש בהולך על פחים ויוקשים אשר כל שעה מוכן לנפול לבאר עמוק ח"ו וכן הדבר באיש המצליח בעסקי העולם הרי מוכן לו פח אשרי האיש הנמלט מפח ההוא ובורר לו דרך ישרה ויכונו רגליו מבלי ימוט וא"כ מה זו גיאות רוח זימה מה שירים ראש על איש עני ואביון נגוע ומוכה מאלהים ויסך אלוה בעדו וזה האיש יושב בטח לא יירא מפח יקוש ומשוט רשע כמעט בטוח לו שלא

יראה שחת היות מיני גיהנום שולטת בחייו וא"כ לו התפארת והצלחה נצחית ולא לאיש המצליח בקנינים ודרכו נסתרה מה' וכבר אמרו כי אם רשע רודף אדם מחמת רשעתו ולא ברצון ה' ודאי שסופו לקבל כהנ"ל ואם הנרדף רואה במפלת רודף זהו סימן ישועה כי חפץ ה' להטיב לו אבל אם הקדוש ברוך הוא מעניש לרשע הרודף מחמת רשעו אבל רצון ה' הוא לרדוף להנרדף הלזה אזי אין הנרדף רואה במפלת הרודף לבל יאמר כי לכך נענש הואיל שרדפו כי באמת גוף הרדיפה היתה בדין רק נענש על רוע לבבו כנ"ל בנבוכדנאצר וכאשר הארכתי לעיל בזה אך קשה הא אמרינן (ברכותז) אל תתגרה ברשע ששעה משחקת לו שרואה בשונאיו שנאמר כל צורריו יפיח אבל הענין זהו דוקא אם הרשע בעצמו רודפו אזי יכול לו להתגבר על שונאיו אבל שיהיו שונאיו נכנעים מעם ה' זה לא יזכה לראות בחייו במפלת שונאיו וזהו מאמר דוד קומה ה' הושיעני למה כי הכית את כל אויבי לחי והיינו מכות גלויות שאראה במפלת שונאי וזהו לי לסימן ישועה כדכתיב (תהלים קי"ח ז) ה' לי בעוזרי ואני אראה בשונאי רק שמא הוא סימן לרשע שרואה בשונאיו וע"ז אמר שיני רשעים שברת אתה הכית ושברת תוקפן ולא אני עשיתי כנאם כן זהו לי לישועה וכבר נודע מה שכתוב במדרש (וכן בגמרא מועד קטן ט"ז ע"ב) דדוד על אשר שר על מפלת שאול דאמר לו הקדוש ברוך הוא על ידך נטרד ונענש ואתה אומר שירה וא"כ אילו היה אבשלום נענש באמת לא היו ישראל יכולים לומר שירה על הצלחה ונצחון נגדו אבל עכשיו דאינו נענש כמ"ש לעילאם כן בישועה ונצחון יכולים ישראל לומר שירה וזהו אומרו לה' הישועה על עמך ברכתך סלה שתמיד יכולים לומר ברכה ותהלה לה' על הטוב ומטיב והנה אמרו מידת החנופה וגאוה היא כת מספרי לשון הרע ואין צריך להאריך בזה כי כבר נודע ברבים גדול עונם אשר המה מכת נחש ויותר גרוע כי אמרו (ערכין ט"ו ע"ב) כי נחש ממית בשליחות של מקום כדמפרשינן הישוך נחש בלי לחש מן המקום וממית בלי הנאה רק לשליחות של מקום ולכך אמרו (יומא כב ע"ב) כל תלמיד חכם שאינו נוקם ונוטר כנחש אינו תלמיד חכם כי ת"ח ראוי לנקום ולנטור מה שהוא לכבוד המקום ותורתו לנקום בעושי רעה ולחויה בחוויה דרבנן דלית ביה אסותא אבל באופן שלא יהיה לו משום כך שום דבר נגיעה לכבודו בשום אופן כנחש שנושך מבלי הנאה כלל כאומרם (ערכין שם) כלום הנאה יש לך אבל אם נוקם ונוטר בשביל כבודו והנאתו אין זה תלמיד חכם ולכך אמרו שצריך לנקום ולנטור כנחש ובעוונותינו הרבים נהפך הוא כל ענין קנאתם ושנאתם לכבודם ולהנאתם וכבוד שמים במקומו עומד ח"ו אם יעמוד אחד ויתריס נגד רב ופרנסי קהל ויזלזל בכבודם או יעבור על תקנת קהל בעניני מסים שיקח ערך מזויף וכדומה ירדפוהו עד חרמה ואם יפגום בכבוד התורה והרמת יד בתורת משה ישימו יד לפה ואפילו הטובים יאמרו ימח שמו רשע הוא וכדומה אבל בשביל כך לא יאמרו לרדוף אותו

וליקח ממנו העירנות וכדומה ביושים ובזיונות לאדם כזה וזהו אורך גלות שלנו שאינם מקנאים קנאת ה' צבאות ובעונותינו הרבים אם בימי חכמי תלמוד אמרו (בב"ב קס"ה איתא הכל באבק לה"ר) רובם באבק לשון הרע אנן מה נענין אבתריה מאותו אבק נעשה אבן גדול אבן נגף ובאמת אמרו בגמרא (שבת נו ע"ב) כשירד מפיבושת לקראת דוד ואמר לו אתה וציבא תחלקו השדה אמר לו לא עליך אני כועס שבאת בשלום אלא על מי שהביאך בשלום והדברים תמוהים אבל יובן וכדומה שראיתי כן בספר תולדות יצחק כי אמרו (ד"ר ה' י ועיין ירושלמי פאה פ"א ה"א) בדורו של שאול היו צדיקים אלא שהיו בעלי לשון הרע ולא הצליחו במלחמה אבל בדורו של אחאב היו בעלי עבירה ועבודה זרה רק לא היו בעלי לשון הרע ולכך הלכו במלחמה ונצחו וא"כ א"ש דאמר לו מפיבושת לא עליך אני כועס כי אתה באת בשלום וא"כ הוכחת דע"כ לא קבלת לה"ר דאל"כ לא היית מצליח במלחמה דזהו עונש לה"ר להיות נופל בחרב מלחמה אמנם על מי אני כועס על מי שהביאך בשלום דהוא יודע כי באמת קבלת לה"ר וא"כ לא היה לו להצליח כעונש בעל לה"ר ראו כמה גדול עון לה"ר אפילו בעלי עבירות כדורו של אחאב לא היה דבר שהיה להרשיע המלחמה כי אם לשון הרע והטעם כי בהסתת הנחש היה נעשה להט חרב המתהפכת לרוע ולטוב ולכך בשומרם עקב רב מבלי לעשות ואינם בעלי לשון הרע ואז חרב נהפכת עליהם לטובה לעשות באויביהם נקמה ואם תפשו מעשה נחש אזי החרב נהפכת לרעה לעשות בהם כלייה ולכך נצחון המלחמה תלוי בלשון הרע וכל השומר פיו מלשון הרע כובש החרב המתהפכת ולכך נאמר (תהלים קמט ו) רוממות אל בגרונם וחרב פיפיות בידם לעשות נקמה כו' וכבר אמרו כל דיבור שיוצא מפי אדם עושה רושם ובעונותינו הרבים אדם מפטפט כל היום בדברים ואינו מרגיש שבכל דבר עושה רושם עד שאמרו חז"ל (סנהדרין קב ע"ב וכן במועד קטן י"ח) ברית כרותה לשפתים ואיך לא ישמור אדם מבטא שפתיו על כל דבר פשע אמרו במדרש (ויקרא רבה פל"ב ה וכן במדרש שה"ש ד' ה) בזכות ד' דברים נגאלו ישראל ממצרים שלא שינו שמם ולשונם ושלא נתערבו בבנות ארץ ולא היו בעלי דילטורין להבין ד' דברים הללו יובן במה שכתוב (בראשית רבה פ"ד ז) ביוסף שהביא דיבתם רעה שנושאים עיניהם בבנות הארץ וקוראים לבני אמהות עבדים ואוכלים אבר מן החי ותמוה דבשלמא שנותנים עין בבנות הארץ הוא באמת דיעות רבות שהשבטים לקחו מבנות כנען כדכתיב (בראשית מ"ו י) שאול בן הכנענית וכן לבני אמהות עבדים דס"ל היותם מן שפחה וולדה כמוה אבל ח"ו שיאכלו אבר מן החי שאסור לבני נח ואזהרתן זהו מיתתן וכבר דברו בו המפרשים דברים רבים אבל מה שנראה הוא כי שבטים ביקשו לנסות את יוסף אם ירכל ברכילות אותם אצל אביהם ואמרו כשאכלו בשר שחוטה שאוכלים בשר אבר מן החי כדי לראות אם יוסף יאמין עליהם והם אצלו בחזקת עברינים ואם ילשין

אותם לאביהם ויוסף גם זה חשב לרעה היותם מוציאים דבר איסור כזה מפיהם וברית כרותה לשפתים וזהו מאמר הקרא (בראשית ל"ז ב ב) ויבא יוסף את דיבתם רעה אל אביהם דיבתם רעה כי במבטא שפתם דברו רע ופעלו בזה און וזהו מה שכתוב במדרש (בראשית רבה פ' פ"ד ז) אתה מביא דיבה רעה על אחיך חייך שאני מגרה הדוב אשת פוטיפרע והיינו דיש להבין במה שבאה עליו בעלילה איך בא לשכב עמה דאיך תתכן חוצפה כזו וגם איך שייך דתתפוש בבגדו לומר שכבה עמי אבל הענין כי יוסף כאשר הפצירה בו יום יום לדחות אותה אמר לה כעת אין זמן גורם כי בני ביתו יראו וירגישו בנו אבל המתיני עד שלא יהיה אדם בבית אז אמלא חפצך ובאמת כוונת יוסף היה לדחותה בדברים ויהי היום ובאמת איש לא היה בבית ויוסף בא החדרה תפשה בו לשכב עמה כי כך היתה הבטחה שלו ולכך העיזה פניה אחר כך בא אלי לשכב עמי כי הלא כה היה מאמרו כנ"ל ואפשר כי זה אמרו חז"ל (סוטה ל"ו ובשבת מ"ט ע"ב) יוסף לעשות צרכיו נכנס כי ברית כרותה על שפתים הואיל ואמר שיעשה צרכיו כאשר אין איש בבית וזהו מדה כנגד מדה וז"ש אתה מביא דיבה רעה משום ברית כרותה לשפתים אף אני מגרה בך הדוב דגם שם היה ברית כרותה לשפתים ובזה יובן דבשביל חטא שבטים ויוסף ירדו למצרים ולכך נגאלו בזכות ד' דבטלו ד' סיבות שהיו גורמין בנזקין להוריד ישראל מצרימה ואחד היה על שתלו עיניהם בבנות ארץ תקנו ישראל שלא נתערבו בבנות ארץ ועל מה שהיו קורין לבני שפחות עבדים והיה להם לקראם בשמם דן נפתלי וכו' ולא עבדים תקנו שלא שינו שמם במצרים כדאמרינן דן על דן נפק ועל מה שהיו אומרים באכלם בשר שחוטה שאוכלים בשר אבר מן החיאם כן היה שינוי בלשונם ודיבתם רעה שאומרים על בשר כשר אבר מן החי ולכך תקנו ישראל במצרים שלא שינו לשונם ועל חטא יוסף שהלשין בעד אחיהם תקנו ישראל שלא היה בהם דילטורין ראו כמה שפת שקר ולשון תרמית מגיע וכמה נזק גורם לו ולצאצאיו אחריו עד סוף כל הדורות אשרי איש שומר לשונו מכל רע ובאמת כבר אמרו חז"ל (ערכין טו ע"ב) דאין תקנה להנצל מלשון הרע אלא בהתמדת התורה ושקידת בית הכנסת ובית המדרש והיינו בימי קדמונים שלא היו משיחים בבית הכנסת ובית המדרש כי אם דבר תורה ודבר מצוה אבל עכשיו בעונותינו הרבים כל רכילות ומלשינות הוא בין עמודי דגרסא ובית הכנסת שם מספרים ספורי לשון הרע וקטטות מריבות שמה ימצא הכל וכבר שאלו בגמרא (חולין ו ע"ב) על מה שכתוב בחזקיהו וכתת נחש נחשת למה כל המלכים הצדיקים שקדמוהו לא כתתוהו אבל הענין כי ענין תלית נחש על הנס כי היה בהם מדברים לשון הרע ולכך באו נחשים כנודע כי זהו עונש לשון הרע ישכנו נחש ולרפאות לבעלי לשון הרע צוה השם לתלות על נס נחש להורות כי קודם החטא היה הנחש בגרם המעלה כדכתיב (בראשית ג' א) והנחש היה ערום מכל חית וגו' וע"י חטא לשון תרמית ירד מאיגרא רמה לבירא

עמיקתא על גחונן תלך ממנו ילמדו כל בעלי לשון הרע מה שסופם יהיה ויתנו מחסום לפיהם ישב בדד וידום ולכך כל הרואה אותו יחיה ולכך לא כיתתו מפני שלא חשו להזיקו נגד תועלתו לבטל בעלי לשון הרע שהוא קוץ מכאוב יותר מכל לבטל הצלחת מלחמה וכדומה כנ"ל ולכך נמנעו מלכים לבטלו ולכתותו וכן פירש"י (במדבר כ"א ט) בנחש הנחשת לשון נופל על לשון רמז לנו כי היה לבטל בעלי לשון הרע אמנם בימי חזקיהו שכבר דרשו חז"ל (סנהדרין צד ע"ב) וחובל עול מפני שמן שלא היה תינוק ותינוקת שלא היה בקי בחדרי תורה וא"כ אין כאן חשש ללשון הרע כנ"ל כי תקנתו של לשון הרע בתורה כנ"ל ולכך כתת נחש הנחושת ולכך ראו כמה גודל פגם לשון הרע ועד היכן מגיע ואמת כאשר הגיע האש התבערה וקרבו לישב שם אנשים ונשים נערים ובתולות לא יפסיקו מלדבר דברים בטלים הבלי הבלים אין בו ממש ותועלת לנפש ורוח וגויה אוי למרבה שיחה עם הנשים והלואי שיכתבו על לוח וכותלי ביתם בכל צד בכתב אשורית משנה דמסכת אבות אל תרבה שיחה עם אשה וכל המרבה גורם רעה לעצמו וסופו יורש גיהנום וזהו יותר טוב ממה שכותבים מזרח ומצד זה רוח חיים וכהנה יתר דברים בטלים הלואי שיהיה זה תמיד נגד עיניהם אוי לשוא אתם מברכים כל יום ברוך שלא עשני אשה כי מה יועיל גבר אם ילבש שמלת אשה לדבר שטות ושיחות נשים הבזאת יתהלל טוב ממנו הנפל:

והנה אחרון מכתות הנ"ל הכביד שהוא ליצנות כי באמת עיקר כת ליצים הם המבלים זמן בהבלי עולם ובתוהו זה מושב ליצים והיא תכלית עבירה וכן אמרו במדרש (שוח"ט א) אשרי האיש אשר לא הלך בעצת רשעים כו' וכי מאחר שלא הלך פשיטא שלא ישב אלא מצוה גוררת מצוה אם לא הלך סופו שלא ישב ועבירה גוררת עבירה אם הלך סופו לישב וכו' והזהר מליצנות שעון גדול הוא שנאמר (משלי ט יב) אם לצת לבדך תשא עכ"ל יש להבין מה ענין להך דהזהר בליצנות וכו' להך דקודם מצוה גוררת וכו' אבל הענין כך דלהך קושיא מאחר שלא הלך וכו' יש כאן ב' תירוצים חדא דמצוה גוררת מצוה ואם לא הלך סופו שלא לישב ואין צריך עוד לומר דעבירה גוררת עבירה דאפשר דעבירה קלה אינו גוררת עבירה חמורה רק שכר מצוה יש דקלה גוררת חמורה ולכך נאמר אשר לא הלך דעל ידי כך סופו שלא לישב וכן יש לאמר לכך נאמר אשר לא הלך דעבירה קלה גוררת עבירה חמורה אבל אצ"ל דמצוה קלה גוררת מצוה חמורה רק דלכך נאמר אשר לא הלך לדיוקא דאם הלך סופו לישב ואם כן מנ"ל למדרש לדרוש תרתי עבירה גוררת עבירה ומצוה גוררת מצוה אבל לתרץ זה נאמר דודאי תירוץ עבירה גוררת עבירה לחוד אינו מספיק דידוע דרשעים יותר פושעים ועונם חמור מכת חוטאים שהם בגדר שוגג וא"כ איך נאמר לדיוקא אם הלך בעצת רשעים סופו לעמוד בדרך חטאים פשיטא אם עשה החמורות פשיטא דיעשה הקלות ועבירה גוררת עבירה פירוש מקל לחמור ולא להיפך וע"כ

דפירש על מצוה גוררת מצוה ושפיר אמרינן דאם הרחיק עצמו מלהתחבר לכת פושעים במרד סופו להתרחק אפילו מכת חוטאים בשוגג וא"ש אך קשה מנ"ל למדרש עבירה גוררת עבירה ולכך אמר המדרש הזהר מליצנות שעון גדול הוא דכתיב אם לצת לבדך תשא והוא יותר חמור מכת החוטאים וא"כ איך שייך מצוה גוררת מצוה אם לא התחבר לכת חוטאים שלא יתחבר לכת ליצנים פשיטא אין זה גוררת דאם הוא זהיר אפילו מהתחברות של כת שוגגים איך יתחבר לכת מזידים שעונם חמור כמו ליצנים וע"כ צ"ל דגם על עבירה גוררת עבירה מוסב הקרא ושפיר נאמר אם הלך בעצת ודרך שוגגים סופך לבוא במושב ליצים שעונם ועונשם חמור כי עבירה גוררת עבירה ותרתי שמעינן מהך קרא דאשרי מצוה גוררת מצוה ועבירה גוררת עבירה וא"ש ולכך ראו כמה גדולה עבירת ליצנות עד שבשאר עבירות רבים נתפסו עמו בעונשו ומשאו הקשה לאחד נוח לשנים אבל בלשון הרע העון על עצמו לבד דכתיב אם לצת לבדך תשא והנה בעונותינו הרבים ענין צרעת הזאת פרחה בכל מחנה עברים לישב יום יומיים בטל במושב ליצים ושיחה בטילה והאיש אשר יודע להתל בבני אדם לתלות לו דופי ולגלות מומו בלשון חכמה להרע ולהתלוצץ בו ואפילו בתלמיד חכם לעשות עצמו מוכיח ולהרים קולו כמוני או שאר מוכיחים ותלמידי חכמים וכהנה בכל דברים האיש הזה חכם יקרא ומובלע בין אנשים ובאמת יפה אמרו עליו היותו מובלע בין אנשים כבלע קרח יבלע חיים שאולה אוי המבלים זמן בהבלי עולם מעידני עלי שלא יחשב בכל ימי חיי הבלי שום זמן מהזמנים כ"כ ליקר וחפצי בו כמו שעה שתים אלו שאני דורש לכם דברי תוכחת מוסר דזהו חלקי וחפצי וישעי מכל הימים אשר אני חי על האדמה כי במה יתרצה עבד נבזה וחדל אישים כמוני אשר מריתי דבריו ויקום בי כחשי אם לא בעשות כזה להשיב רבים מעון ואולי אבנה גם אנכי וירצה ה' פעלי וכן גם אתם השליכו רוע שאור המכאוב וסילון הממאיר לבלות תכלית ויקר הנבראים שהוא הזמן בתוהו והבל לא כן חלק יעקב יש לנו תורת אמת ומשפטים צדיקים להתמיד בהם החכם בחכמתו ואיש כפי מדעו כן ימצא ודדי בינה ירוהו כל עת ומה זה לילך בטל ולהתלוצץ הלא כל שעתא ורגע יחשוב כאילו הוא אחרון:

והנה כל ד' מידות הללו חשמ"ל כבר אמרו חז"ל (חולין קט ע"ב) כל מה דאסר לן רחמנא שרי לן כנגדו וכן הדבר דמותר להחניף לרבו למען ילמד עמו תורה ולהחניף לאב ואם למען יהיה להם לנחת ותענוג ושקר כבר אמרו גם כן חז"ל (יבמות סה ע"ב) דברים דמותר לשנות בהם וכן מפני דרכי שלום לשון הרע כבר אמרו (ירושלמי פאה פ"א ה"א) מותר לדבר לשון הרע על בעלי מחלוקת וכן ליצנות כבר אמרו (מגילה כה ע"ב) כל ליצנות אסורה בר מליצנות דעכו"ם אמנם במדת גאוה לא מצינו מקום דמותר בו כי כבר אמרו (סוטה ה) לא מיניה ולא מקצתיה אבל יש גאוה דמותרת ונאה להתגאה לאדם בה והוא דרך משל מלך שולח בנו למרחוק

ומתנכר לבל יכירו בו היותו לבן מלך רק כאיש כפרי וחקלאי אבל המלך דואג אולי בן המלך גם כן ברוב ימיו בהילוכו ודיבורו כחקלאי ישכח היותו באמת בן מלך וינהג כמנהג כפריים להשתכר להתגאל בדברי שטות בכן צוה עליו המלך לזכור כל יום בפעם אחת היותו בן מלך כדי שיזכור מנהג הראוי לו ולמולדתו ומולדת בית אביו וכן הדבר נשמתינו ממקור עליון ממחצב נפלא ויקר עד למאוד רק היא מתנכרת ותרד מכבודה לעולם הזה כאיש חקלאי וכקל שבגשמיים ואם בן אדם ישכח היותו בן מלך מלכים ברוך הוא וחושב כפי אשר מתנכר באמת כן הוא יתנהג במנהג גשמי בכל דבריו וכחקלאי אבל חובה עליו לזכור בכל עת כי בן מלך גדול ונורא אנחנו ולא יאות לנו לנהוג כמנהג פחותים הראויים לכפריים וזוהיא תכלית מחלתינו שאנו שוכחים שורש נשמתינו ממקור נורא ונשגב ובזה אנו ענוים ביותר אין אנו חסים על כבודינו וכבוד נשמתינו ומתגוללים בטיט בראש כל חוצות כאחד מכפריים המשתכרים כן אנו מתגוללים בטיט והבל הגשמי ויותר טוב שנתגאה לנהוג סלסול בעצמינו ולומר אנחנו בן מלך מלכים ברוך הוא ולא נאות לנו לפי כבודינו להתנהג כמעשה שאר העכו"ם ממשפחות האדמה וראוי לנו להתנהג כפי שרשנו וכראוי להיות גדולים במעשה בתכלית ההבדלה וריחוק מן יתר בני אדם למען יכירו וידעו כי לא כצורם צורנו גאוה כזו מותרת דזוהיא גאוה הנרצית מה' שיזכור כל היום בכבודו ובמעלתו להתנהג עצמו בו כפי הנאה להתנאות לערכו ערך גבוה עליו וכבר אמרתי פעמים אם יזכור אדם מעלת ישראל היותו נשגב ממלאכי השרת איך יתכן לו לעסוק בהבלי עולם ולילך בתר תאוה הלא יבוש מעצמו ויאמר אנכי כי נשגב ממלאך ואני מגואל במעשי ומלאכי השרת הם כולם אהובים וברורים זכאים:

וכבר אמרו בגמרא (שבת פח ע"ב) כשעלה משה למרום לקבל התורה אמרו מלאכי השרת מה לילוד אשה בינינו אמר הקדוש ברוך הוא לקבל התורה בא אמרו חמדה גנוזה יש לך מן תתקע"ד דורות ואתה מבקשה ליתנה לישראל מה אנוש כי תזכרנו כו' אמר הקדוש ברוך הוא למשה השב להם תשובה והשיב כתיב בתורה אשר הוצאתיך ממצרים כלום למצרים ירדתם עבודה זרה יש בכם עכ"ל והגמרא תמוהה להבין איך נעלם מהם דברי משה כי מה שייכי להם קיום התורה הגשמית ומה היא השאלה מתחלה והתשובה מה לילוד אשה בינינו וכי לא ידעו שבא לקבל תורה ומה דייקו אם היא חמדה גנוזה או לא אבל הענין נראה כי באמת עבודת ה' שלנו לקבל התורה בכללים ופרטים היותינו בגדר הגשם והבחירה אל עבודת מלאכי מעלה אינו שייך כמאמר משה ע"ה בקיום התורה שלנו רק עבודתם לשליחות המקום כדכתיב (תהלים קג כ) ברכו ה' כל מלאכיו וכו' עושי רצונו וא"כ מלאכי השרת ידעו כי התורה שייכת לבני אדם אבל הם יהיו שלוחים לכך ליתנם לבני אדם כי זהו חלק עבודתם בשמים ממעל להיותם שלוחים למקום וזהו עבודתם ולכך בראותם שמשה עלה וחשבו

שהוא יהיה שליח להוליך התורה מקב"ה לישראל טענו כי משה נוגע בשלהם ולהם שייכת השליחות ולמשה קיום התורה היותו בני אדם בעל בחירה ובזה יקנה שלימות אבל הם יקנו שלימותם בשליחותם וע"ז השיב הקדוש ברוך הוא לקבל תורה בא לא הוא השליח רק הוא מקבלו בעצמו ומידי לידו ניתנה לשמור ולעשות כי הוא עיקר המקבלו כמאמר הגמרא (נדרים לה) לא ניתנה תורה אלא למשה ואין כאן שליחות כלל וע"ז חזרו לטעון כי כבר אמרו מלך שנותן מתנה פחותה למען תהיה נחשבת ליקר ומעלה ניתנה על ידיו בעצמו וא"כ אע"פ שהדבר הניתן בעצמותו אין כ"כ מעלה מכל מקום לרוב מעלתו שהגיע לו מיד המלך בעצמו ליקרת הנותן דבר קטן לדבר גדול יחשב כי המלך חפץ ביקרו אבל אם נותן דבר יקר ונחמד אין המלך מקפיד ליתנו מידו ממש כי הדבר בעצמותו חשוב ונשגב והוא הדבר שטענו מלאכי השרת אילו התורה בעצמותה אינה יקרה ונחמדה ראוי לך ליתנה בעצמן ולא ע"י שליח להגדיל יקר התורה אבל להיותה חמדה גנוזה כל חפציה וכל דבריה יקרים וא"כ אין צריך לפאר הזה להיותה נתונה מידך ממש ובלאו הכי היא בעצמה כלי חמדה ולמה אתה ניתנה לבשר ודם מה אנוש וכו' אין זה כבודך כי אם תנה הודך בשמים להמלאכים עושי רצונך והם יהיו שלוחים להביאם לבני אדם לצוות עליהם בשמך לקיים התורה ואמר ה' למשה להשיבם ואמר משה אמת הטענה זה היה מהטענה אם אתם חשובים מבני אדםאם כן לא נאות למלך מלכי המלכים לתת תיכף לידם כי אם ראוי שתהיו אתם אמצעי בינותינו אבל באמת ישראל יקרים מכם והביא ראיה לזה כי כבר נודע מה שכתוב בזוהר (ח"א קיז) כי במצרים לא היתה הגאולה ע"י מלאך ושליח כי אם על ידי הקדוש ברוך הוא בעצמו כי כך היתה הטומאה במצרים וסטרא דמסאבא אילו היה בא שם מלאך היה נשתקע בטומאה ח"ו והיה מוגשם בגשם העכורי ולכך לא שלח שם מלאך ועם כל זאת ישבו ישראל שם ימים רבים ויצאו במעלתם לא נטמאו ולא נתגאלו בתועבותם והרי זה אות ומופת כי נשגבה מעלתם ממלאכי השרת וזו טענת משה כלום למצרים ירדתם הלא לא היה אפשר לכם וכן כל המצות אילו היו שייך בכם כבר עברתם עליהם אילו היה בכם יצר הרע והייתם בעלי בחירה כאשר קרה לבני אלהים שנפלו קודם המבול ולא עם ה' קדושים כובשים חומר המכאוב ובוחרים בטוב וא"כ נבחרו ישראל מן מלאכי השרת ולכן ראוי לנו לקבל תורה מיד הקדוש ברוך הוא וחביבין ישראל שלא הוצרכו לשליח כלל מזה תראו כמה גדולה מעלת ישראל ומה יקרה חביבותם בעיני הבורא וכן ראוי לאדם לבל יתנהג בדרכים הללו וללכת בו כאשר יזכור כמה חביב בעיני מלך עליון וכי תהיה חביבותו בשביל שישב כל היום במושב לצים וכדומה הלא זה ראש דברי קראוהו אל ה' בהיותו קרוב כי קרוב ה' לישראל מאד:

וזהו מאמר הגמרא (פסחים נו) בשעה שמת יעקב בקש לגלות הקץ נסתלקה ממנו השכינה אמר שמא ח"ו יש בכם פסול פתחו ואמרו שמע ישראל וכו'

מיד אמר בשכמל"ו כו' וקאמר הגמרא אנן איך נעבד נאמרה לא אמרה משה כו' התקינו שיאמרו בלחש ומביא בגמרא משל לבת מלך כו' כך נאמרה יש לנו גנאי לא נאמרה יש לנו צער כו' ויש להבין למה אמר יעקב ולא משה ולמה יש לנו צער בהעלמו וגנאי באמרנו אבל הענין כי אמרו (חולין צא ע"ב) חביבין ישראל יותר ממלאכי השרת כי מה"ש מזכירין השם אחר ג' תיבות וישראל אחר ב' תיבות ישראל אומרים בכל יום ומה"ש פעם אחת בשבת ואמרי ליה פעם אחת בחדש אמרי ליה פ"א בשנה ואמרי ליה פ"א ביובל ומה הענין הך ואמרי ליה אבל הענין כפי קרבתם להקדוש ברוך הוא כן ענין הזכרת השם ואמירת השירה וישראל דבקים בה' וקרובים למאד לה' אומרים אחר ב' תיבות ובכל יום וכן אמרו בגמרא (חולין שם) אופנים אומרים גם כן אחר ב' תיבות ברוך כבוד ה' ממקומו היותם דבוקים במרכבת ה' וקרובים לה' אבל מלאכי השרת שאינם קרובים אחר ג' תיבות ומה"ש היותם רחוקים אומרים שירה פ"א בשבת והיותם רחוקים יותר פ"א בחודש וכן כולם מדרגות מדרגות כפי יותר ריחוקם יתמעט ויתרחק זמן שירתם וכל האמרי ליה בגמרא המה באמת כפי מרחקם ומדרגותם מן כבוד ה' וכבר נודע בפוסקים (בשו"ע או"ח סימן כ"הסעיף ה'בהגה ועוד בסימן ר"ו ס"ו) כי המזכיר השם לבטלה ח"ו חייב לומר בשכמל"ו ולכך יעקב שראה שנסתלקה ממנו השכינה וא"כ רחוקים מהשכינה והשבטים לא ידעו זאת וחשבו שיש כאן השריית השכינה כפעם בפעם ואמרו שמע כו' והזכירו השם אחר ב' תיבות והרגיש יעקב בזה וחשש אולי לא הזכירו השם כדין להיות כאן הסתלקות השכינה ולכך פתח ואמר בשכמל"ו כדין המזכיר שם שמים שלא כדת אבל בימי משה שהיתה השריית השכינה וכבוד ה' במחנה יפה הזכירו אחר ב' תיבות ולא חששו לומר בשכמל"ו ואנן בגולה מסופקים אי נסתלקה שכינה או שוכנת אתנו בגולה כדכתיב (ויקרא טז טז) השוכן אתם בתוך טומאתם וכביכול הוא אסור בזיקים כנודע ולכך אנו מסופקים אי לומר בשכמל"ו או לא ולכך היטיבו אשר אמרו כמשל בת מלך כו' נאמרה יש לנו גנאי כי מורה הסתלקות השכינה מאתנו וה' סר מעלינו לא נאמרה יש לנו צער אולי באמת נסתלקה השכינה והזכרנו השם שלא כדת ולכך תקנו לומר בחשאי לבל יהי לבוז בפומבי מכל זה נלמד כמה קרוב אלינו ה' ולכך אמרתי קראו אל ה' בהיותו קרוב וכי יעלה על דעתכם אם נלך כל היום בבטלה ושיחה של שטות ואצ"ל בדברים המתועבים לשון הרע נבול פה ושיחת נשים וכדומה ליצנות גנות חבירו מתכבד בקלונו ולאחר כך נבוא לבית הכנסת להתפלל שיהיה ה' קרוב אלינו בקראנו אליו הלא בלי ספק סר צלו מאתנו ושב מאחרינו בעונותינו הרבים ולעומת זה אם עסקנו כל היום בדברי חפץ ה' הן בתורה ויראה הן במשא ומתן באמונה הכל לשם שמים ושמירת הדיבור לבל יהיה לבטלה ודאי שירצה ה' מעשינו וטרם נקרא הוא יעננו כי קרוב ה' לנו למאד בבקשה מכם שובו אל ה' טרם יבואו ימי רעה ובאמת יום אתמול יום צרה

כזה הוא בכלל ימי רעה ולכך בדרך רמז נאמר בפסוק (יחזקאל כ"ד ב) בן אדם כתב לך את שם היום את עצם היום הזה סמך מלך בבל אל ירושלים בעצם היום הזה ופירוש הרד"ק שם היום היינו יום בשבוע ועצם היום יום החדש יו"ד לחדש טבת ויש להבין מה ביקש זה לכתוב יום בשבוע הלא אין נפקא מינה בו ואנו מתענים תמיד יום החדש ואין קפידא אם מכוון בימי השבוע כאשר היה אז וכמו שכתב הרד"ק בעצמו דלא מצינו בשום מקום הזכרת יום השבוע רק הכל בימי חדש אבל להיות כי היה בעונותינו הרבים בעשור לחודש עשירי כדכתיבאם כן ט' חדשים אילו היו כולם מלאים הם ר"ע ויו"ד ימים מחדש טבת ר"פ צא מהם חמשה ימים שהיו בהם חדשים חסרים הוא רע"ה בעונותינו הרבים ביום רעה קרה לנו שצר צר ואויב על ירושלים אך בט' חדשים מן ניסן עד טבת לפעמים חשוון מלא וא"כ אינם חסרים רק ד' ימים ואינו מכוון מנין רע"ה רק רע"ו אבל באמת כפי חשבון מולדות היה אז חשוון חסר וקרה מנין רע"ה וזהו לדעת אם חשוון חסר אבל מפני שחל עשירי בטבת באותו זמן בימי שבוע מזה ניכר אם היה חסר או מלא ולכך צווהו לשום גם כן מזכרת לימי שבוע כי בו יובחן מנין המדוקדק בימי רע"ה קרה רעה וצרה לישראל בעונותינו הרבים ולכך יש לנו לירא מימי רעה ולשוב אל ה' בכל נפשנו כי באמת כבר אמרתי ישראל קדושים עד מאד וכפלח הרמון רקתך וכולם צדיקים:

וזהו הענין בכוונת הדבר במה שהתחלתי לומר על הגמרא פירוש אחר אבל זהו הוא יותר קרוב לאמת שכוונת הגמרא היא כך במה שאמרו (סנהדרין קיא) כי הקדוש ברוך הוא אמר ארך אפים אף לרשעים ומשה אמר לצדיקים ורשעים יאבדו וא"ל הקדוש ברוך הוא חייך דתצטרכת ליה בימי מרגלים (שם ליתא רק משמעות פשט הסוגיא כך הוא) אמר משה ועתה יגדל כו' כאשר דברת וכבר דייקתי לעיל מה שייך בצדיקים ארך אפים גם למה אצטריך ליה במרגלים ולא בעגל ויתר חטאי ישראל ועוד יש לדקדק למה היה משה כ"כ אכזרי על רשעים הלא טוב לנו להתפלל עבורם ומכ"ש משה שהיה איש חמלה היותו שלם בכל מיני מעלות שיתארו לאדם השלם אבל הענין כך כי כל ישראל בכלל נקראים צדיקים כמש"ל פושעי ישראל מלאים מצות כרימון הלא עינינו רואות בחורבן עיר כלילת יופי פראג אשר ממש חובה להזכירה בכל דרוש ודרוש מבלי להתעלם על שוממות כרכא דכולה ביה חכמים וסופרים בני ישראל היקרים יצאו נדודים ודחוים מארצם ולא יפקד מהם איש בשום אופן תודה לאל ועמדו ממש בנסיון על קידוש השם ולכן כל ישראל בתואר צדיקים אבל האינם מאמינים הם בתואר רשעים זרע מרעים בנים משחיתים ולכן כששמע משה כי ה' אמר שמאריך אף לרשעים היטב חרה לו עד למות שה' יאריך אף לאינם מאמינים לכך אמר לו ה' כי הוא יצטרך לו ולכך לא צריך ליה בעגל כי שם לא היה אריכות אף לרשעים כלל כי אם לישראל אבל במרגלים שלרוב בקשת משה לא נגזר על דור מדבר תיכף מיתה כי אם שהאריך אפו מ'

שנה יום לשנה ויהיו במדבר מ' שנה וכבר שלם עון אמורי וכנענים יושבי ארץ תיכף במתן תורה דכתיב (בראשית טו טז) כי לא שלם עון האמורי עד הנה ומבואר כי אז שלם עון אמוריים ובשביל ישראל שהיו במדבר מ' שנה גם להם נארך עונם מ' שנים שהיו יושבים שקט ושאנן ואין מחריד הרי שהאריך לרשעים אפו מ' שנה והיינו בשביל צדיקים כדי להאריך להם אף האריך לרשעים גם כן וזהו חייך שתצטרך לו כי לולי שהאריך אף לרשעים לא היה אפשר להאריך צדיקים ישראל מ' שנה במדבר לכך אמר כאשר דברת ולזה צדיקי עליון היטיבו דרככם וקראו אל ה' כאשר קרוב לנו ונחדל הרע כי קרוב לנו הדבר מאד לעשותו כדבר ששרשו טוב בקל יכול לחזור לשרשו ולהסיר המקרים וכל הקוצים וכן אנחנו שרשנו טוב ומקור טהור וקדוש עלינו לעזוב דרך רשע ולעבוד ה' בכל לבב והוא יחדש לנו אמר כאשר דברת ישע ובא לציון גואל אמן ואמן:

דרוש ט"ז

הספד מה שדרש הגאון זצ"ל לכבוד מר חמיו הגאון ז"ל בק"ק מיץ יע"א:

ירמיה הנביא בקוננו על גודל שבר ישראל אמר (ירמיה ט' טז יט) כה אמר ה' וגו' וקראו למקוננות ותבואינה ואל החכמות שלחו ותבואנה ותמהרנה ותשאנה עלינו נהי ותרדנה עינינו דמעה ועפעפינו יזלו מים וגו' כי שמענה נשים דבר ה' ותקח אזנכם דבר פיו ולמדנה בנותיכם נהי ואשה רעותה קינה ויש להבין הא הנביא אמר שיקראו לאחרים להספיד ולקונן לקרוא לחכמים היודעים טיב קינה המעורר לבבות לבכי ואנחה ואיך המה תקנו שיר המיוחד לקינה ובכי כידוע לבעל הניגון ומה עשו נשים בדבר ה' אשר לא קראו רק למדו בנותיהן ורעותיהן נהי וקינה אבל הענין כי כבר נודע מה שחכמי מידות נחלקו בגדר הספד כי אמרו כי ראוי המספיד לאיש צדיק שלא יהיה קרוב קרוב קודם כי הוא מפאת צערו וגודל כאבו לא יוכל לדבר כל הצורך ודרך בעלי הניגון כאשר יקרה להם צער ויגון שיתעלמו מהם השיר והניגון וסגר עליהם המדבר ויקצר ההספד להעיר לב השומעים וכמו כן הלא הוא ראוי לספר בשבח הנספד כי כל מה שיוסיפו לדבר בשבחו ירבה כאב ואבל גדול ליהודים בהעדר חמדת ישראל כזה ולא נאות לקרוב כלום בן מעיד על אב וראוי הדבר לאחר האומר לאביו לא ראיתיו ואת אחיו כו' אך עם כל זה אף שהאמת כן מכל מקום הדבר הוא כאשר יקרה להמתעלפים לרוב צער ושבר כאשר ישמעו אחרים מתאוננים ומעוררים אבל ישוב רוח לנדנה והם ירימו קול בכי לעומתם וכל לבב דוי ברוב בכי הבא מקירות לב וכאשר כתב הרמב"ם כל בעלי נפש ימצאו מנוח ומרגוע באבלם ויאמרו בלבם אם אחרים עושים כך מה נעשה אנחנו אשר בשלנו הרעה הזאת וקולם כנחל ילך בבכי ויחבקו אשפתות בעפר על ראשם ואם אבלים ירימו קולם אחרים ישתקו ובצערם להם צער ונכזבה תוחלת להספיד כי אבלים בראש כל גבר יקראו בקול הומיה ואנחה וכן היה הדבר אשר ה' צוה לקרוא למקוננות

וחכמות ממקום אחר לעורר ההספד כי הם ידעו יותר לקונן כי אין כ"כ צערם גדול לטרוף דעתם כנ"ל אמנם כי כאשר שמעו כן נשים לא יוכלו להתאפק לגודל שברן ויקומו הם לקונן ולהתאבל אשה ובתה ומבלי לעזוב לאחרים חיל ויגון כי לבבן מלא תוגה וכאשר יפתחו פתח כמעט הנה ירד נחל בשוטף דמעה ושם ינוחו עצבי רוח שברון לבב ולא יטו אזנן לשמוע לקול אחרים כן ולא יוכל איש לענות מפניהן כי גדולה צרתן אשר בעצמן לבבן יחיל נהי וקינה תאניה ואניה והנה המשל עלי ימשול כי בעונותינו הרבים על שברי אשר קרה לי כי נלקח מאתי מחמד עיני פארי חבוש עלי עטרת ראשי חותני אשר מנעורי גדלני כאב ה"ה הגאון המפורסם אשר זקנתו לא ביישה ילדותו איש צדיק תמים מנעוריו למד ולימד תורה ומורה צדק לעדת בני ישראל ובצלו חיו קהלות קדושות מוה' יצחק שפירא בן הרב הגדול מו"ה מיכל ז"ל היה שלשלת יוחסין כמה דורות זה אחר זה כולם רבנים גאוני הדור וכעת בעונותינו הרבים נפסק המעיין מקור מים חיים ויבש מקורו ונקצץ האילן הטהור הזה ששתול ממקום קדוש ובכו בכו להולך ולא הניח תמורתו והיה ראוי עלי לשתוק לישב בדד וידום כי נטל מעלי ציץ תפארה וראוי לאחרים להספיד וכל בית ישראל יבכו את השריפה אשר שרף ה' אבל הוא הדבר אשר כתבתי כי החרש ואתאפק לא אוכל והוא בלבי כאש בוערת ומעי המו ומדי דברי זכור אזכרנו לעורר אבל יחיד ומי יחוש חוץ ממני כאשר אמרתי שהוא ממש אבי ותורתי דיליה הוא כי הוא אשר לקחני מבית אבי באשר אבי ואמי עזבוני בילדותי ונתן לי בתו לאשה וגדלני והלבישני לא חיסר לנפשי מאומה ואם כן איפוא חוב הבן לאב עלי והריני כפרת משכבו:

לכן אפתח פי ואען ואומר הצור תמים פעלו כי כך מהמידה להצדיק דין שופט צדק ואמת וכתיב גבי בני שאול שנתלו והיו תלוים ועומדים עד ניתך עליהם שמש ומטר וכתיב (שמ"ב כא י) ותקח רצפה בת איה את השק ותטהו אל הצור וכתבו תוספות ביבמות (עט ד"ה ותטהו) במדרש יש שאמרה הצור תמים ויש להבין למה אמרה אז הצור תמים ולא מקודם וכבר אמרתי כי בגמרא (שם) הקשה והכתיב לא תלין נבלתו ומשני הגמרא מוטב שתעקר אות אחת בתורה ויתקדש שם שמים בפרהסיא שאומרים אם לגרים כך וכו' ע"ש אבל במדרש אמר בזה הלשון כי לשון הרע הוא עון חמור ולא נזכר בתורה רק בלאו ולכך נתלו אלו זמן רב והיו עוברים ושבים ושאלו בסיבת מיתתם ויאמרו הכל בשביל לשון הרע שהלשין לשאול על נוב עיר הכהנים וידעו כמה גדול כוחו של עון לשון הרע ויפרשו ממנו הרי דלכך נתעכבו ולא היתה להם קבורה לפרסם העון חמור דלשון הרע וידוע מה שפירש"י הצור תמים פעלו מעולם לא אמר אדם למה לא עשה שלשה ידים שלשה עינים וכו' אבל באמת בירושלמי (שבת פ"א ה"ב) מבואר שאמר רשב"י אילו הייתי שם הוי אמרתי למברא תרין פומא חד למילי דאורייתא וחד למילי דעלמא כדחזינא דנפישא לישנא בישא אמרתי יאות

אילו הוי תרין פומא לית עלמא מתקיים ובזה יובן דמקודם לא הבינה מה שנאמר הצור תמים פעלו דהיינו כמו שפרש"י דהא יש כאן הרהור כמאמר רשב"י למברא תרין פומא וכו' אבל עכשיו שראתה שלכך הם תלוים ועומדים הכל לפרסם חטא לשון הרע כמה ענשו גדול וא"כ מיושבת קושית רשב"י ואין ראוי רק לפה אחד פתחה ואמרה הצור תמים וכו' וא"ש אבל יש עוד בדרך זה ישוב כי באמת יש להבין איך הניחו לעבור על לאו הנאמר בתורה לא תלין נבלתו על העץ וכמו כן הקשו לפ"מ דקיימא לן המלין את המת ואינו לכבודו של המת עובר בל"ת דלא תלין׳אם כן איך הלינו לר' אלעזר בן רבי שמעון בעלייה שנים רבות כמבואר בפרק הפועלים (ב"מ פד) אבל הטעם הוא לאסור מקללת אלהים תלוי ופירשו שהוא להיפך כי אדם שמת בחטאו נסתלק ממנו צלם (אלהים) בכולו או במקצתו כדכתיב (תהלים ל"ט ז) אך בצלם אלהים יתהלך איש וכאשר מת נגרע הצלם ולכך אמרו (שבת קנא ע"ב) תינוק חי אין צריך לשמרו מן החיה כי צלם אלהים עליו ובמותו צריך לשמרו וא"כ הוא גרעון בחיק הצלם עלאי קדישא דנגרע צלמא דיליה והוא בזיון כביכול ולכך הקפידה תורה מבלי להלין רק לקוברו ועיין בזוהר ונושאי כליו שפירשו כן וא"כ מי שלא נגרע מצלם דבר אין כאן איסור ואין כאן בזיון וגריעותא בצלמא עלאי וראב"ש קדישא מת וצלמא דיליה לא סר ולא גרע כנודע ברוב קדושתו וא"כ כאן לא הוי איסור בבל תלין ולכך איחרו קבורתו שנים רבות וכן הדבר בבני שאול אשר היו קדושים וצדיקים כקושית הגמרא (יבמות עט) דהכתיב לא יומתו כו' רק היה למגדר מלתא לתקן הדור נמסרו עצמם למיתה כאומרם (סנהדרין מ"ו) בית דין מכים ועונשים לצורך שעה ועולה לא נמצא בהםאם כן צלם אלהים לא זז מהם ונזר אלהים על ראשם ולכך הותר להלינם ימים כמה כי אין גרעון בצלם עילאי והנה מה שכתוב רש"י הצור תמים פעלו כי מעולם לא אמר אדם דהיה לשנות הבריאה בתוספת וגירעון לא ידעתי מקומו רק בספרי (פיסקא ש"ז) איתא עיי"ש יש לאמר הטעם באמת למה לא יקשה כן דיש להוסיף או לגרוע כנ"ל כי אדם נעשה בצלם אלהים מה שייך כאן שינוי הלא צריכים להיות בצלם דמות עליון וא"כ איך יהיה גרע ממלאכתו דבר וזהו הענין כי בראות רצפה שהם תלוים זמן רב והבינה על ידי כך הטעם כי בצלם אלהים אדם נעשה אז אמרה הצור תמים פעלו וא"ש ואף עלי לומר הצור תמים פעלו כי מובטחני בו שלא סר צלם אלהים קדישא ממנו ואני צועק וקורא כמאמר אלישע (מלכים ב ב יב) בהפרדו מאת אליהו ז"ל וצעק אבי אבי רכב ישראל ופרשיו ופירש רש"י (וכן במועד קטן כ"ו וכדמתרגם רב יוסף רבי רבי דטב להם לישראל בצלותיה מרתיכין ופרשין) דטב לישראל בצילותיה מרוכבים בסוסים:

והנה יש להבין מה שאמר רכב ישראל ופרשיו הלא נודע שרכב ישראל אין כ"כ טוב כמו פרשיו וגם למה כאשר נלקח אליהו נאמר והנה רכב וסוסי אש למה באו אלו בכלל ולא סגי באחד גם יש להבין תחלה בשאלת אלישע

לאליהו ויהי נא פי שנים ברוחך אלי ויאמר אליהו הקשית לשאול אם תראה אותי לוקח מאתך יהיה לך כן ואם לאו לא ויש להבין איך אפשר שיתן אליהו לאלישע יותר ממה שיש לו וגם הוא מקצת העזה לומר לרבו שיהיה הוא יותר גדול ממנו ואם אמרו חז"ל על זה (סנהדרין קה ע"ב) בכל אדם מתקנא חוץ מבנו ותלמידו מכל מקום קשה על אלישע שלא היה לו למלאות לבו לבקש כך מאליהו וגם הסימן שאמר לו בראותו הלקחו ממנו אין זה מובן מה שייך לזה שיהיה ברוחו פי שנים:

אבל הענין הוא כך במה שאמרו (קוהלת ז י) אל תאמר מה היה שהימים ראשונים היו טובים מאלה כי לא מחכמה שאלת על זה והפירוש הוא כך כי המחקרים אמרו כי ראינו בדורות אחרונים בכל תחבולות עשיית אומנים ומחקרי מחצבים וכדומה כמו כן בידיעת כוכבים בכולם מצאו עשר ידות יותר מראשונים כנראה בכל דברים ואין הטעם שכח דור הזה יפה מראשונים כי זה אינו כי הם נגדם כפרעוש נגד ארי רק הכל הוא כננס על גבי ענק כי הם ראו דברי ראשונים ובעיונם הוסיפו דבר והגדילו מראשונים וטובים שנים מאחד ולכך נאמר כי לא מחכמה שאלת כי ימים ראשונים היו טובים כי נהפך הוא תמיד אחרונים מוסיפים אומץ בחכמה כי גם הדעת ורוח ראשונים עמם וכן הדבר כאן להיות כי אליהו היה מאציל שפע מן נבואתו ורוח קדשו על אלישע כטבע המשפיע אשר כל חשקו להשפיע זולתו אף לאלישע שתלמידו היה ובהסתלקות אליהו היה אלישע נביא ונאמן לה' ורוח הקדש שורה עליו לפעמו ואם תהיה השפעת אליהו מרוח הקדש שלו גם כן נאצלת הכל עליו וגבר חילו כננס ע"ג ענק והיה כחו יפה כפליים מה שמקבל מעצמו ליקר נשמתו לקבל שפע והשם רוח קדשו יערה עליו ומה שקיבל מאליהו וזוהיא בקשת אלישע מאליהו שאליהו לא ימנע תמיד להשפיע עליו ולהאציל מרוחו כאשר עשה בהיותו על אדמה כן לא יעזוב טובו בעלותו לשמים וא"כ יהיו פי שנים מפאת עצמו ומסיבת אליהו וזהו ויהיה נא פי שנים ואימת יהיה כן ברוחך כאשר גם אתה תשים רוחך עלי ויהיה כפליים לתושיה וזהו גם כן מאמר חז"ל (ב"ב עה) זקנים שבדור אמרו פני משה כפני חמה פני יהושע כפני לבנה אוי לאותה בושה ויש להבין מה לאותה בושה מקרא מלא הוא לא קם נביא כמשה בישראל אבל לפי הנ"ל ניחא להיות בעצם שמשה האציל מרוחו על יהושע ולא מנע ממנו דבר כטבע הטוב להשפיע לזולתו בלי מחסור ואף בהסתלקות משה תמיד רוח קדשו שופעת על נביאים וחכמי הדור כנודע וזהו שאמרו (זוהר ח"א לז ע"ב) משה לא מת ואף ליהושע נאמן ביתו ואם כן אילו היתה ליהושע הארת רוח הקודש מפאת עצמו לקבל שפע מה' וכי יתן ה' רוחו עליו והיה ראוי להיות כפליים לתושיה כמו אלישע הנ"ל אבל באמת יהושע לא היה מקבל מפאת עצמו כלל רק ממה שהאציל משה עליו והיה הבדל כהבדל עילה לעלולים וכאור לקוי אור היוצאים ממנו שהם פחות למאור בטבע וזהו ידוע כי הלבנה לית ליה

מגרמיה כלום רק ממה שקבלה מהחמה וזהו שזקנים שבדור הרגישו מדרגת יהושע ולא מצאו בו כפליים לתושיה כפי שמחויב להיות מכח זה שפטו כי לית ליה מגרמיה כלום כי אם מאצילות רוח הקדש ממשה ולכך אמרו פני משה כפני חמה ופני יהושע כפני לבנה דלית ליה מגרמיה כלום וזהו אוי לאותה בושה דלא היה הדור זכאי לכך שיערה ה' רוחו ממרום על יהושע זולת אצילות משה ויהיה כוחו עז וחזק ועון הדור היה גורם זה והנה אליהו נסתפק מה יקרה לו בעלייתו כי יש צדיקים שאף לאחר מיתתם יש להם דביקות לתחתונים להשפיע להם לטוב ולהועילם לכל טוב כאשר היה בחייהם כמו כן בהסתלקם שטבעם הטוב אז יותר מתגבר בקרבתם לפני ה' שהוא מקור הטוב ויש צדיקים שמסולקים בכל אופן מעולם התחתון ושמים בינם לבין החיים ואין להם חיבור ושייכות כלל בתחתונים וזהו שנחלקו חז"ל (ברכות יח) אם מתים יודעים מאומה או לאו דנודע בכל המחלוקת דאלו ואלו דברי אלהים חיים והוא אף בזה כי יש קצת דיודעים כי יש להם שייכות בתחתונים ויש שאין יודעים:

וזהו מאמר המדרש (איכ"ר פ"א ל"ז) והפלא ה' את מכותיך הפלאה זו איני יודע מה היא כשהוא אומר הנני יוסף להפליא את העם הזה הפלא ופלא ואבדה חכמת חכמיו הוי אומר זה סילוקן של צדיקים כי קשה סילוקן של צדיקים וכו' ויש להבין למה נאמר ע"ז והפלא ה' את מכותיך ולא על שאר נגעים וחולי מר הנאמרים בתוכחה וקרו לנו בגולה בעונותינו הרבים ומה זה שאמר איני יודע מה היא וכי לא מצינו צרות רבות ורעות עד שצריך חקירה מה המכה הזאת אבל כי כל יותר שצרות ומכות באים על ישראל יותר עלולים לקרבת השכינה דכתיב (תהילים ל"ה יט) קרוב ה' לנשברי לב ואין ה' משרה שכינתו אלא בכלים שבורים (פס"ז משפטים כ"א כז) והוא ברוך שמו מגמתו להחיות לב נדכאים ואת אשר יאהב ה' יוכיח ויותר שהשבר והכאב והמכה גדולים יותר הקרבת השכינה בקרב אומללים ישכון וא"כ הרי זה טובה מעין רעה כי כל איש יבחר נפשו בכאב חולי המר רק קירבת השכינה יחפצון כאשר באמת קדמונים קבלו על עצמם יסורים אמנם זה בכל הקללות אבל בעונותינו הרבים מכה זו בהסתלקות הצדיקים אשר אין שבר ומכאוב כזה שגורם הסתלקות השכינה וכל זמן שהצדיק בדור לא זזה רוח קדשו ובמותו נסתלקה כי צדיק מרכבה לשכינה וכאשר תנשא המרכבה אף השכינה תעלה וכן נאמר (משלי ז יט כ) הלך בדרך למרחוק צרור הכסף לקח בידו ודרשינן (חולין צב) אלו צדיקים הרי בהסתלקות הצדיקים השכינה נסתלקה וא"כ הרי זה משונה משאר מכות וכבר נודע כי מלת פלא הוא דבר יוצא מטבע ומשונה מכפי שאר ענינים וזהו מאמר הפסוק והפלא ה' את מכותיך ר"ל שבזה תהיה המכה פלא ושינוי מטבע המכות וענינים אחרים והיינו כמ"ש כי שאר מכות מקרבות השכינה וזוהיא הגדולה שבמכות מרחקת השכינה וע"ז אמרו איני יודע מהי ואמרו זהו סילוקם של צדיקים שהוא יוצא

מהטבע ומשונה משאר צרות בעונותינו הרבים כנ"ל והבן במלת חז"ל כי ודאי כת צדיקים שאף במותם דביקותם בתחתונים כנ"ל אף השכינה לא זזה מתחתונים ורוח ה' בם אבל אותם צדיקים שנפרד חיבורם בזה קשה כי גם רוח ה' תעלה למעלה ולכך לא אמר קשה מיתתם של צדיקים רק קשה סילוקם של צדיקים דייקא שמסלקים למעלה זהו קשה שגורמים סילוק שכינה כמו חורבן בית המקדש וא"ש והנה אליהו נסתפק מאיזה כת יהיה אם בעלותו לשמים יהיה מופרד מתחתוניםאם כן אי אפשרלהשפיע לאלישע או יהיה חבורו עם התחתונים והנה אם מופרד מתחתונים הדבר הזה רע למאוד לתחתונים ממש קשה יותר מחורבן בית המקדש כי הצדיק לו תואר ארון אלהים כמ"ש אחר כך מזה ובהלקח ארון אלהים היש צרה יותר מזה אמנם אם דבוק בתחתונים הוא כסולם מוצב ארצה וראשו מגיע לשמים צינור טהור להוריד שפע משמים ולהוריקו על ראש התחתונים הצדיקים הוא טוב וידוע מה שכתוב במדרש (במדבר רבה א' א) צדקתך כהררי אל ומשפטיך תהום רבה דהיינו משפטיו ידין בסתר לבל יראו ולכך בסדום שנעשה דין הזהיר ללוט אל תביט אחריך כי משפטי ה' הם וזהו מאמר אליהו ז"ל באומרו הקשית לשאול כי לא ידע מה יהיה לו מכת זו או מכת זו ולכך מסר לו הסימן אם יראה הלקחו אם כן אם הוא מכת שמסלקים מתחתונים הלא זו רעה גדולה לתחתונים וניטלה עטרת ראשם ואם לא יראה הלקחו מעמו כי משפטיך תהום רבה וע"כ שהוא מכת

שעדיין חיבורם בתחתונים ואם כן ימלא בקשתו כמ"ש כי יאציל מרוחו ויהיה לו פי שנים מה שאין כן כשבאמת לא יראה מזה הוכחה שרעה לתחתונים לכן לא ימלא שאלתו וא"ש ולכן עלינו להספיד בסילוק הצדיק כי זה חולי מר בעונותינו הרבים שגורם סילוק השכינה והוא פלא משאר מכות ועיקר הספד הוא כמ"ש בכל פעם ופעם ליתן אל לבו לשוב בתשובה והעיקר בהרמת דגל התורה אשר שחה עד לעפר בעונותינו הרבים ומי יחוש חוץ מדור הזה אשר בעונותינו הרבים אבדו גבורים ויעדרו כלי מלחמה מלחמתה של תורה חכמי הדור בעונותינו הרבים מתמעטים ועודנו חיים השם יוסיף להם אומץ וירבה ימיהם כחול מקוים ואין בקר ברפתים לשמוע כי פרחו הרכים בשנים והניצנים נראו בארץ אשר אמרנו בצילם נחיה ברוב ימים אוי לי ברואי משפלת הדור ושפלת התורה וזהו הכל מחמת מיעוט התחזקות כי בני עשירים אינם מתמידים וכבר אמרו (נדרים פא) הזהרו בבני עניים שמהם תצא תורה ובני עניים אין עשיר משיא לו בתו וצריך ליקח בת עניים ואחר כך רחיים בצווארו ואיך יעסוק בתורה אוי לי טוב מותי מחיים בראותי שפלות הדור ובזיון תלמידי חכמים ומעליבים במלאכי אלהים הם בעלי תורה אשר ימאסו בעיני העם ונחשבו כנבלי חרש בעונותינו הרבים וזהו גורם העדר צדיקים דרך משל אם אדם שולח בנו לכאן ללמוד ויצחקו עליו צעירים ואילו היה בפ"פ וכדומה היה לו כל הכבוד מי זה האיש שוטה שלא יקח בנו מכאן וישלחו לפ"פ כי שם יהיה לו

יקר ואיך יראה האב בזילותא דבנו וכן הדבר הקדוש ברוך הוא אבינו שלח בנו הצדיק ותלמיד חכם לכאן לזה העולם ויבוזו לו ולא ישגיחו כלל בכבודו ולעומת זה בשמים ממעל כל מלאכי מעלה יתנו לו יקר ורוצים בכבודו וכרוזא קרא בחיל הבו יקרא לדיוקנא דמלכא קדישא הבו יקרא לפלניא דעסק בתורה וכדומה ואם כן הקדוש ברוך הוא לוקח בנו ממקום שאין מכבדים אותו כראוי לשמים ששם יכבדוהו כראוי ויתנו לו יקר והלא ה' רוצה בכבוד יראיו ועיקר כבוד התורה וזהו עיקר ההספד לקבל על עצמו כל אחד ואחד לכבד התורה ולומדיה כראוי והלא ה' רוצה ומסכים על ידו:

ואמרינן בגמרא דב"ק (דף ק) וכבוד עשו לו במותו זהו חזקיה מלך יהודה שיצאו לפניו ל"ו אלף חלוצי כתף וכו' וכבר אמרתי בדרושים הקודמים פירוש נכון על מאמר הזה וכעת יבואר רק הטעם שיצאו ל"ו אלף חלוצי כתף דוקא ולא ל"ו מאות ומה זה במספר ל"ו וגם למה חלוצי כתף ולא חלוצי כתפיים ואמת ברש"י משמע שהיו כתפיים אבל בגמרא נאמר רק כתף אבל יובן כי נאמר (תהלים צא ז) יפול מצדך אלף ורבבה מימינך והיינו כי מצד שמאל הם אלף מלאכים העומדים בעזרתו כי כל מצוה שעושה קונה אלף מלאכים והם המפילים אלף המקטריגים כמבואר במדרש (ילק"ש ח"ב רמז תתמ"ב) ואם אדם עושה מצוה שלא לשמה כדאמרינן למשמאילים בה שהם לסטרא דשמאל והם אלף והעושה מצוה מצד ימין שהוא לשמה שהוא למיימינים בה יש לו רבבה וזהו רבבה מימינך ובזה יובן מה שנאמר בדוד (שמ"א יח ז) הכה שאול באלפיו ודוד ברבבותיו כי כבר ידוע בדוד נאמר בכל אשר יפנה יצליח כי היה מסטרא דימינא ובשאול כתיב בכל אשר יפנה ירשיע כי הוא מסטרא דשמאל ולכך אמר הכה דוד ברבבותיו ושאול באלפיו כי מצד ימין רבבה ומצד שמאל אלף ורבבה מלאכים של ימינו הם סייעו להכות רבבה ולשאול לא סייעו רק אלף ולכך קצף שאול ואמר לי נתנו האלפים ולו הרבבות ועוד לו המלוכה כי הודה כי הושיע לו ימינו והוא מפאת ימין ולו ראוי המלוכה והוא ידוע כי הקדוש ברוך הוא שגומר דינו הוא על פי בית דין של מעלה שהוא ע' כבית דין הגדול ויש מימין החצי ומשמאל החצי כדכתיב (דה"ב י"ח י) וכל צבא השמים עומדים על ימינו ושמאלו והמצות שהאדם עושה מימין הם המביאים אורך ימים כדכתיב (משלי ג' טז) אורך ימים בימינה והנה המלאכים מצד ימין הם בסוג וגדר רבבה ובצד שמאל אלף כנ"ל ול"ה מזכים ול"ה מחייבים מחצה על מחצה ואם אחד מצד שמאל נהפך למזכים ומכריע לימין הרי הרוב לזכאי וזהו מאמר הקרא (איוב ל"ג כג) אם יש מלאך מליץ אחד מני אלף ר"ל אחד מן השמאלים שהם מן מנין אלף שנהפך לצד ימין להליץ בעדו ולזכותו הרי זה יחננו ויאמר פדאהו מרדת שחת מצאתי כופר ואם אחד מן המזכים נהפך לצד שמאל הרי נחרץ דינו לחובה כי בשמאל אין אורך ימים כלל וא"כ נהפך שבמקום רבבה אחד נעשה בסוג אלף והרי כאן ל"ו מחייבים והם

ל"ו אלף וזהו בחזקיה שעברו לפניו ל"ו אלף במותו חלוצי כתף להורות כי לא מת במקרה רק מצד בית דין הגדול בשמים ול"ו אלף הם מחייבים אותו וזהו ל"ו אלף ולכך הלכו חלוצי כתף שהוא להורות כי כתף ימין נחלץ ואורך ימים בימינו נחלץ וסר ממנו כי מת ואין כאן רק שמאל ואורך ימים נחלץ ולכך קורעים קריעה מצד ימין להורות כי כתף ימין נחלץ ואורך ימים ליכא וגברו צד שמאל וזהו ל"ו אלפים שהלכו והבן כי זה הוא אמת וברור:

ולכן שפטו נא עם ה' עם בינה כמה גדול כח של כבוד התורה ואפילו למשמאילים עושר וכבוד ולכך וכבוד עשו לו במותו כי למשמאילים עושר וכבוד ומכ"ש לעושים לשמה ולכן חזקו נא בכבוד התורה ולומדיה וראו מה עשה חמי הגאון הצדיק ז"ל אשר הניח כל השידוכים שבעולם ובחר בי והלבישני וגדלני והייתי לו לבן ומובטחני בו שאינו מתחרט על כך ואף אתם תקנאו בו לכבוד התורה הוי בכל יום בת קול יוצאת ומכרזת אוי לבריות מעלבונה של תורה (אבות ו ב) הוי תורה תורה איך ירדת מכבודך וכל הוגיך הם שחים עד לעפר מי יבחר בחיים ויתאוו האנשים להשיא בנותיהם לעם הארץ ונבזה וחדל אנשים ומאסו לבחור בהוגי דתיך הכי קראו למודי ה' ארץ הנגב כמ"ש כל הרוצה שיחכים ידרים (ב"ב בה ע"ב) ולכך נקרא ארץ הנגב והנה להמונעים בתם לשדך לתלמיד חכם טעם אחד יש להם כי הוא ממשפחה בזויה ושפלה ואין זה כבודם ושוטים הללו לא ידעו אין כבוד ככבוד תורתינו הקדושה ובפרט כי הוא כבוד אלהינו ומתחתן עצמו בה' צאו וראו מה אמרה מיכל בת שאול שהיתה רואה דוד המלך מפזז ומכרכר לפני ארון אלהים ואמרה לו (שמ"ב ו' ב) מה נכבד היום מלך ישראל אשר נגלה היום כהגלות נגלות אחד הרקים ויאמר דוד אל מיכל לפני ה' אשר בחר בי וכו' ונקלתי עוד מזאת וכו' עמם אכבדה ויש להבין באמת איך אמרה מיכל הצדקת דברים כאלו להרבות כבודו במקום כבוד השמים ומה זה שענה דוד לפני ה' וכי לא ידעה מיכל שהוא לפני ה' ארון הקודש אשר שם שכינת עוזו אבל הענין כך במה שכבר אמרתי במ"ש (מגילה לא) במקום שאתה מוצא גדולתו של הקדוש ברוך הוא שם אתה מוצא ענותנותו כו' להבין למה אתה מוצא במקום גדולתו דווקא ענותנותו אבל זהו הכל חד כי דרך המשל כבוד המלך הוא לדבר עם שרים ודוכסים ופחתים אבל לא עם כפריים ואם ידבר המלך עם כפריים אין למלך הבדל אם הכפרי עשיר או עני כי מה איכפת למלך בכפריים ומה זה נחשב אם כפרי יש לו איזה אלפים או לא אין זה ערך לו רק כבודו לדבר עם דוכסים ופחתים שהם בערך לו למטה הימנו אבל לא עם כפרי שאין בגדר שלו ואם לפעמים ידבר אין הבדל אם הכפרי עשיר או לאו וכן הדבר ביוצר הכל אילו היו מלאכי מעלה קצת מחלק אלף אלפי אלפים בערך לו היינו אומרים כך כבודו של מלך מלכי המלכים להיות שכינתו וענינו עם המלאכים הגבוהים ולא עם שפלים ונדכאים אשר אינם ראוים למדרגת קדושה כלל אבל באמת כל צבא מעלה אין להם ערך כלל עם יוצר הכל ולא

ידומה ולא ישוער כלל ערך לו ממנו ברוך הוא ליצוריו והכל כאין נגדו וכאפס ותוהו נחשב למעלתו ויקרתו וא"כ מה נפקא מינה אם משרה שכינתו על גבוה שבגבוהים או שפל שבשפלים הלא הכל כלא נחשב וזהו אומרם במקום שאתה מוצא וכו' וכו' כי לפי גודל הגדולה כן ראוי הענוה שהוא שוכן דכא ושוכן בשפלים כי אין למעלתו הבדל בין יקרים ושפלים וזהו מושכל וישר ונכון והנה ידוע במלך בשר ודם אם יוצא שר צבאו לקראתו לכבודו בלבוש מלכות ועבדיו הרבה רצים לפניו ברכב וסוסים מלפניו ומאחריו ברוב יקר וכבוד להשתחוות למלך ודאי יהיה למלך יותר יקר משילך השר זה לבדו ובבגדים פחותים וירוץ כאחד מהפוחזים לקראת מלך וזאת היתה טענת מיכל לשם שמים כי יותר כבוד היה לארון ה' אילו היה דוד מתנהג בגדר המלכות ברוב יקר ברבוי עבדים וכדומה כראוי למלך וכתר המלכות בראשו וזה היה לארון ה' יותר כבוד משיכרכר כאחד הריקים אבל דוד השיב אמת כדבריך אילו הדבר היה נוגע למלך בשר ודם אבל כיון שהדבר נוגע לכבוד המקום ב"ה ואין כערכו כללאם כן נחשב הכל להקדוש ברוך הוא כאחד אם ירבה כבודו כדרך המלך או לא וזהו מאמרו לפני ה' הוא ולפניו לא שייך זה כלל ונקלתי מזאת וכו' עמם אכבדה כי במקום גדולתו שם ענותנותו ולכן מזה תלמדו כי אין לחוש לבזיון כלל כמאמר מלך משיח ה' דוד ונקלתי עוד מזאת וכו' עמם אכבדה וכן תעשו נא ראו בכבוד התורה והלא תדעו כי כבוד תלמיד חכם וכבוד ארון אלהים הכל אחד כי שם מקור התורה:

כאומרם בגמרא מועד קטן (דף כ"ה) כד לא הוו מצי פוריה דראש השנה למיפק דרך פתח בעי לשנויה לפוריה אחרינא אמרו המת כבודו במטה ראשונה דכתיב וירכיבו את ארון אלהים על עגלה חדשה ופירש"י מדכתיב עגלה חדשה משמע עגלה ששלחו בה פלשתים ארון לישראל ע"ש והדבר תמוה דמנ"ל זאת וגם משמעות הפסוק כי עגלה ששלחו פלשתים נשרפה דכתיב (עיין שמו"א ו' יד) ואת עצי עגלה שרפו באש וגם כבר תמה מהרש"א הא זו טעות היתה דאמדינן (במדבר רבה כא יב) בדוד שאמר זמירות היו לי חוקיך אתה קראת לדברי תורה זמירות חייך שאני מכשילך בדבר שאפילו תינוקות של בית רבן יודעים דכתיב ולבני קהת לא נתן עגלות וכו' והא כתיב וירכיבו את ארון האלקים על עגלה חדשה וכו' הרי דהיה טעות אצל דוד ומטעות איך ניקום ונילף עיין במהרש"א אבל הענין כך כי הרד"ק כתב מה היתה טעות דוד וכי נתעלם ממנו הפסוק ולבני קהת לא נתן עגלות כו' וכתב דדוד חשב דזה נוהג רק במדבר ולא אצלו וצריך טעם לדבריו מהיכי תיתי לחלק מאי שנא במדבר ומאי שנא אצלו אבל כבר ידוע כי הנשיאים נדבו י"ב עגלות ובהן טענו המשכן וכליו וכתבו המפרשים לבל תהיה קנאה בנשיאים כי בעגלה של נשיא זה יטענו דרך משל המנורה והשולחן של זהב שהוא מקודש למאוד ובעגלה מנשיא שני יטענו אדני נחשת של חצר והרי כאן קנאה ולכך כתבו שהיו מחליפים העגלות במסעות פעם בעגלה זו כלי

היכל ופעם בזו באופן שלא תהיה בם קנאה ודרכי אל דרכי נועם ושלום ולפי זה לא היה אפשר לטעון הארון בעגלה רק בכתף ישאו כי בעגלה צריך להיות תמיד בעגלה אחת כי אין משנין ואין לך קנאה גדולה מזו שבעגלה זו המיוחסת לנשיא זה יטענו ארון קודש הקדשים ובשאר עגלות שאר כלים שאין ערך כלל לקדושת הארון ואם יחליפו הא אין משנין ארון מעגלה לעגלה ולא סגי בלאו הכי שהיו בכתף נושאים אבל בזמן דוד שהיה מלך והוא נותן עגלה משלו כי לו משפט המלוכהאם כן יאתה לישא ארון על עגלה וזאת היתה טעות דוד בבירור כמ"ש הרד"ק שחשב שאינו נוהג אלא במדבר ומזה מוכח דהך דינא הוא מוחלט דאין משנין מעגלה לעגלה דאל"כ למה היה מקום לדוד לחשוב שיש שינוי בין במדבר מבזמנו אע"כ כנ"ל ובזה היתה הטעות של דוד הואיל שחשב שיש שינוי כמ"ש הרד"ק ובאמת אין שינוי כי צריך להיות בזמנו כמו במדבר וזו היתה הטעות אבל האי דינא דאין משנין וכו' שפיר למדין ממדבר בעצמו כנ"ל ולק"מ קושית המהרש"א וא"ש והנה במדרש איתא הטעם דלכך לא נתן לבני קהת עגלות כי אם בכתף דאין תורה נקנית אלא ביגיעה רבה וארון שהוא מקור התורה צריך להיות בכתף ולטרוח ויגעתי ומצאתי תאמין וזהו מאמר הגמרא אילו חשב דוד שהתורה נקנית ביגיעה דוקא ולכך לא ניתן הארון על עגלה כמאמר מדרש הנ"ל לא היה טועה אבל הוא בחושבו כי אין צריך לתורה יגיעה ואמר זמירות היו לי חוקיך וא"כ מכח זה בא לכלל טעות דחשב טעם אחר כמש"ל שלא תהיה קנאה בנשיאים ומזה בא לגדר שהרכיב ארון על עגלה ואם כן דדבר זה שאמר זמירות היו לי וכו' הביאו לכלל טעות וא"ש ונכון הוא ומזה תלמדו כי לתלמיד חכם קדושת ארון ואיך לא תחוסו ותחשו להביא ארון ה' לביתכם והיתה לכם ברכה ברכת ה' היא תעשיר ואם כי קשה עליכם מתחלה העומס לפרנסו הלא ארון עבודת הקודש משא בכתף ישאו ולכן ראו וחכמו אבל יש עוד אחרים שבושים שישחקו עליהם ופערו פיהם לומר זה האיש מדבק בתלמיד חכם ולוקח על עצמו עול הזה והוא ליוהרא כלומר שהוא עשיר כי מאין יבא לו לפרנסו אל תשגיחו בזה מרן דבשמיא יהא בסעדו ומוטב שיבוש בעולם הזה ואל יכלם בעולם הבא ואדרבא יותר שכר יש לו כאומרם (במדבר רבה פרק כ"א א) בפנחס שהיו שבטים מבזים אותו ראיתם בן פוטי זה כו' ולכאורה הדבר תמוה ח"ו ששבטים אומרים שלא כדין עשה פנחס שהרג לזמרי בועל ארמית בת אלהי נכר והיה לו להניחו להיות קשור בה ככלב ח"ו אם כה היה אין זה בגדר שבטי יה עדות לישראל והעל זה שתק משה והקדוש ברוך הוא ואמר לפיכך הכתוב מיחסו בן אלעזר וכו' וכי זה די היה לגעור בהם על שאמרו על טוב רע אבל הענין כך כי פנחס בקנאו קנאת ה' והרג לזמרי עם כזבי השיב חימה מעל בני ישראל שלא היה נגף בהם בעון פעור ובנות מואב כדכתיב (במדבר כה יא) השיב את חמתי וגו' הנני נותן לו את בריתי שלום והנה השבטים וזקני הדור היו מקנאים אותו חשבו כי אילו היה אחד

משאר נשיא בית אב או איזה שופט וחשוב שבישראל מקנאו ועושה רושם כזה אין כל כך שמו יתעלה מקודש בפי כל כמו עתה שאחד משפלי הדור יקום ומקנא קנאת ה' צבאות לו תואר והדר אבל לא ראשי העם כי בהם לא היה הקידוש השם גדול כ"כ כי מוטל עליהם ובזה התנצלו על עצמם על שהתרשלו בזה הם לנקום נקמת ה' עד שבא פנחס לזה אמרו כי פנחס שעל ידו השיב חימה שקינא לאלהים היינו היותו בזוי בן פוטי זה וכו' והוא בזוי עם ויהרוג נשיא בישראל דזהו קידוש השם הגדול וזהו אשר היה כדאי להשיב חימה מקב"ה כי מאוד לרצון לפני ה' על אנוש כערכו אבל אילו אנשים כערכנו עשו כזה לא היה כ"כ קידוש השם כי עליהם בלאו הכי מוטל הדבר למחות ואין כ"כ קידוש השם הגדול וזוהיא הכונה שהתחילו השבטים לבזות אותו להגדיל הענין שהיה מעשה טוב ומוחלט והוא התנצלות על דבר שהם רפו ידיהם ולכך הכתוב מיחסו שבכל זה אף הוא מיוחס בן אלעזר וכו' מכל מקום תחת אשר קינא לאלהים ויכפר על בני ישראל והנני נותן לו את בריתי שלום וא"ש ונכון ולכן יותר חשוב מי שהוא בעינו נבזה ועושה מצוה כתקונה יותר לרצון לפני ה' ומכ"ש אם אדם חשוב ונכבד לעמו מבזה עצמו בשביל תורה ולומדיה כדי לעשות נחת רוח ליוצרו ולדבק עצמו בתורה להרים דגלה כי בעונותינו הרבים נפלה העטרה והורם המצנפת בהעדר חכמי הדור:

ואמרו (סנהדרין צד) ויחד יתרו רב אמר שהעביר חרב חדה על בשרו ושמואל אמר שנעשה בשרו חדודין חדודין ואמר רב היינו דאמרי אינשי גיורא עד עשרה דרא לא תבזי ארמאה באפיה ומקשים העולם איך מייתי רב חובתו לנפשו לסייע למילתיה דשמואל ומלבד זה יש להבין על יתרו הצדיק שזכה שנכתב בתורה פרשת הקמת שופטים על ידו שיהיה לו ח"ו לצער בשמעו כי קרה פורענות לצוררי ישראל והלא משנאי ה' אשנא והכתוב אומר ויחד יתרו על כל הטובה אשר עשה ה' לעמו ולא בשביל מה שקרה לפרעה ולמצרים ותמוה כי לולי זה היינו אומרים בישוב קושית העולם הנ"ל איך מייתי רב חוב לנפשיה בדרך פשוטה דכבר נחלקו חכמי ישראל בנדון שמועת יתרו מה שמע וכל אחד ענה חלקו זה אומר כך וזה אומר כך והנה אם אז כבר שמע במפלת פרעה ומצרים וכל התלאות אשר מצאו לא שייך לומר אחר כך בבואו אל משה כאשר שמע כן ממשה שנית נעשה בשרו חדודין בגין כך כי זו היתה כבר אבילות ישנה וכבר ידע מתמול שלשום אך אם לא שמע רק קריעת ים סוף או מלחמת עמלק שפיר יש לאמר אז בשהגיד לו משה כדברים האלה הרע לו אך לכאורה מוכח דכבר היה יודע גם מזה קודם סיפור משה דלולי כן לא היה משה מגיד לו כי הוא מדרך ארץ שלא יאמר אדם לחבירו דבר שנפשו עגומה עליו וכבר אמרו (סנהדרין צד) אמרי אינשי גיורא עד עשרה דרא כו' ולא היה משה עובר דרך ארץ והנימוס הנהוג אע"כ כבר שמע ולא חש משה לספר דברים כהוייתן מתחלה עד סוף זהו מאמר רב לדחות דברי שמואל היינו דאמרי אינשי כו' מוכח שכבר ידע ואיך יהיה

נעשה בשרו חדודין כנ"ל וע"כ הפירוש שהעביר חרב חדה וא"ש אבל בישוב קושיא הנ"ל יש לאמר כך דתו יש להבין מה דאמרי אינשי דקשה לגר עד יו"ד דורות לשמוע זילותא דגוי וא"כ צ"ל שעדיין אהבתם חקוקה בלבם וח"ו לומר כן על גירי אמת שיהיה עדיין לבם חלוק מישראל ולאהוב עכו"ם וכ"ש עד יו"ד דורות וחלילה להוציא לעז על צדיקים הללו בעוזבם מקורם ודבקים במקור חיים וחובה עלינו לאהוב אותם בכל לב ונפש והתורה הזהירה הרבה על אהבתם אבל הענין כך כבר כתב הרמב"ם לשבח לגר אשר בזמן הזה להיות שהעכו"ם הם במעלה עליונה ועושר וכבוד אתם ואנחנו דלים ודוים סחופים עשוקים מכל עם והם עוזבים הכל ומתדבקים בישראל הלא לזה יש לשבח ולאהוב ולומר אשרי זה שהכיר הבורא בעת כזאת וכן אמר בועז לרות שהיתה בת בתו של עגלון המלך והלכה לארץ ישראל ושם לקטה בתוך עניים ודלים שעורים ואמר (רות ב' יב) ותהי משכורתיך שלימה כו' וכן זכתה שיצא ממנה זרע שלשלת דוד ולעומת זה אם ישראל במעלה עליונה וחשיבות ועכו"ם בזוים ושפלים אין כל כך מעלה ושבח לגר שבא להתגייר כי לא כל כך רמה מעלתו עד שאמרו (יבמות כד ע"ב) אין מקבלים גרים בימי דוד ושלמה וא"כ יש לאמר כך הפירוש גיורא עד עשרה דרא לא תבזה ארמאי קמיה דאם מבזה אותם לומר שהם בזוים לא עם ואין בהם מעלה וחכמה וכדומהאם כן אין כל כך מעלה ושבח לגר שעזב אותם ובחר בעם נבון וחכם כי כך ראוי לכל בר דעת לבחור ועל זה נפשו עגומה ויותר נוח שישבח לגר אותם שהם בני מעלה ולא נעדר מהם כי אם הכרת דת האמת והוא הכיר הבורא ועזב מקורו גדול הוא שכרו וזהו הפירוש לא תבזה באפיה לא לאהבת העכו"ם התקוע ח"ו בלבו רק למעלתו כמ"ש וזהו היה גם כן ביתרו שיתרו חשב שישראל יצאו ממצרים בחפזון לארץ מדבר הם דוים שמלתם בלתה ורגלם בצקה ומזונם בצמצום כי מי יכלכל יום ביומו ובפרט בארץ ציה עד שחשב שנפשם חסרה מכל טוב חמדת עולם הזה וכן ראוי לשלימים הרוצים שתדבק בם שפעת אלהים וכך היה משה ואליהו מתבודדים במדבר ופירשו עצמן מכל מיני עולם הזה אפס לעבוד ה' ולהתדבק בכח שכל אלוה ויתרו שהיה יושב במדין ארץ טובה ורחבה והוא כהן וכל חמדת הזמן היה אתו וילך ויפרוש מזה וילך אחר עם ה' במדבר ולא שת לבו לכל חמדה המדומה הלא יחשב לו לצדקה ויקר ושבח גדול אמנם בבוא יתרו לשם והנה ראה כי היטיב ה' לישראל עד מאד לא חסר להם דבר שמלתם לא בלתה וכל טוב מצרים בידם לא חסר להם דבר ע"כ חרד יתרואם כן איפוא גודל שכרו ומה החזקת טובה לו הלא כל משוגע ופתי בראותו הצלחת אנושי כזה יבחר ויקרב לדבק בם ולכך נעשה בשרו חדודין וזו כוונת הפסוק ויחד יתרו על כל הטובה אשר עשה ה' לישראל כי חשש אולי שאין מעלתו כל כך יקרה אבל על מפלת פרעה לא היה מצטער כלום וא"ש ולכן טוב מאד לדבק בתורה ונכבד בנקלה רק לאהבת התורה והכתוב צווח (שה"ש ח ז) אם

יתן איש את כל הון ביתו באהבה באהבת התורה בוז יבוזו לו והנה עוד מתועלת תכלית ההספד לשוב אל לבו בתשובה שלימה ולראות יתרון החכם מכסיל כי מי שביתו מלא כל טוב בחמדה וילך מי ינוד לו מי יזכרנו בכו בכה להולך אבל התלמיד חכם לא ישכחו זכרו לנצח כמ"ש בגמרא דיבמות (דף צז) דר"א דאמר שמעתא דר"י ולא אמר מפיו כעס ר"י ונתן טעם דכתיב אגורה באהלך עולמים וכי אפשר לדור לדור בשתי עולמות אלא ביקש דוד שיאמרו דבר הלכה משמו ששפתותיו דובבות בקבר דאמר ר"י כל תלמיד חכם שאומרים דבר שמועה מפיו שפתותיו דובבות בקבר אר"י מאי קרא דכתיב וחכך כיין הטוב וכו' דובב שפתי ישנים ויש להבין מתחלה מביא קרא אגורה באהלך עולמים לראיה ששפתותיו דובבות ואחר כך שאל מאי קרא הא כבר מייתי ראיה מדברי דוד שביקש להיות דר בשתי עולמות באופן זה וגם אם מביא ראיה מהך דובב שפתי ישנים הוי ליה לגמרא להביא תיכף ולא הך דאגורה באהלך וכו' הלא משם ילפינן העיקר אבל ודאי יש כאן שתי בחינות דודאי תלמיד חכם שאמרו חידוש דבר הלכה ואומרים בבית המדרש תורתו בפיהם ראוי שיהיו שפתותיו דובבות אבל הוא השכר המגיע לו מהקדוש ברוך הוא ולא מבני אדם וקמי שמיא גליא ממי יצאו דברים כאלהאם כן מה נפקא מינה אם אומרים בשמו אם לאו הלא ה' יודע שממנו יצאו וממנו נבעו והוא ישלם שכרו במושלם ומאי נ"מ בהזכרת שמו וכמו כן יש להבין שאם שני תלמידי חכמים או יותר אמרו דבר אחד וכי יהיה יתרון לאדם אחד על רעהו כי באמת כולם שוים לטובה שיהיו שפתותיהם דובבות כי הי מנייהו מפקת והכל הולך אל מקום אחד ובזה יובן הפסוק (תהלים ס"א ה) אגורה באהלך עולמים אחסה בסתר כנפיך סלה ודרשינן אחסה בסתר כנפיך כדכתיב וה' עמו שהיה עמו תמיד לא זזה שכינה ממנו ולכך אמר אחסה בסתר כנפיך סלה ויש להבין מה זה חיבור והמשך לזה שאמר אגורה באהלך עולמים אבל הענין כך אם אמר דבר הלכה שאין בו פקפוק וחשש מחלוקת פשיטא שאין צריך הזכרת שמו וממילא ה' יודע וקובע לו שכר אבל בדבר שיש בו ערעור ומחלוקת ופנים לכאן ולכאן ואם יהיה נאמר בשם גברא רבה יוקבע הלכה כמותו ואם לאו לאו כמאמרם (פסחים קיב) כשאתם אומרים דבר תלו באילן גדול נמצא עיקר קביעות דברי תורה הוא מהזכרת שמו על הלכה ולכך בעינן הזכרת שמו ואז שפתותיו דובבות בקבר כי על ידי כך נקבעת הלכה וכן היה בדוד כי ודאי הוא לא היה מתפלל שיאמרו דבר הלכה מה שחידש דפשיטא וכי תהיה תורתו נשכחת ובפרטות בבית ראשון שלא היתה שכחה אצל מקבלים ומעתיקי שמועה והוקבע מדור דור רק בדבר שנפלה בו מחלוקת וידוע מה שכתוב בגמרא (סנהדרין סג ע"ב) וה' עמו שהלכה כמותו בכל מקום וא"כ אם תאמר שום הלכה בשמו תוקבע להלכה משא"כ אם לא יאמרו משמו לא תוקבע להלכה וזו היתה בקשתו אגורה באהלך עולמים אחסה בסתר כנפיך סלה היינו דשכינה היתה תמיד

עמו והיתה תמיד הלכה כמותו וא"כ כשיזכר שמו תהיה קביעת הלכה על בוריה וכן היה זה ברבי יוחנן שם (יבמות ס"ח) שאמר עשו ביאת בן ט' כמאמר בגדול וכן אמר שמואל ורב חולק וא"כ אמירת דבר הלכה בעצמה היתה מיוחסת לשמואל כמו לר"י אמנם רב ושמואל הלכה כרב באיסורי אבל לא לגבי ר' יוחנן וא"כ בהזכרת שם ר"י היתה נקבעת הלכה כמותו ולכך הקפיד ר"י על שלא אמרו משמו כי לא שייך קמיה שמיא גליא כהנ"ל דהא רב חולק ועיקר התועלת הוא הזכרת שמו וזהו שמביא ראיה מדוד שאמר כן גם כן אגורה באהלך וכו' כמ"ש רק דלמא דוד לא קאמר רק על הלכה שאמר הוא לבדו וביקש על דבריו שיאמרו בבית המדרש וקמיה שמיא גליא כהנ"ל ומנא לן בכהאי גונא שעוד גברא רבה אמר כן כמו כן שתהיה קפידא בהזכרת השם כהנ"ל וע"ז קאמר דאמר ר"י כל תלמיד חכם שאומר דבר וכו' שנאמר דובב שפתי ישנים וא"כ מה צורך לדוד לומר אחסה בסתר כנפיך סלה כמ"ש והוא הדבר המכוון בנדון דר"י בשגם יש לאמר דמהך קרא אגורה באהלך עולמים אין ללמוד דיש לאמר מה צורך לדוד לבקש שיאמר דבר הלכה שלו וכי תהיה שכחה למקבלים רק אולי זו היתה תפלתו כשנאמר דבר הלכה מפיו שיהיו שפתותיו דובבות כי אין זה מחוק הנימוס כשיאמרו דבר הלכה שיהיו שפתותיו דובבות אבל דוד ביקש על עצמו שיתחסד ה' עמו ויעשו לו כן ובשביל זה אין ללמוד שהוא שוה בכל נפש תלמיד חכם ולכך קאמר הגמרא דאר"י כל ת"ח שאומרים שמועה מפיו שפתותיו וכו' דכתיב דובב שפתי ישנימאם כן לא היה דוד צריך לתפלה זו ולשכחה גם כן אין צריך כנ"ל וע"כ דתפלתו היתה שיאמר להדיא משמו דוקא ולא יאמרו סתם והיינו על כרחך כמו שכתבתי הטעם דע"י הזכרת השם הוקבעה הלכה וכל תלמידי חכמים שוין אשר הלכה כשמם וא"ש ודוק ואולם מה ששפתותיו דובבות הוא כי תמיד היא נפש הצדיק ותלמיד חכם קשורה בחיים כדרכו בחיים להשפיע ולהטיב לזולתו כמו שאני צועק על חמי אבי אבי רכב ישראל ופרשיו שכל ימיו היתה מגמתו להורות ישראל חוקים ישרים ומשפטים צדיקים וזו כל מגמתו היתה להשפיע ברוב ענוה אשר ראוי לומר עליו משמת רבי בטלה ענוה ויראת חטא ולכך אף במותם לא נפרדו להתדבק בתלמידי חכמים וביחוד כאשר יאמרו דבר הלכה משמו אז נפש החיים הנשארת בקבר מתדבקת ברוח ורוח בשכל ושכל בצורה עליונה שהוא צלם אלהים דובבות ולכך קשה המיתה לצדיקים כי כל חשקם להטיב כאשר ידוע ממיתת משה שכל צערו היה שביקש להשלים לישראל כאשר זקיני בעל מגלה עמוקות האריך בטעמים מה שביקש משה להשלים נפשו בכניסת ארץ ישראל ובזה תבין מה שכתוב (כתובות קד) אותו היום שמת רבי ערב שבת היה ואמרו כל מאן דאמר נח נפשיה דרבי ידקר בחרב והתפללו ואמרו עליונים מבקשים את רבי ותחתונים מבקשים את רבי יהי רצון שיכבשו תחתונים את עליונים כד חזי אמתיה דבי רבי צערא דרבי דהוי קשה סלקא

לאיגרא ואמרה יהי רצון שיכבשו עליונים לתחתונים ונח נפשיה ויש להבין איך ס"ד שאמרו לדקור בחרב את מי שיאמר שמת רבי וכי יעלה על רוח שיחיה לנצח הלא ראו שהוא מסוכן ונוטה למות בעונותינו הרבים ומהיכי תיתי לא יקרה לו כאשר קרה לכל הצדיקים וענין היותר זר דאמתיה דבי רבי תכריע נגד כל חכמי הדור והיו שם ר"ח ובניו שהם במעלתם ממש שקולים כאבות העולם כדאמרינן בב"מ (פה ע"ב) ומה ממש בדבריה וכי ר"ח וצדיקים כאלו לא ראו צערו של רבי כמו האמתא וכי היא היתה רחמנית יותר מהם אבל הענין כך מה שאמרו במדרש (בראשית רבה פס"ב ב) מה בין מיתת זקנים לנערים הנר שכבה מאליו סימן יפה לו וסימן יפה לפתיליו ואם נכבה ע"י אחר סימן רע לו ויש להבין אם כי השאלה קצת תמוהה כי הלא מיתה אחד נער וגם זקן שב וישיש הכל מתים על ידי מלאך המות ואין איש מת מאליו וגם זקנים מתים בחולשא כמו נערים אבל להבין גם מה שנאמר במדרש במשה הן קרבו ימיך הכל אומרים בפיהם שימותו ומה הוא זה ויובן גם כן מה שנאמר בפסוק (איוב י"ד כב) אך בשרו עליו יכאב ונפשו עליו תאבל ודעת רשב"ם לאחר מיתה תרגיש הנפש בכאב להגוף וגם אם הגוף אין לו הרגש וכאב כלל אם תחתוך אותו לאלף חתיכות וכבר הארכתי בזה במקום אחר ואין כאן מקומו אבל גם זה הפירוש אמת כי כללו של דבר אין צדיקים מתים עד שיסכימו נשמתם ונפשם למות ואין הקדוש ברוך הוא עושה להם דבר בעל כרחם ורצון יראיו יעשה כתיב וצריכים להסכים על המיתה ואז מתים וזהו מאמר המדרש הן קרבו ימיך למות הכל אומרים בפיהם שימותו הרצון שצריכים לומר כן בפה שימותו כי אין מתים עד שיסכימו ובאמת כשמרגישים שכבר עשו שליחותן בזה העולם מסכימים אבל הרשעים מתים בלי רצונם ועל ידי הכרח וזו היא כוונת השאלה מה בין מיתת זקנים היינו תלמיד חכם זה שקנה חכמה כי הוא זקן אמיתי לנערים היינו מנוערים מן התורה ומן המצות ואמר כי ת"ח כנר שכבה מאליו מבלי הכרח כי מרצונם מתים והיינו שכבר עשו שליחותם וכן הנר במקום שאין צריך עוד להאיר אחר השחר עלה והארץ האירה אז אין הנר יפה ולכך כל זמן שהיה צריך בו לא נכבה וזהו לנר יפה לא כן הרשעים היינו הנערים כנ"ל אינו נכבה מאליו בהסכמתם רק בעל כרחם מתים וכמו בנר שנכבה בלילה וחושך והוא לאות כי ריחו רע ויזיק לבריות ולכן מכבה אותו למיתה לשוב למקורו הראשון אמנם נפש הצדיק שהיא קשורה בגוף ומתחברת עם הבריות וכל דרכה להיטיב ולישר אורחותיה קשה עליה להסכים למות כי קשה עליה פרידתה ומה עושה הקדוש ברוך הוא שולח יסורים על גוף הצדיק והנפש רואה בצער הגוף כי מטבע נפש הצדיק לסבול כל היסורים רק לישר הדור כמו שעשו כל הקדמונים והנביאים שהטילו על עצמם יסורים בשביל הדור מכל מקום הגוף הגשמי היסורים קשים לו ומתחננת הנפש על כאב הגוף וזהו אך בשרו עליו יכאב ונפשו עליו תאבל

בצער הכאב הזה ולכך הנפש בעל כרחה תענה אמן לדיין האמת שימות וימלט מצערא דגופא ואז נפשו ורוחו אליו יאסוף וכבר נודע מה שאמר בזוהר (ח"ב צ"ד ע"ב) כי ימכור איש את בתו לאמה דא הקדוש ברוך הוא ה' איש מלחמה את בתו לאמה דא נפש צדיק כי היא נקראת אמה והיא השוכנת בגוף לשרתו:

ובזה יובן הגמרא הנ"ל כי חכמי הדור היו מכירים ערך גדולת רבי שכל מגמתו הוא ליישר הדור וללמדם תורת ה' וכאשר חיבר משניות כללי תורה שבע"פ וא"כ כמה גדול העדרו לישראל באורו היה אור ובמותו יחשכו כוכבי נשפו וא"כ היה בדעת הדור שלא יסכים רבי על המיתה עדיין כי עדיין לא השלים ליישר להתלמידים בתכלית השלימות כאשר באמת הגיע במותו מחלוקת גדולה בפירוש המשנה זה אומר בכה וכו' ואם לא יסכים הוא לא ימות ולכך אמרו מי שיאמר נח נפשיה דרבי ידקר בחרב וכן אף אמתא דבי רבי דא היא הנפש כנ"ל הסכימה מבלי למות ואמרה יהי רצון שיכבשו התחתונים לעליונים אבל כאשר ראתה בצער הגוף וכאב חולי המעיים הסכימה למות ואמרה יהי רצון שיכבשו העליונים לתחתונים ומיד בהסכימה למיתה נח נפשה דרבי ולרצות המליצה אמרו שם דשקלה כוזא ושדי מאיגרא לארעא להשתיק לרבנן היינו כי לישוב הדעת חכמים הראתה כי האדם כחרס הנשבר ועלול ומעותד למות מפאת גופו וסופו למות וא"כ מה לכם להרבות בתפלה אם יחיה מאה או אלף הלא סופו למות והוא כחרס הנשבר וזה מובן ונכון וברור בכוונת הגמרא דאמתא דבי רבי וכבר כתב הרמב"ם במורה נבוכים בכוונת חז"ל ליפות המליצה הוסיפו דבריהם בענין ליפות המשל וכן מצינו בדברי הנביאים וזה ברור ומעתה ראוי לנו לבכות את הצדיק הזה שכל מגמתו היתה ליישר הדור ועתה הסכים למיתה אין זה אלא מפאת חטאים ועונות הדור אשר קצה נפשו לקבוע אוהל קדשו וע"ז ידוו כל הדווים ומה שאמרו יום שמת רבי וכן אמרו (כתובות קג ע"ב) המתים בערב שבת סימן יפה להם יובן גם כן במה שכתוב דוד (שבת ל) הודיעני ה' קצי שאמר לו הקדוש ברוך הוא שימות בשבת אמר אמות בערב שבת א"ל הקדוש ברוך הוא כי טוב וכו' טוב יום אחד שאתה עוסק בתורה מאלף עולות שיקרב שלמה בנך אמר אמות באחד בשבת א"ל הקדוש ברוך הוא כבר הגיע מלכות שלמה בנך ויש להבין על הקדימה ואיחור של דוד ולמה לא אמר גם כן בה' בשבת או בב' בשבת דוקא בערב שבת ובא' בשבת ומה שהשיב לו ה' שחביב לו מאלף עולות הוי ליה למימר סתם שחביב עלי תורתך ומנינא למה לי גם הטעם שהשיב לו על א' בשבת הוא בלתי מובן אם כבר כלה קיצו בשבת הל"ל הגיע עת האסף אל עמך מה אמר שהגיע מלכות שלמה כי בודאי ימחול שלמה נגד דוד אביו אבל יובן במה שאמרו במדרש (ד"ר י"ט ח) הן קרבו ימיך למות אמר משה למה אמות ומה עשיתי א"ל הקדוש ברוך הוא בעון אדם הראשון דכתיב הן האדם היה כאחד ממנו ויש להבין במה שאמר מה עשיתי הלא כבר נאמר

(במדבר כ' יב) יען אשר לא האמנתם בי להקדישני ועל מי מריבה נחתם גזר דין וגם למה בחר הקדוש ברוך הוא בזה הקרא ולא א"ל מקרא ביום אכלך אבל להבין ענין חטא משה הקדוש ברוך הוא אמר ודברתם אל הסלע והוא הכה צור ויזובו מים גם מה זה עונש מידה כנגד מידה שבשביל זה ימות ולא יכנס לארץ ישראל הגם כי גבהו דרכיו מדרכינו ולא מחשבותיו מחשבותינו מכל מקום ליישב הדעת מה זה עונש לזה החטא אשר חטא אבל באמת זהו מתכלית הניסים והנפלאות להוציא מים מצור החלמיש כי ודאי יותר קורבא יש לדעת לעשות נס בשמים ממעל אשר הוא גרמים רוחנים ונעדרים מגשמיות מלשנות הטבע החומרי וזהו קשה בתכלית ובזה הסלע הפליא הקדוש ברוך הוא הנס למאוד וזהו גם כן מאמר הפסוק (תהלים קי"ד ה) מה לך הים כי תנוס וכו' ההופכי הצור אגם מים חלמיש וגו' הפירוש הוא כך שהפסוק מתמיה הנה אני רואה שינוי טבע ודברים הפוכים מסדר כי מה לך הים שהוא קשה הבקיעה למאוד ולא יצויר בו ממש אפשרויות כי תנוס נס לגמרי ונעשה חרבה כי ניסה מורה על קלות התנועה בקלילות והירדן שהוא נהר קטן לפי ערך הים לא נסוג לגמרי כים רק יסוב לאחור וזהו היפוך סדר הטבע וכמו כן הרים שאין כ"כ גבוהים ירקדו רק כאלים והגבעות שהם הרים גדולים כבני צאן ירקדון שהם קלים ומתנשאים במהירות יותר מאילים והכל בהיפוך הענין וע"ז משיב מלפני אדון חולי ארץ שרוב ניסיו הם בשינוי הסדר להודיע לבני אדם גבורותיו וכחפצו עושה הוא מהפך הצור שאין כ"כ קשה ויוצא ממנו רק נהר קטן וזהו אגם מים וחלמיש שהוא סלע קשה יצא ממנו מעיין וזהו חלמיש למעינו מים שהוא מעין גדול וכן מצינו בתורה בהכאת צור בפרשת בשלח נאמר רק ויצאו ממנו מים (שמות י"ז ו) ובהכאת סלע שהוא החלמיש וסלע קשה כתיב בפרשת חקת (במדבר כ' יא) ויצאו מים רבים וכך הוא דרכו ודבר נכון הוא ועכ"פ למדנו שהוא נס גדול עד שגם המשורר לא הזכיר שום נס כי אם שהוציא אגם מים וכו' כנ"ל וידוע כי נס גדול צריך זכות רב מישראל ובמעט חטא לא יתרחיש ניסא ולכן כל הצדיקים פחדו אף שהובטחו מפי עליון שמא יגרום החטא וכמו שפחד יעקב וכן שמואל אמר (שמ"א ט"ז ב) איך אלך וכיוצא בזה כי חשבו שמא יגרום החטא ח"ו ויש לאמר דחשב משה אם אומר לסלע שיתן מים צריך לומר כה אמר ה' תנה מים ופן ואולי יגרום החטא ולא יתעבד ניסאם כן ח"ו יהיה חילול השם ויפקרו ישראל ומכש"כ הערב רב ויכחישו נבואות משה ולכן התחכם משה מבלי דבר דבר וא"כ אם שלא היו מים זבים היה משה אומר שלא נעשה במצות ה' ונבואתו רק מעצמו הכה לנסות אם יזובו מים כאשר עשה בהכאת צור קודם מלחמת עמלק כנאמר בפרשת בשלח ואם כן לא יחלל שם שמים ולא יהיה לישראל ח"ו ספק בנבואתו אמנם יש לאמר שזהו שגרם מיתת משה ולא נכנס לארץ ישראל בעבור שלא הזכיר שם ה' ואילו היה נכנס לא"י היה חי לעולם כמ"ש רש"י וכל המפרשים ויטעו אחריו לומר כי זה הוא אלהים

בעשותו נוראות נפלאות כאלו להוציא מים מסלע ויהיו מיחסים הפעולה לו לבד ולא ה' פעל כל זאת ולכך הוזקק למות להורות כי הוא איש ולא אלהים והמות הפרידו וכך אמרו שאפילו קברו לא ידעו שלא יעשו אותו עכו"ם מכ"ש אילו היה חי לעולם וזהו חשש טעות שיטעו ח"ו הואיל והכה ואילו היה מדבר כה אמר ה' וכו' לא היתה טעות עליו כי לא היה תלוי בכוחו של משה וזהו מאמר הפסוק (במדבר כ' יב) יען לא האמנתם בי כי אילו האמינו שיהיה ודאי ודבר ה' יקום לא היו נמנעים מלדבר אבל עכשיו שלא האמינו וחשבו שיגרום חטא לכך ראוי העונש מיתה כנ"ל והנה עיקר סיבת האפיקורסים שפקרו המינים לייחס לאדם תואר אלהים הוא מחמת חטא אדם הראשון שנחש הטיל בה זוהמה לאמר (בראשית ג' ה) והייתם כאלהים וזהו ארסו של נחש ומזה נולדה בעונותינו הרבים המינות והכפירה וזוהיא כוונת הפסוק (שם פסוק י"ז) הן האדם היה כאחד ממנו וגו' פן ישלח ידו וגו' מעץ החיים ואכל וחי לעולם ולפי פשוטו אין לו שחר כי הלא חנון ורחום הוא ה' ולא יחפוץ במות המת רק זהו אם יאכל וחי לעולם וא"כ יהיה תואר אלוה וזהו הן האדם היה כאחד ממנו ודרשינן במדרש (בראשית רבה כ"א ה) כיחידו של עולם והוא הדבר שיהיו מיחסים לתואר אלהים לכך אמר הקדוש ברוך הוא לאדם ביום אכלך ממנו מות תמות כי ידע כי בעונותינו הרבים תתנוצץ מינות בעולם על ידי עץ הדעת כי הוא טוב ורע:

וזהו מאמר המדרש כי משה שאל מה עשיתי הרצון אף שחטאתי במי מריבה והכאת הסלע אין זה מידה כנגד מידה למות והשיב לו הקדוש ברוך הוא אדם הראשון גרם לכך כי מאז פרחה צרעת המינות בבני אדם לתאר לילוד אשה שם אלוה ואם אתה תחיה לעולם פן תהיה לפוקה ולמכשול כנ"ל שיטעו אחריך בני אדם וזהו שמביא הפסוק הן האדם היה כאחד וכו' כנ"ל וזהו חשש יעבור עליך גם כן ח"ו ובעל כרחך אתה תמות ובזה תבין מה שכתוב כל הצדיקים מתו בעטיו של נחש הוא הדבר הנ"ל שלא יטעו בתרייהו ח"ו כנ"ל וקלקולו היה בערב שבת והצדיקים נתפסים בעונו על כן ראוי שימותו בערב שבת ביום הקלקול ואפשר שזוהיא כוונת הפסוק (בראשית ב' יז) ביום אכלך ממנו מות תמות כי תבא מיתה ותכפר עון אכילה ולכך הצדיקים שמתים בעטיו של נחש מתים בערב שבת וסימן יפה להם (כתובות קג ע"ב) להורות שמתו בעטיו של נחש וידוע מה שכתוב במדרש שלכך הקריב שלמה אלף עולות משום דהקדוש ברוך הוא אמר לאדם ביום אכלך מות תמות והמתין לו הקדוש ברוך הוא יומו שהוא אלף שנים כנגד זה הקריב אלף וזו הכונה כי דוד חשב שמת בעטיו של נחש בעבור היותו גלגול אדם הראשון כנודע וידוע כי בת שבע היתה גלגול חוה ולכך ביקש מתחלה למות בערב שבת לתקן חטא אדם הראשון ואמר ה' שמה שהוא עוסק בתורה הוא תיקון לחטא אדם הראשון ולכך אמר חביב לי תורתך שאתה עוסק יום אחד כי מה שהאדם עוסק יום אחד בתורה הקדוש ברוך הוא יחשבהו ליומו כי ידוע

ברכתו של הקדוש ברוך הוא הוא אלף כדכתיב (ועיין דברים א' יא) יוסף ה' לכם אלף פעמים ולכך במדה רעה יחשב יום לשנה ובמדה טובה כברכתו של הקדוש ברוך הוא יום לאלף כיומו של הקדוש ברוך הוא כמבואר במדרש (בראשית רבה ח' ב) וזוהר (ה"ב קמ"ה ע"ב) ולכך אמר הקדוש ברוך הוא שחביב יומו שעוסק בתורה יותר מאלף עולות שיקריב שלמה שהוא כנגד הנ"ל והנה חשב דוד אולי מת בחטא בת שבע וידוע במדרש כי בת שבע נלקחה לבית המלך באחד בשבת דכתיב לעת ערב ביום שנאמר בו ערב ולזאת אמר דוד אמות באחד בשבת (שבת ל) לתקן הקלקול באותו זמן אמנם ידוע מאמר בת שבע כי אם ימלוך אדוניה והייתי אני ובני שלמה חטאים (מל"א א' כא) כי סימן זה היה בידם שאם ימלוך שלמה אזי נמחל החטא וראויה היתה בת שבע לדוד אבל אם לא ימלוך ודאי מאת ה' היתה הסיבה זאת שאינו ראוי למלוכה וזהו שאמרה שאם ימלוך אדוניה והיינו אני ובני חטאים לה' וזהו שהשיב לו הקדוש ברוך הוא על שאלתו שימות באחד בשבת לתקן חטא בת שבע וא"ל הקדוש ברוך הוא אין צריך לזה שכבר הגיע מלכות שלמה בנך שימלוך וזה לך לאות כי סר עונך וחטאתך תכופר וא"ש וכן היה הדבר ממש במיתת חמי הגאון ז"ל שמת במיתת נשיקה בערב שבת להורות מיתת צדיקים המתים בעטיו של נחש וכמ"ש ולכן עלינו ביותר להספיד באבוד הצדיק ולהתבונן במעשיו ולבכות עליו וליתן לב לשוב ולעשות מעשים טובים ולומר אולי אזכה גם אני לעשות כמוהו באיזה מצוה מן המצות או איזה הנהגה טובה ובאמת העושה מצוה מה שהצדיק היה רגיל בו לעשות הצדיק מתדבק בו ובפרט אם הצדיק התעצל באיזה מצוה וזה עושה בזריזות נמהר ולא כמתנמנם אזי נשמת הצדיק מתדבקת בו כאיש החסר איזה דבר ואחר שיש לו מתדבק עמו להיות גם כן נהנה מטובו כאשר אמרו בנדב ואביהוא אף שהיו ראשונים במעלה ולא קנאו קנאת ה' צבאות נקנסה עליהם מיתה כדדרשינן (ויקרא רבה ז' א) וגם באהרן התאנף ה' זהו כילוי בנים רק בזמן שאין אוחזין מעשה אבותיהם בידיהם לא יומתו אבות על בנים ולכך הואיל ואהרן מיאן למחות וגם הם כבשו פניהם בקרקע נענשו ולזה כאשר קנא פנחס קנאת ה' נכנסה בו נשמת נדב ואביהוא וכן אליהו שהוא פנחס שקנא לאלהים כאמרו קנא קנאתי וכו' והרג עובדי הבעל והיתה גם כן נשמת נדב ואביהוא אצלו וכל זמן היותו בעולם השפל לא היה משפיע שפע נבואתו לאלישע תלמידו רק מצד נשמת פנחס גרידא ולא מנשמת נדב ואביהוא וכשהגיע עת שנלקח אליהו לשמים ביקש אלישע מאליהו שגם מנשמת נדב ואביהוא יאצל עליו וזהו מאמרו ויהיה נא פי שנים ברוחך אלי דהיינו נשמות נדב ואביהו שיש ברוחך יהיו גם כן עלי ואמר לו אליהו הקשית לשאול כי לא ידע אם בעלותו לשמים יהיו נשמות הנ"ל מכל מקום עמו כמקדם או בעלותו יסתלקו מאתו ויעלו שמי שמים מקום נורא ולכך מסר לו סימן כי ידוע מה שכתוב במשה ולא ידע איש קבורתו כי לרוב גדולת משה לא

היה אפשר להשיג מקום הסתלקו וקבורתו בלתי ה' לבדו וידוע כי נשמות נדב ואביהוא היו יותר במעלה ממשה כדאמרינן (ויקרא רבה י"ב ב) שאמר משה סבור הייתי בי או בך וכו' וא"כ אף הסתלקותם צריכה להיות טמירה ונעלמת כמו במשה ולכך אמר אם תראה אותי לוקח הראיה שלא יסתלקו בעלותי נשמות נדב ואביהוא כי אילו היו מסתלקים ועלו מעלה היה טמיר ונעלם משא"כ אם לא תראה הראיה שהם מסתלקים משום הכי לא נראה כנ"ל ואם כן אי אפשר להשפיע לך מנשמות נדב ואביהוא ולכך בראותו אלישע צועק אבי אבי רכב ישראל ופרשיו דאליהו זהו פנחס הוא בגדר רכב כדדרשינן ואופן אחד בארץ הוא פנחס שהוא בעולם אופנים והוא רכב אבל נדב ואביהוא הם פרשיו חשובים מרכב וכן בא לאליהו רכב וסוסי אש שהם כנגד פנחס ונשמות נדב ואביהוא וק"ל והנה עיקר חיוב ההספד לשתף עצמו בצרה ולומר אף גם בשלי נהיתה הצרה הזאת כי כל ישראל נפש אחת ובפרט באובדן תלמיד חכם ולכך אמרו (ירושלמי ברכות פ"ב ה"ח) שבטים שמצאו מציאה ויחרדו אנו שאיבדנו על אחת כמה וכמה והענין הוא כי זה החלי בעונותינו הרבים אם יקרה לאחד שבר יאמרו אחרים מה לנו לצרה ואינם יודעים שכל ישראל נפש אחת וגם לפעמים יתלה הדבר במקרה שקרה זה מחמת צער וזקנה וכדומה ואינם שמים על לב לומר מאתו יתעלה הוא והכל בהשגחה פרטית לשלם לאיש כדרכיו וזהו שאמרו שבטים שמצאו מציאה והוא שאחד פתח שקו ומצא בו כספו וזה מקרה דשכיח ברוב טרדת המוכר תבואה בארץ מצרים כל הארץ בא לשבור אוכל זה יוצא וזה נכנס אם כן בקל תפול הטעות שיתן הכסף באמתחתו תמורת תבואה מכל מקום תלו בעונש ואצבע אלהים זה ואמרו מה זה עשה אלהים לנו מכ"ש שיש לתלות אובדן תלמיד חכם בהשגחת השם לעונש ולא במקרה ולכך אמר אנו שאיבדנו וכו' על אחת כמה וכמה וכמו כן שבטים אחד היה מריק שקו ומצאו אבל שאר אחים בני יעקב לא הריקו אז כמ"ש בקרא שהביאום לבית אביהם ויראו את צרורות כספיהם ולא קודם לכן ומכל מקום חרדו כולם ואמרו מה זאת עשה לנו וכו' ולא התברכו בלבבם לומר שלום יהיה לנו והוא לבדו ילכד מכ"ש שאין לפרוש מאבידת ת"ח ולומר שלום יהיה לנו כי זה הוא נוגע לכל אדם וכל בית ישראל יבכו את השריפה ושבר זה קרה לכל אם לזה ביותר בהרגשה אבל חכם שמת הכל קרובים והכל חייבים באבלו ובהספדו והנה באמת כל ישראל מטוב ועד רע הם נפש אחת וכמו שבגוף הוא אברים חשובים הראש ומוח ולב וכדומה ולעומת זה אברים פחותים חלחולת סניא דיבא וכדומה ומכל מקום הם צריכים לגוף כמו אלו אברים חשובים כן הוא בישראל החשובים והפחותים הכל צריכים לאיש ישראלי היותם אדם אחד:

ואמרו בגמרא דבבא מציעא (דף קיד) אשכחיה רבה בר אבוה לאליהו דקאי בבית הקברות של עכו"ם אמר ליה מהו שיסדר בבעל חוב א"ל גמר מיכה מיכה מערכין מנין לערום שלא יתרום

שנאמר ולא יראה וכו' א"ל ולאו מר כהן הוא א"ל קברי עכו"ם אינם מטמאים עכ"ל ויש להבין מה ענין הך שאלות להא דמצא אליהו בבית הקברות ולא שאל דברים אחרים או בפעם אחרת אבל הענין כך כי כבר נתן הזוהר (ח"א ר"כ) הטעם לזה דקברי עכו"ם אינם מטמאים (באוהל כצ"ל ובזה תבין מה שכתוב הגאון המחבר לקמן בכמה שורות והם פגרים מתים כבהמה) משום דבישראל נשאר ניצוצות ורשימה קדושה ובמקום קדושה שמה יחנו כת הטומאה סביב רשעים יתהלכון לינוק כמו שיונק הפרעוש מבשר אדם ולכך מטמאים כי הם מתדבקים בהילוך לשם אבל עכו"ם במיתתם רוחם נסע יתרם בם אין בהם שורש קדושה כלל והם פגרים מתים כבהמה ולכך אין בהם טומאה כלל אך הא תינח בכשרי ישראל אבל פושעים ורשעים וכיוצא למה יטמאו אך כבר אמרו והבטיחו כי כל ישראל יש להם חלק לעולם הבא איש לא נעדר והטעם הוא דאיתא משנה שלימה באבות (פ"ג מ"כ) הפנקס פתוח וכל הרוצה ללות יבוא וילוה ופירשו המפרשים כל החטאים שאדם עושה הם חובות והלואות והתשלומין הם הצדקה ומעשים טובים ותשובה ואיש רשע אינו פורע ולזה אמר לוה רשע ולא ישלם ומאבד רשע עולמו והצדיק נוטל חלקו וחלק חבירו הרשע כי להיות כל חי המה בערבון אם כן הצדיק בן גילו ושהוא אתו במזלא חדא נשמת שניהם ממחצב אחד עושה מעשה טוב ופורע חובתו כאיש ערב ואף הוא נוטל חלקו במצוות אשר עשה טוב בעמיו ולכך אמרו (חגיגה ט"ו) כי הצדיק נוטל חלקו וגם חלק חבירו שהוא רשע שהוא פרע בעדו וזהו מאמר הפסוק (תהלים לז כא) לוה רשע ולא ישלם וצדיק חונן ונותן כי הצדיק בעבור שנתן בעד רשע בדין הוא שיטול שכרו והנה אף שהוא רשע גמור והרבה ללות ולא פרע ויבוא האיש הצדיק הנושה בא לקחת חלקו כנ"ל הא קיימ"ל (ב"מ קיד) מסדרין לבעל חוב ומניח לו כלי אוכל נפש ומחיותו לבל יהיה נאבד לגמרי כדין סידור וכן הדבר אף שהצדיק נוטל כל שכרו וחלקו כראוי לו מכל מקום מוכרח להניח לו איזה שכר ושרשי קדושה לבל תכרת הנפש וכלי אוכל נפש חייב להניח לו לבל יחבול נפש וברוך שמו כי הוא רחום וחנון לבל ידח ממנו נדח ולכך (סנהדרין צ) כל ישראל יש להם חלק לעולם הבא כי אף שרבו חובות שלו מכל מקום הוא בכלל סידור כפי צרכו בצמצום והדבר מבואר ונכון ומזה הטעם כל ישראל מטמאים באוהל כי נשאר להם שורש קדושה כי יש להם חלק לעוה"ב:

וזהו הדבר כי רבה ראה את אליהו נכנס במקום טומאה לקברי עכו"ם להיות שאין מטמאין וקברי ישראל אפילו רשעים גמורים מטמאין והטעם שנשאר להם שורש קדושה והבלא דגרמא מטעם סידור לבעל חוב כנ"ל ולזה שאל מניין שמסדרין לבעל חוב אולי אין דין סידור נוהג ואף לרשע ישראל לא נשאר כלום כי בא רעהו הטוב ממנו הצדיק ויבוז כל אשר לו ועל זה השיב דלמדין מיכה מיכה מערכין וערכין אינו נוהג רק בישראל ולא בשל נכרי כלל וחזר לשאול מנין

לערום שלא יתרום והוא בשנבין מה שאמרו (מנחות מג ע"ב) בדוד כשנכנס לבית המרחץ אמר אוי לי שאני ערום מן המצות כשהביט בברית מילה שמח ואמר למנצח על השמינית ויש להבין מה זה שאמר אוי לי שאני ערום וא"כ לא ירחץ מטומאתו וטבילת קרי גם מה הוא בלילה וכדומה ומהו שנסתכל במילה וכבר אמרתי כי תדע כי מי שהוא ערום בלי לבוש אין השריית קדושה כלל עליו דכתיב (בראשית ג' א) והנחש היה ערום מכל חית השדה כי הנחש אין לו לבוש ומכסה ונאמר (דברים כ"ג טו) לא יראה בך ערות דבר ושב מאחריך ולכך מי שהוא בשורש נחש אין לו לבוש כלל ואין לו שורש בקדושה כי שב מאחריו בראותו בו ערוה וישראל קדושים לבושים בבגדי ישע כי הם רחוקים מסטרא דנחש ועשו מתחילה כשנולד לא היה ערום כ"כ כי הוא כולו מכוסה בשער כאדרת שער אמנם אחר כך כשחטא הורד מעליו ונתנה לאליהו ולכך נאמר (עיין מל"ב ב) ואדרת שער הוא לבוש ובעשו נאמר (עובדיה א ו) איך נחפשו עשו נבעו מצפוניו ואמר לשון גילוי שהוא נעשה ערום ונעדר ממנו כל שארית קדושה כי ה' שב מאחריו כי ראה בו ערות דבר ודע הבועל ארמית נעשה ערום ולבוש קדושה שעליו נפשט ממנו והרי הוא ערום ולכך ביוסף שאמרו (סוטה לו ע"ב) לעשות צרכיו נכנס כתיב (עיין בראשית ל"ט יג) וינח בגדו אצלה כי נסתלק ממנו שארית קדושה ולכך (סנהדרין פ"א ע"ב) בועל ארמית קנאים פוגעים בו ולא היתה מיתתו מסורה לב"ד כי סנהדרין לישראל הם דנים למי שיש בו שורש קדושה אבל איש כזה מנוער וריק מכל ואינו כדאי שיד בית דין שלוחה בו שהם כמו בית דין של מעלה לשלוט בו כמו הפקר כל מוצאו יהרגנו כי ה' סר מעליו כמו קין מתחילה אחר החטא רק ה' נתן לו אות קודש אבל הבליעל הזה הוא נגרע מערכו כי אין לו אפילו אות אחת של קודש והנה ביפת תואר שהרשה הכתוב לקיחתה יש מרבותינו אומרים (קידושין כא ע"ב) שלא דברה תורה אלא כנגד יצר הרע להשקיט יצרו אבל מכל מקום באיסורא קיימא כבועל בת נכר ויש אומרים כיון שהותרה הותרה לגמרי ולכך כשנכנס דוד לבית המרחץ הרצון בזה לבדוק חטאיו ולטהר נפשו כדכתיב (ישעיה ד ד) אם רחץ ה' צואת בנות ציון ופשפש במעשיו ואמר ווי לי שאני ערום מן המצות כי בעלתי ארמית יפת תואר ולבוש קודש סר מעלי והריני בלי השריית קדושה כלל וכל המצות בעונותינו הרבים הכל לסטרא אחרא כי אולי חטאתי ביפת תואר ובזו הדאגה היה שרוי אמנם כאשר נסתכל בברית מילה שלו אם כן הרגיש שלא חטא ביפת תואר כי הבועל ארמית נמשכה ערלתו ולא היה ברית קודש כמקדם וזהו האות שלא פעל רע ביפת תואר ושש בזה למאוד וא"ש ובזה יש להבין דידוע מה שכתוב בזוהר (ח"ב צ"ח ע"ב) כי לפעמים על ידי חטא הדור נשמות קדושים באים בתוך עכו"ם ואם זכות הדור גורם אף הם נעשו גרים גמורים ואם לאו הם מתים עכו"ם ומזה באו חסידי וחכמי עכו"ם ופילסופים כי גנוב נגנבו מארץ עבדים ונשמותיהם

הם נשמות ישראל ואם כן תקשה למה יגרעו שלא יטמאו במותם באהל כיון שיש להם שארית נפש קדושה וממקום קדוש יהלכון ושורשם בארץ חיים אבל התשובה מבוארת במה שדרש הזוהר (שם) על פסוק ובת איש כהן כי תהיה לאיש זר ופירש הנשמה של ישראל שהיא בת איש כהן אם היתה לאיש זר היינו שהיתה בתוך עכו"ם אין לה חלק בקדשי השמים שהוא תרומת קדשים ומלחם אביה לא תאכל כל זמן שהיא באיש זר ולכך אין לה חלק כלל מהשפעת אלהים ממעל וכל זמן היותה בגוף זר אין לה חלק ונחלה ובמות הגוף הנשמה תשוב לשמים ואין רושם בגוף כלל מנשמה כדכתיב (ויקרא כ"ב יג) ושבה אל בית וכו' ואז מלחם אביה תאכל אבל כל זמן היותה בגוף אין כאן שורש קדושה כלל ואף טומאה אין כאן והטעם למה מתרומת קדשים לא תאכל בהיותה בגוף איש זר משום דהוא ערום כמ"ש כל עכו"ם ערומים הם מסטרא דנחש והנחש היה ערום וערום אין לו בתרומה ולזה שאל מנין לערום שלא יתרום עד שאתה מחליט שאין לו חלק כל כך בקדשי שמים והשיב דכתיב לא יראה בך ערות דבר וכאן הם ערות דבר ואין כאן השרית קדושה דשב מאחריך וא"ש ודוק הבט נא וראה כמה עמקו דברי חז"ל ודבריהם עמוקים בחידותם ברוך שבחר בהם ובמשנתם:

ולכן עלינו לשבח להשם יתעלה שלא שם חלקינו כהם שאין להם שורש קדושה ונפשינו תגיל בה' תשיש בישועתו רק חובה עלינו להתקדש ולטהר מטומאת הזמן ולשוב בתשובה להכנס למרחץ לרחוץ מצואת בנות ציון ולראות להיות מבני פלטרין דמלכא וביחוד בעת התעוררות אבל לתלמיד חכם ואלוף בתורה מקום וזמן מוכשר לתשובה כמה מעלות טובות לנו שיש לנו חייס ולהם אין חייס כלל כאומרם (יבמות ס"ב) היה לו בנים בגיותו ונתגייר לא קיים פריה ורביה ופריך הגמרא למימרא דעכו"ם לית ליה חייס והכתיב בלאדן בן בלאדן ופירש רש"י הרי דבן מיוחס אחר אביו ע"ש והדבר תמוה למה בחרה הגמרא להקשות מזה ולא מבלק בן צפור בלעם בן בעור וכהנה פסוקים רבים ולמה נטר להקשות מבלאדן הנאמר בסוף מלכים אבל יובן מה שכתוב בגמרא דסנהדרין פרק חלק (דף צ"ו) בן יכבד אב בלאדן בן בלאדן דבלאדן אשתנוי אפוי ככלבא ויתיב ברא אכסא וחתם עצמו בשמיה דאבוה בלאדן וזהו בלאדן בן בלאדן והקשה מהרש"א מה יכבד אב שחתם בשם של אב אדרבה הוא איסור ותירץ מהרש"א דגנאי היה לחתום בשם מי שפניו היו ככלב וזהו דוחק אך בזוהר מבואר (ח"א ו' ע"ב) כי בלאדן הוא נקרא כלב וכך הלשון בלשון פרסי וזהו שנקרא בלאדן הואיל והיו פניו ככלב וא"כ שפיר בן יכבד אב שחתם עצמו כמו אב ולא חס לקרות עצמו כלב רק לכבוד אב ולפי זה א"ש דיש לאמר הא דכתיב (במדבר כב ב) בלק בן צפור אין הכונה לייחס רק לסימן כי היה עוד אחר שנקרא בלק והוצרך ליתן סימן בן צפור ואין זה יחוס רק סימן אבל זה בלאדן בן בלאדן וזה בלאדן שני קודם שקרא עצמו בשם אביו היה לו שם אחר דרך משל בלק וכדומה ואם כן קשה מה

סימן צריך הכא הא אי אפשר לטעות כלל ולא הוי ליה לחתום רק בלק בן בלאדן וליכא למטעי באחר דמי פתי יסור הנה אשר יכנה שמו בשם כלב ואין צריך סימן אלא ודאי לייחס וא"ש ודברים ישרים הם וכמה עלינו להתקדש בקדושה של תורה ויראה ותשובה כי ה' הבדילנו מבין העכו"ם ואת בריתו שם בבשרינו והעיקר להתפלל לה' שיקבע בלבנו טבע קיום הליכות בתורתו כי המרבה להתפלל לה' יקשיב בקולו לחקוק בטבעו להשמר מעבירות כמו שעם ישראלי בכלל חקוקים בטבע שלהם מבלי לאכול חזיר ושקצים ורמשים שקץ הוא להם ולא יאכל כי הבא לטהר מסייעין לו יתפלל גם כן לה' שיהיה חקוק בלבו בטבע קיום שמירת התורה לבלתי סור לבבו ממנה:

וזהו הענין הנאמר בשמואל (ברכות לא ע"ב) שהורה שחיטה בזר כשירה ואמר עלי מימר שפיר קאמרת אבל מורה הלכה בפני רבו את וכו' ובאתה חנה ואמרה (שמו"א א' כו) אני האשה הנצבת בזה וכו' אל הנער הזה התפללתי וכו' ויש להבין מה זה התנצלות של חנה הואיל שהיא התפללה על בנה יועיל לו להציל ממות אשר עבר עבירה שיש בה מיתה אבל הענין כך כי כבר ידוע מה שכתוב שמואל שחיטה בזר כשירה הוא קצת אפרושי מאסורא כמ"ש הזוהר (ח"ג קכ"ד) דכהן אין לשחוט היותו מסטרא דחסד ולאפרושי מאסורא אין כל כך איסור להורות הלכה בפני רבו אבל מבואר בש"ע יו"ד (סימן רמ"ב) דמכל מקום לכתחילה אין להורות בפני רבו רק יש לאמר בדרך שאלה אבל חנה התפללה לה' ומורה לא יעלה על ראשו ודרשינן בסוף מסכת נזיר (דף ס"ו) מורה היינו מורא בשר ודם ואם כן כשחנה התפללה והקדוש ברוך הוא שמע תפלתה וקבע בטבע קיים בשמואל לבל יעלה מורא בראשו לבל יגור מפני איש והיה זה אצלו בטבע קיים כמו שטבע בארי לבל יגור מחיות כן קבע ה' בלב שמואל לבל יעלה מורא בראשו וזו היא התנצלות של חנה דעלי כעס עליו שלא נהג דרך ארץ והיה לו להיות מורא לפניו וע"ז השיבה חנה הלא על הנער הזה התפללתי שלא יהיה מורא על ראשו וה' שמע תפלתי וקבע בלבו חוק הטבע לבל יגור מאיש ובל יכנע לשום איש ואם כן מה אשמה יש בילד הזה אשר החוק הטבע הכריחו לכך מבלי לישא פני זקן וכל העושה כפי טבעו אין לו משפט מות ואשמה וא"ש והנה לסיים בדברי הספד ונחמה נשוב לגמרא (מועד קטן כח ע"ב) ביום ההוא יגדל המספד בירושלים כמספד הדרימון בר טברימון בבקעת מגידו ומפרשים כהספידא דאחאב דקטל יתיה הדרימון בן טברימון וכמספד יאשיהו דקטל יתיה בבקעת מגידו ויש להבין מה ענין אלו שתי הספדים זה לזה וגם למה קאמר באחאב מי שהרגו ולא מפרש באיזה מקום וביאשיהו לא קאמר שם מי ההורגו רק מקום הריגה ונראה כי אמרו בגמרא (ב"ק נט) אליעזר זעירא הוה סיים מסאני אוכמי לאבילות ירושלים תפסוהו וכו' לא חשוב אתה לאתאבולי על ירושלים א"ל האי מאן דקץ כופרי כיצד משלם דליכא למימר כופרי הא הוי תמרי וליכא למימר תמרי הא הוי רק כופרי וא"ל בששים

ושבקוה והדבר תמוה מה שייכת שאלה זו להך דסיים מסאני אוכמי לאבילות ירושלים אבל נראה דיש טעם למה מראים אבילות בנעלים משום דבזמן שבית המקדש קיים היתה רוח הקודש שכיחה וחלה מאוד על שרידי ה' ובכל מקום שרוה"ק מצויה צריך להסיר הנעלים כדכתיב (שמות ג' ה) של נעליך מעל רגליך ובעונותינו הרבים בחורבן בית המקדש נסתלקה רוה"ק וא"צ להסיר מנעלים כלל ולכך יש להראות סימן אבילות בנעלים שיהיו שחורים וכדומה אך זהו מי שעלול מפאת עצמו לרוח הקדש רק בעונותינו הרבים הגלות וסילוק שכינה גורם אבל מי שאין עלול מפאת עצמו ונפשו לא זכה ולא טהורה אם כן אף כשהיה בתי המקדש על תלן בכל אופן לא היה זה מגיע למדרגת רוה"קאם כן מה זה שיהיה מתאבל בנעלים ולכך תפסוהו ואמרו לא חשוב את להתאבל כך על ירושלים אבל יש טעם אחר כמ"ש כי כל חורבן והגלות היה בשביל שמכרו יוסף וזוהיא היתה סבה לכל הגלות ויוסף מכרו בעבור נעלים וזהו מאמר הקרא (עמוס ב ו) על שלשה פשעי ישראל ועל ארבעה לא אשיבנו על מכרם בכסף צדיק ואביון בעבור נעלים הרי דכל עונות אינם עושים רושם וחקוקים כלפי שמים כל כך כמו עון יוסף אך יש להבין אם כדין עשו האחים שדנו ליוסף כמ"ש השל"ה שדנו בסנהדרין שהוציא דבה ומרד ביהודה כמורד במלכותאם כן אין כאן עונש אם כן למה נידון אנו בשלוחין וגרושין אבל הענין הוא כך כמ"ש כי באמת היה מורד במלכות כמ"ש השל"ה רק אחר כך שקיבל העונש שהורד למצרימה וקידש שם שמים ולא כפר בארצו אז למפרע נתגלה עונם כי אם אדם נדון על שם סופו לרעה כמו בן סורר ומורה איך לא יהיה נדון על שם סופו לטובה הלא מדה טובה מרובה מפורענות וא"כ למפרע חטאואם כן יש פנים לכאן ולכאן הואיל והוי אז כופרי ולא עשו כהוגן דהא לבסוף נעשו תמרי דצדיק כתמר יפרח ולחייבם מיתה בהחלט הואיל והוי תמרי אי אפשר הא מתחילה הוי כופרי והוציא דבה ולכך היה העונש גלות דעומד במקום מיתה והיו בכל אומות והם ששים דכתיב ששים המה מלכות ומזה נולדה הגלותאם כן דגלות נולדה ממכירת יוסף כמאמר הפסוק על מכרם בכסף צדיק ואביון בעבור נעליםאם כן ראוי לכל ישראל לסיים מסאני אוכמי להתאבל על חורבן וגלות בעבור נעלים ולכך כאשר אמר להם זאת שבקוהו כי בזה כל הרוצה ליטול את השם יטול ולכך בקיבוץ הגלות שיתוקן חטא מכירת יוסף אף עון יוסף צריך תיקון דהוי כופרי ודבר סרה על שבטי יה ולכך צריך משיח בן יוסף להיות נהרג ובזה סר עונו ולפ"ז עיקר ההספד שיהיה על הריגת משיח בן יוסף כי הריגה היא לתקן הפגם רק הספד הוא על שיהיה נהרג בחוץ לארץ כמו יוסף שמת בחוץ לארץ רק עצמותיו באים לארץ ישראל כן יהיה במשיח בן יוסף וגם ביאשיהו המלך שנהרג לא היה עיקר הספד בסיבת מיתתו רק מה שנהרג בארץ טמאה בבקעת מגדו שהיא חו"ל וקלטתו אדמה וכן יהיה לעתיד לבא ההספד על

משיח בן יוסף והנה ההספד על אחאב לא היה על שנהרג כי באבוד רשעים רנה רק כבר כתב המגיד מישרים בפירוש הפסוק (דברים כ"א ז) ידינו לא שפכו את הדם הזה וכי תעלה על דעתך שבית דין שופכים דמים הם אלא שכך אמרו הרוג זה שנמצא ודאי היה חייב מיתה מעון ופשע המחייב מיתה דאין הקדוש ברוך הוא עביד דינא וכו' אלא אנו מצערים למה ידינו לא שפכו דם הזה דהנהרג בחרבא קדישא הוי ליה כפרה אבל עכשיו דנהרג על ידי אחרים אין כפרתו כל כך ולכך מבקשים כפר לעמך וכו' והנה זה הדבר גם כן בקין שאמר והיה כל מוצאי יהרגני היינו שאמר אם אני מחוייב בבית דין יהרגוני בבית דין ותהיה לי כפרה אבל כשמוצאי יהרגני לא תהיה לי כפרה וכן הדבר באחאב דהיה כל הצער דהיה חייב מיתה אבל היה לו ליהרג בבית דין בחרבא קדישא אבל בהרגו הדרימון בן טברימון זהו הצער דאין מיתתו כפרה וכן הדבר לעתיד לבא דיהרגו יצר הרע ויספדו עליו ונבין מה זהו הספד אשר קשה המובן לפי פשוטו אבל נכון הוא כי אם היו זכאים לא היו צריכים להריגת יצר הרע כי כל אחד היה גובר על יצרו וכל רשעה כעשן תכלה ואין צריך להרוג ליצר הרע אבל אם אינם זכאים יצטרך היצר הרע ליהרג וכל ההולכים אחר עצתו ילבישו בושת ויחפרו ממעשיהם ולא תהיה בהריגתו להם כפרה כי אילו היו זכאים היתה הריגתו ממילא כמו שכתוב והרשעה כעשן תכלה וזהו מאמר הקרא דקרא מיירי משני הספדים מהספד יצר הרע אמר כמספד אחאב דהיה בשביל שנעשה על ידי טברימון וכו' כן יהיה הספד אז שנעשה ע"י הריגה ולא היו זכאים לבטל היצר הרע מעצמם והספד משיח בן יוסף יהיה כהספד יאשיהו שעיקר הספד היה מה שנהרג בבקעת מגידו בחוץ לארץ כן יהיה הספד הזה בשביל שנהרג משיח בן יוסף בחו"ל והבן ולכן עלינו להכין עצמינו בתשובה ותפלה כי כל מה דעביד ה' לטב עביד כאשר אמרו (עירובין י"ג ע"ב) נמנו וגמרו טוב לו שלא נברא משנברא ועכשיו שנברא יפשפש במעשיו והדבר תמוה כי לפ"ז נמצאת בריאת אדם לרעתו ח"ו לפועל טוב שיפעל רע והאיך נברך על שיצר את האדם בחכמה אם להרע לו אבל הענין כך הוא כי בהא פליגי אם נשמתו של אדם יורדת ברצון לגוף העכור או בעל כרחו כי איננה יודעת כל העתידות ולא מצאה חקר אלהות על בוריה וטוב לה שלא נבראה אבל הקדוש ברוך הוא הוא יודע שהוא לטובה הוא בוראה וכופה לנשמה לילך בזה העולם וכמאמרם (אבות סופ"ד) בעל כרחך אתה נולד וזוהיא הכונה שנחלקו כת אחת סוברים שהנשמה הולכת באהבה ורצון לזה העולם וכת שניה סבירא ליה נוח לה שלא נבראה משנבראה ולדעתם לא היתה מסכימה להברא אבל מה נפקא מינה בדעתה הקדוש ברוך הוא הוא מכריח כי הוא יודע שהוא לטובתה והטיב לה בזה לכן עכשיו שנברא יפשפש במעשיו לעשות נחת לקונו ואולי ירחם ה' לנחמנו בנחמת ציון ויבולע המות לנצח ובא לציון גואל אמן ואמן:

דרוש י"ז

תוכחת מוסר מה שדרש הגאון זצ"ל בז' אדר תק"ז לפ"ק בק"ק מיץ יע"א:

הפסוק אומר (דברים לד ח) ויתמו ימי בכי אבל משה ויאמר ה' אל יהושע קום עבור הירדן (יהושע א' ב) ואמרינן בגמרא דתמורה (דף טז א"ה עיין שם בשינוי קצת) דהלכות רבות נשתכחו בימי אבלו של משה ויאמרו ליהושע שאל וא"ל הקדוש ברוך הוא אלה המצות וכו' בקשו ישראל להורגו א"ל הקדוש ברוך הוא לאומרן אי אפשר לך והטרידן במלחמה ויש להבין וכי בכך יסיחו ישראל משכחת התורה דור דעה כמו הם אשר כל מגמתם היתה לתורה וכי בשביל מלחמה ישכחו אבל נראה דהא דבקשו להורגו הוא דאמרינן (אבות פ"ג מ"י) כל השוכח דבר אחד ממשנתו חייב מיתה יכול אפילו תקפה עליו משנתו ת"ל וכו' וישראל סברי כס"ד דבכל מקום השוכח חייב מיתה ולכך זממו להורגו אמנם אמרינן בגמרא (ברכות ח ע"ב) הזהרו בזקן ששכח תלמודו מחמת אונסו דלוחות ושברי לוחות מונחין בארון הרי מזה מוכח דעדיין קדושתו בו כמקדם ואין כאן חיוב מיתה אך זהו אם היו בארון אחד אבל אי אמרת דבשני ארונות היו אין כאן ראיה לקדושת השברי לוחות אך אמרינן בירושלמי שקלים (פ"ו ה"א) ב' ארונות היו דזה שהיו בו שברי לוחות היה הולך עם ישראל במלחמה ודרשינן (עיין ברשב"ם ברמב"ן דברים כ"ג טו) כי ה' אלהיך מתהלך בקרב מחניך זה הארון ש"מ דאף על ארון דשברי לוחות שם ה' נקרא וא"כ מוכח דעדיין קדושתו עליו והדרן לדינא לנהוג כבוד בזקן ששכח תלמודו ואין לו חטא משפט מות וזהו שאמר הקדוש ברוך הוא ליהושע לאומרן אי אפשר דכתיב אלה המצות אבל להוציאן מכלל טעות דאין לך משפט עונש בשכחה ואפילו בזקן ששכח יש לנהוג כבוד לך והטרידן במלחמה ויראו כי ארון זה לבד שיש בו שברי לוחות הולך עמם ומנצח ש"מ דכבוד ה' חופף עליו ומזה יחדלו לבל יזלזלו בך וישימו לך כבוד כהנ"ל וזהו דרך דרש עוד יש בו טעם לפי מה שכתוב (שבת קמז ע"ב) בר' אלעזר כד שכח תלמודו אמר החרש היה לבם כי השר המשכח הוא נקרא ריב ולכך היו הטעות והשכחה באותיות רי"ב והטעם כי אין ריב וקטט ומלחמה בעולם אשר לא סגי בלאו הכי בלי כעס וכבר אמרו (פסחים סו) כל הכועס חכמתו משתכחת ולכך שר המשכח הוא ריב ולכך משה רבינו שהיה שר התורה וארגז כל החכמות ולא יצוייר בו שכחה ולכך לא היה יכול לערוך מלחמה כי אי אפשר למלחמה בלי ריב ולכך אמר ליהושע (שמות י"ז ט) צא והלחם בעמלק כי הוא לא היה בעל ריב כלל ולכך כאשר התרעמו ישראל על יהושע שהיה בגדר השכחה ושר השכחה הנקרא ריב מצא אצלו מקום לחול ויעץ לו ה' שיטרידן במלחמה ויבחינו כי לא סגי בלא ריב וכעס אויב וא"כ לא יתכן בו שלא תהיה בו שכחה ולכך הזהירה תורה גבי עמלק (דברים כ"ה יז יט) זכור אל תשכח והוא הטעם כי מלחמה עם עמלק מדור לדור וא"כ במקום מלחמה וריב יש שכחה כנ"ל ולכך

הזהיר בתוספת אומץ לבל ישכח ולכתוב זכרון בספר מה שלא בא בשאר דברים כי ענין זה עלול לשכחה וא"כ מה רבה החובה עלינו יום הזה אשר נסתמו מעייני החכמה ונפלה ציץ עטרת ראשנו משה רבינו ע"ה בז' אדר הוא יום חושך ואפילה וצרה ומבוכה ליהודים אשר חובה על כל ישראל לעשות אבל יחיד כאשר אמרתי כי מיום ההוא קרה לנו כל התלאה אשר מצאתנו ונחשכו כוכבי נשפו ונשכחה התורה וזוהיא תכלית הגלות והצער ויגון בשכחת התורה אשר בעונותינו הרבים מתגברת כל יום האומות עולם הקדמונים היה להם איד ביום מיתת מלכים ואבותם כאומרם בגמרא דע"ז (דף ח') באלו אידיהן של עכו"ם וחשיב יום מיתת מלכיהם ואמרינן יום שיש בו שריפה וכבר כתבו כל סופרי הזכרונות כי בימים האלו היו מתאבלים ובוכים ומקטרים לעכו"ם ועשו הספד כי קרה בו אבל להם ואיתרע מזלם והיה להם הספד גדול והקריבו קרבנות וכדומה ולא נשמע להם קול שיר ושמחה ולכך אסרו חכמים איד זה כי היה להם יום ההוא לחוק לעכו"ם כי ירגישו כי יום זה איתרע מזלם:

ובזה תבין מה שכתוב חז"ל בושתי (מגילה יב ע"ב) ויאמר המלך לחכמים יודעי העתים שיודעים לעבר שנים ולקבוע חדשים כדת מה לעשות במלכה ושתי והדבר תמוה בעצמותו מה ענין חושבי קביעת ירחים לדעת דבר חוק ומשפט האשה המסרבת לקיים צווי המלך וכי זה מיטיב לימודם וחכמתם וכבר דרשתי בזה כה וכה אבל כעת יובן הדבר כך כי בתחלת שלש למלכותו עשה משתה ומלכי אומות העולם מתשרי מנינן וא"כ החל המשתה בתשרי ובמנות הלוי שחיבר ר' שלמה אלקבץ הביא מדרש ימים רבים ימים שנים רבים שלשה כי חמשה ימים היתה תחלת הסעודה קודם ק"פ ימים הנאמר בפסוק וא"כ מתחילת תשרי קפ"ה וששה חדשים ג' מלאים וג' חסרים כדרך הקביעות נשלמו לפ"ז הקפ"ה ימים בח' ניסן ואחר כך עשה סעודה שבעת ימים להעם הנמצאים בשושןאם כן יום השביעי היה ט"ו בניסן שאמר להביא ושתי לפניו מקושטת בכתר מלכות וערומה להראות יפיה והנה ידוע דושתי בת בלשאצר היתה והוא נהרג בט"ו בניסן כנודע בפיוט ליל פסחאם כן אין אשמה ופשע גדול על ושתי שסירבה לבא כי יום ההוא הוא לה לאבילות גדולה מיתת אביה המלך הגדול ונימוסם היה להתאבל ולהקריב קרבן לעבודת כו"ם כמבואר בגמרא ובספר זכרונות הנ"ל אמנם זהו אם לא היתה אז שנה מעוברת אבל לפי מה שכתוב בספר הנ"ל כי אותה שנה היתה מעוברתאם כן כלו ימים הנ"ל בט"ו לאדר השני ולא לניסן וא"כ אין התנצלות לושתי כלל וזהו מאמר אחשורוש כי ביקש לידע אם יש למלכה ושתי התנצלות או לא ולכך ראשון שאל ליודעי העתים הקובעים חדשים ועיבורים אם הוא אדר שני או ניסן וזהו להיודעים לעבר שנים ולקבוע חדשים וגם אם היה הקביעות כך כמ"ש שהיו ג' חסרים וג' מלאים כל אחד היה אחד יותר חסר או מלא ולא איקלע יום ההוא לט"ו ניסן אין

לה התנצלות וחייבת מיתה ולכך שאל והבן וא"כ אף עלינו להתאונן במאד על מיתת משה אדון הנביאים יקר היצורים אשר לא קם כמוהו ובמותו היתה צרה לישראל ומכ"ש שכל הגלות הכל בסיבת מיתתו כאשר האריך בזה זקיני הגאון בעל מגלה עמוקות ז"ל בספרו למאוד ואמרו (מגילה יג ע"ב) שהמן שמח שנפל הגורל בירח שמת בו משה והוא לא ידע שבז' באדר מת ובז' באדר נולד משה והדבר תמוה מה בכך שנולד סוף כל סוף מת ואיתרע מזלא וכבר דרשתי בו בפירושים שונים מתוקים אבל מה שצריך לענינינו כן הוא מה שכתוב (שבת ל) במה שביקש דוד מה' להודיע לו יום שימות בו מה ביקש בזה מה איכפת ליה אם יודע באיזה יום מהשבוע שימות או לא אבל הענין דכמה פעמים מצינו כי המיתה דבר רע ובמדרש (בראשית רבה ט' ה) דרשינן והנה טוב מאד זה המות וחילקו המפרשים כי המת בצדקתו מתוך תשובה שלימה הוא טוב מאד שעולה בצרור החיים ונועם עליון מחזה שדי יחזה אשר לא יראהו אדם וחי ולא מעותד לדאגה בכל יום אולי יחטא ואשם אבל המת ח"ו בלי תשובה שלימה המיתה רעה בתכלית כי ווי להאי כיסופא בעלמא דאתי ואפשר אם היה חי היה מרבה בתשובה או היה מוסיף לסגל מצוות ומעשים טובים ויפה שעה אחת בתשובה ומעשים טובים בעולם הזה מכל חיי עולם הבא ודרשינן במדרש רבה פרשת במדבר (א' א) צדקתך כהררי אל משפטיך תהום רבה צדקות שהקדוש ברוך הוא עושה מפרסם הזמן כדכתיב במנין ישראל שהיה חסד בא' לחדש השני בשנה שניה וכו' אבל פורענות שהקדוש ברוך הוא עושה מכסה כתהום כמו שהיה בחורבן בית המקדש בעונותינו הרבים שהיה קלקול חשבונות ולא נאמר על נכון יום שהיתה בו הפורעניות המרה הזו בעונותינו הרבים ולכך דוד שהיה מסופק אם חטא בת שבע ואוריה נמחל לו לגמרי בלי שיור רושם ורבב או לא כמבואר בגמרא (שבת ל) שביקש מה' ליתן לו אות ולכך לבוא אל בירור כי לא האמין בנפשו כדכתיב (תהלים כז יג) לולי האמנתי וכו' ולכך שאל להודיע לו יום שימות בו כי אם יאמר לו הקדוש ברוך הוא ש"מ דעונו סר וחטאתו תכופר כי זולת זה מיתה לרעה ולא היה הקדוש ברוך הוא אומר היום ומשפטיך תהום רבה כנ"ל אלא ודאי שנמחל והיא טובה ולכך יכול לומר כנ"ל והקדוש ברוך הוא אמר לו ובזאת הבחין כי נמחל וכן הדבר אם מיתתו לרועאם כן שפיר יום ההוא איתרע מזלא למאד אבל אם מיתתו לטובה אין זה איתרע מזלא כלל וביום שמת רשב"י קראו בזוהר הילולא דרשב"י וכבר הקשו כי מבואר במדרש ילקוט (ילק"ר בשלח) כי עמלק בלוחמו עם משה היה מכשף ולקח כל אנשי מלחמתו שילחמו בו ביום שנולדו ולא מהר ימותו בו ביום ולכך התחכם יהושע ואמר למחר הנני לוחם שיעבור יום הולדם והקשו הא אדרבה אמרו (קידושין לח) את מספר ימיך אמלא מלמד שממלא הקדוש ברוך הוא שנותיהם של צדיקים מיום ליום מיום הלידה ליום המיתה אבל זה הענין הוא כנ"ל כי ודאי יום זה הוא

שמזלו במערכה טובה ואין דרך הקדוש ברוך הוא לשנות המזל ולכך במיתת רשעים וכדומה שהמיתה היא לרוע אין ביום הלידה שיתרע מזלו כי מזלו במערכה טובה אבל צדיקים השלמים שמיתתם לטובה ולקנין שלימות אדרבה יקרה ביום שמזלם לטוב כי טבא הוא ולכך ממלא שנותיהם של צדיקים מיום ליום בכוונה מהבורא לפרסם טוב ענינם ושלימות כשרון מעשיהם וכי המלך מלכי המלכים הקדוש ברוך הוא חפץ ביקרם והראיה כי מתו ביום הולדם וזהו לאות אמת כי לא איתרע מזלם ונגד זקיניו כבוד והמן ימח שמו טעה וחשב כי משה שמת בחטא והיתה מיתתו לרוע וא"כ איתרע מזלו ולכך שמח שהגיע הפור בירח הלזה אבל טעה כי ביום שנולד משה בו ביום מת ואילו איתרע מזלא לא היה קורה ביום הלידה ועל כרחך דהיה לטובתו ותוחלתו נכזבה כן יאבדו כל הבוגדים בה' אשר שקר נחלו ואם אמת כי היתה מיתתו של רבינו משה לטובתו והלך למנוחה אותנו עזב לאנחה ואין די במה שנתאבל ונבכה עליו רק לראות לתפוש קצת ממידותיו השלימות ולילך בדרכיו הישרות יהיו לנו למורשה ולתועלת וראשון נאמר שבעונותינו הרבים פורצים העם בשמירת שבת אשר בכל שבת אומרים ישמח משה וכו' והוא שמחתו והיא מתנה גנוזה לעם ישראל אשר נאמר ולא נתתיה לגויי ארצות כי כל עמים קובעים איד בכל ימי שבוע ויודעים כי שבת קודש היא מה' ובו שבת צור עולמים ומכל מקום מתחכמים לעשות איד כמו ישמעאלים ביום ו' אפס כי לא יהיה ביום שבת ונגד השכל הוא למאוד כיון שאתם קובעים יום מה נפקא מינה לכם אם תקבעו יום אשר קידשו ה' וברכו מכל הימים ואתם מודים בו ואין זה כי מסך ה' בקרבם דבר זה כדי שלא יהיה להם חלק בשבת קדש וזהיא מתנה טובה שנתן ה' לנו וכן בעולם הבא פושעי ישראל שובתים בגיהנום ביום שבת אבל לא עכו"ם וזהו אשר מתפללים וגם במנוחתו לא ישכנו וכו' ואי הכונה בזה העולם פשיטא אינם רוצים לנוח אבל הכוונה על עולם הבא שפושעי ישראל ישכנו במנוחה מדינם ולא העכו"ם כי אישם לא תכבה אפילו בשבת דהיינו אש של גיהנום נכבית אבל נדונים בדינים אחרים בגיהנום של שלג וכדומה ולכן מאד עלינו להזהר בשבת לקיים דברי תורה ודברי סופרים ובעונותינו הרבים רוב בעלי בתים אשר אינם בקיאים בהלכות שבת ואפילו לומדים לומדים דברים אחרים קדשים והלכתא למשיחא וכהנה והלכות שבת אינן שגורות כל כך וכמה אנשים אשר עוברים על כמה איסורים מלאכות דאורייתא לחוסר ידיעתם ומכ"ש עניני מוקצה ואי אפשר לפורטם כי כבר מלתי אמורה כמה פעמים בדרשות הקודמות ויום הזה אשר פארנו חבוש לראשנו יש לנו לגדור לשמח משה במתנת חלקו לקבל כל אחד על עצמו ללמוד הלכות שבת אצל לומדים ולעמוד על השמירה באזהרה יתירה והנה בזמן אחשורוש גם כן אפילו בעת קלקולם נזהרו בשמירת שבת למאוד וזהו מאמר הפסוק (אסתר ד טז) צומו עלי ואל תאכלו

ואל תשתו שלשת ימים לילה ויום ושאל במדרש שוחר טוב (מזמור ב"ב) אם יצומו מהו אל תאכלו ואל תשתו וכי אפשר לצום ולאכול ולשתות אלא אל תאכלו ואל תשתו כנגד ימים שאכלתם בסעודת אחשורוש והדבר תמוה עדיין איך הקושיא מיושבת וכי אפשר וכו' יהיה הטעם מאיזה סיבה שיהיה אבל יובן כי בספר מנות הלוי הנ"ל הביא בשם רוקח כי ביום השביעי שנהרגה ושתי בו ביום לא הלכו ישראל לאכול כי היה ביום שבת והיה בגינה פן יתלשו עשבים המחוברים בקרקע וא"כ לא אכלו רק ששה ימים ומזה הטעם תבין למה גזרה אסתר על ג' ימים ולמה דוקא במכוון הזה אבל הם לא אכלו בסעודה רק ביום ולא בלילה כי לא עשה סעודה רק ביום ואכלו ששה סעודות בששה עונות ולכך גזרה שלשה ימים ושלשה לילות שהם גם כן ששה עונות וששה סעודות זה למול זה והנה כי תענית גמורה אסורה בתשמיש והוא בכלל עינוי התענית ובכלל צום יחשב כנודע בגמרא דתענית (דף י"ב ע"ב) אבל צריך טעם למה זה כי זה לא היה ח"ו באיסור בסעודת אחשורוש אבל כבר נודע כי אסתר הלכה לאחשורוש ברצון וזהו צעקתה עד עכשיו באונס ואין לה איסור אשת איש ועכשיו ברצון שנבעלת לנכרי באיסור אי אפשר וזהו שלבה דוה עליה ולכך ביקשה שתמורת זה שהיא נהנית מעבירה כדאמרינן (נזיר כג ע"ב) גבי יעל אף שעשתה לשם שמים והא מתהנית מעבירה וכן אסתר שלא ימלט שתהנה מעבירה ולכך למול זה ביקשה שישראל ינזרו מנשותיהם ויקדשו צום כראוי בפרישות דרך ארץ לכפר על שהיא נבעלת בעילות איסור וזהו שאמרה צומו עלי כי הצום בפרישות דרך ארץ יהיה עלי בשביל שאני אבעל באיסור אבל בשבילכם אל תאכלו ואל תשתו שלשת ימים וכו' שיכפר על מה שאכלתם ולכך נאמר עלי באמצע ולא לבסוף צומו ואל תאכלו וגו' עלי אלא המניעה וסיגוף מאכילה ושתיה הוא בעבורכם אבל הצום בעינוי דרך ארץ הוא עלי ולכך נאמר צום ונאמר אל תאכלו וכו' וא"ש והבן והנה כבר כתבתי כי משתה יום שביעי כלה בט"ו אדר שני כי היתה מעוברת ואז אף שהזמין לכל העם הנמצאים בשושן והעיקר ישראל לא הלכו ביום שביעי לשמירת קדושת שבת ולכך ביקשה אסתר מאחשורוש שינתן יום ט"ו לבני שושן להנקם משונאיהם ולא היה כן בכל מדינות כי בני שושן זכותם בט"ו באדר שמורה לנצח כי שמרו יום שבת מחללו והיה יום זה להם למגן לגבור על אויבם ולכן ראוי מאוד לדייק שמירה ואזהרה בשבת כי שכרה הרבה מאוד לדורי דורות ולעומת זה המחללים ח"ו ולא שבת בלבד אלא כל שיש בו שביתה הכל נכלל בכללה של שבת הכל קרוי שבתון כנודע וכן נזהרו מרדכי עם אסתר אפילו בעת צרתם ולכך אמרו (ילקוט שמעוני אסתר ו':ט') כאשר בא המן למרדכי לרכוב על סוס וצותה אסתר שכל הספרים יטמינו עצמן עד שהמן בעצמו הוצרך לספר למרדכי ומה ראתה על ככה אבל הענין כי כבר כתב בעל מנות הלוי כי נראה כי היו שם בשושן הספרים ישראלים כי הגוים לא היתה אסתר עושה

להסתירם לבל ירגישו כי היא בעצה עמוקה עם מרדכי וכבר כתב היפה עינים הא בגולה עשו שני ימים טובים של גלויות וא"כ היה ט"ז בניסן שהיה עובדא דמרדכי ביום טוב שני של פסח וא"כ איך יסתפר שהוא מלאכה דאורייתא ובשביל רחיצה יש לאמר שהוא שבות ואפשר לא גזרו מקדם בימי מרדכי אבל לספר השערות מלאכה דאורייתא וכבר נודע מה שכתבו האחרונים (עיין ט"ז יו"ד סימן קצ"ח) כי מותר ליהודים להניח לחתוך הצפרנים ע"י נכרי בשבת כי מסייע אין בו ממש וכיון שהוא אינו עושה דבר מותר רק שמניח לעשותו בגופו ולכך אסתר לא רצתה שיעברו היהודים יום טוב שני ואם ימאנו לספר לו למרדכי ילשין המן למלך הוא הדבר אשר דברתי ודתי המלך אינם עושים לספר לאיש אשר המלך חפץ ביקרו ולכך צותה להטמין כולם שלא ימצאם המן ובעל כרחו יצטרך הוא לספר והיה מרדכי יוצא ולא נעשה איסור על ידי ישראל ח"ו ומזה תבין טעם למה במשתה שעשתה אסתר הזמינה להמן כפעם בפעם וכבר אמרו חז"ל בו דברים רבים כאשר נבאר אי"ה אבל הענין יובן בשנחקור טעם למה אחר דברים האלה גדל המלך את המן מה ראה על ככה לגדל איש מארץ גר ותושב עמו ואיך לא יקנאו בו שרי פרס ומדי היושבים ראשונה במלכות שיראו הגר שבם יעלה מעלה מעלה אבל הענין מה שכתוב בקרא (איכה ה ח) עבדים משלו בנו פורק אין מידם כי מה שכתוב (משלי י"ד לד) חסד לאומים חטאת צדקות ומעשים טובים שעושים אומות העולם בגלות הם חטאת לישראל לעכב הגלות כי בעונותינו הרבים כמה מצות טבעיות שהשכל מחייב ששומרים הנכרים יותר מישראל ובישראלים בעונותינו הרבים אין שומרים כ"כ כמו כבוד אב וגזל ואונאה וכהנה דברים רבים ובאמת אילו אין לומדים מנכרים כלל שום דבר החרשתי כי היה להם תירוץ כי מה לנו עם הנכרים אבל בעונותינו הרבים מידות רעות לומדים מהם במלבושים מקצצים פיאות ומגלחים זקנם וכהנה יותר חוקות הנכרים אין דבר נשגב במדה רעה שלא ילמדו מהם כדכתיב (תהלים ק"ו לה) ויתערבו בגוים וכו' אבל מידות טובות אינם לומדים מהם וזה החלי המר הגורם לאריכות הגלות בעונותינו הרבים ולכך המן כאשר ביקש לומר לאחשורוש כי אין תקנה להכניע לישראל כי אם להשמידם ח"ו כי בלאו הכי קרובה ישועתם לבוא וימלכו בראש כל עמים אמר ודתיהם שונות מכל העם בשלמא אילו למדו ממעשיהם היה לומר שיאריך זמן פקודתם וישתקעו בגולה אבל אחר שדתיהם שונות מכל עם אם כן אם לא מהר תשמידם תהיה ישועתם קרובה לבוא ובעונותינו הרבים בגולה אנו לומדים מעשיהם הרעים אבל הטובים לא ולכך ארכה גלותינו וזהו העיקר תרופה לנו כי העכו"ם אין מקבלים שכר על מעשיהם הטובים כלל כדאמרינן (ע"ז ב ע"ב) ראה ויתר גוים שהתיר להם שבע מצות שאם מקיימין אותם שאין להם שכר כלל וזוהיא הטובה לקרב הגאולה כי אין להם שכר בעולם אבל אילו אף שכר מקבלים על שמירת המצות תארך

הגלות למאוד ח"ו והנה כי עבדים הם מחויבים במצוות ויש להם שכר בעמלם כדאמרינן בגמרא דב"ב (דף ד) דלכך השיאו בבא בן בוטא עצה להורדוס דעבד חייב במצות ע"ש ואם כן קשה למאוד אם הם מושלים על ישראל כי תרופתם קשה כי יש להם שכר במצוות ומעשים טובים וזהו שצווח הקרא (איכה ה' ח) עבדים משלו בנו פורק אין מידם כי אם הם מושלים קשה לגאול מידם כי תמיד מה שמקיימים משבע מצות יש להם שכר כי אין הקדוש ברוך הוא מקפח שכר שום אדם ולכך אין לנו ישועה כל כך וזוהיא כוונת אחשורוש כי כל כונתו היתה מבלי שתהיה לישראל פקודה וישועה כאשר עשה סעודה במשלם החשבון של ע' שנה לפי טעות חשבונו ולכך מה עשה נתחכם להגביה להמן ויעשהו מלך על כל מדינתו וימשול בכל ישראל הנפוצים בכל מדינת ממשלתו והוא היה רק מלך מלכים אבל המן היה מושל ומולך ולכך צוה לכרוע ולהשתחות לפניו כתואר מלך וידוע דהמן היה עבד למרדכי והיה עבד גמור ועיין בילקוט וביותר בספר מנות הלוי העתיק שטר מכירה אות באות איך שמכר עצמו לעבד גמור ומוחלט למרדכי והתחייב הוא ובניו לעבוד עבודת עבד וא"כ ברור דהטבילו ומלו מרדכי לשם עבדות דקיימ"ל בפרק החולץ (יבמות מח ע"ב) דאין מקיימין עבד שירצה שלא למול ואם התנה שלא למול לחד מ"ד אין מקיימין כלל ולחד מ"ד לא יותר מי"ב חודש ואיך היה מרדכי רשאי לקיימו ובפרט כי בשטר מכירה הנזכר בספר מנות הלוי לא נזכר שהתנה בו ואם כן ברור שלא היה מרדכי מקבלו אם לא שמלו וטבלו לשם עבדות ואם כן חייב במצות ויש שכר בעמלו ולכך גידל אחשורוש אותו שיהיה בכלל עבדים משלו בנו פורק אין מידם כי אין גאולה כ"כ קרובה במשול עבד וראו כמה עמקו מחשבותיו והנה נחלקו חכמים במסכת ביצה (דף כא ע"ב) אי מותר להזמין לנכרי ביום טוב שמא ירבה בשבילו או לא חיישינן דבשביל חתיכה אחת בשר מותר למלאות כל הקדירה כמבואר בפוסקים וע"ש ברש"י ותוספות אבל לעשות סעודה בשביל נכרי לבדו אסור דכתיב לכם ולא לנכרים ואם כן אסתר שלא אכלה ממשתה של אחשורוש כי היתה עדיין בתענית וגם אין מפאת נימוס כמ"ש הראב"ע ויתר מחברים והיה זה ביום ט"ו ניסן לפירש"י שנתלה המן ביום ט"ז ניסן ואם כן איך הזמינה והאכילה לנכרי ביום טוב אבל ידוע אף דלכם ולא לנכרי אבל לעבדים כנענים היה מותר לבשל ביום טוב דהם בכלל מצות ואם כי חטאו פרקו עול מכל מקום הם בגדר עבדים וחייבים במצות כמ"ש בישראל מומר (סנהדרין מד) אע"פ שחטא ישראל הוא וכן בעבד ומותר לעשות מלאכה בעבורו ביום טוב ולכך אסתר שהזמינה לאחשורוש לבוא למשתה בט"ו בניסן כדי שלא יקרה איסור מה עשתה זימנה המן גם כן ולו מותר היותו עבד כמ"ש ולשמא ירבה לא חיישינן כמ"ש דנתבשלו יפה אם כן כדין עשתה ולא בא מכשול לחלל יום טוב ח"ו כי היא ונערותיה ומשרתיה הכל ישראלים ומקיימי דת יהודית כנודע ולמ"ד שנתלה המן

כמ"ש במדרש ועיין יפ"ע ומנות הלוי ומהרש"א בי"ז בניסן ואם כן משתה ראשון שעשתה אסתר היה בט"ז שהוא יום טוב שני של פסח מדויק ביותר בקרא כי במשתה ראשון של אסתר נאמר אשר עשיתי לו ובמשתה שני נאמר אשר אעשה להם כי בראשונה היה ביום טוב והכל בשביל המן נעשה ולכך אמרה בלשון צח (מג"א ה' ד) יבוא המלך והמן היום אל המשתה אשר עשיתי לו וחשבה על המן במה דסיימה ואם כי הוא אחשורוש הבין שכונתו אליו אבל במשתה שני שהיה בי"ז שהוא חול אמרה (שם פסוק ח') אעשה להם שמותר לשניהם ואף על פי כן צאו וראו כמה דקדקו במצות תורה וסופרים בתכלית צרתם ויגונם והיא שעמדה להם וה' לא סר מאתם כאומרם (ברכות כ) ראשונים שמסרו נפשם אתרחיש להו ניסא ובאמת חיוב גדול להשמר בשמירת החגים ומועדי ה' לבל יקרה בהם חילול ויותר יש לדקדק בימים טובים שהם ימי דין ובחינה ופקידה במעשי בני אדם וכל המועדים בהם אדם נידון וצריך זרוז ושמירה למאוד בשמירתן ושמחה של מצוה:

ואמרו בגמרא (מגילה טז) וישב מרדכי אל שער המלך ששב לשקו ותעניתו וכבר דקדקו המפרשים מאין למדה הגמרא זה אבל ידוע כי שער המלך היינו לדון דין כדכתיב (דברים כ"ה ז) ועלתה יבמתו השערה וכהנה רבות במקרא וכן בגמרא יתיב אבבא ודן דיניה וזהו מרדכי יושב בשער כי ישב שם לשפוט בכל עבדי ומשרתי מלך וידוע בגמרא (ביצה לו ע"ב) אין דנין ביום טוב ומבואר בירושלמי (שם) כי מלבד גזירת חכמים שמא יכתוב היה איסור משום דאתי למנוע משמחת יום טוב והנה הגמרא ס"ל כמבואר שם דהיה עוסק בהלכות עומר דהוה מעשה דהכרזה וכדומה הכל בי"ו ניסן ויום טוב שני של גלויות וקשה איך שב לשער לדון ביום טוב ואם כי עדיין לא נגזרה גזירה שמא יכתוב מכל מקום הא איכא טעם מונע משמחת יו"ט ולזה קאמר מידי טעמא משום מניעה משמחת יו"ט הוא הא שב לשקו ותעניתו והתענה ביום טוב ההוא וא"כ מה מניעת שמחת י"ט שייך בזה ולכך ישב בשער לשפוט בסנהדרין וא"ש ואם כי זה יש לגדור גדר בהעדר חמדת יצורינו משה רבינו ע"ה גם זה עלינו לא לתקן עצמינו בלבד כי אם לתקן זולתינו ולהשיב רבים מעון כאשר עשה משה בעד פושעים הפגיע וכן עשו מרדכי ואסתר שכל מגמתם היתה לישר הדור ולהשיבם מעון ולעורר בתשובה והנה אמרו (מגילה טו ע"ב) דלכך זימנה אסתר להמן שלא יאמרו ישראל אחות יש לנו בבית המלך ויחזרו בתשובה שלימה וכן אמרו (אסת"ר פ"ח א) בנימין גרם לשבטים לקרוע דכתיב ויקרעו בגדיהם אף מרדכי קרע בגדיו דכתיב ויקרע מרדכי את בגדיו והקשו מה זה מדה כנגד מדה וגם בנימין מה עשה שהושם באמתחתו גביע והוא לא ידע ואשם אבל הענין כך מה שכתוב (מגילה ז ע"ב) חייב אינש לבסומי בפוריא עד דלא ידע מה בין ארור המן לברוך מרדכי והדבר תמוה וכבר אמרתי עליו באופנים שונים אבל אופן אחר הצריך לענינינו הוא דמבואר

בירושלמי (עיין במגילה פ"ג ה"ז) ומדרש (עיין בראשית רבה מ"ט א) רב כד מטי למגילה למרדכי ראשון הנזכר במגילה אמר ברוך מרדכי על שם זכר צדיק לברכה וכד מטי להמן הראשון הנזכר במגילה אמר ארור המן על שם שם רשעים ירקב והנה בין פסוק איש יהודי היה בשושן ושמו מרדכי לפסוק אחר הדברים גדל המלך את המן ענין כל הפרשה כי אסתר אין מגדת עמה ומולדתה ואחשורוש עשה פעולות רבות כמבואר בגמרא ומדרש שקיבץ בתולות רבות והנחה למדינות עשה וכהנה פעולות רבות ועם כל זה אין אסתר מגדת ובאמונה שמרה מאמר מרדכי לבלי הגיד ואמרו במדרש (אס"ר פ"ו טז) כי תפסה פלך שתיקה אין לך טוב יותר לגוף אלא שתיקה והחיים והמות ביד הלשון וברוב דברים לא יחדל פשע וכבר אמרו (ירושלמי סוף ברכות) כל פטפוטים אסורים בר מפטפוטי דאורייתא כי אין לך דבר מזיק לגוף ונפש רק הדיבור ולכך אמרו תפסה פלך שתיקה שהיא מזרעו של שאול שדבר מלוכה לא הגיד ומזרעה של רחל ששתקה ולא אמרה רמיות אביה בלאה וידוע מה שכתוב (עירובין סה) נכנס יין יצא סוד כי ברוב דברים לא יחדל פשע ולמי שיח ורבות דברים כי אם לאנשים השותים במזרקי יין וזהו מאמרם חייב איניש לבסומי וכו' עד דלא ידע להבין מה בין ארור המן לברוך שהוא הסיפור שביניהם שהוא מענין שתיקת אסתר בכל החקירות כי המבסם ומשכר אין מבין זה כי הוא מהמרבה דברים ואין מעצר ברוחו כלל ואם כי זה נכון אבל עיקר הטעם שצוה עליה מרדכי אשר לא תגיד הוא כי ראה מרדכי כי מדת הדין מתוחה בעונות הרבים על ישראל אם מפני שהשתחוו לצלם ואם מפני שאכלו מסעודות של אחשורוש ואין להם תקנה להכניע קשה ערפם אלא בגזירת מלכם כמ"ש (מגילה יד) גדולה הסרת טבעת מכל נביאים והוא ידע מה שיהיה בגזירת המן כדכתיב (פ"ד א) ומרדכי ידע את כל אשר נעשה ואמרו מלאך אמר לו וא"כ מסתמא הגיד לו הכל כמו שנאמר את כל אשר נעשה וידע והבין כי זהו יהיה לישראל לתרופה לעולם ובזו הגזירה יעוררו לבבם לתשובה ושבו ורפא להם וזו תכלית תועלתם ובאמת ע"י תשובה לא זו שכפו להמן אף גם לא האריך זמן איזה שנים ושבו לארצם פקד ה' עמו להושיבם לירושלים כנודע וחשב מרדכי אולי תגיד אסתר לאחשורוש היותה ישראלית לא יעלה בלב המן להסית למלך עשות כליון באומת אהובתו שגלתו וגם המלך לא ישנא אותם ובפרט מטעם שנכתוב בזה אי"ה ואם כן איפוא במה יכופר עון בית יעקב אשר חקוק בעט ברזל וצפורן שמיר ולכך צוה אשר לא תגיד ותגולגל גזירת המן וישובו ישראל בתשובה שלימה גם מרדכי נכנע אף כי ידע כל הנעשה כמ"ש אי בשביל לעורר ישראל בתשובה ואי שמא יגרום החטא וכמ"ש שם במדרש כי כבר למדו זאת מיעקב אף שהיתה לו הבטחה ירא שמא יגרום החטא אמנם דבר זה לא ענה מלבו רק למדו מבנימין ראש שבטו כי ידוע בספר הישר אשר מחובר על ספר בראשית כתב כי יוסף גילה לבנימין טרם שובו

לבית אביו כי הוא אחיו באמת וצוה להסתיר מאחיו למען יראה אם ימסרו נפשם על בית רחל ובנימין ראה אחיו דואגים ומצטערים וכואבים ממש עד למות בשביל עלילת מציאת הגביע ולא אמר להם דבר ותפס פלך שתיקה והוא גם כן הטעם כדי שיקבלו עונש בצערם על מיכרם בכסף צדיק וטוב להם לצער עד מאוד אפס תהיה להם כפרה ולכך שתק כי אך זה טוב לישראל וזה הוא מאמר חז"ל ברור ואמת בנימין גרם לאחיו לקרוע אף שידע האמת מכל מקום שתק וגרם על ידי כך הקריעה לאחיו וזה היה לטובתם אף מרדכי שצוה שלא תגיד וגרם שהוצרך לקרוע בגדיו וזהו היה בסיבת שתיקתו כמו בנימין והוא גם כן למזבח כפרה כמו בנימין לאחיו והכל בענין אחד וטוב וישראם כן חזו וראו כמה יש לנו לשמור מרע כמה צרות ויגונות עברו ראש ועשה מרדכי הכל בשביל שתהיה לישראל כפרת עון אף אסתר הצדקת קצה בחייה בשביל ענין ישראל ומסרה נפשה למות ולכך הטוב אמרתי כמ"ש ללמוד ממשה וצדיקים כאלה לבל יחוס אדם על כבודו והונו רק בשביל תקוני ישראל ושלימותם ובעונותינו הרבים בדורות הללו כל אחד חושש לעצמו ואין חושש לזולתו ובפרט לתיקון התורה כי תכלית כל תקוני ישראל היא תורה וזוהיא עיקר שלימותנו ובה תלוי חיינו ונשמתינו ואין לנו שיור בגולה רק התורה הזאת ובה יהיה מקוה ישראל מושיעו בעת צרה לגאול בה מיד צר וע"ז כל מגמתינו ובעונותינו הרבים עכשיו בטלה התורה ואין איש שם על לב להרים דגל התורה וכל לומדי תורת ה' ילכו כצאן בלי רועה כי אין משגיח כלל בשל תורה ולא חסו על חייהם כלל כמשל שועל ודגים (ברכות סא ע"ב) כי זהו חיי כל ישראל בתורה אוי לנו איך נשמח בפורים וליהודים היתה אורה זו תורה (מגילה טז ע"ב) ואין לנו תורה בעונותינו הרבים לא זו שנשכחה מאתנו תורה בעונותינו הרבים יום ביומו והכל נסתעף ממיתת משה כאשר אמרנו בריש הדרוש אף גם שיור התורה אין מקיים ואין משגיח וכל אפין שוין המצפצף כעגור ידמה להמדבר מלב מלא תבונות:

ואמרו בגמרא (מגילה טו ע"ב) ובמדרש כיון שהגיעה אסתר לבית הצלמים נסתלקה הימנה רוח הקדש ואמרה אלי אלי למה עזבתני שמא אתה דן שוגג כמזיד ואונס כרצון שמא בשביל שקראתיו כלב חזרה לקרותו ארי והדבר צריך ביאור כי באמת למה נסתלקה שכינה ואם כי שם מקום טומאה והוי כמו כהן בבית הקברות אם כן מה זה שמתמיהה אסתר ואמרה שמא וכו' לא משום זה רק המקום גורם מקום טומאה וגם יש להקשות מה שוגג כמזיד הלא אסתר לא היתה שוגגת כלל מעולם ואנה טעתה בדין וכדומה והיה מאתה דבר בהעלם מתחילה ועד סוף ואיך שייך שוגג וגם אונס כרצון כי עכשיו הלא נכנסה להבעל ברצון ואם כי מתחילה היתה אנוסה הלא קודם בית הצלמים שורה עליה רוח הקודש ואם היה מקדם עולתה בה איך שורה עליה מתחילה וביחוד יש להבין במה שאמרה שמא על שקראתיו כלב וכי יחוס המקום על כבוד אותו רשע לסלק שכינתו

מהצדקת הלזו אמנם ידוע מה שכתוב בגמרא (מגילה יב) כי עיקר חיוב כליון לישראל היה בשביל שהשתחוו לצלם של אותו רשע ואמרו שלא עשו אלא מחמת אונס כי יראו שישרפו באש כמו שקרה באמת לחנניה מישאל ועזריה:

ואמרו בגמרא דסנהדרין פרק ארבע מיתות (דף סא ע"ב) העובד עכו"ם מאהבה ויראה אביי אמר חייב ורבא אמר פטור ופריך הגמרא דתנן כהן משיח אינו חייב בקרבן עד שיהיה שגגת מעשה מה שגגת מעשה לאו דעבד עכו"ם מאהבה ויראה ש"מ דעובד עכו"ם מאהבה ומיראה חייב במזיד ומשני לא דאומר מותר וס"ל אומר מותר שוגג הוא אבל איכא למ"ד במכות ר"פ אלו הגולין (דף ז ע"ב ועיין היטב שם תוד"ה אלא ותוספות שבת עב ע"ב ד"ה האומר ותוספות סנהדרין מב ע"ב ד"ה הבא) דאומר מותר מזיד הוא ובזה יובן כי אסתר נכנסה לאחשורוש לבקש על הצלת עמה ולא על עצמה נכנסה כי אם בשביל ישראל וכאשר הגיעה לבית הצלמים ניעור האיסור וחומר העבירה שהשתחוו לצלם ונעשה קטיגור וערעור וקטרוג ושטנה בישראל כי היה למזכרת עון על דבר חטא ופשע שעשו ישראל ולכך נסתלקה רוח הקודש ואסתר הרגישה ואמרה שמא אתה דן שוגג כמזיד רוצה לומר אומר מותר שדינו כמזיד וא"כ איך מצינו בהעלם דבר שגגת מעשה וא"כ העובד מאהבה ויראה חייב אף שהוא מאונס פן יהרג וזה מאמרם אונס כרצון אף שהוא מיראה שיהרג מכל מקום חייב מיתה כי אין נפקא מינה באונס וא"כ יש להם משפט מיתה ח"ו כי לא היה לחוש להם לאונס וזהו לא ס"ל לאסתר דסברה דאין לחייב דאונס רחמנא פטריה ולכך תמהה אסתר וביקשה רחמים והוסיפה לומר שמא על שקראתיו כלב וכו' יש לאמר כך מה שכבר אמרתי ממש בסגנון זה בדרוש הקודם רק כעת הואיל דצריך להאי ענינא יבואר יותר כי נודע כי מרדכי כי ראה שהמן גובר ולא ראה לכבשו כי אם בתורה וכמ"ש בתרגום שני כי לקח תינוקות מבית רבן ולמד עמם ובכל מקום היה תורה וכן דרשינן ליהודים היתה אורה זו תורה (מגילה טז ע"ב) כי התורה היא מגינה והיא כתריס בפני פורענות ולכך בכל צרתם לא זזו מכותלי בית המדרש ואפילו בשעה שבא המן למרדכי וחשב מרדכי כי בנפשו הוא היה לומד הלכות עומר ואמרינן במדרש (שוח"ט פ) יכרסמנה חזיר מיער ע' תלויה בזמן שאין ישראל עוסקים בתורה הוא מיער אבל בזמן שעוסקים בתורה הוא א' במקום ע' והוא מיאור ותנינן (חולין קכז) כל החיות העולים מים ליבשה מיד מתים חוץ מהכלב דזה חי (עמ"ש ביד חרוצים בהגה בסוף דרוש ח' לעיל) וזהו מאמר אסתר כי אמרה הלא ישראל עוסקים בתורה וזכותם ראויה להגן שלא ישלוט בהם ידי זר וחזרה ואמרה שמא הואיל שקראתיו כלב וא"כ כלב אף שעולה מים ליבשה חי וא"כ עדיין יש לו שליטה בישראל אף שעסקו בתורה ולכך חזרה לקרותו ארי וזה העולה מים ליבשה מת ואף הוא ימות בים של תורה ואתי שפיר והבן כללו של דבר כמה גדולה כחה של תורה לשמה היא מבני פלטרין

דמלכא והלא אמרו (מגילה טז ע"ב) גדול תלמוד תורה יותר מהצלת נפש כי במרדכי נאמר רצוי לרוב אחיו ולא לכל אחיו שפירשו ממנו סנהדרין וכבר אמרנו טעם ח"ו שמרדכי פירש רגע אחד מהתורה אבל ידוע מה שכתוב במדרש (אס"ר פ"י י"ב) ומרדכי יצא מלפני המלך שנעשה מלך ומטבע שלו מרדכי מצד אחד ואסתר מצד אחד וידוע דאין מושיבין מלך בסנהדרין ולכך פירשו ממנו סנהדרין אבל טעם הענין למה נעשה מרדכי מלך מה לו לכבוד המדומה הזה עד שפירשו ממנו סנהדרין הלא לבוז יחשב לו נגד כבוד התורה ודביקות בסנהדרין והיה לו ללמוד ממשה מחמד יצורים שלא נכתר בתואר מלוכה לרוב ענותנותו והיא היתה לו ליקר אבל הענין ח"ו לומר שרדף אחר כבוד אבל יש להבין במה שכבר התחלנו למה גידל המלך את המן מה ביקש בזה באיש נכר הארץ ועד שאמרו (עיין פרדר"א ז) שכל בניו היו מושלים דוכסים ואפרכים בכל מדינות המלך:

אבל בשנבין גם כן במה שכתוב בגמרא (מגילה טו ע"ב) עד חצי המלכות ולא דבר החוצץ בין המלכות וזהו בית המקדש ויש להקשות איך ס"ד באחשורוש שלא ידע מולדת אסתר שתבקש בנין בהמ"ק וזה כמה שנים שלא ביקשה ממנו ומה תראה על ככה עכשיו להכניס עצמה בסכנה ללכת לחצר המלכות אשר דתו להמית בשביל בנין בהמ"ק אבל מקדם נבין באומרם כי אחשורוש עשה סעודה בראותו כי הפקידה המיועדת לבנין בהמ"ק עברה בחשבונו המדומה ומה ביקש בזה מה איכפת ליה אם תהיה פקידה וכי יהיה זה חסרון במלכותו הלא מלך על קכ"ז מדינות והיה להם מלכים תחת ממשלתו וכן יהיה ביהודים וכמו שהיה באמת אחר כך אף שהיתה פקידה כולם היו נכנעים ועבדים לממשלת פרס והיתה דמות שושן בבית ה' וביותר יש לתמוה מלך רב כזה השליט בכיפה אין ספק שיש לו תואר ממשלה להכין בחסד ובמשפט כסאו לנהוג עמים במישור ולבל יהיה שבט רשע כי זולת זה לא היה כ"כ מקובל בעיני הבריות ואם כן איך אמרו (מגילה יד) שאחשורוש והמן נמשלו לבעל תל וחריץ שהיה שונא לישראל יותר מהמן עד שאמר הכסף נתון לך ויש להבין מה ראה על ככה עם שלא פשע ועבדים נאמנים היו למלכי פרס ודניאל היה מתגדל בבית כורש ושאר סריסי מלך כולם שועי יהודה ולא נמצא בהם שום רמיה ומרידה לא נשמע בם דופי ויגידו בעמים תפארת חכמתם וכי ה' בקרבם כאשר נודע מדניאל חנניה מישאל ועזריה וכורש אביו פקד (עזרא א' ג) מי בכל עמו ויעל ואיך יעות משפט ומפרשים רבים התחכמו בזה ולא מצאו חזון וגם יש להבין במה שהתאמץ אחשורוש בהון יקר למרדכי ליתן כתר מלכות בראשו וצוה להמן אל תפל דבר וכו' ואמרו (אס"ר י' יב) שבאותה שעה היה לו תואר מלך וכל אשר היה מצוה היו מחוייבים לעשות מבלי המרות פיו כמ"ש המחברים ועיין מנות הלוי ומה ביקש בזה הלא הוא שונא לישראל וביחוד אחר כך כאשר אמרה לו אסתר שהיא בת יהודית איך פרחה שנאתו היהפוך

כושי עורו וכי בשביל כך תגדל אהבתו לכל העם ומלכים רבים ושלמה לקח בת פרעה ובת מלך עמון וכי בשביל זה ח"ו שאוהב מצרים ועמון ומעשים בכל יום יוכיחו אבל הענין כך כי ידוע מה שכתוב בגמרא (קידושין סח ע"ב) לכמה דיעות נכרי הבא על בת ישראל הולד ישראל אלא שנקרא ממזר ולמ"ד הולד כשר הולד נכרי אבל למ"ד הולד ממזר הרי הוא ישראל רק ממזר וא"כ דריוש היה בן אסתר היה ישראל רק היה ממזר אבל היה נקרא ישראל כי בזה הכל הולך אחר אם והנה כבר נודע כי מלכים קדמונים כך דרכם כסל למו להתחכם בקסמים ועצבים ותרפים לדעת מי ימשול אחריהם ועיין ביוסף בן גוריון ותראה כי רוב מלכים קדמונים עשו כן וכן כתב שאר כותבי זכרונות והנה אחשורוש התחכם לדעת מי ימלוך אחריו ראה בקסמים והוברי שמים וכלדיים שיהודי ימלוך אחריו וימשול בממשלתו וישב על כסאו ולזה חרה לו עד למות כי לריק יגע ויבוזו אחרים ממשלתו וחשב מתחילה שהגיעו ימי פקידה והם יגרשוהו מכסא מלכותו וכאשר לדעתו הגיע קץ ויכזב שמח ועשה משתה ועם כל זה חשב מזימות כי לבו מלא תוגה שיהודים יירשו כבוד ממשלתו ולכך שנאתם כבושה בלבו וחשב מזימות לכלותם אפס בל יקומו לירש כבוד ממשלתו ולכך כאשר בא המן והלשין עליהם לכלותם נתמלא שמחה כי זה יום שקיוה ויפה דימו חז"ל (מגילה יד ע"ב) משל לבעל חריץ ותל ולכך אמר הכסף נתון לך וכלה ונחרצה והרצים יצאו דחופים וכבר נודע מפאת גזירת כוכבים אף שזכות מעשה וכדומה מבטל גזירתם מכל מקום צריך לחול הדבר במקצת וצריך לחול הדבר בצד מה כמו בכלדיי מצרים שאמרו רעה נגד פניהם שכוכב מורה על הריגה ושפיכות דם והיה במקצת שמלו והטיפו דם ברית קודש כדכתיב (יהושע ה' ט') היום גלותי וכו' וכן תמיד בגמרא שאמרו (שבת קנ"ו) גנבא יהיה והיה שתלש פרי וכדומה כולם והיא כחלום כי אין ידיעתם גזירה מוחלטת ולכך כאשר בלילה נדדה שנת המלך וחשב כי הגיע קצו כמבואר במדרש (אס"ר י' א) ונתוודע לו שראוי לשלם גמול למרדכי היהודי התחכם ליתן קיום למזל והחזיון שיחול בדבר מה ולכך צוה ליתן כתר מלכות בראשו ולחלוק לו יקר וכבוד ולא יאצל ממנו דבר כאילו מלך לשעה בכל אופנים כי בזה יתקיים החזיון והקסם שיהודי יירש כתרו וכבודו כי זהו נטל כתרו ומלך בממשלתו ונטל יקרו אם כן תחול גזירת המזל וחזיון וזהו כל ענין אחשורוש וזהו הכל מתחילה אבל כאשר נתוודע לו אחר כך שאסתר יהודית הבין המראה והענין כי בנכרים הכל אחר משפחת אם ויש להם שאר אם והבין שבנו שיהיה לו ממנה יורש עצר הוא יהודי בתואר משפחת אמו והוא יירש אחריו כבודו וכסאו כאשר באמת היה שדריוש ירש כסאו וכתרו וממשלתו ואם כן נחה דעתו כי באמונה הגידו לו ואין בו דבר המזיק לו ובזה שמח ונח דעתו למאוד ולכך נהפך לעם ישראל לאוהב כי ראה כי בחנם שנאם והיה רוצה לשפוך דם בחנם וחשב מחשבת תוהו ולכך נתחרט ואמר (מג"א ח' ח) כתבו על

היהודים כטוב בעיניכם וזה נכון וברור ואחר שהודיע ה' לנו כל זאת נשוב להנ"ל למה הגביה המן וזרעו ולמה אמר דבר שחוצץ והוא כי אמרו (סנהדרין כ ע"ב) שלשה מצות נצטוו ישראל בכניסתן לארץ וזהו סדרן ראשון להעמיד מלך ואחר כך להכרית זרעו של עמלק ואחר כך לבנות בית הבחירה והטעם כי אין כסא שלם עד שיעשה נקמה בעמלק ואם אין כסא שלם אי אפשר לבנות בית המקדש כי הוא כסא כבוד ה' וזה שער השמים ולכך ראשון הכניע שאול עמלק ואחר כך בנו דוד ושלמה בית לה' וזה יסודות וזה ארמון על תלו וכן היה הדבר בבית שני ובפרט למ"ד קדושה ראשונה בטלה והיתה קדושת עזרא קדושה חדשה ולכך היה צריך ראשונה להכניע זרעו של עמלק ולקעקע ביצתם ואחר כך לבנות בית המקדש כמו בראשונה ולכך בימי כורש לא היה נבנה אף שהיתה פקידה כי עדיין לא נכרת זרעו של עמלק אבל בימי מרדכי ואסתר שנכרת זרעו של עמלק ונמחה כמעט שמם אז החל לציץ ציץ מטע ישע ולא איחר הדבר שנה שנתיים שנבנה הבית והיה זה סיבת הבית ובנינו ואחשורוש ידע זאת כי תלוי בנין בית המקדש בהכניע זרעו של עמלק ולהיות כל מגמתו שבל יעלה ישראל מעלה כאשר כתבתי טעמו כנ"ל ולכך הגביה המן ובניו וגידל ממשלתם כי בזה היה בטוח כל זמן שהם בתואר המעלה שאי אפשר להיות מתרומם קרן ישראל ובנין הבית כסא ה' ולהיות כי אחשורוש ידע שאסתר שנאה להמן ועמו העמלקים כי לא ימלט שנים רבות שהיתה לו לאשה ובחיקו תשכב שלא ירגיש בה מעניניה ודבריה ותנועתה את אשר לאהוב ואשר לשנוא ולכך כאשר באה אסתר והרגיש שבאה לשאול דבר ירא לנפשו אולי תבקש מפלת והכנעת עמלקים אמר עד חצי המלכות ולא דבר החוצץ היינו להכניע עמלקים כי הוא החוצץ כי בו תלוי בנין בית המקדש כנ"ל וזהו עד חצי המלכות וכיוון לעמלקים ואתי שפיר ולהיות כי אין עמלק נופל אלא ביד מלך כי ראשית גוים עמלק כדדרשינן כי תחילה צריך להעמיד מלך ואחר כך להכרית זרעו של עמלק ולכך מרדכי שביקש להכרית זרעו של עמלק יצא מלפני המלך וכו' ודרשינן (אס"ר י' יב) שנעשה מלך ויצא לו מוניטין בעולם כנ"ל ואם כן לו הכח והרשות להכרית זרעו של עמלק וכל ענינם היו לשם שמים ותפס מלוכה כדי להכניע זדים ואחר כך יהיה קיום לבנין בית המקדש ואין כאן תמיהה כנ"ל כי כונתו היתה לשם שמים ומזה יובן פירוש הפסוק מה שכתוב (ישעיה נה יג) והיה לה' לשם לאות עולם לא יכרת היינו פורים ומקרא מגילה כי מקודם כתיב תחת הנעצוץ כו' יעלה הדס ודרשו (מגילה י ע"ב) על מרדכי ואסתר והיה לה' לשם כי כל זמן שזרעו של עמלק קיים אין השם מלא ולכך כשנמחה בפורים העמלקים נשלם שמו זהו והיה לה' לשם כי נשלם שמו יתעלה לנצח:

ובזה יובן מה שקשה למאד כי אחרי מפלת המן לא נזכר בדברי אחשורוש עד חצי המלכות וקשה בממה נפשך אם גם אז הקפיד על בנין בית המקדש למה לא אמר עד חצי המלכות ואי לא

הקפיד למה לא ביקשה אסתר על בנין בית המקדש שהוא שלימות כל אומתינו וראו מה עשה נחמיה בן חכליה אבל לפי הנ"ל ניחא כי כל כונתו מבלי להכרית עמלקים ובאשר שכבר נפל שדוד ונכרתו תו לא אמר עד חצי המלכות ואסתר גם כן לא נצטרכה לבקש על זה כי הבינו בעצמם שיהיה ובגין דא לא אמר יתר עד חצי וכו' וא"ש ודו"ק:

והנה ברבה למגילה (פ"י י) דרשו על הפסוק הנאמר והיה לה' לשם לאות עולם זה הנס שלא נעשה בעולם כמותו ויש לך נס כזה שעשה וכו' והדבר תמוה איך רמוז זה בקרא והיה לה' לשם אם נעשה כמוהו או לא והעיקר תמוה וכי לא היו קריעת ים סוף וכיבוש ל"א מלכים והכנעת סנחריב נסים מפורסמים יותר אדרבה בזה הרבה טענו כמ"ש היפה עינים שאין בו חוץ לטבע כלל כי כך טבע שאין חזק בכל ארץ כאשה ואסתר בחכמתה הטתהו ברוב לקחה אבל הענין כך כי כל זמן שה' בקרבנו אין מעצור לנו ניסים ונפלאות כי ה' משדד מערכות משפיל גאים עוקר הרים בגאותו ואין פלא אם יפוצו אויביו וינוסו משנאיו כעשן תכלה ועם ה' יפריחו הלא ה' בקרבנו אמנם אם אין ה' בקרבנו בזה נפלנו ונמסרנו לטבע ומשטרי השמים והרי אנו נתונים למקרי הזמן להיותם עתידים לפגעים וצרות רבות ורעות כי כוכבי שמים לוחמים בנו כנודע כמ"ש כמה פעמים כי כל המזלות מנגדים אותנו וזהו אומרם (שבת קנ"ו) אין מזל לישראל כי מזלות הם מנגדים בנו ולכך מעת אשר הודחנו ונמסרנו תחת משטרי השמים וכוכביהם דלונו עד מאוד רק הבטחת ה' (ויקרא כ"ו מד) אף גם זאת וכו' ברוב רחמיו משגיח מחרכים לבלי תת אותנו לכלות מעל פני אדמה אך זהו לכלות אותנו אבל להרוג את שונאינו וה' אין אתנו זהו פלאי זמן ודי להפקיע עצמינו אבל מאין יבוא שנהיה אנחנו הורגים באויבינו וה' סר מאתנו ואין ה' בקרבנו ולכך אמר הנביא (מיכה ז' ה) בחושך ה' אור לי היינו כשאין משרה בנו שכינתו ומכל מקום ליהודים היתה אורה לעשות נקמה בגוים זהו נפלא שבניסים וכך אמר (תהלים קל"ו כג) שבשפלנו זכר לנו כי לעולם חסדו וזהו מרוב חסדיו וטובו לבית ישראל ובזה יובנו דברי מדרש הנ"ל שהפליג בנס זה יותר מכל ניסים כי כל ניסים נעשו ברוממות ישראל וה' בקרבם כמו קריעת ים סוף וכדומה וזהו אין לתמוה כל כך היפלא מה' השוכן בקרב העם דבר אבל נס אסתר היה כשהיו ישראל בגולה וה' אין בם כדכתיב (ירמיה מ"ט לח) ושמתי כסאי בעילם כי השכינה גלתה כביכול ומשפיעה רק לשר ומכל מקום יעשה נס כזה לא לקיים אומתינו כי כך ההבטחה אבל לנקום בשונאי ה' וכביכול הוא אסור בזיקים כדדרשינן זהו מפלאי פלאות ולכך אמר שלא נעשה נס כזה ולכך חנוכה היה גם כן כשבית המקדש בנוי וישראלים כהני ה' שוכנים בקרבם ובזה יש להבין כי אסתר שם העצם היה הדסה ואסתר רק שם תואר כמבואר בגמרא (מגילה יג) וא"כ קשה למה נקראת המגילה ע"ש אסתר ולא על שם הדסה שהוא שם ישראלית ושם עצם אבל לפי הנ"ל ניחא דזה מורה על תוקף הנס דידוע

מה שכתוב (חולין קלט ע"ב) אסתר מלשון ואנכי הסתר אסתיר והיינו שהיתה השכינה בהסתרת פנים מאתנו היינו בגולה במלכות פרס החיה השניה שראה דניאל ולכך נאמר אסתר שמורה שהיה בהסתרת פנים ולא האיר ה' פניו אלינו כאשר האריך בזה האר"י ז"ל ומכל מקום נעשה לנו נס כזה וזהו מתוקף הנס ומלת שם אסתר מגדיל הנס וזוהיא כוונת המדרש שם עולם אתן להם ודרשינן שנקראת מגילת אסתר וקשה למה אסתר ולא הדסה ולזה אמר לאות עולם לא יכרת שלא נעשה נס כמוהו והיינו הואיל שהשכינה היתה בהסתר פנים וזה נלמד משם אסתר והשם מורה על עוצם הנס ולכך שם עולם אתן להקרא אסתר כי מורה על עוצם הנס והבן ודוק ולכן אחיי ובני כל הענין תלוי אם ה' בקרבנו לא נירא ולא נפחד מאויב פנימי וחיצון ואם ה' סר מקרבנו אז רבים אויבים קמים עלינו ככסלא לאוגיה בעונותינו הרבים וליתן מקום שישכון ה' בקרבנו הוא ראשון בהחזקת התורה כאומרם (ברכות ח) אין להקדוש ברוך הוא בעולמו אלא ד' אמות של הלכה וגם להסיר אלהי נכר מקרבנו הוא גאוה וכעס ועבירות שזהו הכל אלהי נכר ומרחיק שכינת ה' מקרבנו ותבין מה שאסתר לא ביקשה מאחשורוש תיכף שאילתה עד שאמרה יבוא המלך אל המשתה בראותה כי נשאה חן בעיניו:

וגם יש להבין במה שכתוב (מג"א ו' יד) ויבהילו להביא את המן ודרשינן (מגילה טז) שהביאו בבהלה ופירוש שלא היה לו זמן להסיר הבגדים הצואים בהליכתו לפני מרדכי כנודע ומה נפקא מינה בזה אם ילבש בגדים אחרים או לא ומה טיבו של זה להנס אבל יובן במה שכתוב כי יותר שהארת שכינה יש וה' בקרבנו יותר נקל להנס כי הוא המפליא לעשות ויותר מיעוט השכינה יותר יתמעט וקשה מציאות הנס וכבר אמרו (מגילה טו ע"ב) כיון שהגיעה לבית הצלמים נסתלקה שכינה כי בית אחשורוש היה מלא צלמי אנדרטי עבודה זרה וסר צלם ה' מזה כאשר מצינו במשה (שמות ט' כט) כצאתי את העיר אפרוש כפי כי לא רצה להתפלל לה' בעיר אשר מלאה גילולים אמנם אסתר להיות כי צריכה להכנס לבית אחשורוש התפללה אלי אלי למה עזבתני וכו' וכביכול ה' שוכן בתוך טומאתם להצלת אסתר ולכך חשבה אסתר איך אבקש שם מן אחשורוש על הצלת ישראל שהוא נס גדול ולזה צריך הארת שכינה ורוח הקדש ואיך יהיה זה במקום צלמים ועבודה זרה ולא סמכה על זה שבמקום טומאה כזה ישכון אור ה' לעשות נס ולכך התחכמה שיבוא המלך לביתה אשר פנוי מעכו"ם ואיך יבוא המלך לביתה ולכך אמרה שיבוא אל המשתה ויבוא בחדרה ושם אין מה מעכו"ם הללו ויחול כבוד ה' שם ונקל ביותר לעשות נס והיה מחניך קדוש כתיב אמנם בסעודה ראשונה תוחלתה נכזבה כי ידוע כי לכך לא כרע מרדכי להמן כי היה לובש מעכו"ם על בגדיו נגד לבו וא"כ עדיין תועבה בביתה ולכך באותו פעם לא אמרה שאילתה ובפעם שניה שהלך המן לקרוא לפני מרדכי ככה יעשה לאיש וכו' ודאי לא היה לבוש

עכו"ם על לבו כי איך ילך כעבד לפני יהודי ועבודה זרה תהיה על לבו ומסתמא לא היה אז העכו"ם על בגדיו והם הבהילו להביאו טרם יחליף שמלותיו וזהו שאמרו שהיו מביאים בבהלה מבלי תת זמן להחליף בגדיו ואז היה ביתה נקי מעכו"ם ואז סמכה כי ה' בקרבה ולכך סמכה בה' ובקשה מאחשורוש על עמה כראוי כללו של דבר כמה עלינו לשמור מטינופת של עבירה והכל בגדר עכו"ם כי כל העושה עבירה עובד לסטרא אחרא זה מקצת וזה הרבה ותיכף סר צלם אלהים מעליו ובכל עבירה נעשה רושם ולעומת זה בכל מצוה ומידה טובה תיכף שריא שכינה אצלינו ואם כי אינו מורגש הלא אמר החכם הפעולות מורות על ההרגש ובמה יובחן שיש לאדם נפש שכלית מפאת פעולות שאנו רואים אדם חושב וממציא תחבולות לחדש חדושים לבקרים פעולות נוראות וזה לאות כי יש בקרבו נפש כל חמדה ושכלית וכן הדבר אף כי אין מורגש כי שכינת ה' בקרבנו אבל מושג מפעולות כי אנחנו בגולה כשה בין זאבים לא נשאר לנו כמעט רשומי חכמה וכל אחד בלבו ישים ארבו לחבירו ובכל זה תהלה לאל לא עלתה בידם להפר תורת ה' ואדרבה בכל יום מוסיפין אומץ בתורת ה' ובני נכר בכל יום מהללים תורת ישראל והלא זה מפעולות אלהים ואמרו לאלהים מה נורא מעשיך ברוב עוזך יכחשו לך אויביך ולכן ראו נא להתחכם בעשיית מצות ה' ותורה אשר הנחיל לנו משה עבדו ועיקר בקריאת שמע ותפלה ומבואר במדרש הובא במנות הלוי ובבקר אמור למלך ויתלו את מרדכי עליו בבקר בזמן קריאת שמע של שחרית והיינו בית עשו לקש כשישראל קורין קריאת שמע בכוונה עשו נעשה לקש ולכך אמר שיבטלו מקריאת שמע וגם אם יקרא ק"ש בעונתו ויסמוך גאולה לתפלה כראוי כוותיקין אינו ניזוק כל היום ותהיה תוחלתו לשוא ולכך אמר שיתלוהו בעת ק"ש לבטלו שלא יבוא לסמיכת גאולה לתפלה ולכך השכים המן לבוא בלילה לחצר המלך כדי שיהיה נתלה עם דמדומי חמה ובאמת מה רב טוב הקורא קריאת שמע ותפלה בכוונה וביחוד שלובש תפילין כראוי עשויים כראוי ולובשם כראוי ושם ה' נקרא עליך וכנסת ישראל צווחת שימני כחותם על לבך וכחותם על זרועך (שיר השירים רבה ח' ב) והם תפילין של יד וראש כי של יד מורים על כל מעשה שיהיו המעשים נרצים לה' עושה טוב וסור מרע וזהו כחותם על זרועך אבל תפילין של ראש מורים על כלי מחשבה שיהיו מחשבותינו שלמות עם ה' ולא תבוא ח"ו מחשבה זרה ולב חורש און בקרבנו והוא מיוחס ללב המורה על נפש שכלי ומקור המחשבה ורעיון וזהו חותם על לבנו הוא תפילין בראש וכאשר דברים אלה אצלינו כחותם לאות ולטוטפות ולזכרון לעבוד ה' במעשה ובמחשבה כן אנחנו קשורים ודבקים בה' לעומת קשורים ודבקים בפעולתו ומחשבתו כבקשת הכנסת ישראל לקב"ה שימני כחותם על לבך וכחותם על זרועך וזה הוא מאמרם ז"ל (ברכות ו) הקדוש ברוך הוא מניח תפילין ובנוי על פסוק זה כחותם על לב וזרוע ונאמר בם אהבת ישראל

להקדוש ברוך הוא וקב"ה להם וייפו חז"ל המליצה והיא אמורה בשיר השירים ולחנם יצחקו עלינו העכו"ם יסכר פי דובר נבלה אשרי העם שככה לו והנה כללו של דבר כי יש כאן שתי חותמות חותם זרוע חותם מעשה וכל זה בפועל הוא רק בגשם והכל חומרי כי הכל היה מעפר וחומר ולכך נקרא זה חותם טיט אבל חותם שבלב הוא מחשבה והוא בנפש הלב והוא דם כי דם משכן הנפש וקיבוץ הדם בלב ולכך בלב משכן נפש ולכך אמרו כחותם על לבך וזהו חותם של דם ובזו נבין מה שכתוב במדרש (ילק"ש ח"ב רמז תתרנ"ז) ובפיוט סדר סליחות כי כאשר אמר אליהו ז"ל שנגזרה גזירה על ישראל בימי המן שאלהו אם בחותם טיט או דם וכוונו לזה כי ישראל מעלו באכילת סעודתו של אחשורוש וגם השתחוו לצלם והכל היה בפועל בגשם וחומר אבל זה היה ספק אם חס ושלום עבדו בלבם עכו"ם ותפוש ישראל בלבם היה עונשם חמור אבל אם לא היה בלב רק לפנים אף הגזירה תהיה לפנים כמאמר רשב"י (מגילה יב) הם עשו לפנים וכו' וזוהיא השאלה אם החותם הוא מחותם זרוע שהוא בטיט או שפשעו בלב וכפרו בה' וא"כ חותם מלב והוא חותם דם וזהו ברור והבטיח אליהו שהוא רק בטיט כי לבבם היה שלם עם ה' ולכך היתה תקוה לאחריתם:

וזה שאמרו (מגילה יג) גדולה הסרת טבעת יותר ממ"ח נביאים ואמרו הסרת טבעת ולא אמרו גזירת מלך ובחרו דוקא בטבעת ובאמת כפשוטה יובן במה שאמרו במדרש (אס"ר פ"ז כ) ויסר המלך את טבעתו וכו' אחשורוש שונא לישראל יותר מהמן הנהוג שבעולם הלוקח נותן ערבון למוכר וכאן המוכר נותן ערבון ללוקח ולהבין הדברים הוא כך דכפל הדברים ויסר המלך את טבעתו ויתנה להמן הוי ליה למימר בקיצור ויתן המלך טבעתו להמן אבל הענין כך כי ידע המן כי אחשורוש הפכפך ומחר ישנה מלתו ויתן דת אחרת וידוע כי דת המלך שלא נחתמה בטבעת המלך אין לה תוקף כלל כמבואר במגילה ולכך למען יהיה המן בטוח שלא ישנה דתו נתן בידו הטבעת שיחזיקה בידו ולא שיחתום בו רק זה הדת לבד כ"א יחזיקה בידו להלן וא"כ אי אפשר לשנות שום דת כי אין כאן טבעת וזהו ויסר המלך טבעתו כי סרה מעליו וזוהיא כוונת המדרש שנתן לו ערבון שלא יוכל לשנות ודברי מדרש מתוקים ולכך במפלת המן כתיב ויסר המלך את טבעתו אשר העביר מהמן ויתנה למרדכי הרי שהיתה טבעת בידו עד שנפלו בני עולה וזוהיא החרדה שחרד לבם של ישראל כי מתחילה חשבו מלך ישנה דתו ויכמרו רחמיו אבל בשומעם כי מסר טבעת להמן ואי אפשר לשנות בלתי הסכמתו חרדו ועשו תשובה ואתי שפיר דברים הנ"ל גדולה הסרת טבעת וכו' וזהו פשוט אבל יובן גם כן כי ידוע מה שכתוב במדרש (אס"ר ג' י) כל המלך סתם הנאמר במגילה מרמז על הקדוש ברוך הוא ואנו היינו קשורים חותם על זרועו וחותם על לבו כנ"ל ואז לרוב חטאינו הסיר הקדוש ברוך הוא חותם מעל זרועו כנ"ל ומסרו למקטריגים ואין לנו שיור רק חותם על לבו וזהו ויסר המלך את טבעתו היינו חותם על

זרועו וכדכתיב (ישעיהו מ"ט טז) על כפים חקותיך וזוהיא היתה צרה גדולה לישראל וזהו שהיה מעורר בתשובה שלימה אבל חותם על לב שהוא תפילין בראש נשאר ולכך נאמר ליהודים היתה אורה ויקר זו תפילין ולכן מאוד חיוב עלינו להשגיח בתפילין ולכוין לבבינו שלם לה' בכל יכולתינו והעיקר כי לבבינו ההוטבע לתאות וחמדת הבלי עולם להכניע לעבודת ה' כי בעונותינו הרבים לחמדת הבלי עולם הלב נוטה וכמאמר המדרש (מד"ר אסתר פ"י ג) הרשעים ברשות לבם כדכתיב ויאמר המן בלבו היינו שנטה אחר תאות לבו אבל הצדיקים לבם ברשותם שכובשים לתאות יצר אבל העיקר מה ששומע לתאות הלב הוא שמירת שתי בריתות שהם כנגד שתי חותמות הנ"ל ולכך אחז"ל (ע"ז לא ע"ב) יין צריך שתי חותמות דהיינו ברית לשון ובו נכלל איסור אכילות וברית המעור ובו נכלל ברית קודש לבל יטמא ח"ו בבת נכר כי אז תמשך ערלתו ותו אינו בגדר ישראל ח"ו והם שתי חותמות הנ"ל גם כן כי חותם הלב הוא כנגד ברית המעור כדכתיב (דברים י' ט) ומלתם את ערלת לבבכם וחותם הפה הוא הזרוע ויין על כי הוא חותם לפה לאכילות אסורות וגם לברית המעור כמ"ש (ע"ז לו ע"ב) גזרו על יינם משום בנותיהם ולכן צריך שתי חותמות להבחין ולהבדיל לבל ישקץ ח"ו נפשו בהם והנה ביותר צריך שמירת ברית קודש כי אות הוא בין ישראל לאבינו שבשמים והוא הגורם שהקדוש ברוך הוא חושב מחשבות לבל ידח כל נדח למען בריתו אשר חתם בבשרינו וזו היתה תפלת משה רבינו ע"ה אשר נאמר (שמות לב יא) ויחל משה וכו' למה יחרה אפך בעמך אשר הוצאת מארץ מצרים בכח גדול וביד חזקה ויש להבין מה זו המליצה בשביל ישראל שהוציאם ד' בכח גדול ואדרבה היה להם לשום על לב טובת הבורא ביותר ומבלי למרוד בו אבל הענין הוא כך במה שאמר משה להקדוש ברוך הוא (שמות ד א) והן לא יאמינו לי ויאמר ה' מזה בידך ויאמר מטה ויאמר השליכהו ארצה וישליכהו ארצה ויהי לנחש ויאמר וכו' ואחוז בזנבו וכו' ויהי למטה בכפו ולהבין ענין מה שנוגע לתוכחת מוסר כי בעצם הדברים עמוקים למאוד הם כך כי באמת ישראל במצרים נטו אחרי דעות כוזבות דעת הקסמים והחרטומים ודעת פילוסופים המכחישים נבואה והשגחת השם כמאמר פרעה (שמות ה' ב) מי ה' אשר אשמע בקולו כי חשבו הכל תחת המזל וה' לרוב נשגב מעלתו הנשגבת אינו משגיח רק מסר העולם כפי מהלכי כוכבים ובזה נטו אחרי הקוסמים ומעוננים אשר יקטירו למלאכת השמים עושים טלמסאות להוריד השפע כנודע בכל חכמי נגירמאניות טובם ומעשיהם ובזה נטו רובי ישראל ולכך אמרו ולא יכלו לענות למשה מפני קוצר רוח שהיו אדוקים בעכו"ם והיינו קוצר רוח הקודש כאשר האריכו בזה כל המחברים ולכך צעק משה כי לא יאמינו כי ידע טבעם ואם כי נאמר כי הקדוש ברוך הוא ישנה דעתם זה לא עלה ברוח משה ש הקדוש ברוך הוא ישנה הבחירה כי זה הוחק בטבע הבריאה מבלי לשנות

הבחירה כי זולת זה אף תפר משפט ויראה ויהיה כצדיק כרשע אבל הקדוש ברוך הוא לרוב טובו וחסדו לבית ישראל הודיע דרכיו למשה כי היו בישראל שתי מעלות והוא כי לא משורש צפע נחש שרשם אשר נאמר עליהם שהם עלולים לרע ומוכשרים לקבל טומאה ח"ו וא"כ טבע מזגם ואיכות גופם מוליד רעאם כן אם ישנה הקדוש ברוך הוא לטוב צריך ממש בריאה חדשה ושינוי טבע למאוד זה אין עושה הקדוש ברוך הוא לשדד הבחירה אבל הם בתכלית ושרשם ממקום קדוש אבותינו הקדושים וטבעם ומזגם מרחם תמים קודש לה' רק אחר כך נשתקעו בכור הטומאה בזה ימינו פתוחה לשבים לשנות הבחירה וליתן להם לב טהור שיאמינו בה' בעל כרחם נגד בחירתם זוהיא מעלה אחת ושניה שעדיין חותמא דמלכא קדישא עליהם כי הם נימולים ועדיין לא עברו להסיר בשר קודש וא"כ עדיין עלולים לטוב וראוים לנס וה' חפץ ביקרם לשנות טבעם לשוב בדרך ניסים ומופת ה' וזהו שאמר הקדוש ברוך הוא למשה (שמות ד' ג) שישליך מטהו ארצה ויהיה לנחש רמזו על ישראל שהוא חוטר אמונה ומטה קודש זרע אברהם יצחק יעקב ולא נולדו מבטן לצפע נחש רק היו מטה ושבטי ישורון שבטי יה רק אחר כך נעשו נחש במצרים וחמת תנינים וילכו אחר נחשים וקוסמים ויירא משה ואמר אם כן הם בעונות הרבים נשקעים בטומאה ומי ירפא להם כמ"ש כי חשב שהקדוש ברוך הוא לא ישנה הבחירה והשיב לו השם שיאחז בזנבו הורה כי בשוליהם הם חתומים

באות ברית קודש ולכך יש תקוה אשר ישובו ויהיו למטה קודש ויהיה למטה בכפו וכן היה שרחם ה' והפך הבחירה ששבו לשמוע בקול משה ובזה תבין מה שכתוב כי בחוזק יד ובכח גדול וכו' דלכאורה קשה מה חוזק יד וכח גדול צריך לאדון כל ארץ המחדש בכל יום מעשה בראשית וכי ח"ו יכבד עליו דבר לעשותו או ילאה בשום דבר אבל כל מה שהקדוש ברוך הוא עושה חוץ לגדר ונימוס שקבע בבריאה קשה עליו למאוד כי ברוך שמו אל משפט ושומר צדק ואמת וא"כ כך הוטבע וכך שורת הדין מבלי לשנות הבחירה ועל זה יצר האדם בחכמה להיות לפני אדם שני דרכים ולא יכריחנו לשום דרך מרע ועד טוב ועל זה נכרת ברית שכר ועונש ובזה למען חסדו שינה הבחירה כנ"ל וזהו יד חזקה וכח גדול אצל הקדוש ברוך הוא ששינה מדתו והשתיק פמליא של מעלה כמבואר במדרש (שו"ט ט"ו ה) שקטרגו בים ואמרו אלו עובדי עכו"ם ואלו עובדי עכו"ם והשיב להם הקדוש ברוך הוא שהם בני אבות כמ"ש כי שרשם מטה קודש ונהפכו לנחש כנ"ל והנה כבר כתב הרמב"ם במאמר תחיית המתים ושאר מחברים כי הנס לא יתמיד ולא יתקיים לנצח כי אילו קיים לנצח לא היה בגדר הנס רק בגדר בריאת עולם חדש וא"כ זה ששינה הקדוש ברוך הוא בחירה של ישראל היה בדרך ניסי וזה לא יתמיד ואחר כך ישובו למנהגם מה שהורגלו במצרים תמיד בעונותינו הרבים לילך אחר הבל וישוב המטה להיות נחש כבראשונה וזוהיא טענת משה כי הקדוש ברוך הוא מאוד חרה לו על ישראל בעשיית העגל ויאמר

סרו מהר מן הדרך כו' וטען משה למה יחרה אפך בם הלא הוצאתם ממצרים בכח גדול וביד חזקה והיינו כמ"ש שעשית להם נס לשנות הבחירה וזהו כח גדול והנס לא יתמיד ופשיטא דישובו למנהגם ודרכם כסל למו מה שהוטבע בם זה כמה מאות שנה ויהיה לנחש וא"כ אין כל כך חימה עליהם ולכך שוב מחרון אפך וכו' ומה נעמו ומתקו דברי מליץ יושר כזה מי יעמוד לנו בפרץ כמשה עלינו ראוי לבכות על העדרו ובכל יום מורגש העדרו וחסרונו והנה העיקר אשר אמרנו כי שרשנו טוב רק אשר מורגלים מעמים על פני אדמה לילך אחרי הבל אבל בעוד בנו חותם ברית קודש בקל להושיע כי ה' ימינו פשוטה לסייע בתשובה וכן היה בימי המן אף שפקו פליליה וסרו מאחרי ה' מכל מקום ריחם ה' והושיעם בתשובה והנה אמרו (מגילה טו) ויגידו למרדכי דברי אסתר והתך להיכן הלך מכאן שאין משיבין על הקלקלה והקשה המהרש"א איך אמרו שלוחים אחרים וגם מתחילה היה אחד התך ולמה שלחה אחר כך שני שלוחים דכתיב ויגידו והניחו בקושיא אבל נראה כי התוספות (בסנהדרין דף ע"ד ע"ב ד"ה והא אסתר וכו') הקשו בסוף למה אמרה אסתר כאשר אבדתי וכו' שתהא אסורה עוד למרדכי למה לא גירשה מרדכי לאסתר ותהיה מותרת לחזור לו ותירצו דחשש אולי יתוודע למלך והקשה מהרש"א דלמה לא הקשה ביותר דהוי ליה לגרשה כדי להמלט מאיסור כי עכשיו נבעלה ברצון ויש איסור אשת איש ונראה ליישבו דבלאו הכי קשה מה ירא הלא הם שני שלוחים שאמרו למרדכי כל דברי אסתר והם באים בסודם הם יכולים לחתום הגט ואין קיום הגט אלא בחותמיו ומה צריך עוד אבל כבר נודע הכלל הואיל ונאמר במגילה (ב' ה) מרדכי בן יאיר בן שמעי בן קיש והוצרך לומר ימיני ש"מ שהיו בשושן עוד אנשים אחרים ששמם כך והוצרך הכתוב ליתן סימן יהודי וימיני כמאמרם אמו מיהודה כי זולת זה לא היה מספיק שהיו אחרים גם כן ששמותם כך כאשר הבאתי כמה פעמים בדרשות הקודמות ואנן קיימא לן (ב"ב קס ע"ב) שני יוסף בן שמעון הדרים בעיר אחת אין מגרשין אלא זה בפני זה וא"כ אילו מרדכי היה רוצה לגרשה היה צריך לכנוס ולאסוף כל אנשים הנמצאים בשושן ששמם כשם מרדכי כי זהו שאמו מיהודה אין סימן בגט כנודע וא"כ שפיר יש לאמר שיתוודע הדבר כמ"ש התוספות כי הוא פומבי ביותר ואך זהו מדרבנן אבל מהתורה ודאי דהוי גט ולכך איסור אשת איש לא עבדה אסתר כי יש לאמר דגירשה באמת ע"י שלוחים ההמה הן הן שלוחיו והן הן עדיו רק מכל מקום למרדכי היה אסור כיון דמדרבנן ליכא גט כמ"ש תו לא נשאה ולכך אמרה אבדתי ממך ולכך הקשה תוספות דהוי ליה לגרשה באמת המועיל אף מדרבנן ולקבץ כל יוסף בן שמעון ולזה תירץ שמא יוודע למלך ובזה יובנו דשלחה שני שלוחים כי היא בקשה לשלוח לה גט על ידם כדי שאם תכנס אחר כך שלא יהיה איסור אשת איש ולכך שלחה שני שלוחים כי שליח להולכה צריך להוחזק בעדים וגם צריך עדי חתימה והרי הם

שלוחים ועדים ובזה אפשר לומר כי לכך לא היה התך בכלל השלוחים כי התך דימה בנפשו שהוא קלקלה שאם יסכים שלא תלך אסתר לאחשורוש איה איפוא הצלת ישראל ולהיפך אם יסכים איסור אשת איש קשה עליו להתיר אולי ריוח והצלה יעמוד ממקום אחר רק כל התרופה היה בגט כמ"ש והנה רבי עקיבה ס"ל דאין קדושין תופסין בחייבי לאוין וא"כ מבואר בגמרא בפרק הערל (יבמות נב ע"ב) למ"ד קהל גרים איקרי קהל אין הסריס בגדר תורת גיטין וקדושין כי אסור באיסור לאו ליקח ולקדש אשה ישראלית והוי ליה כחייבי כריתות וידוע כי רב ס"ל (סנהדרין צ"ג ע"ב) והיו בניך סריסים בהיכל המלך שהיו דניאל חנניה מישאל ועזריה סריסים ממש כי נבוכדנצר הניח לסרסם כדי שיהיה להם כח בהיכל המלך לשרת באמונה כנודע וככתוב גלל כן התך שהוא דניאל אחד מסריסי המלך וא"כ לא היה יכול להיות לשליחות ולחתימת הגט דבעינן כמ"ש התוספות והוא לאו בר שליחות בזה דאינו בתורת גיטין וקדושין ולכך לא הלך התך כי אם שנים אחרים כמה גדולים מעשה צדיקים ומה עמקו מחשבתם ברוך שבחר בם ויובן גם כן מה שכתוב במדרש (יל"ש אסתר ו' וכעי"ז במסכת מגילה ט"ז) כי כאשר קרב למרדכי להרכיב אותו בסוס המלך היה מרדכי עוסק בפרשת עומר א"ל מאין בא זה א"ל לא מחיטים רק משעורים א"ל אתי הך ודחיה עשרת אלפים ככרי כסף דידי ויש להבין למה עסק אז במנחת עומר ואם כי היה ט"ז בניסן מאי קמ"ל המדרש בזה ומה נפקא מינה אי מחיטים או משעורים ומנא ידע המן שזה דחה עשרת אלפים דלמא דברים אחרים אבל יובן כי באמת צריך טעם למה נעשה נס כזה על ידי אשה ואין זה כבודם של ישראל והא דבורה אמרה (שופטים ד ט) כי ביד אשה ימכור ה' את סיסרא ומאנה להלוך עם ברק אבל כבר אמרנו כי בעונותינו הרבים ישראלים היו נשואים בנות עמים אבל אמרו (סוטה יא ע"ב) במצרים בזכות נשים צדקניות נגאלו כי היו מעיין חתום גן נעול אחותי כלה ומצרים חשבו שכולם זנו אחרי בעליהן כאומרם (שיר השירים רבה ד כד) אם בגופן שלטו מכ"ש בנשותיהם ומצרים שטופים בזימה וחביבה עליהם בהמתן של ישראל ומכ"ש נשותיהן (ע"ז כב ע"ב) ומכל מקום שמרו הנשים את משמרת ה' והקדוש ברוך הוא מעיד עליהם זכו חלקכון ולכך הם שסייעו לגאול וכן בימי המן בגלות שהיו ישראלים בתכלית הבוז ופירוד נתונים בגוים לשבי ולביזה והיו ארצות ההמה שטופים בזימה למאוד כנודע מכל מקום הנשים היו צדקניות ולא היה בהן שכולה ולא עלה עזרא מבבל עד שעשאה כסלת נקייה (קידושין סט ע"ב) והיו מיוחסים זרע אמת ולכך נעשה הנס על ידי אשה כי בזכותן נעשה כזה כי הן לא זנו אחרי אחרים אבל המן וצרי ישראל לא חשבו כזאת כי חשבו כמו מצרים אם בגופם שלטו ועם מפוזר ומפורד איך ימלטו מזנות וידע שאלהים של אלו שונא זימה ולכך חשב כי יהיו ידיו גוברות כי ראה ה' בם ערות דבר ושב מאחריהם וזהו מאמרו עם מפוזר בין העמים והם

מעורבים בין עמים ואינם יושבים לבדם וא"כ אי אפשר לשמור מיינם ואלהיהם סר מהם כמבואר במדרש (אס"ר פ"ז יז) שאמר לאחשורוש כי אין ה' עוד בקרבם וצורם מכרם וה' הסגירם וכבר כתבו המחברים כי המן ידע כי אסתר נבעלת למרדכי רק לא רצה לאמרו למלך כי חשב המלך יאמר שתמיד מערער על נשיו כמו שעשה לושתי ויעורר שנאה ישנה אבל בלבו היה זה לזנות שמנאף עם אשת מלך כי לא ידע שהיתה אשתו באמת והיא רק אנוסת המלך והנה ידוע (עיין זוהר ח"ד צ"ז) הטעם למה מקריבין למחרת הפסח מנחת עומר הוא מהך טעמא כי בצאת ישראל ממצרים נחשדו כל הנשים לזונות עם מצרים כהנ"ל אם בגופן שלטו וכו' ולכך הקריבו מנחת סוטה מנחת קנאות הבא מן שעורים ובצאתם ממצרים הוסיפו לשתות מי מרה הם מים מאררים ולכך ויורהו ה' עץ וישלך לתוך המים דדרשינן (זוהר ח"ג קכד ע"ב) שכתב עליו השם והוא שם שנמחק בתוך המים וימתקו המים והיו לתרופה ונקתה ונזרעה זרע כי היו קדושים וטהורים ושמרו ברית ה' ולכך בפסח מנחת עומר מנחת קנאות כסוטה שלא חטאו ואם יחטאו והיו לאלה בקרב הארץ ח"ו ולכן המן שהיתה כל מגמתו שהנשים מלאות זימה ועל ידי כן חשב שה' סר מאתם כי הוא שונא זימה ולולי כן ידע שה' ילחם להם וכבואו אל מרדכי אמר לו מנחת עומר א"ל משעורים שהוא מנחת סוטה מנחת קנאות כאומרם שלכך שעורים היא עשתה מעשה בהמה אף מנחתה מעשה בהמה

וכשמוע המן אמר זה דחה עשרת אלפים ככר כסף דידי לשוא שמרתי אמרתי בידיהם זימה ועכשיו אני רואה כי בעומר נבדקו הנשים ואף בימי מרדכי ואסתר קרבו בבית המקדש כי מזמן כורש הראשון כבר קרבו כמ"ש (מגילה י) מקריבין אף על פי שאין בית כי מימי כורש הראשון התחילו להקריב אף שלא נגמר בנינו וטעו האומרים שלא היו מקריבין אז כי בבית היו קרבנות קריבין כמבואר במשנה (שם) ועיין עזראאם כן לשוא שמרתי ותוחלתי נכזבה אך הוסיף ביותר כי מבואר במדרש (אסתר רבה ז' ט) לפי גירסא ישנה דאמר המן שרצונו ליתן בעד כל איש ישראל מאה שקלים ועכשיו הגיעו ק' זוז אבל הגירסא ישנה ק' שקלים כמ"ש מפרשים כי ערך ישראל חמשים שקל בשקל הקודש ושקל הקודש כפול משקלים סתם ולכך נתן ק' שקלים ועיין מה שכתוב כי ככרות המן משל פרס היו כבדים ביותר מככרות האמורות במשכן כי בפרס היו ככרות משקלן יותר ולכך נתן בעד כל אחד מאה שקלים והנה המן הוציא שם רע על בנות ישראל לזנות תחת בעליהן ושקר ענה בם כאשר מנחת עומר מנחת קנאות מעידה והמוציא שם רע ענשו מאה שקלים וא"כ חזר המנין ליו"ד אלפים ככרי כסף ולכך אמר אתי עומר ודחי יו"ד אלפים ככרי כסף דידי והבן כי אתי שפיר ומדויק היטב ובאמת עיקר שמירה בצניעות הנשים וכל כבודה בת מלך פנימה ומאד מאד הזהרתי על צניעות הנשים לבל ילכו בלבוש אשר נעשה כמנהג הגוים בשרם מגולה והוא בעונותינו הרבים

למזכרת עון ומכשול ובפרט מבלי להרים קול או להתערב עם אנשים כי אין לך דבר הגורם רעה לנפשו וגופו יותר מתערובות אנשים ונשים ואשריכם ישראל אשר הבדיל ה' אתכם לו לעם ובפרט בימי שמחה וימי פורים השותים במזרקי יין צריך שמירה ביותר כי הרבה קלות ראש גורם היין והשמחה והוללת ובמדרש נאמר (אס"ר פ"ג ב) אמר הקדוש ברוך הוא בית המקדש חרב ורשע זה אחשורוש עושה מרזיחים וגם ושתי עשתה משתה חייך שאני נוטל נקמתי מושתי וכו' ולהבין זה נראה דיש לאמר במה שכתוב (שמות כ ה) פוקד עון אבות על שלשים ועל רבעים וימהר משה ויקוד ארצה כי נתיירא שלא יאמר על חמשה והקשו מה יראה יש כאן הלא זה מחסד ה' כמ"ש כי המשא הכבד לאחד יותר קל לשנים ולרוב טובו מחלקו לחלקים ארבעה ואם יחלקו לחלקים חמשה יותר נקל לנשוא אותו ויהיה טובו יותר גדול ומה זה שמיהר להשתחוות וכבר ישבתי זה באופנים רבים ואופן אחד הנאות לענינינו הוא דידוע מה שכתוב בגמרא (סנהדרין לח) וישקוד ה' וגו' כי צדיק וכו' צדקה עשה הקדוש ברוך הוא וכו' שהקדים לגלות שתי שנים קודם ונושנתם דאז היו ח"ו משוקעים בטומאה ולא היתה ח"ו תקוה להם כלל והנה כל חורבן בית המקדש נאמר במלכים ודברי הימים בשביל חטאת מנשה ופוקד עון אבות על רבעים לכך האריך הקדוש ברוך הוא זה אחר זה והיה אמון יאשיהו צדקיהו ואחיו יהויכין והיתה גלות ישראל כי אין מאריך יותר מארבע דורות אבל אילו

מידותיו של הקדוש ברוך הוא להאריך אפו על חמשה דורות אם כן היתה הגלות מתאחרת עד בנו של יהויכין או צדקיהואם כן היה הבית עומד יותר והיה ח"ו כמנין ונושנתם ומרה ח"ו היתה באחריתו ולכך מיהר משה והשתחוה כי ראה גם ראה חורבן הבית וסיבתו ועניננו כמאמרו ונושנתם ומאז בעון עגל נולדה סיבה לחורבן בית ואתי שפיר והנה כבר מבואר (מגילה י"א) כי בלשאצר ואחשורוש כל ענינם היה שחשבו כי מגלות יהויקים התחיל החורבן ומאז יש למנות השבעים שנים ונראה כי הם חשבו כי מה שנאמר על רבעים היינו נפש החוטאת בכלל מנין וא"כ כשתחשוב מנשה אמון יאשיהו יהויקים נשלמו ד' דורות וא"כ חשבו הקדוש ברוך הוא אין מאריך אף יותר מבלי ספק שאז מתחיל החורבן והגלות ואם כן אף מנין שבעים יתחיל ממנו ולכך כשראה שעברו עשה משתה והנה לפי זה דהחוטא בכלל חשיב נבוכדנצר אויל מרודך בלשאצר ושתי הרי כאן ארבעה דורות וראוי להעביר עליה כוס פורענות וזה מאמר המדרש בית המקדש חרב ואתה עושה מרזיחין וגם ושתי מלכה והיינו משום דתשמח שעברו שבעים שנה וא"כ על כרחך דהחוטא בכללאם כן אף ושתי בכלל עונש ולכך יצא הקצף והדין על ושתי כי מידה זו שלשים ורבעים נוהגת אף בגוים כי ארך אפים לצדיקים ולרשעים כדכתיב (בראשית ט"ו טז) ודור רביעי ישובו הנה כי לא שלם עון אמורי וא"ש ומזה נלמד כמה עלינו למעט בשמחה בזכרנו בחורבן בית המקדש וגלות ישראל כעדר

הנפוץ ואילים לא מצאו מרעה ואין לנו כהן מורה לא אפוד ותומים וארון ה' במה נשמח וכבר אמר המקונן לא אשמח עוד בפור עד יבואו ימי פורייך וכל השמחה שתהיה לנו הכל לשמחת מצוה וחדוה בהנס כי לא עזב ה' עמו ונחלתו לא יעזוב ועיקר כי הוא היום קבלת התורה כי קיימו וקבלו התורה ברצון מה שהיה מקדם באונס וזה הוא שהקדוש ברוך הוא עושה הכל מידה כנגד מידה דכתיב במגילה ויהיו נקראים מלמד שנקראים מעצמן (מגילה טו ע"ב) ופירשו המפרשים דזהו קודם וימצא כתוב כי מתחלה לא היה נכתב כלל ונקראים מעצמן שלא מתוך הכתב ואחר כך בא גבריאל וכתבו ולכך כתב ראשון ויהיו נקראים קודם וימצא כתוב דאם לא כן הוי ליה למימר להיפך ונראה כי התוספות כתבו הא דמודעא רבה לאורייתא הכל בתורה שבעל פה כי תורה שבכתב קבלו ברצון ואמרו נעשה ונשמע ולפי זה מה דהוצרכו לקבל בימי אחשורוש היה לתורה שבעל פה וא"כ שילם הקדוש ברוך הוא מידה כנגד מידה כי הם קבלו התורה שבעל פה מה שלא ניתן ליכתב אף מתוך ספר זכרונות היו נקראים מה שלא בא בכתב כלל וכלל ונקרא בעל פה והיא מידה כנגד מידה וישרים דרכי ה' אך זולת פירוש המפרשים נראה דלכך היו נקראים כי מה שגבריאל כתבו ולא אחר הוא דהא אמרינן (שבת יב סוטה ל"ג) אין מלאכי השרת מכירין בלשון ארמי זולת גבריאל שמבין בשבעים לשון ואם כן כאן היה צריך לכתוב לשון פרסי שיבינו אחשורוש ולכך לא היה יכול לכתוב אותו זולת גבריאל והנה בהא דכתב בלשאצר (דניאל ה':ח') דלא כהלין כתבא למקרי יש שתי דעות בגמרא (סנהדרין דף כ"ב ע"א) י"א דהיה כתוב בלשון נוטריקון או א"ת ב"ש וי"א דהיה כתוב בלשון ארמאי מנא מנא תקל ופרסין רק שהיה כתוב בכתב אשורית ולא היה נהוג אז ולכך לא היה יכול לקרותו רק דניאל והקשו המפרשים למה באמת נכתב בכתב אשורית ולשון ארמאי ולא נכתב גם כן בכתב ארמית ואי להגדיל דניאל הא בלאו הכי היה חשוב ותירצו דאין מלאכים אפילו גבריאל אף שמדברים בכל לשון אבל הכתב אין כותבין רק אשורית שיש בו קדושה כי כל אות מרומזת בתגין וקוים על שם הוי"ה ברוך הוא ולפי זה אף שבא גבריאל וכתבו ענין מרדכי בלשון ארמאי או פרס מכל מקום הכתב אי אפשר לכתוב רק אשורית ואיך היה אפשר לעבדי המלך אחשורוש לקרות אשר לא מבני ישראל המה ולכך קאמר הגמרא שהיו נקראים מעצמן ובאמת לא קראוהו כלל להיותם בלתי מכירים הכתב ומזה דייק הגמרא שגבריאל כתבו כי אילו היה נכתב מבני אדם היה נכתב בלשון וכתב הניתן לקרות למשרתי מלךאם כן לא היה הנס לקרות מעצמו וכל אמעוטי בניסא ממעטינן ואתי שפיר חזו וראו כמה יקר ושבח לאדם העושה זכות עד שאינו נמחק מעלה ומטה וכמה נפישי זכותיה דמשה רבינו ע"ה אשר צדקתו עם ישראל אף לעתיד לבא אמרינן כשיבוא אהרן יבוא משה עמם ללמדם תורה כי כל גלות תלויה בשכחת התורה וכל זמן שאין התורה נזכרת על בוריה אי

אפשר להיות גאולה שלימה ולכך לעתיד לבא שיהיו נזכרים הנשכחות תהיה גאולה שלימה ואז ימחה שמו של עמלק וזה הוא רמז (שמות ח יד) זכרון בספר וכו' כי מחה אמחה את זכר עמלק והיינו כשיהיה זכרון בספר שלא יהיה נשכח ממה שנאמר בספר ואז יהיה נמחה זכר עמלק אך איך אפשר לדעת הנשכחות הא לאומרו בשמים אי אפשר דכתיב אלה המצות ולכן לעתיד לבא יבא משה והוא יגיד כל הנשכחות ואז תהיה גאולה שלימה והנה ידוע כי המן היו לו יו"ד פעמים יו"ד בנים כנגד יו"ד כחות הטומאה וכל י' בנים מורים על אחד מכחות הטומאה וידוע י' כחות הטומאה כנגד י' קדושות כמו ששנינו בריש כלים י' קדושות מה הם ואם כן שיו"ד בני המן נהרגו וי' נתלו לא בטלו כי אם שני כחות הטומאה ולעומת זה לא זכו רק לשני קדושות מי' קדושות אבל באמת לא היו צריכים כי י' קדושות הם קדושה ראשונה קדושת ארץ ישראל וקדושה שניה קדושת כרכים המוקפים חומה מימות יהושע בן נון וח' קדושות הנשארים הם קדושת ירושלים והר בית וחיל ועזרה והיכל וקדשי קדשים ע"ש וידוע מה שכתוב הרמב"ם (פ"ו מהלכות בית הבחירה הלכה ט"ז) כי כל אלו קדושות לא בטלו בגלות ראשונה ולא היו צריכין לקדש חוץ קדושת ארץ ישראל וקדושת כרכים הנ"ל בטלו והוצרך עזרא לקדש שנית ואם כן אף שני כחות הטומאה בטלו ויותר כבר היתה קדושתן מימי בית ראשון והנה ביום י"ג נהרגו י' בנים ותיכף זכו לקדושה ראשונה ביום שלאחריו ולכך הפרזים עושים י"ד אבל קדושת כרכים לא זכו בו ביום אמנם ביום י"ד שנתלו שאר י' בניםאם כן אף לקדושה שניה שהיא קדושת כרכים לכך זכו בט"ו לקדושה ההיא ולכך קורין הם בט"ו ומזה תבין למה דוקא כרכים המוקפים מימות יהושע בן נון קורין בט"ו ועיקר היה בשביל ארץ ישראל כמ"ש הירושלמי (פ"א דמגילה) לחלוק כבוד לארץ ישראל כי בהכרת רשעים זכו לקדושת ארץ ישראל ולכך קורין מוקפים מימות יהושע בן נון שלהם קדושה יתירה וקדושה שניה כמ"ש ולא זכו אליה רק לאחר שנתלו בי"ד והבן כמה עמקו ענינים הללו:

והנה אסתר ומרדכי כל מגמתם היתה בשביל ישראל כמ"ש (מג"א ז' ג) נפשי בשאלתי ועמי בבקשתי והוא כמ"ש דוד (תהילים כז ד) אחת שאלתי מאת ה' אותה אבקש שבתי בבית ה' כל ימי חיי לחזות בנועם ה' ולבקר בהיכלו ויש להבין כפל הדברים מה שאלתי ומה אבקש אבל הענין מה שהוא רק לזמן מה ולא שייך בו נצחיות שייך לשון שאלה כדאמרינן בגמרא דשבת ריש פרק שואל (דף קמ"א) שאלה דלאו לזמן מרובה קרוי שאלה אבל מה שהוא לדבר תמידי שייך בקשה וזהו מאמר אחת שאלתי הוא לשון שאלה לזמן מה ממנה יסתעף שאותה אבקש לנצחי והוא שבתי בבית ה' כל ימי חיי והוא שאלה לזמן מה אין בו נצחי כי מעט הם ימי אדם על פני האדמה אבל מזה תסתעף הבקשה שאזכה ע"י כן לחזות בנועם ה' וזה הוא נצחי וכן ענין אסתר שאמרה על נפשה שהוא רק שלא תמות עכשיו ועל כל פנים סופה למות

רק שלא תמות מהר קודם זמן הוא רק שאלה לזמן אבל שלא יעשו כלייה ח"ו באומה ישראלית הוא נצחי כי דור הולך ודור בא והארץ לעולם עומדת וישראל אינם כלים לעולם ולכך אמרה עמי בבקשתי וכן הדבר אצלינו שראוי לראות הכל לא לטובתינו רק שיהיה לטובת ישראל וביחוד בעניני נצח כי מה אדם על הארץ ימיו חרוצים ושבעים שנה ימיו ולכך היה בין אגרות המן שנכתבו בי"ג בניסן ואגרות מרדכי להשיב אגרותיו בכ"ג בסיון שבעים יום כמ"ש במדרש (ירושלמי סוטה פ"א ה"ד) וכבר תמהו למה איחרו מרדכי ואסתר בהצלת ישראל לבטל דת של כליה משך זמן רב ומי יודע אם לעת כזאת ימצאו חן בעיני המלך והפכפך היה אבל אמרו (מגילה יד) גדולה הסרת טבעת וכו' כמש"ל כי בזה שהיו כל יום מעותדים למיתה היו שבים בכל לב ובכל יום היו נחשבים כמתים זה היה מכפר בעבור עונם וכבר נודע כי הקדוש ברוך הוא מצרף יום לשנה כדחזינן במדבר במדה רעה וכ"ש במדה טובה וכן אמר הקדוש ברוך הוא ליחזקאל (יחזקאל ד ו) שכב על צד ימינך וכו' ושא עון בית ישראל יום לשנה ומספר ימי איש שבעים שנה וביקש מרדכי שיהיו ישראל בתכלית התשובה ויהיו כל יום מוסרים נפשם להריגה היו השבעים יום שיחשב יום לשנה והרי מתוקן כל ימי שנותם ולכך איחר בין אגרת לאגרת שבעים ימים שהיא המכוון כמ"ש:

ואמת כי עוד טעם יש כי בספר מנות הלוי הביא בשם רוקח ומדרש כי אחר הדברים האלה גידל המלך את המן וכו' כי כל גדולתו של המן לא התמיד רק שבעים יום מרומז כי כן יסד המלך כ"ן בגמטריא שבעים ובזה תבין המן איש צר ואויב איך המתין עד י"ג בניסן ליתן דת להשמידם ולא בא תיכף אל המלך כאשר מרדכי לא יכרע ובפרט כי אחשורוש היה בעל התל וכו' אבל כבר נודע במה שכתוב בנימוסי הכשדים ושאר כותבי נמוסי ארץ בבל ופרס כי כל זמן שאין משנה למלך מתנהג בממשלתו שבעים יום אין לו תוקף כל כך ואין משמעתו נשמעת ויש ביד השרים להתריס עליו נגד המלך ולומר שאינו ראוי לכך וכדומה מהטענות אבל אם יתמיד שבעים יום הרי אחר כך ממשלתו נכונה בידו ולכך המן לא היה בידו לצוות כל כך עד תשלום שבעים יום ואז באמת לא איחר ליתן הדת כמבוקשו ולזה נתכוין הקלירי בפיוטו של פרשת זכור שכתב תכלית שבעים נתלה על חמשים והמפרש דחק דקאי על יין עיין שם והדברים פשוטים כי תכלית שבעים יום לתוקף ממשלתו והממשלה נכונה בידו נתלה על חמשים ולפני שבר גאון ולכך אף מרדכי לא יכול להשיב אגרת המן עד שהיה מתמיד בממשלתו שבעים יום ואז היה יכול לכתוב על היהודים כטוב בעיניו ונחתם בטבעת המלך ואתי שפיר והנה באמת כמה לאדם להזהר מלהתגאה בממשלתו כי רוב פעמים הגדולה לאדם לוכדת לו לכד וביחוד צריך אדם להזהר לבל יעשה תחבולות של רמיה לצוד חבירו כי זה הוא על הרוב לו לעצמו לפח ולמוקש ראו כמה עמקו מחשבת המן שיעץ וחידש הדת שלא יהיה רשאי שום אדם לכנס למלך

אם לא יהיה נקרא על פומיה דהמן כמו שכתוב בתרגום שני להדיא והנכנס יומת והיתה עצה עמוקה שלא תוכל אסתר ומכ"ש מרדכי לכנס למלך לבקש דבר כי ידע המן שאסתר נתגדלה בבית מרדכי כמש"ל כי חשדוהו שהוא מנאף עמה ולא ידע כי היא אשתו באמת אבל זה הוא היה מהצלה העיקרית כי יש להבין במה שאמרה אסתר (אסתר ז ד) כי נמכרנו אני ועמי להשמיד להרוג וכו' ואילו לעבדים ולשפחות נמכרנו החרשתי כי אין הצר שוה בנזק המלך ויש להבין מה טעם יש שהחרישה במכירה לעבדים ולשפחות הואיל ואין הצר שוה וכו':

ובדרך דרש אמרתי להיות כי אמרו במדרש אין הצר שוה אומה שלימה בכמה נמכרת בעשרת אלפים ככר כסף ארנונית שלהם עולה יותר אבל אנן קימ"ל (ב"מ נו) אין אונאה לעבדים אבל התוספות העלו בסנהדרין וכן הר"ן דעבדים אין להם אונאה דאתקשו לקרקעות אבל בני חורין לא הוקשו וזה הוא מאמרה כי ודאי איך יתכן שמלך יחזור בו ממכירתו רק היא צווחה מקח טעות ואין הצר שוה לכך אמרה אילו לעבדים ולשפחות נמכרנו החרשתי כי אין אונאה לעבדים דאתקשו לקרקעות אבל עכשיו דלא נמכרנו לעבדים ובני חורין לא הוקשו לעבדים ויש להם לפי שעה לא ידעתי מקומו אונאה ומכירה בטלה ואין הצר שוה בנזק המלך זה הוא מה שיש לאמר בדרך דרש אבל הדרך הפשוטה היא דבמגילה (דף ט"ז) אמרינן אין שוה וכו' אקני בה בושתי וקטלה השתא אקני בדידי ומבעי למיקטלי ופירש"י אין שוה אין משגיח ולא איכפת ליה בנזק ויש להבין מה זה לנתינת טעם ואילו לעבדים ולשפחות וכו' ועוד איך פתחה היא אסתר פה לשוטה הזה שונא ישראל פן יאמר שיהיו נמכרים לעבדים ולשפחות כמאמר אסתר דבזה תחריש אבל הענין דיש כאן קושיא אסתר שכל ו' שנים שהיתה נשואה לאחשורוש תמיד אמרה שהיתה אסופי משוק והיה מרדכי מכניס אותה לבית והיה לה אומן ולא נודע לה מאיזה עם היא אם כן עכשיו שתרצה לבטל גזירת המן ואחשורוש תאמר שהיא יהודית וכי כיזבה באומרה שלא נודע לה עמה הלא לא יאמינו לה ויאמרו הוא מתחבולות לאהבת מרדכי שגידלה כאב ולכך אמרה שהיא יהודית והכל שקר ולדבריה הראשונים אנו מאמינים ומה המופת שתתן אסתר לדבריה שהיא יהודית ולא מפיה אנו חיין ולכך אסתר שביקשה לברר דבריה במופת אמרה אם לעבדים ולשפחות נמכרנו החרשתי כי זה הוא כלל עור בעד עור וכל אשר לו יתן בעד נפשו אם אדם נדון למות יחפש בכל יכולתו אם אפשר להשתדל שיהיה עבד לעולם אפס נפשו שמורה וזה שנכנסה אסתר לאחשורוש ולא נקראת בשם המלך היה כפסע בינה ובין המות כי היה בנס שנמשך עליה חוט של חסד ולולי כך היתה נהרגת כמבואר בתרגום ובמדרש ואם כן מי הוא זה בשביל שלא יהיה עבד ימסור עצמו למיתה הלא נבחר להיות עבד משיכניס עצמו למיתה וזה הוא אמרה אילו לעבדים וכו' החרשתי כי איך אמסור נפשי

למיתה אבל בשביל שנמכרתי להשמיד ולמות אם כן לית לי הפסד וסופי למות מה לי היום ומה לי מחר ולכך נכנסתי וזה הוא היה מופת גם כן שהיא באמת יהודית ועליהם נגזרה גזירת כליה מהמן דאם לא כן בשביל אהבת מרדכי לא תכניס עצמה למיתה לכנס שלא ברשות ולהתיר עצמה למיתה כולי האי אין מגיעה אהבת רעים אהובים ועד לנפש יאהבו אבל המות יפריד בינינו וזה הוא ראיה שבאמת אני יהודית וזה אמרה אילו לעבדים ולשפחות נמכרנו החרשתי מבלי הכניס עצמי לסכנה איך אכניס עצמי למות על ריב לא לי בשביל אהבת מרדכי רק זה ידוע שכל הדת היתה שלא לכנס בלי קריאה היא משום המן וכמ"ש התרגום ואם יאמר המן שהרשה אין לה משפט מות לפי זה אם כן עדיין יש פתחון פה על דבריה הנ"ל שבטחה שלא תמות כי המן יחוס לבל תהיה אשת המלך אשר אהבה כנפשו למיתה ונסתרו דבריה הנ"ל ועל זה אמרה אין הצר שוה בנזק כפירוש רש"י אין משגיח בכך כמו שלא השגיח בהריגת ושתי וא"כ זה קנה רצוץ לסמוך עליו והמופת מבואר ואתי שפיר ולכך אחרי הדברים האלה וכו' הוא מתוקף של הנס כי על ידי כן שנעשה שכל איש ואשה אשר יבא אל המלך מבלי קרוא אחת דתו להמית בזו נתאמתו דברי אסתר היותה יהודית ולולי זאת לא היה מאמין לה אחשורוש כלל ולכך זה בכלל נס וראו כמה תחבולות אדם בא לרוע ואשרי איש שלבבו תמים ולא הולך אחר תחבולות ומזימות ובוטח בה' חסד יסובבנו ובא לציון גואל במהרה בימינו אמן סליק חלק ראשון העתק מדפוס ראשון קרלסרוא תקל"ט הקול קול יעקב מדבר ואומר אקרא לאלוקים אל עליון גומר עלי לברך על המוגמר שגמרתי בכי "טוב" האי ספר יערות דבר אשר "יהונתן" אמר שפתותיו דובבות בקבר אשר כל הני מילי מעליותא משמו נאמר זכותו יעמוד לי לדור דור שעל ידי יצא לאור דבריו הנעימים במילי דאגדתא ותוכחת מוסר ודבר השוה לכל נפש הוא לרב וצעיר ומרן דבשמיא יהא בסעדי להביא לבית הדפוס חלק שני חיש מהר אשר מכתיבת ידו ממש אצלי טמיר וע"ז נאמר אחרי הנמכר גאולה תהיה לאחר להדפיס החה"ש בלי איחור ועתה באתי אל המפתחות להביא אל הנייר למצוא הגמ' כל דף היכא נאמר מה דהאי תנא תנא ושייר יה"ר דתתקבל בעיני חכמי הדור אמן: